国家清史编纂委员会·档案丛刊

# 清内秘书院蒙古文档案汇编汉译

希都日古 编译

社会科学文献出版社
SOCIAL SCIENCES ACADEMIC PRESS (CHINA)

技手段，进行贮存、检索，以利研究工作。惟清代典籍浩瀚，吾侪汲深绠短，蚁衔蚊负，力薄难任，望洋兴叹，未能做更大规模之工作。观历代文献档案，频遭浩劫，水火兵虫，纷至沓来，古代典籍，百不存五，可为浩叹。切望后来之政府学人重视保护文献档案之工程，投入力量，持续努力，再接再厉，使卷帙长存，瑰宝永驻，中华民族数千年之文献档案得以流传永远，沾溉将来，是所愿也。

# 译者前言

清史工程基础项目，档案类翻译项目之一"档案·清内秘书院蒙古文档案汇编汉译"项目，于2007年4月签署合同，11月正式立项，2011年7月完成结项。该项目的最终成果《清内秘书院蒙古文档案汇编汉译》（另外包括附录《十七世纪前半期蒙古文文书档案汉译》，即中国第一历史档案馆收藏，李保文整理《十七世纪前半期蒙古文文书档案（1600~1650）》一书全书的汉译）一书译稿大约50多万字，终于即将付梓问世。本人作为该项目的主持人和本书编译者，现将有关情况说明如下。

本书译文所使用的蒙古文档案底本为中国第一历史档案馆、内蒙古自治区档案馆、内蒙古大学蒙古学研究中心编辑，齐木德道尔吉、吴元丰、萨·那日松等主编影印本《清内秘书院蒙古文档案汇编（1~7辑）》（内蒙古人民出版社，2003）。另外，本书译文还包括《十七世纪前半期蒙古文文书档案（1600~1650）》一书的全译，其档案原件为中国第一历史档案馆所收藏，底本为李保文编辑、整理、转写的影印本《十七世纪前半期蒙古文文书档案》，1997年由内蒙古少儿出版社（通辽）出版。

## 一 《清内秘书院蒙古文档案汇编（1~7辑）》的主要内容

《清内秘书院蒙古文档案汇编》中的档案文书包括内秘书院起草或翻译的文书以及收到的外来信件、奏文等。其中内秘书院起草的蒙古文文书主要有两大部分，一是为颁布清朝重大政治、军事、皇室事务而起草的诏、谕、敕、诰、册等。二是向蒙古颁布的诏、谕，发给蒙古的敕书（敕命）、诰命册文。外来信件包括从蒙古各部来的信件、奏文、呈文的抄件，西藏、青海、厄鲁特（额鲁特或卫拉特）蒙古、俄罗斯的信件和呈文。

《清内秘书院蒙古文档案汇编（1~7辑）》所收档案文书的种类很多，按其内容有皇帝即位诏书、亲政诏书，有为皇子生、皇太后崩，太皇太后、皇太后等上谥号、徽号、尊号颁布的诏文，有册封皇后、妃子诏文，以及为地震灾异、移宫等颁布的大赦诏文，还有宣布摄政王之罪诏、顺治帝罪己诏等，这类诏文共54篇。崇德年间颁布的清朝礼仪制度方面诏文有18篇。有为皇帝岳父立碑、为妃子丧葬火化所颁布的诏文各

1 篇。

有出征朝鲜诏书 2 篇，出征明朝诏书 4 篇，通报战况 1 篇，清军攻克锦州谕外藩蒙古诏文 2 篇，满、汉、蒙王公和外藩蒙古王公所上贺表 2 篇。出征南明诏文 2 篇、征讨闽浙地区诏文 1 篇。出征李自成及报捷诏文 2 篇、出征张献忠诏文 1 篇。出征苏尼特部腾机思的诏文、报捷诏文和奖惩追击腾机思的四子部台吉等方面的敕谕 3 篇。

还有清军入关前与明朝贸易人参之敕谕、摄政王入北京后宣示公平贸易令，发遣祖氏兄弟于沈阳给科尔沁诏文、策试进士文，进太祖太后实录的奏文、表文、谕 3 篇，给俄罗斯敕谕 2 篇。

《清内秘书院蒙古文档案汇编（1～7 辑）》中有大量清朝颁发给满、蒙、藏上层贵族、喇嘛及官员的册文、诰命和敕书（敕命）。其中有册封满洲王公的诰命 13 篇，满洲福晋的诰命 12 篇，满洲公主册文 18 篇、格格册文 9 篇。蒙古王公、台吉、功臣的诰命及敕书 610 篇（内有重复），其中主要是内扎萨克蒙古王公、大臣，八旗察哈尔、归化城土默特官员，青海和硕特台吉的诰命、敕书（敕命）。外藩蒙古王妃诰命 43 篇。还有册封达赖喇嘛、顾实汗的册文 2 篇，给甘肃、宁夏、青海活佛的诰命 30 篇，给甘肃、宁夏、青海活佛保护寺院田产之谕文 7 篇，往来信函 3 篇。朝鲜国王册文 2 篇。给蒙古王公、台吉的祭文 99 篇。

《清内秘书院蒙古文档案汇编（1～7 辑）》中清朝皇帝给蒙古各部的敕谕和来文数量也较多，有关喀尔喀部的文书 87 篇，其中给喀尔喀部的敕谕、礼单等 49 篇，来文 25 篇。西藏方面的文书近 160 篇，其中有清廷给吐蕃汗、阐化王、顾实汗及其子孙，达赖喇嘛、班禅呼图克图等西藏政教首领的敕谕、礼单，及西藏方面的来文、奏文、信件、礼单等。给青海蒙古台吉方面的敕谕和青海方面的来文共 15 篇。清朝与厄鲁特（额鲁特或卫拉特）部巴图尔台吉、鄂齐尔图台吉、阿巴赖台吉、昆都仑乌巴什等来往文书 11 篇。有关鄂尔多斯部扎木苏叛乱的敕谕、来文共 5 篇。有关喇嘛禁令和定例 3 篇。有关蒙古会盟的敕谕、颁布律书共 18 篇。还有其他内容的敕谕若干篇，如斥责阿鲁部图斯格尔济农 1 篇、谴责科尔沁部出师返回时掠夺他人牲畜 1 篇、罚科尔沁土谢图亲王俸禄 1 篇等。还有一些记述公文撰写过程及其他事项的文书档案。

## 二　《十七世纪前半期蒙古文文书档案（1600～1650）》的主要内容

《十七世纪前半期蒙古文文书档案（1600～1650）》一书所收蒙古文档案文书内容丰富，史料价值很高，十分珍贵。这部影印本分上下两卷。上卷为有关满蒙关系史的文书，包括 57 份蒙古文文书档案原件和 4 份蒙古文文书抄录，共 61 份，是 17 世纪二三十年代的漠南蒙古贵族和女真后金王朝之间的来往书信。这些文书内容涉及漠南蒙古嫩科尔沁（这一时期蒙古文档案或作博罗科尔沁）、喀喇沁、土默特、敖汉、奈曼、察哈尔、阿巴噶、阿巴哈纳尔、永谢布、阿剌克绰特、阿速特、巴林、扎鲁特等部落的政治、经济、军事、社会各方面以及女真与这些部落之间的关系。这些文书大多都是原件，包括爱新国（满洲）天聪汗致蒙古贵族的书信。这些书信是当时发生的历史事件的一部分，是研究 17 世纪前期蒙古史和满蒙关系史的最根本的、最可靠的第一手史料。下卷为《清朝理藩院记录档》，收录了 1639～1647 年间的 50 份理藩院蒙古文文书档案，包括漠南蒙古诸部贡物清单、清廷回赐礼品清单、蒙古王公罪状记录及理藩院办案记录等等，反映了当时蒙古的行政、法律、财政诸方面的真实情况。这些档案的一部分经过史官的挑选和取舍，在《清实录》等清代官方史书中残留下来，但面目全非，而另外一部分则根本没有被利用。值得一提的是，《十七世纪蒙古文文书档案（1600～1650）》中的一部分内容在《满文老档》《清实录》《皇清开国方略》《蒙古回部王公表传》和《皇朝藩部要略》等清代官方文献史书中不同程度地流传了下来。

由于《清内秘书院蒙古文档案汇编》的篇幅较长，是本书的重点，而《十七世纪前半期蒙古文文书档案（1600～1650）》的内容较少，篇幅很短，因此本书把前者的译文内容作为正文，把后者仅仅作为附录，放在书后。

### 三 具体翻译过程中遵循的原则及汉译举例

在本项目具体翻译过程中，译者坚持了以下几点原则：一是严格按照清代档案文书的体例格式，译文文字为浅近的书面语。二是译文内容忠实于原文，力求避免因曲解原文原意而导致的错译和不熟悉档案体例格式而造成的漏译、节译。三是译者熟悉清代的历史掌故、官制（职官）及名物制度，熟悉清代边疆民族历史文化，具备广博而专精的清代文献学、档案学的相关知识，精通满、蒙古文等民族文字，并具有一定的实际工作经验，名词术语的翻译尽可能做到准确、规范，译音用字及词语完全按照清代的译音惯例来翻译，基本上做到约定俗成，行文通顺流畅。四是该项目属于国家清史纂修工程的基础工程。众所周知，民族文字档案文书的整理翻译及研究的质量和水平与国家大型文化工程清史项目的能否创新、突破有密切的关系，意义重大。译者严格把关译文的质量，同时本书译文稿件最后经由国家清史编纂委员会聘请的资深专家按照初审和终审的程序，审订通过之后定稿。

在项目进行过程中，汉译诏令敕谕类，如皇帝即位诏书、亲政诏书，有为皇子生、皇太后崩，太皇太后、皇太后等上谥号、徽号、尊号颁布的诏文，有册封皇后、妃子诏文，以及为地震灾异、移宫等颁布的大赦诏文，还有宣布摄政王之罪诏、顺治帝罪己诏等，这类诏书诏令、敕谕时，首先参考了《清历朝实录》（包括《满洲实录》《清太祖武皇帝实录》《清太宗实录》《清世祖实录》《清圣祖实录》）。对崇德年间颁布的清朝礼仪制度方面诏文 18 篇进行汉译时，着重参考了《清历朝实录》及《清会典》《清会典事例》等典制体的史书。

汉译出征朝鲜诏书、出征明朝诏书，通报战况，清军攻克锦州谕外藩蒙古诏书、满汉蒙王公和外藩蒙古王公所上贺表以及出征南明诏文、征讨闽浙地区诏文等诏令类档案时，主要参考了《满文老档》汉译本（中华书局，1990）、《清历朝实录》、《清朝太祖太宗世祖实录蒙古史史料抄——乾隆本康熙本比较》（齐木德道尔吉/巴根那编，内蒙古大学出版社，2001）以及《明清史料》（台湾，"中央研究院"历史语言研究所）、庄吉发《故宫档案述要》（"国立"故宫博物院印行，台北，1960）等文献史料及今人著作。汉译其他蒙古文档案，如出征李自成报捷诏文、出征张献忠诏文、出征苏尼特部腾机思的诏文、报捷诏文和奖惩追击腾机思的四子部台吉等方面的敕谕时，除了依据并参考《清历朝实录》之外，还利用了已出版的故宫档案史料。

　　档案是学术界公认的第一手史料，那么实录与档案比较而言，实录多有润饰删改甚至歪曲之处，这里仅举一例：据庄吉发《故宫档案述要》（"国立"故宫博物院印行，1960）一书研究，现存多尔衮母子撤出庙享诏（颁布日期为顺治八年二月二十二日）全文与《清世祖实录》"追论睿王多尔衮罪状，昭示中外"比较其内容，颇多删节，例如原诏书"奉天承运皇帝诏曰"，实录作"诏曰"；"侍卫大臣"，实录作"内大臣"；"太宗文皇帝殡天时"，实录作"太宗文皇帝龙驭上殡时"；"同心坚持，舍死盟誓"，实录作"同心翊戴，共矢忠诚"；"并无欲立摄政王之议"，实录作"并无欲立摄政王多尔衮之议"；"豫郡王"，实录作"豫郡王多铎"；"唆动劝进"，实录作"唆调劝进"；"彼时皇上尚在幼年"，实录作"皇上因在冲年"；"逮后独专威权"，实录作"妄自尊大，以皇上之继位，尽为己功"；"素日"，实录作"昔年"；"不归朝廷，全为己功"，实录作"全归于己"；"其仪仗、音乐、侍卫之人，俱与皇上同，盖造府第，亦与皇上宫殿无异"，实录作"其所用仪仗、音乐及卫从之人，俱僭拟至尊，盖造府第，亦与宫阙无异"；"织造缎匹，库贮银两珍宝，不与皇上，伊擅自用"，实录作"擅用织造缎匹，库贮银两珍宝，不可胜计"；"刚林一族、把尔达七一族"，实录作"刚林、巴尔达齐二族"；"又亲到皇宫院内，以为太宗文皇帝之位，原系夺立，以挟制皇上侍臣"，实录作"又擅自诳称，太宗文皇帝之即位，原系夺立，以挟制中外"；"又吹毛求疵，逼死肃亲王"，实录作"搆陷威逼，使肃亲王不得其死"；"将官兵户口财产等项，既与皇上，旋复收回，以自厚其力"，实录作"且将官兵户口财产等项，不行归公，俱以肥己"；"又差劳什传言，诱皇上侍臣什诺卜库云，我疼你，你可知道么"，实录作"又差罗什以美言，诱皇上侍臣席讷布库，冀其党附"；"不用皇上之旨，概用皇上摄政王旨"，实录作"不奉上命，概称诏旨"；"又悖理入生母于太庙，凡伊喜悦之人，不应官者滥升，不合伊者滥降，又将伊妻自行追封"，实录作"擅作威福，任意黜陟，凡伊喜悦之人，不应官者滥升，不合伊者滥降，以至僭妄悖理之处，不可枚举"；"又不令诸王、贝勒、贝子、公等伺候皇上，竟以朝廷自居"，实录作"又不令诸王、贝勒、贝子、公等入朝办事，竟以朝廷自居"；"显有篡位之心"，实录作"多尔衮显有悖逆之心"；"今以伊功大，祔享太庙，这本内一应乖谬之事，皆臣等畏随唯诺之故，以致如此，伏愿皇上重加处治，罢伊母子庙享"，实录作"伏愿皇上速加乾断，列其罪状宣示中外，并将臣等重加处分等语"；"众口金同，反覆详思，诸王大臣岂有虚言，不意伊之近侍苏沙哈、占代、木几勒首言，伊主在日，私造帝服"，实录作"众论金同，谓宜追治多尔衮罪，而伊属下苏克萨哈、詹岱、穆济伦又首言，伊主在日，私制帝服"；"商议，欲背皇上带伊两固山移住永平府"，实录作"密议，欲带伊两旗，移住永平府"；"何罗会曾遇旧主肃亲王子骂云，该杀的鬼种等语"，实录作"何洛会曾遇肃亲王诸子，肆行骂詈"；"详细审问，逐渐皆实，故将何罗会正法，据此事迹看来，谋篡之事果真"，实录作"详鞫皆实，除将何洛会正法外，多尔衮逆谋果真，神人共愤"，等等。另外，实录人名与这件原始档案的写法也有不少出入，比如"宜而登"实录作"伊尔登"；"厄而克歹青"，实录作"额尔克戴青"；"劳什"，实录作"罗什"；"何罗会"，实录作"何洛会"等等，不一而足。

基于以上现存档案与《清世祖实录》之间存在的差异，译者汉译摄政王罪诏时，还是依据现存《多尔衮母子撤出庙享诏》译出，而没有采用《清世祖实录》的诏文。由此可见，这种取舍是有确凿的文献依据的，这表明了译者严谨、审慎的治学态度。

《清内秘书院蒙古文档案汇编（1～7辑）》中有大量清朝颁发给满、蒙、藏上层贵族、喇嘛及官员的册文、诰命和敕书（敕命）。其中有册封满洲王公的诰命，满洲福晋的诰命，满洲公主册文各十多篇、格格册文九篇。蒙古王公、台吉、功臣的诰命及敕书610篇（内有重复），其中主要是内扎萨克蒙古王公、大臣，八旗察哈尔、归化城土默特官员，青海和硕特台吉的诰命、敕书（敕命）。外藩蒙古王妃诰命43篇。给蒙古王公、台吉的祭文99篇。

蒙古王公、台吉、功臣的诰命及敕书（敕命）610篇（内有重复），在整个内秘书院蒙古文档案中，这类内容篇幅所占比例最大。封赠五品以上官员及世爵承袭罔替的叫"诰命"。敕封外藩封赠六品以下官员及世爵有袭次的叫"敕命"。谕告外藩及外任官的叫敕谕。清代的诰命与敕书一般都有固定的格式，翻译这些为数众多的诰命及敕书（敕命）时，译者严格遵循清代档案文书的格式进行汉译。诰命文的格式一般说来"奉天承运皇帝制曰：自开天辟地以来，有一代应运之君，必有藩屏之佐，故叙功定名以别封号者，乃古圣王之典也。朕爱仿古制，不分内外，视为一体。凡我诸藩，俱因功授册，以昭等威，受此诰命者，必忠以辅国，恪守矩度，自始至终，不忘信义，若此则光前裕后，而奕世永昌矣。慎行勿怠。"而敕命文的格式则一般说来"奉天承运皇帝制曰：朕惟尚德崇功，国家之大典；输忠尽职，臣子之常经。古圣帝明王，戡乱以武，致治以文。朕钦承往制，甄进贤能，特设文武勋阶，以彰激励。受兹任者，必忠以立身，仁以抚众，防奸御侮，机无暇时。若能则荣及父祖，福延后嗣，而身家永康矣，敬之勿怠。"其他，如册封满洲王公的诰命、满洲福晋的诰命，满洲公主册文、格格册文以及外藩蒙古王妃诰命等都有固定的格式，无不如此，概莫能外。由于时间的关系，我在这里就不一一罗列。

在对整个《清内秘书院蒙古文档案汇编（1～7辑）》的汉译过程中，最令译者感到为难的是档案文书中所占篇幅较大的涉及佛教内容较多的部分，翻译难度非常大，连篇累牍的宗教术语及专名，使学养不足的译者颇感棘手，个别问题甚至困扰多年。

前述册封达赖喇嘛、顾实汗的册文各一篇，给甘肃、宁夏、青海活佛的诰命30篇，给甘肃、宁夏、青海活佛保护寺院田产之谕文7篇均属于这类内容。另外，西藏方面的文书近160篇，其中有清廷给吐蕃汗、阐化王、顾实汗及其子孙、达赖喇嘛、班禅呼图克图等西藏政教首领的敕谕、礼单，及西藏方面的来文、奏文、信件、礼单等。对此类档案文书中的种种疑难，译者主要通过以下三个方面的途径解决问题：一是查找并参考大型工具书，如参考利用丁福保编《佛学大辞典》（1921年），任继愈主编的《佛教大辞典》（江苏古籍出版社，2002）、《宗教大辞典》（上海辞书出版社，1998）及日本学者织田得能著《佛教大辞典》（东京大仓书店发行，1916）等大型宗教辞典。二是就翻译中所遇到的纯宗教问题，向有关专家学者请教，比如内蒙古大学蒙古学学院的已故扎拉森（jalsan）教授和额尔敦白音（A. Erdenibayar）教授二位先生曾经给译者就有关藏传佛教名词术语及专名方面赐教良多，使译者受益匪浅，成功地解决了不少疑难问题。值此拙稿即将出版之际，这里一并表示由衷的谢意。三是广泛借鉴并吸收前人旧译的同时，尽可能做到对国内外最新研究成果的吸收、消化。前人著述中已经提到的我国西北地区甘肃、宁夏、青海活佛及寺院的专名，对译者来说颇有参考价值，译者尽可能采用约定俗成的旧译之音译，这方面大多参考并采用释妙舟著《蒙藏佛教史》、蒲文成主编的《甘青藏传佛教寺院》等书的旧译。至于对国内外清史研究最新研究成果的搜寻利用及吸收、消化等均体现在项目译文中，兹不复赘。

本项目在进行蒙古文档案全文汉译时，注意查阅利用《五体清文鉴》（民族出版社，北京，1957）、《二十一卷本辞典》（蒙古文，内蒙古人民出版社，1979）、《二十八卷本辞典》（蒙古文，内蒙古人民出版社，1994）、《蒙古语分类辞典》（蒙汉对照，民族出版社，北京，1978）等多种语文的辞典和蒙古文辞典，还包括近代喀喇沁人卜彦毕勒格图（汉名汪国钧）编著《新译成语摘抄词林》（汉满蒙文对照）系列四册《奏折成语》《公文成语》《衙署名目》《官衔名目》（北京石印本线装）等清代至民国时期的旧辞典、辞书。另外，今人斯钦朝克图编《蒙古语词根词典》（内蒙古人民出版社，1988）、刘厚生等编纂《简明满汉辞典》（河南大学出版社，1988）、〔日〕羽田亨编《满和辞典》（国书刊行会，1972）等更是经常查核之列。与此同时，还认真参考、借鉴了近年来汉译满文档案书籍，如《清代档案史料丛编》、《天聪九年档》（关嘉禄、佟永功、关照宏译，天津古籍出版社，1987）、《清初内国史院满文档案译编》（光明日报社，1989）、《满文老档》（汉译本，中华书局，1990）、刘厚生《天聪九年档译注》（收入刘厚生著《旧满洲档研究》，吉林文史出版社，1993）等。诚然这些译作，均由满文档案译成汉文，同样对清代蒙古文档案的汉译有重要的参考价值是不言而喻的。

本书的特色有二：一是这部译稿属于清史工程的基础项目，也是民族文字档案的大规模整理、翻译的一个良好的尝试。此书的出版对民族文字档案史料的挖掘、利用、抢救、保护以及流布、传播有重要意义。二是此书创新之处在于第一次系统完整地用汉文翻译了《清内秘书院蒙古文档案汇编（1～7 辑）》全七辑（另外包括《17 世纪前半期蒙古文文书档案（1600～1650）》一书的汉译稿），为清史研究，特别是清代蒙古史、边疆民族史研究提供了翔实可靠的汉译文资料。如果本书能够为以上诸领域的相关研究人员、史学工作者以及广大读者提供些许的帮助，则译者所付出的辛勤和汗水也就值得了，这也是本人最大的幸福了。

在具体翻译蒙古文文书档案的过程当中，本人作为项目主持人负责统筹安排、组织协调及对外联络工作，及时注意并发现翻译工作中存在的实际困难和疑难问题，随时与国家清史编纂委员会保持联系并及时反映有关情况，寻求帮助并接受其监督检查，确保工作的持续、稳定、正常地进行。

这里本人还感谢中国第一历史档案馆和我校内蒙古大学给提供了借阅利用图书文献资料方面的诸多便利，使我得以圆满顺利地完成了本课题的任务。最后，向国家清史编纂委员会的领导，所有关心本课题从立项、进展到结项以及译文定稿、出版事宜的师友，乃至从事清史研究的国内外同仁致以衷心的感谢！

由于本人的精力和学识有限，加上时间紧迫，任务繁重，在本书译文中错谬和疏漏之处在所难免，恳挚地希望海内外专家学者及广大读者不吝赐教，批评与指正。

译者希都日古谨识

2014 年 3 月 25 日

# 目　录

# 清内秘书院蒙古文档案
# 第一辑

## 崇德元年（1636）档册

### 01-01-01　外藩蒙古诸部诺颜汉军都元帅总兵官等率属抵达盛京
*崇德元年三月二十六日*

　　丙子年春季月二十六日，外藩蒙古诸部诺颜，汉军都元帅孔有德，总兵官耿仲明、尚可喜二人，均率各自所属官吏抵达盛京。

### 01-01-02　　　　满蒙汉文武百官恭请天聪汗上尊号表文
*崇德元年四月初八日*

　　丙子年夏月初八日壬午，恭请天聪汗上尊号，诸大诺颜有：和硕贝勒济尔哈朗诺颜、和硕墨尔根戴青贝勒（多尔衮——译者）、和硕额尔克楚虎尔贝勒（多铎——译者）、和硕贝勒豪格、和硕贝勒岳托、和硕贝勒阿济格、和硕贝勒阿巴泰、和硕贝勒杜度、超品公额驸扬古利诺颜，诸固山额真费扬古台吉，宗室拜音图、阿山、达尔汉、扎占、叶克书、伊尔登、屯泰、阿泰、乌赉、伊贝、索南、恩克图、布彦代、和希布、达赉。六部各尚书（大臣）：吏部承政满洲人汤古代（唐古勒泰）台吉，宗室色勒，蒙古人满朱习礼，汉人李延庚，户部承政满洲人英俄尔岱、马福塔，蒙古人巴思翰，汉人吴守进，礼部承政满洲人宗室萨壁翰、满达尔翰，蒙古人固鲁，汉人金玉和，兵部承政车尔格、伊逊，蒙古人固尔布什，汉人金砺，刑部承政满洲人索海、朗球，蒙古人道尔济，汉人孟乔芳、高鸿中，工部承政满洲人孟阿图（一作蒙阿图）、乌善，蒙古人囊努克，汉人祝世荫，掌管汉军石廷柱，掌管炮甲萨穆什喀。外藩蒙古诸诺颜有：乌济叶特科尔沁部落右翼土谢图济农，扎萨克图杜棱，扎赉特部蒙夸，杜尔伯特部塞冷，喇嘛斯希布；左翼卓礼克图洪台吉，伊勒都齐、冰图、玛塞，郭尔罗斯部布木巴、古木，奈曼部洪巴图鲁，巴林部满珠习礼、阿玉石，扎鲁特部达尔汉巴图鲁、内齐，四子部落达尔汉卓礼克图、达赉楚固尔，翁牛特部杜棱济农，东额尔德尼岱青，吴喇忒部土门、杜巴、塞冷，喀喇沁部固里斯希布、色冷，土默特部耿格尔、单巴。汉人都元帅孔有德，总兵官耿仲明、尚可喜等，所有这些官员及文武百官全体在大衙门皆聚集定义，到皇帝大门之外，列班候旨。表曰：诸贝勒大臣文武各官及外藩诸贝勒上言，恭惟我皇上承天眷佑，应运而兴，辑宁诸国，爱育群黎，当天下昏乱之时，体天心，行天讨，逆者以兵威之，顺者以德抚之，宽温之誉，施及万方。征服朝鲜，混一蒙古，更获玉玺，受命之符，昭然可见。上合天意，下协舆情。臣等遇景运之丕隆，信大统之攸属，敬上尊号。一切仪物，俱已完备，伏愿俯赐俞允，勿虚众望。读毕，上谕曰，尔内外诸贝勒大臣劝朕受尊号，始终谨慎效力，屡奏。朕德薄，若受尊号，恐上不协天心，下未孚民志，故未允从已三年。今内外诸贝勒大臣，复以劝进尊号，再三固请，朕重违尔等之意，弗获坚辞，故勉从众议。众皆踊跃欢欣，行三跪九叩头礼。自是日起，诸贝勒大臣文武百官全体沐浴，明天上率诸大臣，至坛前，向上帝上香，献上各种祭品，行三跪九叩头礼。

朕思既受尊号，岂不倍加乾惕，忧国勤政，唯恐有志未逮，容有错误，唯天佑启之。尔诸贝勒大臣，既固请朕受尊号，若不各恪共乃职，赞襄国政，于尔心安乎。于是，令儒臣遍谕诸贝勒大臣毕，众皆踊跃欢欣，行三跪九叩头礼而退出。

### 01-01-03　　天聪汗以受尊号建国号改元祭告天地
崇德元年四月十一日

其文曰：维丙子年四月十一日，吉日。满洲国皇帝皇太极敢昭告于皇天后土之神曰：臣以眇躬嗣位以来，常思置器之重，时深履薄之虞，夜寐夙兴，兢兢业业，十年于此。幸赖皇穹降佑，克兴祖父基业，征服朝鲜，混一蒙古，更获玉玺，远拓边疆。今内外臣民，谬推臣功，合称尊号，以副天心。臣以明人尚为敌国，尊号不可遽称，固辞弗获。勉徇群情，践天子位，建国号曰大清，改元为崇德元年。窃思恩泽未布，生民未安，凉德怀渐，益深乾惕。伏惟帝心，昭鉴，永佑邦家，臣不胜惶悚之至。谨以奏闻。遂行三跪九叩头礼。

### 01-01-04　　内外诸臣为天聪汗上尊号行礼及崇德帝率众诣天坛祭天
崇德元年四月十一日

内外诸臣为天聪汗上尊号行礼及崇德帝率众诣天坛祭天。于是满洲、蒙古、汉官捧三体表文立于坛东，以上称尊号，建国改元事，宣示于众曰：我皇上应天时，顺人情，聿修厥德，收复朝鲜，统一蒙古，更得玉玺，符瑞昭应，鸿名伟业，丕扬天下。是以内外诸贝勒大臣，同心推戴，敬上尊号曰宽温仁圣皇帝，建国号曰大清，改元为崇德元年。遂行三跪九叩头礼。十一日吉日。上率诸贝勒大臣，升阶至坛正中，依照祭告天地之礼，香烛等一些陈设祭物毕，上香毕，行三跪九叩头礼。然后献酒三爵及祭帛，之后行三跪九叩头礼，上以受尊号祭告天地。然后行三跪九叩头礼，将所陈设祭物献上毕，祭天之坛之东，上一切事情都做完之后，上于坛上就座。然后诸贝勒大臣行三跪九叩头礼，捧玉玺献上，众行三跪九叩头礼。尔后上回到盛京。

## 01–01–05　　崇德帝以受尊号祭告太祖太后的太庙之诏书
### 崇德元年四月十二日

崇德元年四月十二日，上为太祖太后的太庙建立礼成表庆贺之文曰：孝子嗣皇帝敢昭告于皇考神位前曰：臣敬遵典礼，表扬皇考、皇妣功德，肇建太庙，谨择吉于四月十二日，安设神位，以昭上祀之礼。又仰体皇考孝心稽之禘尝巨典。追尊始祖都督孟特穆（猛哥帖木儿——译者）、高祖福满、曾祖觉昌安、祖考塔克世以王号，安设四代祖考、祖妣神位。又设伯祖礼敦巴图鲁配位。伏祈皇考神灵，鉴兹诚悃。又设功臣费英东、额亦都配位，从祀皇考左右。唯望皇考垂慈，来格来歆。

## 01–01–06　　崇德帝追谥列祖及有功之臣并立画像祭奠之诏书
### 崇德元年四月十二日

丙子岁四月十二日，吉日，八世代嗣皇帝敢昭告于始祖神位前曰：洪惟始祖都督孟特穆（猛哥帖木儿——译者）肇造鸿基，克恢大业，振丰功而克敌，开历服以贻谋。爰致满洲国势昌隆，子孙荣盛。兹谨仿古制，追扬前烈，尊为泽王。立庙奉祝，丕显令名，贻麻万世。唯望祖灵降鉴，俯垂默佑，国祚永昌。丙子岁四月十二日，吉日，祭高祖文云：五世孙嗣皇帝敢昭告于高祖神位前曰：洪惟高祖都督福满肇基王迹，垂裕后昆。抚众旅以成都集，弘麻而启圣。爰致满洲国势昌隆，子孙荣盛。兹谨仿古制，追扬前烈，尊为庆王，丕显令名，贻麻万世。唯望祖灵降鉴，俯垂默佑，国祚永昌。丙子岁四月十二日，吉日，祭曾祖文云：四世孙嗣皇帝敢昭告于曾祖神位前曰：洪惟曾祖觉昌安丕启鸿模，式弘疆宇。征四邻而耆，服绥兆庶以敉宁。爰致满洲国势昌隆，子孙荣盛。兹谨仿古制，追扬祖功，尊为昌王。丕显令名，贻麻万世。唯望祖灵降鉴，俯垂默佑，国祚永昌。丙子岁四月十二日，吉日，祭祖考文云：孝孙嗣敢昭告于祖考神位前曰：洪惟祖考塔克世缵承懿绪，佑启宏图，绵福泽于万年。诞神灵而首出，爰致满洲国势昌隆，子孙荣盛。兹谨仿古制，追扬祖功，尊为福王。丕显令名，贻麻万世。唯望祖灵降鉴，俯垂默佑，国祚永昌。丙子岁四月十二日，吉日，祭伯祖武功郡王文云：皇帝敢昭告于伯祖神位前曰：唯我伯祖礼敦巴图鲁竭诚为国，懋著崇勋。兹酌仿古制，用昭往烈，追封为武功郡王，配享庙廷，永彰令誉。

维丙子岁四月十二日，吉日，孝子嗣皇帝敢昭告于皇考、皇妣神位前曰：臣缵承皇考大业，十年以来，兢兢业业，夙夜乾惕，以图仰副先志。是以开拓封疆，不辞况瘁，抚绥兆数，殚力经营。兹以安内攘外，收服朝鲜，统一蒙古，兼获王玺符瑞，昭应内外诸贝勒大臣，佥议宜承天方兴未应运，劝臣进称尊号。爰建国号曰大清，改元为崇德元年。此皆仰赖皇考、皇妣之福荫也。臣缅怀皇考、皇妣，德备生成，功隆覆育，应真符而开创辑群瑞以尊尊。爰遵古制，追谥皇考曰：太祖承天广运神功圣德肇纪立极仁孝睿武端毅钦安弘文定业高皇帝，皇妣曰：孝慈昭宪纯德真顺承天育圣武皇后，立庙设神位，垂麻名号万代。祈皇考、皇妣神灵降鉴，俯垂默佑！俾子孙绵远，国祚永昌！丙子岁四月十二日，吉日，孝子嗣皇帝曰：臣闻恩隆眷旧典重酬庸，既昭嘉绩于生前，宜享恩荣于身后。兹以费英东、额亦都，上佐皇考，勋猷丕著，爰仿古制，追封费英东为直义公，额亦都为弘毅公，配享皇考神位左右，扬厥令名，垂之万代。丙子岁四月十三日，受博格达皇帝尊号，恭祝喜庆如此这般。奉天承运宽温仁圣皇帝祭告天地，允答尊号，副群臣万民之望，追扬太祖、太后功德，上溯列祖，虔进隆称，立庙享祀，以昭示万世。光贲史册，俾祖功宗德垂休无穷。诸贝勒大臣等不胜欢忭，上书皆跪拜。

## 01-01-07　　　崇德帝以受尊号颁大赦之诏书
### 崇德元年四月十二日

　　宽温仁圣皇帝敕谕：朕以凉德祗承丕绪，加以尊号，惧无以慰众望。尔等劝进再三，屡辞弗获。今敬告天地，允受尊号。尔诸贝勒大臣，当同心辅政，恪共厥职，以匡朕之不逮，正己率属，各殚忠诚。立纲陈纪，毋图小利。倘能建立功名，朕当隆以爵赏。尤须抚众恤民。君臣一德，庶几上合天心，下遂民志。如此则明良喜起，政治咸熙，万民乐利，天亦佑助之矣！布告天下，咸使闻知。众人听罢，一起山呼万岁。

　　颁诏大赦诏内恩款：除犯上、烧毁山陵、宫阙、逃叛、谋杀、故杀、蛊毒、魇魅、盗祭天器物、御用诸物，杀伤祖父母、父母、兄卖弟，妻告夫，内乱，强盗十恶不赦外，其余罪犯悉赦之。其隐匿人口财物者，但令给还原主无罪。彼此称贷之事，仍旧偿还其先经审结赃罚应追者，仍行追取。有虽经审理，罪罚未定者，赦免。赦后有犯者，仍行议罪。有以赦前事首告者，反坐。即以前盗窃、隐匿等事，首告者亦不准理。赦后有犯此者，仍行议罪。

## 01-01-08　　崇德帝尊称皇考皇妣为先太祖先太后之诏书
### 崇德元年四月十二日

　　崇德帝尊称皇考、皇妣为先太祖、先太后之诏书。先前书册记录及口语中都尊称皇考、皇妣为先太祖、先太后。

## 01-01-09　　崇德帝钦定皇宫诸衙门名称并更定诸王诺颜台吉称号之敕谕
### 崇德元年四月十二日

　　一等王曰和硕亲王，二等王曰多罗郡王，三等诺颜曰多罗贝勒，四等台吉曰台吉纳尔（多罗贝子）。皇帝诸宫皇后定宫殿名，中宫为清宁中宫，两宫东宫为关雎宫，西宫为麟趾宫，次东宫为衍庆宫，次西宫为永福宫。内殿台东楼为翔凤殿，南边台西楼为飞龙阁。正殿为崇政殿，大门为大清门，两扇小门曰两翼门，东门为东翼门，西门为西翼门，大殿为笃恭殿。

## 01-01-10 崇德帝钦定祭天地太庙及集会时御前行走诸王扈从诸事之仪礼
### 崇德元年四月十二日

依照大清宽温仁圣皇帝圣旨规定：祭天地太庙及一切事宜时，左翼诸王之恰（侍卫）走在左翼前头，右翼诸王之恰（侍卫）走在右翼前头，诸王中央两个固山之恰（侍卫）在前边，然后其次两个固山之恰（侍卫），然后现有两个固山之恰（侍卫）各管其固山，在皇帝车驾卤簿后面留空间前行。诸王来到皇帝身边，则整齐前行。诸王之恰（侍卫）三人来，则准再在皇帝车驾卤簿旁走。八旗贝勒去则又分开中央及现有行列，依次并列，诸王之恰（侍卫）走在后面。皇帝所幸一切事宜，所委任专职王与闲散王等有事则勿行，无事则准再随行。当一切征战及围猎时，诸王至皇帝身边，则其随行人员并列行走。诸王独自来到皇帝车驾卤簿旁上奏时，将马头往后缩拽，身子往前微仰奏报。诸王将换骑马匹，则到随行人员处换骑。皇帝欲与所有贝勒、大臣对话，上谕让其往前来则（贝勒、大臣）至皇帝身边，将马头往后缩拽，身子往前微仰。皇帝后面所列队卤簿，外人擅自闯入队列进入则大罪。前方卤簿之人，不能擅自来后面卤簿，后面卤簿之人，也不能擅自来到前方卤簿。使马头整齐，在卤簿之间，留有两庹距离走，恰（侍卫）之牵马人之间，要留一定距离行走。恰（侍卫）换乘所骑马匹时，到牵马人处骑乘，又回到行列中来。上传谕叫后面队列恰（侍卫）时，不能穿梭队列中间，而在队列旁边走过去，通过狭窄处时，等前边队列之人走后，后面队列之人方可出去，不能争先恐后。和硕亲王、多罗郡王参加宴席，及一切节日，行跪礼坐时，不能进皇帝衙门及帐房。若恩准，等候上谕。皇帝（帐房）两侧修建十二个帐房，左翼诸王依次名号大小，住东侧内帐房，右翼诸王依次名号大小，住西侧帐房，将外藩蒙古诸王由内部诸王在各自一方带领乘坐。令其官吏等在外边帐房中居住。诸王后面六位恰（侍卫）居住。其他恰（侍卫）则居住其固山。在外边帐房中各旗（固山）台吉等、各固山额真（主），都带领各自旗（固山）官吏，按照通常之例，依照各自名号大小依次居住帐房里。

给皇帝行礼及在大朝会之地上书或具奏时必须跪下，而且跪着上奏。若无集会及朝会，则如同平日之例。到新年时，外边守城官吏因有公务不能来觐见皇帝，则穿上朝服，炷香并朝皇帝行三跪九叩之礼。每座城池都要修建一个衙门。上谕圣旨及使者一到，便穿上朝服，从五舍之地迎旨，进城住毕，给书时跪着接受，放置桌子上，炷香并行三跪九叩之礼，等圣旨读罢，再行三跪九叩之礼后方起立。

## 01-01-11　　崇德帝钦定诸王大臣上朝接旨礼例
崇德元年四月十二日

钦奉大清宽温仁圣皇帝圣旨制定。扎萨克亲王、固伦郡王每天早晨上朝礼例，冬天则日出时，夏天则卯时诣集会之大堂，和硕（固山）之主诣大丘尔干衙门集会，六部官员则上各自的衙门集会。诸事完毕，钦奉皇帝之命于汗衙门集会则诣诸王之会堂里集会。诸王两位恰（侍卫），各尚书（大臣）各带一位古出（满文 gucu，本义是朋友——译者）拿着垫子进去。其他恰（侍卫）等台吉在大门外等候。上谕并遣人让诸王、大臣进去则迎接起立可进去。落座情况。上谕并遣人回去则又迎接起立准再回去。这些完全听命于皇上。进去皇帝那里或不进去皇帝那里到各自的衙门去有要事就办理，无事则亦顺便去衙门回去。汗衙门中除了看守之人以外无人，诸贝勒大臣及羽林军（护军）早晚大家都在大清门集合。看守大清门之人与汗衙门一样，必须严加防范。所有贝勒大臣有上奏的话语则明天早晨进去上奏。若有紧急话语，则任何时间均允准。让其在大清门上奏。上命派遣固山贝勒（旗主）及大臣让其到所有王的家里则看门人禀报王之后，王出门迎接，进屋后让派来的大臣落座在身边。如果派遣低于其王的臣僚则于座位上起立，王让其落座在其下位，如果派遣小恰（侍卫）等及小儿子等人则甭起立，曰来则即可。传上谕时诸王不得说玩笑话或其他话语，务必深思悉听。若诸王在远方传寄圣旨则行跪接旨，放置桌子上，炷香并行一跪三叩之礼，起立后阅读完毕之后，又行一跪三叩之礼。假若皇上给诸王之家送熟食则诸王起立朝皇上行跪拜礼，并将所送食物用手接受。如果送到诸王举不动的食物则诸恰（侍卫）迎接接受。诸王朝皇上行跪拜礼。假若送衣服，亦迎接起立穿戴后，来给皇上跪拜。

## 01-01-12　　崇德帝钦定大军出征祭天阅兵仪礼
崇德元年四月十二日

钦奉大清宽温仁圣皇帝敕谕制定。大军出征出发之日，祭天时八旗众羽林（护军）由掌管大纛之官率领，从郊外边上往出征方向手中拿着准备好。皇上的亲军小旗、精锐羽林（护军）、旗主等由吏部前边之路来回手中拿着准备好。将祭天之路腾出来。祭天时二等臣僚以下不得去。皇上驾到之后固山兄弟们依次行进。祭天与祭太庙及做一切事务时，诸诺颜以下全体到吏部衙门前的横向路及兵部衙门之前的横向路上等候备用。将皇上巡幸之路腾出来。诸王各带领清点好的古出（满文 gucu，本义是朋友——译者）来到皇上的大清门。集合时将诸王之恰（侍卫）从两侧楼台往后排列。禁止王以下白身以上之人由大清门之前的路上行走。所有人如果出去，由立牌之石的边外出去，从这以内请勿出去。大清门内外往外所有地方落座则朝皇上面对面，没有坐中间主大道。在两侧朝中间大道落座。由王以下全体人员出入并往外走动一切地方时，请勿走中间主大道，由两侧走动。出征及平日集合时，所有人下马的距离为从东边来的则在大丘尔干衙门（大朝会衙门——译者）的东边下马，从西边来的则在兵部衙门之前的大道中下马。下马之后，不能让所骑马匹超出这个距离。诸王如果独自一人来著，在两侧立牌之石旁边。诸诺颜以下请别超出这个规定之地。兵部吏员会将经常验证此事。皇上巡幸至射箭之处及马圈时传谕让诸王集合则内务诸恰（侍卫）派人到兵部衙门。兵部衙门之人在八个门上挂出黄色旗帜之后诸王集合。其古出（满文 gucu，本义是朋友——译者）等往皇上巡幸方向等候准备停当。皇上未传谕巡幸则不挂旗帜。诸王如果有事，准再不去；没有事则听说巡幸的王前往。检阅大军时，诸王在各自的旗里看士兵准备。休整完毕之后，上奏陛下。皇上巡幸队列检阅时，诸王将各自旗的官兵行跪礼，使其巡幸。巡幸之后，驾到各自旗的队列，皇上传旨叫其来则将清点好的古出（满文 gucu，本义是朋友——译者）带来。皇上还宫时，传旨其一同走则带领清点好的古出（满文 gucu，本义是朋友——译者）前往，若是没有传谕则在各自的队列中。按照通常之例回去，巡幸至城边或兵营时，诸颜以下人，必须距皇上的座位两箭之地即下马。如果王则准再在一箭之地下马。下马之后，将所骑乘的马匹由这个范围以外拿住。如果违背这个文书所写的律例，则按照会典那部书来治罪。固伦诸诺颜拜见皇上及出席宴席以及所有行事、集合衙门时准再并列诸王的行列。

## 01-01-13　崇德帝钦定诸王文武大臣庆贺元旦万寿节朝觐之礼例

崇德元年四月十四日

钦奉圣上的敕谕制定庆贺元旦万寿节朝觐之礼例。庆贺元旦之礼，拂晓敲锣时，和硕亲王、多罗郡王、多罗贝勒以下众羽林（护军）以上，在大兵尔干衙门等候停当。圣上驾到时，和硕亲王、多罗郡王、多罗贝勒、各旗台吉纳尔，带领诸大臣，向天行三跪九叩头礼。圣上由此来到清宁宫。和硕亲王、多罗郡王、多罗贝勒、各旗台吉纳尔，文武百官全体在兵尔干衙门等候停当。圣上驾到坐坛之后，首先和硕亲王、多罗郡王、多罗贝勒、各旗（和硕）台吉纳尔、有煊赫称号者（尚书），行三跪九叩头礼。其次诸旗主（固山贝勒）各自带领所属旗，行三跪九叩头礼。满洲二人、蒙古二人、汉人二人六位笔帖式在两侧站立叫喊跪拜，掌管大家跪拜队列的情况，由郎中验证。所有无称号的人及称号小的人掌管和硕或指挥万户、千户、百户则按照委任事务，座位次序等事进入队列。称号大却委任事务小则纳入称号相等的队列。闲散吏员要分别称号的轻重。

万寿节朝觐之礼例，在日出之前，和硕亲王、多罗郡王、多罗贝勒以下苏木章京以上在汗衙门集合队列整齐之后，圣上驾到登坛，和硕亲王、多罗郡王、多罗贝勒为首全体按照官衔高低排队等候，首先满洲，其次蒙古，再次汉人，行三跪九叩头礼。圣上大喜时亦照此礼跪拜。和硕亲王、多罗郡王、多罗贝勒、旗（和硕）台吉纳尔（固山贝子）以下苏木章京以上集合。诸恰（侍卫）归到指定的排列顺序。凡是每月初五日、十五日、二十五日，和硕亲王、多罗郡王、多罗贝勒、旗（和硕）台吉以下苏木章京以上，在日出之前到汗衙门中集合，按照官衔高低排队之后，圣上驾到登坛之后，上奏所办事情及所审理的诉讼。

## 01-01-14　　崇德帝钦定册立皇后册封公主额驸及扎萨克亲王郡王诺颜台吉之福晋格格称号之则例

崇德元年四月十四日

崇德帝为诸臣恭贺太祖实录告成表文之谕批钦奉大清宽温仁圣皇帝敕谕，制定有关元旦拜见皇后之礼例，及迎送下嫁公主之礼例，嫁女、娶妇赴宴之礼例。清宁中宫大皇后曰国母皇后，东宫关雎宫后妃曰宸妃，西宫麟趾宫后妃曰贵妃，次东宫衍庆宫后妃曰淑妃，次西宫永福宫后妃曰庄妃。皇女曰公主，女婿曰固伦额驸。迎接已下嫁公主则亲王、郡王福晋，固伦诸诺颜福晋随行。国母皇后不亲自驾到则亲王、郡王福晋，固伦诸诺颜（多罗贝勒）福晋奉命前往。能带领的妇女尽可能多带领。元旦拜见皇后之礼例，诸公主带领各五名妇女，扎萨克亲王各一位大福晋带领各四名妇女，多罗郡王各一位大福晋带领各三名妇女，固伦诸诺颜（多罗贝勒）各一位大福晋带领各二名妇女，旗（和硕）台吉纳尔（固山贝子）各一位大福晋带领各一名妇女。和硕公主、郡主、郡君、县君集会则带领各自母亲，按照随行人员人数来叩拜。诸固山贝勒命妇、六部大臣（尚书）家命妇等则独自来叩拜。三跪时须三次俯身一次叩头。嫁女与娶媳妇时赴宴，则照此数带领。多余随行妇女在其他地方等候，不得进入聚会之地。上述制定为家人之礼，所以制定如此这般。

崇德元年四月十四日。崇德帝钦定册立皇后册封公额驸及扎萨克亲王郡王诺颜台吉及其福晋格格称号之则例。钦奉皇帝传制，制定诸皇后、后妃之称号，诸女婿称号，和硕亲王、多罗郡王、多罗贝勒、旗台吉纳尔诸福晋、格格及诸女婿称号。皇女则曰（固伦）公主，女婿曰固伦额驸。圣上亲手将和硕亲王、多罗郡王、多罗贝勒、旗（和硕）台吉纳尔之女出嫁则亦曰公主、额驸。和硕亲王各一位大福晋曰亲王福晋，其他福晋则叫做侧福晋，女曰和硕公主，女婿曰和硕额驸。多罗郡王各一位大福晋曰郡王福晋，其他福晋则叫做侧福晋，女曰郡主，女婿曰郡主仪宾。固伦诸诺颜（多罗贝勒）各一位大福晋曰贝勒福晋，其他福晋曰侧福晋，女曰郡君，女婿曰郡君仪宾。旗台吉纳尔（固山贝子）各一位大福晋曰贝子福晋，其他福晋曰侧福晋，女曰县君，女婿曰县君仪宾。和硕亲王、多罗郡王、多罗贝勒、旗（和硕）台吉纳尔等所养女、女婿则亦依据用养父母之称号称呼。

## 01-01-15　　崇德帝钦定扎萨克亲王郡王诺颜台吉及其福晋顶戴腰带式样之则例

崇德元年四月十四日

钦奉皇帝敕谕，制定和硕亲王、多罗郡王、多罗贝勒、和硕台吉纳尔的冠顶子腰带式样及扎萨克福晋、固伦福晋、固伦诸诺颜福晋、和硕台吉纳尔的福晋冠顶子、首饰、金佛头、项圈等的式样。

定亲王冠帽三层，上衔红宝石，中嵌东珠八。前舍林，嵌东珠四。后金花，嵌东珠三。带用金镶玉板四片，嵌东珠四。定郡王冠帽三层，上衔红宝石，中嵌东珠七。前舍林东珠三。后金花，嵌东珠二。带用金镶玉板四片，嵌绿松石四。

定贝勒冠顶三层，上衔红宝石，中嵌东珠六。前舍林，缀东珠二。后金花，缀东珠一。带用金镶玉板四片，嵌宝石四。

定贝子冠顶二层，上衔红宝石，中嵌东珠五。前舍林，后金花，各嵌东珠一。带用金镶玉板四片，每片嵌蓝宝石一。

定镇国公冠顶二层，上衔红宝石，中嵌东珠四。前舍林，嵌东珠一。后金花，嵌绿松石一。带如贝子。定辅国公冠顶二层，上衔红宝石，中嵌东珠三。前舍林，嵌绿松石一。后金花，嵌宝石一。带如镇国公。定亲王嫡妃冠顶嵌东珠八，侧妃嵌东珠七。定郡王嫡妃冠顶嵌东珠七，侧妃嵌东珠六。定贝勒嫡夫人冠顶嵌东珠六，侧夫人嵌东珠五。定贝子嫡夫人冠顶嵌东珠五，侧夫人嵌东珠四。其帽子顶子长度，顶子顶端镶嵌红宝石，与各自的丈夫相同。

扎萨克亲王、扎萨克福晋以下，和硕台吉纳尔（贝子）、和硕福晋以上不得镶嵌多于五分的大塔纳。禁止衣服服饰、鞍辔、鞍鞴、鞍座子饰件等模仿君上，用五爪行龙或凤凰、黄缎子等过分修饰。不得穿戴黄色衣服，先前做成的则废弃。严格禁止模仿君上，按照故事仿造。衣帽若用大象形象则须废掉。

## 01-01-16 崇德帝钦定文武大臣顶戴腰带式样之则例
### 崇德元年四月十四日

钦奉宽温仁圣皇帝敕谕，颁定众臣僚官员帽子顶子、腰带等级及服色。超品公用镶嵌一颗塔纳的金顶子、金边玉带。袭爵公、固山贝勒、诸大章京、六部尚书准再用任何一种颜色的镶嵌宝石的金顶子、碎金带圈的腰带。二等大臣、掌管大纛之臣准用镶嵌琉璃镀金的银顶子、镀金碎银制四方形带板的腰带。三等诸臣、带领羽林军之诸臣（护军）、六部侍郎用镀金银顶子，镀金雕刻四方形的铁制带板的腰带。诸佐领（苏木章京等）用镀金铁制带板腰带。诸恰（侍卫）在克克勒津帽子上插上羽翎，用镀金铁作带板的腰带。将此委任给一切吏目事务及蒙古诉讼事务，等级官衔尚未定下的诸臣，则顶子及腰带等级依照上谕。赏赐给超品公一把金黄伞、两支豹尾枪、六只旗，开道驱逐人的二红棍（戴红帽子）。小公、诸固山额真（贝勒）、委事大章京等给一把金黄伞、六只旗，开道驱逐人的二红棍（戴红帽子）。二等臣、掌管大纛诸臣给六只旗，开道驱逐人的二红棍（戴红帽子）。三等臣僚给四只旗。诸佐领（苏木章京等）给两只旗。无论到何处均按照这个则例行事。城池附近超品公带领开道驱逐人的二红棍（戴红帽子），还有十名随从。小公、诸固山额真（贝勒）、委事大章京等给开道驱逐人的二红棍（戴红帽子），六名随从。二等臣、掌管大纛的诸臣给开道驱逐人的二红棍（戴红帽子），四名随从。三等臣僚给四名随从。诸佐领（苏木章京等）有两名随从。

## 01-01-17 崇德帝钦定觐见扎萨克亲王郡王诺颜及行走守门诸事之礼仪条例

崇德元年四月十四日

钦奉宽温仁圣皇帝敕谕制定。和硕亲王、多罗郡王、多罗贝勒守门之则例，在内务府衙门，除轮值之人之外无人，各旗之人集合则即在大门。有事者禀报轮值之人。若允许准进入则进去。擅自进入，则按照会典之文治罪。亲王、郡王及诸诺颜诞辰日，元旦及喜庆，则各自旗官吏、固山贝勒以下诸佐领以下全体集会，行二跪六叩礼。拜见时无事却不来跪拜，而在家中，便有罪。由亲王、郡王及诸贝勒衙门门口前边路过时，骑马者、乘车者须下马下车。此事由守门轮值官员掌管。由上级派来诸恰（侍卫）出入原由，在先前所下达文书中有。

## 01-01-18 崇德帝钦定奏章谕旨及公文格式条例

崇德元年四月十四日

宽温仁圣皇帝诏曰：我国之人，昔未谙典礼，故言语书词，俱无上下贵贱之分；今阅古制，凡上下问答，各有分别，自今俱宜仿而行之。嗣后凡施之于皇上者，则谓之奏；施之于亲王、郡王及诸贝勒者，则谓之禀；施之于大臣者，则谓之呈。皇上之书词，谓之上谕；言语谓之降旨。臣工对上，无论问答，均谓之奏陈。各库分别定名，谓之曰银库、财库、仓库。桥谓之市井，铺谓之商家。各地方官用牲畜，谓之户部牧养。教场谓之演武厅。外藩归顺之蒙古使者，不得曰使臣；若来进牲畜、财帛者，则谓之进献牲畜、财帛之人；若来告事，则谓之奏陈。内外和硕亲王、多罗郡王、多罗贝勒等彼此往来之使，则谓之使臣；若亲王、郡王、贝勒、贝子等所遣之使，则亦谓之使臣；未封王之大小贝勒、贝子等之使者，若来亲王、郡王处馈送者，则不曰使臣，谓之馈送之人。不得称呼察扎（禁约），谓之扎萨克（即国家法律）。

## 01-01-19 崇德帝钦定清明等诸节日谒（祭奠）太祖陵之条例

崇德元年四月十四日

皇上幸太庙，用太牢牛羊祭，派遣官吏至金陵烧香拜祭。冬腊月三十日，皇上幸太庙，用太牢牛羊祭，派遣官吏至福陵烧香拜祭。清明节，皇上幸太庙，用太牢牛羊祭。派遣官吏至太庙烧香拜祭。皇上诞辰日，派遣吏员至金陵烧香拜祭时，用酒及果品等。在太庙烧香。

## 01-01-20　　崇德帝钦定太祖太后忌日禁忌条例及祭文

崇德元年四月十四日

太祖太后忌日，皇上素服，幸至大清门。不得敲锣打鼓。不听诸娱乐之声。不理刑法。不杀生灵。诸诺颜、文武百官均素服，觐见皇上。不得言任何话语。派遣一名超品之效力旧臣举行祭祀。除香烛及酒、果品之外，不用其他物品祭祀。祭文曰某年某月某日，孝子敬仰，派遣重臣曰：诚惶诚恐向太祖太后祈祷谨言，太祖承天广运圣德神功肇纪立极仁孝武皇帝、孝慈昭宪纯德贞顺承天育圣武皇后殡天之日，深思吉祥、功德，朕颇为感伤。敬请明鉴。

## 01-01-21　　崇德帝钦定皇后皇妃及众福晋之侍从之顶珠服饰条例

崇德元年四月十四日

钦奉宽温仁圣皇帝敕谕制定。皇后侍从娘子（命妇）等红蓝绿及所有颜色的镶嵌宝石的金顶子。东宫宸妃、西宫贵妃侍从娘子镶嵌玻璃的金顶子。次东宫淑妃、次西宫庄妃侍从娘子则金顶子。此侍从娘子等诸夫无称号则依照此等级行事。镶嵌宝石玻璃之金顶子。衣服则亦依照称号等级插上。扎萨克福晋及固伦福晋侍从娘子插上金顶子。无称号的娘子则亦如此这般。有大称号的侍从娘子则亦称号等级插上金顶子。固伦诺颜福晋及和硕（旗）台吉纳尔的福晋侍从娘子无称号则不得插上金顶子。有称号者的侍从，则亦称号等级插上金顶子。侍从娘子满洲人则穿戴满洲服装，蒙古人则穿戴蒙古服装。所有臣僚的侍从娘子依照插上顶子。无顶子的官吏侍从娘子不得插上顶子。所有官吏有各二、各三侍从娘子则一人准再插上顶子。其他不得插上。所有侍从娘子由朝廷赏赐的朝服则穿戴。不得擅自模仿君上裁剪衣服。

## 01-01-22　　崇德帝钦定下嫁公主及额驸服饰等级式样条例

崇德元年四月十四日

钦奉宽温仁圣皇帝敕谕制定。下嫁外藩王及诸诺颜的公主、格格等，亦按照本地之俗穿戴。下嫁国内的公主等则按照扎萨克福晋等级穿戴。扎萨克格格等则按照固伦福晋等级穿戴。固伦格格等则按照固伦诸诺颜福晋等级穿戴。固伦诸诺颜福晋等则和硕（旗）台吉纳尔的诸福晋等级穿戴。和硕（旗）格格等则按照超品公的诸娘子等级穿戴。固伦额驸按照出众超品公等级穿戴。扎萨克的女婿等按照大章京等级穿戴。固伦女婿等按照副章京等级穿戴。固伦诸诺颜的女婿按照甲喇诸章京等级穿戴。和硕（旗）的女婿等按照佐领等级穿戴。无称号的女婿等按照此规定行事。固伦公主等、扎萨克格格等、固伦格格等侍从娘子则在所有诸王之门不下轿。男子则下轿。固伦诸诺颜福晋等、和硕（旗）格格等则不下轿。所有侍从都得下。在固伦诸诺颜、和硕（旗）台吉纳尔之门，固伦诸诺颜福晋等、和硕（旗）格格等之侍从妇女则不下。男子则下轿。

## 01-01-23　　崇德帝钦定亲王郡王与固伦公主等路逢礼让条例
崇德元年四月十四日

亲王郡王与固伦公主等路逢则互相尊敬，礼让兄长先走，侧身而过。扎萨克格格等以下和硕（旗）格格等以上路逢则停车，礼让其先走。固伦诸诺颜路逢固伦公主等则固伦诸诺颜在路边行走。固伦诸诺颜路逢扎萨克格格等、固伦格格等、固伦诸诺颜等则亦互相尊敬，侧身而过。若是和硕（旗）格格等路逢则停车，礼让其先走。和硕（旗）台吉纳尔若路逢固伦公主等则拉住缰绳，礼让其先走。扎萨克格格等、固伦格格等与和硕（旗）台吉纳尔若路逢则在路边行走。和硕（旗）台吉纳尔与固伦诸诺颜格格等、和硕（旗）格格等若路逢则亦互相尊敬，侧身而过。

## 01-01-24　　崇德帝钦定固伦公主扎萨克福晋等乘用舆车式样之条例
崇德元年四月十四日

固伦公主暖轿一，金顶朱轮车一。皆金黄盖，红帏，红缘，盖角金黄幨。初制，固伦公主车轿盖以金黄缎为之，盖角垂幨皆红缘。和硕公主暖轿及朱轮车，红盖，红帏，盖角金黄缘。余同固伦公主。和硕公主以下，县主以上，舆用银顶。并按初制，固伦公主车、皆红缎为之，盖角亦金黄缘。

郡主暖轿及朱轮车，红盖，红帏，红幨，盖角皂缘。余如和硕公主。初制，郡主盖、帏与和硕公主同，唯盖角青缘。县主暖轿及朱轮车，红盖，青幨，盖角皂缘。余如郡主。初制，县主盖、帏俱同和硕主，唯盖角蓝缘。郡君车，红盖，红幨，青帏，盖角青缘。初制，郡君车盖红缎为之，蓝帏，盖角蓝缘。县君车，皂盖，红幨，皂帏，盖角红缘。初制，县君车盖青缎为之，盖角红缘。镇国公女乡君车，皂盖，皂帏，红幨，盖角青缘。初制，镇国公女乡君车盖、帏亦以青缎为之，盖角蓝缘。辅国公女乡君车，青帏，盖去缘饰。余如镇国公女。郡君以下车皆朱轮。并按初制，辅国公女乡君车青盖、蓝帏。亲王福晋暖轿及朱轮车，红盖，四角皂缘。金黄幨，红帏，朱辕，舆用金顶。自亲王以下，贝勒以上各侧室，均降低一等。并按初制，亲王妃车、轿红盖，红帏，金黄垂幨，盖角青缘。其侧妃车、轿亦红盖，红帏，盖角青缘，红垂幨。郡王福晋暖轿及朱轮车，皂幨。余如亲王世子福晋。舆用银顶。初制，郡王妃轿、车盖、帏与亲王世子侧妃同。其侧妃轿、车，红盖，红帏，盖角蓝缘，蓝垂幨。

贝勒夫人暖轿及朱轮车，四角皂缘，皂帏。余如郡王长福晋。初制，贝勒夫人轿、车与郡王长子侧妃同，其侧夫人轿车，红盖，蓝缘，蓝帏，红幨。贝子夫人车，红盖，青缘，青帏，红幨。初制，贝子夫人车与贝勒侧夫人同。其侧夫人车，青盖，红缘，青帏，红幨。镇国公夫人车，朱轮，皂盖，红缘，皂帏，红幨。自公夫人以上，盖、帏均用云缎，镇国将军夫人以下用素缎。并按初制，镇国公夫人车盖、帏与贝子侧夫人同。其侧夫人车，青盖，蓝缘，青帏，红幨。辅国公夫人车，朱轮，皂盖，青缘，皂帏，红幨。初制辅国公夫车盖、帏与镇国公侧夫人同。其侧夫人车，青盖，蓝帏，红幨。镇国将军夫人车、辅国将军夫人车、奉国将军淑人车、奉恩将军夫人车、民公夫人车、侯伯夫人车、子夫人车、男夫人车。

## 01-01-25　武英郡王奏大军由巴延苏门（指张家口——译者）

### 入关后之情势

崇德元年四月十四日

出征大军六月二十七日入关。当入关之日，直到巴延苏门（指张家口——译者）奔驰。两次作战。其次数不得而知。据说，色吉尔带领一千六百人包括妻子家属、牲畜等向我军投降。又七百个蒙古兵杀死其归附总镇（清代总兵俗称——译者）而归诚，并杀掠在翁衮山汉人且放火，向我军倒戈。温布楚库尔一十三个蒙古人中五个蒙古人叛逃出来。据那位逃人说，因这位色吉尔叛逃，于是大明皇帝下令文书，凡是有蒙古名字者格杀勿论。听说此之后，我们因害怕而出来了。据说将我们妻儿都杀害了。夺取中宫（镇）、燕京州、沙井这三座城。由那里攻入长城，夺取昌平城。我军在昌平城之外，户部主事上吊而死。杀死一名太保。获得牲畜无数。获得财货不计其数。内地一名风水先生（阴阳家）说过，今年庄稼颇丰收，但无人吃。七月大敌攻入。丑年（牛年）将大乱。寅年（虎年）只有一个皇帝登位。六月，汗的城池、我等城中有人无疾而笑着寿终。据说汉人大小人谈论曰：西边有敌人流贼，东边有敌人满洲人，如今我们将如何是好？大明皇帝下令敌人来则切勿出去，坚守城关。

## 01-01-26　　崇德帝钦定迎接钦差大臣及圣旨之礼仪

崇德元年十月十六日

钦奉宽温仁圣皇帝敕谕制定。外藩扎萨克亲王及固伦郡王、扎萨克诸诺颜处圣上为举行国朝会及一切诉讼而派遣大臣则目的地诸王及诸诺颜的周边兀鲁思询问派去官吏的名字及事由，先去赶紧说。那些诸王、诸诺颜听后赶紧从五舍之地迎接。若有圣上的谕旨则迎接的诸王全体下马，在右边排列，让圣上的圣旨过去后出发跟随其后，让圣上谕旨走在前边，到家之后，在桌子上烧香。被派去官吏将圣旨放置桌子上，由东边朝西，诸王、诸诺颜行一跪三叩之礼，且一直跪着。被派去官吏将圣旨从桌子上拿后给阅读笔帖式。那位笔帖式起立便阅读完毕给诸诺颜，诸王、诸诺颜用双手接谕旨，并将其给自己随从，行一跪三叩之礼之后，要珍藏好圣旨。被遣去官吏、诸王、诸诺颜相互各一跪各一叩，他们之间留一定距离，被派去官吏在左侧，诸王、诸诺颜则在右侧，面对面而坐。

若无圣上谕旨则迎接的诸王在马背上想见行礼，并肩而行。到家后下马相互各一跪，各一叩，被派去官吏在左侧，诸王、诸诺颜则在右侧，落座。聆听圣上谕旨时诸王、诸诺颜得跪着听。圣主施舍赏赐及就其他事情派去的官吏、恰（侍卫）则亦将周边兀鲁思、被派去官吏之名、事由等先去说。诸王、诸诺颜从府院出去迎接，到家后给施舍赏赐时跪着接受。有该穿戴的衣服则穿戴，朝圣上方向行二跪六叩礼。财货食物则亦跪着接受，行二跪六叩礼。中间留一定距离，诸王、诸诺颜则在左侧，被派去官吏在右侧坐下，为被派去官吏送行时，又在迎接的地方送行。圣上若让外诸王及诸诺颜、台吉纳尔奉送东西来的人携带圣上给其主人的施舍赏赐则到后从家出来迎接，朝圣上方向行二跪六叩礼。内外扎萨克亲王、固伦郡王、扎萨克诸诺颜、和硕（旗）台吉纳尔之间使者相互往来则依照先前之例子行事。

### 01-01-27　国史院希福等恭敬满蒙汉三文太祖实录告成之奏本

崇德元年十月十六日

内国史院大学士希福、刚林率内院满洲、蒙古、汉人几个笔帖式等上表进呈，谨奏于宽温仁圣皇帝陛下。臣等钦奉上谕，纂修太祖承天广运圣德神功肇纪立极仁孝武皇帝、孝慈昭宪纯德贞顺承天育圣武皇后之实录，谨以满洲、蒙古、汉字三种文编译成书，修成万世永垂之国史。

### 01-01-28　扎萨克亲王郡王贝勒贝子等恭贺太祖实录告成之表文

崇德元年十月十六日

和硕亲王、多罗郡王、多罗贝勒、文武官员等谨奏于宽温仁圣皇帝陛下，臣等不胜踊跃欢忭，谨奉表称贺。纂修太祖承天广运圣德神功肇纪立极仁孝武皇帝、孝慈昭宪纯德贞顺承天育圣武皇后之实录，由此丰功伟绩，彪炳丹青，懿行嘉谟，昭垂万世。我们大家不胜踊跃欢忭，谨奉表称贺。

### 01-01-29　　崇德为诸臣恭贺太祖实录告成表文之谕批

崇德元年十月十六日

宽温仁圣皇帝制曰：朕仰唯太祖承天广运圣德神功肇纪立极仁孝武皇帝、孝慈昭宪纯德贞顺承天育圣武皇后功德，昭垂万世。兹当纂辑告成，朕心嘉悦，与卿等共之。

### 01-01-30　　崇德帝册封叶赫氏苏本珠为扎萨克大福晋之诰命

崇德元年十月十六日

奉天承运宽温仁圣皇帝制曰：自开天辟地以来，有一代应运之君，正定名号，以彰懿德，锡予褒封，乃古圣王之常经，万代不易之通典。今朕诞登大宝，效法前王，遵循古帝王圣君故事，爰定藩封，和硕亲王、多罗郡王，多罗贝勒贝子之妻，各有封号，特颁制诰。叶赫氏苏本珠，尔与朕兄扎萨克要苏图亲王（和硕礼亲王代善——译者）有缘分，故封尔为扎萨克要苏图亲王（和硕礼亲王代善——译者）之扎萨克（和硕）大福晋，颁赐册文。锡之诰命，勿越中正，勿违道义，益为辅佐朕兄扎萨克要苏图亲王（和硕礼亲王代善——译者），敬慎持心，名显当时，誉垂后世，恪守妇德。钦哉，勿替朕命。

## 01-01-31　崇德帝册封叶赫氏苏巴瑚为扎萨克大福晋之诰命

崇德元年十月十六日

奉天承运宽温仁圣皇帝制曰：自开天辟地以来，有一代应运之君，正定名号，以彰懿德，锡予褒封，乃古圣王之常经，万代不易之通典。今朕诞登大宝，效法前王，遵循古帝王圣君故事，爰定藩封，和硕亲王、多罗郡王，多罗贝勒贝子之妻，各有封号，特颁制诰。叶赫氏苏巴瑚，尔与朕弟扎萨克昆都亲王（和硕郑亲王济尔哈朗——译者）有缘分，故封尔为扎萨克昆都亲王（和硕郑亲王济尔哈朗——译者）之扎萨克（和硕）大福晋，颁赐册文。锡之诰命，勿越中正，勿违道义，益为辅佐朕弟扎萨克昆都亲王（和硕郑亲王济尔哈朗——译者），敬慎持心，名显当时，誉垂后世，恪守妇德。钦哉，勿替朕命。

## 01-01-32　崇德帝册封科尔沁巴达玛为扎萨克大福晋之诰命

崇德元年十月十六日

奉天承运宽温仁圣皇帝制曰：自开天辟地以来，有一代应运之君，正定名号，以彰懿德，锡予褒封，乃古圣王之常经，万代不易之通典。今朕诞登大宝，效法前王，遵循古帝王圣君故事，爰定藩封，和硕亲王、多罗郡王，多罗贝勒贝子之妻，各有封号，特颁制诰。科尔沁巴达玛，尔与朕弟扎萨克墨尔根亲王（和硕睿亲王多尔衮——译者）有缘分，故封尔为扎萨克墨尔根亲王（和硕睿亲王多尔衮——译者）之扎萨克（和硕）大福晋，颁赐册文。锡之诰命，勿越中正，勿违道义，益为辅佐扎萨克墨尔根亲王（和硕睿亲王多尔衮——译者），敬慎持心，名显当时，誉垂后世，恪守妇德。钦哉，勿替朕命。

## 01-01-33　崇德帝册封科尔沁塔扎为扎萨克大福晋之诰命

崇德元年十月十六日

奉天承运宽温仁圣皇帝制曰：自开天辟地以来，有一代应运之君，正定名号，以彰懿德，锡予褒封，乃古圣王之常经，万代不易之通典。今朕诞登大宝，效法前王，遵循古帝王圣君故事，爰定藩封，和硕亲王、多罗郡王，多罗贝勒贝子之妻，各有封号，特颁制诰。科尔沁塔扎，尔与朕弟扎萨克额尔克亲王（和硕豫亲王多铎——译者）有缘分，故封尔为扎萨克额尔克亲王（和硕豫亲王多铎——译者）之扎萨克（和硕）大福晋，颁赐册文。锡之诰命，勿越中正，勿违道义，益为辅佐扎萨克额尔克亲王（和硕豫亲王多铎——译者），敬慎持心，名显当时，誉垂后世，恪守妇德。钦哉，勿替朕命。

## 01-01-34　　崇德帝册封乌拉氏济海为扎萨克大福晋之诰命
崇德元年十月十六日

　　奉天承运宽温仁圣皇帝制曰：自开天辟地以来，有一代应运之君，正定名号，以彰懿德，锡予褒封，乃古圣王之常经，万代不易之通典。今朕诞登大宝，效法前王，遵循古帝王圣君故事，爰定藩封，和硕亲王、多罗郡王，多罗贝勒贝子之妻，各有封号，特颁制诰。乌拉氏济海，尔与朕侄子扎萨克彻辰亲王（和硕成亲王岳托——译者）有缘分，故封尔为扎萨克彻辰亲王（和硕成亲王岳托——译者）之扎萨克（和硕）大福晋，颁赐册文。锡之诰命，勿越中正，勿违道义，益为辅佐扎萨克彻辰亲王（和硕成亲王岳托——译者），敬慎持心，名显当时，誉垂后世，恪守妇德。钦哉，勿替朕命。

## 01-01-35　　崇德帝册封科尔沁宝格图为扎萨克大福晋之诰命
崇德元年十月十六日

　　奉天承运宽温仁圣皇帝制曰：自开天辟地以来，有一代应运之君，正定名号，以彰懿德，锡予褒封，乃古圣王之常经，万代不易之通典。今朕诞登大宝，效法前王，遵循古帝王圣君故事，爰定藩封，和硕亲王、多罗郡王，多罗贝勒贝子之妻，各有封号，特颁制诰。科尔沁宝克图，尔与朕弟多罗巴图鲁郡王（武英郡王阿济格——译者）有缘分，故封尔为多罗巴图鲁郡王（武英郡王阿济格——译者）之大福晋，颁赐册文。锡之诰命，勿越中正，勿违道义，益为辅佐多罗巴图鲁郡王（武英郡王阿济格——译者），敬慎持心，名显当时，誉垂后世，恪守妇德。钦哉，勿替朕命。

## 01-01-36　　崇德帝册封乌拉氏宁古石为多罗阿穆古朗
贝勒大福晋之敕命
崇德元年十月十六日

　　奉天承运宽温仁圣皇帝制曰：自开天辟地以来，有一代应运之君，正定名号，以彰懿德，锡予褒封，乃古圣王之常经，万代不易之通典。今朕诞登大宝，效法前王，遵循古帝王圣君故事，爰定藩封，和硕亲王、多罗郡王，多罗贝勒贝子之妻，各有封号，特颁制诰。乌拉氏宁古石，尔与朕侄子多罗阿穆古朗贝勒（多罗安平贝勒杜度——译者）有缘分，故封尔为多罗阿穆古朗贝勒（多罗安平贝勒杜度——译者）之大福晋，颁赐册文。锡之诰命，勿越中正，勿违道义，益为辅佐多罗阿穆古朗贝勒（多罗安平贝勒杜度——译者），敬慎持心，名显当时，誉垂后世，恪守妇德。钦哉，勿替朕命。

**01-01-37　崇德帝册封辉发氏萨玛嘎为多罗巴颜贝勒大福晋之敕命**

崇德元年十月十六日

奉天承运宽温仁圣皇帝制曰：自开天辟地以来，有一代应运之君，正定名号，以彰懿德，锡予褒封，乃古圣王之常经，万代不易之通典。今朕诞登大宝，效法前王，遵循古帝王圣君故事，爰定藩封，和硕亲王、多罗郡王，多罗贝勒贝子之妻，各有封号，特颁制诰。辉发氏萨玛嘎，尔与多罗巴颜贝勒（多罗饶余贝勒阿巴泰——译者）有缘分，故封尔为多罗巴颜贝勒（多罗饶余贝勒阿巴泰——译者）之大福晋，颁赐册文。锡之诰命，勿越中正，勿违道义，益为辅佐多罗巴颜贝勒（多罗饶余贝勒阿巴泰——译者），敬慎持心，名显当时，誉垂后世，恪守妇德。钦哉，勿替朕命。

**01-01-38　崇德帝册封察哈尔公主为固伦公主之册文**

崇德元年十月十六日

奉天承运宽温仁圣皇帝诏曰：自开天辟地以来，一代应运之君临宇内诞辰，具有诸姊妹、女儿，颁定名分称号以示仁爱之礼，古来圣君开创之法则也。此乃万世不变之法则也。今朕即大位，爰仿古制，遵循古来历代圣君故事，给诸公主赐给册书，制定仁爱之礼。将尔察哈尔公主当朕子嗣，册封尔为固伦公主，尔切勿以朕之女为恃，勿越中正，勿违道义，敬慎持心，名显当时，誉垂后世，恪守妇德。钦哉，勿替朕命。

**01-01-39　崇德帝册封皇姊囊扎格格为固伦公主之册文**

崇德元年十月十六日

奉天承运宽温仁圣皇帝诏曰：自开天辟地以来，一代应运之君临宇内诞辰，具有诸姊妹、女儿，颁定名分称号以示仁爱之礼，乃古来圣君开创之法则也。今朕即大位，爰仿古制，遵循古来历代圣君故事，给诸公主赐给册书，制定仁爱之礼。将尔囊扎为皇姊，册封尔为国朝固伦公主，尔切勿以皇姊为恃，勿越中正，勿违道义，敬慎持心，名显当时，誉垂后世，恪守妇德。钦哉，勿替朕命。

**01-01-40　崇德帝册封皇姊占扎（准哲）格格为固伦扎萨克公主之册文**

崇德元年十月十六日

奉天承运宽温仁圣皇帝诏曰：自开天辟地以来，一代应运之君临宇内诞辰，具有诸姊妹、女儿，颁定名分称号以示仁爱之礼，乃古来圣君开创之法则也。今朕即大位，爰仿古制，遵循古来历代圣君故事，给诸公主赐给册书，制定仁爱之礼。将尔占扎（准哲）为皇姊，册封尔为国朝固伦公主，尔切勿以皇姊为恃，勿越中正，勿违道义，敬慎持心，名显当时，誉垂后世，恪守妇德。钦哉，勿替朕命。

## 01-01-41　　崇德帝册封皇妹穆库什为扎萨克公主之册文

崇德元年十月十六日

　　奉天承运宽温仁圣皇帝诏曰：自开天辟地以来，一代应运之君临宇内诞辰，具有诸姊妹、女儿，颁定名分称号以示仁爱之礼，乃古来圣君开创之法则也。今朕即大位，爰仿古制，遵循古来历代圣君故事，给诸公主赐给册书，制定仁爱之礼。仁爱皇妹尔穆库什，册封尔为国朝固伦公主，尔勿以皇妹为恃，勿越中正，勿违道义，敬慎持心，名显当时，誉垂后世，恪守妇德。钦哉，勿替朕命。

## 01-01-42　　　崇德帝册封皇妹宗岱格格为扎萨克公主之册文

崇德元年十月十六日

　　奉天承运宽温仁圣皇帝诏曰：自开天辟地以来，一代应运之君临宇内诞辰，具有诸姊妹、女儿，颁定名分称号以示仁爱之礼，乃古来圣君开创之法则也。今朕即大位，爰仿古制，遵循古来历代圣君故事，给诸公主赐给册书，制定仁爱之礼。仁爱皇妹宗岱格格，册封尔为固伦公主，尔勿以皇妹为恃，勿越中正，勿违道义，敬慎持心，名显当时，誉垂后世，恪守妇德。钦哉，勿替朕命。

## 01-01-43　　　崇德帝册封皇妹松果图格格为扎萨克公主之册文

崇德元年十月十六日

　　奉天承运宽温仁圣皇帝诏曰：自开天辟地以来，一代应运之君临宇内诞辰，具有诸姊妹、女儿，颁定名分称号以示仁爱之礼，乃古来圣君开创之法则也。今朕即大位，爰仿古制，遵循古来历代圣君故事，给诸公主赐给册书，制定仁爱之礼。仁爱皇妹尔松果图，册封尔为国朝固伦公主，尔勿恃身为皇妹，勿越中正，勿违道义，敬慎持心，名显当时，誉垂后世，恪守妇德。钦哉，勿替朕命。

## 01-01-44　　　崇德帝册封敖汉公主为固伦公主之册文

崇德元年十一月初七日

　　奉天承运宽温仁圣皇帝诏曰：自开天辟地以来，一代应运之君临宇内诞辰，具有诸姊妹、女儿，颁定名分称号以示仁爱之礼，乃古来圣君开创之法则也。此乃万世不变之法则也。今朕即大位，爰仿古制，遵循古来历代圣君故事，给诸公主赐给册书，制定仁爱之礼。将尔敖汉公主当朕子嗣，册封尔为国朝固伦公主，尔勿恃以为朕子嗣，勿越中正，勿违道义，敬慎持心，名显当时，誉垂后世，恪守妇德。钦哉，勿替朕命。

## 01-01-45　　　崇德帝册封科尔沁都勒玛为扎萨克大福晋之诰命
### 崇德元年十一月初七日

奉天承运宽温仁圣皇帝制曰：自开天辟地以来，有一代应运之君，正定名号，以彰懿德，锡予褒封，乃古圣王之常经，万代不易之通典。今朕诞登大宝，效法前王，遵循古帝王圣君故事，爰定藩封，和硕亲王、多罗郡王，多罗贝勒贝子之妻，各有封号，特颁制诰。科尔沁都勒玛，尔与朕子扎萨克之扎萨克图亲王（和硕肃亲王豪格——译者）有缘分，故封尔为扎萨克之扎萨克图亲王（和硕肃亲王豪格——译者）之扎萨克（和硕）大福晋，颁赐册文。锡之诰命，勿越中正，勿违道义，益为辅佐扎萨克之扎萨克图亲王（和硕肃亲王豪格——译者），敬慎持心，名显当时，誉垂后世，恪守妇德。钦哉，勿替朕命。

## 01-01-46　　　崇德帝册封乌珠穆秦部布章为多罗大福晋之诰命
### 崇德元年十一月初七日

奉天承运宽温仁圣皇帝制曰：自开天辟地以来，有一代应运之君，正定名号，以彰懿德，锡予褒封，乃古圣王之常经，万代不易之通典。今朕诞登大宝，效法前王，遵循古帝王圣君故事，爰定藩封，和硕亲王、多罗郡王，多罗贝勒贝子之妻，各有封号，特颁制诰。乌珠穆秦部布章，尔与朕侄子多罗郡王阿达礼有缘分，故册封尔为多罗郡王阿达礼之大福晋，颁赐册文。锡之诰命，勿越中正，勿违道义，益为辅佐多罗郡王阿达礼，敬慎持心，名显当时，誉垂后世，恪守妇德。钦哉，勿替朕命。

## 01-01-47　　　崇德帝册封宋折为多罗大福晋之诰命
### 崇德元年十二月十七日

奉天承运宽温仁圣皇帝制曰：自开天辟地以来，有一代应运之君，正定名号，以彰懿德，锡予褒封，乃古圣王之常经，万代不易之通典。今朕诞登大宝，效法前王，遵循古帝王圣君故事，爰定藩封，和硕亲王、多罗郡王，多罗贝勒贝子之妻，各有封号，特颁制诰。宋折，尔与朕侄子（侄孙）多罗贝勒罗洛浑有缘分，故册封尔为多罗贝勒罗洛浑大福晋，颁赐册文。锡之诰命，勿越中正，勿违道义，益为辅佐多罗贝勒罗洛浑，敬慎持心，名显当时，誉垂后世，恪守妇德。钦哉，勿替朕命。

## 01-01-48　　　崇德帝以出征朝鲜谨告天地之文
### 崇德元年十二月

大清皇帝臣皇太极敢昭告于皇天后土曰：臣抚有疆域，绥靖人民。自祖父以前与明国向无仇隙，乃明国无故害臣二祖。臣父不遽加兵，仍与明修好，而明国复助臣之邻国叶赫遣兵戍守，谋倾我国。彼时觉其狂狡之谋，遂书七大恨事，昭告天地，往征明国。蒙天地保佑我，己未岁，明合四路之兵，来侵臣境。而朝鲜与我疆土相接，无故以兵助明，共图加害。蒙天地垂佑，使明之三路官兵，悉皆覆没。唯一路脱回。朝鲜将士为我擒戮。是朝鲜与臣国素无嫌隙而乃助明来侵。实彼之先启衅端也，然我国犹不加征讨。迨辛酉年，往征辽东，天地界以辽东之地。朝鲜乃为明国招诱辽民，匿之海岛，给以粮饷，伺隙逞谋。臣于丁卯岁，遣兵往征朝鲜，职此故也。朝鲜自知负慝，遣使成行，复乞和好，以兄礼事臣。待臣之使，一如待明使礼。誓告天地，臣遂许其修旧好，释前愆，还其昔年阵获官员，以为讲信修睦，准再久要不忘矣。不图朝鲜之屡败盟誓也，其民人侵略我地，越境渔猎，不行禁止，且纳我逃民，献之明国。明人有逃附于我者，彼复行堵截。阴馈粮饷，潜蓄异图，假明国以兵船，拒我邦而弗与居，两国之间而恩仇顿异，弃十年之好而悖慢多端。今复以密书付平安道洪观察使云，昔丁卯年权许讲和，今断绝成仇，当谨备关隘，集智谋之士，励勇干之人，以图报复。此书被臣使得之。臣知朝鲜败盟，情理难宥。欲及其未备，兴师致讨。谨告皇天后土，用张挞伐师之曲直，唯天地鉴之！

## 01-01-49　　　　崇德帝出征朝鲜国之诏书
### 崇德元年十二月

　　宽温仁圣皇帝传谕曰：今者往征朝鲜，非朕之乐于兴戎也。特以朝鲜败盟，纳我逃人，献之明国。孔、耿二王来降于我，彼兴兵截杀。我师既至，彼仍抗拒。且遇我使臣，不以旧礼赍去书词，拒而不视。又贻书于平安道洪观察使云：丁卯年权许讲和，今已永绝，当谨备关隘，激励勇士。其书为英俄尔岱等遇而夺之。是彼之毁弃盟好，乐祸怀奸，将未有已不得已兴兵伐之。若嗜杀殃民，朕心有所不忍。上天以好生为德，人命岂可轻视？屠戮无辜，实为不仁。妄杀已降，实为不义。今与尔等约，大军所过不许毁拆寺庙及佛像，逆命者诛之。不逆命者勿杀。以城降者勿侵其城。以堡归者勿扰其堡。俱令薙发。有逃亡来归者，恩养之。凡阵获官兵，彼既拒战，杀之勿养。所克获城堡人民，充当仆从之人勿杀。不充当仆从之人，杀之勿养。勿离其夫妇，勿夺其衣服。即老者、瞀者，残疾不堪取携者，亦勿夺其衣服。仍令安居于家。勿使弃于道路。尚未集中之前，切勿擅自领走所虏获妇女。妇女勿得淫乱，违者军法从事。崇德元年十二月。

# 崇德二年（1637）档册

## 01-02-01　　　崇德帝册封俊扎公主为扎萨克公主之册文
### 崇德二年七月二十四日

　　奉天承运宽温仁圣皇帝诏曰：自开天辟地以来，一代应运之君临宇内诞辰，具有诸姊妹、女儿，颁定名分称号以示仁爱之礼，乃古来圣君开创之法则也。今朕即大位，爱仿古制，遵循古来历代圣君故事，给诸公主赐给册书，制定仁爱之礼。仁爱朕子嗣尔俊扎，册封尔为国朝扎萨克公主，尔勿以朕子嗣为恃，勿越中正，勿违道义，敬慎持心，名显当时，誉垂后世，恪守妇德。崇德二年七月二十四日。

### 01-02-02　　崇德帝册封扎萨克卓礼克图亲王福晋阿迪斯
### 为扎萨克大福晋之诰命
崇德二年七月二十四日

奉天承运宽温仁圣皇帝制曰：自开天辟地以来，有一代应运之君，正定名号，以彰懿德，锡予褒封，乃古圣王之常经，万代不易之通典。今朕诞登大宝，效法前王，遵循古帝王圣君故事，爱定藩封，和硕亲王、多罗郡王，多罗贝勒贝子之妻，各有封号，特颁制诰。册封尔扎萨克卓礼克图亲王福晋阿迪斯为扎萨克大福晋，颁赐册文。锡之诰命，勿越中正，勿违道义，益为辅佐扎萨克卓礼克图亲王，敬慎持心，名显当时，誉垂后世，恪守妇德。钦哉，勿替朕命。

### 01-02-03　崇德帝册封扎萨克郡王福晋为扎萨克郡王多罗大福晋之诰命
崇德二年七月二十四日

奉天承运宽温仁圣皇帝制曰：自开天辟地以来，有一代应运之君，正定名号，以彰懿德，锡予褒封，乃古圣王之常经，万代不易之通典。今朕诞登大宝，效法前王，遵循古帝王圣君故事，爱定藩封，和硕亲王、多罗郡王，多罗贝勒贝子之妻，各有封号，特颁制诰。册封尔多罗扎萨克郡王福晋为多罗扎萨克郡王多罗大福晋，颁赐诰命。锡之诰命，勿越中正，勿违道义，益为辅佐扎萨克郡王，敬慎持心，名显当时，誉垂后世，恪守妇德。钦哉，勿替朕命。

### 01-02-04　　崇德帝册封宝丽为扎萨克宾图福晋之诰命
崇德二年正月二十八日

奉天承运宽温仁圣皇帝制曰：自开天辟地以来，有一代应运之君，正定名号，以彰懿德，锡予褒封，乃古圣王之常经，万代不易之通典。今朕诞登大宝，效法前王，遵循古帝王圣君故事，爱定藩封，和硕亲王、多罗郡王，多罗贝勒贝子之妻，各有封号，特颁制诰。尔宝丽养育诸子，教子有方，尔诸子乌克善卓礼克图亲王、满珠习礼巴图鲁郡王为首，尽忠效力。故颁赐册文，册封尔为扎萨克冰图（宾图）福晋。敬慎持心，名显当时，誉垂后世，恪守妇德。循循善诱诸子，若果真能够如此行事，永享清福。勿负朕命。正月二十八日。

### 01-02-05　崇德帝册封苏布地杜棱之福晋泰哈斋为多罗朵奈福晋之诰命
崇德二年七月二十四日

　　奉天承运宽温仁圣皇帝制曰：朕闻正定名号，以彰懿德，锡予褒封，乃古圣王之常经，万代不易之通典。今朕诞登大宝，效法前王，遵循古帝王圣君故事，爰定藩封，和硕亲王、多罗郡王，多罗贝勒贝子之妻，各有封号，特颁制诰。尔泰哈斋之夫为苏布地杜棱，喀喇沁国带头归诚。苏布地杜棱死后，赐给尔之子古鲁斯希布以扎萨克杜棱称号。尔虽妇人，恪守箴闺，敬慎辅佐，抚养属民。故颁赐诰命文书，册封尔为多罗朵奈福晋。尔善教乃子古鲁斯希布有方，敬慎持心，名显当时，誉垂后世，恪守妇人善德。若能够如此行事，则永享清福。勿替朕命。

### 01-02-06　崇德帝册封宾图王福晋贝格图为宾图王大福晋之诰命
崇德二年七月二十四日

　　奉天承运宽温仁圣皇帝制曰：朕闻正定名号，以彰懿德，锡予褒封，乃古圣王之常经，万代不易之通典。今朕诞登大宝，效法前王，遵循古帝王圣君故事，爰定藩封，和硕亲王、多罗郡王，多罗贝勒贝子之妻，各有封号，特颁制诰。册封尔宾图王福晋贝格图为宾图王大福晋，颁赐诰命。锡之诰命，勿越中正，勿违道义，益为辅佐宾图王，敬慎持心，名显当时，誉垂后世，恪守妇德。钦哉，勿替朕命。

### 01-02-07　崇德帝册封皇后之母衮布为扎萨克布颜图福晋之诰命
崇德二年七月二十四日

　　奉天承运宽温仁圣皇帝制曰：尊显岳父岳母名号之礼，乃古来圣君开创之法则也。今朕即大位，爰仿古制，遵循古来历代圣君故事，制定岳母尊名隆号之礼。尔岳母衮布福晋（哈屯），好胜抚养女儿，因有缘与朕相遇，朕特委令其为众贵妃之上，册封中宫清宁宫皇后。尔女已成为皇后，母仪天下，与朕一同祭祀太庙，辅佐国政，以文教来教化治理国民。所有这些均来自于尔岳母养育之功。因此，朕怎能忘记岳母恩德育益，遵循古来故事，颁赐册文，尊上扎萨克布颜图福晋称号，使垂名万世。崇德二年七月二十四日。

### 01-02-08　崇德帝册封杜棱郡王福晋朝克力为多罗大福晋之诰命
崇德二年九月二十日

　　奉天承运宽温仁圣皇帝制曰：朕闻正定名号，以彰懿德，锡予褒封，乃古圣王之常经，万代不易之通典。今朕诞登大宝，效法前王，遵循古帝王圣君故事，爰定藩封，和硕亲王、多罗郡王，多罗贝勒贝子之妻，各有封号，特颁制诰。册封尔多罗杜棱郡王福晋朝克力为多罗杜棱郡王多罗大福晋，颁赐诰命。锡之诰命，勿越中正，勿违道义，益为辅佐多罗杜棱郡王，敬慎持心，名显当时，誉垂后世，恪守妇德。钦哉，勿替朕命。崇德二年九月二十日。

## 01-02-09　　崇德帝册封多罗达尔汗郡王福晋瑙甘达喇
### 为多罗大福晋之诰命
崇德二年九月二十日

奉天承运宽温仁圣皇帝制曰：朕闻正定名号，以彰懿德，锡予褒封，乃古圣王之常经，万代不易之通典。今朕诞登大宝，效法前王，遵循古帝王圣君故事，爰定藩封，和硕亲王、多罗郡王，多罗贝勒贝子之妻，各有封号，特颁制诰。册封尔多罗达尔汗郡王福晋瑙甘达喇为多罗达尔汉多罗大福晋，颁赐诰命。锡之诰命，勿越中正，勿违道义，益为辅佐多罗达尔罕郡王，敬慎持心，名显当时，誉垂后世，恪守妇德。钦哉，勿替朕命。崇德二年九月二十日。

## 01-02-10　　崇德帝册封扎萨克达尔汉卓礼克图福晋察干达喇
### 为达尔汉卓礼克图大福晋之诰命
崇德二年九月二十日

奉天承运宽温仁圣皇帝制曰：朕闻正定名号，以彰懿德，锡予褒封，乃古圣王之常经，万代不易之通典。今朕诞登大宝，效法前王，遵循古帝王圣君故事，爰定藩封，和硕亲王、多罗郡王，多罗贝勒贝子之妻，各有封号，特颁制诰。册封尔扎萨克达尔汉卓礼克图福晋察干达喇为扎萨克达尔汉卓礼克图大福晋，颁赐诰命。锡之诰命，勿越中正，勿违道义，益为辅佐扎萨克达尔汉卓礼克图，敬慎持心，名显当时，誉垂后世，恪守妇德。钦哉，勿替朕命。崇德二年九月二十日。

## 01-02-11　　崇德帝册封扎萨克达尔汉福晋察干额木根
### 为扎萨克达尔汉大福晋之诰命
崇德二年九月二十日

奉天承运宽温仁圣皇帝制曰：朕闻正定名号，以彰懿德，锡予褒封，乃古圣王之常经，万代不易之通典。今朕诞登大宝，效法前王，遵循古帝王圣君故事，爰定藩封，和硕亲王、多罗郡王，多罗贝勒贝子之妻，各有封号，特颁制诰。册封尔扎萨克达尔汉福晋察干额木根为扎萨克达尔汉大福晋，颁赐诰命。锡之诰命，勿越中正，勿违道义，益为辅佐扎萨克达尔汉，敬慎持心，名显当时，誉垂后世，恪守妇德。钦哉，勿替朕命。崇德二年九月二十日。

**01-02-12**　　　　　**崇德帝册封扎萨克达尔汉戴青福晋塔扎**

**为扎萨克达尔汉戴青大福晋之诰命**

崇德二年九月二十日

奉天承运宽温仁圣皇帝制曰：朕闻正定名号，以彰懿德，锡予褒封，乃古圣王之常经，万代不易之通典。今朕诞登大宝，效法前王，遵循古帝王圣君故事，爰定藩封，和硕亲王、多罗郡王、多罗贝勒贝子之妻，各有封号，特颁制诰。册封尔扎萨克达尔汉戴青福晋塔扎为扎萨克达尔汉戴青大福晋，颁赐诰命。锡之诰命，勿越中正，勿违道义，益为辅佐扎萨克达尔汉戴青，敬慎持心，名显当时，誉垂后世，恪守妇德。钦哉，勿替朕命。崇德二年九月二十日。

**01-02-13**　　**崇德帝册封扎萨克杜棱福晋塔济为扎萨克杜棱大福晋之诰命**

崇德二年九月二十日

奉天承运宽温仁圣皇帝制曰：朕闻正定名号，以彰懿德，锡予褒封，乃古圣王之常经，万代不易之通典。今朕诞登大宝，效法前王，遵循古帝王圣君故事，爰定藩封，和硕亲王、多罗郡王、多罗贝勒贝子之妻，各有封号，特颁制诰。册封尔扎萨克杜棱福晋塔济为扎萨克杜棱大福晋，颁赐诰命。锡之诰命，勿越中正，勿违道义，益为辅佐扎萨克杜棱，敬慎持心，名显当时，誉垂后世，恪守妇德。钦哉，勿替朕命。崇德二年九月二十日。

**01-02-14**　　　　　**崇德帝谥封皇后之父莽古斯诺颜**

**为扎萨克布颜图亲王之诏书**

崇德二年七月二十四日

奉天承运宽温仁圣皇帝诏曰：显示岳父岳母名号之礼，乃古来圣君开创之法则也。今朕即大位，爰仿古制，遵循古来历代圣君故事，深思岳父名号，朕岳父莽古斯诺颜，尔善于抚养女儿，因有缘与朕相遇，朕特委令其为众贵妃之上，册封中宫清宁宫皇后。尔女已成为皇后，母仪天下，与朕一同祭祀太庙，协助国政，以文教来教化治理国之伊尔根。凡兹均应归功于岳父养育之恩德。因此，朕怎能忘记岳父恩德育益，爰仿古制，遵循古来故事，追谥尊号，恭上扎萨克布颜图亲王称号，使垂名万世。崇德二年七月二十四日。

**01-02-15**　　　　　　　**崇德帝以皇子诞生颁大赦诏书**

崇德二年七月十六日

奉天承运宽温仁圣皇帝诏曰：自开天辟地以来，一代应运之君临宇内，以皇子诞生颁大赦诏书，赦免宽宥罪犯，乃自古圣主所开创之法则也。上天眷佑，清宁宫大皇后诞生皇子。朕爰仿古制，依照故事，颁大赦诏书，除十恶之外，其他罪恶均赦免不咎，宽宥罪犯。所谓十恶之罪，其名曰：犯上，烧毁宗庙、山陵、宫阙，逃叛，谋杀，故杀、蛊毒、魇魅，盗祭天器物、御用诸物，杀伤祖父母、父母，兄卖弟，妻告夫，内乱，强盗等以上罪恶向在不赦之列。逃亡及遗失牲畜、物品者，若经原主认出，仍将归还原主，赦免其罪。彼此借贷偿还者，仍旧照常偿还。赦免其他罪恶。若再具告已结正案有司官吏，以其罪罪之。先前已结正案中若尚未执行，则追究执行。告发尚未结正案，则亦在赦免宽宥之列。自此下诏赦免之日起，以后一切犯罪，依照大法令来惩处。崇德二年七月十六日。

## 01-02-16　崇德帝钦定外藩官员迎领圣旨迎送颁赏大臣礼仪及呈进奏折等诸事条例

崇德二年七月十六日

为举行国朝会及一切诉讼而遣大臣至外藩诸王及诸诺颜处则草拟诏书，钤盖玉玺携去。至蒙古近邻兀鲁思，则近邻兀鲁思之人，询问所派去官吏名字称号及事由，先赶去跟诸王、诸诺颜说。那些诸王、诸诺颜听到后，赶紧从五舍之地迎接。诸王全体下马，在右边排列，让诏书先过去后，出发从后赶到，奉命前往官吏在左侧，迎领圣旨诸王、诸诺颜在右侧，并列行进，让诏书走在前边走。到家之后，在桌子上烧香。被派去官吏将诏书放置桌子上，由东朝西，诸王、诸诺颜行一跪三叩之礼，且一直跪着。被派去官吏将诏书从桌子上拿后给阅读笔帖式。那位阅读笔帖式起立便阅读完毕之后，被派去官吏将诏书放置桌子上。诸王、诸诺颜行一跪三叩之礼。被派去官吏将诏书从桌子上拿出给诸王、诸诺颜时，诸王、诸诺颜下跪，并用双手接诏书，给自己随从，行一跪三叩之礼之后，将诏书给珍藏人。诸王、诸诺颜及被派去官吏，相互各二跪各二叩，他们之间留一定距离，被派去官吏在左侧，诸王、诸诺颜则在右侧坐。

钦奉圣上之命，奉送施舍及恩赐时，若因其他事情而遣官吏、恰（侍卫）至则又近邻兀鲁思询问所遣诸官吏姓名、事由等，提前去说。诸王、诸诺颜着急派其吏员从五舍之地迎接，诸王、诸诺颜亲自从府院中出去迎接，到家之后，将所施舍物品赏赐时跪着接受。有该穿戴的衣服则穿戴，朝圣上方向行二跪六叩礼。零星财货食物则亦跪着接受，行二跪六叩礼。诸王、诸诺颜及所遣诸官吏相互各一跪下，各一叩头，又在其间留一定空间，诸王、诸诺颜在左侧，被派去官吏在右侧坐下。为被遣官吏送行时，又在迎接地方送行。若圣上让外诸王及诸诺颜、台吉纳尔奉送东西来的人携带圣上给其主人施舍赏赐，则到达后从家出来迎接，朝圣上方向行二跪六叩礼。其他六部所有前往办理事务，则将事由写成钦奉圣上之命，将遣各自的相关事务官吏。至近邻诸国，则近邻诸国之人，询问所遣官吏名字称号及事由，得先赶去跟诸王、诸诺颜说。那些诸王、诸诺颜听到后，赶紧让其吏员从五舍之地迎接。迎接吏员下马，在右边排列，让赍至诏书先抵达后，出发从后赶到，奉命前往官吏在左侧，迎领吏员在右侧并列，到家之后，诸王、诸诺颜从家里出来迎接，给诏书时俯身用两手接受，将其放置桌子上让阅读完毕，诸王、诸诺颜及所遣官吏举手以示尊敬，诸王、诸诺颜在左侧，所遣官吏在右侧落座。将委付事由认真聆听，好好分辨甄别。内外扎萨克亲王、固伦郡王、扎萨克诸诺颜、和硕（旗）台吉纳尔之间，使者相互往来，则依照先前例子行事。如果为外藩蒙古在当地尚未结正所有诉讼而来，则不要提前向圣主具奏。将所诉讼事由写成文书，给蒙古衙门上报。蒙古衙门官员询问之后，若寻求获得称号之人，则奉送至吏部衙门。种田、经商、分配牧场诸事，则奉送至户部衙门。凡嫁女，娶媳妇，夫妻不和，不给彩礼诸事，则奉送至礼部衙门。征战，狩猎及叛逃，乱贼，劫匪以及近邻诸国，遭到恐怖，防范敌人诸事，则奉送至兵部衙门。所有债权、债务，诈骗，盗贼，杀人，打架斗殴，被打者、告状人等罪，则奉送至刑部衙门。修筑城池，打垒墙体等事，则奉送至工部衙门。送至哪个衙门，该衙门（部）的官吏迅速询问蒙古衙门官吏，依照外藩之律审判上奏。不得拖延外藩蒙古事情。

### 01-02-17　马哈撒嘛谛塞臣汗为共邀达赖喇嘛事致崇德帝之文

*崇德二年*

祝愿吉祥安康！马哈撒嘛谛塞臣汗献书于圣者皇帝。圣者皇帝安康，我们在此安康。迎请达赖喇嘛乃正确得体事情。七旗（和硕）喀尔喀亦欲迎请。又四卫拉特一直以来欲邀请。若遣使延请，乞同往何如。喀尔喀部三位汗有商量妥当言语。因我们三位汗所说一致，遂遣使者问安。随献书礼物有四十只貂、四十只马匹。奉使者彻辰浑津、毕力克图舍津。

### 01-02-18　土谢图汗致崇德帝协商与卫拉特三方共邀达赖喇嘛之文

*崇德二年*

祝愿吉祥安康！奉天承运宽温仁圣皇帝明鉴！土谢图汗上书。因先前未问安，未遣使者，故遣使者问安。近闻延请达赖喇嘛，反复思之诚是。喀尔喀七固山（七旗）欲迎请。又四卫拉特部落欲迎请。若遣使延请，乞同往何如。凡所议之事，我等与天聪汗无异。随上书礼物有黄弓二张、马三匹。奉使者卿力萨米、纳古尔舍津二人。从额尔德尼昭庙（宝庙）之前，于吉日寄送。

### 01-02-19　土谢图汗部钟根福晋问皇太后安并呈献礼物之文

*崇德二年*

祝愿吉祥安康！太后明鉴！钟根上书问安，随献书礼物有白狐狸、两只黑小獭。奉使者卿力萨米、纳古尔舍津二人。

## 01-02-20　绰克图卫征诺颜劝导崇德帝政教并行之书

崇德二年

祝愿吉祥安康！绰克图卫征诺颜（贝勒）谨奉表于奉天承运宽温仁圣皇帝陛下，凡礼仪表文事情与二汗（这里指外喀尔喀部马哈撒嘛谛塞臣汗及土谢图汗——译者）无异。今随表献马一匹。奉使者达尔汉祁齐婴贵、班第。

## 01-02-21　乌力济图洪台吉妻车臣福晋毕喇西劝导 崇德帝政教并行之书

崇德二年

祝愿吉祥安康！瓦齐赖赛因汗之长子乌力济图洪台吉之妻车臣福晋、毕喇西洪台吉谨奉表，凡礼仪表文事情与二汗（这里指外喀尔喀部马哈撒嘛谛塞臣汗及土谢图汗——译者）无异。今随表文进献黑獭皮一张、马二匹。奉使者额尔德尼济鲁噶齐。

## 01-02-22　乌巴森扎福晋问乌力济图车臣哈敦安之书

崇德二年

祝愿吉祥安康！乌巴森扎车臣哈敦问安之书致乌力济图车臣哈敦。我们在此为楚古尔塔不囊公主二人婚姻做主。所以以后欲要相互问安，遣使者前往。随问安文书礼物有一匹马。奉使者额尔德尼济鲁噶齐。

## 01-02-23　唐筛及其子受封世职之敕命

### （1）以大凌河之役立功封唐筛达尔汉和硕齐名号之敕命

天聪五年十二月十一日

天聪汗之敕命。以大凌河口之役立功，赏赐皮甲，封唐筛达尔汉和硕齐名号。从此向所有使者及一切诺颜，免除乌拉差役（驿递）、糗粮供应。此达尔汉名号，世袭罔替。

### （2）崇德帝以达尔汉和硕齐唐筛病故准其子多尔济承袭名号之敕命

崇德二年九月二十六日

崇德帝以达尔汉和硕齐唐筛病故，准其子多尔济承袭名号之敕命。

## 01-02-24　崇德帝以朝鲜国王李倧归附册封其为国王之圣谕

崇德二年十月二十六日

奉天承运宽温仁圣皇帝诏曰：朕闻自古圣王明主经国治民之礼，匡正邪恶，破灭顽抗，以至绥服，嘉谟诚实，抚养归服，混一所有邦国黎民。朕向来真心无二，将尔朝鲜国王李倧视做弟弟。尔却背叛朕，祖护汉人明国，迎击归服朕之众人，破坏与朕兄弟交谊，指挥守边官员，兴兵挑衅。朕发怒率领大军，出征尔朝鲜国，尔祖宗所建立的邦国黎民毁灭殆尽，尔知其罪恶，带领众臣至朕军营祈求，朕以仁慈之心既往不咎，又令尔做朝鲜国王，班师回来。今遣往小吏，赏赐诰命文书及金印，如同高山大江一样坚固，册封尔李倧为朝鲜国国王。尔洗心革面，不忘恩赐，坚定永世效力之心，驻守边陲，奉送贡赋不迟，安居乐业，自始至终，切勿失信误事。若果真能够成此大事，尔子孙世世代代君临其国，不失国王称号，守成祖宗政柄，平安享福。

## 01-02-25　崇德帝为皇后之父扎萨克亲王莽古斯诺颜立墓碑之圣谕
### 崇德二年八月吉日

宽温仁圣皇帝，爱仿古制，依照古来圣君故事，因岳父之缘故追谥嫩科尔沁部莽古斯诺颜为布颜图亲王称号，立墓碑于坟墓旁边。

大清国崇德二年，丁丑年八月吉日立。

## 01-02-26　崇德帝钦定庆贺万寿节元旦进献礼物额数之则例
### 崇德二年十月三十日

奉天承运宽温仁圣皇帝诏曰：万寿节及元旦大喜事，由礼部衙门制定进献礼物额数。外藩诸王、诸诺颜、台吉纳尔进献礼物额数，每旗在万寿节向圣上进献各四匹马，向皇后进献各两匹马。祗应（首思）各一头牛，各八只羊。大喜事时外藩诸王、诸诺颜、台吉纳尔向圣上进献各两匹马，向皇后进献各一匹马。祗应（首思）各一头牛，各八只羊。元旦向圣上进献各四匹马，向皇后进献各两匹马。祗应（首思）各一头牛，各八只羊。

## 01-02-27　崇德帝为自古帝王所创政教统续之事致西藏汗王之书
### 崇德二年十一月十五日

奉天承运宽温仁圣皇帝诏曰：致西藏汗王文书原由，为不致中断自古帝王所创政教道统承续之事，委派使者到高僧大德（大活佛）及西藏汗等全体。此处事情缘故，由塞臣国师绰尔济做主。因彻辰绰尔济事情提前而致书。欲说一切话语，由朕使者做主。随书礼物有吉祥哈达。丁丑年十一月望日。由盛开莲花地方盛京写毕。

## 01-02-28　崇德帝钦定武官职衔之敕谕
### 崇德二年十一月十五日

奉天承运宽温仁圣皇帝制曰：朕惟尚德崇功，国家之大典；输忠尽职，臣子之常经。古圣帝明王，戡乱以武，致治以文。朕钦承往制，甄进贤能，特设文武勋阶，以彰激励。受兹任者，必忠以立身，仁以抚众，防奸御侮，机无暇时。能此则荣及父祖，福延后嗣，而身家永康矣，敬之勿怠。

## 01-02-29　崇德帝为便于进贡行猎及征战合编外藩蒙古部分
### 鄂托克为十三旗之敕谕
崇德二年十一月十五日

右翼土谢图亲王之二百五十四个鄂托克，为两旗；左翼卓礼克图亲王一百六十三个鄂托克，两旗共四百四十七个鄂托克，为四个旗，户数两万两千三百。敖汉二十六个鄂托克，奈曼二十四个鄂托克，两个共五十个鄂托克，为一个旗。满珠习礼十七个鄂托克，阿尤喜十二鄂托克，两个共二十九个鄂托克，为一个旗。桑噶尔三十八个鄂托克，内齐二十九个鄂托克，两个共六十七个鄂托克，为一个旗。达尔汉卓礼克图四十二个鄂托克，为一个旗。木章六十个鄂托克，为一个旗。杜棱郡王二十五个鄂托克，扎萨克达尔汉戴青三十四个鄂托克，两个共五十九个鄂托克，为一个旗。乌喇特三十七个鄂托克，为一个旗。喀喇沁六十个鄂托克，为一个旗。察哈尔、喀尔喀、阿巴噶、土默特，共四百六十个鄂托克，为九个旗，户数共两万三千。合编土谢图亲王五个旗为两个旗。合编卓礼克图亲王五个旗为两个旗。合编敖汉、奈曼为一个旗。合编两个巴林部为一个旗。合编两个扎鲁特部为一个旗。四子部落为一个旗。木章为一个旗。两个翁牛特部为一个旗。乌喇特部为一个旗。喀喇沁部为一个旗。两个土默特部为一个旗。总共十三个旗。为便于向圣上进献贡物而合编，当行猎及征战时，原来的诸旗仍不变。

## 01-02-30　乌克善满珠席礼等祭奠祖父扎萨克布颜图亲王之祭文
崇德三年正月

崇德三年戊寅年春正月吉日，子孙乌（吴）克善、满朱习礼等为首，祖父扎萨克布颜图亲王坟墓之前跪拜，进献祭品事由，宽温仁圣皇帝，牛年遣大臣，准备祭品，焚烧制文，将祖父伟大名号万世流芳，追谥为扎萨克布颜图亲王。今委派其小臣，在祖父扎萨克布颜图亲王坟墓之前记写，并刻立墓碑。我们全体诸子孙，祈求祖父英灵愉悦，所以再次进行祭祀进献祭品。

# 崇德三年（1638）档册

## 01-03-01　崇德帝册封额尔德尼囊苏喇嘛为额尔德尼达尔汉囊苏之敕命
崇德三年六月二十九日

奉天承运宽温仁圣皇帝诏曰：额尔德尼囊苏，尔处原来曾有喇嘛等级（头衔）甚多。耳闻当蒙古国察哈尔汗畏惧朕，往唐古特国迁徙时，土默特部博硕克图汗之子、大臣及众多部人并非跟随而去，各山谷均有遗留之人，而遣尔前往时，尔进入那个混乱之国中，召集博硕克图汗之子、大臣及众多部众，将朕致书散发给他们之后，返回。其后，又遣尔至杀虎口（今山西右玉县——译者）时，与汉人大臣协商，开市贸易，将土默特诸所属众人编成苏木（牛录），并设章京，安抚之后方回来。所以赏赐一件貂裘皮大衣、一只孔雀，册封额尔德尼达尔汉囊苏称号。准此名号由子孙世袭罔替。

## 01-03-02　崇德帝册封土默特部大诺尔布为三等甲喇章京之敕命

崇德三年六月二十九日

大诺尔布，尔原系蒙古土默特部（国）诺颜，察哈尔汗攻破土默特部（国）时隶属于察哈尔。尔后，当察哈尔汗畏惧朕，往唐古特国迁徙时，尔诺尔布避居至山岩。从此处遣额尔德尼喇嘛时，召集自己隶属散逃之人来归服。因此，赏赐三等甲喇章京称号。此称号准再袭四次。

## 01-03-03　崇德帝册封土默特部小诺尔布为三等甲喇章京之敕命

崇德三年六月二十九日

小诺尔布，尔原系蒙古土默特国诺颜，察哈尔汗攻破土默特国时隶属于察哈尔。尔后当察哈尔汗畏惧朕，往唐古特国迁徙时，尔诺尔布避居至山岩。从此处遣额尔德尼喇嘛时，召集自己隶属逃散之人来归服。因此，因此赏赐三等甲喇章京称号。此称号准再袭四次。

## 01-03-04　崇德帝册封土默特部古禄格为土默特旗
## 总管并授头等副章京名号之敕命

崇德三年六月二十九日

古禄格，尔原系属蒙古土默特部博硕克图汗之国，当察哈尔汗攻破土默特国时，隶属于察哈尔。尔后，察哈尔汗畏惧朕，往唐古特国迁徙时，尔古禄格避居至山岩。从此处遣额尔德尼达尔汉喇嘛时，召集自己所隶属的逃散之人来归服。因此，将尔国编为旗，让尔成为旗主，赐给尔一等副章京称号。此称号准再袭十次。

## 01-03-05　崇德帝册封土默特部杭古为土默特另一旗
## 总管并授头等甲喇章京之敕命

崇德三年六月二十九日

杭古，尔原系蒙古土默特部之博硕克图汗之国，察哈尔汗攻破土默特国时隶属于察哈尔。尔后，当察哈尔汗畏惧朕，往唐古特国迁徙时，尔杭古避居至山岩。从此处遣额尔德尼达尔汉喇嘛时，召集自己所隶属逃散之人来归服。因此，将尔国编为旗，让尔成为旗主，赐给尔一等甲喇章京称号。此称号准再袭六次。

### 01-03-06　　崇德帝册封土默特部陶胡为二等甲喇章京之敕命
崇德三年六月二十九日

陶胡，尔原系蒙古土默特部之博硕克图汗之国，察哈尔汗攻破土默特国时隶属于察哈尔。尔后，察哈尔汗畏惧朕，往唐古特国迁徙时，尔陶胡避居至山岩。从此处遣额尔德尼达尔汉喇嘛时，召集自己所隶属的逃散之人来归服。又谨慎效力于所委任诸事。因此，赐给尔二等甲喇章京称号。此称号准再袭五次。

### 01-03-07　　崇德帝册封土默特部图美为二等甲喇章京之敕命
崇德三年六月二十九日

图美，尔原系蒙古土默特部之博硕克图汗，察哈尔汗攻破土默特国时隶属于察哈尔。尔后，当察哈尔汗畏惧朕，往唐古特国迁徙时，尔图美避居至山岩。从此处遣额尔德尼达尔汉喇嘛时，召集自己所隶属逃散之人来归服。又谨慎效力于所委任诸事。因此，赐给尔二等甲喇章京称号。此称号准再袭五次。

### 01-03-08　　崇德帝册封土默特部多尔济塔布囊为三等甲喇章京之敕命
崇德三年六月二十九日

多尔济塔布囊，尔原系隶属于蒙古土默特部之博硕克图汗之国，察哈尔汗攻破土默特国时隶属于察哈尔。尔后察哈尔汗畏惧朕，往唐古特国迁徙时，尔多尔济塔布囊避居至山岩。从此处遣额尔德尼达尔汉喇嘛时，召集自己所隶属的逃散之人来归服。又谨慎效力于所委任诸事。因此，赐给尔三等甲喇章京称号。此称号准再袭四次。

### 01-03-09　　崇德帝册封土默特部塔济为三等甲喇章京之敕命
崇德三年六月二十九日

塔济，尔原系蒙古土默特部之博硕克图汗之国，察哈尔汗攻破土默特国时隶属于察哈尔。尔后，察哈尔汗畏惧朕，往唐古特国迁徙时，尔塔济避居至山岩。从此处遣额尔德尼达尔汉喇嘛时，召集自己所隶属的逃散之人来归服。又谨慎效力于所委任诸事。因此，赐给尔三等甲喇章京称号。此称号准再袭四次。

### 01-03-10　　崇德帝册封土默特部摆都喇为三等甲喇章京之敕命
崇德三年六月二十九日

摆都拉，尔原系蒙古土默特部之博硕克图汗之国，察哈尔汗攻破土默特国时隶属于察哈尔。尔后，察哈尔汗畏惧朕，往唐古特国迁徙时，尔摆都喇避居至山岩。从此处遣额尔德尼达尔汉喇嘛时，召集自己所隶属的逃散之人来归服。因此赐给尔三等甲喇章京称号。此称号准再袭四次。

## 01-03-11　　　崇德帝册封土默特部瓦瓦为苏木章京之敕命

崇德三年六月二十九日

瓦瓦，尔原系蒙古土默特部之博硕克图汗之国，察哈尔汗攻破土默特国时，隶属于察哈尔。尔后，当察哈尔汗畏惧朕，往唐古特国迁徙时，尔瓦瓦避居至山岩。从此处遣额尔德尼达尔汉喇嘛时，召集自己所隶属的逃散之人来归服。因此赐给尔苏木章京称号。此称号准再袭二次。

## 01-03-12　　　崇德帝册封土默特部别乞为苏木章京之敕命

崇德三年六月二十九日

别乞，尔原系蒙古土默特部之博硕克图汗之国，察哈尔汗攻破土默特国时隶属于察哈尔。尔后，当察哈尔汗畏惧朕，往唐古特国迁徙时，尔别乞避居至山岩。从此处遣额尔德尼达尔汉喇嘛时，召集自己所隶属的逃散之人来归服。因此赐给尔苏木章京称号。此称号准再袭二次。

## 01-03-13　　　崇德帝册封土默特部根图为苏木章京之敕命

崇德三年六月二十九日

根图，尔原系蒙古土默特部之博硕克图汗之国，察哈尔汗攻破土默特国时隶属于察哈尔。尔后，当察哈尔汗畏惧朕，往唐古特国迁徙时，尔根图避居至山岩。从此处遣额尔德尼达尔汉喇嘛时，召集自己所隶属的逃散之人来归服。因此赐给尔苏木章京称号。此称号准再袭二次。

## 01-03-14　　　崇德帝册封土默特部伊苏德尔为苏木章京之敕命

崇德三年六月二十九日

伊苏德尔，尔原系蒙古土默特部之博硕克图汗之国，察哈尔汗攻破土默特国时隶属于察哈尔。尔后，当察哈尔汗畏惧朕，往唐古特国迁徙时，尔伊苏德尔避居至山岩。从此处遣额尔德尼达尔汉喇嘛时，召集自己所隶属的逃散之人来归服。因此赐给尔苏木章京称号。此称号准再袭二次。

## 01-03-15　　　崇德帝册封土默特部达兰太为苏木章京之敕命

崇德三年六月二十九日

达兰太，尔原系蒙古土默特部之博硕克图汗之国，察哈尔汗攻破土默特国时隶属于察哈尔。尔后，当察哈尔汗畏惧朕，往唐古特国迁徙时，尔达兰太避居至山岩。从此处遣额尔德尼达尔汉喇嘛时，召集自己所隶属的逃散之人来归服。因此赐给尔苏木章京称号。此称号准再袭二次。

## 01-03-16　　崇德帝册封土默特部扎甘为苏木章京之敕命
崇德三年六月二十九日

扎甘，尔原系蒙古土默特部之博硕克图汗之国，察哈尔汗攻破土默特国时隶属于察哈尔。尔后，当察哈尔汗畏惧朕，往唐古特国迁徙时，尔扎甘避居至山岩。从此处遣额尔德尼达尔汉喇嘛时，召集自己所隶属的逃散之人来归服。因此赐给尔苏木章京称号。此称号准再袭二次。

## 01-03-17　　崇德帝册封土默特部恩黑为苏木章京之敕命
崇德三年六月二十九日

恩黑，尔原系蒙古土默特部之博硕克图汗之国，察哈尔汗攻破土默特国时隶属于察哈尔。尔后，当察察哈尔汗畏惧朕，往唐古特国迁徙时，尔扎甘避居至山岩。从此处遣额尔德尼达尔汉喇嘛时，召集自己所隶属的逃散之人来归服。因此赐给尔苏木章京称号。此称号准再袭二次。

## 01-03-18　　崇德帝册封土默特部阿席图为苏木章京之敕命
崇德三年六月二十九日

阿席图，尔原系蒙古土默特部之博硕克图汗之国，察哈尔汗攻破土默特国时隶属于察哈尔。尔后，当察哈尔汗畏惧朕，往唐古特国迁徙时，尔阿席图避居至山岩。从此处遣额尔德尼达尔汉喇嘛时，召集自己所隶属的逃散之人来归服。因此赐给尔苏木章京称号。此称号准再袭二次。

## 01-03-19　　崇德帝以土默特部苏木章京博金病故准其子
### 根敦辖布承袭名号之敕命
崇德三年六月二十九日

博金，尔原系蒙古土默特部之博硕克图汗之国，察哈尔汗攻破土默特国时隶属于察哈尔。尔后，当察哈尔汗畏惧朕，往唐古特国迁徙时，尔博金避居至山岩。从此处遣额尔德尼达尔汉喇嘛时，召集自己所隶属的逃散之人来归服。因此赐给尔苏木章京称号。此称号准再世袭两代。病故之后，准其子根敦辖布承袭名号。此称号准再袭一次。

## 01-03-20　　崇德帝册封土默特部敖布尼为苏木章京之敕命
崇德三年六月二十九日

敖布尼，尔原系蒙古土默特部之博硕克图汗之国，察哈尔汗攻破土默特国时隶属于察哈尔。尔后，当察哈尔汗畏惧朕，往唐古特国迁徙时，尔敖布尼避居至山岩。从此处遣额尔德尼达尔汉喇嘛时，召集自己所隶属的逃散之人来归服。因此赐给尔苏木章京称号。此称号准再袭二次。

## 01-03-21　　崇德帝册封土默特部毕力格为苏木章京之敕命
### 崇德三年六月二十九日

毕力格，尔原系蒙古土默特部之博硕克图汗之国，察哈尔汗攻破土默特国时隶属于察哈尔。尔后，当察哈尔汗畏惧朕，往唐古特国迁徙时，尔毕力格避居至山岩。从此处遣额尔德尼达尔汉喇嘛时，召集自己所隶属的逃散之人来归服。因此赐给尔苏木章京称号。此称号准再袭二次。

## 01-03-22　　崇德帝册封土默特部阿古为苏木章京之敕命
### 崇德三年六月二十九日

阿古，尔原系蒙古土默特部之博硕克图汗之国，察哈尔汗攻破土默特国时隶属于察哈尔。尔后，当察哈尔汗畏惧朕，往唐古特国迁徙时，尔阿古避居至山岩。从此处遣额尔德尼达尔汉喇嘛时，召集自己所隶属的逃散之人来归服。因此赐给尔苏木章京称号。此称号准再袭二次。

## 01-03-23　　崇德帝册封土默特部陶布克为头等甲喇章京之敕命
### 崇德三年六月三十日

陶布克，尔原系蒙古土默特部之博硕克图汗之国，察哈尔汗攻破土默特国时隶属于察哈尔。尔后，当察哈尔汗畏惧朕，往唐古特国迁徙时，尔陶布克避居至山岩。从此处遣额尔德尼达尔汉喇嘛时，召集自己所属逃散之人来归服。又谨慎效力于所委任事情。因此赐给尔苏木章京称号。此称号准再袭六次。

## 01-03-24　　崇德帝册封归化城古禄格之子敖克素穆为苏木章京之敕命
### 崇德三年七月初八日

敖克素穆，尔原为一位白身人，因尔之父古禄格占据库库和屯地方，尽忠效力，让尔协助父亲，赐给苏木章京称号。此称号准再袭两次。

## 01-03-25　　崇德帝禁止喇嘛与俗人同居须要另居寺庙之圣旨
### 崇德三年八月十五日

奉天承运宽温仁圣皇帝诏曰：致外藩扎萨克亲王、多罗郡王、扎萨克诸诺颜、台吉纳尔下谕旨。先前让喇嘛、班第（沙弥）等远离王府衙门，目的在于令其洁净祈福。今据说，小喇嘛、班第（沙弥）等与俗人同居，越轨悖乱。从今往后，凡是和硕亲王、多罗郡王、扎萨克诸诺颜以上欲用喇嘛、班第（沙弥）等，能供养的人，切勿让其与俗人同居。召集喇嘛、班第等居住其他远处之地。不得派遣妇女。在王、诸诺颜所不能供养外边喇嘛、班第（沙弥）等及小台吉以下所有居住在官吏之外喇嘛、班第（沙弥）等，全部送至锡勒图绰尔济喇嘛那里。若有需要诵经者，则询问锡勒图绰尔济喇嘛，将众喇嘛一起带走，按照西藏及汉人惯例另居别处，供给斋饭、茶叶，让其诵经念佛。若欲给东西，施主根据其意愿布施。若让喇嘛、班第（沙弥）等越轨悖乱，即按照大清律治罪。又不得为故去者祈求冥福，不得插立坟头杆（原文作"姚达尔"——译者），不得堆土立敖包（土堆子），这些在以往颁定律书中已布告。

## 01-03-26　　执政扎萨克豫亲王禁止异姓之间结拜及违者治罪之令
### 崇德三年八月二十六日

钦奉圣上之谕旨执政扎萨克豫亲王传令满洲、蒙古、汉人所有文武百官及一切兀鲁思。先前以为非兄弟，却与异姓之人结拜成为兄弟者，心怀歹意，故永行禁止。今据说，又有人与异姓之人结拜成为兄弟者。那般结拜成为兄弟者，或者结成朋党，挑衅倡乱，或者相互勾结，违背扎萨克（法度），或者叛变、逃逸、发难，或者盗窃、欺诈，总之绝非好事。今后非亲生兄弟，却与异姓之人结拜成为兄弟者，治以死罪论处。

## 01-03-27　　　崇德帝钦命多罗贝勒岳托为宣扬武大将军
### 并统领右翼大军征明之圣旨
### 崇德三年八月二十七日

奉天承运宽温仁圣皇帝诏曰：古帝王兴师克敌，抚定定疆宇，必选择于众，拔一良将，特授兵权则军有所统而大事始定。今因明国不愿讲和，乐于干戈，故命尔贝勒岳托，充授以敕印，率右军西伐。尔其同安平贝勒、满洲、蒙古、汉军，众固山额真，谦虚协谋，择善而从。勿以受命重而邀功，勿以将士勇而轻敌。凡驻营垒严设侦探，小心提防。勿得少息。务须信赏必罚，激励将士，破彼边关，直入其境。多谋定策，密察敌人之机，声东击西，默运乘便之智，出其不意，攻其无备。至于待将士，勿护所爱，勿蔽所憎。有冲锋破敌，奋勇先登者，必破格优赏。仍录其功，以奏参游以下。有败阵及违军律者，先斩后奏。遇左军奉命大将军，听其节制，以赞其谋。尚其钦哉！勿违朕命。

## 01-03-28　　　崇德帝钦命和硕睿亲王多尔衮大军统帅
### 并统领左翼大军征明之圣旨
### 崇德三年九月初四日

奉天承运宽温仁圣皇帝诏曰：自古帝王之业，征讨敌国，削弱抵抗者，安定邦民，必须擢用将才，晋升众中，委任军务，乃成大业。今明朝之情形，（我们）经常欲与之和好却不成，而欲敌对，所以赐给扎萨克墨尔根亲王（睿亲王）以谕旨及钦命大军统率并统领左翼大军向西征明朝。尔与豪格诺颜、巴雅喇诺颜及满洲、蒙古、汉人、诸旗主一道齐心协力，好自为之。不能以身有受命谕旨，行事不得悖慢无理。切勿以将勇兵多而轻视对方。营帐及哨卡以及防范等不得疏忽。牢记效力者，勿稍疏漏扎萨克（法度），好自为之。鼓励众官吏及众兵之士气，攻破进入其边墙，制定策略，详察探知敌人情势，若是容易攻破则攻取，从敌人南边抢先攻击，由北边进入，由东边击创，西边交战。趁其仓皇之际攻破。对众官吏及众兵，不能因有交情而姑息迁就，亦无交情而切勿隐瞒其善。在征战中率先冲锋者及争先夺城取塞、效力者，择优奖赏，逐一记录其姓名具奏。甲喇章京官衔以下逃兵、越轨悖乱者等有罪之人，可先斩后奏。

## 01-03-29　　崇德帝驳斥扎萨克图汗称六万户蒙古之
### 部分在其辖下之谕旨
崇德三年九月二十四日

　　奉天承运宽温仁圣皇帝诏曰：致书扎萨克图汗之理由，朕并非不愿意维护政教二道统绪，为宗教由西藏迎请锡特图活佛（指达赖喇嘛——译者），且为欲对全体众生广传佛教而派遣使者。为政治当察哈尔汗无道，虐待众人时，朕出征攻其诸子。尔后又出征取其山阳之兀鲁思（国或部众）。尔后出征取来在其库库和屯的兀鲁思（国或部众）抚赏。尔后当出征时，察哈尔逃遁迁徙。朕由大同进入攻打汉人，将所有察哈尔仓皇逃散国人、官吏、嫔妃等全部齐集。尔后，遣四名诺颜，带领其子孔果尔（洪果尔）而来。朕以为如此这般受上天保佑，将以六国（六万户）之主为首全体蒙古恩赐给朕。尔文书中称六国（六万户）有些人在我处，朕不晓得尔那里都有谁在。除此之外，六国（六万户）有些人在尔处，则应归还其主人，难道不正确吗？如同视他人时用眼睛，而看自己则得用镜子一样，凡事应量力而行。舌头软，则能够终生喝奶享福，而凉舌头，则哪能终生喝奶享福。

## 01-03-30　　崇德帝斥责图格斯格尔济农伊尔那木杰拉章杜棱
### 二人酗酒恶习之谕
崇德三年十月初一日

　　奉天承运宽温仁圣皇帝诏曰：致图格斯格尔济农、伊尔那木杰拉章杜棱二人文书原由，先前尔等与朕联盟，统一国体。那期间尔模仿察哈尔，随心所欲并沾染酗酒恶习，牲畜被掠夺殆尽。牲畜被掠夺，其他兀鲁思（部众）之人未敢回放一支箭，尔却遭遇察哈尔，并与之交战，我们听说之后，大加赞扬。后来，尔兄弟内部不和，是以错误的迁徙而导致毁灭。今听说尔俩人经常喝酒。世上生灵不像磨盘般转动，受苦之人非得强迫自己酗酒，酩酊大醉吗？若回想受苦即不喝酒，方知苦难与欢乐一切有用的事理。若是经常喝酒，准会败坏乃至废弃祖宗先人名誉，祸害自己，而且怎能知道将来之好歹？

## 01-03-31　　为人参交易事致达尔汉喇嘛达尔汉诺颜书
崇德三年十月

致以达尔汉喇嘛、达尔汉诺颜为首所有臣僚书。张浩雅出来谈了。汉人说图布克为名赏来一位太傅。据称我与他谈，明天给你回话。为人参交易事，太傅与张浩雅二人说寻找食物的真心。我们说一斤（人参）要十八两银子。汉人说给十四两银子。根子按一两（人参）给一两（银子）。以少（人参）量暗中悄悄来取。

# 崇德五年（1640 年）档册

## 01-04-01　　崇德帝以白塞立战功赐达尔汉名号之敕命
崇德五年正月十八日

白塞，尔原为白身人。因扎萨克墨尔根亲王攻打北京城，出征山东地方时，第二个攻入新嘌县城，赐达尔汉名号，免除乌拉差役及首思（驿站祗应粮肉等——译者），倘若阵亡，则准再袭职，如若病故，则停袭。

## 01-04-02　　崇德帝以宝胡乃以立战功赐达尔汉名号之敕命
崇德五年正月十八日

宝胡乃，尔原系白身人。当随扎萨克墨尔根亲王攻打北京城，出征山东地方时，攻打宽松县时，未用竖立云梯即打桩子率先越过（城墙），是以赐达尔汉名号，免除乌拉差役及首思（驿递祗应粮肉等——译者），若阵亡准再承袭，若病故则不得袭职。

## 01-04-03　　崇德帝以苏尼特部腾机思墨尔根台吉手下阿布图
充当使臣有功赐达尔汉名号之命
崇德五年正月二十八日

奉天承运宽温仁圣皇帝诏曰：以苏尼特部腾机思墨尔根台吉属下阿布图在漠南、漠北两个地方之间奔走，充当使臣有功，故世世代代免除乌拉差役及首思（驿站祗应粮肉等——译者），当出征时先锋，行猎时准再走中间，是以赐达尔汉名号，赐给印信敕书。

## 01-04-04　　崇德帝以阿邦和硕齐征战茂明安立功赐达尔汉名号之敕命
崇德五年二月初十日

奉天承运宽温仁圣皇帝诏曰：阿邦，尔出征茂明安，奋力向前，因杀死所有茂明安人，并且带领来喀木尼汉部落哲格类，是以赐和硕齐达尔汉名号，免除乌拉差及首思（免以驿递衹应粮肉等——译者），恩准子孙世袭此名号。

## 01-04-05　崇德帝为延请达赖喇嘛事颁给额尔德尼喇嘛之敕谕
### 崇德五年二月初十日

以延请圣僧遣官赍敕往谕额尔德尼达尔汉喇嘛等曰：尔等不可在归化城（库库和屯）久居牧马，现今青草方长之时，随处准再喂养，宜即前往圣僧喇嘛处，以达延请之意，所过之处，谅无人拦阻，可遣同去之人一半及土默特人，先往马哈撒嘛谛塞臣汗、土谢图汗、扎萨克图汗处，其遣去之人可嘱之曰：因汝等曾言请圣僧喇嘛甚善，故我皇上遣我等来请，汝等宜遣人同往，约至彼处国汗附近地方相会。尔喇嘛等若至约会之地，其附近国主（可汗）有召见者，尔既往见之，如不召见，即于约会处相会前行。钦此。

## 01-04-06　崇德帝斥责喀尔喀扎萨克图汗言行并约定会盟日期之敕谕
### 崇德五年三月初八日

致扎萨克图汗敕谕。我们以为察哈尔汗大位（大宝）之主、有道之君。今晓得尔为大位（大宝）之主、有道君主子孙。尔知晓无误唯独仇视人，破坏政教，使大国分崩离析（此等君主），那么为什么没有执掌其政教，没有统驭其大国？自古我们带红缨之人，确实非敌国，受上天保佑朕，将尔大位（大宝）之主赐给朕手中，今朕统驭其分崩离析大国，让其享受福祉，因尔等愚笨而无法晓得。幸托上天之福，朝鲜、乌拉、哈达、叶赫、辉发、索伦、瓦尔喀、蒙古八大国这些所有人都在朕手中。尔声称我等为八大国（万户）之一。三个阿巴噶、喀尔喀五部（鄂托克）、苏尼特所有这些都在这里。今给尔充当万户为都有谁？一般统驭所有国家即皇帝，能够拥有一半则所谓臣子也。尔处别说拥有（所有国家之）一半，连一个鄂托克都不完整，却自高自大，抬高名字，声称敕谕并赍来，难道正确吗？朕给尔谕旨，应当称作敕谕方合适。尔下属之人给尔下达所谓敕谕，尔岂能允许？尔不能执政行道，所以一个鄂托克喀尔喀中就有三个汗并立。自古有仇夺城汉人及夺羊卫拉特人一说。说到自古有仇恨，杀尔父亲，攻打尔兄弟，并掳掠尔妻子儿女之人（杀父之仇，夺妻之恨），（尔）却与之立誓同盟和好，这不正是表明尔不知久远名声吗？若生男儿杰出，应当报杀父之仇，不报杀父之仇，还算什么男儿。朕征伐素来有仇汉人，绥服四方大国，并使其安宁升平。所以，与其给朕声称所谓敕谕，倒不如给左右兄弟赍送所谓敕谕文书，那么可能有人会听从尔等之言。不被自己兄弟看好，所派使者被殴打，却对身居远方之朕自高自大，似乎不太合适吧！朕先前欲与五部喀尔喀结成联盟，因惧怕朕逃跑（其走散部众），有的人察哈尔将其堵截吞并，有的人则朕收拾之。尔若结成同盟，准再由朕开辟的杀虎口地方那里取得玉帛，享受安乐。尔若不愿意结盟，卫拉特人将你堵截，将尔当做干粮不是吗？自古诸皇帝三四年、七八年岂有不去远征之理？其实，尔未曾作一次远征干粮不是吗？地方不算太远，你我那些不太和谐的情况，尔使者会跟尔说的。自古善良汗王所作所为如同一面镜子。为让尔效仿那些善事，摈弃自己恶劣行径，所以说镜子。尔却以为照面之镜子。据说，对盲人镜子是没有用的。尔想把手中的永谢布部人让其回到其原来营盘，与洪果尔扣肯合并。洪果尔扣肯自十户将永谢布部所欠缺之人，跟尔讨要。尔能做成什么，不会做成什么，至高无上三宝及命运知道啊！他人怎么能够甄别？只命运知道是真的。此话意味着与朕相见。尔若是信守这个诺言，把那个约定派人来说。尔若将让朕来到家里，切勿逃跑，等待着吧。朕去尔那里。若约中间其他地方相见，把那个约定派人来说。尔若欲来朕家则把那个约定派人来说。朕亦不逃，等着尔。从这三个约定中选哪一个，尔自己做主吧。

## 01-04-07　　多罗安平贝勒奉谕宣示外藩诸王扎萨克台吉等
## 元旦筵宴宰牲数目条例
### 崇德五年四月初四日

　　多罗安平贝勒（杜度——译者）奉谕宣示外藩诸王扎萨克台吉等元旦筵宴宰牲数目条例：

　　先前以为将万寿节及元旦时进献圣上及母后的礼物过大，曾经两度减少。今又将万寿节及元旦时进献圣上及母后礼物彻底取消，重新更定宴筵之礼。外藩蒙古各部亲王、郡王及扎萨克诸诺颜、台吉纳尔，每个旗新年宰杀宴筵用牲畜，给圣上进献各一头牛，各八只羊，各九瓮酒。给母后进献各一头牛，各六只羊，各七瓮酒。在值万寿节及七喜庆之事时，圣上及母后宴筵时，也按照这个惯例宰杀牲畜。

## 01-04-08　　　　崇德帝优待蒙古归附人众之诏书
### 崇德五年四月二十九日

　　仁圣皇帝诏书，传谕晓谕众蒙古人。尔等为何为异种语言的汉人而死？为汉人而奋力，难道不被杀光吗？尔等若是和好一起，齐心协力杀死汉人诸诺颜及士兵，攻取其城堡归附，将那个城池所有东西都给尔等，又给名号且加以佑护。众人也罢，少数人也罢，逃跑回来，哪怕独身一人也罢，给帐篷、牲畜、仆人。想必尔等听说，（朕）很爱护归服朕之蒙古人这事。今（朕）在尔等身边修建城池，种田，永久性地居住，将断绝汉人种田及打柴。劝尔等投诚却不投诚，以后后悔有什么用？哎呀，傻愣蒙古。难道已经忘记围攻大凌河口地方时，（尔等）饿极，都吃人肉（人皆相食）之事了吗？

## 01-04-09　　崇德帝斥责喀尔喀扎萨克图汗来信言语不恭之谕
### 崇德五年十月初六日

　　奉天承运宽温仁圣皇帝诏曰：致扎萨克图汗文书。尔在文书中曾经说凡是人所作所为都因命运之力而注定。上天保佑，将尔蒙古国之主皇帝（大汗）恩赐给朕。恩赐给朕手中，尔下等之人却与朕顽抗到底，像控制一切的皇帝一样唯独一个（蒙古可汗）后裔之主却自高自大，给无名之书，还指着三宝作为证据所说的那些话竟然能够适合你吗？若尔坚守政教之道，让尔等成为敌人之事，朕不可能做到。据说，（尔等）愿意享有福祉。谁若是能够将众人及生灵从盗贼之乱中拯救治理，并让其安享太平，统驭政教之福祉即在此也。不悟世道，却欲甄别知道政教福罪，恐怕只是骄傲自大，仅凭傲气而已。尔书中说，虽然朕言语（逆耳）尖锐刻薄，但我不生气。真话逆耳也罢，有益于国政。当贤能之人做一切事情时，托自己福分去做。朕不说谎话，就是尖锐刻薄的话语。难道说真话即尖锐刻薄的话语吗？为派人到西藏将欲前往喇嘛派到库库和屯（归化城）。因尔等话语讲得不清楚而未派去。

## 01-04-10　　　　崇德帝以万寿节颁大赦诏书

崇德五年十月二十五日

奉天承运宽温仁圣皇帝诏曰：十月二十五日，朕万寿节。于是以诸王为首，内外所有诸国，都非常欢欣雀跃。因此，使朕仁爱泽及诸王及无辜臣民以及罪犯刑徒，除十恶大罪之外其他均给赦免不咎，颁大赦诏书宽宥罪犯。所谓十恶之罪，其名曰：犯上，烧毁宗庙、山陵、宫阙，叛逃、谋杀、故杀、蛊毒、魇魅，盗窃祭天器物、御用诸物、杀伤祖父母、父母，兄卖弟，妻告夫，内乱，强盗等此十恶不赦免。逃亡者及遗失牲畜或物品者，经原主认出，仍将归还原主，赦免其罪。二人彼此借贷偿还者，仍旧照常偿还。其他罪恶均赦免宽宥。已宽宥案若再具告，则有司官吏不得审理。先前已结正案，则准抄没。尚未结正案，则在赦免之列。自此下诏赦免之日起，以后一切犯罪，依照大法令来惩处。

## 01-04-11　　崇德帝以艮折该追击茂明安时充当向导
## 有功赐达尔汉名号之敕命

崇德五年十一月初三日

艮折该，尔与阿赍库鲁克达尔汉一同追击茂明安时，充当向导有功。因此，赐给尔达尔汉名号，免除乌拉首思（驿递祇应粮肉等——译者），恩准子孙世袭此名号。

# 崇德六年（1641）档册

## 01-05-01　崇德帝以阿霸垓部博迪斯辖布额尔德尼卓礼克图不归牧
## 所肆意行盗事颁给土默特部章京古禄格等敕谕

崇德六年正月二十日

圣上谕旨：给土默特部章京古禄格、桑胡及全体诸章京等敕谕。阿霸垓部道尔济额齐格诺颜之女博迪斯辖布额尔德尼卓礼克图将其牧场（营盘）往这里迁来在艾巴哈河、希拉木沦（潢水）之地居住，几度让其牧场（营盘）往这里移动，却不进入边界轮值官所指定的牧场（营盘），在那里居住，且盗窃厄鲁特部、喀尔喀部、土默特部尔等全体众人（财物）。又曾盗窃喀尔喀车臣诺颜进献十匹马，又博迪斯辖布把有些东西归还，有些仍尚未归还。如果在尔等那里有人交易，则将那个人逮捕并将其捆绑，给上脚镣严加看守。将其所骑乘之马强行没收。对盗窃之人，将其送到磨盘里，取马。对逮捕之人，领取其马匹。让人去说我们这里已经归属圣上不是吗？说属于圣上非属于圣上，说属于喀尔喀亦不属于喀尔喀，逾越圣上谕旨。尔等驻牧这里是为什么？对他们应讲说这番话。

## 01-05-02　扎萨克图王奉敕为内外夹攻察干城事
### 约诺木齐诺颜绰克图台吉之书
#### 崇德六年三月

圣上仁爱佑护之敕谕。我们从那时到这时已毫无办法。曾经许下过诺言。诺木齐诺颜、绰克图台吉、乌巴什台吉几个大小诸诺颜，尔等做主。我们攻取东郊倒戈吧。在察干城西边，然后再从南边这三个方向逼进围攻。尔若是不围攻，我们就力不从心。带来盾牌及梯子作为屏障。请给我们增援些兵力。那些援兵似乎还没有到来。

## 01-05-03　敖木齐诺颜等为约定日期率部众投诚事致扎萨克图王书
#### 崇德六年三月

祝愿幸福安康。扎萨克图王（和硕肃亲王——译者）驾到一事，已经知道。敖木齐（《清实录》作诺木齐）诺颜、乌巴什诺颜（《清实录》作吴巴什），受吃大明皇帝恩德赏赐十四年。我们早就想投诚圣上。以敖木齐诺颜、乌巴什诺颜、浑津清善、山津、贵英塔不囊及少数恰（侍卫）、恰（侍卫）台吉、博克泰、昂阿代、苏巴恰（侍卫）、达尔汉、满济、额参、托济、布达习等所有这些人为首，遂谋率领众蒙古人来降。白天把我们带到这里或那里。二十七日早晨，往四方不得不去一下便回来。敖木齐诺颜守东门，敖木齐诺颜攻取之。今若以为我们撒谎则有苍天在上，有如上天之圣主在，我等愿为编为哈拉楚（编氓），亦照例纳职贡。两个诺颜所派遣各两个使者到之后，可举信放炮三声以为验。若承蒙容纳保佑我们，幸赐回书。

## 01-05-04　崇德帝为清军围攻锦州晓示蒙古人归附之敕谕
#### 崇德六年四月十五日

圣上敕谕为晓示蒙古人而颁布。今锦州东郊众蒙古人全体投诚，尔等却中祖总镇（清代总兵俗称，即祖大寿）奸计，为何与汉人一起居住？祖总镇（清代总兵俗称）对汉人皇帝阳奉阴违，搞阴谋诡计，不听从其谕旨，使军民陷入苦难。对朕来说，难道不是违背对天发誓言的罪人吗？上天斥责，今该到令其殒命之时也。难道他原来就是尔等之诺颜吗？为何与他一起冒死？今围绕锦州城挖掘壕沟欲围攻。朕亲自率领马步大军，又围一层锦州城，在塔山西边挖掘横断壕沟，将塔山、杏山、松山分割包围。到那时，从孤立的一个锦州城，塔山、杏山、松山等能够往哪里去？朕若不攻取这些城，直到十年亦不会放弃。尔等趁还没有消耗完粮食之际，如果杀死汉人，取城投诚，将那座城所有东西都赐给尔等，并给名号以示施仁。如果能够杀死有名号官吏投诚，按照那个名号大小授官及名号。来众人也罢，来一个人也罢，又分配给妇女、仆从及所有所需东西各有差。尔等想必已经听说朕对以前倒戈逃回来者仁爱厚恩诸事。今尔等如果不赶紧投诚，以至如同大凌河口地方一样人饿极相食，后悔又有什么用？

## 01-05-05　崇德帝为扩建归化城事颁给归化城旗总管古禄格等敕谕

崇德六年五月二十八日

圣上谕旨给归化城旗总管古禄格章京、杭古章京二人传谕。尔等所居城池小，都是尔等过错。倘敌人来袭，士兵、妻子、孩子、毡帐、牲畜等难容屯驻。帐房、牲畜有一被掠，实损威势名声。尔等可于城外筑墙，酌量足容尔部之人。其墙高三庹（一丈五尺）、宽能容纳士兵驻营，并在城墙上遍筑垛口，四面留门，每扇门可俱置双重门（瓮城）。何况尔地产木材甚多。城墙四扇门上及四角各修筑瞭望楼（敌楼）。城墙外俱掘深壕，修理完备，尔等各率诸章京率领士兵登上城墙，示以讯地。敌人若来，可立于垣（城墙）上交战。为此今遣牛录章京万塔什、笔帖式塞冷二人赍敕前往，督工修建。谨慎小心。钦哉，勿违朕命。

## 01-05-06　崇德帝以翁哈岱追击茂明安时充当向导有功
### 赐达尔汉名号之敕文

崇德六年七月初八日

翁哈岱，尔追击茂明安时充当向导。因此赐给尔达尔汉名号，免除乌拉差役及首思（驿站祗应即供应粮肉等——译者），此名号世袭罔替。

## 01-05-07　崇德帝封乌珠穆秦部诺颜多尔济为扎萨克车臣亲王之诰命

崇德六年八月初三日

奉天承运宽温仁圣皇帝制曰：自古开天辟地以来，有一代应运之君，必有藩屏之佐，故叙功定名以别封号者，乃古圣王之钜典也。朕爱仿古制，不分内外，一视同仁，凡我诸藩俱因功授册，以昭等威，受此册者，必忠以辅国，恪遵矩度，自始至终，不忘信义，若此则光前裕后而奕世永昌矣。慎行勿怠。多尔济，尔原系察哈尔汗宗族，乌珠穆秦部诺颜。察哈尔汗不认亲族，折磨国人，败坏其国政时，尔避居投奔喀尔喀兄弟。朕彻底征服察哈尔国之后，尔识时务，领自己的属部归降朕。所以朕册封尔为扎萨克车臣亲王。除负朕厚恩，谋反大逆，削除王爵，及行军败逃，依律治罪外，其一应过犯，永不削夺，子孙世袭。钦哉。勿负朕命。

## 01-05-08　崇德帝封阿霸垓部多尔济为多罗卓礼克图郡王之诰命
*崇德六年八月初三日*

多尔济，尔原系蒙古阿霸垓部诺颜。蒙古察哈尔汗虐待其国人，破坏其国政，征伐尔时，尔遂进入喀尔喀。朕彻底征服察哈尔国之后，尔识时达势，领自己所属部归降朕。所以朕册封尔为多罗卓礼克图郡王。除负朕厚恩，谋反大逆，削除王爵，及行军败逃，依律治罪外，其一应过犯，永不削夺，子孙世袭。钦哉。勿负朕命。

## 01-05-09　崇德帝册封多罗卓礼克图郡王福晋萨木苏
## 为多罗大福晋之诰命
*崇德六年八月初三日*

奉天承运宽温仁圣皇帝制曰：自开天辟地以来，有一代应运之君，正定名号，以彰懿德，锡予褒封，乃古圣王之常经，万代不易之通典。今朕诞登大宝，效法前王，遵循古帝王圣君故事，爰定藩封，和硕亲王、多罗郡王，多罗贝勒贝子之妻，各有封号，特颁制诰。册封尔多罗卓礼克图郡王福晋为多罗卓礼克图郡王之多罗大福晋，颁赐诰命。锡之诰命，勿越中正，勿违道义，益为辅佐多罗卓礼克图郡王，敬慎持心，名显当时，誉垂后世。钦哉，勿替朕命。

## 01-05-10　崇德帝邀请从西藏返回之车臣绰尔济喇嘛来京之敕谕
*崇德六年八月初八日*

宽温仁圣皇帝诏曰：致车臣绰尔济敕谕。为利益众生致力于政教，拜谒上师活佛，平安到达甚善。朕听说之后，很高兴。从尔之后，派去往西去的喇嘛至归化城（库库和屯）。前往众喇嘛僧人难以了解喀尔喀（蒙古人）习惯而回来了。今尔莫非是居住在喀尔喀、厄鲁特之喇嘛僧人？谁对你进行阻挡？朕想跟你能听到上师活佛所下之命令？尔若欲谨慎来归化城（库库和屯）则来，朕不是没有阻碍了吗？尔与普通商人一同来之后，提前派使者至朕处，朕遣使者去迎接尔等。

## 01-05-11　崇德帝招徕降明蒙古人之敕谕
*崇德六年八月十三日*

大清国仁圣皇帝谕旨。给归降汉人的蒙古人传谕。尔等原来因察哈尔汗自毁其国政，虐待其国时，上天谴责农业歉收，（尔等）大约为养活妻子儿女降服汉人。幸托上天保佑，朕从厄鲁特、卫拉特往这边至全蒙古兀鲁思及朝鲜国等，将所有这些国都已绥服。今唯独一个汉人之国。尔等苦难至极为养活妻子儿女降服汉人。尔等难道还没有听说过归降朕的蒙古人享受清福吗？尔等原来诸诺颜都在朕处不想朕却与汉人一同走，为啥去送死？尔等糊涂了吗？人的性命用万两金子也难以买到。如果领悟上天护佑，明识时务，来投诚肯定能够享受幸福！经常晓谕尔等强调不见效，难道与汉人同归于尽？不是朕杀害尔等，而且尔等欲自己杀死自己。来归降朕之蒙古人享受清福，难道没有听说过吗？

## 01-05-12　　崇德帝封苏尼特部诺颜腾机思为墨尔根郡王之诰命

崇德六年十月三十日

腾机思原系察哈尔汗家族，苏尼特部诺颜。在朕尽收服察哈尔国之后，尔识时务，离开喀尔喀兄弟，领自己的属部归降朕。所以册封尔为多罗墨尔根郡王。

# 崇德七年（1642 年）档册

## 01-06-01　　崇德帝以追究科尔沁兵班师途中肆掠牲畜事
## 颁给土谢图亲王巴达礼之敕谕

崇德七年三月十一日

宽温仁圣皇帝诏曰：给土谢图亲王巴达礼之敕谕。前年秋班师时，尔等五个旗所路过地方，盗窃马一百四十七匹、牛一百零七头、两只骆驼、十五只羊，共二百七十一头。扎萨克卓礼克图亲王五个旗兵，其所路过地方，盗窃马一百七十二匹、牛一百四十一头、三只骆驼、十只羊、一匹驴，共三百三十四头，追究惩治此罪。扎萨克卓礼克图亲王乌克善那里派去色棱。尔扎萨克土谢图亲王巴达礼在现成齐集士兵当中将尔右翼盗贼好好商定。尔五个旗兵马安营扎寨之后，追究惩治此罪。尔等难道成为敌人了吗？自己内部进行盗窃之罪恶，实属不轻。

## 01-06-02　　崇德帝以琐诺木哲勒蔑病故准其子阿日那
## 承袭头等章京之敕命

崇德七年四月初八日

琐诺木哲勒蔑病故之后，准其子阿日那承袭头等章京称号，恩准其承袭此称号十三代。

## 01-06-03　　崇德帝以锦州大捷晓谕外藩诸王诺颜等之敕谕

崇德七年四月二十八日

圣上给外藩诸王诺颜等之敕谕。朕委付给诸王、诸诺颜以大军围攻锦州城之后，汉人以十三万重兵来支援，朕亲征击溃援军，杀得满山遍野，进而围攻松山。将那座城池之一个军门、一个都堂、四个道员、三个总兵官、十个保长以及又众多小吏等全部活捉，该杀就杀，该赦免则赦免，锦州城忘恩负义之祖总兵官（祖大寿——译者）被逼迫至死时，哀求饶命，来到我军营叩首乞降，故赦免其所属军民。又用红夷炮攻破塔山城，我军未架设云梯便越过城墙而入，将其吏兵屠杀殆尽。又用红夷炮攻破杏山城，城内众人纷纷逃命，其官吏叩首投降求饶，曰让生或杀死，由你们决定，于是赦免其全体降众。

## 01-06-04　崇德帝以晓谕外藩诸王诺颜等攻取锦州战况之敕谕

崇德七年四月二十八日

　　圣上给外藩诸王诺颜等之敕谕。自围攻锦州以来击败敌人、俘虏等情况尔等全体一行都已经知道。这半年轮流的诸王、诸诺颜等率领其军，围攻锦州、松山时，松山城里士兵粮食吃光，人相食，死亡殆尽，夏副将（指夏承德——译者）欲归附我们，许下诺言并送其子（夏舒——译者）来充当人质，让我军进城，因此若与夏副将言语一致赦免，将其他士兵均杀死。攻占那座城之后，锦州城里士兵粮食吃光，人皆相食，死亡殆尽。其锦州城忘恩负义的祖总兵官（祖大寿——译者）被逼迫至死时，哀求饶命，来到我军营跪拜投降，故赦免其所属军民。将其他士兵均杀死。我军用炮攻破塔山城，未用竖云梯，即攻占其城，屠杀其士兵。又用炮攻破其杏山城，城内众人四处逃奔，其官吏投降跪拜求饶，曰让生或杀死由你们决定，于是赦免其全体降众。为让大家耳闻上天眷佑，如此喜悦之事而传谕。

## 01-06-05　崇德帝册封多罗豫郡王福晋科尔沁部塔扎

## 为多罗大福晋之诰命

崇德七年八月十六日

　　奉天承运宽温仁圣皇帝制曰：自开天辟地以来，有一代应运之君，正定名号，以彰懿德，锡予褒封，乃古圣王之常经，万代不易之通典。今朕诞登大宝，效法前王，遵循古帝王圣君故事，爰定藩封，和硕亲王、多罗郡王，多罗贝勒贝子之妻，各有封号，特颁制诰。尔科尔沁塔扎与朕弟多罗额尔克郡王（和硕豫郡王）有缘分，故封尔为多罗额尔克郡王多罗大福晋。锡之诰命，勿越中正，勿违道义，益为辅佐朕扎萨克额尔克和硕亲王，敬慎持心，名显当时，誉垂后世。钦哉，勿替朕命。

## 01-06-06　崇德帝以土默特部塔布囊王喇嘛阵亡准其子

## 善巴松承袭达尔汉名号之敕命

崇德七年九月初一日

　　王喇嘛，尔原系土默特部塔布囊。随扎萨克墨尔根亲王（多罗睿亲王）攻打北京，远征山东时，迎接大军，出长城时，击溃岩石中躲避之敌人。随扎萨克墨尔根亲王

（多罗睿亲王）、扎萨克扎萨克图亲王（肃亲王豪格——译者）围攻锦州城之后，第三次战役时，即攻打洪军门三营步兵时，在军营辕门摔死。所以赐给达尔汉名号，免除乌拉差役及首思（驿站祗应粮肉等——译者），并恩准其子善巴松承袭达尔汉名号，此名号世袭罔替。

### 01-06-07　崇德帝以白塞阵亡准其子浩绷承袭达尔汉名号之敕命
*崇德七年九月初一日*

白塞后来在扎萨克墨尔根亲王（多罗睿亲王）、扎萨克扎萨克图亲王（肃亲王豪格——译者）围攻锦州城之后，在第三次战役时攻打洪军门三营步兵时阵亡。所以赐给达尔汉名号，免除乌拉差役及首思（驿递祗应粮肉等——译者），并恩准其子浩绷承袭达尔汉名号，准此名号世袭罔替。

### 01-06-08　崇德帝以祈他特阵亡准其子嘎尔玛 承袭达尔汉名号之敕命
*崇德七年九月初一日*

祈他特原来管领一个旗。在扎萨克墨尔根亲王、扎萨克扎萨克图亲王（肃亲王豪格——译者）围攻锦州城之后，第三次战役时，即攻打洪军门三营步兵时，阵亡。所以赐给达尔汉名号，免除乌拉差役及首思（驿站祗应粮肉等——译者），并准其子嘎尔玛承袭达尔汉名号，此名号世袭罔替。

### 01-06-09　崇德帝以扎甘病故准其子恩克承袭牛录章京之敕命
*崇德七年九月初一日*

以扎甘病故，恩准其子恩克承袭牛录章京。恩准再承袭一次。

### 01-06-10　郑亲王济尔哈朗等满蒙汉诸臣恭贺锦州大捷表文
*崇德七年九月初八日*

表云：和硕郑亲王济尔哈朗、多罗睿郡王多尔衮、多罗肃郡王豪格、多罗武英郡王阿济格、多罗贝勒多铎、多罗郡王阿达礼、多罗贝勒罗洛宏、固伦额驸弼尔塔噶尔、朝鲜国世子李湟率满洲、蒙古、汉人宫员（诸王贝勒大臣）等官，以攻克锦州等地上表行庆贺礼。稽首上言，伏维宽温仁圣皇帝陛下，命诸王、贝勒大臣等率兵围困锦州，皇上整旅亲征，车驾一至，击败明国援兵十三万，僵尸遍野，明郎中张若麒，总兵吴三桂、王朴、李辅明、唐通、白广恩、马科等惊骇溃散，分路逃窜。遂复围困松山，汉人军门明文臣（总督）洪承畴，都堂（巡抚）丘民仰，兵备道张斗、姚恭、王之祯，武总兵祖大乐、曹变蛟、王廷臣，副将十员并其余武弁，悉为我生擒。锦州忘恩之总兵祖大寿闻之，自知必死，遂舍命率众匹马来营，叩首乞降。后又以红衣炮攻破塔山。以红衣炮攻破杏山交战城破时，守城副将吕品奇、明粮厅官朱廷榭等各官咸知城破必死，率众来降。此皆皇上神谋奇策（神机妙算）之所致也，臣等不胜欣幸，谨具表称贺以闻。

## 01-06-11　　崇德帝以海萨塔布囊立战功晋封为二等甲喇章京之敕命

*崇德七年九月初八日*

海萨塔布囊，后来随扎萨克墨尔根亲王（多罗睿亲王——译者）攻打北京城，远征山东击败侯总兵官马步军时，率领所部支援打败敌人。架设云梯攻打始平县城，指敌人旗帜遂攻取之。出长城时，与希拉巴雅尔一同率军坚守董家口，长达七天之久，未失地方一直交战。在扎萨克墨尔根亲王（多罗睿亲王——译者）、扎萨克扎萨克图亲王（肃亲王豪格——译者）围攻锦州城之后，第三次战役攻打洪军门三营步兵时，与土拉尔达尔汉一同打败敌人。因此由三等甲喇章京授升为二等甲喇章京。又增加一代再准再承袭五次。

## 01-06-12　　崇德帝以塔格都勒阵亡准其子阿南达承袭牛录章京之敕命

*崇德七年九月初八日*

塔格都勒，原系白身人，随多罗巴图鲁郡王率军攻打北京与侯太监之兵作战时，率领所属甲喇之兵打败敌人。随扎萨克墨尔根亲王（多罗睿亲王——译者）、扎萨克扎萨克图亲王（肃亲王豪格——译者）围攻锦州城之后，第三次战役，即攻打洪军门的三营步兵时，与巴拉西尔一同阵亡。所以赐给佐领称号，恩准其子阿南达承袭。此称号可再承袭一次。

## 01-06-13　　崇德帝以巴赛都尔莽奈阵亡准其子哈岱承袭三等章京之敕命

*崇德七年九月初八日*

巴赛都尔莽奈，后来随扎萨克墨尔根亲王（多罗睿亲王——译者）攻打北京，远征山东时，击败侯总兵官时，率领所部支援打败敌人。当击败冯太监兵马时，率领所部支援打败敌人。当先锋军来军营作战时，又进行支援击败敌人。当多罗额里克郡王率军到宁远放火时，击败出自宁远城的敌人。扎萨克昆都亲王围攻锦州城第三次战役，众恰（侍卫）打败洪军门兵卒时支援，击溃敌人。在松山、杏山之间掘战壕之日，洪军门出兵与镶红旗来交战时进行支援击败敌人。锦州外边因挖掘深沟细壕，与自锦州城出来的敌军交战时阵亡，所以由头等副章京授升为三等首章京，恩准其子哈岱承袭。又增加一代，准再承袭十一次。

## 01-06-14　崇德帝以劳瑞阵亡准其兄沙济承袭三等副章京之敕命

*崇德七年九月初八日*

劳瑞,后来随扎萨克墨尔根亲王(多罗睿亲王——译者)攻打北京,远征山东击败马延兵卒时,率领所部支援打败敌人。当扎萨克昆都亲王围攻锦州城的第四次战役时,挖掘细壕,锦州城马步军全体出动,拿来盾牌交战,左翼护军(羽林军)迎战不力进入深壕细沟时,在原地未动一直战斗直至阵亡。故由头等甲喇章京授升为三等副章京,准其兄沙济承袭三等副章京。

## 01-06-15　　　崇德帝以袞楚克车臣于锦州立战功
## 赐半个牛录章京之敕命

*崇德七年九月初八日*

袞楚克车臣,尔原系无名号之白身人,随扎萨克墨尔根亲王(多罗睿亲王——译者)、扎萨克扎萨克图亲王(肃亲王豪格——译者)围攻锦州城第三次战役时,两翼之军联合左翼三旗打败松山骑兵时,与库木岱一同击败敌人。松山骑兵来与我红衣炮手交战时,与库木岱一同击败敌人。右翼打败洪军门之兵时,与库木岱一同击败敌人。打败洪军门三个步兵营时与库木岱一同与屯泰之旗联合,打败敌人。故赐半个牛录章京。此称号准再承袭一次。

## 01-06-16　　　崇德帝以祈他特车尔贝于锦州立战功
## 晋封二等章京之敕命

*崇德七年九月初八日*

祈他特车尔贝,后来随多罗额里克郡王率军到宁远放火时,率所部击败出自宁远城之骑兵。在扎萨克墨尔根亲王(多罗睿亲王——译者)、扎萨克扎萨克图亲王(肃亲王豪格——译者)围攻锦州城第三次战役时,两翼之兵联合左翼三旗打败松山骑兵时,率所部击败敌人。松山骑兵来与我红衣炮手交战时,率所部击败敌人。打败洪军门三个步兵营时,率所部击败敌人。故由三等首章京晋升为二等首章京。又增加一代,准再承袭十三次。

## 01-06-17　　　崇德帝以额林沁戴青于锦州等处立战功
## 晋封头等章京之敕命

*崇德七年九月初八日*

额林沁戴青,后来随扎萨克墨尔根亲王(多罗睿亲王——译者)攻打北京城,远征山东击败侯总兵官马步军时,率领所部支援打败敌人。在扎萨克墨尔根亲王(多罗睿亲王——译者)、扎萨克扎萨克图亲王(肃亲王豪格——译者)围攻锦州城第三次战役时，两翼之军联合左翼三旗打败松山骑兵时，率所部击败敌人。松山骑兵来与我红衣炮手交战时，率所部击败敌人。打败洪军门三个步兵营时，率所部击败敌人。故由二等首章京授升为头等首章京。又增加一代，准再承袭十四次。

## 01-06-18　　崇德帝以别乞尔立战功晋封二等甲喇章京之敕命

崇德七年九月初八日

别乞尔，后来随扎萨克墨尔根亲王攻打北京城，远征山东并击败侯太监之兵时，率所部打败了敌人。击败侯总兵官之军时，率领所部支援打败敌人。多罗额里克郡王（豫郡王多铎——译者）率军到宁远放火时，率所部与祈他特车尔贝一同击败出自宁远城之骑兵。在扎萨克墨尔根亲王（多罗睿亲王——译者）、扎萨克扎萨克图亲王（肃亲王豪格——译者）围攻锦州城第三次战役时，两翼之军联合左翼三旗打败松山骑兵时，与祈他特车尔贝一同击败敌人。松山骑兵来与我红衣炮手交战时，率所部甲喇之兵，击败敌人。打败洪军门三个步兵营时，率所部甲喇兵卒与巴拉西里一同击败敌人。故由三等甲喇章京授升为二等甲喇章京。又增加一代，准再承袭五次。

## 01-06-19　　崇德帝以古穆岱立战功晋封二等章京之敕命

崇德七年九月初八日

古穆岱后来扎萨克墨尔根亲王攻打北京城，远征山东击败冯太监兵卒时，未用竖梯即攻占高阳县城。击败高总兵官兵卒时，率领所部支援打败敌人。在扎萨克墨尔根亲王（多罗睿亲王——译者）、扎萨克扎萨克图亲王（肃亲王豪格——译者）围攻锦州城第三次战役时，两翼之军联合左翼三旗打败松山骑兵时，率所部击败敌人。松山骑兵来与我红衣炮手交战时，率所部击败敌人。右翼击败洪军门骑兵时，率所部击败敌人。打败洪军门三个步兵营时，率所部击败敌人。故由三等首章京授升为二等首章京。再增加一代，此称号准再承袭十三次。

## 01-06-20　　崇德帝以阿巴岱立战功赐半个牛录章京之敕命

崇德七年九月初八日

阿巴岱，尔原系白身人，扎萨克墨尔根亲王（多罗睿亲王——译者）攻打北京城，远征山东击败侯太监之兵时，率所部打败敌人。出长城时，率所部与希拉巴雅尔一同坚守董家口长达七天之久，而且未曾失地，一直交战。在扎萨克墨尔根亲王（多罗睿亲王——译者）、扎萨克扎萨克图亲王（肃亲王豪格——译者）围攻锦州城第三次战役时，两翼之军联合左翼三旗打败松山骑兵时，与古穆岱一同击败敌人。松山骑兵来与我红衣炮手交战时，与古穆岱一同击败敌人。右翼击败洪军门骑兵时，打败洪军门三个步兵营时，与古穆岱一同击败敌人。故赐半个牛录章京称号，此称号准再承袭一次。

## 01-06-21　崇德帝以二等章京古穆台什病故准其子

## 诺尔布承袭二等章京之敕命

崇德七年九月初八日

古穆台什后来在扎萨克墨尔根亲王（多罗睿亲王——译者）攻打北京城，远征山东击败侯太监骑兵时，率所部打败敌人。击败侯总兵官之军时，率领所部支援打败敌人。在扎萨克墨尔根亲王、扎萨克扎萨克图亲王（肃亲王豪格——译者）围攻锦州城第三次战役时，两翼之军联合左翼三旗打败松山骑兵时，松山骑兵来与我红衣炮手交战时，率所部击败敌人。打败洪军门三个步兵营时，率所部击败敌人。故由三等章京授升为二等章京。病故之后，恩准其子诺尔布承袭二等章京。承袭如前。

## 01-06-22　崇德帝以三等公都喇哈勒达尔汉诺颜阵亡

## 准其子博罗承袭三等公之敕命

崇德七年九月初八日

都喇哈勒达尔汉诺颜，后来随多罗睿亲王攻打北京，远征山东时，会师并派兵竖梯攻占始平县城。当击败侯总兵官之军时，率领所部支援打败敌人。出长城时，三屯营城陈总兵官所率骑步兵三千人从侧翼对我袭击，率所部兵马与乌贲、准塔巴图鲁两个固山额真（旗主）一同击败敌人。当防守董家口时，有一千余步兵在山上放炮，率所部兵马与乌贲、准塔巴图鲁个固山额真（旗主）一同击败敌人。在多罗睿亲王、多罗肃郡王围攻锦州城第三次战役时，两翼之军联合左翼三旗打败松山骑兵时，率所部击败敌人。松山骑兵来与我红衣炮手交战时，率所部击败敌人。打败洪军门三个步兵营时，率所部作战阵亡。故由头等章京晋升为三等公，恩准其子博罗承袭三等公。若与敌国和好，敌视诸王、贝勒、诸诺颜等，依法惩治。若疏漏怠忽犯罪，准再两次赦免其死罪。

## 01-06-23　崇德帝以阿尔萨呼立战功晋封头等章京之敕命

崇德七年九月初八日

阿尔萨呼，后来随多罗睿郡王攻打北京，远征山东击败侯太监骑兵时，率所部打败敌人。击败侯总兵官之军时，率领所部支援打败敌人。当出长城击败太平塞之兵时，率所部打败敌人。与席特库章京一同进军索罗干部落，俘虏博慕博果尔及其妻子家口等全体。在多罗睿亲王、多罗肃郡王围攻锦州城之第三次战役时，两翼之军联合左翼三旗打败松山骑兵时，率所部击败敌人。松山骑兵来与我红衣炮手交战时，率所部击败敌人。打败洪军门三个步兵营时，率所部击败敌人。故由三等甲喇章京晋升为头等甲喇章京。又增加两代，准再承袭六次。

## 01-06-24 崇德帝以头等副章京色济德力格尔
## 立战功加封半个佐领之敕命
崇德七年八月二十三日

色济德力格，尔后来随多罗睿亲王攻打北京，远征山东击败侯总兵官兵马时，率领所部支援打败敌人。当出长城时，三屯营地方陈总兵官所率马步兵三千人从侧翼对我袭击，率所部兵马与乌赟、准塔巴图鲁两个固山额真一同击败敌人。防守董家口时，有（敌）一千余步兵在山上放炮，率所部兵马与乌赟、准塔巴图鲁两个固山额真一同击败敌人。又一千名步兵下山而来，并从侧翼袭击我们时，率所部兵马与乌赟、准塔巴图鲁两个固山额真一同击败敌人。在多罗睿亲王、多罗肃郡王围攻锦州城第三次战役时，两翼之军联合左翼三旗打败松山骑兵时，率所部击败敌人。松山骑兵来与我红衣炮手交战时，率所部击败敌人。打败洪军门三个步兵营时，率所部作战，不幸阵亡。故由头等章京晋升为三等公，准其子博罗承袭三等公。若与敌国和好，敌视诸王、贝勒、诸诺颜等，依法惩治。若怠忽疏漏犯罪，准两次赦免其死罪。在头等副章京之上，又加封半个佐领。又增加一代，准再承袭十一次。

## 01-06-25 科尔沁土谢图亲王巴达礼等诸蒙古王
## 台吉恭贺攻取锦州表文
崇德七年九月初七日

表云：科尔沁扎萨克图谢图亲王巴达礼，扎萨克卓礼克图亲王吴克善，多罗扎萨克图郡王布塔齐，多罗巴图鲁郡王满朱习礼，扎赍特尔汗和硕齐蒙夸、东胡尔、额森，杜尔伯特部落塞冷，郭尔罗斯部落布木巴，敖汉部落固伦额驸，多罗郡王班第，奈曼部落多罗达尔汉郡王衮楚斯（克）、苏那木杜棱、木章，巴林部落满珠习礼、色布丹，吴喇忒部落的杜巴、兀班、巴噶巴海，四子部落达尔汉卓礼克图俄木布，扎鲁特部落内齐、桑哈尔，翁牛特部落达尔汉代青东、布杜胡，喀喇车里克部噶尔麻，察哈尔部落苏那木、卫宰桑等我们全体稽首上言，伏维宽温仁圣皇帝陛下，命内外诸王、贝勒大臣等率兵围困锦州，皇上整旅亲征，车驾一至，击败明国援兵十三万，僵尸遍野，明郎中张若麒，总兵吴三桂、王朴、李辅明、唐通、白广恩、马科等惊骇溃散，分路逃窜。遂复围困松山，汉人军门明文臣（总督）洪承畴，都堂（巡抚）丘民仰，兵备道张斗、姚恭、王之祯，武总兵祖大乐、曹变蛟、王廷臣，副将十员并其余武弁，悉为我生擒。锦州忘恩之总兵祖大寿闻之，自知必死，遂舍命率众匹马来营，叩首乞降。后又以红衣炮攻破塔山。以红衣炮攻破杏山交战城破时，守城副将吕品奇、明粮厅官朱廷榭等各官，咸知城破必死，率众来降。此皆皇上神谋奇策之所致也，臣等不胜欣幸，谨具表称贺以闻。

## 01-06-26 崇德帝以科尔沁部当哈赉恭谨从命
## 赐卓礼克图达尔汉名号之敕命
### 崇德七年九月十九日

当哈赉，尔原系蒙古国科尔沁部人，尔主人土谢图额驸背离其蒙古国之主察哈尔汗与我和好结盟时，尔奋不顾身，舍身忘家，谨慎效力。后来隶属我律例受节制时，亦毫无疏漏，谨慎效力。故赐给尔卓礼克图达尔汉称号，免除乌拉差役及首思（驿站祗应粮肉等——译者）。恩准尔自由行走于八大固山诸诺颜之门。若参加一切远征战事，赏赐甲喇章京头衔。此名号准世袭罔替。

## 01-06-27 崇德帝册封苏尼特部诺颜叟塞为多罗杜棱郡王之敕命
### 崇德七年十一月初四日

奉天承运宽温仁圣皇帝制曰：自古开天辟地以来，有一代应运之君，必有藩屏之佐，故叙功定名以别封号者，乃古圣王之钜典也。朕爱仿古制，不分内外，一视同仁，凡我诸藩俱因功授册，以昭等威，受此敕命册者，必忠以辅国，恪遵矩度，自始至终，不忘信义，若此则光前裕后而奕世永昌矣。慎行勿怠。叟塞，尔原系蒙古察哈尔汗宗族，为苏尼特部落诺颜。察哈尔汗不思亲族，折磨国人，败坏其国政时，尔避居投奔喀尔喀兄弟处。朕彻底征服察哈尔国之后，尔知时达务，抛弃喀尔喀兄弟，率领所属之民来归诚。朕嘉尔勋，故册封尔为多罗郡王。除负朕厚恩，谋反大逆，削除王爵，及行军败逃，依律治罪外，其一应过犯，永不削夺，子孙世袭。钦哉。勿负朕命。

# 崇德八年（1643 年）档册

## 01-07-01 奉旨改土谢图亲王下巴珠岱都喇尔达尔汉侍卫
## 封号之白敕文为黄敕文
### 崇德八年正月十九日

奉旨改土谢图亲王下巴珠岱都喇尔达尔汉侍卫封号之白敕文为黄敕文。

## 01-07-02 崇德帝遵大清律例火葬敏惠恭和元妃之敕谕
### 崇德八年二月初一日

崇德八年癸未年二月乙丑日、十日甲戌日。圣上传制。敏惠恭和元妃尔生于己酉年。三十三岁巳年九月十八日命中注定薨逝。朕哀痛至极，三年未葬。今遵循大清律例，进行火葬。

## 01-07-03　　　　　　　归附大清人员名单
*崇德八年二月初一日*

左旗硕垒为首至巴德玛四个带弓箭夫妻及妻子八个人，有五十匹马，十月二十八日来。左旗阿巴噶那尔之乌巴散札之胡苏台名字之人父子四个人及妻子八个人，一只骆驼、十九匹马、三匹马驹，另带二十二匹马之逃人十二月初五日来。又左旗德乐乌巴散札之图克推达鲁噶为首九个带弓箭夫妻及妻子三十四个人，带五只骆驼、九十三匹马之逃人未（羊年）年二月初二日来。别无其他消息。

## 01-07-04　崇德帝遣使赍敕复达赖喇嘛并问候起居赠送礼物之文
*崇德八年四月初五日*

致书于瓦赤喇（大持金刚）达赖喇嘛赐鉴！大清国宽温仁圣皇帝致书问安。今承喇嘛有拯救众生之念，欲兴扶佛法，遣使通书，朕心甚悦。兹特恭候安吉。凡所欲言俱令察干格隆、巴喇衮噶尔（右翼）格隆、喇克巴格隆、诺木齐格隆、诺莫干格隆、萨木谭格隆、衮格垂尔札尔格隆等口悉。外附奉金碗一、银盆二、银茶桶三、玛瑙杯（扯克掣、茶酒盅）一、水晶杯（扯克掣、茶酒盅）二、玉杯（扯克掣、茶酒盅）六、玉壶一、两副镀金甲胄、两副玲珑撒袋、弓箭、雕鞍二、金镶玉带一、镀金银带一、玲珑刀二、锦缎四匹。

## 01-07-05　崇德帝遣使赍敕复班禅胡土克图并问候起居赠送礼物之文
*崇德八年四月初五日*

致书于班禅胡土克图赐鉴！大清国宽温仁圣皇帝致书问安。今承喇嘛有拯救众生之念，欲兴扶佛法，遣使通书，朕心甚悦。兹特恭候安吉。凡所欲言俱令察干格隆、巴喇衮噶尔（右翼）格隆、喇克巴格隆、诺木齐格隆、诺莫干格隆、萨木谭格隆、衮格垂尔札尔格隆等口悉。外附奉金碗一、银盆二、银茶桶三、玛瑙杯（扯克掣、茶酒盅）一、水晶杯（扯克掣、茶酒盅）一、玉杯（扯克掣、茶酒盅）六、玉壶一、一副镀金甲胄、两副玲珑撒袋、弓箭、雕鞍二、金镶玉带一、镀金银带一、玲珑刀二、锦缎四匹。

## 01-07-06　崇德帝遣使赍敕问候噶玛帕胡土克图并赠送礼物之文
*崇德八年四月初五日*

噶玛帕胡土克图赐鉴！大清国宽温仁圣皇帝致书于噶玛帕胡土克图。朕思自古帝王，创业垂统，每令佛法流传，未尝断绝。今将敦礼高僧，兴扶释教，以普济众生。故遣察干格隆、巴喇衮噶尔（右翼）格隆、喇克巴格隆、诺木齐格隆、诺莫干格隆、萨木谭格隆、衮格垂尔札尔格隆等前往。凡所欲言，俱令口悉。附奉银茶桶二、银盆

二、玛瑙杯（扯克掣、茶酒盅）一、水晶杯（扯克掣、茶酒盅）二、玉杯五、玉壶一、镀金甲胄一副、玲珑撒袋二、雕鞍二、金镶玉带一、镀金银带一、玲珑刀二、锦缎二匹。特以侑缄。

### 01-07-07　　崇德帝遣使赍敕延请大萨迦喇嘛并赠送礼物之文
*崇德八年四月初五日*

大萨迦喇嘛赐鉴！大清国宽温仁圣皇帝致书于大萨迦喇嘛。朕思自古帝王，创业垂统，每令佛法流传，未尝断绝。今将敦礼高僧，兴扶释教，以普济众生。故遣察干格隆、巴喇衮噶尔（右翼）格隆、喇克巴格隆、诺木齐格隆、诺莫干格隆、萨木谭格隆、衮格垂尔札尔格隆等前往。凡所欲言，俱令口悉。附奉银盆一、银茶桶一、玛瑙杯（扯克掣、茶酒盅）一、水晶杯（扯克掣、茶酒盅）一、玉杯三、玉壶一、镀金甲胄一副、玲珑撒袋一、雕鞍一、金镶玉带一、玲珑刀一、锦缎一匹。

### 01-07-08　　崇德帝遣使赍敕延请济东胡土克图并赠送礼物之文
*崇德八年四月初五日*

济东胡土克图赐鉴！大清国宽温仁圣皇帝致书于济东胡土克图。朕思自古帝王，创业垂统，每令佛法流传，未尝断绝。今将敦礼高僧，兴扶释教，以普济众生。故遣察干格隆、巴喇衮噶尔（右翼）格隆、喇克巴格隆、诺木齐格隆、诺莫干格隆、萨木谭格隆、衮格垂尔札尔格隆等前往。凡所欲言，俱令口悉。附奉银盆一、银茶桶一、玛瑙杯（扯克掣、茶酒盅）一、水晶杯（扯克掣、茶酒盅）一、玉杯三、玉壶一、镀金甲胄一副、玲珑撒袋一、雕鞍一、金镶玉带一、玲珑刀一、锦缎一匹。

### 01-07-09　　崇德帝遣使赍敕延请鲁克巴胡土克图并赠送礼物之文
*崇德八年四月初五日*

鲁克巴胡土克图赐鉴！大清国宽温仁圣皇帝致书于鲁克巴胡土克图。朕思自古帝王，创业垂统，每令佛法流传，未尝断绝。今将敦礼高僧，兴扶释教，以普济众生。故遣察干格隆、巴喇衮噶尔（右翼）格隆、喇克巴格隆、诺木齐格隆、诺莫干格隆、萨木谭格隆、衮格垂尔札尔格隆等前往。凡所欲言，俱令口悉。附奉银盆一、银茶桶一、玛瑙杯（扯克掣、茶酒盅）一、水晶杯（扯克掣、茶酒盅）一、玉杯三、玉壶一、镀金甲胄一副、玲珑撒袋一、雕鞍一、金镶玉带一、玲珑刀一、锦缎一匹。

### 01-07-10　　崇德帝遣使赍敕延请达克龙胡土克图并赠送礼物之文
*崇德八年四月初五日*

达克龙胡土克图赐鉴！大清国宽温仁圣皇帝致书于达克龙胡土克图。朕思自古帝王，创业垂统，每令佛法流传，未尝断绝。今将敦礼高僧，兴扶释教，以普济众生。

故遣察干格隆、巴喇衮噶尔（右翼）格隆、喇克巴格隆、诺木齐格隆、诺莫干格隆、萨木谭格隆、衮格垂尔札尔格隆等前往。凡所欲言，俱令口悉。附奉银盆一、银茶桶一、玛瑙杯（扯克掣、茶酒盅）一、水晶杯（扯克掣、茶酒盅）一、玉杯三、玉壶一、镀金甲胄一副、玲珑撒袋一、雕鞍一、金镶玉带一、玲珑刀一、锦缎一匹。

## 01-07-11　崇德帝以询问被额鲁特顾实汗攻破实情致藏巴汗书

*崇德八年四月初五日*

大清国宽温仁圣皇帝谕藏巴汗。尔书云佛法裨益我国。遣使致书。

近朕闻尔为厄鲁特部落顾实汗攻败。因未详其实，为此事回复若干次信。自此以后修好勿绝，凡尔应用之物，自当饷遗。今随敕书之礼物有赐银子一百两、金缎三匹。

## 01-07-12　崇德帝遣使赍敕为延请高僧弘扬佛法事致顾实汗书

*崇德八年五月初五日*

大清国宽温仁圣皇帝致书于顾实汗曰：朕闻有违道悖法而行者，尔已经惩创之矣。朕思自古圣王致治，佛法未尝断绝。今欲于图白忒部落，敦礼高僧，故遣使与伊拉古克三胡土克图偕行。不分服色红黄，随处咨访，以宏佛教，以护国祚。尔其知之。附其甲胄全副，特以侑缄。

给以上七位胡土克图（活佛）致有黄金龙图案黄色文书。藏巴汗、顾实汗二人，则不带金粉黄色文书。崇德八年癸未年五月初五日。

# 清内秘书院蒙古文档案
# 第二辑

## 顺治元年（1644年）档册

**02-01-01**　　　**顺治帝以遣使偕伊拉古克三胡土克图**
**延请达赖喇嘛之敕谕**

顺治元年正月十五日

切勿毁掉执掌至圣行事及善定政体，平定毁败政体，使苦难众生致享太平，应归功于古来福荫气力及当今受三宝之加持。这一点，除愚蠢之人之外，任何人都应该知道。顺治元年春正月十五日。

切勿毁掉执掌至圣行事及善定政体，平定毁败政体，使苦难众生致享太平，应归功于古来福荫气力及当今受三宝之加持。这一点，除愚蠢之人之外，任何人都应该知道。顺治元年春正月十五日。（原件重复——译者）

**02-01-02**　　　**顺治帝以翁牛特部固山额真噶尔玛阵亡准其子**
**古穆承袭达尔汉名号之敕命**

顺治元年

奉天承运皇帝制曰：尔噶尔玛，原系翁牛特部扎萨克达尔汉戴青固山额真。当多罗睿亲王、多罗肃亲王围攻锦州城第一次事情（战役），迎战杏山骑兵时，尔率领所属固山打败敌人。当左翼击败锦州之军时，率所属固山打败敌人。当击败松山骑兵时，率所属固山打败敌人。当击败松山步兵时，率所属固山打败敌人。当多罗贝勒诺颜围攻北京，远征山东出兵时，击败单浩之军时，与叶尔尼一同打败敌人。前往掠夺崂山，当击败胶州城外步兵时，与席特库大章京一同率所属固山打败敌人。出长城时与吴总兵官兵马交战，与副章京那尔泰一同阵亡。故赐给达尔汉名号，恩准其子古穆承袭，免支驿站差役及祗应（驿站供应粮肉——译者）。此名号世袭罔替。

## 02-01-03　顺治帝命摄政王和硕睿亲王多尔衮统率大军伐明诏书

顺治元年四月初八日

奉天承运皇帝诏曰：我皇祖太祖皇帝肇造丕基，皇考宽温仁圣皇帝底定宏业，将重大之任付于眇躬。今各方蒙古、朝鲜国俱已归服，汉人城郭、土地虽渐攻克，犹多抗拒。念当此争天下于马背上时，征讨之举所关甚重。朕年冲幼，未能亲履戎行，特命尔摄政王、和硕睿亲王多尔衮代统大军，脱颖而出，用加殊礼，锡以御用纛盖等物，特授奉命大将军之印往定中原。一切赏罚俱便宜从事。至攻取方略，尔王钦承皇考圣训，谅已素谙。其诸王、贝勒、贝子、公、大臣等事大将军，当如事朕，同心协力，以图进取，庶祖考英灵为之欣慰矣。尚其钦哉。

## 02-01-04　理藩院以吴三桂降清山海关大捷奉旨晓谕
## 外藩蒙古诸王公台吉等书

顺治元年五月初二日

钦奉谕旨理藩院晓谕外藩蒙古诸王公台吉等。摄政王、和硕睿亲王多尔衮统率大军伐明，四月二十八日奏报歼敌捷音。臣谨奏：四月十三日，明国总兵官吴三桂派来副将杨新、尤革库、玉龙等言，流贼之兵已经攻占北京。我崇祯皇帝、大皇后缢死。流贼头目李自成于三月二十二日即帝位，其国号曰大顺，年号曰永昌。曾经常派人招降吴三桂，则吴三桂不从，自宁远领军民、家属、牲畜等从永平府回返留守山海关，并遣人来说今归服尔，为皇上报仇云云。遂让其所遣之人赍书先去。我立即急忙连夜前往。四月二十一日，流贼头目李自成亲率二十余万马步兵，并强行携领崇祯帝之太子朱司兆、三子定王、四子等三个儿子以及崇祯帝宗族山西所属太原府晋王朱新隽、潞安府秦王、陕西西安府秦王朱孙基、平阳府汉王朱少涛、郡王西德王、尚令王、三音王、吴三桂之父吴襄等，派人去催促吴三桂投降而吴三桂不从。故围攻山海关城墙，投降流贼总兵官唐通率领马步军自山海关城墙之益边西角而出堵截去路布阵。那夜遇到唐通几百个骑兵，杀死一百来个人。当天夜里唐通之兵卒，由海关城墙进入逃跑。明日我大军至海关城墙，吴三桂即开城门投降。我军由前水门、后水门及城墙中门进去视看，流贼头目李自成亲率二十余万马步军，其行伍一头伸张至北面之山，另一头延伸至南边大海布列战阵。又那天刮起飓风，尘土飞扬，看不清任何东西，我军摆好战阵一看，对方士兵延伸至大海，比我们还多。我召集我诸王、贝勒、贝子、台吉纳尔、诸公及诸固山额真、掌管旗帜之诸章京，对他们说："尔等不得前后进攻。不得与此兵轻易交战，各自必须谨慎小心。若能战胜此（敌人）则就如同立即开创基业一样。我军与对方延伸至大海之军阵布列看齐，由我右翼兵之边与吴总兵官兵马布列看齐。由于地方太远，故军号声音听不见。从我身旁发喊时尔等越发大声喊。两次齐喊时大家并列让马使颠，各自突击。"如此训话之后，遂派去。遂我军先整齐布列军阵之后，当两度大喊进攻时，大风开始趋于平静，遂各自战胜对方兵马，追击至四十里地之远，杀得他们前仰后合。生擒太原府晋王朱新隽。流贼头目所站地方正好与我整个镶黄旗（军马）所在地正面对峙。当击溃此敌兵时，科尔沁右翼土谢图亲王带有一千个士兵，左翼士兵一百来个，土默特两旗兵马、固伦公主士兵来迎战。除此之外，其他外藩蒙古兵马未至。今我大军与总兵官吴三桂马步军以及取得红衣炮前往北京。为晓谕天佑捷音喜讯而颁发此书。

## 02–01–05　理藩院以摄政王占领北京事奉旨晓谕
## 外藩蒙古诸王公台吉等书

顺治元年五月十四日

钦奉谕旨理藩院晓谕外藩蒙古诸王公台吉等。朕命摄政王和硕睿亲王多尔衮代统大军，特授奉命大将军之印，往征明国。摄政王、和硕睿亲王于五月十二日所上奏之书云：当率领大军往北京去时，从九门至北京各地城镇，武官文臣，争先恐后，纷纷前来献书迎降。自四月二十六日起，流贼头目李自成将金银财宝及绢帛细软物品用马、牛及驴、骡子、骆驼驮运至其所在地长安（今陕西西安——译者）。三十日，流贼头目李自成逃走，于是即我们内外诸王、贝勒、贝子、台吉纳尔、诸公及诸固山额真、掌管诸蠹章京（护军统领）等全体追击，我率领其余兵马，五月初二日，至北京城，北京城文武百官及长者、秀才等出城来迎接，我们在巳刻进入北京城。晓谕蒙天眷佑捷音喜讯，特颁发此书。

## 02–01–06　顺治帝以察哈尔部巴图弃明投清赐牛录章京之敕命

顺治元年五月十四日

尔巴图，原系察哈尔汗所属白身人，察哈尔汗惧朕逃往唐古特国时，离开其汗，进入汉人之国（明朝——译者），并当千总。尔后由汉人之国（明朝——译者）带领一百二十个人来归服，故赐牛录章京称号。仍恩准再承袭两次。

## 02–01–07　顺治帝以陶高病故准其子杜棱承袭二等甲喇章京之敕命

顺治元年五月十四日

陶高病故之后，令其子杜棱承袭其二等甲喇章京，仍恩准再承袭四次。

## 02–01–08　顺治帝以图美病故准其养子色冷承袭牛录章京之敕命

顺治元年五月十四日

图美病故之后，以无亲族，去消其二等甲喇章京，恩准其养子色冷承袭牛录章京。仍准再袭两次。

### 02-01-09　摄政王宗室及文武新旧百官恭请顺治帝登基表文
顺治元年十月初一日

摄政王、宗室及文武新旧百官恭请顺治帝登基表文，叩首上表文曰：今皇上托上天之福荫，平定明国中原，思虑令四海之内万国百姓与休养生息，即天子皇帝大位，祈求皇上顺应众人心愿，降恩传谕。

至尊皇上之前，摄政王、宗室及文武新旧百官全体，众皆踊跃欢欣，叩首上奏，定国都于燕京，如同天地般前途无量，嗣登至尊大宝大位，众皆视如父母般尊重。皇上雄才大略，宇内寰区，众人典范。文武韬略，命中注定。圣上统御，五种吉祥齐备。圣人诞生，众望所归。吾等大家如同日月之光，所幸遇到万姓诸国，全体安定祥和，祈求如同三皇之时，致享太平盛世，所有众生踊跃欢欣，天下国朝即刻获得圆满成功。故吾等踊跃欢忭，向上天祈祷，按照欢喜之例，恭请圣上登基表文。

### 02-01-10　摄政王宗室及文武百官恭贺定都燕京并登基表文
顺治元年十月初一日

摄政王、宗室及文武百官恭贺定都燕京并登基表文，奏文曰：大朝定都于燕京，如同天地般无量功德，因嗣登无上之奇妙祥瑞大宝，众臣如同父母般尊敬，世人效法皇帝大智。此乃文武之德能及天命所赐。当圣帝即位之际，五种吉祥俱全。圣人出世，众生期待。但愿我等全体如同幸遇日月之光，良辰月云一般，万姓众人得以安宁如同三皇时代一般普世太平，普天同庆，天下大政立即促成，且齐备圆满。因此，我等极度欢欣鼓舞，向上天祈祷求福，按照喜庆之礼，献上表文于圣上进奏。

### 02-01-11　顺治帝登基颁大赦诏书
顺治元年十月初十日

奉天承运皇帝诏曰：颁大赦诏书理由，凡谋犯皇帝之罪，焚毁列祖陵庙、帝室宫阙、官衙，逃叛、谋杀、故杀、蛊毒、魇魅，偷盗祭天器物以及御用诸物，杀伤祖父母、父母，兄卖弟，妻告夫，内乱，强盗劫夺财物等此十恶之罪向在不赦之列。逃亡及之遗失牲畜、遗失物品，若经原主认出，仍将归还原主，以法免罪。二人彼此借贷偿还者，仍旧照常偿还。赦免其他罪恶。若告发已结正案件，有司官吏以其罪罪之。先前结正案若尚未执行，则追究执行。诉讼尚未结正案亦赦免。自此颁诏赦免之日起，以后一切犯罪均依照大法令来惩处。

### 02-01-12　顺治帝晋封摄政王多尔衮为皇（叔）父王之诰命
顺治元年十月初十日（甲子日）

我祖太祖圣上肇开国基，厥功伟德传给子孙。朕父太宗仁圣文皇帝相承即位，混一蒙古，征服朝鲜，国兴政隆。朕父太宗仁圣文皇帝、摄政王征讨蒙古大元国后裔察哈尔国，将其传国玉玺、察哈尔汗诸后妃、诸子及其国部众，均已获得，剿灭其国。又与朕父太宗皇帝征服朝鲜国，摄政王率领水军攻占江华城，将朝鲜国王诸后妃及诸子全体俘虏，彻底征服朝鲜国。又对一切敌人身先士卒，攻城略地，所占地方甚多。战无不胜，所向无敌，自小未隐瞒其意图，诚心笃实，尽忠效力，为国效命笃实，协助国政，虔诚俱全，故仁爱其众人之上，赐给册文及宝印，封号曰和硕睿亲王。摄政王又扶立朕躬即位，托付朕与国之大政。今颂扬摄政王至德丰功，深思其举措与古周公相比，过之而无不及。古时周公遵照武王遗诏，拥戴成王即位，坚守武王所缔造国政，摄政并开万世忠臣典范。因吾等祸患之缘故，诸宗王、兄弟各怀异心，僭越悖乱，相互争夺即位，又或曰煽动摄政王即位，摄政王未听其言，坚持推让，念及朕父太宗仁圣文皇帝仁爱其诸王之上，一心一意奉国体为尊，尊重体悟先前两代圣上苦心建立大国，治理宗亲内乱，虽无遗诏却未将朕视为年幼，以为太宗仁圣文皇帝之子扶立朕躬即大位，安抚众心。又亲率大军，前往征讨西部各地，在九门战胜流贼二十万大军，攻取明朝燕京城，平定中原，拥戴朕即天子位。因此，摄政王至德丰功，细想与古之周公相比，过之而无不及。理应颂扬，彰显其名号于天下。戡定宗亲之乱，辅佐冲龄之眇躬，成就忠良典范，忠孝俱全，制定大政。为此晋封为皇（叔）父摄政王。

## 02-01-13　　　顺治帝赐封郑亲王济尔哈朗为信义辅政王之诰命

顺治元年十月十三日

皇帝诏曰：我祖太祖圣上开国肇基，厥功伟德传给子孙。朕父太宗仁圣文皇帝相承即位，混一蒙古，征服朝鲜，国兴政尊。朕父太宗仁圣文皇帝亲领郑亲王诚心行事，自少小谨慎，未曾失去持重之心，一无怨恨，不搞阴谋诡计。始终不渝，为国为民，与敌交战，协助国政，虔诚咸备，赐给册文及宝印，封号曰郑亲王。又郑亲王因吾等祸患之缘故，诸宗王、兄弟各怀异心，僭越悖乱，相互争夺即位，一心协助皇（叔）父摄政王。又率大军攻占中后所、前屯卫、中前所等这些城池。因此赐封其为信义辅政王。顺治元年甲申年十月初一日，乙卯。十三日，丁卯。

## 02-01-14　　　顺治帝以和硕肃亲王立战功复爵位之诰命

顺治元年十月十三日

皇帝诏曰：我祖太祖圣上肇开国基，厥功伟德传给子孙。朕父太宗仁圣文皇帝相承即位，混一蒙古，征服朝鲜，国兴政尊。自将大国托付给朕之后，因和硕肃亲王获罪，降其封号。与皇（叔）父摄政王一道于九门战胜流贼二十万大军，并攻取明朝中原地方。朕按照即天子大位之例，极度器重尔，并赐给金册及金印，又赐封和硕肃亲王。顺治元年甲申年十月初一日，乙卯。十三日，丁卯。

## 02-01-15  顺治帝以多罗武英郡王立战功晋封扎萨克武英
### 亲王之诰命
*顺治元年十月十三日*

皇帝制曰：我祖太祖圣上肇开国基，厥功伟德传给子孙。朕父太宗仁圣文皇帝相承即位，混一蒙古，征服朝鲜，国兴政尊。自将大国托付给朕之后，多罗武英郡王与皇（叔）父摄政王一道攻占明朝边境中后所、前屯卫、中前所等这些城池。又与皇（叔）父摄政王一起于九门战胜流贼二十万大军，并攻取明朝中原地方。朕按照即天子大位之例，赐给多罗武英郡王以金册及金印，赐封为扎萨克武英亲王。

## 02-01-16  顺治帝以多罗豫郡王立战功晋封扎萨克豫亲王之诰命
*顺治元年十月十三日*

多罗豫郡王与皇（叔）父摄政王一起于九门战胜流贼二十万大军，并攻取明朝中原地方。朕按照即天子大位之例，赐给多罗豫郡王，以金册及金印，又赐封扎萨克豫亲王。

## 02-01-17  顺治帝晋封多罗贝勒硕塞为多罗承泽郡王之诰命
*顺治元年十月十三日*

朕将尔硕塞以为太宗文皇帝妃子所生之子，赐给金册及印信，赐封为多罗承泽郡王。

## 02-01-18  顺治帝晋封多罗贝勒罗洛宏为多罗衍禧郡王之诰命
*顺治元年十月十三日*

罗贝勒罗洛宏与皇（叔）父摄政王一道于九门战胜流贼二十万大军，攻取了明朝中原之地。朕按照即天子大位之例，尊重多罗贝勒，赐给金册及金印，又赐封多罗衍禧郡王。

## 02-01-19  顺治帝晋封博罗尼堪吞沁高图等为
### 多罗贝勒和硕台吉之诰命
*顺治元年十月十七日*

顺治帝晋封博罗、尼堪、吞沁、高图等为多罗贝勒和硕台吉之诰命：
朕攻取明朝中原之地，按照即天子即大位之例，封尔和硕台吉博罗为多罗贝勒。
封尔和硕台吉尼堪为多罗贝勒。
封尔辅国公吞沁为和硕台吉。
封尔辅国公高图为和硕台吉。

封尔辅国公吞齐哈为和硕台吉。

封尔辅国公满达哈尔为和硕台吉。

封尔辅国公布胡图为和硕台吉。

封尔桑萨辅国公为和硕台吉。

## 02-01-20　　　摄政皇叔父王宣示官吏与百姓公平交易之令
顺治元年十月二十五日

摄政皇叔父王之扎萨克，户部衙门宣示众官吏与百姓公平交易之令。据说满洲、蒙古、旧尼堪（汉人），购买一切物品时稍给价即强行抢夺。今后凡是所有人若那般抢夺，稍给价即夺取者，一见即逮捕并至户部衙门起诉，将其所购买物品给逮捕者。若尼堪（汉人）自己抓捕具告之后，果真情况属实，将所交易者没收给那个尼堪（汉人）。若恃力侵害，强买强卖者，按照盗贼之例鞭笞。尼堪（汉人）若污蔑虚枉具告，将其罪恶应归为那个污蔑之尼堪（汉人），亦按照盗贼之例鞭笞。

## 02-01-21　　　顺治帝命和硕武英亲王为靖远大将军统率
## 大军清剿流贼李自成之诏书
顺治元年十月十九日

奉天承运皇帝诏曰：今流贼头目李自成率众盗贼祸国殃民，山西地方百姓十分窘迫，如同陷入泥泞与水深火热之中般苦难临近，以至天怒人怨。因此，将封尔和硕武英亲王为靖远大将军，命统帅大军清剿流贼头目李自成。尔奉命主事，率众节制。一切赏罚应与诸将军协商，便宜从事。不得仗势专断，违背众意。我军虽然兵马强壮，但亦不得轻敌，不得疏漏哨探。剿灭抵抗者，按抚迎降者。节制我士兵，不得抢掠投诚者所有物品。宣示众人以德方能定天下。诸将军中效力者及死刑重犯，如实上奏。若犯有其他轻罪，在当地审理裁决。什长及拨什库以下所有轻重罪行与众人商量，在当地裁决。慎行勿怠。

## 02-01-22　　　顺治帝命和硕豫亲王为定国大将军统率
## 大军征伐南明福王之诏书
顺治元年十月二十五日

奉天承运皇帝诏曰：今明朝福王为首南方文武百官全体，因明崇祯帝遇难，祖宗陵寝及皇帝本身、宫殿衙门损毁，一直丧失社稷，一人单枪匹马未曾来祖护，一个都未曾负责，大家如同躲藏逃进洞巢之耗子一般，未敢正视流贼之影子，此一弊也。等流贼逃走之后，南方之国没有黾勉福王之敕谕，却一味错怪，此二弊也。不思讨伐流贼，却折磨苦虐百姓，挑衅战端，此三弊也。此三弊，已天怒人怨。因此命尔和硕豫亲王为定国大将军，统率大军征伐逆敌。尔奉命主事，率众节制。一切赏罚应与诸将军协商，便宜从事。不得仗势专断，违背众意。我军虽然兵马强壮，但亦不得轻敌，不得疏漏哨探。剿灭抵抗者，按抚迎降者。节制我士兵，不得抢掠投诚者所有物品。宣示众人以德方能定天下。诸将军中效力者及死刑重犯，如实上奏。其他轻罪则在当地审理裁决。什长及拨什库以下所有轻重罪行与众人商量在当地裁决。慎行勿怠。

## 02-01-23　　　　顺治帝恭上皇考谥号庙号之诏书
### 顺治元年十月二十五日

奉天承运皇帝诏曰：自古圣帝开国辟基业，拥有天命，世代尊名隆号，祖功宗德，丕显名号。此乃执政之常典也。朕父宽温仁圣皇帝德行，顺应上下尊卑，名声与天地齐平，继承太祖皇帝以威武创立之大政，开辟平定中原大业，德声闻名遐迩。以武力惩罚邪恶逆徒，众人如同赤子渴望慈父一般归附。因心胸如同大海般宽广，幸亏上天眷佑，降服六十余国家，并奉行和睦德政，在位十七年。仁爱波及东方朝鲜国，德音远闻西边蒙古兀鲁特。嗣登大位（大宝），收服天下，奠定国家大政，委付眇躬，幸亏上天眷佑，夺取中原，登基大位。所有这些均应归功于大福荫大德护佑。朕即大位，常思前事，大德弘仁，尚未恭上尊谥，为昭示文武百官以古礼，听众言颂扬功德，恭上尊谥。故奏对天地及祖宗太庙、神祇，追尊为应天兴国弘德彰武宽厚仁圣睿孝隆运显功文皇帝，庙号曰太宗。呜呼！虽然与天地齐名，难以恭上尊谥，但光明如同日月般，所以与百官僚属及众民百姓一道，思念难忘。

## 02-01-24　　　　顺治帝封勒克德浑为多罗贝勒之诰命
### 顺治元年十一月十九日

奉天承运皇帝诏曰：尔勒克德浑之父郡王封号，令尔乃兄阿达里承袭。阿达里在朝谋逆乱不轨，因此治罪伏法。朕以为尔勒克德浑因年幼而不晓得乃兄悖乱一事，所以封勒克德浑为多罗贝勒。

## 02-01-25　　　　顺治帝为敦促政体归一颁给土谢图汗之敕谕
### 顺治元年十二月初五日

皇帝谕旨，赐给土谢图汗。托上天之福，朕取昔日仇敌汉人之国，嗣登大位。吾等戴红缨之国（即《清实录》所记载红缨满洲或红缨蒙古人——译者）自古为一体。今为安抚大国，务必政体归一。

# 顺治二年（1645）档册

## 02-02-01　顺治帝以敦促政体归一颁给马哈撒嘛谛塞臣汗之敕谕

顺治二年正月十五日

皇帝诏曰：致马哈撒嘛谛塞臣汗，受皇天眷佑，朕夺取自古以来有仇之汉人国政，嗣登大位。我们红色缨子之人（即《清实录》所记载红缨满洲或红缨蒙古人——译者）自古以来为一体，今为安抚大国使政体归一。

## 02-02-02　顺治帝以色冷彻辰立战功封二等章京之敕命

顺治二年三月初三日

色冷彻辰后来皇父摄政征服明朝之役，当进入九门之日，击败流贼二十万之众时，与固山额真富喇克塔一起支援，击败敌人骑兵，故由三等大章京升授其为二等大章京。又准加一代，准再承袭十三代。

## 02-02-03　顺治帝封头等副章京多尔济达尔汉诺颜

### 为头等章京之敕命

顺治二年三月初三日

多尔济达尔汉诺颜，尔后来皇父摄政王征服明朝之后，将尔以太宗圣上所仁爱大臣，由头等副章京授升，又加半个章京，准再承袭一次。

## 02-02-04　顺治帝封头等副章京达云为头等章京之敕命

顺治二年三月初三日

达云，尔后来皇父摄政王征服明朝之后，将尔以太宗圣上所仁爱之大臣，由头等副章京授升，又加半个章京。又加一代，准再承袭十一次。

## 02-02-05　理藩院以赦免祝氏兄弟罪并遣居盛京事

### 致嫩科尔沁卓礼克图亲王之文

顺治二年三月初三日

遵奉皇父摄政王之命，理藩院致嫩科尔沁扎萨克卓礼克图亲王文书。因祝世昌、祝世进兄弟有大罪，所以将他们缴给尔。今恰巧幸遇按照夺取明朝政权，征服天下之大喜，既往不咎，并施仁慈爱，传谕让其前来盛京居住。

## 02-02-06　　顺治帝恩准固鲁承袭头等甲喇章京之敕命

顺治二年三月初三日

（原档作某某——译者）病故后，仍令其子固鲁承袭头等甲喇章京，准再承袭五次。

## 02-02-07　　顺治帝以古鲁塔苏喇海立战功封头等
## 甲喇章京加赐半个章京之敕命

顺治二年三月初三日

古鲁塔苏喇海，后来多罗图萨拉格其王（辅政王）在锦州取马兵中率领十五恰（侍卫）等为首，与阿尔海击败从锦州出城士兵。

当皇父摄政王围攻锦州的第三次战役时，砍杀洪军门三个步兵营寨，与满达海台吉一同前往。当雨天砍杀洪军门之骑兵时，与满达海台吉一同前往。随多罗巴颜郡王（多罗饶余郡王阿巴泰——译者）攻打北京，进攻山东时，当出长城，与当地固山额真吞泰一起击败长城口附近士兵。皇父摄政王夺取明国之后，故给古鲁塔苏喇海头等甲喇章京之上，又加赐半个章京，又加一代，仍准再承袭七次。

## 02-02-08　　顺治帝以古鲁塔苏喇海病故准其子阿木古郎承袭
## 头等甲喇章京加赐半个章京之敕命

顺治二年三月二十八日

古鲁塔苏喇海病故，恩准其子阿木古郎承袭头等甲喇章京，又加赐半个苏木章京。准再承袭五次。

## 02-02-09　　顺治帝以浩勒沁立战功封头等甲喇章京
## 加赐半个章京之敕命

顺治二年四月初九日

浩勒沁，后来彻底征服朝鲜国战役时，在名为桃山房子那里击败元帅之兵，与二十个恰（侍卫）一道支援，并击败敌人。随皇父摄政王参加征服明朝之战，因跟随和硕肃亲王（豪格——译者）征战，故封头等甲喇章京，又加赐半个章京，又加一代，准再承袭六次。

## 02-02-10　　顺治帝以海萨立战功晋封头等甲喇章京之敕命

顺治二年四月初九日

后来，海萨随皇父摄政王参加夺取明朝战役，当进入九门那天，击败流贼时，与固山额真武赖一起支援骑兵及步兵，徒步击败敌人。故由二等甲喇章京授升其为头等甲喇章京，又加一代，准再承袭六次。

## 02-02-11　顺治帝以班迪思喀布立战功晋封头等甲喇章京之敕命

顺治二年四月二十一日

后来，随皇父摄政王参加夺取明朝战役，当进入九门那天，击败流贼二十万军队时，与固山额真麻勒吉一道支援骑兵及步兵，击败敌人。故由二等甲喇章京授升其为头等甲喇章京，又加一代，准再承袭十次。

## 02-02-12　　顺治帝以衮楚格古英立战功晋封三等副章京之敕命

顺治二年四月二十一日

衮楚格古英，后来随多罗图萨拉格其王（辅政王）参加围攻锦州第三次战役，击败松山骑兵时，率领所部甲喇支援并击败敌人。松山骑兵直奔镶红旗豪格之旗来作战时，与毛海一起击败。随扎萨克额里克亲王（和硕德豫亲王多铎——译者）参加攻打宁远城之战，在击败宁远骑兵及步兵时，率领所部甲喇支援，并击败敌人。随皇父摄政王参加夺取明朝之战，当进入九门那天，击败流贼二十万军队时，与固山额真英格图一起支援马步兵，击败敌人。故嘉奖由头等甲喇章京授升其为三等副章京。又加两代，准再承袭八次。

## 02-02-13　　　　顺治帝以巴喇西日立战功头等甲喇章京
## <center>加赐半个章京之敕命</center>

顺治二年四月二十一日

巴喇西日，后来因为随皇父摄政王参加夺取明朝之战，进入九门那天，当击败流贼二十万军队时，率所部甲喇支持骑兵及步兵，击败敌人。因此头等甲喇章京加赐半个章京。又加一代，准再承袭六次。

## 02-02-14　　　　　顺治帝以岱庆立战功头等甲喇章京
## <center>加赐半个章京之敕</center>

顺治二年五月十五日

岱庆，后来随皇父摄政王参加围攻锦州第三次战役，击败欲来攻击我红夷大炮之松山骑兵，与古木太师一起击败敌人。当击溃洪军门三个兵营时，与古木太师一起击败敌人。因为随皇父摄政王参加夺取明国战役，当进入九门那天，击败流贼二十万军队时，率所部甲喇支持骑兵及步兵，击败敌人。因此头等甲喇章京加赐半个章京。又加一代，准再承袭六次。

**02-02-15** 顺治帝以察哈尔部寨桑额尔伯什归附

### 封三等甲喇章京之敕命

顺治二年五月十五日

额尔伯什，尔原系蒙古国察哈尔汗之扎萨兀勒（意为执政——译者），因其可汗往唐古特国迁移时未曾跟随，并力劝噶尔玛济农，并携其一同归来，故封三等甲喇章京。又准再承袭四次。

**02-02-16** 顺治帝以多尔济病故准其子斯尔济勒袭

### 多罗卓礼克图郡王之诰命

顺治二年五月十五日

多尔济病故之后，恩准其子斯尔济勒袭多罗卓礼克图郡王。

**02-02-17** 顺治帝以额森扣肯巴图鲁立战功晋封

### 二等甲喇章京之敕命

顺治二年五月十五日

额森扣肯巴图鲁，后来随皇父摄政王围攻北京，远征山东，并击败侯太监兵卒时，与固山额真一起击败敌人。充当先锋，指其旗帜，竖立云梯，夺取玉田县城。皇父摄政王夺取明朝之后，由三等甲喇章京授升其为二等甲喇章京。又加一代，准再承袭五次。

**02-02-18** 理藩院为大军攻克扬州并占据南京事

### 致蒙古王公台吉等文

顺治二年六月初二日

奉皇父摄政王之命，理藩院宣告进军南京定国大军主帅扎萨克额里克亲王（和硕豫亲王多铎——译者）为首上书曰：用红夷炮攻克扬子江边扬州城，将其城内军民全部屠杀。生擒有文官阁老（一作"阁部"——译者）称号之史可法，招降而不从，因而杀之。此时扬子江边有汉人重兵整装待发，在江水之中也有很多水军船只待命。我军借此机会制作二百二十只船只，新附汉军驾船包抄江面，各自进攻并打击敌人时，敌人四处逃走。当我大军逼近南京城时，南京城主人福王带领几名太监逃之夭夭，不知去向。南京城文臣名为伯（封爵）赵之龙，率众臣及百姓开城门投降。共全体投降大小官吏数目一百五十九位，骑步兵二十二万七千六百人。又据说，各地城镇投降，相继送来投降书。

## 02-02-19　顺治帝以察哈尔部赛桑确尔扎木苏立战功
## 晋封牛录章京之敕命

顺治二年闰六月初七日

确尔扎木苏，尔原系蒙古国察哈尔汗之扎萨固勒赛桑（执政），当尔之可汗往唐古特迁移时，尔与奇达特车尔贝及浑津一起离散回来时，在黄河水边浑津死后，带来浑津所拥有属民及尔所拥有的一百户属民。又当扎萨克巴图鲁亲王（和硕英亲王阿济格——译者）远征北京时，击败卢沟桥兵马，率领甲喇支援并击败敌人。随皇父摄政王围攻锦州第一次战役，击败松山步兵时，率领甲喇支援并击败敌人。随皇父摄政王参加夺取明朝之战，进入九门那天，当击败流贼二十万军队时，率与头等章京奇达特车尔贝一起支援马步兵，击败敌人，因此头等甲喇章京之上，又加赐给苏木章京。准再承袭六次。

## 02-02-20　顺治帝以色济德力格尔立战功晋封三等章京之敕命

顺治二年闰六月初七日

色济德力格尔，后来随多罗巴颜郡王（多罗饶余郡王阿巴泰——译者）参加围攻北京，攻打山东地方之战，进入长城时，击败马总兵官骑兵，与固山额真准塔一起支援击败敌人。击败八个总兵官兵卒时，率领所属旗支援并击败敌人。当进入长城口时，在镶蓝旗所防守之口，击败赵军门及四个总兵官兵卒，率领所属旗支援并击败敌人。当击败吴总兵官马步兵时，率领所属旗支援，并击败敌人。随皇父摄政王参加夺取明国战役，进入九门那天，击败流贼二十万军队时，率领所属旗马步兵支援，并击败敌人。所以在头等副甲喇章京之上，又加赐半个苏木章京，任命其为三等首章京。又加封一代，准再承袭十二次。

## 02-02-21　顺治帝以孙杜棱病故准其孙博德胡承袭多罗郡王之诰命

顺治二年闰六月十五日

孙杜棱病故之后，恩准其孙博德胡承袭多罗郡王。

## 02-02-22　理藩院为大军剿灭流贼及李自成自缢平定湖广
## 江西事致蒙古王公台吉等文

顺治二年闰六月十五日

钦奉上命理藩院宣告：远征流贼定远大军主帅扎萨克巴图鲁亲王（和硕英亲王阿济格——译者）为首跟踪流贼穷追不舍，十三次攻击流贼二十万军队，继续追击至九江，用船舶追赶并追及，（敌人）在九宫山安营扎寨时，又将其击败之，俘获其妻子家口，流贼头目李自成自缢而死。如今剿灭流贼。大明朝有总兵官曰左梦庚为首，率领所部十万兵投降，共缴获四万三千只船舶。于是悉平湖广、江西两省各城镇及百姓。我大军不久即班师。

## 02-02-23　　　顺治帝恩准巴岱承袭二等章京之敕命
*顺治二年八月初二日*

后来随皇父摄政王参加夺取明国之战，当进入九门那天，击败流贼二十万军队时，率领所属旗马步兵支援，并击败敌人。所以病故之后，将三等章京授升其为二等章京，准其子巴岱承袭。袭职如仍旧例。

## 02-02-24　　　顺治帝以土默特得木齐温布修建归化城庙宇
## 有功封为得木齐达尔汉囊苏之敕命
*顺治二年八月初二日*

奉天承运皇帝诏曰：得木齐温布，尔原系土默特兀鲁思（国或部众）之阿兴喇嘛徒弟。尔在修缮归化城（库库和屯）年久失修庙宇时有功，故嘉奖此一善举，封为得木齐达尔汉囊苏。

## 02-02-25　　　顺治帝晋封古禄格为三等章京之敕命
*顺治二年八月初十日*

古禄格，后来皇父摄政王夺取明朝之后，以为尔一直尽忠效力，因此由头等副章京授升其为三等章京。又加两代，准再承袭十二次。

## 02-02-26　　　顺治帝以多罗扎萨克图郡王布达齐病故准其子
## 白斯噶勒承袭之诰命
*顺治二年九月初四日*

多罗扎萨克图郡王布达齐病故之后，令其子白斯噶勒承袭。

## 02-02-27　　　顺治帝以莫格立功赐达尔汉名号之敕命
*顺治二年九月十七日*

奉天承运皇帝制曰：莫格，尔原系白身人。在黑龙江充当两年向导。招纳兀喇库伦（圈子，意为屯或城——译者）四十户，并将其带至锡伯。阿尔津、哈宁噶为首之人，进军静奇里江时，将木丹库伦（圈子，意为屯或城——译者）四十个男丁，及兀鲁苏库伦（圈子，意为屯或城——译者）四十户纳入。俄（鄂）罗塞臣、巴都礼为首之人，进军黑龙江时，与莽萨章京一起前往，将噶尔塔孙库伦（圈子，意为屯或城——译者）八个人擒来。与和勒、玛都胡一起前往围攻叶苏库伦（圈子或屯）时，尔先去降伏之。哈噶萨拉占库伦（圈子，意为屯或城——译者）二十三人夜间出逃时，前往收服之。与图古尔孱库伦（圈子，意为屯或城——译者）炮战时，尔遂前往说服并招降。与巴尔达齐额驸交战之果博尔库伦（圈子，意为屯为城——译者），又尔前往说服并招降。又两次为我兵做向导。故激励嘉奖赐给达尔汉封号，免除驿站差役及首思祗应（驿递供应粮肉等——译者）等。此封号准再承袭一次。

## 02-02-28　　　顺治帝以德参济旺获罪降为三等章京之敕命

顺治二年十月初四日

德参济旺后来因获罪，由头等章京降为三等章京。此封号准再承袭十二代。

## 02-02-29　　　顺治帝册封李昊为朝鲜国王之诰命

顺治二年十一月十一日

奉天承运皇帝诏曰：大朝引领众人，以外国为藩篱，异邦袭爵封号以子孙为根本。此乃依照择优委任尊重名誉之常经也。尔李昊乃李松王次子，正大尊崇，恪尽孝道。尔兄去世后，理应由侄子继承。尔父奏曰：选主应择贤能，让其弟可代替，故根据尔父奏言，立尔为朝鲜国王王储，颁给诰命。呜呼！守成祖宗社稷，如履薄冰，永久坚守一方水土，承袭王爵封号！勿负朕命。

## 02-02-30　　额鲁特固始汗之子多尔济达赖巴图尔遣使致崇德帝书

顺治二年四月初三日

祝愿幸福安康！

博格多汗明鉴！达赖巴图尔上书。自从取得大明朝之后，想必圣上安康无恙。我们在此安康。听说与伊拉固格森呼图克图一同前往至圣召释迦牟尼呼图克图那里圣上造福之使者已经前往。在那里欲与我可汗如何商量政教，我们包括在那里（所商量的内容——译者）。如今我们相互问候，敬献十匹马、毠氇等。以卓礼克图青格隆（比丘）为首使者十二个人。来朝进贡方物有额鲁特固始汗之子多尔济达赖巴图鲁台吉使者，其为首卓礼克图青格隆（比丘）、其次是毛木，其随从牵马手为嫩岱、胡苏胡、图邦洪、额林沁、巴雅尔、达力、色力等共九个人。

## 02-02-31　　　二福晋及洪台吉丹津额尔德尼戴青致金王书

顺治二年四月初三日

跪拜敬礼将所有世间涅槃事业视同手掌中果品般圆满满足众生欲望之如意宝珠诸位恩德高僧大德喇嘛：二福晋及洪台吉、丹津、额尔德尼戴青等这些人致金王书。尔文书及使者已至此地。先是朱尔齐特（女真）汗文书，后来扣肯文书，均说以崇信皈依佛教。统一世间不和睦相处者。如今使者所持文书却好像不尽如人意，要得到所想之物，向三宝致敬，欲达到愿望，克服傲慢之心，此乃执掌善礼者之政。延请圣识一切达赖喇嘛，持教法王将七月份要来此地。当那时四十万（蒙古）及四卫拉特二者集中时，政教及所有任何话语业道，到那时似乎可决定。因钦奉命诸使者空手不吉利，因此有马匹、念珠、氆氇等礼物。奉使者为温都尔囊苏、阿勒达尔卓礼克图恰（侍卫）、火罗其巴图鲁、巴岱巴图鲁为首十二人。

# 顺治三年（1646）档册

## 02-03-01　顺治帝命和硕肃亲王为靖远大将军统兵讨伐张献忠之诏书
### 顺治三年正月二十一日

奉天承运皇帝诏曰：如今张献忠等盗贼猖獗，祸害百姓，致使黎民陷入水深火热之中，天怒人怨。因此，命尔和硕肃亲王（豪格——译者）为靖远大将军统兵讨伐贼众。尔遵循朕命，抚绥众人，凡事与诸将领协商，便宜行事。切勿自恃其能，背离众意，独断专行。我军虽强大，但不可轻视敌人。切勿让哨兵、奸细遭到突然袭击。违者处死。稳定迎降者，安抚无辜百姓。吩咐我军士兵不得劫掠归诚黎民所有东西，以副朕以德平定天下至意。若贼众从四川省逃至其他省地方，能够追击即追击，若觉得不能追击，则切勿追击。平定四川省之后，大军可选择适宜地方驻防，快速遣人飞马来报。若欲想继续追击，等候圣旨。诸宰臣之效力者及死刑犯如实具奏。若犯有其他轻罪，则在当地裁决。将十人之首及坤都、拨什库（满语音译作分得拨什库，即骁骑校——译者）以下一切轻重罪行要与众人商量，在那里裁决。谨行勿怠。

## 02-03-02　　顺治帝以毛海伊尔登病故准其侄
## 塔尔尼承袭三等章京之敕命
### 顺治三年正月二十一日

毛海伊尔登病故，令其侄塔尔尼承袭三等章京。又准再承袭十一次。

## 02-03-03　　顺治帝命多罗贝勒博洛为征南大将军
## 统兵出征闽浙之诏书
### 顺治三年二月十九日

奉天承运皇帝诏曰：浙江、福建等地盗贼猖獗，祸害百姓，致使黎民陷入水深火热之中，天怒人怨。因此，命尔多罗贝勒博洛为征南大将军统兵出征。尔遵循朕命，抚绥众人，凡事与诸将领协商，便宜行事。切勿自恃其能，背离众意，独断专行。我军虽强大，不可轻视敌人。切勿让哨兵、奸细遭到突然袭击。违者处死。稳定迎降者，安抚无辜百姓。吩咐我军士兵不得劫掠归附黎民所有东西，以副朕以德平定天下之意。先平定福建省之后，大军选择适宜地方驻防，快速遣人飞马来报。继续追击则等候圣旨。诸宰臣之效力者及死刑犯如实具奏。若其他犯有轻罪，则在当地裁决。将十家长及坤都拨什库（满语音译作分得拨什库，即骁骑校——译者）以下一切轻重罪行与众人商量，在那里裁决。谨行勿怠。

## 02-03-04　　　　　顺治帝恩准巴散承袭头等甲喇章京之敕命
### 顺治三年三月初四日

某某病故之后，令其子巴散承袭头等甲喇章京。又准承袭五次。

## 02-03-05　　　　　顺治帝以庄浪海塔寺系佛教圣地赐其原名
### 令众僧禅居弘法之诏书
### 顺治三年三月十六日

奉天承运皇帝诏曰：传谕庄浪地方大小官吏及军民、所有众僧。朕得知佛教自西方兴起，以供养慈悲为贵，圣洁智慧，制止争执抢夺。为君主者务必崇尚以理治世。如今诸喇嘛尊崇并创立佛教。又因事先归附，朕甚为嘉许，将当地海塔寺仍称为海塔寺。彼地全体官吏及军民所有人，势必尊崇。寺院众喇嘛依旧修炼，自愿烧香礼佛。彼地附近地方寺院、田园、牧场及所有牲畜、财产，任何人不得占有、不得劫掠。众喇嘛洁身自好，并帮助彼地黎民。若尔等不崇信佛教，以傲慢之心欺凌劫掠，则势必在劫难逃，依法严惩。

## 02-03-06　　顺治帝以察哈尔蒿齐特部台吉博罗特率部归附封为
### 多罗额尔德尼诺颜之敕命
### 顺治三年三月二十八日

奉天承运皇帝皇帝制曰：自开天辟地以来，有一代应运之君，必有藩屏之佐，故叙功定名以别封号者，乃古圣王之典也。朕爱仿古制，不分内外，视为一体。凡我诸藩，俱因功授册，以昭等威，受此敕命者，必忠以辅国，恪守矩度，自始至终，不忘信义，若此则光前裕后，而奕世永昌矣。慎行勿怠。博罗特，尔原系察哈尔汗亲族，且蒿齐特部台吉。因察哈尔汗不认亲族，暴虐其民，毁掉其国政，因此尔避开奔走，避居喀尔喀兄弟处。当太宗皇帝彻底击溃察哈尔之后，尔识时达势，抛弃喀尔喀兄弟，率领所属之民来归附。朕嘉尔勋，故封尔为多罗额尔德尼诺颜。除负朕厚恩，谋反大逆，削除王爵，及行军败逃，依律治罪外，其一应过犯，永不削夺，子孙世袭。

## 02-03-07　　顺治帝以乌珠穆秦部台吉色楞归顺封为
### 多罗额尔德尼诺颜之敕命
### 顺治三年三月十八日

色楞，尔原系蒙古察哈尔汗家族且乌珠穆秦台吉。察哈尔汗六亲不认，祸害部众臣民，破坏国政时，尔与乌珠穆秦车臣亲王多尔济一起躲避，避居至喀尔喀兄弟处。当太宗皇帝彻底征服察哈尔国之后，尔知时达务，遂弃喀尔喀兄弟与乌珠穆秦车臣亲王多尔济一起领所属之民来归服。故封尔为多罗额尔德尼诺颜。除负朕厚恩，谋反大逆，削除王爵，及行军败逃，依律之罪外，其一应过犯，永不削夺，子孙世袭。

## 02-03-08　顺治帝以阿霸垓部台吉多尔济率部归附封为和硕达尔汉台吉之敕命

顺治三年三月十八日

多尔济，尔原系蒙古察哈尔汗家族，且乌珠穆秦台吉。察哈尔汗祸害部众臣民，破坏国政，征伐尔等时，尔多尔济与卓礼克图郡王一起躲避，避居至喀尔喀。后来，太宗皇帝尽收服察哈尔国之后，尔识时达势，与多尔济卓礼克图郡王一起携领所属兀鲁思来归服。故封尔为和硕达尔汉台吉封号。除负朕厚恩，谋反大逆，削除王爵，及行军败逃，依律治罪外，其一应过犯，永不削夺，子孙世袭。

## 02-03-09　顺治帝以洪果尔病故准其子也先承袭多罗宾图郡王之诰命

顺治三年三月十六日

洪果尔病故之后，恩准其子也先承袭多罗宾图郡王。除负朕厚恩，谋反大逆，削除王爵，及行军败逃，依律治罪外，其一应过犯，永不削夺，子孙世袭。

## 02-03-10　顺治帝以班第达喇病故准其子多鼐承袭三等甲喇章京之敕命

顺治三年四月初九日

班第达喇病故，恩准其子多鼐承袭三等甲喇章京，又准再承袭三次。

## 02-03-11　顺治帝以苏尼特部叛去命和硕德豫亲王为扬威大将军率兵征讨之诏书

顺治三年五月初二日

奉天承运皇帝诏曰：命尔和硕德豫亲王（多铎——译者）为扬威大将军，统率内外藩各部大军，征伐叛逃苏尼特等蒙古部落。尔遵循朕命，善待众人。凡事与诸将领协商，便宜行事。切勿自恃其能，背离众意，独断专行。我军虽强大，不可轻视敌人。切勿让军营、哨兵、奸细遭到袭击。表彰效力者，严肃法度。探听对方虚实，务必得实情之后攻破之。在我章京等及将士所有人中身先士卒，冲锋陷阵，战胜敌人者及临阵逃脱动摇军心者，及死刑重犯与大家商定之后，具奏。诸官吏中其他轻罪，将十人首犯及坤都拨什库（满语音译作分得拨什库——译者）以下死刑重犯与众人商量，就地裁决。谨行勿怠。

## 02-03-12　　顺治帝以豫亲王平定流贼攻取西安扬州等地
## 有功封和硕德豫亲王并颁金册之诰命
### 顺治三年五月初一日

后来，命和硕豫亲王（多铎——译者）为定国大军主帅去征伐时，在潼关之门，战胜流贼二十万之军，夺取潼关之门。又夺取西安府，平定当地周围城镇。又平定湖南，并攻占扬州城，横渡扬子江，夺取江宁府，生擒福王朱由崧。攻占扬州等十五座城与步骑及水军经历一百五十次作战获胜，平定江南及浙江杭州、苏州等地。招降文武官员二百四十四人，骑兵及步兵三十一万七千七百人。顺治二年十月三十日，又晋封为德豫亲王。五月初一日颁给金册。

## 02-03-13　　顺治帝以四子部温布达尔汉卓礼克图等追杀
## 苏尼特部谋叛台吉有功准其自行分配俘获人畜之敕谕
### 顺治三年六月初五日

叛逃苏尼特部乌班第、多尔济思其布、莽古斯、额莫尼克、锡特等，四子部温布达尔汉卓礼克图、多克申为首追上并杀死乌班第、多尔济思其布、莽古斯、额莫尼克、锡特等这五人，还有名为乌格台其之人一同杀死。俘虏一百五十二名，获得两千二百十七匹马、二百六十六只骆驼、一千四百七十七头牛、八千三百五十头羊。将前具奏所杀死五个台吉妻子家口、畜产充公，将其他所杀死五个人妻子家口、畜产等达尔汉卓礼克图自己欲要等得到多少，遂给效力者分给多少等由达尔汉卓礼克图做主。从其他人中挑选十条好汉，与畜产、帐房等一起留作上贡，在达尔汉卓礼克图那里储存。在其他剩余之众人中，达尔汉卓礼克图欲要多少，给共同追击诸台吉多少，由达尔汉卓礼克图做主。

## 02-03-14　　顺治帝以叟格都喇尔病故准其子三津承袭
## 二等章京之敕命
### 顺治三年五月十四日

叟格都喇尔后来在皇父摄政王夺取明朝之征战当中，进入九门，攻破流贼二十万大军时，率步骑支援，击败敌人。和硕德豫亲王（多铎——译者）率军攻破流贼，灭掉福王（朱常洵——译者），平定湖南、江南之役，当多罗博罗诺颜率军进入杭州府，击败王总兵官兵马时，因与梅勒章京僧格一起袭破之，所以由三等章京授升为二等章京。病故之后，恩准其子三津承袭二等章京。依旧袭爵。

## 02-03-15　顺治帝以阿难达病故准其子固什承袭牛录章京之敕命

顺治三年五月十四日

阿难达，后来多罗巴颜郡王（饶余郡王阿巴泰——译者）率军经过北京征伐山东省之役，击败马总兵官兵马时，与梅勒章京明安达里一同袭破之。在皇父摄政王夺取明朝之征战当中，进入九门，攻破流贼二十万兵马时，与巴雅尔一起击败敌人。因追击流贼至庆都县城，与巴雅尔一起击败敌人，在苏木章京之上又加赐半个章京。病故之后，恩准其子固什承袭牛录章京，又在苏木章京之上又加赐半个章京。又准再承袭一次。

## 02-03-16　顺治帝以阿席图病故准其侄桑布承袭牛录章京之敕命

顺治三年六月二十八日

阿席图病故，恩准其侄桑布承袭牛录章京。又准再承袭一次。

## 02-03-17　理藩院宣告和硕德豫亲王等大破腾机思并俘获人畜之文

顺治三年七月十八日

理藩院宣告，扬威大将军和硕德豫亲王（多铎——译者）、扎萨克土谢图亲王、扎萨克卓礼克图亲王为首内外诸王、诸诺颜、台吉官吏全体，上奏：遣纛章京（护军统领）叶玺、甲喇章京巴赛二人给一百兵，自翁衮（山）之乌兰鄂尔格（红色山崖——译者）至营噶尔察克山试探有无哨兵，他们于次日夜至营噶尔察克山，遭遇到哨兵并击败之，捕获活口询问则曰：腾机思、腾机特（忒）（二人）在衮噶鲁台地方。于是大军主帅与外藩两位亲王及众官吏协商，遣随从牵马手等，大军主帅亲自率军出征，给蒙古固山额真阿赉库鲁克达尔汉、伊白、纛章京（护军统领）顾纳岱、巴颜、阿其赉、达尔岱等人以内外二千士兵，让他们在衮噶鲁台地方险要处狭路截断其去路。若尔等之前有潜逃踪迹，谨慎追击。若无踪迹可寻则严守，如此大军统帅亲率大军至衮噶鲁台地方，腾机思、腾机特（忒）（二人）逃遁，令其跟踪追击，给外藩巴图鲁郡王满珠习里、扎萨克图郡王巴雅斯嘎拉、桑吉嘉（雅）布、达尔汉代青栋、土默特部古木、巴噶色棱、巴敦达尔汉卓礼克图、巴达礼额驸、乌班、侍郎尼堪、梅勒章京明安达礼、纛章京（护军统领）伊尔都其、扎达等这些人，内外士兵两千人，又提前将（噶布希贤兵）先锋兵尽数遣去，他们连夜行军，于翌日至欧特克山（乌都格山，即杭爱山——译者），击败在该处与我先锋一度遭遇交战逃敌，又追上敌人，并与之交战时，纛章京（护军统领）伊尔都其遂赶到，共同厮杀，杀死毛害台吉。其次，又科尔沁巴图鲁王、伊尔都其与（噶布希贤兵）先锋兵一同到达，并击败腾机思、腾机特（忒）（二人）所率领四百个士兵时，等其溃散逃入森林之后，科尔沁巴图鲁郡王、扎萨克图郡王、侍郎尼堪、梅勒章京明安达礼、纛章京（护军统领）伊尔都其、扎达、先锋将军阿萨汉等这些人，询问腾机思、腾机特（忒）（二人）逃遁方向则不晓得，只是说将格格带至先头迁移行列，随后追击赶上，并找到格格。询问熟悉地形之人则曰：（敌人）若逃跑肯定在土拉河被追上，故给梅勒阿噶尼汉分给士兵，遣他让其截住前往布尔哈图汗山路口。他们刚至，恰巧遇到腾机特（忒）之子多尔济台吉、巴图舍津（舍津意为塔布囊之子——译者）、腾机思之孙噶尔玛特木德克为首一百多人逃走，将他们全部杀死，尽获得其家口、畜产及辎重。提前所遣章京瓦克达、内大臣武拜（一作吴拜）、梅勒章京明安达礼、纛章京（护军统领）伊尔都其、扎达、（噶布希贤）先锋将军阿萨汉等这些人一直追到先头迁移行列，至乌里雅台河，遇到苏鲁哨兵两人，杀死其中一个人，生擒一个人。杀死喀尔喀部古木台吉之子博音图为首十一人，尽获其家口、畜产及辎重。和硕德豫亲王率军至布尔哈图汗山兹边山岭，给博和托台吉、旗主拜音图公、塔散吉旺、学士务达海（一作吴达海）、乞塔特车尔贝、章京僧格、布颜、喀兰图、顾达里、扎鲁特部桑喀尔、博罗特额尔德尼、色棱额尔德尼等这些人二千士兵，遣其前往，于是他们与章京瓦克达、内大臣武拜（一作吴拜）等人会合，回来时打猎，杀死其人，掳获其畜产及家口。又给章京僧格、布颜、喀兰图、顾达里内外诸诺颜及诸台吉恰（侍卫）等这些人，三百士兵一同派往土拉河时，他们掳获许多牛羊回来。蒙古固山额真阿赍库鲁克达尔汉、伊白、纛章京（护军统领）顾纳岱、巴颜、阿其赍、达尔岱等人率军追至土拉河，掳获许多牛羊。次日，渡过土拉河，与大军主帅会合班师，一路于欧特克山（乌都格山，即杭爱山——译者）之阳地方狩猎，杀死其人，掳获许多骆驼、马、牛、羊回来。总计全部掳获数量共八百二十五人，骆驼一千四百五十只，马一万九千三百零九匹，牛一万六千九百头，羊十三万五千三百头。共杀死一千一百零九个人，其中较有名者为毛害台吉、腾机特（忒）之子多尔济台吉、腾机思之孙噶尔玛特木德克台吉、喀尔喀部古木台吉之子博音图台吉、苏尼特旗主库布苏库恰（侍卫）台吉及其子卓布拉忽墨尔根恰（侍卫）、巴图舍津（舍津，意为塔布囊之子——译者），将所有这些人均杀死。

## 02-03-18　　理藩院宣告和硕德豫亲王（多铎）等大破
### 喀尔喀车臣汗联军之文
#### 顺治三年八月二十日

钦奉圣旨，理藩院宣告，和硕德豫亲王、土谢图亲王、卓礼克图亲王为首追击腾机思、腾吉特（忒）（二人）等诸人，于七月十三日至扎固其温都尔扎（查）济泉，喀尔喀部土谢图汗二子、诸台吉为首率两万兵马来迎战，我大军整军交战并击败之，追至三十余里，杀戮其众，缴获骆驼二百七十七只、马一千一百四。次日，正清点掳获物品之际，喀尔喀部硕垒汗之四子布木巴巴图鲁台吉、巴巴台吉、唐古特台吉、诺尔布台吉为首，率领各自所属阿巴噶纳尔、巴尔忽、哈答斤、乌良哈此四部三万兵来迎战，我军整军交战，并击败之，追至二十余里，杀戮其众，缴获骆驼二百一十二只、马七百六十一匹。询问俘虏则答曰：土谢图汗、硕垒汗行营提前逃走已至色棱格河，我军由那里班师。

## 02-03-19　　顺治帝以贵肯岱青病故准其侄席喇布

### 承袭头等甲喇章京之敕命

顺治三年十二月二十三日

贵肯岱青病故之后，恩准其弟之子席喇布承袭头等甲喇章京，又可承袭五代。

## 02-03-20　　顺治帝以阿霸垓部侍卫墨勒柴出征苏尼特腾机思充

### 向导有功赐达尔名号之敕命

顺治三年十二月二十三日

奉天承运皇帝诏曰：墨勒柴，尔原系阿霸垓部多罗卓礼克图郡王侍卫。为黾勉激励随和硕德豫亲王率军追击腾机思之役，充当向导有功，赐达尔汉名号，并免支驿站差役及首思祗应（驿递供应粮肉——译者）。此名号准再承袭两代。

## 02-03-21　　顺治帝以乌珠穆秦部侍卫达喇海出征苏尼特腾机

### 思充向导有功赐达尔名号之敕命

顺治三年十二月二十三日

达喇海，尔原系乌珠穆秦部彻辰亲王侍卫。为黾勉其随和硕德豫亲王率军追击腾机思之战役时，至喀尔喀地方，充向导有功赐达尔名号，并免支驿站差役首思祗应（驿递供应粮肉——译者）。此名号又准再承袭三代。

## 02-03-22　　达赖喇嘛乙酉年遣使致顺治帝书

顺治三年十月初六日

在涅槃世界十力之千道光芒普照，大名妙音，具有六种智慧净饭王之子，曼殊师利之化身，圣识一切著名智慧之神，天命人君祝福万寿无疆：大梵天、摩醯首罗（玛格斯瓦里）、毗湿奴、显示声（罗勒坦）、迦兰迪迦（克尔第克）、劫摩沙（卡玛苏瓦拉）等，给此世界具有气力之众部及人世众生之最胜，降恩保佑吉祥兴隆。奇妙吉祥福德雅音，致书用白色蓝宝石制作上鬘，作为人身梵天纷时乱世转法轮者庄严，如此这般援引七音根源，用吉祥福德之词语事先迎接，至善福海显现，显示奇妙及时雨，令其在北方地方做主，由创造所有世界之大梵天俯瞰，由宝制本巴瓶之顶给权柄，将纷时乱世神力之最大转法轮者，将十方尊胜班齐特（藏文作"巴丹"或"巴当装饰品"）直到轮回之顶广泛建立，在所执政唯一白伞盖之凉荫下，所有众生均得享受安宁，以虔信崇敬三位至尊、诚心无欺作为救生信仰，至善至真并获此善劫无上高贵智慧，千里挑一，至上开启尊崇优良甘蔗之宝幢宗教，与奇妙词汇一同文书及礼物显明到来之际，可喜可贺，心满意足。在此处令所有众生安宁增益之根本道义，不断增益宗教宝德之心愿。为赞扬具有神力众喜噶尔巴诸菩萨冥想，即神力之汗位，以当今及永恒善业之地，大海十善福诸汗之政来引导诸黎民于正道，至善业道缘分，给真命天子及佛尊之命，以佛经、三宝为约束，启开二资粮无边之门，具备永久光临尽善尽美奇妙喜庆宴席之力，绰尔济察雅那木噶尔麻等佛尊诸侍候菩萨，这些及先前在彼地传播释迦牟尼之宗教，如同以自己形象善集般宝贝之身，为君臣所明显预示吉兆致函至尊者。永久如意莲花舍利子上师（规范师）释迦牟尼一尊，将诸至高无上佛尊修辞之学汇总，法王宗喀巴大师善说菩提道四第广论，大召阿底峡重叠莲花供养之心、金刚结带（结子）、玛瑙念珠、琥珀等一起记录在案，乙酉年众生导师释迦根源狮子法王吉月，讲法时轮（金刚）经之月，太阳运行羊座时初一日，由善逝佛祖呼毕拉罕寺敬献。

## 02-03-23　　班禅胡土克图乙酉年正月遣使致顺治帝书
### 顺治三年十月初六日

那转法轮者，世界之上天霍尔木斯塔（帝释天——译者），由众多白善福业道构成之须弥山，在札惕（异族人——译者）之诸可汗之中如同金山一般精神焕发且永久常在，具备物质、巨大力量俱全与毗舍离毗王相等者，以具有齐备之力四部士兵，用其雄壮威力降伏一切敢于对抗者，以政教二道尽善政令，使所有地方幸福美满，吉祥安宁，闻者安心喜悦。在此亦谨慎效力于三圣佛祖大慈大悲福德事业。又尊崇神灵，普度众生，如此这般尽善尽美，多亏古来善缘因果之力，将三宝作为顶礼膜拜之庄严神物，福德有益于众生之佛教及仅次于此之黄教成为所有北方地方之主供养地方，亦按照昔日良善业道缘分，谨慎致力于尊崇供养宗教及其掌教者包括，并将其发扬光大。明鉴闻名圣地佛经之众多大寺中不断做布施福德业道，祈求今世（今生）及来世广大善福。在此地大皇帝圣裁明鉴！敬献大加持上师（规范师）利玛弥勒佛像一尊、上师（规范师）雕像一尊、念诵咒语结带（结子）、念诵咒语鼻烟壶、印度神通广大诸班第达所制作降魔药（除障熏药），七种一百个灵丹妙药丸粒，甘露药丸粒四十五颗，本生佛像三十四尊、大琥珀一个、玛瑙两颗、花白杂色氆氇一卷。由扎什伦布寺敬献。

## 02-03-24　　巴噶胡土克图以早日见驾之意乙酉年致顺治帝书
### 顺治三年十月初六日

敬献皈依信仰气力之皇帝，如今身体安康，皇帝御内事业兴隆，一视同仁教法，深思熟虑，果真甚善。此地谨慎效力于安抚雪域境内众生。又因古昔白善福业道缘分，为早日相见祈福，弃恶行善，敬谨作法事乃大事。敬献礼物有佛祖释迦牟尼塑像一尊、金刚结（护身结）一个、萨（沙）木达布（喇嘛僧人所穿一种男裙——译者）一件、如意宝物一个、玛瑙念珠一串、氆氇八卷。于木鸡年二月初，自哲蚌寺大院敬献。

## 02-03-25　鲁克巴胡土克图乙酉年遣使复顺治帝书

顺治三年十月初六日

向善行转法轮者大皇帝谨言：文书印信礼物齐备俱全。此地为释迦牟尼佛法兴盛及六道众生平安幸福祈求宏福。幸托福福德之力，异常虔诚于释迦牟尼佛法。今世及来世，大恩大德，又普视众生，布施财物，满足其欲望，及吉日所贡献八斋戒律，慈悲忍耐所有俗人，精心善业，延年益寿，虔心作法，增强战胜异教之智慧法力，尊崇佛法善业，潜心钻研六波罗蜜多，又为致力于白善福业道，随敬献文书礼物有：狮子吼、由古昔皇帝遗体分离而来五个舍利子、用白海螺制作释迦牟尼塑像一尊、召那罗巴庄严宝饰之那烂陀寺北门守卫士头发、玛瑙念珠一串、氆氇二卷。甲酉年一月吉日，自说法者聚集地丹津确恩库尔寺院敬献。

## 02-03-26　萨迦喇嘛以求赏赐属民部落之意甲申年致顺治帝书

顺治三年十月初六日

向法王金刚大师顶礼叩拜。因先前积聚之福德俱胝而由威德所生成握有此世界转力（轮）之人主，佛法及掌握佛法唯一亲族，大法王万寿无疆，战无不胜！向三圣之地无生无灭转法轮者之威德（威光）善备，世上性灵大霍尔木斯塔（帝释天——译者），大法王谨言：伊拉古克森（大觉或世尊）胜者教法及掌握教法者补特伽罗为首，人类众生所持至高无上依怙尊（导师），以皇帝之身，脱离污垢混沌，精神焕发就座于无畏狮子坛（座），居于我们萨迦威德（威光）席位之释迦根原居士，至上俱胝瑜伽行派（唯识学派）、持咒善说者公噶措德那木监藏巴拉藏布，人主以慈悲为怀，圣洁善持，与彻辰（塞臣）喇嘛及沙比纳尔一同，察罕喇嘛及朋友悉数受到皇帝所赏赐敕书、印信及随敕附带玛瑙、玉石为主金银器具、盔甲、大刀、弓箭、马鞍等，喜悦异常。在古昔我们喇嘛公噶宁布父子及教主大班底达兄弟全体，安抚调整汉、藏民族所有全体众人，用无量功德振兴政教二道，众所周知。尤其是，凡是我们萨迦寺法席（法座）喇嘛，为汉、藏民族全体众人，为振兴政教二道，尽心尽责。前述喇嘛大萨迦父子定时祭祀需要外供、内供、金顶、铜顶等大量供养。因此，希望大皇帝顾及护身神灵，赏赐财物，理应分拨之物品如同恒河之水一般川流不息，切勿中断。随上书礼物有由兜率天延请所获得无误信仰释迦牟尼佛舍利子七颗，法王萨迦班第达之本尊，用印度东方白色海螺所制成文殊菩萨身一尊，那木桑格迪用印度、汉、藏三种文字写成佛经，大乘法王本尊、萨迦所品尝不灭发誓物品，万之首丸一颗、千之首丸三颗、百之首丸五颗、十之首丸粒五颗，共一束，与他们文书一同，均有钤盖印章。如同美丽无比的基拉沙之山被月光网络普照般，至高无上赐给长寿不老女神，愿永恒法王吉祥如意！甲申年正月十七日，自威德（威光）萨迦寺大院敬献。

## 02-03-27　　　　济东胡土克图甲申年遣使致顺治帝书

*顺治三年十月初六日*

　　威德（威光）萨迦巴及释迦根源阿牙克喀塔喜木里克（比丘）善巴索那木隆如布拉西拉克巴伊尔扎拉森巴拉桑布转轮神力大王蒙古博克多大汗收服三界，持有映红宝石颜色寿命瓶，以长寿甘露授予长命福运，愿掌有至高无上信仰智慧（般若波罗蜜多）之阿毕达佛（阿弥陀佛），授予大皇帝以长寿吉祥！如此这般念诵吉祥福运之诗歌先作为寄语，遵循佛经论说得体之词语。由百福威德造就因缘所得善身展示安宁，不离弃虔信佛法，持之以恒，为众生积善积德之心，圣旨及礼物一同到我们手里，非常惊奇，归向佛祖圣地，弘扬福德之业。我等平安，修炼伊拉古克森（大觉或世尊）胜者教法，与此同时主持为众生增加今世及来世善德之佛法教义，添列为众僧之师。其间言道：将无等诸释迦之皇帝佛法之宝物广泛振兴并传播于汉地、图伯忒（西藏）、畏吾尔、蒙古所有地方之上师，法王吉祥萨迦派八思巴喇嘛为首至今，其家族祖先之护法者我等，由以拥有巨神之力转轮释迦佛法之施主圣忽必烈薛禅皇帝为首，至用力振兴皇位之今上皇帝，为不至于中断今上皇帝及无数小可汗成为福田（供养）及施主之檀越缘分善行之圣洁传承，又有因增加此类福德积累进行布施，成为释教尊贵施主，致力于佛祖经典传诵及弘扬，将为众生积善积德阿罗汉善业如同大江水流一般持续不断地进行，得知今世及来世之一切善德，均由跟随释迦牟尼而成就，如同在大海中如意宝珠一般稳操胜券。因此，皇上隆兴之各地，以无垢之戒律修饰，《甘珠尔经》与《丹珠尔经》（律）及善说者，与闻、思、修三者以及讲说、辩论、创作三者精通之善说佛法者，聚集众僧人之上师（规范师）帝师聚集宣扬者、闻者不计其数，安居至高供养之地受到尊敬与崇拜。敕书及礼物难以胜数，我们喇嘛三时诸佛之性及名字。大萨迦派及附带论扎米扬，公噶索德那木隆如布拉西拉克巴扎拉森巴拉桑布画像，释迦牟尼佛尊用黄色海螺制成佛舍利子，用咒语手印加持不死甘露圣水之丸粒（灵丹妙药），万之首（方）、千之首（方）、百之首（方）、十之丸，黑丸、咒语药丸粒，加持咒语结带（结子）等，所有（礼物）这些均钤盖印章。于甲申年九月初一日，由大地区吉祥济东胜者寺庙萨迦扎米扬公噶拉西敬献。

## 02-03-28　　达格隆寺伊思达格隆胡土克图乙酉年遣使致顺治帝书

*顺治三年三月初六日*

　　祝愿永固长久。祝愿人世间众生、脱离烦恼者及聚集资粮之首，以三宝慈悲征服世界（天下）人主，吉祥长寿！如此这般祝福吉祥，如同大海般漂流福德及无障碍巨行者，大力权王，如今率领四部军队战胜阳光下所有那些有毒害者，真正打起皇帝大鼓，在这片净土上创造善行福德善业，诏书及礼物一道完好无损送达。我法身无常，因没有让他人左右，虔诚祈求福德资粮。希望尔（皇上）以三宝为师，以慈悲为怀，振兴所有黎民，弃恶积善，恩赐明鉴。为此进献金刚结（护身结）、用菩提心制成降妖释迦牟尼塑像一尊以及喇嘛多尔济丹巴迎请所得珍稀宝物。敬请虔诚供养。于乙酉年三月初六日，自达格隆寺敬上。

## 02-03-29　札喇萨布胡土克图乙酉年遣使致顺治帝书
### 顺治三年二月初六日

祝愿吉祥，长寿永久。如今大皇帝为遵循教法皈依三宝之心虔诚至极，在此已收到诏书及礼物，并且见到使者。为成就白善福资粮，祛除皇帝寿命障碍，善说增益善行安宁而祈祷吉祥。敬献礼物有佛尊舍利子三粒、胜火能仁释迦牟尼像一尊、颈结（结子）及所戴帽子，柔软氆氇二卷、白色氆氇四大卷、手镯、玛瑙念珠个串、黄色氆氇一卷等。三年二月初六日。自善说寺（原文写作"理克什德灵"）敬上。

## 02-03-30　顾实汗乙酉年遣使致顺治帝书
### 顺治三年三月初六日

祝愿吉祥。托尊者洪福，威德威光明显高贵，人君圣主明鉴！虔心祈求佛法之宝，持教法王真心谨奏：在此良辰，听说（皇上）自宝身安康之天空，扶持政教二道，尤其是向胜者宗喀巴无垢教法顶礼膜拜，虔心崇敬，发扬光大古昔诸法王事业，久闻盛名，满心欢喜。托三宝加持，我们在此平安。协助此携带送达图伯忒（西藏）方向赐名胡土克图敕书及礼物使者，所有相关事宜之言，均由伊拉固格森（胜者）胡土克图明鉴。（皇上）如此那般明鉴。随上书礼物有金制无量寿佛像一尊、珊瑚念珠（佛珠）一串、琥珀念珠一串、大琥珀三颗、红色氆氇二卷、马二匹。木鸡年三月三日，自释迦王佛殿神寺敬上。察汗喇嘛于八月二十五日，将诸胡土克图、顾实汗所上文书赍来。

## 02-03-31　达赖喇嘛乙酉年三月复遣使请安并呈进礼物致顺治帝书
### 顺治三年三月初六日

祝愿自高贵尊者学海自在成就月亮，圣识一切释迦自在高贵尊者，给兴隆世界者恩赐善德吉祥。在智慧奇妙白伞盖之荫下乐善好施者，疲惫劳累，则休养生息之地，脱离尘世烦恼，盛名盖世，根本之主，善师宗喀巴古昔法则，祈求预言百作无爽之绝妙信仰春季，福德夏季，乐于吉祥邀客之贤者，恶劫具有转轮者人主（君主）天子声音，具有十全巨力之释迦古昔准则，为避免被众生诽谤，用非常纯洁无瑕心底行事并用箴言甘达里（接骨木）琵琶声音等概略原理。据说，爱惜赡部洲众生政令、法度，并无畏地与众多金轮一同降下，为教法及众生所渴望福德甘霖，心中十分高兴。如此这般先说吉祥幸福，如此这般先说吉祥辞藻，久闻以众生善劫亿数福德之类，从沉积乳海把恶劫创造成古昔善劫喜宴，自众天俯视得权之具，经大皇帝身、语、心之太阳，污垢无障碍，八自在之无量功德自成就者，真命天子曼殊师利（文殊菩萨）化身在大坛金刚座跌坐，将大地全体由太平安致治太平并复兴盛名，成为喜闻乐见之甘露。皈依圣识一切释迦牟尼，按照为政（教）之道，整齐闻、思等释迦僧侣会聚法场，对黎民百姓一视同仁，并持有一颗纯洁之心。又谨奏为救度众生利益者修行无畏诸菩萨，在大千世界持有权力顶峰皇位，对不计其数所有黎民施行十善福德之政，明确遵行真善，大皇帝使之与那政道符合，具有一心无杂行，以至高无上尊者权王三祖为师，尊崇高贵尊者佛祖之命及佛经、佛法之宝，因按照古昔明鉴预言，佛法之政对所有黎民百姓如同绫子结一般，皇帝严政金缆绳二者相结合成善举，遣乌巴什恰台吉。愿善业诸物越来越增益，如同大江水流般善说明鉴！与随献书礼物一同，三月初六日，自布达拉宫神寺敬献。

## 02-03-32　　顾实汗丙戌年遣使致顺治帝书

### 顺治三年十月初六日

以大福荫之庄严宝饰显赫几方世界之主大清国皇帝明鉴！持教法王以尊崇之心上言：如今久闻以亿万福德吉祥所创造具有宝身尊胜无畏，登上汉人皇帝宝座，皈依并尊崇佛法之宝，以慈悲为怀，安抚所有黎民百姓，剿灭邪恶异己，成为转轮王皇位吉祥成就盛名者，如同仙心之柳树获得幸福般，满心欢喜。我们在此平安无事，效力于恭敬佛法，助益善政之事。今遣扎雅赤乌巴什恭请圣安。敬请聆听（政教）二道金语良言之教诲。随上书礼物有吉祥哈达一方、氆氇六十卷、马三十匹。丙戌年二月初六日敬献。

## 02-03-33　　太东寺等诸寺喇嘛祈求赏赐原有属民之奏书

### 顺治三年十月二十日

由二资粮（福德聚与智慧聚——译者）之吉祥金山降生，四种业缘相等妙相具备俱全，在异国（或异部落）诸皇帝中如同金山般灿灿发光，掌握四大洲大权威者明鉴！如今如同须弥山般身体，远离障碍之云，以佛法经术战胜所有不附和者并登上皇位，授予我敕书、恩赐者大恩人非尔莫属。在明朝皇帝在位时期，我们鲁姓家族九代效力较多，颁赐敕书及印信。后来流贼来杀死罗斯卡布并携去其子，解散其兀鲁思。今皇上遣来三个大臣恢复我兀鲁思，（罗）沃卡寺、海塔寺为首，总共三十座寺院所属诸僧侣全体，为皇位永固及所有百姓幸福安康作护身之法，并祈福。如今应挂念佛法，明鉴（罗）沃卡派（此派属于藏传佛教宁玛巴派——译者）僧侣及黎民百姓。七月初三日，由太东寺敬献。

# 顺治四年至五年（1647～1648年）档册

## 02-04-01　　　察哈尔大寨桑古木岱彻庆受封世职之敕命

（1）*崇德元年五月初七日*

**崇德帝以察哈尔大寨桑古木岱彻庆归附有功封三等精奇尼哈番之敕命**

古木岱彻庆，尔原系蒙古国察哈尔汗大寨桑，当尔之可汗迁往唐古特时，离开可汗，率领八十户民来归附。故封三等精奇尼哈番封号。此封号准再承袭十二次。

（2）*崇德七年八月二十三日*

**崇德帝以察哈尔大寨桑古木岱彻庆屡立战功晋封二等精奇尼哈番之敕命**

后来，随睿亲王攻打北京城，远征山东地方时，未用（竖立）云梯即攻克高阳县城，击败胡总兵官兵马，率领所属兵马击败敌人。随睿亲王、肃亲王参加围攻锦州城第三次战役时，两军会师左翼三旗击败松山骑兵，率领所属兵马击败敌人。当松山骑兵来与我红夷炮手（炮兵）交战时，率领所属兵马击败敌人。当右翼击败洪军门时，率领所属兵马，击败敌人。击败洪军门三个步兵营时，率领所属兵马，击败敌人。故由三等精奇尼哈番授升为二等精奇尼哈番。又准加爵一代，准再承袭十三次。

（3）*顺治四年三月十五日*

**崇德帝以察哈尔大寨桑古木岱彻庆屡立战功晋封头等精奇尼哈番之敕命**

后来，随皇父摄政王征服明朝之役，进入九门之日，击败流贼二十万大军时，尔率领所属步骑兵马，击败敌人。追击流贼兵马至庆都县时，率领所属兵马击败敌人。随和硕德豫亲王（多铎——译者）率军追击腾机思之役，战胜土谢图汗兵马时，率领所属兵马击败敌人。战胜硕垒汗兵马时，率领所属兵马击败敌人。故由二等精奇尼哈番晋封为一等精奇尼哈番。又加一代，准再承袭十四次。

## 02-04-02　　　察哈尔部大寨桑固木太师及其子受封世职之敕命

（1）*崇德元年五月初七日*

**崇德帝以察哈尔部大寨桑固木太师归附有功封三等精奇尼哈番之敕命**

固木太师，尔原系蒙古国察哈尔汗大寨桑，可汗去世之后，率领三百户属民与索诺木哲勒篾一同来归有功。故封三等精奇尼哈番。此封号准再世袭十二次。

（2）*崇德七年八月二十三日*

**崇德帝以察哈尔部大寨桑古木太师立战功晋封二等精奇尼哈番故后准其子诺尔布承袭名号之敕命**

后来，随睿亲王攻打北京城，远征山东地方时，击败侯太监骑兵，率领所属兵马，击败敌人。当战胜侯总兵官兵马时，率领所属兵马击败敌人。随睿亲王、肃亲王（豪格——译者）围攻锦州城第三次战役时，松山骑兵来与我红夷炮手（炮兵）交战，率领所属兵马，击败敌人。当击败洪军门三个步兵营时，率领所属兵马击败敌人。故由三等精奇尼哈番晋封为二等精奇尼哈番。病故之后，恩准其子诺尔布承袭名号。世袭罔替。

## 02-04-03　　察哈尔大寨桑叟和都喇噶尔及其子受封世职之敕命

（1）崇德元年五月初七日

**崇德帝以察哈尔部大寨桑叟和都喇噶尔归附有功封三等精奇尼哈番之敕命**

叟和都喇噶尔，尔原系蒙古国察哈尔汗之大寨桑。当尔之可汗迁往唐古特时，离开可汗，率领七十户人丁来归附。故封三等精奇尼哈番之封号。此封号准再承袭十二次。

（2）顺治三年五月十四日

**顺治以察哈尔部大寨桑叟和都喇噶尔归附后屡立战功晋封二等精奇尼哈番故后准其子三晋承袭名号之敕命**

后来，当皇父摄政王征服明朝之役，进入九门之日，击败流贼二十万大军时，尔率领所属步骑兵马，击败敌人。随和硕德豫亲王（多铎——译者）率军击破流贼，杀死福王，平定湖南、江南之役，多罗贝勒博洛率军攻占杭州府城，战胜王总兵官兵卒时，与梅勒章京僧格一同破敌有功。故由三等精奇尼哈番授封为二等精奇尼哈番。袭职依旧。

## 02-04-04　　　察哈尔汗侍卫劳瑞及其兄受封世职之敕命

（1）崇德三年七月初四日

**崇德帝以察哈尔汗侍卫劳瑞携玛哈噶拉金佛归附有功封头等阿达哈番之敕命**

劳瑞，尔原系察哈尔汗恰（侍卫）。尔之可汗去世之后，携古昔大元朝世祖忽必烈薛禅皇帝时八思巴喇嘛用纯金铸造之玛哈噶拉（即大黑天——译者）金佛，率领一百户兀鲁思（亦尔根）归附有功。故封头等阿达哈番名号。此封号准再承袭六次。

（2）崇德七年八月二十三日

**崇德帝以察哈尔汗侍卫劳瑞阵亡晋封三等阿思哈尼哈番准其兄沙济承袭名号之敕命**

后来，当睿亲王攻打北京城，远征山东地方时，击败马占所率骑兵，率领所属兵马击败敌人。随扎萨克昆都亲王（郑亲王济尔哈朗——译者）围攻锦州第四次战役时，挖掘深沟，锦州城马步兵倾城出动，持盾牌来交战时，左翼护军迎战，因力不从心，进入壕沟，（尔）坚守阵地，以至交战阵亡，故由一等阿达哈哈番晋封三等阿思哈尼哈番，并恩准其兄沙济承袭名号。又加一代，准再承袭七次。

## 02-04-05　　察哈尔小寨桑额林沁岱青及其子受封世职之敕命

（1）崇德元年五月初七日

**崇德帝以察哈尔小寨桑额林沁岱青归附有功封二等精奇尼哈番之敕命**

额林沁岱青，尔原系察哈尔汗小寨桑。当尔之可汗迁往唐古特时，率七百户兀鲁思归附，当多尔济塔苏喇海领一百余户人往回叛去时，二人将他们收服回来。故封二等精奇尼哈番，此封号准再承袭十三次。

（2）崇德八年二月十八日

**崇德帝以察哈尔小寨桑额林沁岱青立战功封头等精奇尼哈番故后准其子扎木苏承袭名号之敕命**

后来，随睿亲王攻打北京城，远征山东地方，战胜胡总兵官兵马时，率领所属兵马，击败敌人。随睿亲王、肃亲王（豪格）围攻锦州城第三次战役时，两军会师，左翼三旗袭破松山骑兵，率领所属兵马击败敌人。当松山骑兵来与我红夷炮手（炮兵）交战时，率领所属兵马击败敌人。击败洪军门三个步兵营时，率领所属兵马击败敌人。故由二等精奇尼哈番晋封为一等精奇尼哈番。又加一代，准再承袭十四代。于崇德七年八月二十三日。病故之后，恩准其子扎木苏承袭一等精奇尼哈番封号，准再承袭十三次。

## 02-04-06　　　　察哈尔寨桑德参济旺受封世职之敕命

（1）崇德元年五月初七日

**崇德帝以察哈尔寨桑德参济旺归附有功封头等精奇尼哈番之敕命**

德参济旺，尔原系察哈尔汗寨桑。当尔之可汗去世后，率领属民来归附有功。故封尔为头等精奇尼哈番名号。准再承袭十四次。

（2）顺治二年十月初四日

**顺治帝以德参济旺获罪降封为三等精奇尼哈番之敕命**

后来顺治帝以德参济旺获罪，降封为三等精奇尼哈番。此封号准再承袭十二次。

（3）顺治四年三月十五日

**顺治帝以德参济旺立战功晋封头等精奇尼哈番之敕命**

后来，随和硕德豫亲王（多铎——译者）率军追击腾机思之役，当战胜土谢图汗兵马时，率领所属兵马击败敌人。当战胜硕垒汗兵马时，率领所属兵马击败敌人。故由三等精奇尼哈番晋封为一等精奇尼哈番。又加二代，准再承袭十四次。

## 02-04-07　察哈尔汗执政寨桑巴斋朱尔赤岱及其子受封世职之敕命

（1）崇德元年五月初七日

**崇德帝以察哈尔汗执政寨桑巴斋朱尔赤岱归附有功封三等精奇尼哈番之敕命**

巴斋朱尔赤岱，尔原系蒙古国察哈尔汗执政寨桑。在尔之可汗去世之后，大寨桑绰克图、赤老温往那边走时，尔往这边率领百户，与德参济旺一同来归附有功，故封三等精奇尼哈番。此封号准再承袭十二次。

（2）顺治二年七月初五日

**崇德帝以察哈尔汗执政寨桑巴斋朱尔赤岱立战功晋封二精奇尼哈番故后准其子巴岱承袭名号之敕命**

后来，随皇父摄政王征服明朝之役，进入九门之日，击败流贼二十万大军时，尔率领所属步骑兵马，击败敌人。病故之后，由三等精奇尼哈番晋封为二等精奇尼哈番，并准其子巴岱承袭名号。袭职如前。

## 02-04-08 　　察哈尔大寨桑祈他特车尔贝受封世职之敕命

（1）崇德元年五月初七日

**崇德帝以察哈尔大寨桑祈他特车尔贝归附有功封三等精奇尼哈番之敕命**

祈他特车尔贝，尔原系蒙古察哈尔汗大寨桑。在尔之可汗迁往唐古特时，离开可汗，携来四百户，驻牧在黄河水边，朕使者抵达时先于其他寨桑，渡黄河来归附有功。故封三等精奇尼哈番。此封号准再承袭十二次。

（2）顺治七年八月二十三日

**崇德帝以察哈尔大寨桑祈他特车尔贝立战功晋封二等精奇尼哈番之敕命**

后来，随多罗额里克郡王（和硕德豫郡王多铎——译者）率军至宁远城火攻，击败宁远城骑兵，尔率领所属步骑兵马，击败敌人。随睿亲王、肃亲王（豪格——译者）围攻锦州城第三次战役时，两军会师，左翼三旗击破松山骑兵，率领所属兵马击败敌人。松山骑兵来与我红夷炮手（炮兵）交战时，率领所属兵马，击败敌人。当击败洪军门三个步兵营时，率领所属兵马击败敌人。故由三等精奇尼哈番晋封为二等精奇尼哈番。又加一代，准再承袭十三次。

（3）顺治四年三月十五日

**顺治帝以察哈尔大寨桑祈他特车尔贝立战功晋封头等精奇尼哈番之敕命**

后来，随皇父摄政王参加征服明朝之役，进入九门之日，击败流贼二十万大军时，尔率领所属步骑兵马，击败敌人。追击流贼兵马，至庆都县时，率领所属兵马，击败敌人。随和硕德豫亲王（多铎——译者）率军追击腾机思之役，当战胜土谢图汗兵马时，率领所属兵马击败敌人。当战胜硕垒汗兵卒时，率领所属兵马击败敌人。故由二等精奇尼哈番晋封为一等精奇尼哈番。又加一代，准再承袭十四次。

## 02-04-09 　　阿鲁思噶尔济农后裔及其属臣受封世职之敕命

（1）崇德元年五月十六日

**崇德帝以阿鲁之都思噶尔济农后裔噶尔玛伊尔登归附有功封三等精奇尼哈番之敕命**

噶尔玛伊尔登，尔原系阿鲁（阿禄）部落图斯噶尔济农后裔，携其兄弟及属民，率先其他阿鲁部落之诸诺颜前来归附有功。故封三等精奇尼哈番，准再承袭十二次。

（2）崇德元年五月初七日

**崇德帝以阿鲁都思噶尔济农属臣札扬札那归附有功封头等阿思哈尼哈番之敕命**

札扬札那，原系蒙古国阿鲁都思噶尔济农属臣。携一百户兀鲁思来投奔朕时，遇到察哈尔汗携去充当执政寨桑。在察哈尔汗去世之后，携其妻子众人与德参济旺一同来归附有功。因率先来归附，故封尔为一等阿思哈尼哈番名号。此封号准再承袭十次。

（3）顺治元年六月二十三日

**顺治帝以札扬札那病故准其子巴达玛承袭头等阿思哈尼哈番之敕命**

## 02-04-10　　察哈尔大寨桑多尔济达尔汉诺颜受封世职之敕命

（1）顺治二年二月二十八日

**顺治帝以察哈尔大寨桑多尔济达尔汉诺颜归附有功封头等阿思哈尼哈番之敕命**

多尔济达尔汉诺颜，原系蒙古察哈尔汗大寨桑。在尔之可汗去世之后，无心来归，往那边去时，图拉哈拉达尔汉诺颜携尔家口及所属之民来归。尔独自一个人离开，后又回到妻子家口身边，与图拉哈拉达尔汉诺颜一同来归。虽然当时尔无心来归，但先前曾经为大寨桑，故封头等阿思哈尼哈番。倘若阵亡则准再袭，如若病故，停止承袭。

后来，皇父摄政王夺取明朝之政之后，将尔视为太宗皇帝降恩仁爱之大臣，由头等阿思哈尼哈番晋封并加拖沙喇哈番。又准再承袭一代。

（2）顺治四年六月初五日

**顺治帝以晋封原察哈尔大寨桑多尔济达尔汉诺颜为三等精奇尼哈番之敕命**

后来，因效力十二年，所以在头等阿思哈尼哈番、一拖沙喇哈番之上，又加拖沙喇哈番，封为三等精奇尼哈番。袭职如前。

## 02-04-11　　察哈尔大寨桑毛海伊尔登受封世职之敕命

（1）崇德元年五月初七日

**崇德帝以察哈尔大寨桑毛海伊尔登归附有功受封三等精奇尼哈番之敕命**

毛海伊尔登，原系察哈尔汗大寨桑。当尔可汗迁往唐古特时，背叛其可汗，携一百一十户兀鲁思来归附有功。故封三等精奇尼哈番。准再承袭十二次。

（2）顺治三年一月二十一日

**顺治帝以毛海伊尔登病故准其侄子达瑞承袭三等精奇尼哈番之敕命**

毛海伊尔登病故之后，恩准其侄子达瑞承袭三等精奇尼哈番。准再承袭十二次。

## 02-04-12　　　　察哈尔大寨桑达云受封世职之敕命

（1）崇德元年五月初七日

**崇德帝封来归察哈尔大寨桑达云为头等阿思哈尼哈番之敕命**

达云，尔原系蒙古国察哈尔汗大寨桑。在尔之可汗去世之后，曾经两次来归却被追上又往那边携去。尽收察哈尔国部众之后，将尔携来。念及先前两次欲来归附，故封头等阿思哈尼哈番名号。准再承袭十次。

（2）顺治二年二月二十八日

**顺治帝加封归察哈尔大寨桑达云为拖沙喇哈番之敕命**

后来，皇父摄政王夺取明朝之政之后，将尔视为太宗皇帝所降恩仁爱大臣，由头等阿思哈尼哈番晋封并加拖沙喇哈番。又加一代，准再承袭十一次。

## 02-04-13　　察哈尔大寨桑色冷布德玛勒及其子受封世职之敕命

（1）崇德元年五月初七日

**崇德帝以察哈尔大寨桑色冷布德玛勒归附有功封三等精奇尼哈番之敕命**

色冷布德玛勒，尔原系察哈尔汗之大寨桑。当尔之可汗迁往唐古特时，离开可汗，携来一百五十户，驻牧在黄河之边，我使者抵达时先于其他寨桑，渡黄河来归附有功。故封三等精奇尼哈番。此封号准再承袭十次。

（2）崇德三年八月初三日

**崇德帝以察哈尔大寨桑色冷布德玛勒故后准其子多尔济承袭三等精奇尼哈番之敕命**

察哈尔大寨桑色冷布德玛勒故后，准其子多尔济承袭三等精奇尼哈番。此封号准再承袭十一次。

## 02-04-14　　崇德帝以察哈尔大寨桑高勒图彻臣携囊囊太后归附有功
### 封卓礼克图达尔汉诺颜并头等精奇尼哈番之敕命
*崇德元年五月初七日*

高勒图彻臣，尔原系察哈尔汗大寨桑。在尔之可汗去世之后，携囊囊太后及三百九十户属民归附有功，故封卓礼克图达尔汉诺颜并头等精奇尼哈番。此封号准再承袭十四次。

## 02-04-15　　　　察哈尔寨桑索诺木折勒蔑及其子受封世职之敕命

（1）崇德元年五月初七日

**崇德帝以察哈尔寨桑索诺木折勒蔑归附有功封头等精奇尼哈番之敕命**

索诺木折勒蔑，尔原系察哈尔汗之寨桑。在尔可汗去世之后，尔之子阿尔那携其属民前来归附有功。故封尔为头等精奇尼哈番名号。此封号准再承袭十四次。

（2）崇德七年四月初八日

**崇德帝以察哈尔寨桑索诺木折勒蔑病故准其子阿日纳承袭头等精奇尼哈番之敕命**

以察哈尔寨桑索诺木折勒蔑病故之后，恩准其子阿尔纳承袭头等精奇尼哈番。此封号准再承袭十四次。

## 02-04-16　　　察哈尔寨桑色楞塔布囊及其子受封世职之敕命

（1）崇德元年五月初七日

**顺治帝以察哈尔寨桑色楞塔布囊归附有功封头等阿思哈尼哈番之敕命**

色楞塔布囊，尔原系蒙古国察哈尔汗闲散寨桑。当尔之可汗迁往唐古特时，离开其可汗，携一百三十户属民来归附，驻牧在黄河水边，当朕使者抵达时，让其妻子家口驻河边，与朕使者一同先来。尔家口妻子，随后即到。因归附有功，故封头等阿思哈尼哈番。此封号准再承袭十次。

（2）崇德八年五月二十一日

**崇德帝以色楞塔布囊病故准其子班第斯喀布承袭头等阿思哈尼哈番之敕命**

以色楞塔布囊病故，恩准其子班第斯喀布承袭头等阿思哈尼哈番。此封号准再承袭九次。

（3）顺治二年四月二十一日

**顺治帝以头等阿思哈尼哈番班第斯喀布立战功加封拖沙喇哈番之敕命**

后来，当皇父摄政王征服明朝之役，进入九门之日，击败流贼二十万兵马时，尔率领所属步骑兵马，与固山额真麻勒济一同击败敌人。故头等阿思哈尼哈番班第斯喀布立战功加封拖沙喇哈番。又加一代，此封号准再承袭九次。

## 02-04-17　　　察哈尔小寨桑朝鲁蒙受封世职之敕命

（1）崇德元年五月初七日

**崇德帝封来归察哈尔小寨桑朝鲁蒙为头等阿思哈尼哈番之敕命**

朝鲁，尔原系蒙古国察哈尔汗小寨桑。在尔可汗去世之后，携四百三十户属民，与德参济旺一同来归附。故封头等阿思哈尼哈番。此封号准再承袭十次。

（2）顺治四年三月十五日

**顺治帝以头等阿思哈尼哈番朝鲁蒙立战功加封拖沙喇哈番之敕命**

后来，当皇父摄政王围攻锦州第三次战役，战胜洪军门三个步兵营时，与衮楚克一同击败之。当两军会师战胜松山骑兵时，与衮楚克一同击败之。德豫亲王（多铎——译者）率军追击腾机思之役，当战胜土谢图汗兵马时，与精奇尼哈番固木泰一同击败之。当战胜硕垒汗兵马时，与精奇尼哈番固木泰一同击败之。是以在头等阿思哈尼哈番之上又加一个拖沙喇哈番。又加一代，此封号准再承袭十一次。

## 02-04-18　　　　察哈尔大寨桑色仁彻臣受封世职之敕命

（1）崇德元年五月初七日

**顺治帝封来归察哈尔大寨桑色仁彻臣为三等精奇尼哈番之敕命**

色仁彻臣，尔原系蒙古国察哈尔汗大寨桑。在尔之可汗迁往唐古特时，离开可汗，携来一百五十户，驻牧在黄河水边，朕使者抵达时，先于其他寨桑渡黄河来归附有功。故封三等精奇尼哈番。此封号准再承袭十二次。

（2）顺治二年二月二十八日

**顺治帝以三等精奇尼哈番色仁彻臣立战功晋封二等精奇尼哈番之敕命**

后来，随皇父摄政王征服明朝之役，进入九门之日，击败流贼二十万兵马时，与固山额真富喇克塔一同率领所属骑兵，击败敌人。当追击流贼兵马至庆都县时，与固山额真富喇克塔一同率领所属骑兵，击败敌人。三等精奇尼哈番色仁彻臣立战功授封二等精奇尼哈番。又加一代，此封号准再承袭十三次。

## 02-04-19　　　察哈尔汗执政寨桑衮楚克古英受封世职之敕命

（1）崇德元年五月初七日

**崇德帝封来归察哈尔汗执政寨桑衮楚克古英为头等阿思哈尼哈番之敕命**

衮楚克古英，原系蒙古国察哈尔汗执政寨桑。在尔可汗去世之后，携来二百一十户兀鲁思，与德参济旺一同归附。故封头等阿思哈尼哈番名号。此封号准再承袭十次。

（2）崇德二年七月二十二日

**崇德帝以头等阿思哈尼哈番衮楚克古英获罪降封为头等阿达哈哈番之敕命**

衮楚克古英后因获罪，降其头等阿思哈尼哈番封号，封为头等阿达哈番。此封号准再承袭六次。

（3）顺治二年四月二十一日

**顺治帝以头等阿达哈哈番衮楚克古英立战功晋封三等精奇尼哈番之敕命**

后来，随扎萨克额尔克亲王（德豫亲王多铎——译者）参加围攻锦州第三次战役时，战胜松山骑兵，率所属甲喇支援，并击败敌人。松山骑兵与镶红旗来交战时，与毛海一同击败。随扎萨克额尔克亲王（德豫亲王多铎——译者）参加征伐宁远之役，率所属甲喇支援，击败敌人。后来，当皇父摄政王征服明朝之役，进入九门之日，击败流贼二十万兵时，与固山额真恩克图一同率领所属骑步兵，击败敌人。是以黾勉其善，由头等阿达哈哈番晋封为三等阿思哈哈番。又加两代，此封号准再承袭八次。

## 02-04-20　　察哈尔汗执政寨桑沙济德力格尔受封世职之敕命

（1）崇德元年五月初七日

**崇德帝封来归察哈尔汗执政寨桑沙济德力格尔为头等阿思哈尼哈番之敕命**

沙济德力格尔，尔原系蒙古国察哈尔汗执政寨桑。尔之可汗迁往唐古特时，遂离开可汗，携来一百一十户（属民），驻牧在黄河之边，我使者抵达时，让妻子家口驻河边，渡黄河来归附有功。故封头等阿思哈尼哈番名号。此封号准再承袭十次。

（2）崇德七年八月二十三日

**崇德帝以头等阿思哈尼哈番沙济德力格尔立战功加封拖沙喇哈番之敕命**

崇德元年五月初七日，当出长城山东陈总兵官兵马从我侧翼横击时，率兵与乌赉、准塔巴图鲁二固山额真一起击败。当坚守董家口时，一千余名步兵在山上成群结队放炮，率兵与乌赉、准塔巴图鲁二固山额真一起击败之。又有一千名步兵从侧面来攻击时，率兵与乌赉、准塔巴图鲁二固山额真一起击败。随睿亲王、和硕肃亲王（豪格——译者）参加围攻锦州城第三次战役时，两军会师，左翼三旗攻破松山骑兵，率领所属兵马，击败敌人。松山骑兵来与我红夷炮手（炮兵）交战时，率领所属兵马，击败敌人。当击败洪军门三个步兵营时，率领所属兵马击败敌人。故给头等阿思哈尼哈番沙济德力格尔加封拖沙喇哈番。又加一代，此封号准再承袭十一次。

（3）顺治二年闰六月初七日

**顺治帝以沙济德力格尔立战功晋封三等精奇尼哈番之敕命**

后来，随多罗郡王参加攻打北京，远征山东地方时，进入长城之日，战胜马总兵官之兵，与固山额真准塔巴图鲁一起击败。当战胜八总兵官兵卒时，率所属固山击败敌人。当进入长城时，在镶蓝旗防守之口，战胜赵军门等四个总兵官兵卒，率所属固山击败敌人。当击败吴总兵官马步兵时，率所属固山击败敌人。当皇父摄政王征服明朝之役，进入九门之日，击败流贼二十万之军时，率马步兵击败敌人。故给头等阿思哈尼哈番、又一拖沙喇哈番、又加一个拖沙喇哈番，封为三等精奇尼哈番。又加一代，此封号准再承袭十二次。

## 02-04-21　　察哈尔汗大寨桑巴来都尔芒来受封世职之敕命

（1）崇德元年五月初七日

**崇德帝封来归察哈尔汗大寨桑巴来都尔芒来为头等阿思哈尼哈番之敕命**

巴来都尔芒来，尔原系察哈尔汗大寨桑。当尔可汗迁唐古特国时，遂离开其可汗，携二百三十户兀鲁思，来黄河之边，我使到未见。住一年未能找见去处之后，来归附。虽说未与我使者一同来，但还是来归附。因其曾经为大寨桑，故降恩其为头等阿思哈尼哈番封号。此封号准再承袭十次。

（2）崇德七年八月二十三日

**崇德帝以头等阿思哈尼哈番巴来都尔芒来立战功晋封三等精奇尼哈番之敕命**

后来，随睿亲王参加攻北京，远征山东战胜吴总兵官兵卒时，率兵击败敌人。当战胜王太监兵时，率兵击败敌人。当先锋兵来军营交战时，率兵击败敌人。随德豫亲王率军至宁远放火（火攻）时，击败宁远城骑兵。随扎萨克昆都亲王（郑亲王济尔哈朗——译者）围攻锦州城第三次战役时，战胜洪军门侍卫，率兵击败敌人。在松山、杏山之间挖掘战壕，洪军门兵卒出城来与镶红旗交战时，率兵击败敌人。当挖掘锦州城边狭窄战壕时，与自锦州出城前来敌厮杀时阵亡，由头等阿思哈哈番晋封为三等精奇尼哈番，令其子哈代承袭。又加一代，此封号准再承袭十一次。

（3）顺治四年三月十五日

**顺治帝以巴来都尔芒来立战功晋封二等精奇尼哈番之敕命**

后来，随皇父摄政王参加征服明朝之役，进入九门之日，击败流贼二十万之军时，尔率领马步兵击败敌人。当追击流贼至庆都县城战胜时，率军击败敌人。随德豫亲王率军大破流贼，杀死福王，平定湖南、江南地方战役时，率军击败出自海宁县城来交战之陈总兵官兵马。随多罗贝勒博洛至杭州府城，战胜余道员三千六百名士兵时，与别迭一同击败之。随德豫亲王（多铎——译者）率军追击腾机思之役，当战胜土谢图汗兵时，与率军击败之。当战胜硕垒汗兵时，率军击败之。故由三等精奇尼哈番晋封为二等精奇尼哈番。又加一代，此封号准再承袭十二次。

## 02-04-22　　　察哈尔汗执政寨桑海萨塔布囊受封世职之敕命

（1）崇德元年五月初七日

**崇德帝封来归察哈尔汗执政寨桑海萨塔布囊为三等阿达哈哈番之敕命**

海萨塔布囊，尔原系蒙古国察哈尔汗执政寨桑。尔可汗迁往唐古特国时，大寨桑乌斯胡往那边去，尔携九十户兀鲁思来归附有功。故封三等阿达哈哈番名号。此封号准再承袭四次。哈尔汗执政寨桑海萨塔布囊受封世职之敕命。

（2）崇德七年八月二十三日

**崇德帝以三等阿达哈哈番海萨塔布囊立战功晋封二等阿达哈哈番之敕命**

后来，随睿亲王攻打北京，远征山东地方战胜胡总兵官马步兵时，率兵击败敌人。当竖立云梯攻打始平县城时，指其战旗遂攻克。当出长城关口时，率军与沙喇巴岱一同坚守七日，作战未曾失地。随睿亲王、和硕肃亲王（豪格——译者）围攻锦州城第三次战役时，战胜洪军门三个步兵营时，与都喇勒达尔汉一同击败。故由三等阿达哈哈番晋封为二等阿达哈哈番。又加一代，此封号准再承袭五次。

（3）顺治二年四月初九日

**顺治帝以海萨塔布囊立战功晋封头等阿达哈哈番之敕命**

后来，随皇父摄政王征服明朝之役，进入九门之日，击败流贼二十万兵马时，与固山额真乌赉一起率领马步兵击败敌人。由二等阿达哈哈番授封头等阿达哈哈番。又加一代,此封号准再承袭六次。

## 02-04-23　　察哈尔汗执政寨桑班第岱和硕齐及其子受封世职之敕命

（1）崇德元年五月十二日

**崇德帝封来归察哈尔汗执政寨桑班第岱和硕齐为三等阿达哈哈番之敕命**

班第岱和硕齐,尔原系察哈尔汗执政寨桑。尔可汗去世之后,大寨桑高勒图彻臣欲往那边去鄂尔多斯兀鲁思时,尔力求往这边来归附。故封三等阿达哈哈番。此封号准再承袭四次。

（2）顺治三年四月初九日

**顺治帝以班第岱和硕齐病故准其多鼐承袭三等阿达哈哈番之敕命**

班第岱和硕齐病故之后,恩准其多鼐承袭三等阿达哈哈番,此封号准再承袭三次。

## 02-04-24　察哈尔汗执政寨桑兀班和硕齐及其弟受封世职之敕命

（1）崇德元年五月初七日

**崇德帝封来归察哈尔汗执政寨桑兀班和硕齐为三等阿达哈哈番之敕命**

兀班和硕齐,尔原系察哈尔汗执政寨桑。尔可汗去世之后,携七十户属民,因途中赶上折勒米,遂一起来归附。故封三等阿达哈哈番。此封号准再承袭四次。

（2）顺治三年七月初四日

**顺治帝以兀班和硕齐病故准其弟萨里岱承袭三等阿达哈哈番之敕命**

兀班和硕齐病故之后,恩准其弟萨里岱承袭三等阿达哈哈番。此封号准再承袭三次。

（3）顺治四年三月十五日

**顺治帝以萨里岱立战功晋封二等阿达哈哈番之敕命**

后来,随皇父摄政王参加征服明朝之役,进入九门之日,击败流贼二十万大军时,尔率领所属步骑兵马,击败敌人。当追击流贼兵马至庆都县时,率领所属兵马击败敌人。随和硕德豫亲王率军追击腾机思之役,当战胜土谢图汗兵马时,率领所属兵马击败敌人。当战胜硕垒汗兵马时,率领所属兵马击败敌人。故由二等阿达哈哈番晋封为二等阿达哈哈番。又加一代,此封号准再承袭四次。

## 02-04-25　　察哈尔汗执政寨桑固鲁塔苏喇海及其子受封世职之敕命

（1）崇德元年五月初七日

**崇德帝封来归察哈尔汗执政寨桑固鲁塔苏喇海为头等阿达哈哈番之敕命**

固鲁塔苏喇海,尔原系蒙古国察哈尔汗之执政寨桑。尔可汗去世之后,携一百二十户兀鲁思，与德参济旺一起来归附。故封头等阿达哈哈番名号。此封号准再承袭六次。

（2）崇德二年四月初三日

**顺治帝以头等阿达哈哈番固鲁塔苏喇海立战功加封拖沙喇哈番之敕命**

后来，皇父摄政王夺取明朝之政之后，（固鲁塔苏喇海）由头等阿达哈哈番加封拖沙喇哈番。又加一代，准再承袭七次。

（3）顺治二年十二月二十八日

**顺治帝以固鲁塔苏喇海病故准其子阿木固郎承袭头等阿达哈哈番之敕命**

固鲁塔苏喇海病故之后，恩准其子阿木固郎承袭头等阿达哈哈番及拖沙喇哈番封号。准再承袭六次。

## 02-04-26　察哈尔汗执政寨桑巴木布古英及其子受封世职之敕命

（1）崇德元年五月初七日

**崇德帝封来归察哈尔汗执政寨桑巴木布古英为头等阿达哈哈番之敕命**

巴木布古英，尔原系察哈尔汗执政寨桑。尔可汗去世之后携二百六十户，与德参济旺一起来归附。故封头等阿达哈哈番。此封号准再承袭六次。

（2）崇德四年七月二十九日

**顺治帝以头等阿达哈哈番巴木布古英病故准其子图巴及承袭头等阿达哈哈番之敕命**

头等阿达哈哈番巴木布古英病故之后，恩准其子图巴及承袭头等阿达哈哈番。此封号准再承袭六次。

## 02-04-27　　　察哈尔小寨桑斋萨木及其子受封世职之敕命

（1）崇德元年五月初七日

**崇德帝封来归察哈尔小寨桑斋萨木为三等阿达哈哈番之敕命**

斋萨木，尔原系蒙古国察哈尔汗小寨桑。尔可汗迁往唐古特时离开可汗，携一百户驻牧黄河之边，后渡河来归附。故封三等阿达哈哈番名号，此封号准再承袭四次。

（2）崇德八年十二月十一日

**崇德帝以三等阿达哈哈番斋萨木阵亡晋封头等阿达哈哈番并准其子鄂木布承袭名号之敕命**

后来，随睿亲王攻北京，率军远征山东地方，战胜吴汀州城外围兵马时，与固山额真巴德玛一起攻破。攻吴总兵官兵卒，与蠹章京巴都礼一起攻破。随睿亲王、扎萨克福丰阿亲王（肃亲王豪格——译者）参加围攻锦州城第三次战役，当洪军门骑兵来与镶红旗交战时，率领所属旗攻破。随多罗巴颜诺颜（多罗饶余贝勒阿巴泰——译者）参加攻打北京，率军远征山东地方，攻打济州城时取甲喇云梯奋战，被楼台炮火击中而阵亡。故由三等阿达哈哈番晋封头等阿达哈哈番，并准其子鄂木布承袭名号。又加一代，准再承袭五次。

## 02-04-28 崇德帝以察哈尔汗执政寨桑额尔克毕席归附
### 有功封三等阿达哈哈番之敕命
#### 顺治二年四月二十五日

额尔克毕席，尔原系蒙古国察哈尔汗执政寨桑。尔可汗迁往唐古特兀鲁思时，尔未曾去，力劝噶尔玛济农来归附有功，故封三等阿达哈哈番。准再承袭四次。

## 02-04-29 原察哈尔汗侍卫也先扣肯巴图鲁受封世职之敕命

（1）崇德元年五月初七日

**崇德帝以封原察哈尔汗侍卫额森扣肯巴图鲁为三等阿达哈哈番之敕命**

额森扣肯巴图鲁，尔原系察哈尔汗之恰（侍卫）。尔可汗迁往唐古特兀鲁思时，离开可汗携七十户兀鲁思，先于其他寨桑来归附。故封三等阿达哈哈番。准再承袭四次。

（2）崇德二年五月十九日

**顺治帝以三等阿达哈哈番扣肯巴图鲁立战功晋封二等阿达哈哈番之敕命**

后来，随皇父摄政王攻北京，远征山东地方，大破胡太监之后，与固山额真一起战胜敌人。充当先锋，手指玉田县城所悬挂之旗，竖立云梯，遂一举攻克。在皇父摄政王夺取明朝（国）之后，由三等阿达哈哈番晋封二等阿达哈番。又加一代，准再承袭五次。

## 02-04-30 察哈尔部纳沁及其子受封世职之敕命

（1）崇德元年五月初七日

**崇德帝封察哈尔部首楞格纳沁为三等阿达哈哈番之敕命**

纳沁，尔原系蒙古国察哈尔汗首楞格。尔可汗迁往唐古特时，离开可汗携一百户与额林臣戴青一起来归附。故封三等阿达哈哈番。此封号准再承袭四次。

（2）崇德二年六月二十二日

**顺治帝以三等阿达哈哈番纳沁病故准其子曹那木承袭名号之敕命**

三等阿达哈哈番纳沁病故之后，恩准其子曹那木承袭名号。此封号准再承袭三次。

## 02-04-31 察哈尔汗执政寨桑卓胡诺达尔汉巴图鲁
### 及其子受封世职之敕命

（1）崇德元年五月初七日

**崇德帝封原察哈尔汗执政寨桑卓胡诺达尔汉巴图鲁为头等阿达哈哈番之敕命**

卓胡诺达尔汉巴图鲁，尔原系蒙古国察哈尔汗执政寨桑。当尔可汗迁往唐古特时，离开可汗携二百户来归附。故封头等阿达哈哈番名号。此封号准再承袭六次。

（2）顺治三年七月初四日

**崇德帝以头等阿达哈哈番卓胡诺达尔汉巴图鲁病故准其子巴喇席礼承袭名号之敕命**

头等阿达哈哈番卓胡诺达尔汉巴图鲁病故之后，恩准其子巴喇席礼承袭名号。此封号准再承袭六次。

（3）顺治二年四月二十一日

**崇德帝以头等阿达哈哈番巴喇席礼立战功加封拖沙喇哈番之敕命**

后来当皇父摄政王征服明朝之役，进入九门之日，击败流贼二十万兵马时，尔率领所属甲喇马步兵，击败敌人。故封头等阿达哈哈番巴喇席礼立战功加封拖沙喇哈番。此封号准再承袭六代。又加一代，此封号准再承袭六次。

## 02-04-32　　崇德帝赐封原察哈尔汗闲散寨桑古什为
## 三等阿达哈哈番之敕命
崇德元年五月初七日

古什，尔原系蒙古国察哈尔汗闲散寨桑。尔可汗迁往唐古特时，离开可汗携一百三十户与额林沁代青一起来归附。故封三等阿达哈哈番。此封号准再承袭四次。

## 02-04-33　　原察哈尔汗闲散寨桑别乞儿受封世职之敕命

（1）崇德二年八月二十八日

**崇德帝封原察哈尔汗闲散寨桑别乞儿为三等阿达哈哈番之敕命**

别乞儿，尔原系蒙古国察哈尔汗闲散寨桑。尔可汗迁往唐古特时，离开可汗携二百三十户来归附。故封三等阿达哈哈番。此封号准再承袭四次。

（2）崇德七年八月二十三日

**崇德帝以三等阿达哈哈番别乞儿立战功晋封二等阿达哈哈番之敕命**

后来，随睿亲王攻北京，率军远征山东地方，战胜冯太监之兵时，击败敌人。战胜胡总兵官兵卒时，击败敌人。随和硕德豫亲王（多铎——译者）攻打宁远城进行火攻时，破宁远城骑兵，与祈他特车尔贝一起击败敌人。随睿亲王、和硕肃亲王（豪格——译者）参加围攻锦州城第三次战役时，两军会师，当左翼三旗军战胜松山骑兵时，与祈他特车尔贝一起击败敌人。松山骑兵来与我红夷炮兵交战时，率所属甲喇军击败敌人。当战胜洪军门三个步兵营时，率所属甲喇兵马与巴喇希里一起击败敌人。故封三等阿达哈哈番别乞儿晋封二等阿达哈哈番。又加一代，此封号准再承袭五次。

## 02-04-34　原察哈尔汗侍卫阿尔萨呼墨尔根及其侄受封世职之敕命

（1）崇德元年五月初七日

**崇德帝封来归察哈尔汗侍卫阿尔萨呼墨尔根为三等阿达哈哈番之敕命**

阿尔萨呼墨尔根，尔原系蒙古国察哈尔汗侍卫。当尔之可汗迁往唐古特时，离开可汗携其四十户兀鲁思来到黄河之边，朕使者至，与色冷布都麻勒一起渡河来归附。故封三等阿达哈哈番，此封号准再承袭四次。

（2）崇德七年八月二十三日

**崇德帝以三等阿达哈哈番阿尔萨呼墨尔根立战功晋封头等阿达哈哈番之敕命**

后来，随睿亲王攻北京，率军远征山东地方，战胜胡太监之骑兵时，率兵击败敌人。当战胜胡总兵官兵马时，率兵击败敌人。在出长城口战胜太平塞之兵时，率军击败敌人。与精骑尼哈番席特库一起进军索伦，尽俘博慕博果尔及妻子家口。随睿亲王、和硕肃亲王（豪格——译者）参加围攻锦州城第三次战役时，松山骑兵来与我红夷炮兵交战，率军击败敌人。当战胜洪军门三个步兵时，率军击败敌人。故授升封为三等阿达哈哈番为头等阿达哈哈番。又加两代，此封号准再承袭六次。

（3）崇德八年十二月初三日

**崇德帝以头等阿达哈哈番阿尔萨呼墨尔根病故准其侄考力沁承袭名号之敕命**

头等阿达哈哈番阿尔萨呼墨尔根病故之后，恩准其侄考力沁承袭名号。准再承袭五次。

（4）顺治二年四月初三日

**顺治帝以头等阿达哈哈番考力沁立战功加封拖沙喇哈番之敕命**

后来，彻底征服朝鲜之役，在桃山地方战胜元帅之兵时，与二十个侍卫一起击败敌人。皇父摄政王征服明朝之役，随和硕肃亲王（豪格——译者）效力，故给头等阿达哈哈番加封拖沙喇哈番。又加一代，准再承袭六次。

## 02-04-35　崇德帝封原察哈尔汗闲散寨桑俄布格岱墨尔根宝
## 为头等阿达哈哈番之敕命

崇德元年五月七日

俄布格岱墨尔根宝，尔原系蒙古国察哈尔汗闲散寨桑。当尔之可汗迁往唐古特时，尔未服从并追回大寨桑格隆喇嘛，携一百三十户兀鲁思来归附。故封头等阿达哈哈番名号。此封号准再承袭六次。

## 02-04-36　崇德帝赐封原察哈尔汗执政寨桑魁巴巴图鲁
## 为三等阿达哈哈番之敕命

崇德元年五月十二日

魁巴巴图鲁，尔原系蒙古国察哈尔汗执政寨桑。尔之可汗去世之后，大寨桑高勒图彻臣主张前往鄂尔多斯兀鲁思时，尔力劝来归附。故封三等阿达哈哈番名号。此封号准再承袭四次。

## 02-04-37　　　　原察哈尔汗闲散寨桑绰尔济胡鲁格
### 及其子受封世职之敕命

（1）崇德帝封原察哈尔汗闲散文寨桑绰尔济胡鲁格为头等阿达哈哈番之敕命

绰尔济胡鲁格，尔原系蒙古国察哈尔汗闲散寨桑。尔之可汗去世之后，与都拉勒诺颜一起来归附，效力有功，故加以黾勉，封头等阿达哈哈番。此封号准再承袭四次。

（2）崇德四年十月三十日

崇德帝以头等阿达哈哈番绰尔济胡鲁格病故准其子海色勒岱承袭名号之敕命

头等阿达哈哈番绰尔济胡鲁格病故之后，恩准其子海色勒岱承袭名号。准再承袭五次。

## 02-04-38　　原察哈尔汗执政寨桑扎噶拉芒来及其子受封世职之敕命

（1）崇德元年五月初七日

崇德帝封原察哈尔汗执政寨桑扎噶拉芒来为头等阿达哈哈番之敕命

扎噶拉芒来，尔原系蒙古国察哈尔汗执政寨桑。当尔之可汗迁往唐古特时，离开可汗捕获大寨桑衮楚克僧格，并携一百三十户兀鲁思来归附。故封头等阿达哈哈番名号。此封号准再承袭六次。

（2）顺治元年三月二十七日

崇德帝以头等阿达哈哈番扎噶拉芒来病故准其子折勒曼承袭名号之敕命

头等阿达哈哈番扎噶拉芒来病故之后，恩准其子折勒曼承袭名号。准再承袭五次。

## 02-04-39　　　崇德帝封原察哈尔汗闲散寨桑哈拉占固木
### 为三等阿达哈哈番之敕命
#### 崇德元年五月初七日

哈拉占固木，尔原系蒙古国察哈尔汗闲散寨桑。当尔之可汗迁往唐古特兀鲁思时尔未从，并与墨尔根宝一起追回大寨桑格隆喇嘛，携一百三十户属民来归附。故封三等阿达哈哈番名号。此封号准再承袭六次。

## 02-04-40　　　崇德帝赐封原察哈尔汗下祈他特卓日格图
### 为头等阿达哈哈番之敕命
#### 崇德元年五月十二日

祈他特卓日格图，尔原系蒙古国察哈尔汗所属平民。在尔之可汗去世之后，大寨桑高勒图彻臣主张前往鄂尔多斯部时，尔抓住缰绳力劝往这里来归附。故封尔为头等阿达哈哈番名号。此封号准再承袭六次。

## 02-04-41　　原察哈尔汗扎萨固尔（执政）寨桑贵肯岱青
## 及其侄受封世职之敕命

（1）崇德元年五月初七日

**崇德帝封原察哈尔汗执政寨桑贵肯岱青为头等阿达哈哈番之敕命**

贵肯岱青，尔原系蒙古国察哈尔汗扎萨固尔（执政）寨桑。在尔之可汗去世之后，当大寨桑绰克图、老温往那边去时，尔与德参济旺一起往这边来归附。故封头等阿达哈哈番名号。此封号准再承袭六次。

（2）顺治三年十二月二十三日

**顺治帝以头等阿达哈哈番贵肯岱青病故准其侄席喇布承袭名号之敕命**

头等阿达哈哈番贵肯岱青病故，准其侄席喇布承袭名号。此封号准再承袭六次。

## 02-04-42　原察哈尔汗执政寨桑穆彰达尔汉及其子受封世职之敕命

（1）崇德元年五月初七日

**崇德帝封原察哈尔汗执政寨桑穆彰达尔汉为头等阿达哈哈番之敕命**

穆彰达尔汉，尔原系蒙古国察哈尔汗执政寨桑。在尔之可汗去世之后，与都拉勒诺颜一起来归附，效力有功，故加以黾勉，封头等阿达哈哈番。此封号准再承袭六次。

（2）顺治三月二十四日

**顺治帝以穆彰达尔汉病故准其子古禄承袭头等阿达哈哈番之敕命**

穆彰达尔汉病故之后，恩准其子古禄承袭头等阿达哈哈番。此封号准再承袭五次。

## 02-04-43　　原察哈尔汗侍卫斋撒迈喇及其子受封世职之敕命

（1）崇德元年五月初七日

**崇德帝封原察哈尔汗侍卫斋撒迈喇为头等阿达哈哈番之敕命**

斋撒迈喇，尔原系察哈尔汗侍卫。在尔之可汗迁往唐古特时，离开可汗携一百三十户来时，宝布额赤格寨桑率领一百名士兵追杀，击败并杀死宝布之子。次日，阿木斡尔鲁克诺颜、乌毕达喇寨桑此二人合伙率兵追来，又战胜并杀其人来归附。故封头等阿达哈哈番名号。此封号准再承袭六次。

（2）崇德五年正月二十四日

**崇德帝以斋撒迈喇病故准其子代青承袭头等阿达哈哈番之敕命**

斋撒迈喇病故之后，恩准其子代青承袭头等阿达哈哈番名号。此封号准再承袭五次。

（3）顺治二年四月二十五日

**顺治帝以头等阿达哈哈番代青立战功加封拖沙喇哈番之敕命**

后来，随皇父摄政王参加围攻锦州城第三次战役时，松山骑兵与我红夷炮兵来交战，与固木太师率甲喇军战胜敌人。战胜洪军门三个步兵营时，与固木太师率甲喇军战胜敌人。后来皇父摄政王征服明朝之役，当进入九门之日，击败流贼二十万兵马时，尔率领所属甲喇兵马，击败敌人。故封头等阿达哈哈番又晋封拖沙喇哈番。又加一代，准再承袭六次。

## 02-04-44　　　　　　　布雅岱受封世职之敕命

（1）崇德四年九月初六日

**崇德帝以布雅岱立战功赐封拖沙喇哈番之敕命**

布雅岱，尔原系白身人。当睿亲王攻打北京，进军山东时，不用云梯即攻克临清县城。故赐封拖沙喇哈番名号，此封号准再世袭一次。

（2）顺治四年三月十五日

**顺治帝以布雅岱立战功晋封拜他喇布勒哈番之敕命**

后来，随皇父摄政王参加夺取明朝之战役，进入九门之日，战胜流贼二十万兵马时，与精奇尼哈番哈岱一起率领马步兵击败敌人。随和硕德豫亲王（多铎——译者）率军追击腾机思之役，当战胜土谢图汗兵马时，与精奇尼哈番哈岱一起率军击败。当战胜硕垒汗兵马时，与固山额真库鲁克达尔汉阿赉一起率军击败。故由拖沙喇哈番晋封为拜他喇布勒哈番。又加一代，准再承袭二次。

## 02-04-45　　　　　　　衮楚克色臣受封世职之敕命

（1）崇德七年八月二十三日

**崇德帝以衮楚克色臣立战功赐封拖沙喇哈番之敕命**

衮楚克色臣，原无封号白身人。尔后来随皇父摄政王、和硕肃亲王（豪格——译者）参加攻打锦州第三次战役，两军会师，当左翼三旗战胜松山骑兵时，与库木岱一同击败。松山骑兵来与我红夷炮兵作战时，与库木岱一同击败。当右翼击败洪军门兵卒时，与库木岱一同击败。当击败洪军门三个步兵营时，与库木岱一同会合吞泰之旗击败之。故赐封拖沙喇哈番之封号，此封号准再承袭一次。

（2）顺治四年三月十五日

**顺治帝以衮楚克色臣立战功晋封拜他喇布勒哈番之敕命**

后来，随多罗巴图鲁郡王战胜流贼战役，击败流贼南营之兵时，尔率军战胜敌人。击败流贼北营兵卒时，尔率军战胜敌人。随和硕德豫亲王（多铎——译者）率军追击腾机思之役，当战胜腾机思时与先锋一同到达战胜敌人。后来又在科尔沁巴图鲁郡王战胜腾机思时，与先锋一同到达并战胜敌人。当战胜土谢图汗兵马时，与两黄旗、正白旗的恰（侍卫）一同率七个带甲之人击败敌人。当战胜硕垒汗兵马时，率军击败敌人。故由拖沙喇哈番晋封为拜他喇布勒哈番。又加一代，准再承袭二次。

## 02-04-46　　　　　　杭噶席受封世职之敕命

（1）崇德四年九月初六日

**崇德帝以杭噶席立战功赐封拖沙喇哈番之敕命**

杭噶席，尔原系白身人。随睿亲王参加攻打北京，进军山东，攻打始平县城时，仅次于安津，登城。故封拖沙喇哈番名号。此封号准再承袭一次。

（2）顺治四年三月十五日

**顺治帝以杭噶席立战功晋封拜他喇布勒哈番之敕命**

后来，随皇父摄政王参加围攻锦州城第三次战役时，洪军门骑兵来与我红夷炮手（炮兵）交战，与精奇尼哈番库木岱一同率领所属兵马击败敌人。击败洪军门三个步兵营时，与精奇尼哈番库木岱一同率领所属兵马击败敌人。随多罗巴颜郡王（多罗饶余郡王阿巴泰——译者）参加攻打北京城，远征山东地方，战胜吴总兵官骑兵，与精奇尼哈番库木岱一同击败敌人。皇父摄政王征服明朝之役，当进入九门之日，战胜流贼二十万军时，与精奇尼哈番库木岱一同击败敌人所属马步兵。随和硕德豫亲王率军追击腾机思之役，与精奇尼哈番库木岱一同战胜土谢图汗。与精奇尼哈番库木岱一同战胜硕垒汗。故由拖沙喇哈番晋封为拜他喇布勒哈番。又加一代，准再承袭二次。

## 02-04-47　　　崇德帝以散津阵亡准其子都勒玛承袭
### 拜他喇布勒哈番之敕命
崇德四年九月初六日

散津，尔原系白身人。当睿亲王攻打北京，进军山东时，架梯攻取始平县城之役阵亡，故恩准其子都勒玛承袭拜他喇布勒哈番封号。此封号准再承袭一次。

## 02-04-48　　　　　　阿南达及其子受封世职之敕命

（1）崇德七年八月二十三日

**崇德帝以塔格都拉阵亡准其子阿南达承袭拜他喇布勒哈番之敕命**

塔格都拉，尔原系无封号之扎萨固尔（执政）。随多罗图鲁郡王（和硕英亲王阿济格——译者）率兵攻打北京时，率所属甲喇之兵击败敌人。在睿亲王、扎萨克图亲王（和硕肃亲王豪格——译者）围攻锦州第三次战役时，击败洪军门三个步兵营，与巴拉希里共同作战阵亡。恩准其子阿南达承袭拜他喇布勒哈番封号。此封号准再承袭一次。

（2）顺治三年五月十四日

**顺治帝以阿南达立战功加封拖沙喇哈番病故后准其子固什承袭名号之敕命**

后来，随多罗巴颜郡王（多罗饶余郡王阿巴泰——译者）率兵攻打北京远征山东时，战胜马总兵官兵马，与梅勒章京明哈（安）达里一同击败之。随皇父摄政王参加征服明朝之役，进入九门之日，战胜流贼二十万军时，与巴雅尔一同击败。追击流贼兵马，于清河县城追及且击败时，与巴雅尔一同击败之。故在拜他喇布勒哈番封号之上，又加一个拖沙喇哈番封号。病故后，恩准其子固什承袭该名号。此封号准再承袭一次。

## 02-04-49　　顺治帝赐封原察哈尔汗执政寨桑乔依尔扎木苏

### 为拜他喇布勒哈番之敕命

顺治二年六月二十二日

乔依尔扎木苏，尔原系蒙古国察哈尔汗执政寨桑。当尔可汗往唐古特迁移时，尔与祈他特车尔贝、浑津一同离散回来，在黄河边浑津死后，带所拥有人及所率百户来归附。又在扎萨克巴图鲁亲王（和硕英亲王阿济格——译者）率军攻打北京时，战胜卢沟桥兵卒，率所属甲喇战胜敌人。随皇父摄政王参加围攻锦州第一次战役，战胜松山步兵时，率所属甲喇战胜敌人。击溃杏山骑兵时，率所属甲喇战胜敌人。随皇父摄政王参加征服明朝之役，进入九门之日，战胜流贼二十万军时，与精奇尼哈番祈他特车尔贝一同击败敌人所属马步兵。故封拜他喇布勒哈番封号。此封号准再承袭两次。

## 02-04-50　　顺治帝以固什病故准其子班第承袭

### 三等阿达哈哈番之敕命

顺治三年五月二十八日

以固什病故，恩准其子班第承袭三等阿达哈哈番封号。此封号准再承袭三次。

## 02-04-51　　察哈尔大寨桑多尼库鲁格及其子受封世职之敕命

（1）崇德元年五月初七日

**崇德帝以原察哈尔大寨桑多尼库鲁格归附有功赐封都喇噶尔达尔汉诺颜名号并头等精奇尼哈番之敕命**

多尼库鲁格，尔原系察哈尔汗大寨桑，在尔之主可汗去世之后，率可汗之弟及土门之妻（哈屯）及三百户，并携带欲往那边前往之多尔济达尔汉诺颜与塔参济旺一起来归附。故赐封都喇噶尔达尔汉诺颜名号，并头等精奇尼哈番封号。此封号准再承袭十四次。

（2）崇德七年八月二十三日

**崇德帝以多尼库鲁格阵亡准其子博罗承袭头等精奇尼哈番之敕命**

后来，随睿亲王参加攻打北京进军山东时，遣先锋兵（原文作"阿忽拉哈沁兵"——译者）竖梯攻克始平县城。战胜胡总兵官兵卒时，率军支援击败敌人。出长城口，三屯营城陈总兵官马步兵三千人从侧翼攻击我军时，率军与乌贲、准塔巴图鲁两位旗主一同击败。在防守董家口时，有一千多名步兵在山上成郡结队放炮，率军与乌贲、准塔巴图鲁两位旗主一同击败。在睿亲王、扎萨克图亲王（和硕德豫亲王多铎——译者）围攻锦州第三次战役时，两军会师左翼三旗战胜松山骑兵，率军击败敌人。当松山骑兵来与我红夷炮兵作战时，率军击败敌人。击败洪军门三个步兵营时，率军击敌阵亡。故由头等精奇尼哈番授升封为三等公并恩准其子博罗袭职。此封号世袭罔替。若与敌国和好，对诸王及诺颜（贝勒）敢起歹意作恶，则依法惩处；若怠忽作恶，则准再赦免其两代死罪。

## 02-04-52　归化城土默特古禄格受封世职之敕命

（1）崇德三年六月二十九日

**崇德帝以归化城土默特部古禄格归附有功封固山额真并头等阿达哈哈番之敕命**

古禄格，尔原系土默特部博硕克图汗的属人。当察哈尔汗攻破土默特时，遂隶属于察哈尔。其后察哈尔汗惧怕朕迁往唐古特时，尔古禄格逃避至山地。从此处遣额尔德尼达尔汉喇嘛时，收服自己所属离散之人归附。故将尔所隶属之人编为旗，让尔当旗主，并赐封头等阿思哈尼哈番封号。此封号准再承袭十次。

（2）顺治二年八月初十日

**顺治帝晋封古禄格为三等精奇尼哈番之敕命**

后来，皇父摄政王征服明朝之后，因尔素来效力，由头等阿思哈尼哈番晋封为三等精奇尼哈番封号。又加两代，准再袭十二次。

（3）顺治四年六月初五日

**顺治帝以古禄格获罪降封头等阿思哈尼哈番之敕命**

后来，以古禄格获罪，由三等精奇尼哈番封号降封头等阿思哈尼哈番封号。减其两代，准再袭十次。

（4）顺治四年七月初一日

**顺治帝恢复古禄格三等精奇尼哈番之敕命**

先前因获罪，由三等精奇尼哈番封号降封头等阿思哈尼哈番封号。恩佑又恢复古禄格三等精奇尼哈番封号。又加两代，准再袭十二次。

## 02-04-53　归化城土默特部杭古及其子受封世职之敕命

（1）崇德三年六月二十九日

**崇德帝以归化城土默特部杭古归附有功封固山额真并头等阿达哈哈番之敕命**

杭古，尔原系蒙古土默特部博硕克图汗所属人。在察哈尔汗攻破土默特时，遂隶属于察哈尔。其后，察哈尔汗惧怕朕迁往唐古特时，尔托博克逃避至山地。从此处遣额尔德尼达尔汉喇嘛时，收服自己所属离散人众归附。故将尔所属之民编为旗，命尔为固山额真，赐封头等阿达哈哈番封号。此封号准再承袭六次。

（2）顺治三年三月初四日

**顺治帝以杭古病故准其子巴散承袭头等阿达哈哈番之敕命**

杭古病故之后，准其子巴散承袭头等阿达哈哈番名号。

## 02-04-54　　　崇德帝以归化城土默特部托博克来归赐封
### 头等阿达哈哈番之敕命

順治五年二月三十日

托博克，尔原系蒙古土默特部博硕克图汗所属人。察哈尔汗攻破土默特时，遂隶属于察哈尔。其后在察哈尔汗惧怕朕迁往唐古特时，尔托博克逃避至山地。从此处遣额尔德尼达尔汉喇嘛时，收服自己所属离散部众归附。又谨慎完成所委付诸事，故赐封头等阿达哈哈番封号。此封号准再承袭六次。

## 02-04-55　　　归化城土默特部陶呼及其子受封世职之敕命

（1）崇德三年六月二十九日

**崇德帝以归化城土默特部陶呼来归赐封二等阿达哈哈番之敕命**

陶呼，尔原系蒙古国土默特部博硕克图汗所属人。在察哈尔汗攻破土默特时，遂隶属于察哈尔。其后察哈尔汗惧怕朕迁往唐古特时，尔陶呼逃避至山地。从此处遣额尔德尼达尔汉喇嘛时，收服自己所属离散之人归附。又谨慎善为所委托诸事情，故赐封二等阿达哈哈番封号。此封号准再承袭五次。

（2）順治元年八月初三日

**順治帝以陶呼病故准其子都仍承袭二等阿达哈哈番之敕命**

陶呼病故，恩准其子都仍承袭二等阿达哈哈番。此封号准再承袭四次。

## 02-04-56　　　归化城土默特部多尔济塔布囊受封世职之敕命

（1）崇德三年六月二十九日

**崇德帝以归化城土默特部多尔济塔布囊来归赐封为三等阿达哈哈番之敕命**

多尔济塔布囊，尔原系蒙古土土默特部博硕克图汗所属之人。察哈尔汗残破土默特部时，遂隶属察哈尔。其后，察哈尔汗惧怕朕迁往唐古特时，尔多尔济塔布囊避居山岩。从此处遣额尔德尼达尔汉喇嘛时，收服自己所属离散之人归附。又谨慎尽力所委托诸事情，故赐封三等阿达哈哈番封号。此封号准再承袭四次。

（2）順治四年六月初五日

**順治帝以多尔济塔布囊获罪降封拜他喇布勒哈番之敕命**

其后，因多尔济塔布囊获罪，降封拜他喇布勒哈番。减退二代，准再袭二代。

## 02-04-57　　　崇德帝以归化城土默特部大诺尔布来归赐封为
### 三等阿达哈哈番之敕命

崇德三年六月二十九日

大诺尔布，尔原系蒙古国土默特部博硕克图汗所属人。在察哈尔汗攻破土默特时，遂隶属于察哈尔。其后察哈尔汗惧怕朕迁往唐古特时，尔诺尔布逃避至山地。从此处遣额尔德尼达尔汉喇嘛时，收服自己所属离散之人归附。又谨慎尽力所委托诸事情，故赐封三等阿达哈哈番封号。此封号准再承袭四次。

## 02–04–58　　崇德帝以归化城土默特部小诺尔布来归赐封为三等阿达哈哈番之敕命

崇德三年六月二十九日

小诺尔布，尔原系蒙古国土默特部诺颜。在察哈尔汗攻破土默特时，遂隶属于察哈尔。其后察哈尔汗惧怕朕迁往唐古特时，尔小诺尔布逃避至山地。从此处遣额尔德尼达尔汉喇嘛时，收服自己所属离散之人归附。故赐封三等阿达哈哈番封号。此封号准再承袭四次。

## 02–04–59　　崇德帝以归化城土默特部毕力格来归赐封为拜他喇布勒哈番之敕命

崇德三年六月二十九日

毕力格，尔原系蒙古国土默特部博硕克图汗所属人。察哈尔汗攻破土默特时，遂隶属于察哈尔。其后察哈尔汗惧怕朕迁往唐古特时，尔毕力格逃避至山地。从此处遣额尔德尼达尔汉喇嘛时，收服自己所属离散之人归附。故赐封拜他喇布勒哈番封号。此封号准再承袭二次。

## 02–04–60　　归化城土默特部阿西图及其侄受封世职之敕命

（1）崇德三年六月二十九日

**崇德帝以归化城土默特部阿西图来归赐封为拜他喇布勒哈番之敕命**

阿西图，尔原系蒙古国所属土默特部博硕克图汗所属人。在察哈尔汗攻破土默特时，遂隶属于察哈尔。其后察哈尔汗惧怕朕迁往唐古特时，尔阿西图逃避至山地。从此处遣额尔德尼达尔汉喇嘛时，收服自己所属离散之人归附。故赐封拜他喇布勒哈番封号。此封号准再承袭次。

（2）顺治三年六月二十八日

**顺治帝以阿席图病故准其侄桑布承袭拜他喇布勒哈番之敕命**

以阿席图病故，恩准其侄桑布承袭拜他喇布勒哈番。此封号准再袭一次。

## 02–04–61　　归化城土默特部布晋及其子受封世职之敕命

（1）崇德三年六月二十九日

**崇德帝以归化城土默特部布晋来归赐封为拜他喇布勒哈番之敕命**

布晋，尔原系蒙古国土默特兀鲁思博硕克图汗所属人。在察哈尔汗攻破土默特时，遂隶属于察哈尔。其后察哈尔汗惧怕朕迁往唐古特时，尔布晋逃避至山地。从此处遣额尔德尼达尔汉喇嘛时，收服自己所属离散之人归附。故赐封拜他喇布勒哈番封号。此封号准再承袭二次。

（2）崇德六年正月十八日

**崇德帝以布晋病故准其子根都思辖布承袭拜他喇布勒哈番之敕命**

布晋病故之后，准其子根都思辖布承袭拜他喇布勒哈番。此名号准再承袭一次。

## 02-04-62　　　崇德帝以归化城土默特部瓦娃来归赐封
## 拜他喇布勒哈番之敕命
### 崇德三年六月二十九日

瓦娃，尔原系蒙古国土默特部博硕克图汗所属人。在察哈尔汗攻破土默特时，遂隶属于察哈尔。其后察哈尔汗惧怕朕迁往唐古特时，尔瓦娃逃避至山地。从此处遣额尔德尼达尔汉喇嘛时，收服自己所属离散之人归附。故赐封拜他喇布勒哈番封号。此封号准再承袭二次。

## 02-04-63　　　崇德帝封归化城土默特部古禄格之子乌格萨木
## 为拜他喇布勒哈番之敕命
### 崇德五年七月初八日

乌格萨木，尔原系白身人。因尔父古禄格占据库库和屯效力异常，故让尔协助乃父。为此赐封拜他喇布勒哈番封号。还准再承袭两代。蒙古国土默特兀鲁思之博硕克图汗所属人。在察哈尔汗攻破土默特部时，遂隶属于察哈尔。其后察哈尔汗惧怕朕迁往唐古特时，尔乌格萨木逃避至山地。从此处遣额尔德尼达尔汉喇嘛时，收服自己所属离散之人归附。故赐封拜他喇布勒哈番封号。此封号准再承袭二次。

## 02-04-64　　　归化城土默特部白图喇受封世职之敕命

（1）崇德三年六月二十九日

**崇德帝以归化城土默特部白图喇来归赐封三等阿达哈哈番之敕命**

白图喇，尔原系白身人。蒙古国土默特部博硕克图汗所属人。在察哈尔汗攻破土默特时，遂隶属于察哈尔。其后察哈尔汗惧怕朕迁往唐古特时，尔白图喇逃避至山地。从此处遣额尔德尼达尔汉喇嘛时，收服自己所属离散之人归附。故赐封三等阿达哈哈番封号。后因获罪，由三等阿达哈哈番降封拜他喇布勒哈番封号。减两代，此封号准再承袭二次。

（2）顺治四年六月初五日

**顺治帝以白图喇获罪降封拜他喇布勒哈番之敕命**

后因获罪，由三等阿达哈哈番降封拜他喇布勒哈番封号。减两代，此封号准再承袭二次。

## 02-04-65　　崇德帝以归化城土默特部恩黑来归赐封
### 拜他喇布勒哈番之敕命
崇德三年六月二十九日

　　恩黑，尔原系蒙古国土默特部博硕克图汗所属人。在察哈尔汗攻破土默特时，遂隶属于察哈尔。其后察哈尔汗惧怕朕迁往唐古特时，尔恩黑逃避至山地。从此处遣额尔德尼达尔汉喇嘛时，收服自己所属离散之人归附。故赐封拜他喇布勒哈番封号。此封号准再承袭二次。

## 02-04-66　　顺治帝以察哈尔部巴图从明朝来归赐封
### 拜他喇布勒哈番之敕命
顺治元年八月初三日

　　巴图，尔原系察哈尔汗所属白身人。察哈尔汗惧怕朕往唐古特逃跑时，尔离开其汗，进入汉人之国成为千总。其后，又从汉人之国（明朝——译者）那里带一百二十人来归附，故赐封拜他喇布勒哈番封号。此封号准再承袭二次。

## 02-04-67　　归化城土默特部扎甘及其子受封世职之敕命

（1）崇德三年六月二十九日
**崇德帝以归化城土默特部扎甘来归赐封为拜他喇布勒哈番之敕命**
扎甘，尔原系蒙古国土默特部博硕克图汗所属人。在察哈尔汗攻破土默特时，遂隶属于察哈尔。其后察哈尔汗惧怕朕迁往唐古特时，尔扎甘逃避至山地。从此处遣额尔德尼达尔汉喇嘛时，收服自己所属离散之人归附。故赐封拜他喇布勒哈番封号。此封号准再承袭二次。

（2）崇德七年九月初一日
**崇德帝以扎甘病故准其子恩克承袭拜他喇布勒哈番之敕命**
扎甘病故之后，准其子恩克承袭拜他喇布勒哈番封号，此封号准再承袭一次。

## 02-04-68　　归化城土默特部塔济及其子受封世职之敕命

（1）崇德三年六月二十九日
**崇德帝以归化城土默特部塔济来归赐封三等阿达哈哈番之敕命**
塔济，尔原系蒙古国土默特部博硕克图汗所属人。察哈尔汗攻破土默特时，遂隶属于察哈尔。其后察哈尔汗惧怕朕迁往唐古特时，尔塔济逃避至山地。从此处遣额尔德尼达尔汉喇嘛时，收服自己所属离散之人归附。又谨慎效力于所委付事宜。故赐封三等阿达哈哈番封号。此封号准再承袭四次。

（2）顺治五年七月十五日

**顺治帝以塔济病故准其子莎岱承袭三等阿达哈哈番之敕命**

塔济病故之后，恩准其子莎岱承袭三等阿达哈哈番封号。此封号准再承袭三次。

## 02-04-69　　　土默特部布延泰及其子受封世职之敕命

（1）崇德三年六月二十九日

**崇德帝以土默特部布延泰来归赐封拜他喇布勒哈番之敕命**

布延泰，尔原系蒙古国土默特部博硕克图汗所属人。在察哈尔汗攻破土默特时，遂隶属于察哈尔。其后察哈尔汗惧怕朕迁往唐古特时，尔扎甘逃避至山地。从此处遣额尔德尼达尔汉喇嘛时，收服自己所属离散之人归附。故赐封拜他喇布勒哈番封号。此封号准再承袭二次。

（2）顺治五年六月十五日

**顺治帝以土默特部布延泰病故准其子保朝承袭拜他喇布勒哈番之敕命**

土默特部布延泰病故之后，恩准其子保朝承袭拜他喇布勒哈番封号。此封号准再承袭一次。

## 02-04-70　　　崇德帝以土默特部鄂博尼来归赐封
## 拜他喇布勒哈番之敕命
### 崇德三年六月二十九日

鄂博尼，尔原系蒙古国土默特部博硕克图汗所属人。在察哈尔汗攻破土默特时，遂隶属于察哈尔。其后察哈尔汗惧怕朕迁往唐古特时，尔鄂博尼逃避至山地。从此处遣额尔德尼达尔汉喇嘛时，收服自己所属离散之人归附。故赐封拜他喇布勒哈番封号。此封号准再承袭二次。

## 02-04-71　　　崇德帝以土默特部伊苏达尔来归赐封
## 拜他喇布勒哈番之敕命
### 崇德三年六月二十九日

伊苏达尔，尔原系蒙古国土默特部博硕克图汗所属人。在察哈尔汗攻破土默特时，遂隶属于察哈尔。其后察哈尔汗惧怕朕迁往唐古特时，尔伊苏达尔逃避至山地。从此处遣额尔德尼达尔汉喇嘛时，收服自己所属离散之人归附。故赐封拜他喇布勒哈番封号。此封号准再承袭二次。

## 02-04-72　　崇德帝以土默特部达兰泰来归赐封
### 拜他喇布勒哈番之敕命
崇德三年六月二十九日

达兰泰，尔原系蒙古国土默特部博硕克图汗所属人。在察哈尔汗攻破土默特时，遂隶属于察哈尔。其后察哈尔汗惧怕朕迁往唐古特时，尔达兰泰逃避至山地。从此处遣额尔德尼达尔汉喇嘛时，收服自己所属离散之人归附。故赐封拜他喇布勒哈番封号。此封号准再承袭二次。

## 02-04-73　　　土默特部图美及其子受封世职之敕命

（1）崇德三年六月二十九日

**崇德帝以土默特部图美来归赐封为二等阿达哈哈番之敕命**

（此件档案有目无录——译者）

（2）顺治元年八月初三日

**顺治帝以土默特部图美病故准其养子色楞承袭拜他喇布勒哈番之敕命**

图美，尔原系蒙古国土默特兀鲁思之博硕克图汗所属人。察哈尔汗攻破土默特时，遂隶属于察哈尔。其后在察哈尔汗惧怕朕迁往唐古特时，尔图美逃避至山地。从此处遣额尔德尼达尔汉喇嘛时，收服自己所属离散之人归附。又谨慎效力于所委付诸事。故赐封二等阿达哈哈番封号。此封号准再承袭二次。

（3）顺治元年八月初三日

**顺治帝以图美病故准其养子色楞承袭拜他喇布勒哈番之敕命**

图美病故之后，恩准其养子色楞承袭拜他喇布勒哈番封号。此封号准再承袭二次。

## 02-04-74　　　归化城土默特部阿古及其子受封世职之敕命

（1）崇德三年六月二十九日

**崇德帝以归化城土默特部阿古来归赐封为拜他喇布勒哈番之敕命**

阿古，尔原系蒙古国土默特兀鲁思之博硕克图汗所属人。在察哈尔汗攻破土默特时，遂隶属于察哈尔。其后察哈尔汗惧怕朕迁往唐古特时，尔阿古逃避至山地。从此处遣额尔德尼达尔汉喇嘛时，收服自己所属离散之人归附。故赐封拜他喇布勒哈番封号。此封号准再承袭二次。

（2）崇德八年八月初七日

**崇德帝以归化城土默特部阿古病故准其子达赉承袭拜他喇布勒哈番之敕命**

土默特部阿古病故，恩准其子达赉承袭拜他喇布勒哈番封号。准再承袭一次。

### 02-04-75　　　崇德帝以土默特部毕齐克图来归赐封

#### 为拜他喇布勒哈番之敕命

崇德八年八月初七日

　　毕齐克图，尔原系蒙古国土默特兀鲁思之博硕克图汗所属人。在察哈尔汗攻破土默特时，遂隶属于察哈尔。其后察哈尔汗惧怕朕迁往唐古特时，尔毕齐克图逃避至山地。从此处遣额尔德尼达尔汉喇嘛时，收服自己所属离散之人归附。故赐封拜他喇布勒哈番封号。此封号准再承袭二次。

### 02-04-76　　　顺治帝以海萨病故准其子多尔济承袭

#### 袭头等阿达哈哈番之敕命

顺治五年七月十五日

　　海萨病故之后，恩准其子多尔济承袭袭头等阿达哈哈番封号。准再承袭五次。

### 02-04-77　　　顺治帝以玛斋病故准其子博如承袭

#### 拜他喇布勒哈番之敕命

顺治五年七月十五日

　　玛斋后来随皇父摄政王参加围攻锦州第三次战役，两军会师战胜松山骑兵时，与精奇尼哈番库木岱一同率军击败敌人。当洪军门兵卒来与我红夷炮兵作战时，与精奇尼哈番库木岱一同率军击败敌人。当击败洪军门三个步兵营时，与精奇尼哈番图喇勒达尔汉诺颜一同率军击败敌人。随皇父摄政王参加征服明朝之役，进入九门之日，战胜流贼二十万军时，率所属马步兵击败敌人。随扎萨克巴图鲁亲王（和硕英亲王阿济格——译者）率军追击流贼战役，于九宫山追及流贼兵马，与梅勒章京阿喇善一同击败。在梅勒章京阿喇善去探寻踪迹，战胜奥巴骑兵时，率军支援击败。故由拖沙喇哈番晋封为拜他喇布勒哈番封号。此封号准再承袭一次。

### 02-04-78　　　顺治帝以德勒布病故准其子库尔格古勒承袭

#### 达尔汉名号之敕命

顺治五年七月十五日

　　德勒布病故之后，恩准其子库尔格古勒承袭达尔汉名号。倘若阵亡则准袭，如若病故，则停袭。

## 02-04-79　　　顺治帝以巴岱朱尔齐岱病故准其弟色冷承袭
### 二等精奇尼哈番之敕命
顺治五年七月十五日

巴岱朱尔齐岱病故之后，恩准其弟色冷承袭二等精奇尼哈番封号。准再承袭十一次。

## 02-04-80　　　顺治帝以乔日扎木苏病故准其子乌力济岱
### 承袭拜他喇布勒哈番之敕命
顺治五年七月十五日

乔日扎木苏病故之后，恩准其子乌力济岱承袭拜他喇布勒哈番封号。准再承袭一次。

## 02-04-81　　　　阿巴岱及其子受封世职之敕命

（1）崇德七年八月二十三日

**崇德帝以阿巴岱战功赐封为拖沙喇哈番之敕命**

阿巴岱，尔原系无封号执政。随睿亲王参加攻北京远征山东时，战胜胡总兵官兵马，率军支援击败敌人。在出长城口，坚守董家口时，率兵与希拉巴雅尔一起七天七夜，守住阵地交战。随皇父摄政王、和硕肃亲王（豪格——译者）参加围攻锦州城第三次战役，当两军会师之后左翼旗战胜松山骑兵时，与精奇尼哈番库木岱一同率军击败敌人。当松山骑兵来与我红夷炮兵作战时，与精奇尼哈番库木岱一同率军击败敌人。在右翼战胜洪军门骑兵时，与精奇尼哈番库木岱一同率军击败敌人。击败洪军门三个步兵营时，与精奇尼哈番库木岱一同率军击败敌人。故赐封手臂沙喇哈番封号。此封号准再承袭一次。

（2）崇德八年七月二十八日

**崇德帝以阿巴岱病故准其子古延承袭拖沙喇哈番之敕命**

阿巴岱病故之后，恩准其子古延承袭拖沙喇哈番封号。倘若阵亡，则准袭，如若病故，则停袭。

## 02-04-82　　　杜尔伯特部诺伊朝浑等受封名号世职之敕命

（1）顺治五年七月二十五日

**顺治帝以杜尔伯特部诺伊朝浑立战功封达尔汉号之敕命**

奉天承运皇帝制曰：杜尔伯特部诺伊朝浑，尔原系尼里叶特之人。在苏海、萨穆什喀（一作"萨木什喀"）进军黑龙江时，当向导收服其兀鲁思。与安贝一起遣至精奇里江处巴噶纳图板升时，被当地人残酷杀害。将尔从格尔珠尔根（城）遣往兀勒板升时，将那里会聚二百六十人带领而归。将遣尔前往多兰察克板升之人收服回来时，板升之人欲杀害尔，故捉拿尔。故赐给达尔汉封号，免除赋税。此封号倘若阵亡，则准袭，如若病故，则停袭。

（2）顺治五年八月二十一日

**顺治帝以杜尔伯特部诺伊朝浑达尔汉病故准其兄达赖承袭头等阿达哈哈番并加拖沙喇哈番之敕命**

杜尔伯特部诺伊朝浑达尔汉病故，恩准其兄达赖承袭头等阿达哈哈番并加拖沙喇哈番封号。准再承袭五次。

（3）顺治五年八月二十一日

**顺治帝恩准塔赖之子噶尔玛承袭头等精奇尼哈番之敕命**

准塔赖之子噶尔玛承袭头等精奇尼哈番封号。准再承袭十三次。

# 顺治四年（1647年）档册

**02-05-01　　　　顺治帝以乌珠穆秦部车臣亲王多尔济病故
准其孙察干巴拜承袭爵位之诰命**

顺治四年正月十三日

乌珠穆秦部车臣亲王多尔济病故之后，恩准其孙察干巴拜承袭爵位。

**02-05-02　　　　顺治帝以苏尼特部多罗杜棱郡王叟色病故
准其子楚鲁木承袭爵位之诰命**

顺治四年正月二十二日

苏尼特部多罗杜棱郡王叟色病故之后，恩准其子楚鲁木承袭爵位。

**02-05-03　　　　顺治帝为问安之事致达赖喇嘛文书**

顺治四年二月十五日

大清国皇帝致书金刚持达赖喇嘛赐鉴。喇嘛所来问安文书已阅毕，今遣恰格隆为首色木丹格隆、诺尔布温布等这些人问安。随致书礼物有玉壶一个、玉盏两个、六十两重镶嵌绿松石、镶嵌珊瑚银茶桶一个、六十两重镶金镀金茶桶一个、五十两重银盘一个、镶金玉带一个、雕花镀金马鞍一只、青色铅镀金全身铠甲一副、镀金长刀一把、插箭镀金撒袋一只、绣花衣两件、缎三匹。

**02-05-04　　　　顺治帝为问安之事致班禅胡土克图文书**

顺治四年二月十五日

班禅胡土克图赐鉴，大清国皇帝致书。喇嘛问安文书已阅毕，今遣恰格隆为首色木丹格隆、诺尔布温布等这些人问安。随致书礼特有玉壶一个、玉盏两个、六十两重镶嵌绿松石、珊瑚银茶桶一个、六十两重镶金镀金银茶桶一个、五十两重银盘一个、镶金玉带一个、雕刻镀金马鞍一只、青色铅镀金全身铠甲一副、镀金长刀一把、插箭镀金撒袋一只、绣花衣两件、缎三匹。

## 02-05-05　　　　顺治帝为问安之事致大萨迦喇嘛文书

### 顺治四年二月十五日

大萨迦喇嘛赐鉴，大清国皇帝致书。喇嘛问安文书已阅毕，今遣恰格隆为首色木丹格隆、诺尔布温布等这些人问安。随致书礼物有玉壶一个、玉盏一个、金带一个、用六十两银子制作并镀金茶桶一个、用五十两银子制作的银盘一个。

## 02-05-06　　　　顺治帝为问安之事致巴哈胡土克图文书

### 顺治四年二月十五日

巴哈胡土克图赐鉴，大清国皇帝致书。喇嘛问安文书已阅毕，今遣恰格隆为首色木丹格隆、诺尔布温布等这些人问安。随致书礼物有玉壶一个、玉盏两个、金带一个、六十两重镀金银茶桶一个。

## 02-05-07　　　　顺治帝为问安之事致伊思达格隆胡土克图文书

### 顺治四年二月十五日

伊思达格隆胡土克图赐鉴，大清国皇帝致书。喇嘛问安文书已阅毕，今遣恰格隆为首色木丹格隆、诺尔布温布等这些人问安。随致书礼物有玉壶一个、玉盏一个、金带一个、六十两重镀金银茶桶一个、五十两重银盘一个。

## 02-05-08　　　　顺治帝为问安之事致济东胡土克图文书

### 顺治四年二月十五日

济东胡土克图赐鉴，大清国皇帝致书。喇嘛问安文书已阅毕，今遣恰格隆为首色木丹格隆、诺尔布温布等问安。随致书礼物有玉壶一个、玉盏一个、金带一个、六十两重镀金银茶桶一个、五十两重银盘一个。

## 02-05-09　　　　顺治帝为问安之事致札喇萨布胡土克图文书

### 顺治四年二月十五日

札喇萨布胡土克图赐鉴，大清国皇帝致书。喇嘛问安文书已阅毕，今遣恰格隆为首色木丹格隆、诺尔布温布等这些人问安。随致书礼物有玉壶一个、玉盏两个、金带一个、六十两重镀金银茶桶一个。

## 02-05-10　　　顺治帝为问安之事致鲁克巴胡土克图文书

顺治四年二月十五日

鲁克巴胡土克图赐鉴，大清国皇帝致书。喇嘛问安文书已阅毕，今遣恰格隆为首色木丹格隆、诺尔布温布等问安。随致书礼物有玉壶一个、玉盏一个、金带一个、六十两重镀金银茶桶一个、五十两重银盘一个、雕花镀金马鞍一只。

## 02-05-11　　　顺治帝为问安之事致执法诺门汗书

顺治四年二月十五日

执法诺门汗赐鉴，大清国皇帝致书。喇嘛问安之书已阅毕，今遣恰格隆为首色木丹格隆、诺尔布温布等这些人问安。一切欲奏之言，均给使者吩咐。随致书礼物有玉壶一个、玉盏两个、六十两重镶嵌绿松石、珊瑚金茶桶一个、六十两重镀金茶桶一个、五十两重银盘一个、镶金玉带一个、雕花镀金马鞍一只、青色铅镀金全身铠甲一副、镀金长刀一把、插箭镀金撒袋一只。

## 02-05-12　　顺治帝以祈他特车儿贝立战功晋封头等章京之敕命

顺治四年三月十五日

祈他特车儿贝，后来随皇父摄政王参加征服明朝之役，当进入九门之日，击败流贼二十万大军时，尔率领所属步骑兵马，击败敌人。追击流贼兵马至庆都县城时，率领所属兵马击败敌人。在和硕德豫亲王（多铎——译者）率军追击腾机思之役，战胜土谢图汗兵卒时，率领所属兵马击败敌人。战胜硕垒汗兵卒时，率领所属兵马击败敌人。故由二等章京晋封为头等章京。又加一代，准再承袭十四次。

## 02-05-13　　　顺治帝以特参济旺立战功晋封头等章京之敕命

顺治四年三月十五日

特参济旺，后来当和硕德豫亲王（多铎——译者）率军追击腾机思之役，战胜土谢图汗兵马时，率领所属兵马击败敌人。当战胜硕垒汗兵马时，率领所属兵马击败敌人。故由三等章京升封为头等章京。又加两代，准再承袭四次。

## 02-05-14　　　顺治帝以固穆岱色臣立战功晋封头等章京之敕命

顺治四年三月十五日

固穆岱色臣，后来随皇父摄政王参加征服明朝之役，当进入九门之日，击败流贼二十万大军时，尔率领所属步骑兵马，击败敌人。追击流贼兵马至庆都县城时，率领所属兵马击败敌人。和硕德豫亲王（多铎——译者）率军追击腾机思之役，当战胜土谢图汗兵卒时，（尔）率领所属兵马击败敌人。当在战胜硕垒汗兵马时，率领所属兵马击败敌人。故由二等章京晋封为头等章京。又加一代，准再承袭十四次。

## 02–05–15　顺治帝以绰勒门立战功晋封头等梅勒章京之敕命
*顺治四年三月十五日*

绰勒门，后来随皇父摄政王参加围攻锦州第三次战役，当击败洪军门三个步兵营时，与衮楚克一同率军击败敌人。两军会师战胜松山骑兵时，与衮楚克一同率军击败敌人。和硕德豫亲王（多铎——译者）率军追击腾机思之役，当战胜土谢图汗兵马时，（尔）与大章京固穆岱率领所属兵马击败敌人。在战胜硕垒汗兵马时，与大章京固穆岱率领所属兵马击败敌人。故头等梅勒章京之上又加赐半个梅勒。又加一代，准再承袭十一次。

## 02–05–16　顺治帝以巴赉都尔莽赖之子哈岱立战功
## 晋封二等章京之敕命
*顺治四年三月十五日*

巴赉都尔莽赖之子哈岱，后来随皇父摄政王参加征服明朝之役，在进入九门之日，击败流贼二十万大军时，尔率领所属步骑兵马，击败敌人。追击流贼兵马至庆都县城时，率领所属兵马击败敌人。和硕德豫亲王（多铎——译者）率军攻破流贼，杀死福王，平定湖南、江南之役，在陈总兵官兵马自海宁城出城来作战时，（尔）率领所属步骑兵马，击败敌人。与多罗博洛诺颜一起进入杭州府城，率军与巴岱一起击败于道官三千六百名兵。和硕德豫亲王（多铎——译者）率军追击腾机思之役，在战胜土谢图汗兵马时，（尔）率领所属兵马击败敌人。在战胜硕垒汗兵马时，率领所属兵马击败敌人。故由三等章京晋封为二等章京。又加一代，准再承袭十二次。

## 02–05–17　顺治帝以布延岱立战功晋封牛录章京之敕命
*顺治四年三月十五日*

布延岱，后来随皇父摄政王参加征服明朝之役，在进入九门之日，击败流贼二十万大军时，与大章京哈岱一起率领所属步骑兵马，徒步击败敌人。随和硕德豫亲王（多铎——译者）率军追击腾机思之役，在战胜土谢图汗兵马时，与大章京哈岱一起击败敌人。在战胜硕垒汗兵马时，与固山额真库鲁格达尔汉击败敌人。故将半个苏木章京（佐领）加赐佐领。又加一代，准再承袭两代。

## 02–05–18　顺治帝以固禄之子乌巴西立战功封半个牛录章京
## 并准其子乌巴什承袭名号之敕命
*顺治四年三月十五日*

固禄，尔原系管闲散（苏拉）苏木。皇父摄政王征服明朝之役，在进入九门之日，击败流贼二十万军时，尔率领所属苏木步、骑兵马，与梅勒章京图占一起击败敌人。当追击流贼之军，至庆都县时，率领所属苏木与管旗（旗主）巴德玛一起击败敌人。故赐封为半个苏木章京（佐领），倘若阵亡，则准袭，如若病故，则停袭。

## 02-05-19　　　顺治帝以乌班和硕齐之子萨里岱立战功

### 晋封二等甲喇章京之敕命

顺治四年三月十五日

乌班和硕齐之子萨里岱，后来随皇父摄政王参加征服明朝之役，在进入九门之日，击败流贼二十万大军时，率领所属步骑兵马，击败敌人。和硕德豫亲王（多铎——译者）率军追击腾机思之役，在战胜土谢图汗兵马时，率兵击败敌人。战胜硕垒汗兵马时，率兵击败敌人。故将三等甲喇章京（副章京）加赐为二等甲喇章京（副章京）。又加一代，准再承袭四次。

## 02-05-20　　　顺治帝以衮楚克色臣立战功晋封牛录章京之敕命

顺治四年三月十五日

衮楚克色臣，后来随多罗巴图鲁郡王（和硕英亲王阿济格——译者）参加战胜流贼战役，击败流贼南营兵马时，尔率军战胜敌人。击败流贼北营兵马时，尔率军战胜敌人。和硕德豫亲王（多铎——译者）率军追击腾机思之役，战胜腾机思时与噶布什贤（先锋）一同到达战胜敌人。后又当科尔沁巴图鲁郡王战胜腾机思时，率兵支援，战胜敌人。当战胜土谢图汗兵马时，与两黄旗、正白旗恰（侍卫）一同率七个带甲之人击败来援敌人。当战胜硕垒汗兵马时，率军击败敌人。故半个苏木章京晋封为苏木章京。又加一代，准再承袭两次。

## 02-05-21　　　顺治帝以杭哈什立战功晋封牛录章京之敕命

顺治四年三月十五日

杭哈什，后来在皇父摄政王围攻锦州城第三次战役，洪军门骑兵来与我红夷炮手（炮兵）交战时，与大章京固穆岱一同击败敌人。击败洪军门三个步兵营时，与大章京固穆岱一同击败敌人。随多罗巴颜郡王（多罗饶余郡王阿巴泰——译者）参加攻打北京城，远征山东地方，战胜吴总兵官骑兵时，与大章京固穆岱一同击败敌人。随皇父摄政王参加征服明朝之战役，当进入九门之日，战胜流贼二十万军时，与大章京固穆岱一同击败敌人所属马步兵。当和硕德豫亲王（多铎——译者）率军追击腾机思之役，与大章京固穆岱一同战胜土谢图汗。与大章京固穆岱一同战胜硕垒汗。故由半个苏木章京晋封为苏木章京。又加一代，准再承袭二次。

## 02-05-22    顺治帝赐封巴珠岱杜喇噶尔为甲喇章京之敕命

顺治四年三月二十日

顺治帝赐封巴珠岱杜喇噶尔为甲喇章京。

## 02-05-23    达赖喇嘛丙戌年遣使恭请圣安并献礼物书

顺治四年三月二十九日

　　用善业之金轮守财富并持有一切为众生造福三宝如意宝珠曼殊师利（文殊）至尊皇帝赐鉴！以善良纯洁心愿意禀报。用极限之劫形成之仓海里修炼非一善业，持有增心法尊之冠，无量渴望欲愿如同甘霖般降临，以世尊八德缘分所充实那个人身中所存身、语、心之水晶世尊曼荼罗（坛）毫无污垢，在伟大赡部洲帝位被众人信仰之转轮皇帝善业善时赐给奇妙之光亮喜宴，如此这般捶打善名克古尔格（桥梁）至寰区之边，佛尊及真言诸神仙，以为在扰攘纷乱世上当大皇帝奇妙无比，将吉祥韵律崇敬之念珠向所有方向毫无妨碍地播撒。我们在欲望乳海中乐从自身扇动翅膀。启禀事由，古圣贤所说事先预见却亦须再思三思，至尊能仁白色维度里雅（琉璃）之器世界，充满伊拉古克森（大觉或世尊）胜者教法之宝物宝饰产生无量功德福祉之甘霖，又按礼观世功德者，出现众多金、银、铜、铁转轮皇帝，心念佛祖佛尊取得来世，如此这般佛经有记载。在此雪域地方崇信胡图克图三源，成为法王，显示父子之像，引导众生于福祉之门。广显古大宝座胡图克图曼殊师利预示闻名，至尊大法王，治人心之十六洁经善为百姓，以救世三尊为顶上冠冕，致力于弘扬伊拉古克森（大觉或世尊）胜者之善宝善业，必将成为今世与永世善业之信神。引导伊拉古克森（大觉或世尊）胜者之教法教义、真义、大小乘为首被教化者之根源与内心以及潜在所有种类中极为尊贵者为大乘部在印度、西藏远近闻名等，将那般佛法无误显示三个补特伽罗之轨迹变成为陀罗尼、经论二者核心，巨车威光受加持此无垢轨迹之法，圣洁之主曼殊祇夜人身起舞者，无量大法王宗喀巴善于弘扬教法核心，如同阳光普照众生一般增多增广，如此这般禀报。祈求大皇帝寿辰、神力巨大，帝位无量自成，真言之吉祥降临，如同宝石般晶莹透明圆满，如同江水流淌般永存。随致书礼物有佛舍利子、金刚圣结（护身结）、印度地方利玛佛一尊。红狗年十月吉日，由第二布达拉宫无与堪比哈尔什（殿）甘丹寺敬献。

## 02-05-24    班禅胡土克图遣使恭请圣安并献礼物书

顺治四年三月二十九日

　　转力轮大皇帝明鉴！今我身体安康，二政之道，白善事业弘光兴隆积聚，嗣登古来大皇帝宝座缘故，至为善哉！话说又因教主伊拉古克森（大觉或世尊）胜者教主大宗喀巴显灵，崇信其教法乃为今世及来世所做至善因果。这里我经常虚心于教法善业。

随献书礼物有释迦牟尼佛舍利子、利玛佛一尊、祈祷神灵丸粒、甘霖圣水丸粒、陀罗尼圣结（护身结）等一起敬献。于爱希威之初吉日，由班禅法寺院敬献。

## 02-05-25　　　　伊什东库尔喇嘛恭请圣安并献礼物书

顺治四年三月二十九日

拥有所有世界之皇帝明鉴！今从身之曼荼罗显现之空中向十方散发十善福法政之光，耳闻振兴现实世界俗众之善名，心中甚喜！我在这里一直小心谨慎为有益福祉祈祷，弘扬佛法。回禀事宜，从某地有一部分零散之人来到达赖济农那里，在此期间发生若干次争斗及打架斗殴之类事情。今我先前都并未放弃，以前伊什东库尔云端伊尔嘉措（扎木苏）遇到格根汗（即明代土默特部首领俺答或阿勒坦汗——译者）在库库和屯城（呼和浩特）建立召寺（召庙），使蒙古皈依佛教，教法弘传至今，扎木扬扎木苏对此北方地区之政教出力莫大焉。先前达赖、班禅仁布切曾经下令说尔谨慎效力北方政教。对我来说不必为争斗及打架斗殴说话，然而那样终究于众生有害，所以（我）于心不忍。在此期间，勉强为国具奏进言，欲对众生有益。因此护送哈拉占台吉、遣以噶布珠绰尔济、丙图囊素为首诸使者。希望明确晓谕他们。随致书礼物有马三十五匹。由伊什东库尔寺院敬献。

## 02-05-26　　　　伊什东库尔喇嘛为皇叔父王奏报部分
## 民众投奔达赖吉囊之书

顺治四年三月二十九日

伊什东库尔喇嘛恭请振兴世界、人之至尊皇叔父王明鉴！想必贵体安康，如同征服世界第二皇帝般至善名声闻名遐迩，心中甚喜！我在这里为教法及众生利益谨慎精进。从某地有一部分零散之人来到达赖济农那里，在此期间发生若干次争斗及打架斗殴之类事情。已经祸害众生，所以（我）于心不忍。在此期间进言，欲对众生有益。希望尔给大皇帝转话，希望晓谕噶布珠绰尔济、格隆罗布藏席拉布等为首之人。随致书礼物有马五匹。于吉日，由伊什东库尔寺院敬献。

## 02-05-27　　　　锡垒图诺颜胡土克图恭请圣安并献礼物书

顺治四年三月二十九日

祝愿吉祥安康！锡垒图诺颜胡土克图恭请圣安并献礼物书。想必政教二道之圣主安康！为政体事宜，遣巴拉勒图去商谈。随恭请圣安文书敬献礼物有马十匹。奉使者以伊尔扎木苏、翁布额尔克、绰克图等为首。

## 02-05-28　　锡垒图诺颜胡土克图为恭问皇叔父王起居并献礼物书

顺治四年三月二十九日

祝愿吉祥安康！锡垒图诺颜胡土克图恭问皇父摄政王安康。我们听说（皇父摄政王）掌控政教。敬请明确晓谕政教事业。互遣使者，永不断绝。随致书礼物有骆驼两只、马五匹。奉使者以伊尔扎木苏、翁布额尔克、绰克图等为首。

## 02-05-29　　顺治帝斥责马哈撒嘛谛策动腾机思谋叛之敕谕

### 顺治四年四月二十二日

皇帝敕谕致马哈撒嘛谛可汗。苏尼特部腾机思携其属民来归附，下嫁一女，又加赐给封王，可谓恩德无限。然而腾机思不思报德，谋叛逃走，故遣德豫亲王为首少数士兵追逃腾机思，尔却率兵来迎战，上天谴责尔等。我兵自那里班师。若朕素来对尔等不怀好意，那士兵为何不长驱直入？如今尔等如果希望享受太平，能够俘获腾机思等人即擒拿，并连其属民送还。若力不能俘获，准再用兵击杀，并将其兀鲁思（部众）送还。我不派兵。若力不能俘获，尔等遣来大臣充作人质，我派少数士兵，不管腾机思在何处躲藏，务必将其歼灭之。此让尔等遣来人质，无非我派兵多，则尔等担忧，派兵少，则又意味着不信尔等。若以为朕命正确，下雨雪之前，速遣使者。若不听朕命，尔等切勿遣使者前来。

## 02-05-30　　　　顺治帝斥责扎萨克图汗助腾机思谋叛

## 并掳掠巴林部人畜之敕谕

### 顺治四年五月初五日

皇帝敕谕致扎萨克图汗。尔等来书云八十万汉人，自古夺城之敌人。又说红缨头蒙古人（红缨蒙古人）夺取之。我等自古乃红缨头满洲人（红缨满洲人——译者）。所谓蒙古人夺取之，所指何人？尔等来无名文书，又写出尔与朕相等，苏尼特先前由这里逃走，又从北边逃回。尔等却追击他们与丹津喇嘛、达赖济农作战。为此派人欲明辨是非时，尔等兵马却已回去。额尔克楚古尔悄悄攻掠巴林部。朕将依法论处其是非。朕以为巴林、苏尼特这两件事与尔等无关，果真尔等能谈解决，则今与尔商议。尔等所说属实吗？果真能谈，尔将他们一网打尽。否则何必骄横空言？果真希望享受和平之政，按适宜于国政修正，革除前嫌，下雨雪之前速遣使者来。若不听朕命，亦勿遣使者来。

## 02-05-31　　　　顺治帝斥责丹津喇嘛策动腾机思叛变

## 并掳掠巴林人畜之敕谕

### 顺治四年五月初五日

皇帝敕谕致丹津喇嘛。苏尼特部腾机思携其属民来归附，下嫁一女，又加赐封王，可谓恩佑无限。然而腾机思不思报德，谋叛逃走，故遣和硕德豫亲王（多铎——译者）为首少数士兵追逃腾机思，尔却率兵来迎战，上天谴责尔等。朕素来与尔等无仇。二楚古尔来攻掠我巴林部。若尔如今欲享受太平，将二楚古尔所掠夺巴林部人口、牲畜及所有物品，包括已损毁之物给予赔偿，所存留东西物品都应送还。因犯此罪，送来骆驼一百只、马一千匹。若以为朕传谕正确，下雨雪之前，速遣使者送还。若不听朕命，切勿遣使者来。

## 02-05-32　　　顺治帝斥责温卜额尔德尼策动腾机思叛变
### 并掳掠巴林人畜之敕谕
*顺治四年五月初五日*

皇帝敕谕致温卜额尔德尼。尔等上书阅毕。朕不思征战。如今尔等若俘获腾机思送还其所属之民，并将所掠巴林部人口、牲畜所有东西如数赔偿送还，而且认罪，那么无须多言。不然朕又言之，有何益处呢？

## 02-05-33　　　顺治帝斥责哲布尊丹巴胡土克图策动腾机思
### 叛变并掳掠巴林人畜之敕谕
*顺治四年五月初五日*

皇帝敕谕致哲布尊丹巴胡土克图。尔等所上文书阅毕。朕不思征战。如今尔等若俘获腾机思，送还其所属之民，并将所掠巴林部人口、牲畜所有东西如数赔偿且送还，而且若认罪，那么无须多言。否则朕又言之，有何益处？

## 02-05-34　　　顺治帝追究额尔和岱青未至军营之敕命
*顺治四年五月初五日*

皇帝敕谕致额尔和岱青。尔先前乐善好施，后来又无叛变之心，得知确实未参与士兵之事。善有善报，恶有恶报，无不应验。

## 02-05-35　　　顺治帝准诺门汗朝觐之敕谕
*顺治四年五月初五日*

皇帝敕谕致诺门汗。原来让尔来朝觐。来书已悉，得知尔已西行。今应当来朝觐。

## 02-05-36　　　诺门汗奏请顺治帝恩准觐见之书
*顺治四年五月初三日*

圣主明鉴！诺门汗上书所奏事宜：先前宽温仁圣皇帝与我等用往来文书问候之日，已卯年邀请我欲召见，我想本人身为出家人，所有用品均仰赖积善积德，福祉储藏，所以享用所积累这些（东西），那般善良施主之邀请如何忘记，如此这般思量且拖延时日，敬请至圣班禅、圣识一切达赖喇嘛二位格根（活佛）允准，并禀报那般大运施主仁爱保佑，应遣一位利益伊拉古克森（大觉或世尊）胜者教法之高僧大德，至圣班禅说如今应该尔去，因为尔与那位圣主有命中注定缘分。由此说来，尔与施主已定，如果非尔而用其他一位喇嘛，那时尔与圣主使者搭伴回来，并按照尔所想所思派去一位为未来有助益之圣喇嘛，如此这般给予预示。因此，将那至圣之命禀报及我自己与先前至善至圣一起何时从西边回来，务必来觐见之，以为去年或今年来却如此这般国朝盛情邀请却未能来。如今按照我等所祈求施主与喇嘛缘分，尔大政得以安宁，则请往此地遣一名上等使者，我与那位使者一同今夏前往觐见皇帝龙颜，并禀报至圣喇嘛所传命细节。

## 02-05-37　　顺治帝晋封多尔济达尔汉诺颜为三等章京之敕命

顺治四年六月初五日

后来，命多尔济达尔汉诺颜为都察院参政，因十二年服役成事，故封为二等章京。在半个章京之上，又加赐半个章京，授封多尔济达尔汉诺颜为三等章京。依旧袭职。

## 02-05-38　　顺治帝以古禄格获罪降封为头等副章京之敕命

顺治四年六月初五日

后来，因古禄格获罪降封为头等副章京。减两代，准承袭十次。

## 02-05-39　　顺治帝以多尔济塔布囊获罪降封为牛录章京之敕命

顺治四年六月初五日

因多尔济塔布囊获罪，由三等副章京降封为牛录章京。减两代，准再承袭二次。

## 02-05-40　　顺治帝以白图喇获罪降封为牛录章京之敕命

顺治四年六月初五日

因白图喇获罪，由三等副章京降封为牛录章京。减两代，准再承袭二次。

## 02-05-41　　顺治帝恢复白图喇三等章京之敕命

顺治四年六月初五日

因白图喇先前获罪由三等副章京降封为牛录章京。开恩又封为三等副章京。又加两代，准再承袭十二次。

## 02-05-42　　顺治帝赏赐阿布赖之敕谕

顺治四年七月初一日

皇帝敕谕，朕已奉悉尔阿布赖所献文书。尔自远方派人问安，故遣希尔胡纳克、拜虎二人护送尔方使者。

## 02-05-43　　顺治帝加封辅政德豫亲王之诰命

顺治四年七月初二日

后来，率领内外军追赶苏尼特部腾机思，听说在衮噶鲁台地方，接连两夜行军第三天追上，并获得腾机思家口、牲畜。在查济布拉克地方，当喀尔喀部土谢图汗兵卒来迎战时，整备众军交战，将其击败之。次日，当硕垒汗兵卒来迎战时，又整备众军交战，并击败之。自平定中原以来，尔功劳出众，无人匹敌，故加封辅政德豫亲王（德豫亲王多铎——译者）。

## 02-04-44　　　顺治帝以班第额驸病故准其子墨尔根巴图鲁
### 承袭多罗郡王之诰命
顺治四年七月十四日

以班第额驸病故之后，恩准其子墨尔根巴图鲁承袭多罗郡王。

## 02-05-45　　　　　顺治帝问候巴图鲁台吉之敕谕
顺治四年九月十日

皇帝敕谕致巴图鲁台吉。朕已悉尔所上文书。今先所遣问候使者斋桑胡尔等二人。于九月十日。巴图鲁台吉所上书未给我们。

## 02-05-46　　　顺治令外藩蒙古诸王诺颜严惩盗贼之敕谕
顺治四年十月二十日

皇帝敕谕致外藩蒙古诸王、诺颜、台吉等。今听说盗贼渐多。固山额真、梅勒章京、甲喇章京、牛录章京、十家长所有人，各有其主，若尔等全体各自严格督察，则盗贼何以增多？自古盗贼少时，宽佑众生，从众多盗贼中杀死其一，一人三次盗窃则将其杀之。今若众人盗窃，选其中两个人（以法）杀之，若一个人盗窃，格杀勿论。

## 02-05-47　　　　兰占木巴（拉木占木巴）·绰尔济规劝
### 顺治帝延请达赖喇嘛之书
顺治四年十一月二十一日

圣主皇帝陛下明鉴！

兰木占巴（拉木占木巴）·绰尔济谨呈。因为广集十善福，成为为阿拉巴图国之主，足具生灵无上力，满足众生如意宝；洞察寰宇恶业障，恒久保佑上三宝，敬仰阴阳与圣佛，天下信仰明圣主；依十善福之威力，镇抚世间恶障碍，普照政教二道时，想必安然无恙乎？

因为以往善业之大，如今成为天下共主，妙哉。今若善持政教二道，此方众生必享福乐，今生与来世皆得安逸，宏业常有成。如此之故，令赡部洲享用太平者，乃皇上鸿业之无上者也。如得延请上师达赖喇嘛，安定三界，开启三世之福，弘扬三乘之法，则绝妙之举。弃十戒之罪，增十善福，安乐万生灵，弘扬佛法，则可成生灵尊崇之法王。（鄙人）未曾与（皇上）明鉴相识，以虔诚之心奏闻。望明察。见书之礼马一百匹。

于亥年霍尔汗五月初吉日，写毕。

## 02-05-48　　岱青诺颜为遣使通报巴林喀尔喀和苏尼特情形致顺治帝书

顺治四年十一月二十一日

祝愿吉祥！自古博克多汗以来至今（我等）能具一心。如今巴林（部）及喀尔喀、苏尼特两个部对我们没有功劳可言。奉使者尚未前往，所以召集诸诺颜，是为政体，欲说想法，想说之言都由哈拉津和硕其图知道。额鲁特部鄂齐尔图台吉上书。

## 02-05-49　　额鲁特鄂齐尔图台吉为和睦事致顺治帝书

顺治四年十一月二十一日

祝愿吉祥！恭请圣安！我们幸托三宝之福佑，身体安康。今奏以至高无上政教执掌者为核心，为和睦修好事奉遣使者，并敬献礼物。我等遵照一切相关政教事业教诲，行事。随上书礼物有进献马五十匹。

## 02-05-50　　扎萨克图汗为政体一致延请达赖喇嘛事致顺治帝书

顺治四年十一月二十一日

扎萨克图汗致博克多汗文书。征服八十万汉人，想必在大中原圣体安康。我们一切如旧。有一句话原委，将苏尼特部给左旗，将巴林部之活生生生命般阿拉当吉台（一同）给，为此曾经遣奉使者。我们虽在这里集结，也没有其他意图。这一点并非害怕尔所说的话。为政体考虑才想给。尔来信称苏尼特、巴林二部对尔没有功劳可言。若果真尔能解决，则与尔说。若此话是谎言，说以上虚妄之言有什么用？那种蔑视之言，在家谁人不说？说那种话有何益？不足百岁之身，留传千岁（千劫）之名。将政体一体（修盟和好），缔结联姻，迎请众人之上达赖喇嘛，并使宗教一体，此即本身为人类之功德。不管何种事情都想以后去作，却拖延迟到的不是挺多吗？我等此文书，未考虑名声却考虑政体。于亥年八月吉日致书。

## 02-05-51　　喀尔喀汗等为苏尼特巴林之事致顺治帝书

顺治四年十二月初十日

祝愿吉祥！皇帝赐鉴！两位汗、诺门汗为首大小诺颜为协商政体而上书。关于扎尔固齐（断事官）之事，先前曾经遣过使者上奏。我等奏言：让苏尼特复来，对政体造成一些损害；吞掉巴林部（人口、牲畜）等这两件事情，并等候圣裁。我等欲等待先前所遣使者回来，然后再遣使者，一再拖延，则对政体有害。故从会盟（丘尔干）

之处直接遣使。若以为我等言之有理，我使者遂口头上奏。

## 02-05-52　　　　顺治帝谴责扎萨克图汗奏书谬误之敕谕

顺治四年十二月初十日

顺治帝敕谕致扎萨克图汗。尔在来书中书写名字时（与朕名）一同并列，又说为有助于苏尼特、巴林部之事，而并非我等因害怕尔之言云云。为顾全大政体才想给。又一句话，那种蔑视之言在家谁人不说？说那种话又有何益？人不足百岁之身（原文此处有脱文——译者）。

# 顺治五年（1648 年）档册

## 02-06-01　　　　顺治帝以东戴青病故准其子根德尔承袭

### 达尔汉戴青名号之敕谕

顺治五年正月十八日

东戴青病故之后，恩准其子根德尔承袭达尔汉戴青名号。

## 02-06-02　　　　顺治帝以科尔沁之桑阿尔斋杜棱侍卫病故准其子

### 额林沁承袭头等精奇尼哈番之敕命

顺治五年正月十八日

奉天承运皇帝诏曰：科尔沁部桑阿尔斋杜棱恰（侍卫），尔与头领土谢图汗商量之后，便准再参与。又围攻明朝大凌河城战役，当战胜锦州城出城敌人时，率所属旗士兵支援，击败敌人。当扎萨克巴都鲁亲王（和硕英亲王阿济格——译者）战胜锦州城出城敌人时，率所属旗士兵支援，击败敌人。当战胜张道员（台）兵马时，率所属旗士兵支援，击败敌人。远征察哈尔之库库和屯（呼和浩特）战役，当战胜多尔济塔苏尔海时，给予支援，击败敌人。随皇父摄政王参加征服明朝战役，与土谢图亲王一道来。病故之后，恩准其子额林沁承袭，赐封副精奇尼哈番封号。此封号世袭罔替。

## 02-06-03　　　　顺治帝以察哈尔博兑山津病故准其子

### 那莫胡袭三等精奇尼哈番之敕命

顺治五年正月十八日

奉天承运皇帝诏曰：尔博兑山津（散津）逃离察哈尔汗，前往投奔科尔沁部。从科尔沁尔部与萨达尔诺颜提议商量，取两个巴林部归附。故朕以为甚善，赐给卫寨桑封号。后来又有助于征战，故病故之后，恩准其子那莫胡承袭三等精奇尼哈番封号。准再承袭十次。

## 02-06-04　达赖喇嘛以恭请圣安弘扬佛法致顺治帝书

顺治五年正月十八日

由奇妙福祉大海善备俱全福德利益千光，转力轮者至尊太阳，人身至圣大梵天明鉴！以经律掌有寰区新月，开启善具时之黄莲花和谐克古尔格（桥梁），又为使持声者能够听闻，以无离异宝汇心愿禀报。今时用福祉俱胝（拘胝）宝石之体，由重叠累计大财形成，无灭君主壮年富有春天，以引导甘霖圣水威光美貌身子，回禀和谐奇妙，缔造平民喜乐者，以无数异国诸君主充盈，唯独自己无欲，此善劫奇妙无比！用大梵天声闻传来命令之音，通过耳朵门户所传来甘霖圣水春天，发生满足众生欲望之奇迹，安抚无限众身之部，教法及众生善业，以幸托金度母威光，向上擎献心力之驮物乌龟，无限深邃以至不可预测心力，按照与大梵天智慧（般若）相比般，追随众生有欲望真祖，成为经王思虑加持者，用三个秘密金刚之本性，所有十方世界战胜一切之伊拉古克森（大觉或世尊）胜者，并以此来增添喜庆欢乐。当纷乱扰攘之时，将伊拉古克森胜者（大觉或世尊）教法从混沌泥潭中引出者持有大慈大悲之心，将自己与他人用政令之白伞盖获得凉荫，并使其获得安宁，鸣呼！奇妙无比！助佑慈悲所有众生者，安定整个赡部洲之三宝如意，降临欲望甘霖之喜宴，百花如同笑逐颜开般盛开怒放！驯服暴民之金刚天雷，满足众生欲望之如意宝树，明示善恶之曼殊师利（文殊菩萨），赡部洲所有众生之部在此齐备俱全。只有上天所有四部福德，能够容纳修道圆满之帐幕，百数俱胝善造世界贤能方法，真正制造器世界，以导师曼殊师利（文殊菩萨）之信仰神网坛舞蹈，明显仙化慈悲之主，不混淆取舍之耳朵器官，用词藻念珠禀报理由。当夏天时它在朵朵白云之中，龙声逐渐远播音律，喜乐普遍跳起快乐舞蹈，即使百次变化，无论谁都准再得到门径，如同用药点铁成金，增加取之不尽、用之不竭财富一般，用归依十善福政教法令，帮助己与他人者，无可匹敌根本。为无数众生使其喜结善缘，无量佛尊及诸佛，大力皇帝及嗣登帝位宝座者，理应将此道理善说明鉴！有亿（原文此处写作"喇哈"可能"啦克散"之误）数俱胝（拘胝）以善业发出凉光水仓，以佛法经论充盈帝位善命，但愿众生及其同类，在世界白光之中百劫永存永恒！当引导无垢转轮之时，进言洁白乳海降临，敬献礼物有圣识一切日光之族（释迦牟尼佛尊——译者）像一尊，以及金刚结（护身结）一个。如同净食者之子法王，先前在月光下讲说丹迪尔（密教经典——译者）般。绿马（太阳）运行羊座时初一日，由威光哲蚌寺寺院敬献。

## 02-06-05　顺治帝以阿鲁科尔沁旗台吉穆彰病故赐封其子

### 珠喇扎噶为多罗贝勒之诰命

顺治五年正月十八日

阿鲁科尔沁旗台吉穆彰，尔与乃父达赖一起携其所属兄弟及属民来归附。扎萨克昆都亲王（郑亲王济尔哈朗——译者）围攻锦州城第三次战役，当战胜松山步兵时，率所属旗支援并击败敌人。随皇父摄政王参加征服明朝之役，当追击流贼兵马至庆都县城时，率领所属兵马击败敌人。故赐封为旗台吉。病故之后，恩准其子珠喇扎噶为多罗贝勒。世袭罔替。

## 02-06-06　　顺治帝以扎鲁特部达尔汉巴图鲁色本病故准其子桑噶尔承袭多罗贝勒之诰命

顺治五年正月十八日

扎鲁特部色本，尔逃离察哈尔汗，又前往投奔科尔沁部。从科尔沁部携其所属兄弟及属民来归附。攻打北京之役，当战胜袁都堂兵马时，其他蒙古人都逃走，尔却并未逃跑，率军击败之。战胜四位总兵官兵马时，率军支援，击败敌人。故黾勉激励善行，加封为达尔汉巴图鲁封号。病故之后，恩准其子桑噶尔承袭多罗贝勒。世袭罔替。

## 02-06-07　　顺治帝以科尔沁之蒙胡达尔汉和硕齐病故准其子色冷承袭和硕台吉之敕命

顺治五年正月十八日

顺治帝以科尔沁部蒙胡达尔汉和硕齐病故，准其子色准承袭和硕台吉。

## 02-06-08　　顺治帝封土默特部顾木为镇国公之敕命

顺治五年正月十八日

土默特部顾木，尔与乃父温布一起携所属兄弟及兀鲁思来归附。随扎萨克巴图鲁亲王（和硕英亲王阿济格——译者）率军攻打北京之役，当战胜卢沟桥兵卒时，率所属旗支援，击败敌人。随皇父摄政王睿亲王过北京，攻打山东之役，战胜侯太监兵马时，率所属旗支援，击败敌人。随皇父摄政王睿亲王围攻锦州第三次战役，当击败洪军门三个步兵营时，率所属旗支援，击败敌人。随皇父摄政王征服明朝之役，当进入九门之日，击败流贼二十万兵马时，尔率领所属步骑兵卒，击败敌人。当追击流贼兵马至庆都县城时，率领所属兵马击败敌人。随和硕德豫亲王（多铎——译者）率军追击腾机思之役，当战胜土谢图汗兵马时，率领所属兵马，击败敌人。当战胜（喀尔喀部）硕垒汗兵卒时，率领所属兵马，击败敌人。故赐封为镇国公。

## 02-06-09　　顺治帝封乌喇忒部图巴为镇国公之敕命

顺治五年正月十八日

乌喇忒部图巴，尔携其所属兄弟及属民来归附。当随扎萨克昆都亲王（郑亲王济尔哈朗——译者）围攻锦州城第三次战役时，击败松山骑兵时，率领所属旗兵马，击败敌人。当两军会师战胜松山骑兵时，率领所属旗兵马，击败敌人。随和硕德豫亲王率军追击腾机思之役，战胜（喀尔喀部）土谢图汗兵卒时，率领所属旗兵马，击败敌人。当战胜（喀尔喀部）硕垒汗兵卒时，率领所属旗兵马，击败敌人。故赐封尔为镇国公。

## 02-06-10　顺治帝以科尔沁拉玛思希病故准其子
### 色棱承袭镇国公之敕命
顺治五年正月十八日

科尔沁部拉玛思希病故之后，恩准其子色棱承袭镇国公。科尔沁部拉玛思希，尔父为图麦，与土谢图汗一起所属（原档此处有脱文——译者）。故封为精奇尼哈番封号。还准再承袭十一代。

（此档原编者没有进行编号——译者）达云，尔原系蒙古国察哈尔汗大寨桑。在尔之可汗去世后，两次往这边叛来，但被人追上，携其往那边回去。朕尽收察哈尔国之后，方收服之。思其先前两次往这边叛来，故赐封头等阿思哈尼哈番封号。此封号准再承袭十次。

## 02-06-11　顺治帝封阿鲁科尔沁之顾穆为辅国公之敕命
顺治五年正月十八日

阿鲁科尔沁部之顾穆，尔与车根一起率所属兀鲁思来归附。随皇叔父摄政王睿亲王经过北京，攻打山东之役，当战胜侯太监兵卒时，率所属旗支援，并与正蓝旗一同击败敌人。随和硕德豫亲王（多铎——译者）率军追击腾机思之役，当战胜（喀尔喀部）土谢图汗兵卒时，率领所属旗兵马，击败敌人。当战胜（喀尔喀部）硕垒汗兵卒时，率领所属旗兵马，击败敌人。故赐封为镇国公。

## 02-06-12　顺治帝封巴林部之色布腾为辅国公之敕命
顺治五年正月十八日

巴林部色布腾，尔与乃父色特尔一起逃离察哈尔汗，前往投奔科尔沁部。从科尔沁部携其所属兄弟及属民归附。随和硕德豫亲王（多铎——译者）率军追击腾机思之役，当战胜（喀尔喀部）土谢图汗兵卒时，率领所属旗兵马，击败敌人。当战胜（喀尔喀部）硕垒汗兵卒时，率领所属旗兵马，击败敌人。故赐封为镇国公。世袭罔替。

## 02-06-13　顺治帝以额哲病故准其弟阿布鼐承袭
### 扎萨克亲王爵位之诰命
顺治五年二月初二日

额哲病故之后，恩准其弟阿布鼐承袭扎萨克亲王爵位。

## 02-06-14　　　　　顺治帝更新多罗宾图郡王册文之敕谕
### 顺治五年二月十三日

因多罗宾图王册文加一郡字，废除旧册文，颁赐给新册文。

## 02-06-15　　顺治帝以莫克病故准其子温查承袭达尔汉名号之敕谕
### 顺治五年二月二十五日

以莫克病故之后，恩准其子温查承袭达尔汉名号。

## 02-06-16　　顺治帝恩准巴林部满珠席礼恢复其和硕台吉爵位之诰命
### 顺治五年三月初五日

巴林部满珠席礼，尔逃离察哈尔汗，前往投奔科尔沁部。从科尔沁携其所属兄弟及属民归附之后，封为旗台吉。喀尔喀部二楚库尔兵卒来攻打尔两个巴林部，并掠夺人口、牲畜而去。尔等追赶，看到敌人哨兵之后，遂回来，故降削旗台吉封号。然而又恩恕宽宥，再封为旗台吉。

## 02-06-17　　　　顺治帝以巴林部色凌额驸病故准其子
## 温忠承袭和硕台吉之诰命
### 顺治五年三月初五日

巴林部色凌，尔从察哈尔汗处叛逃回来之后，下嫁多罗公主，封为多罗额驸。随皇父摄政王经北京，攻打山东之役，当战胜来到噶布什贤（先锋）兵之席特库军营（库伦）作战之兵时，率领所属旗兵马，击败敌人。当战胜济南府郊外兵马时，率领所属旗兵马，击败敌人。出长城口，当战胜尾追而来敌人时，率领所属旗兵马，击败敌人。随皇父摄政王围攻锦州城第一次战役时，击败杏山骑兵，率领所属旗兵马，击败敌人。当战胜松山骑兵时，率领所属旗兵马，击败敌人。当战胜松山步兵之日，击败杏山骑兵时，率领所属旗兵马，击败敌人。随皇父摄政王围攻锦州第三次战役，当击败洪军门三个军营时，率所属旗支援，击败敌人。随多罗巴颜郡王（多罗饶余郡王阿巴泰——译者）经北京，攻打山东之役，战胜王总兵官兵卒时，率领所属旗兵马，击败敌人。当战胜刘总兵官兵马时，率领所属旗兵马，击败敌人。在北京北边率领兄弟及所属部众参加。当战胜北京北边兵卒时，与右翼一起率领所属旗兵马，击败敌人。在夺取大凌河口，当战胜张道员（台）兵马时，率领所属旗兵马，击败敌人。随皇父摄政王围攻锦州第三次战役，当击败洪军门三个步兵营时，率所属旗支援，击败敌人。故赐封为镇国公。病故之后，其子若临阵逃脱，依法惩治，犯有其他罪恶，世代不得降削。

## 02-06-18 顺治帝以扎鲁特部乃济病故准其子
### 尚嘉布承袭多罗贝勒之诰命
顺治五年三月初九日

扎鲁特部乃济，尔逃离察哈尔汗，前往投奔科尔沁部。因从科尔沁部携所属兄弟及属民来归附，故封为多罗诺颜。病故之后，恩准其子商嘉（吉）扎布承袭多罗诺颜封号。

## 02-06-19 顺治帝以扎鲁特部玛尼病故准其子茂祈他特
### 承袭镇国公之敕命
顺治五年三月初九日

扎鲁特部玛尼，尔逃离察哈尔汗，前往投奔科尔沁部。从科尔沁部与色本达尔汉巴图鲁一起携所属兄弟及兀鲁思来归附。攻打北京之役，当战胜四位总兵官兵马时，与色本达尔汉巴图鲁一起击败敌人。当战胜袁都堂兵卒时，其他蒙古人都逃走，尔却并未逃跑，与色本达尔汉巴图鲁一起击败敌人。故黾勉激励忠厚，赐封青巴图鲁封号。病故之后，恩准其子茂祈他特承袭镇国公。

## 02-06-20 达赖喇嘛奏请圣安并献礼物书
顺治四年九月 ［五年三月十日收］

以善业大海之大舆车，从遥远地方引导善备俱全之时喜乐众生，守财自在大梵天，至尊曼殊师利（文殊菩萨）皇帝明鉴！照耀奇妙至上善业光芒，并照耀开启无数法门威德之光，心愿千叶莲花，怒放盛开，用种种神圣之声音韵律六个俱胝（一作拘胝，千万之数——译者），如此这般说道。从不灭寺院如意梯子，五只结缔有毛兽类（狮子——译者）有力亲戚，掌管善思转轮者之地方，妙善颜色身体绫子合果成熟，由众多声闻明显能够区别声律，从喉咙所发出七音如同大梵天命令一般，用威光威德安定所有生灵者，用如此这般善劫驱逐扰攘纷乱之世。引导存在教法者习性，用智慧驱除教法细尘污垢者，在如同明镜般深明内心中难以寻觅见到色像为何物？用慈悲祈祷气力引领，以金刚本性色体赐给凉爽者，普度有污垢持水者，当四时白光普照时，夏天之克古尔格（桥梁），印信如同神龙所吼声音般闻名遐迩，所享用翅膀飘动，使者手捧至我等此处，心中欣喜万分！由普济众生净饭王之子，持有无垢教法者发起誓词，对净持戒行及念诵诸事不敢怠慢。对众生持有洁白纯洁心愿。在奇妙赡部洲之内，仰赖福祉气力转金轮者无不降伏，伊拉古克森（大觉或世尊）胜者威德（威光）在世上无可匹敌。用何人之五只箭英雄火焰焚烧暴虐残酷，如同明显至极剩余蓝色喉咙一般，此洲（赡部洲）之业缘，因人身色及肌体而成。仁爱慈悲至高善业满足有益幸福欲望之如意三宝庄严，毫无妨碍地给自己，思量即手中有莲花。将取舍预示白布上用所知所定文字绘出色与体，其无混淆杂物所飘动奇妙，与柔声有何区别？将黑色原部驱逐至远方，自然而成之善具力气拥有者百光，准再比喻密宗故事。如同对上下尊卑、远近一切，视为一体同仁之政令并驾齐驱之赡部洲金珠克达尔山一般威尊（威德），马哈撒嘛谛（古印度神话中的人类最早的国王即众敬王——译者）执政之道，将赡部洲人类享受福祉置于其树荫下乘凉，并使普济如同如意宝树般。至尊为至真不落于经论，向拥有皇帝宝座者，进言宣扬古昔之礼。在赡部洲用福祉财富制成，具有威光、威德，人之至尊最胜如意宝饰宝物庄严，一切幸福有益源头，但愿百劫永存！随献书礼物有陀罗尼结（护身结）、丸粒、画像、琥珀、柔软氆氇等并钤盖印玺。于九月吉日，由第二布达拉宫顶敬献。为无上至尊法王皇帝大位永固、延年益寿，以及为政教两道有益善业增益护助而祈福祈祷。

## 02-06-21　　　　　班禅胡土克图奏请圣安并献礼物书
**顺治四年九月二十日〔五年三月十日收〕**

向转力轮王者、人之至高无上至尊明鉴进言。今用伟大白善福气力大宝征服世界，以圣识一切大宗喀巴教法之宝作为顶礼膜拜之物，敕书及礼物在此相遇，欣喜异常！这里我们为利益教法而继续努力。进言事宜，今皇帝宝座威光吉祥齐备俱全，必然由于世世崇敬伊拉古克森（大觉或世尊）胜者教法及持教洁白善业因果。再对第二个伊拉古克森（大觉或世尊）胜者（这里指宗喀巴——译者）教法永久产生虔信之心，希望（大皇帝）视百姓如同赤子。若果然能够如此行事，世世代代一切事业有成，此乃经律本性。此地所聚集喇嘛僧众，崇信经咒二道，经常弘扬神法。敬献礼物有佛舍利子、陀罗尼结（护身结）、七种丸粒一百颗、多次用真言加持珊瑚念珠、陀罗尼乳（经咒精华）、卡罗迪（凤凰）指甲、利那墩子箭三支、花条杂色墩子箭、东珠三颗、大琥珀三颗、上等好香烛八包，全体记录在案。九月吉日，自大经院敬献。

## 02-06-22　　　　　巴噶胡土克图奏请圣安并献礼物书
**顺治四年九月〔五年三月十日收〕**

世界大梵天那顶古尔库木（红花或藏红花）之冠，今用俱胝福德制成身体壮年如同新月一般显明示福，自四方伟大威光吉祥喜乐之高空递来文书及礼物，欣喜异常！又用十善福祉白光崇敬伊拉古克森（大觉或世尊）胜者教法，给人类授予无比幸福利益，经常崇拜曼殊师利（文殊菩萨）及阿比达（阿弥陀佛）、阿尤喜（无量寿佛）等佛，广作无数善业。敬献礼物有陀罗尼结（护身结子）、迦摩缕波（国名——译者）地方制造曼殊师利（文殊菩萨）一尊、灵丹丸子粒等一起，九月二十日敬上。

## 02-06-23　　　　　顾实汗奏请圣安并献礼物书
**顺治四年九月〔五年三月十日收〕**

祝吉祥安康！幸托广大福荫之力有天命所赐，人之至尊大皇帝明鉴！伊拉古克森

（大觉或世尊）胜者教法及为利益众生善心之持教法王上书。今以无限福德财富无可匹敌制成之身、心、语之太阳曼荼罗分离于不谐尘埃，善觉、仁爱、力量三个事业光焰，在赡部洲无量莲花花瓣中，安康享乐并善名一起敕书及礼物递至，心中欣喜异常！我等在此地安康，崇敬教法及持教者，依旧安然无恙，治理百姓。今所遣恰喇嘛为首奉使者，将所有受益事宜都由他们具奏。随敬献文书礼物有金盔甲一副、马匹甲套一件、弓箭撒袋一个、西藏刀一把、沙布沙哈刀一把、长矛一枝、珊瑚九颗、氆氇一百二十卷等，还有好马三十匹。猪年九月吉日，自召释迦牟尼之哈尔什（殿）敬献。

## 02-06-24　　墨尔根济农奏请圣安并献礼物书

顺治四年十一月吉日［五年三月十日收］

祝吉祥安康！崇敬所有诸佛及喇嘛伊塔木（护法神）！跪拜敬礼满足欲望之奇妙六庄严、两个至尊阿底夏！敬请赐给灵丹妙药！向圣识一切宗喀巴、班禅、达赖喇嘛祈祷！神通广大！向永无分离三宝顶礼膜拜！从一切灾祸中迅速保佑！人之至尊力量至巨皇帝赐鉴！墨尔根济农上书。听说皇帝圣明，大政安定，坚如玉石，欣喜异常！我们在这里多亏至圣三宝祝福护佑，依旧安康。最胜曼殊师利之大化神，夺取大明政权，皇帝您占领南家思国。而大慈大悲观世音菩萨化神察克拉瓦尔第转轮法王之政教土伯特国，则由我们可汗占领。并且你们两位可汗达成政教合一，和睦通好，对此我们欣喜异常！如今为让众生享受幸福，上奏圣明，希望越发振兴弘扬政教二道！所有这些话，由使者们知道。使者丙图敖木布有六个随从牵从马者。随上书礼物有青金石念珠一串、琥珀念珠一串、良马三匹。火猪年十一月吉日，致书。

## 02-06-25　　顾实汗福晋表请皇后安并献礼物书

顺治四年十一月吉日［五年三月十日收］

向教主无以堪比之释迦牟尼佛尊及无可匹敌之至圣胜者宗喀巴以及善说教法之班禅仁布切、善业众生之至尊达赖喇嘛拯救者祈祷！恭请皇后圣体安康！在此处我等亦安康。随上书礼物有琥珀念珠一串、青金石念珠一串、菩提念珠十一串、氆氇六十卷、枣红大走马一匹、镶嵌珍珠靴子一双等。欲所进言都给使者吩咐了。

## 02-06-26　　达赖喇嘛奏请圣安并献礼物书

顺治四年九月吉日［五年三月十日收］

祝吉祥安康！由三身甘霖圣水如意宝树降临长寿及吉祥般若波罗蜜多之雨水者，贤者世界至尊皇帝宝座引导者，愿赐给吉祥福祉！如此这般用吉祥幸福言词迎接，对至高无上曼殊师利（文殊）皇帝身边辅佐者言道：如今用大福祉水仓形成，身体安康展放，听说将皇帝政道金车在伟大世界显明渊博地驾驭，欣喜异常！我们弘传伊拉古克森（大觉或世尊）胜者教法，对众生持有一颗洁白真心。又至高无上至尊法王扎萨克（法度），用旨谕之唯一白伞盖荫凉，让众生享受众多幸福大道，听闻无穷且永远愿意思量。而且为诸帝王延年益寿，帝位增光延福祈祷。敬献礼物有陀罗尼结（护身结子）、灵丹妙药丸粒、琥珀、毯毡各一份。九月吉日，自第二布达拉宫敬献。

## 02-06-27　　　　　　　班禅胡土克图奏请圣安并献礼物书

顺治四年九月吉日［五年三月十日收］

幸亏用力量引导在于那个霍尔穆斯塔（帝释天），身体安康如同金子般良好，用虔诚信仰崇敬第二个伊拉古克森（大觉或世尊）胜者教法，与此同时，听说大法王无可比拟地引领善业车舆，成为耳闻甘霖圣水。亦为大皇帝之位更加辉煌，长寿，及为所有众生造无量福德，按照先前规矩举行尊崇圣识一切伊拉古克森（大觉或世尊）胜者大宗喀巴教法及执法者诸法事。所有在此聚集者，经常谨慎祈祷护身神灵。敬献礼物有佛舍利子、陀罗尼结（护身结子）、七种丸子灵丹妙药一百二十五粒、陀罗尼乳（精华咒）、经多次用真言念咒加持菩提念珠一串、琥珀念珠一串、利那墩子箭两支、花跳杂色毯毡四卷，所有这些均钤盖印玺。九月吉日，自大经院敬献。

# 清内秘书院蒙古文档案
# 第三辑

## 顺治五年（1648）档册

**03-01-28**　　执法诺门汗为问安献礼事致皇叔父王文

*顺治四年九月吉日（五年三月十日收）*

　　执法诺门汗致皇叔父王文书。如今安康，为至上皇帝宝位圆满如同新月，善业资粮聚集，聆听一切道理，心喜异常。这里又多亏三宝拯救，安详康乐。奏言之意，均给使者吩咐。所献礼物有西藏甲胄、沙布沙汉之刀一把、长矛一枝、氆氇一百卷、骏马十匹。于亥年（猪年）九月吉日，自召释迦牟尼之哈尔什（意为"宫殿"）赍至。吉祥如意，经常顶礼膜拜引导此赡部洲善劫千佛及如今像太阳般普照教法者金刚释迦牟尼，以及能预示毫无讹误敕命、教诫最胜圣者宗喀巴，亦敬礼今后信仰导师班禅、达赖喇嘛等。

**03-01-29**　　墨尔根济农为问安献礼事致皇叔父王文

*顺治四年十一月初一日［五年三月十日收］*

　　墨尔根济农致皇叔父王文书。得知辅佐皇叔父王安康，欣喜异常。我等在此多亏圣上三宝神佑，平安健康。如今二位皇帝政教一体，为此作为皇帝后裔谨慎效力于伟大政教，有助于（政教）二道命运。一切奏言之意，均由使者口奏。使者丙图、俄木布有六个随从牵马手。随献书礼物有青金石念珠一串、琥珀念珠一串、骏马三匹。于火猪年十一月吉日寄。

**03-01-30**　　多尔济达赖巴图鲁为问安献礼事致皇叔父王文

*顺治四年十一月初一日［五年三月十日收］*

　　多尔济达赖巴图鲁致皇叔父王文。得知依照（政教）二道法规，威仪如旧，非常高兴。多亏圣上神佑，我等安康。委托使者事宜，我想一切由您做主。不必多虑，直说甚是。又上奏之言，均由迪斯隆、清恰二人口奏。随献书礼物有全身甲胄一副、马匹甲胄一副、琥珀念珠一串、骏马十匹、氆氇二十卷。于十月初一日，自活佛寺院敬献文书。此件文书为三月十日恰喇嘛所携带文书。

### 03-01-31　　　顺治帝以嫩科尔沁董戈尔病故赐其子张乞伦
### 承袭镇国公后又升为多罗贝勒之诰命
#### 顺治五年四月初二日

　　董戈尔之父明安达尔汉巴图鲁，尔提前所有嫩科尔沁部人，先将女儿送至太祖，并亲自来朝觐见。又与土谢图汗一起率领自己所属兄弟及部众来归附。故封尔为镇国公。故恩准其子张乞伦承袭镇国公后，又升授为多罗贝勒。后来，尔爷爷明安达尔汉巴图鲁比任何人先来归附，其功劳殊大，是以加封为多罗贝勒诺颜。

### 03-01-32　　　顺治帝以敖汉部诺颜索诺木都棱病故赐其子
### 玛济格承袭多罗郡王之诰命
#### 顺治五年四月初二日

　　索诺木都棱，尔系敖汉部大诺颜。尔以为察哈尔汗恶毒，欲来归附，遣使并遂率所属之民来归附。收服多罗特部之役，（前往）与巴拉珠尔塔不囊和谈，将其招降之。当攻打北京战役，战胜马总兵官兵卒时，率领所属旗支援，击败敌人。去世之后，以恩准其子玛济格承袭多罗郡王。除负朕厚恩，谋反大逆，削除王爵，及行军败逃，依律治罪外，其一应过犯，永不削夺，子孙世袭。

### 03-01-33　　　顺治帝令察哈尔八旗蒙古游牧蒙古
### 诸苏鲁克等严惩盗贼之诏书
#### 顺治五年四月初二日

　　圣上诏书致察哈尔八旗蒙古游牧蒙古诸苏鲁克（牧群）等全体。今听说盗贼众多，管旗梅勒章京、副章京、参领、佐领、十家长（什长）所有人，如今各有其主。若尔等全体各自严格督察，盗贼何以能够增多且猖獗至此？自古盗贼少时，宽宥赦免众生，从众多盗贼中只杀其一，一个人偷盗三次，才可以将其杀之。今若众人偷盗，选其中俩人，将其杀死。若独自一个人偷盗则务必将其杀之。

### 03-01-34　　　顺治帝以吴喇特部图门病故准其子
### 吴班承袭镇国公之敕命
#### 顺治五年四月十二日

　　吴喇特部落图门，尔率领自己所属兄弟及属民归附。病故之后，恩准其子吴班承袭镇国公。

## 03-01-35 顺治帝以吴喇特部色棱病故准其子
## 巴嘎巴海承袭辅国公之敕命
顺治五年四月十二日

吴喇特部色棱，尔率领自己所属兄弟及属民来归附。后来病故之后，恩准其子巴嘎巴海承袭辅国公。（巴嘎巴海）病故之后，准其弟楚重海又承袭辅国公。

## 03-01-36 顺治帝以科尔沁杜尔伯特部阿都齐病故封其子色冷
## 为镇国公后又封为和硕台吉之诰命
顺治五年四月十五日

科尔沁杜尔伯特部色冷之父阿都齐达尔汉台吉，尔又与土谢图汗一起率领自己所属兄弟及兀鲁思来归附。（阿都齐）病故之后，封其子色冷为镇国公，后又因尔之父原来归附甚善，故封尔为和硕台吉。

## 03-01-37 顺治帝以科尔沁郭尔罗斯部古木病故赐封
## 其弟桑嘎礼为辅国公之敕命
顺治五年四月十五日

科尔沁部郭尔罗斯古木，尔与土谢图汗一起率领自己所属兄弟及属民来归附。（古木）病故之后，封其弟桑嘎礼为辅国公。

## 03-01-38 顺治帝以桑嘎礼病故准其子洛胡图承袭
## 父爵并升为多罗郡王之诰命
顺治五年四月二十日

桑嘎礼病故之后，恩准其子洛胡图承袭父爵并升为多罗郡王。

## 03-01-39 顺治帝为延请进京事复达赖喇嘛之文
顺治五年五月二十日

瓦赤喇达喇达赖喇嘛赐鉴，顺治帝致书。朕已奉悉喇嘛问安文书。自古以来释迦牟尼预示，为普度众生，使其享受幸福安康，至高无上最胜喇嘛使吉祥永存，并为指点善业深道迷津，能否允准光临东土。为此遣席拉布格隆为首使者前往问安。随收书礼物有镶金腰带一个、六十两重镀金银茶桶一个、五十两重银盘子一个、镀金玲珑雕鞍一副、缎子十匹。

## 03-01-40　　　顺治帝为延请达赖喇嘛事致班禅胡土克图之文

顺治五年五月二十日

班禅胡土克图赐鉴！顺治帝致书。朕已奉悉喇嘛问安文书。今遣席喇布格隆为首前往问安。为利益众生，致书延请达赖喇嘛。劝谏修正并恳请喇嘛明鉴！随收书礼物有镶金腰带一个、六十两重镀金银茶桶一个、五十两重银盘子一个、镀金玲珑雕鞍一副、缎子十匹。

## 03-01-41　　　顺治帝为延请达赖喇嘛事致诺门汗之文

顺治五年五月二十日

大清国皇帝致书执法诺门汗。问安之书已奉悉。为利益众生，致书延请达赖喇嘛。劝谏敦促成事，由尔知道。随收书礼物有镶金玉带一个、镀金甲胄一副、镀金插箭撒袋一个、镀金雕刀一把。

## 03-01-42　　　顺治帝命平定白帽叛乱之蒙古温布墨尔根济农等

返回原牧地之敕谕

顺治五年六月二十九日

皇帝敕谕致温布墨尔根济农、温布彻辰济农、浩如木西额尔德尼戴青等。尔等听说内地白帽民叛乱消息，率军来甚善，朕已经知道。尔三个人率兵来援助一事，朕日后再作裁决。因尔等率兵，是以在长城以内不可久留。此敕谕一旦传谕至尔处，便可随即回家。

## 03-01-43　　　外喀尔喀二汗等以巴林部人畜之事奏请顺治帝书

顺治五年吉日

祝福吉祥！皇帝明鉴！二汗法王（诺门汗）上书。若想统一政体，仲夏月理应送还巴林部物品，正巧此时送还骆驼、马匹等。为巴林部此事遣使来取，此举甚善。若以为此举不对则请让使者速回。（此处）因缺水严重，欲等雨雪融化之后送还（即归还所欠东西——译者）。于吉日寄送。

## 03-01-44　　　顺治帝以喀喇车里克部嘎尔玛病故准其子

察哈台承袭镇国公之敕命

顺治五年七月二十五日

喀喇车里克部嘎尔玛，尔由阿禄地方（大兴安岭以北地区——译者）率所属之民来归附。摄政王皇叔父率军攻打北京并远征山东之役，当战胜侯总兵官兵卒时，支援击败敌人。摄政王皇叔父围攻锦州城第一次战役，当率先战胜杏山骑兵，支援并击败敌人。当左翼击败锦州兵卒时，支援并击败敌人。当战胜松山骑兵时，支援并击败敌人。其后又打败杏山骑兵，支援并击败敌人。故升授加封为镇国公。病故之后，恩准其子察哈台承袭镇国公。

## 03-01-45　乌斯藏禅化王奏请赐册文印信并献礼物书

順治五年四月初八日

敬请至高无上人世间至尊天下之主大法王明鉴！帕（克）木竹巴灌顶大国师禅化王用言语之妙善命令之根本，尊胜之尊礼来回禀：至上最胜大法王收服世界，以善业普照伟大十方之地为首，今太平无事，稳坐狮子坛座并大行恩赐，凡是所有转轮方向战胜一切，所向披靡，越发益善。（我）在此地亦大力传播佛教。话说古昔诸帝王登上宝座之诸大法王，至今降恩保佑我等列祖列宗。我父言语之妙善，闻名遐迩，伊拉古格森胜者（大觉或世尊）已经圆寂涅槃。今让我即其位。奏请至上法王赐鉴！并请求按旧例赐给册文、印信。在此（我）亦为大法王长寿及神命善业，不断精进，谨慎奉行。亦奏请给佛命与书写《甘珠尔经》所用大量青色纸及制作秘咒之众多经坛（曼陀罗）所需祭祀供品等什物。所有事情缘故，由国师索诺木喇席喇嘛想必早已口头具奏。随献书礼物有佛舍利子，犀牛角（独角兽角）、珊瑚为首，按照旧例敬献礼品，祈求如同昔日之例，请求恩赐保佑。于鸡年五月初一日，由法寺敬献。

## 03-01-46　顺治帝恩准禅化王旺舒克奏文并宣命收回明朝所赐

### 印文后准赐册文印信之敕谕

順治五年七月二十八日

赐阐化王旺舒克等贡使索诺木喇席号妙胜慧智灌顶国师，锡之诰命，并敕谕禅化王旺舒克为首等书曰：尔等遣使进表具见，真诚来服之意，朕甚嘉悦。方今天下一家，虽远方异域，亦不殊视。念尔西域从来尊崇佛教，臣事中国，已有成例。其故明所与敕诰、印信，若来进送，朕即改授，一如旧例不易。

## 03-01-47　顺治帝封禅化王使者索诺木喇席为妙胜智慧灌顶国师

順治五年七月二十八日

奉天承运皇帝诏曰：朕混一天下，不分内外，视为一体，亲如一家。尔索诺木喇席喇嘛携禅化王文书至，朕赞许并给尔以妙上无极灌顶国师封号。尔苦心孤诣，振兴佛教，致力于造福众生，以普度（众生）致至法门为重。尔等始终不渝，切勿背叛净持戒行之誓言。若尔等果真确实能够如此行事，势必有益于佛教，朕赞同备至。

## 03-01-48　顺治帝封尼堪为多罗谨郡王勒德浑为多罗和郡王之诰命

順治五年九月初八日

其后，恩准并封尔尼堪为多罗谨郡王。后又恩准并封尔勒德浑为多罗和郡王。

**03-01-49**　　　　　**顺治帝以苏尼特部腾机思病故准其弟**

**腾机忒承袭多罗郡王之诰命**

顺治五年九月十六日

顺治三年，（腾机思）携其兀鲁思叛逃至喀尔喀之后，让辅政德豫亲王（多铎——译者）率军追击，将喀尔喀、苏尼特联军彻底击败之后，彼等（腾机思——译者）因难以维持生计而被迫携其所属之民回来。腾机思病故，又恩准其弟腾机忒承袭多罗郡王封号。

**03-01-50**　　　　　　　**托因奏请圣安并献礼物书**

顺治五年九月十八日

祝福吉祥！托因奏请圣安。先前遣使上书奏请圣安。从西方回来不久，上书奏请圣安。随上书礼物有马十二匹。使者为仁沁班第一个人。

**03-01-51**　　　　　　**托因奏请皇叔父王安康并献礼物书**

顺治五年九月十八日

祝福吉祥！托因奏请皇叔父王安康。遣使奏请皇叔父王安康。因我等前往西方而延迟，未能奏请安康。今回来上书奏请安康。随上书礼物有马十匹。使者为仁沁班第一个人。

**03-01-52**　　　　　　**伟征诺颜奏请圣安并献礼物书**

顺治五年九月十八日

祝福吉祥！伟征诺颜奏请圣安。想必圣上安康！我等应提前恭请圣安。两三次为达赖喇嘛、班禅仁布切稍许布施，大小诸诺颜延迟恭请圣安之原由如此这般。随上书礼物有马十二匹。使者为达尔汉班第一个人。

**03-01-53**　　　　　**伟征诺颜奏请皇叔父王安康并献礼物书**

顺治五年九月十八日

祝福吉祥！伟征诺颜奏请皇叔父王安康。想必皇叔父王安康。我等应先前奏请安康。因西方地方事情较多，所以延迟奏请安康。随上书礼物有马十匹。使者为巴图鲁一个人。

**03-01-54**　　　　　　**诺颜胡图克图奏请圣安并谢恩书**

顺治五年九月十八日

祝福吉祥！祝愿安康！与生俱来有天命，由八条龙辅佐，世世降伏一切，运命完善，执政教（法）二道，今生今世，心想事成，始终不渝，想必圣上安康。所思所想，敕命不返，想必圣上安康。随上书礼物有马十匹。先前给亥年（猪年）使者福德布施一百两银子，缎子十匹，鉴于皇恩浩荡，以表谢意。祝愿施主世世越发名闻遐迩。今将班禅、达赖喇嘛延请至西方，准备欲正月前往。奏请圣上，（我等）之所以延迟是因为欲做成寺院事宜。诚恐误以为延期之事为虚假，奏请圣上。使者为额尔德尼墨尔根囊素。

## 03-01-55　　　　诺颜胡图克图奏请皇叔父王安康书
### 顺治五年九月十八日

祝福吉祥！世世运命完善，吉祥俱全，众人之主，孝顺尚父，执政教二道，慈悲怜悯受苦受难者，政教二道之主，奏请皇叔父王安康。随文书敬献问安礼物有五匹马。前年欲前往西方，本欲了却寺院所欠缺事宜，因而导致延迟。请协助我等善业，恩人施主请求布施。奉使者扎木苏温布一个人。

## 03-01-56　　　顺治帝以吞齐喀贝子获罪废其固山台吉
## 爵位降封为镇国公之敕命
### 顺治五年十月初十日

以吞齐喀贝子后来因获罪废其固山台吉爵位，降封为镇国公。世袭罔替。

## 03-01-57　　　　阿布赉奏请圣安书
### 顺治五年十月十三日

阿布赉上书奏请圣安。想必世人之至尊大皇帝威仪依旧。来信已奉悉。使者散津、哈尔扎嘎二人于执掌一切之牛棚新烈日寄送。

## 03-01-58　　　顺治帝封郭尔罗斯部本巴为镇国公之敕命
### 顺治五年十月十八日

郭尔罗斯部本巴，尔与土谢图汗一起携兄弟及其所属之民来归附。故封尔为镇国公。

## 03-01-59　　　顺治帝封喀喇沁部色棱塔布囊为镇国公之敕命
### 顺治五年十月十八日

喀喇沁部色棱塔布囊，尔携所属兄弟及所属之民来归附。当扎萨克巴图鲁亲王（和硕英亲王阿济格——译者）远征北京并击败卢沟桥敌人时，支援并战胜敌人。当摄政王皇叔父围攻锦州城第三次战役时，战胜洪军门三个步兵营，支援并战胜敌人。当摄政王皇叔父征服明朝之役，进入九门，战胜流贼二十万兵马时，支援并战胜敌人。追击流贼，在庆都县城追至战胜时，支援并战胜敌人。故封尔为镇国公。

## 03-01-60 顺治帝以布尔尼病故准其弟克西图承袭
### 拜他喇布勒哈番之敕命
顺治五年十一月十四日

顺治帝以布尔尼病故，恩准其弟克西图承袭拜他喇布勒哈番。准再承袭一次。

## 03-01-61 顺治帝以追谥列祖列宗赏赐满蒙汉诸王大臣
### 施恩百姓并颁大赦之诏书
顺治五年十一月初八日

顺治五年十一月乙丑，以奉太祖配天四祖入庙。遣官祭告天地、太庙、社稷。祭圜丘文曰：维顺治五年戊子十一月辛酉朔越五日乙丑，嗣天子臣敢昭告于皇天上帝曰：升中大典，礼重配天。世德延休，情殷尊祖。恭于顺治五年十一月朔八日，冬至礼天于南郊。奉太祖武皇帝配，谨溯推源本，追崇太祖以上四世，高祖泽王（布颜图王猛哥帖木儿——译者）为肇祖原皇帝，高祖妣为原皇后，曾祖庆王（特古斯扎雅图王福满——译者）为兴祖直皇帝，曾祖妣为直皇后，祖昌王（库纯德力格尔王觉昌安——译者）为景祖翼皇帝，祖妣为翼皇后，考福王（吐格默勒乌力吉图王塔克世——译者）为显祖宣皇帝，妣为宣皇后。聿成大典，敷布多方，备此明禋。预申虔告，方泽太庙、社稷文同。

敢昭告曰：受命一统之模，道隆尊祖，推祖自出之本。义重格天，唯世德以作求。当肇称而上祀。典礼綦隆，覃恩宜广，特大赦天下，以慰臣民。

应行事宜条列于后。叔父摄政王治安天下，有大勋劳，宜增加殊礼以崇功德，及妃、世子应得封号。院部诸大臣，集议具奏。一、亲王、郡王、贝勒、贝子、公、将军等，宜优加恩赐，并王妃、世子、嗣子等应得封典。该部察议具奏。一、自顺治五年十一月初八日昧爽以前官吏、兵民人等，有犯除谋反、叛逆、子孙谋杀祖父母、父母、内乱、妻妾杀夫、告夫、奴婢杀家长、杀一家非死罪三人、采生、折割人、谋杀、故杀真正人命、蛊毒罪、魇魅、毒药杀人、强盗、妖言惑众十恶等真犯死罪不赦外，其余已发觉、未发觉，已结正、未结正，咸赦除之。有以赦前事相告讦者，以其罪罪之。一、藩王及王夫人、嗣子等应加恩典，该部察议具奏。一、满洲官员，开国以来屡世从征，劳绩久著。该部分别升叙，实授官员，一概给予世袭诰命。一、满洲兵丁，各处战功劳苦，该部通行赏赉。一、自顺治元年五月以来各地方归顺有功文武官员人等，除已叙外，凡未经叙录者，将归顺来历及归后劳绩，该部查明叙升给予世袭诰敕。一、在京在外卫所原设有世袭官员管摄，今以新旧有功官员设立，给予世袭诰敕。一、在京文武官员，听各衙门堂印官确察，分别升赏。一、内外满汉官员，一品封赠三代，二品、三品，封赠二代，七品以上封赠一代，八九品止封赠本身。俱给予应得告敕。三品以上荫一子入监读书。一、内外武职官员，照例给予诰敕，应加恩荫。该部察例议奏。一、凡试职各官，俱准实授。一、顺治六年会试，照丙戌科额，取中进士四百名。一、派征钱粮，俱照万历年间则例，其天启、崇祯年加增，尽行蠲免通行已久。如贪官污吏，例外私派，多征扰民者，该抚近官纠参重处。一、地方灾伤，一经查勘，即与蠲免。有司官毋得仍行派征，及有力之家，滥行冒免，以致穷民不沾实惠。一、我朝定鼎以来，恩诏有免，荒地有免，水旱灾伤有免。民间额赋，不应再有拖欠。或输纳已完地方，官别项支用；或侵入私囊，以致小民虚受拖欠之名。抚按官确察某州县额征若干，已完若干，未完若干，果系百姓拖欠，自元年以至三年悉与豁免。一、各关抽税，俱照万历年间旧例。其天启、崇祯年加额，除免一半，不得踵习明季陋规分外多抽，及多设委官巡拦，以察税为名肆行科扰。一、漕、白二粮，照旧征收本色，除二三两年运官挂欠，久追未完，俱准豁免外，其五年运到四年漕、白二粮挂欠数多，明系侵盗，但照数追比还官。俱免拟罪。一、各处本色钱粮，除颜料黄白蜡，仍办本色外，其余准解折色一年。一、直省押解钱粮官吏，有途次被劫，见在追比者，准与豁免。一、圈丈地土分给满洲耕种，其被圈之家，或圈去未补，或原地钱粮未除，即与豁免。或新补之地，较原地瘠薄不堪者，俱照新地等则纳粮。一、满洲圈过地内，道路沟堑、房基庙宇、坟墓皆系地数。今一概除去不算则原额必亏，钱粮何出？俱著一体清察豁免。一、仓库钱粮收支各有款项数目。有额外多支及盘量短少者俱免追赔，并免科罪。一、势豪举放私债，重利剥民，实属违禁。以后止许照律，每两三分行利。即至十年，不过照本算利。有例外多索者，依律治罪。一、各处无主荒地，该地方官察明呈报。抚按再加查勘。果无虚捏，即与题免钱粮。其地仍招民开垦。一、北城及中东西三城居住官民、商贾，迁移南城。虽原房听其折卖，按房领给银两。然舍其故居，别寻栖址，情殊可念。有地土者，准免赋税一年。无地土者，准免丁银一年。一、军民年七十以上者，许一丁侍养。免其杂派差役。八十以上者，给予绢一匹，绵一斤，米一石，肉十斤。九十以上者，倍之。一、各处养济院收养鳏寡孤独及残疾无告之人，有司留心举行月粮，依时给发。无致失所。应用钱粮，察照旧例，在京于户部，在外于存留项下动支。一、凡系大贪罪应致死者，止免死，赃仍照追，永不叙用。一、凡系见在议革、议降、议罚及住俸戴罪，并内外衙门提问究拟者，尽与豁免。一、各官已经罚俸、住俸戴罪者，俱免。一、各直省顺治五年乡试副榜诸生，廪监准贡。增附准入监肄业。一、各该地方儒学生员，每学拔贡一名。即用顺治五年科举首卷，送部廷试。如首卷中式或有事故，以次优卷挨补，不许越序。一、所在孝子顺孙、义夫、节妇，自顺治元年以后，曾经各该巡按御史奏闻者，仍行该巡按再为核实，毋事浮滥，造册报部，以凭具奏旌表。一、远省未附地方文武各官及乡绅士民，投诚归顺者，以前负固之罪，通与赦免。察其功之大小，各与升赏。土贼多因饥寒失业，诏书到日，虽系首恶，若能率党投，首悉免其罪。兵收入伍，民收入籍。俟其得所，方议差徭。有能擒捕首恶及党内首告者，论功授官给赏。如有因其投，首乘机邀执，希图功赏者，治以重罪。一、各处土司，原应世守地方，不得轻听叛逆招诱，自外王化。凡未经归顺，今来投诚者，开具原管地方部落，准与照旧袭封。有擒执叛逆来献者，仍厚加升赏。一、已归顺土司官，曾立功绩，及未经授职者，该督抚按官，通察具奏，论功升授。一、满洲赦前逃人，如在顺治六年八月以前自归者，匿主邻佑官长人等一概免议。在九月初以后者不免。若在限定日期之内被人告发或失主认识者，仍旧例问罪，一、内外问刑衙门，凡满汉官员犯各项罪名，应鞭责、应板责者，以后俱依律折赎免责。一、应追赃私察，果产业俱尽，力不能完者，概与豁免，毋得株连亲族。以上各款内外各衙门官。俱当实心作速遵行。各该地方即将诏刊刻，张挂于各大小村庄，务使民人尽知蠲免款件。如有怠玩壅蔽，在内都察院科道，在外督抚按指参，定以违旨论。官民人等果有不得沾恩者，许据实奏闻，通政司即与封进，如虚坐以欺诳重罪。於戏！绍百王之巨典，合万国之欢心，欲礼备而乐和，务化行而俗美。布告遐迩，咸使闻知。

## 03-01-62　　顺治帝以衮楚克色臣病故准其弟色令承袭
### 拜他喇布勒哈番之敕命
顺治五年十二月初一日

衮楚克色臣病故之后，恩准其弟色令承袭拜他喇布勒哈番。还可以承袭一代。

## 03-01-63　　顺治帝以郭勒图卓里克图达尔汉诺颜病故准其子
### 赛音察克承袭头等精奇尼哈番之敕命
顺治五年十二月初一日

郭勒图卓里克图达尔汉诺颜病故之后，恩准其子赛音察克承袭头等精奇尼哈番。准再承袭十三次。

## 03-01-64　　顺治帝以鄂木布额尔德尼来犯而未遣使者之事宜
### 谕额鲁特阿布赉之敕命
顺治五年十二月二十五日

皇帝敕命致阿布赉。朕本想与尔等使者一同遣使者。听说喀尔喀内部发生相互偷盗，引起混乱。又鄂木布额尔德尼来侵犯，当尔等遣来此处使者回去时，路途邂逅，朕因听说使者所言而有些担忧。是以未遣使者。

# 顺治六年（1649）档册

## 03-02-01　　顺治帝封苏尼特部腾机思之子萨玛察为多罗贝勒之诰命
顺治六年正月十四日

萨玛察，尔原系苏尼特部台吉。尔与乃父腾机思一起携其所属之民来归附。后来又携其所属之民叛逃至喀尔喀，又与腾机思一起携其兀鲁思来归附之后，又恩准下嫁给公主，并封为多罗贝勒。除负朕厚恩，谋反大逆，削除王爵，及行军败逃，依律治罪外，其一应过犯，永不削夺，子孙世袭。

## 03-02-02　　　顺治帝封翁牛特部乌玛海三等精奇尼哈番之敕命
### 顺治六年正月二十二日

乌玛海，尔原系翁牛特部杜棱郡王贵臣。当尔本主投奔朕来归附时，尔与本主说并（一同）来归诚。又来此地以后，曾劝说尔主制止其叛逃前往察哈尔。是以朕黾勉激励其善行，封为三等精奇尼哈番。准承袭十二代。

## 03-02-03　顺治帝以翁牛特部布达干归附有功赐达尔汉名号故后
## 封头等阿达哈哈番并准其子承袭名号之敕命
### 顺治六年正月二十二日

布达干，尔原系翁牛特部白身人。由阿鲁（阿禄——大兴安岭以北）地方充当往来使者，又当尔之王携其兀鲁思来归附时一起前来。后来，毛明安叛逃时，追击尽剿灭之。因取来喀木尼汉部落雅赍，故封尔为达尔汉封号。病故之后，思量其先前效力，封为头等阿达哈哈番，并恩准其子巴岱承袭。准再承袭五次。

## 03-02-04　　　　　巴图鲁台吉奏请圣安并呈献礼物书
### 顺治六年七月十一日

祝福吉祥！古昔善缘显示，圣上如同天日般精神焕发。圣上敕谕至此，臣不胜欣喜。随上书礼物有一百匹马。使者为额尔克塔本一个人。

## 03-02-05　　　　巴图鲁台吉奏请皇叔父王安康并呈献礼物书
### 顺治六年七月十一日

敬请一切高贵望族（血统）之上华胄，力大无比皇叔父王明鉴！巴图鲁台吉上书奏请安康。我等安康。随上书礼物有马五十匹。奉使者为图布欣恰（侍卫）一人。

## 03-02-06　　　顺治帝以阿鲁四子部属下昂嘎归附有功
## 封头等阿思哈尼哈番之敕命
### 顺治六年五月十四日

昂嘎，尔原系阿鲁四子部僧格诺颜属下官吏。尔部落（兀鲁思）之人，抢夺朕所遣商人悖理作乱时，尔劝说制止，使其平安从事贸易。又尔向本主僧格诺颜提出欲来归附。故封尔为头等阿思哈尼哈番封号。准再承袭十次。

## 03-02-07　　　　顺治帝奉劝叛逃之鄂尔多斯部扎穆苏等
## 悔过还故土之敕命

顺治六年五月十四日

皇帝敕谕致全体。听说尔等叛变，欲随即派兵，却尔乃永久受朕恩赐之人，又因爱惜众人，故未派兵。今尔等悔罪欲还故土，并来叩谢，赦免尔等罪恶，依旧豢养。若尔等不思悔过，仰仗地势险远，如同察哈尔般想，且若不来归附则冬天派兵去，在雪中探寻跟踪足迹，势必拿下。岂能让尔一个人化外，独自作盗贼之理？除尔等之外，天下四面八方所有国家众人，无不思朕浩大恩德来归附叩谢，难道尔等不晓得？朕曾下恩赦宽宥诏，岂有怀恨之理？钦此。

## 03-02-08　　　　七旗喀尔喀诺颜为政体一致事致皇叔父王书

顺治六年八月初八日

常思安抚政教及众生者，大恩大德皇叔父王明鉴！今我等本欲速来。之所以未能来，奉胡图克图（活佛）命令，为满洲、喀尔喀、额鲁特此等政体，尔既然与他们施主结识，即在当地解决。此亦为西方政体施主与福田双方知道。皇帝与教主、诸诺颜全体之言。七旗（鄂托克）喀尔喀诸诺颜同父所生子孙，若不询问东、西方可汗而实行使政体一体，则恐怕会怀恨在心，于是他俩人要询问。他们三个惧怕当地疾病流行。询问之后，大家全体听从并尊重胡图克图命令，若使政体一体，对自己对他人都有益。询问之后，若不能如此，则我等还是使政体一体。我等听从皇叔父王命令。教主命令道：大家都是同族兄弟，戴红缨头帽子（红缨蒙古人——译者）之人，不应相互心怀恶意。今后立即失言也罢，使政体一体，不曾失言也罢，使政体一体。随上书礼物有达赖喇嘛项圈颈结（结子），灵丹妙药丸粒，红黄两种杂色花氆氇四卷，超群骏马一匹，骆驼五只。欲说之言，（使者）用口头上奏。于二十日，喀尔喀所呈献文书。

## 03-02-09　　　　七旗喀尔喀诺颜为政体一致事致顺治帝书

顺治六年八月初八日

与赡部洲首位皇帝相同，众人所恭敬大皇帝明鉴！今我等本欲速来。之所以未能来，胡图克图（活佛）命令，为满洲、喀尔喀、额鲁特此等政体，尔既然与他们施主结识，即在当地解决。并为西方政体，施主与福田双方知道。皇帝与教主诸诺颜全体之言。七旗（鄂托克）喀尔喀诸诺颜，乃同父所生子孙，若不询问东、西方可汗而实行政体一体则恐怕会怀恨在心，于是他俩要询问。他们三个惧怕当地月流行疾病。询问之后，大家全体若听从并尊重胡图克图（活佛）命令，使政体一体则对自己对他人都有益。询问之后，不能如此则我等还是使政体一体。我等听从皇叔父王令旨。教主命令道：既然各自都是同族兄弟，戴红缨头帽子之人（红缨蒙古人——译者），不应该相互心怀恶意。今后立即失言也罢，政体一体，不曾失言也罢，亦使政体一体。随上书礼物有班禅仁布切（胡土克图）项圈颈结（结子），灵丹妙药丸粒，红黄两种杂色花氆氇四卷，超群骏马一匹，骆驼五只。欲说之言，由达尔汉鄂木布口头上奏。于二十日，喀尔喀所呈献文书。

## 03-02-10    班禅胡土克图奏请圣安并献礼物书

顺治六年二月十五日

转力轮者并持有天人之权尊皇帝明鉴！如今无可比拟无垢心脏佛教，幸托崇信与敬仰法王宗喀巴教宝之洪福，将福德吉祥寓于一身，使皇位与平民百姓安享太平幸福，以转力之轮持有掌财世界等为首，自具备（政教）二道善业天空让使者赍送敕谕、礼物一起，使人兴高采烈，欣喜异常！又为制作越发增加（政教）二道吉祥至善礼物，心系第二个胜者（原文作"伊拉古克森"，此指宗喀巴——译者）宗教，依照崇敬之例，依旧禀报。为与之相和事宜不得拖延，并欲圆满完成，此地十方僧侣全体能具一心而无杂行，谨慎从事作护身法事。随献书礼物有佛舍利子、项圈颈结、古尔库木（红花或藏红花——译者）、上等香烛、琥珀念珠十二串、花色氆氇八卷，并且均钤盖有印章。于吉日呈献。

## 03-02-11    达赖喇嘛奏请圣安并呈献礼物书

顺治六年二月十五日

具备十力圣识一切宝藏，有五结毛信仰守护者，在曼殊室利（文殊菩萨）之赡部洲，以无数善业转轮世间行走至尊大梵天明鉴！俱全齐备世事喜宴十六分具备，真正充盈今世可谓达到鼎盛，向洁白自在之人，以发自内心欢乐来回禀！来自二资粮宝物出产地方，成斛甘露之透明色体，以幸福有益、威光吉祥著称声闻，在受持者中如同比喻为大梵天声闻般特殊。显明至善预示广识慧眼，努力精进俱胝数概念，以明见轮回涅槃一切经论智慧，如何从世间祖制超脱绝伦。以善业金轮千辐神力，在金色世界上，无妨碍转轮之力，前往百种祭祀供养之地，如同三位持金刚者在彼处跪拜一般。以忠直所建立（政教）二道精气，将幸福安康之茉莉善味聚会，以谨慎引导善作精进善业，与最胜菩提行事何异！向释迦牟尼古法水晶之尊者，将虔信之手指头善作合掌，净持戒行、戒律谨严二者所生念诵导师，沉浸在闻、思、修行之道场。将散发极端洁白万福之桥梁，用俱全齐备善业之棒槌必须敲打，十善福业道圆满声闻成为所有十方耳饰庄严。能够满足欲望之宝物宝饰，及能够满足赡部洲众生愿望如意宝树，上天赐命振兴世界昊天之天，但愿在金刚坛座上稳坐且永不毁灭。在无生无死护持声闻琉璃院内，汇集诗镜和谐辞藻（修辞之学）甘霖仆人，用声律之手去敬献上天前面明鉴为盼！具有大梵天六十声音（梵音）、品性、命令之春，自赐给普乐欢喜欲界，带着微笑面容从重要部到来之大恒河，禀报并使之永远不断流！

随献书礼物有金刚结（护身结）、天白色念珠、空时数俱胝数宝玉璎珞、五色一百柔软俱胝数宝玉璎珞、如意白莲花等。于牛年二月十五日，自第二布达拉宫无量寿寺敬献。

## 03-02-12　　达赖喇嘛遣使奏壬辰年夏月前来觐见书
### 顺治六年二月

圆满威德尊胜一切世间至尊至上曼殊师利（文殊）皇帝明鉴！因前世因缘得洪福无比之所有御身，福德吉祥及必用制作身、命运心脏之至上奇缘如意宝树，降伏不谐一方，广大四部之门花朵盛开，枝繁叶茂，善名自多弦胡琴之声音般传遍至三十三天。赍来敕谕、礼物均到，欣喜异常。思虑遵循释迦牟尼古老佛法，深思有益于宗教、众生善事。（我）所遣使者回复大宫殿所召见敕谕。亦说因安宁持有财者所有众生缘故，应归功于天命所赐世界至尊。此乃如同讲法者所教示解说所云，广大最胜思量转轮者持有皇帝宝位一般。回禀教法及众生所存在二道政法之令，如同白伞盖般布满寰区各角，有善福俱全齐备之舆车如同江水之流般（川流不息——译者）。

随献书礼物有金刚结带（护身结）一个、柔软红色氆氇五卷、胭脂色彩氆氇五卷、斑斓杂色氆氇二卷、大红氆氇一卷、胭脂颜色氆氇两卷、柔软白色氆氇五卷。于牛年二月自第二布达拉宫无量寿寺呈献。

## 03-02-13　　班禅胡土克图奏请圣安并呈献礼物书
### 顺治六年二月吉日

敬献给第二个霍尔穆斯塔（帝释天）。想必身体安康。听说，为皇帝大政增添善业正道，第二伊拉古格森胜者（大觉或世尊）教法及以敬重加持教化众生者为首，幸亏（政教）二道政业道行事，安宁无事无与堪比，欣喜异常！亦说为不断绝良善传统，崇尚教法及思量有益于皇帝朝廷进奏。为作此与之和谐事宜，毫无妨碍，不敢懈怠，祈求神灵保佑等。

随献书礼物有佛舍利子、颈结、花条杂色氆氇四卷。吉日呈献。

## 03-02-14　　达赖喇嘛奏请皇叔父王安康书
### 顺治六年二月

以伟大先觉智慧成就善业者皇叔父王，由在遐荒遥远地方无量大福德威光齐备之水仓产出，远离七匹马之尊长业障者，在大威德、降伏一切、至尊最胜第二寺院，努力精进政法二令，有益幸福千道光芒语汇成为耳朵之宝饰。伊拉古格森（大觉或世尊）胜者古法，遵循三门（三乘）教法。崇敬菩提最胜，此类如同江水流淌般恒久明鉴！

随上书礼物有项圈结（结子）、圆形琥珀念珠六十串、柔软红色氆氇八卷、胭脂色彩氆氇八卷、青色氆氇六卷、花条杂色氆氇两卷、大红色氆氇二卷、胭脂颜色氆氇八卷、柔软白色氆氇六卷，并均钤盖有印章。于牛年二月，由第二布达拉宫无量寿寺院呈献。

## 03-02-15　顾实汗为商讨达赖进京弘扬佛法事致顺治帝书

順治六年二月吉日

祝吉祥安康！幸托广大福德之力，天所赐命之人，至尊最胜皇帝赐鉴！虔心有益于教法及众生之执教法王呈书。如今之时，幸托众生福分，在命运所创身之空中，宝物宝饰庄严未被不谐云雾所遮蔽，与以具备精进之力光平安辅助赡部洲花园光荣善名一起敕书及礼物赍至。在这里平安崇奉供养教法及持教者，依照平安护佑有功德于黎民之例，为使众生超脱缘故，弘扬教法，邀请众生导师教法太阳圣识一切持金刚达赖喇嘛使者曾到来。对无比欣喜之此等善事，除有妒忌心者之外，有哪个人为什么不高兴呢？由上峰将喇嘛前往时间如此这般传谕，因此我等谨慎协助。欲奏之言，尽由使者回禀。

随献书礼物有甲胄、撒袋、弓箭、大刀、琥珀念珠、菩提子念珠、氆氇五十卷、马三十匹，皂雕两只。于牛年二月吉日，自神殿前呈献。

## 03-02-16　商吉德巴（商卓特巴）奏请皇叔父王安康书

順治六年十二月十五日

禀报转力轮者第二位皇帝明鉴！听说如今身体之威光传扬广大无边，将大皇帝政道之大门向十方世界敞开，威仪无比，所向披靡，欣喜异常！亦说依旧为第二个伊拉古格森（大觉或世尊）胜者之教法造福有益，及为现今益德利惠祈祷护身神之神灵！

随献书礼物有颈结带、青金石念珠、菩提子念珠、花条杂色氆氇二卷一起若干，于十二月十五日敬呈。

## 03-02-17　顺治帝以四子部鄂木布立战功封
## 达尔汉卓里克图郡王之诰命

順治六年八月初十日

鄂木布后来皇叔父摄政王率领大军攻打北京并远征山东战役，当战胜冯太监马步兵时，率所属旗击败之。皇叔父摄政王征服明朝之战役，追击至庆都县城，战胜流贼时，给予支援，并击败之。当苏尼特部腾机思叛逃时，追击且杀死乌班岱达尔汉巴图鲁及五个台吉等，并俘虏其妻子家口回来。所以黾勉激励其嘉行，封为多罗达尔汉卓里克图郡王。

## 03-02-18　顺治帝封苏尼特部台吉嘎尔玛为多罗贝勒之诰命

順治六年九月初二日

嘎尔玛，尔原系苏尼特部台吉，当尔兄弟腾机思、腾机忒叛逃时，尔遣人来具奏。

其后尔兄弟强迫尔并携去喀尔喀，尔又率所属之民来归附。所以黾勉激励嘉行，封为多罗贝勒。

## 03-02-19　　　　顺治帝以鄂尔多斯部额林臣济农归附有功
### 封多罗郡王之诰命
*顺治六年九月初八日*

额林臣，尔原系鄂尔多斯部济农。察哈尔汗攻破尔，并夺取尔之济农封号。当察哈尔汗往唐古特逃跑时，尔并未跟随其离开而回到故土鄂尔多斯。当摄政父王征服察哈尔，尽收其所属部众一役时，寻找到尔，给济农封号，让尔召集兄弟及残余属民。其后因尔召集众兄弟及残余属民归附，故黾勉激励尔嘉行，封为多罗郡王。

## 03-02-20　　　　顺治帝以鄂尔多斯部布达台归附有功
### 封其子亦林臣为和硕台吉之诰命
*顺治六年九月初八日*

鄂尔多斯部布达台，尔率所属兄弟之兀鲁思与额林臣济农一同前来归附，故封尔之子亦林臣为旗台吉。

## 03-02-21　　　　顺治帝以鄂尔多斯部古禄归附有功封其子
### 色仍为和硕台吉之诰命
*顺治六年九月初八日*

鄂尔多斯部古禄，尔率所属兄弟之兀鲁思与额林臣济农一同来归附，故封尔之子色棱为旗台吉。

## 03-02-22　　　　顺治帝以鄂尔多斯部巴嘎扎木苏归附有功
### 封为镇国公之诰命
*顺治六年九月初八日*

鄂尔多斯部巴嘎扎木苏，尔率领所属兄弟及属民，与额林臣济农一同来归附。当扎萨克之扎木苏叛逃时，尔离开兄弟居住，故加赐封尔为镇国公。

## 03-02-23　　　　顺治帝晋封嫩科尔沁部莽古思之孙
### 额驸祈他特为多罗郡王之诰命
*顺治六年九月十八日*

祈他特，尔之父索诺木、叔祖明安达尔汉巴图鲁诺颜，提前嫩科尔沁部所有诸诺颜给太祖皇帝护送女来，结为联姻，成为姻娅，往来不绝。尔亲生祖父莽古思扎尔固齐（断事官——译者）诺颜，又提前嫩科尔沁部所有诸诺颜给太宗护送女来，由此往来不绝。又与祖母及生母一起将妹妹送给太宗皇帝，成为亲上加亲，互为姻娅。当察哈尔兵马来攻打尔科尔沁部格尔朱尔根城时，尔等众兄弟全部逃走。只是尔父索诺木与卓礼克图亲王一起驻守绰尔门（《清实录》作"绰尔曼"，在嫩江与松花江汇流处北岸——译者）城，杀死察哈尔士兵，俘获马匹、骆驼等将其运载送来。听说至圣太祖皇帝殡天，遣其弟满珠习礼来吊唁。当首次攻打北京时，尔父率兵来却突然病故，故封其子额驸祈他特为多罗郡王。

## 03-02-24　顺治帝问候达赖喇嘛并准其辰年夏季觐见之敕命

顺治六年十月初七日

皇帝敕谕致圣识一切持金刚达赖喇嘛。朕在这里安康。想必彼处圣识一切持金刚达赖喇嘛安康！喇嘛所呈文书称辰年夏天前来，朕等甚为欢喜。

## 03-02-25　顺治帝联合顾实汗讨伐喀尔喀之敕谕

顺治六年十月初七日

皇帝敕谕致持教法王。我等从未与各国挑衅战端。行善无辜却有人来侵犯，我等决不坐视不管。今我与喀尔喀部使者往来平安无事，却将我苏尼特部腾机思使者引诱煽动携去。土谢图汗、丹津喇嘛、硕垒汗无缘无故却两次出兵与我追剿腾机思之兵马交战，多亏上天谴责他们，所以败北。二楚库尔无缘无故攻略我巴林部，杀掠人口、牲畜而去。俄木布额尔德尼，又无缘无故来攻打我，听说我军出发以后，便回去了。巴尔布冰图来攻掠，杀害我土默特部人，夺取两千匹马而携卷而去。如果他们经常如此挑起战端，我等如何坐视不管？尔诺门汗曾对我先前所遣使者说："我老矣。但我诸子及兵马并非老也。进军任何地方，我等支援进兵。"并非因我兵马少，力不足而借助尔等兵马。因先有尔等如此这般话，所以告诉尔等。若尔等今果真履行诺言，欲共同出兵，决定无论如何不得延期盟约，并且务必遣人来说。若不出兵，即决定不出兵，亦必须遣人来说。

## 03-02-26　顺治帝令鄂木布卓里克图巴图鲁济农

## 等出征喀尔喀之敕谕

顺治六年十月初七日

皇帝敕谕致鄂木布卓里克图巴图鲁济农、鄂木布土谢图巴图鲁戴青、呼鲁木席巴图鲁额尔德尼戴青。我等从未与各国挑衅战端。行善无辜却有人来侵犯，我等决不坐视不管。今我与喀尔喀使者往来，平安无事，却将我苏尼特部腾机思使者挑唆煽动并携之而去。土谢图汗、丹津喇嘛、硕垒汗等无缘无故却两次出兵与我追剿腾机思之兵马交战，多亏蒙上天谴责他们，所以使其败北。二楚库尔无缘无故攻略我巴林部，杀掠人口、牲畜而去。俄木布额尔德尼，又无缘无故来攻打我，听说我兵出发以后，便撤回。巴勒尔布冰图来攻掠，杀害我土默特部人，夺取两千匹马而携去。如果他们经常如此挑起战端，我等如何坐视不管？尔诺门汗曾对我先前所遣使者说："我老矣。但我诸子及兵马并非老也。进军任何地方，我等支援进兵。"并非我兵马少，力不足而借助尔等兵马。因先有尔等如此这般话，所以告诉尔等。今若尔等履行诺言，欲共同出兵，决定无论如何不能延期盟约，必须遣人来说。若决定不出兵，亦务必遣人来说。

## 03-02-27　顺治帝以额鲁特部鄂木布墨尔根济农平息白帽之乱 立功封其为卓里克图巴图鲁济农之诰命

顺治六年十月初七日

额鲁特部鄂木布墨尔根济农，尔听说长城以内白帽之民发动叛乱，围攻西宁城，三次击败其兵马，又收服西宁城，效力尽忠，非同一般。故黾勉激励加赐卓里克图巴图鲁济农封号。

## 03-02-28　顺治帝以额鲁特部鄂木布车臣岱青平息白帽之乱立功 封其为土谢图巴图鲁岱青之诰命

顺治六年十月初七日

额鲁特部鄂木布车臣岱青，尔听说长城以内白帽民发动叛乱，围攻西宁城，三次击败其兵马，又收服西宁城，笃实效力，非同一般。故黾勉激励授升赐土谢图巴图鲁戴青封号。

## 03-02-29　顺治帝以额鲁特部呼鲁木席额尔德尼岱青平息白帽 之乱立功封其为青巴图鲁额尔德尼岱青之诰命

顺治六年十月初七日

额鲁特部呼鲁木席额尔德尼岱青，尔听说长城以内白帽民发动叛乱，围攻西宁城，三次击败其兵马，又收服西宁城，尽心效力，非同一般。故激励黾勉授升加赐巴图鲁额尔德尼岱青封号。

# 顺治七年（1650）档册

## 03-03-01　摄政皇叔父王追封其福晋为敬孝忠恭正宫元妃之册文

顺治七年正月十三日

顺治七年庚寅年春正月初一乙卯，十四日丁卯。

摄政皇叔父王令旨：敬孝忠恭正宫元妃，尔系嫩科尔沁蒙古国索诺木郡王之女。太宗皇帝得知尔颇有姿色，自小携来赐给我。尔自和我结发成婚以来文静庄重、贞洁、深沉无失，知恩慈爱，与我心相得甚欢。然而由于命中注定，突然中道英年早逝，我非常悲痛。所有兀鲁思全体亦悼念哀痛。想必生死命中注定。颁赐册文追封乃大礼也。故依据尔平生嘉言懿行，拟定追封封号，并颁赐册文，追封为敬孝忠恭正宫元妃。呜呼！追封绍古之名号，以适宜古今规矩。使尔嘉言懿行广传后世，树立天下楷模。祈求尔在天之灵降世，迎受此显兆示爱赐鉴！

## 03-03-02　　　顺治帝封鄂尔多斯部山达为多罗贝勒之诰命
### 顺治七年正月十九日

鄂尔多斯部山达，尔携所属兄弟及所属民，与额林臣济农一同来归附。故封为多罗贝勒封号。除负朕厚恩，谋反大逆，削除王爵，及行军败逃，依律治罪外，其一应过犯，永不削夺，子孙世袭。

## 03-03-03　　　顺治帝封鄂尔多斯部沙嘎扎为和硕台吉之诰命
### 顺治七年正月十九日

奉天承运皇帝制曰：自开天辟地以来，有一代应运之君，必有藩屏之佐，故叙功定名以别封号者，乃古圣王之典也。朕爰仿古制，不分内外，视为一体。凡我诸藩，俱因功授册，以昭等威，受此诰命者，必忠以辅国，恪守矩度，自始至终，不忘信义，若此则光前裕后，而奕世永昌矣。慎行勿怠。鄂尔多斯部沙嘎扎，尔携所属兄弟及属民与额林臣济农一同来归附。朕嘉尔勋，故封为和硕台吉。

## 03-03-04　　　摄政皇叔父王追封其妃为敬孝忠恭正宫元妃之册文
### 顺治七年正月十三日

顺治七年庚寅年春正月初一乙卯，十四日丁卯。

摄政皇叔父王令旨：敬孝忠恭正宫元妃，尔系嫩科尔沁蒙古国索诺木郡王之女。太宗皇帝得知尔颇有姿色，自小携来赐给我。尔自和我结发成婚以来文静庄重、贞洁、深沉无失，知恩慈爱，与我心相得甚欢。然而由于命中注定，突然中道英年早逝，我非常悲痛。所有兀鲁思全体亦悼念哀痛。想必生死命中注定。颁赐册文追封乃大礼也。故依据尔平生嘉言懿行拟定追封封号，并颁赐册文，追封为敬孝忠恭正宫元妃。呜呼！追封绍古之名号，以适宜古今规矩。使嘉言懿行广传后世，树立天下楷模。祈求尔在天之灵降世，迎受此显兆示爱并永垂不朽！

## 03-03-05　　　户部宣摄政皇叔父王禁止与喀尔喀额鲁特
## 二部进行马市交易之令
### 顺治七年二月初二日

摄政皇叔父王令旨：今后若喀尔喀额鲁特二部至长城之外来交易，章京以下披甲以上无骆驼、马匹之人欲与之做交易，来一次只能买一匹。若买一匹以上，则充公那匹马并依法治罪。让人买马匹的人，自己不卖却让他人替代自己做交易，亦要依法治罪替代者及卖马者，并没收其所买马匹。当买马匹时，每个旗挑出两名良善章京等监督交易。那些挑出的诸章京，委托各自旗苏木章京（佐领）、领催（拨什库）等记录买马者名字。尔留一份，给户部送一份。在卖马地方，据此名单点名放进，让其作成交易。若强行逮住喀尔喀部马匹，依法逮捕且鞭打买马匹者。若诸章京如此，则依法治罪。无甲胄之人、商人、中介人，若买喀尔喀、额鲁特等部马匹，则鞭打一百，且没收其马匹。又自居庸关口往这里前来商人、中介人及所有人，为迎接交易诸章京及人蹲守捉拿，将被捕者捆绑带回来，以盗窃罪论处。前去所捉拿章京及人，若自己买及与他人合伙买，则亦以盗窃罪论处。按照户部督促颁布于众人令旨，户部宣布给众人。

## 03-03-06　　顺治帝尊谥皇太后为孝端正敬仁懿庄敏
### 辅天协圣文皇后文书
#### 顺治七年二月初四日

顺治七年庚寅年春二月初一甲申、初四丁亥日，即位孙子福临跪拜禀报：皇太后在宫中以嘉言懿行善导福德，安康享福则甚善。天不假年，事与愿违，由于命中注定，遽然崩逝，悲痛万分。大礼追封素重，准备祭品，以著后世，彰显昔日嘉言懿行如同日月光明。皇太后安详守信，持重温柔，甚得父皇太宗欢心。生养哺育，并辅助眇躬。唯朕效法古礼，与众协商追封谥号，呈献宝玺及册文，追封为孝端正敬仁懿庄敏辅天协圣文皇后，以示永存福德。

## 03-03-07　　顺治帝以庇护腾机思抢掠巴林土默特部等
### 罪敕谕喀尔喀扎萨克图汗等文书
#### 顺治七年三月初十日

皇帝敕谕致土谢图汗、丹津喇嘛、俄木布额尔德尼等几位大小诸诺颜（贝子）等。尔等众使臣与诸门汗同来，讲睦通好，究无定议。朕自一统天下，凡有征讨收服，从不无故加兵于无辜，其无辜来犯者，朕亦不能漠然置之。曩与察哈尔原无衅隙，乃察哈尔擅执吾使，且言勿伐明，若伐明则，助明为难。所以我国斩察哈尔使臣杭胡勒拜户，兴师征讨察哈尔，将察哈尔汗后妃、诸子及所属之民尽数收服。苏尼特部，原系察哈尔属部，抢攘丧乱之际，苏尼特部落腾机思遁附尔硕垒（汗）。后听说我大名慕名来归服。我与尔硕垒（汗）并无凤衅，乃诱久附几年之苏尼特部叛而遁走，我等派兵吩咐勿扰乱喀尔喀，只是追剿苏尼特部。此初与尔喀尔喀部无涉，尔土谢图汗、硕垒汗反而率兵来迎战，唯天谴责土谢图汗、硕垒汗，以致败衄。如朕果欲与尔喀尔喀构兵，乘此兵败溃退之机，已至尔兀鲁思附近，何不长驱而直取乎？尔等经常挑衅，土谢图汗、硕垒汗二人率兵来迎战，二楚库尔攻打我巴林部。俄木布额尔德尼、巴尔布冰图二人率兵举兵犯我，但听说我已出兵后，便撤回。巴尔布冰图攻我土默特部，杀掠人口、牲畜而去。以前我与尔等曾有此构兵之事否乎？今尔等若复申盟好，可具书来奏，当报以敕谕。以为然否？送还二楚库尔所掠我巴林部人口、牲畜。惩治俄木布额尔德尼、巴尔布冰图二人率兵之罪。惩治巴尔布冰图攻我土默特杀掠人口、牲畜之罪，归还所掠人口、牲畜。今后若欲停战，守信并和好，为首汗、诸诺颜（贝勒）、台吉所有人向天地起誓，政体一体。否则遣使无益也。

## 03-03-08　　　额鲁特部鄂齐尔图台吉奏请和睦相处书
### 顺治七年四月二十二日

天下共主赐鉴！鄂齐尔图台吉敬呈上书。想必在政教二道事业圆满氛围中，幸福安康。如此嗣登大位，将政教二道太平弘扬，祈求如今及永世福德，地方虽遥远，尽可能相互帮助，至少互遣使者，以示亲近和善。亦赐鉴！随书呈献礼物有皂雕一只、黑狐狸皮一张、白狐狸皮一张、马三百匹。使者有额尔德尼浑津喇嘛为首诸人。于丑年（牛年）霍尔汗七月初五日，自塔尔巴哈台地方呈献。

## 03-03-09　　　额鲁特鄂齐尔图台吉奏请和睦相处致皇叔父王书
### 顺治七年四月二十二日

致皇叔父王赐鉴！鄂齐尔图台吉奏请问安。值此尔执掌皇帝大政之时，谨慎效力于弘扬教法，安抚诸国。虽未曾见面，久闻善名来自远方。尽可能相互帮助，至少互遣使者，以示亲近和善。随文书呈献礼物有马二百匹。使者有额尔德尼浑津喇嘛为首诸人。于丑年（牛年）霍尔汗七月初五日，自塔尔巴哈台地方呈献。

## 03-03-10　　　顺治帝以朝鲁门病故准其子袭虎承袭
## 阿思哈尼哈番兼拖沙喇哈番之敕命
### 顺治七年四月初二日

朝鲁门病故之后，恩准其子袭虎承袭阿思哈尼哈番兼拖沙喇哈番。又准再承袭十次。

## 03-03-11　　　顺治帝令额鲁特部鄂齐尔图台吉中止
## 与喀尔喀交往之敕谕
### 顺治七年四月十二日

皇帝敕谕致鄂齐尔图台吉。尔所呈献书中称地方虽僻处遐荒，力所能及则相助，不能则相互遣使通好，如此则甚善。朕自统一天下，凡有征讨收服，从无穷兵黩武，滥及无辜之举。若无故犯我，朕亦不姑贷。曩我与察哈尔原无衅隙，乃察哈尔擅执吾使。且欲阻我征伐汉人，否则助汉人为难等。（朕）所以杀死察哈尔使臣杭胡勒拜户，兴师征讨察哈尔，将察哈尔汗后妃、诸子及兀鲁思百姓尽数收服。苏尼特部落，原系察哈尔属部，因那次战乱，苏尼特部腾机思，遁附尔硕垒汗。后来听说我大名来归服。我与硕垒（汗）并无夙衅，却教唆久附几年之苏尼特部携归，我等派兵吩咐切勿扰乱喀尔喀，只是追击苏尼特。这与喀尔喀部无涉。土谢图汗、硕垒汗反而率兵来拒战，致干上天谴怒，使土谢图汗、硕垒汗，兵败。如朕果欲真征讨喀尔喀部，乘其兵败北溃退之际，已至其兀鲁思附近，何不长驱而直取乎？彼等经常挑衅，土谢图汗、硕垒汗二人率兵来迎战，二楚库尔攻打我巴林部。俄木布额尔德尼、巴尔布冰图二人率兵来欲攻打我，但听说我已出兵后，便撤回。巴尔布冰图攻打我土默特部，杀掠人口、牲畜而去。因此，故与喀尔喀部禁绝往来。后以诺门汗调停，喀尔喀部扎萨克图汗、土谢图汗、俄木布额尔德尼等会同遣使输诚。朕遂遣使同往捎话说：饬彼还二楚库尔所掠我巴林部人口、牲畜，赎俄木布额尔德尼、巴尔布冰图二人率兵侵犯之罪，及巴尔布冰图攻我土默特部杀掠人畜之罪，并归还所掠人口、牲畜。今后若罢兵息战，守信并永通和好，为首汗（部落之长）、诸诺颜、台吉（大小诸贝勒贝子）所有人，誓告天地，政体和好。若不听吾言，我等与喀尔喀部成为敌人。所以致书让尔等明白其中的原因。尔等既已与我和好，因而我们与喀尔喀部成为敌人，尔等若与喀尔喀部和好，（朕以为）不甚合适。尔等其深思之。

## 03-03-12　顺治帝以其祖父立战功晋封张继伦为多罗郡王之诰命
### 顺治七年四月十二日

后因尔张继伦祖父所立战功卓著，所以由多罗贝勒晋封为多罗郡王。

## 03-03-13　　　　　　达赖喇嘛敬献舍利子书
### 顺治七年七月初七日

天下至上最胜权威明鉴！以广大善时缘分，自无数善业大水仓中心，乱时转力轮者，远离世界大梵天水晶至尊天空边缘所入百种弊病，向百方之地发出利益众生幸福之亮光。以善成四部百叶黄莲花盛开怒放，善名多弦胡拨思（又写火不思，意为琴——译者）声律成为耳朵甘霖庄严。如同圣识一切甘蔗古礼，依旧对众生一视同仁旧例，并以持着一颗纯白善良之心。敬呈理由，早先自大宫殿经常给吉斯尼格东（庙仓——译者）施恩赏赐，一度却中断。其后幸亏索南迦错达赖喇嘛所建立，亦受到赏赐，所以他们前往大宫殿。西召地方一度回报。尔后所有事宜不断传谕，如此这般往来，振兴世界者，以无垢圣明精妙先知先觉来预示。因此，如同古昔至善传统般回禀。随献书礼物有引向汇集湖泊两次出生自身至尊像一尊，圣识一切伊拉古格森（世尊或大觉）胜者甘蔗舍利子等，钤盖有印章，自教法大院威德哲蚌寺敬呈。

## 03-03-14　　　　鄂尔多斯部扎木苏悔过投诚书
### 顺治七年七月十五日

我深知未服从至圣皇帝恩赐厚爱致使误入歧途。由于驿递（驿站）供役人，夺取士兵马匹骑乘而引起打架斗殴，扎尔固齐（审事人）射箭，驿站供役人杀人，因惧怕此事，便离开故土。不能躲避皇上，故回到故土。扎木苏悔过投诚书。

## 03-03-15　　　顺治帝赦免鄂尔多斯部扎木苏之敕命
### 顺治七年七月二十一日

皇帝敕命传谕致鄂尔多斯部扎木苏。朕已悉尔所呈献文书。岂有对决心悔过投诚之人怀有恶意之理？尔随即可以回到故土来！

## 03-03-16　　顺治帝晋封古鲁斯辖布为多罗都冷贝勒之敕命
### 顺治七年八月十三日

古鲁斯辖布，尔之父来归附，功劳殊大。因此，又由旗台吉晋封授升为多罗都冷贝勒。

## 03-03-17　　顺治帝以吴默黑病故准其子沙格都尔承袭
## 三等精奇尼哈番之敕命
### 顺治七年八月初八日

吴默黑病故之后，恩准其子沙格都尔承袭三等精奇尼哈番。又准再承袭十一次。

## 03-03-18　　　　顺治帝上孝慈武皇后尊谥册文
### 顺治七年七月二十二日

顺治七年庚寅年七月初一日壬子、二十二日癸酉日，嗣登大宝之臣孙跪拜谨奏：肃雍内宫，受上天眷佑，显扬善行。母仪天下，福祉典范，奕扬后世，光显徽号。追仁报恩，俾展孝思。钦唯皇祖妣皇后，天生聪睿，心秉塞渊，性成仁孝，肃雍审慎，广大敏慧，笃诚福泽。太祖皇帝开国肇基，身居中宫，谐和赞助太祖皇帝明德善行，积善积德，养育吉祥有德之子摄政父王，肇建大朝，平定天下。益坚安贞之志，与祖父太祖皇帝一同升遐殡天。今朕与诸王、贝勒、群臣共议，爰仿古制，追尊徽号，恭奉册宝，上尊谥曰：孝擘昭宪纯德贞顺成天育圣武皇后，升祔太庙。尚享祭祀之礼，明昭追孝之道。奕福泽及后嗣，佑护国民安康！

## 03-03-19　　　顺治帝上孝慈武皇后尊谥号颁大赦诏书
### 顺治七年八月初十日

奉天承运皇帝诏曰：昭示嘉言懿行，肃雍内宫，福祉及德智，流布于后世，爰仿古制，丕显大号，俾展孝思。皇祖妣皇后，太祖开国肇基，身居中宫，和谐协助太祖皇帝明德善行，积善积德，养育吉祥有德之子摄政父王，平定天下，安抚百姓。凡兹应归功于皇祖妣皇后所积大恩大德之力。大祭献祝福于后代，则尊崇祭礼。今为副先前明心，采纳诸王、贝勒及文武群臣之言，祗告天地、宗庙、社稷，率诸王、贝勒及文武群臣，于顺治七年七月二十六日，恭奉册宝，上尊谥曰：孝慈昭宪纯德贞顺成天育圣武皇后，升祔太庙。故恩赐臣民，大赦天下，宣告内外，咸使闻知。

应施行恩宽事项写在后边。一种，给亲王、郡王、诸诺颜、台吉等施恩赏赐。一种，外藩蒙古亲王、郡王、诸诺颜台吉等施恩赏赐。一种，给京城内三品以上满洲、汉人文武官员，施恩赏赐。凡是官吏、军民等人除逃叛罪，杀伤祖父母、父母罪，宗亲内乱伦罪，妻妾杀夫及告夫罪、奴仆杀主人罪、杀无辜三人罪、食婴儿，割食妇女乳房罪，谋杀、故杀罪，蛊毒罪、公开强盗、魇魅罪等十恶真正死罪不给赦免外，其他自顺治七年七月二十六日以前，已发觉、未发觉，已结正、未结正，咸赦除之。有以赦前事相告讦者，不与审理，以其罪罪之。一种，暗中私自勒索钱财，构成死罪官吏，救其一命，追交其赃物，以后永不叙用。一种，议革，议降，停止赏赐及住俸、戴罪听候处置，又委付内外衙门逮捕审理等此类当今见在商议之罪，俱与豁免。一种，凡文武官员，见在议革、议降罚及住俸戴罪，并敕督抚提问究拟者，尽与豁免。一种，为所犯之罪，追究赔偿赎罪，却没有东西可给赔偿，且无偿还能力者，切勿牵连其亲族。免除追究赔偿。一种，送来钱粮，路途遇到盗贼被劫掠，认真查验甄别，果然地方官言明并备案，免除其赔偿。一种，领取仓库钱粮，都有明确定额数量。若核实欠缺或取给多少，按例令其赔偿，俱赦免其罪。一种，所有地方房屋被驻军占用者，先前由免除其劳役，如今一律依旧豁免。未能豁免则今年一年豁免其劳役。一种，小民所欠钱粮，于先前所下诏书允准免除其元年、二年、三年钱粮。如今又将四年钱粮亦免除之。已经征收则送至仓库。恐怕以小民欠交为借口隐瞒。一种，远方尚未归降之文武官吏、秀才等，如果诚心诚意来归附，既往不咎。如果带领兵马及城池归降，视其来归事宜大小，授官赏赐。一种，土司所属部效力者尚未给封号则军门、都堂（督抚）查明上奏。效力者必给予赏赐。一种，天下土司，各自守其土地，听信盗贼妄言，恐怕不来投诚归降。果然将原来所守土地及兀鲁思写明来归，依旧赐给封号。如果捉拿结交叛徒之人送来，重加赏赐。一种，新归附之民，因被盗贼所逼，惧怕不敢来归降者，如今来投诚归降则免其死，并遣送回其乡里教化。一种，土贼捉拿盗贼或贼首，并带领众人来归附，一律宽恕全体之罪，并上奏为其首领，请赐封号。一种，天下百姓苦于驿站服役，给所有骑乘驿马官吏及人之物品，根据其情形规定，善于掌管驿站之艰苦，以便使小民得以安宁。於戏！尊崇祭祀之礼，报恩酬仁。为广布嘉言懿行闻名久远，朕爱仿古制，追尊谥号，诏告天下，咸使闻知。

## 03-03-20　顺治帝晋封巴林部辅国公色布腾额驸为多罗郡王之诰命

顺治七年八月十二日

巴林部色布腾，其后因下嫁固伦公主，封为固伦额驸。尔携兄弟及兀鲁思来归附，功勋殊高。所以封为辅国公，多罗郡王。依旧世袭罔替。

## 03-03-21　顺治帝晋封蒿齐特部孛罗特为多罗额尔德尼郡王之诰命

顺治七年八月十二日

蒿齐特部孛罗特，尔其后抛弃喀尔喀兄弟，携尔所属之民来归附，功勋殊大。故施恩仁慈，由多罗额尔德尼贝勒晋封授升为多罗额尔德尼郡王。依旧世袭罔替。

## 03-03-22　顺治帝晋封阿鲁科尔沁部古木为多罗贝勒之诰命

顺治七年八月十二日

阿鲁科尔沁部古木，后来与彻艮一起率其兀鲁思来归附，功劳殊卓，所以施恩由辅国公晋封授升为多罗贝勒，依旧世袭罔替。

## 03-03-23　顺治帝封喀喇沁部布雅西里卫寨桑之子萨木达尔
## 为三等精奇尼哈番之诰命

顺治七年八月十二日

布雅西里卫寨桑，尔原系喀喇沁部苏布地杜棱属下重臣。当尔本主携其所属之民来归附时，因尔与本主说并一同携归。故黾勉此善举，封尔之子萨木达尔为三等精奇尼哈番。亦准再承袭十一次。

## 03-03-24　顺治帝封彭苏克扎木苏为国师之诰命

顺治七年八月二十八日

奉天承运皇帝诏曰：朕混一天下，不分内外，视如一家。黾勉激励尔彭苏克扎木苏喇嘛自遐荒远方来进贡，今封为灌顶弘善西天福慈大国师。尔务必谨慎小心，弘扬佛法，为众生造福，循循善诱。尔以教法为贵，始终不渝，切勿破坏清规戒律。若果真如此修行成功，有益于佛教，朕亦赞扬备至。

## 03-03-25　顺治帝封普仁里扎木苏为国师之诰命

顺治七年八月二十八日

奉天承运皇帝诏曰：朕混一天下，不分内外，视如一家。黾勉激励尔普仁里扎木苏自遐荒远方来进贡，今封为精修戒顶国师。尔务必谨慎小心，弘扬佛法，造福众生。循循善诱以教法为贵，始终不渝，切勿破坏净持戒行。若果真如此修养成功，有益于佛教，朕亦大加赞扬。

## 03-03-26　　　　　顺治帝封西饶扎木苏为国师之诰命
### 顺治七年八月二十八日

奉天承运皇帝诏曰：朕混一天下，不分内外，视如一家。黾勉激励尔西饶扎木苏喇嘛自遐荒远方来进贡，今封为灌顶精修光辉国师。尔务必谨慎小心，弘扬佛法，造福众生。循循善诱，并以教法为至贵，始终不渝，切勿破坏清规戒律。若果真如此修行成功，有益于佛教，朕亦赞扬备至。

## 03-03-27　　顺治帝封乌思藏阐化王之喇嘛官冬日布为都刚之敕命
### 顺治七年八月二十八日

奉天承运皇帝诏曰：朕混一天下，不分内外，视如一家。黾勉激励尔冬日布喇嘛自遐荒远方来进贡，今封为都刚。尔谨慎小心，弘扬佛法，造福众生。循循善诱，并以教法为至贵，始终不渝，切勿破坏净持戒行。若果真如此修养成功则有益于佛教，朕亦赞扬备至。

## 03-03-28　　　　　顺治帝封西藏高僧占巴为国师之诰命
### 顺治七年八月二十八日

皇帝诰命致国师占巴喇嘛。因尔真心服从天朝敬重至圣，故今加赐国师封号，赐给印信。治理所属之民，并每年来贡方物。允准与域外之民作些商业交易。守护一方水土，严守为臣之礼。常思图报国恩，幸托太平福德之力，永享平安幸福。钦此。

## 03-03-29　　　　　顺治帝封董罗布敖斯尔为禅师之诰命
### 顺治七年八月二十八日

奉天承运皇帝诏曰：朕混一天下，不别内外，视如一家。黾勉激励尔董罗布敖斯尔自遐荒远方来进贡，今封为广善禅师。尔务必谨慎小心，弘扬佛法，造福众生。循循善诱并以教法为贵，始终不渝，切勿破坏净持戒行。若果真如此修行成功，有益于佛教，朕亦赞扬备至。

## 03-03-30　　　　　顺治帝封晋巴为国师之诰命
### 顺治七年八月二十八日

奉天承运皇帝诏曰：朕混一天下，不分内外，视如一家。黾勉激励尔晋巴喇嘛自遐荒远方来进贡，今封为灌顶精修戒顶国师。尔务必谨慎小心，弘扬佛法，造福众生。循循善诱，并以教法为至贵，始终不渝，切勿破坏清规戒律。若果真如此修行成功，有益于佛教，朕亦赞扬备至。

## 03-03-31　　　顺治帝封西饶僧格为禅师之诰命
### 顺治七年八月二十八日

奉天承运皇帝诏曰：朕混一天下，不分内外，视如一家。黾勉激励尔西饶僧格喇嘛自遥荒远方来进贡，今封为宗修禅师。尔务必谨慎小心，弘扬佛法，造福众生。循循善诱，以教法为至贵，始终不渝，切勿破坏净持戒行。若果真如此修行成功，有益于佛教，朕亦赞扬备至。

## 03-03-32　　　顺治帝封拉格巴喇西为禅师之诰命
### 顺治七年八月二十八日

奉天承运皇帝诏曰：朕混一天下，不分内外，视如一家。黾勉激励尔拉格巴喇西喇嘛自遥荒远方来进贡，今封为昭禅师。尔务必谨慎小心，弘扬佛法，造福众生。循循善诱并以教法为至贵，始终不渝，切勿破坏净持戒行。若果真如此修行成功，于佛教不无有益，朕亦赞扬备至。

此阐化王并没有将西藏诸喇嘛诰命用蒙古文书写，而用藏文写出。

## 03-03-33　　　喀尔喀诺门汗遣使奏书
### 顺治七年十月初三日

十月初三日恰喇嘛所携来之书。四部兵马尘埃尚未落定，笼罩须弥山及海水等，让骄奢淫逸诸汗王跪在足下，赡部洲帝父赐鉴！如同释迦牟尼降伏妖魔鬼怪一般，嗣登世上宝贵坛座，为整个赡部洲造福，与如同玉皇大帝般重臣围绕，至高无上人君高坐金坛，故心中不胜喜悦。问安之言。伊拉古格森胜者（世尊或大觉）父子命令。如同尊敬成吉思汗之礼般敬重赡部洲皇帝，乃造福天下常法也。明鉴如我等老人不顾人畜暑热冬寒、饥渴等等种种不便，积善积德，以求成事。与诸诺颜一起欲二百位官吏来。先前（皇上）曾经敕命有关政体，尔老喇嘛做主，并说我若到喀尔喀去，敬仰之事由喀尔喀部负责；若喀尔喀部来此地，则敬仰之事，即由朕负责。没有比这个更好的。期盼赐鉴！此善良政体，先人得见，后人耳闻，所以一切都在人君之手，明鉴！欲言事宜，由达尔汉绰尔济口头上奏。随收书礼物有拉西哈达一个。于初七日。

## 03-03-34　　顺治帝以敖汉部墨尔根巴图鲁郡王属下叟色病故
### 赐封其侄子多尔济为头等阿达哈哈番之敕命
### 顺治七年十月十八日

奉天承运皇帝制曰：朕惟尚德崇功，国家之大典；输忠尽职，臣子之常经。古圣帝明王，戡乱以武，致治以文。朕钦承往制，甄进贤能，特设文武勋阶，以彰激励。受兹任者，必忠以立身，仁以抚众，防奸御侮，机无暇时。若能则荣及父祖，福延后嗣，而身家永康矣，敬之勿怠。

敖汉部墨尔根巴图鲁郡王，尔属下叟色充当来往使者，效力辛苦，后来与其主一起来归附，故封达尔汉封号。病故之后，晋封其达尔汉封号为头等阿达哈哈番，并恩准其侄子多尔济承袭。准再承袭五次。

## 03-03-35　　顺治帝以敖汉部墨尔根巴图鲁郡王属下拜桑古尔
### 病故赐封其子西礼为头等阿达哈哈番之敕命
顺治七年十月十八日

奉天承运皇帝制曰：朕惟尚德崇功，国家之大典；输忠尽职，臣子之常经。古圣帝明王，戡乱以武，致治以文。朕钦承往制，甄进贤能，特设文武勋阶，以彰激励。受兹任者，必忠以立身，仁以抚众，防奸御侮，机无暇时。若能则荣及父祖，福延后嗣，而身家永康矣，敬之勿怠。

敖汉部墨尔根巴图鲁郡王，尔属下拜桑古尔充当来往使者，效力辛苦，后来与其本主一起来归附，故封为达尔汉封号。病故之后，晋封其达尔汉封号授升为头等阿达哈哈番，恩准其子西礼承袭。又准再承袭五次。

## 03-03-36　　顺治帝以科尔沁之郭尔罗斯部桑嘎尔病故准其兄
### 子昂哈承袭辅国公之敕命
顺治七年十月十八日

科尔沁部属下郭尔罗斯部桑嘎尔病故之后，恩准其兄子昂哈承袭辅国公。依旧世袭罔替。

## 03-03-37　　顺治帝以土默特部宝柱病故准其弟那玛斯希为
### 拜他喇布勒哈番之敕命
顺治七年十月十八日

土默特部宝柱病故之后，恩准其弟那玛斯希为拜他喇布勒哈番。倘若阵亡，则准袭，如若病故，则停袭。

## 03-03-38　　　　　喀尔喀部诸汗诺颜等奏求和书
顺治七年十月二十五日

祝福吉祥如意！皇帝明鉴，诸汗、诺门汗为首全体诸诺颜呈上文书。圣人诸喇嘛等素来多次命令大家谨慎笃实，为政教事业尽心效力，如果追溯以前曾经所说事情，会成为多余废话，所以今为政体之间沟通，遣以四位诺颜为首大臣，以适宜守信诺言求和。认同太平汗、格根汗二皇帝之例写成敕谕、题奏字样。至于格根汗如何定夺裁决，由他们那里赐鉴。于吉日赍送。

## 03-03-39　　　喀尔喀部来朝讲和之诸诺颜台吉及使者名册

顺治七年十月二十五日

前来欲为商议政体一体（和好政体）之喀尔喀土谢图汗所属丹津喇嘛之子额尔德尼诺木齐台吉、墨尔根台吉、马哈撒玛谛汗所属额尔德尼戴青台吉为首大臣；土谢图汗所属浑津乌巴什、仰布和恰（侍卫）；丹津喇嘛所属确斯辖布达尔汉寨桑、戴青巴图鲁；哲布尊丹巴呼图克图所属格珠勒喇嘛；戴青诺颜所属楚鲁木寨桑；昆都仑哈丹巴图鲁所属桑哈尔寨额尔德尼卫征和硕齐；卫征诺颜所属豁巴达尔汉寨桑；图尔格济诺颜所属达理寨桑和硕齐；拉玛达尔达尔汉诺颜所属达尔汉寨桑；万舒克诺颜所属萨木尔阿拉达尔；墨尔根诺颜所属楚胡拉寨桑；额尔德尼戴青和硕齐所属伊绥卫征和硕齐；塞臣（彻辰）戴青诺颜所属昭布伊莽奈恰（侍卫）；和硕齐诺颜所属塔济阿尔斯兰；济纳达西诺颜所属多尔济塔布囊；额尔克寨桑诺颜所属巴扎尔塞臣（彻辰）寨桑；桑哈尔寨阿海台吉所属额尔克伊勒登塔布囊；乌巴什台吉所属扎木苏卫征乌尔鲁克；萨兰察台吉所属楚扬额尔德尼；马哈撒玛谛汗所属阿南达台吉之戴青乌巴什以及副大臣；土谢图汗所属戴青诺颜属下图尔拜火落赤；卫征诺颜所属塔胡奈墨尔根恰（侍卫）；图尔格其诺颜所属巴拜白诺颜；拉玛达尔达尔汉诺颜所属玛尼巴；昆都仑哈丹巴图鲁所属席喇布巴图鲁恰（侍卫）；万舒克诺颜所属胡德格达古里斯胡；墨尔根诺颜所属额尔德尼塔布囊；额尔德尼戴青诺颜所属巴拜额尔克和硕齐；墨尔根楚古库尔诺颜所属胡德胡墨尔根敖尼苏；诺门达赖诺颜所属绰克图格珠勒；伊勒登和硕齐诺颜所属巴丹土谢图；墨尔根楚古库尔所属戴青塔布囊；锁塔尔楚古库尔所属索诺木赛音恰（侍卫）；拉玛楚古库尔诺颜所属萨兰岱绰克图恰（侍卫）；额尔克楚古库尔所属秦达穆尼喇嘛、额尔克喇嘛；绰克图台吉所属墨尔根达鲁南；玛察克诺颜所属达尔汉喇嘛；古噜墨尔根台吉之子土谢图；冰图（秉图）台吉所属恩克乌力吉图；扎木苏绰克图台吉所属乌兰撒哈达克；乌巴什台吉所属扎木苏戴青恰（侍卫）；马哈撒玛谛汗所属巴图鲁台吉属下恰（侍卫）塔布囊；冰图（秉图）阿海台吉所属巴寨额尔格勒；卫征诺颜所属额尔克寨桑；泰恭台吉所属乌力吉图；额尔德尼寨桑台吉所属寨桑恰（侍卫）；泰恭额尔德尼台吉所属图浩济卫征；固扬寨桑台吉所属土谢图；伊勒登乌巴什诺颜所属布胡济乌兰巴图鲁；布迪扎布台吉所属伊勒登恰（侍卫）；劳章乌巴什台吉所属乌胡里；乌巴什台吉所属达尔汉喇嘛。所有这些人共三个台吉，五十五官吏。

## 03-03-40　　　顺治帝敕谕扎萨克图汗土谢图汗丹津喇嘛俄木布

### 额尔德尼等进贡九白之贡书

顺治七年十一月二十二日

皇帝敕谕致土谢图汗、丹津喇嘛、俄木布额尔德尼等几位大小诸诺颜。尔等众使臣与诺门汗同来，和睦通好，究无定议。朕自一统天下，凡有征讨，从不欲无故加兵于无辜，其无故来犯者，朕亦不能漠然置之。曩我等与察哈尔原无衅隙，乃察哈尔擅执吾使，且言勿伐汉人（明朝），若伐则助汉人（明朝）为难等。所以斩察哈尔使臣杭胡勒拜户，兴师征讨察哈尔，将察哈尔汗后妃、诸子及兀鲁思、人民尽数收服。苏尼特部落，原系察哈尔汗所属，因那次战乱，苏尼特部腾机思遁附尔硕垒汗。后听说我大名慕名来归附。我与尔硕垒并无夙衅，乃诱久附居住几年之苏尼特携归，当我等派兵时吩咐切勿扰乱喀尔喀，只追击苏尼特部，与尔喀尔喀无涉。土谢图汗、硕垒汗反而率兵来拒战。上天谴责土谢图汗、硕垒汗，使其败衄。我等果真欲与尔喀尔喀构兵，趁兵败溃退之际，已至尔国附近，何不长驱而直取乎？尔等经常挑衅，土谢图汗、硕垒汗二人率兵来拒战，二楚库尔攻打我巴林部。俄木布额尔德尼、巴尔布冰图二人率兵来欲攻打我们，但听说我已出兵后，只好撤回。巴尔布冰图进攻我土默特部，杀掠人畜而去。以前我与尔等曾有攻掠诸事吗？今尔等如欲复通盟好，尔以表来，我以敕往，朕一再要求尔等送来二楚库尔所掠我巴林部人口、牲畜如数偿还，赎俄木布额尔德尼、巴尔布冰图二人率兵侵犯之罪。惩治巴尔布冰图攻我土默特部，杀掠人口、牲畜之罪，并归还所掠人畜。今后（尔等）如欲罢兵息战，永通和好，尔为首汗（部落之长）、诸诺颜、台吉（贝勒、贝子）所有人誓告天地，欲和则和，倘有一、二旗诸诺颜（固山贝子）不愿和好，自与尔诸贝子愿和好者无与，如我问罪于彼，尔亦不得相助，其修好诸诺颜（贝子），宜照定例，每年各按旗诸诺颜（固山贝子）进贡一次，每旗下贝子合进骆驼一只、马八匹（九白年贡——译者），并遣为首大臣朝见。朕照定例赏赍。除此之外，使者及来往商人（遣使贸易），各从其便。尔等如遵朕命，则尔众贝子可遣首要诸诺颜、赛特（大臣）来朝。否则毋遣使者。

## 03-03-41　摄政皇叔父王追封其妃为敬孝忠恭正宫元妃之册文

顺治七年正月十三日

顺治七年庚寅年春正月初一乙卯，十四日丁卯。摄政皇叔父王令旨：敬孝忠恭正宫元妃，尔系嫩科尔沁蒙古国索诺木郡王之女。太宗皇帝得知尔颇有姿色，自小携来赐给我。尔自和我结发以来文静庄重、贞洁、深沉无失，知恩慈爱，与我心相得甚欢。然而由于命中注定，遽然中道，英年早逝，我悲痛至极。所有兀鲁思全体亦悼念哀痛。想必生死乃命中注定。颁赐册文，追封乃大礼也。故依据尔平生嘉言懿行，拟定追封封号，并颁赐册文，追封为敬孝忠恭正宫元妃。呜呼！追封绍古名号，以适宜古今规矩。使嘉言懿行广传后世，树立天下楷模。祈求尔在天之灵降世，迎受尚享此显兆示爱，永垂不朽！

# 顺治八年（1651）档册

## 03-04-01　　　　顺治帝为亲政颁大赦之诏书
顺治八年正月十二日

诏曰：朕今躬亲大政，总理万机，深思天地，祖宗付托甚重。海内臣庶望治方殷，自惟凉德夙夜祗惧天下至大，政务至繁，非朕躬所独理，分猷宣力内赖诸王贝勒大臣、内三院、六部、都察院、理藩院、卿寺等衙门，外赖诸藩王、贝勒等及各大臣，并督抚、司道、府州县衙所等衙门提督、镇守将领等官，一应满汉内外文武大小官员，皆有政事兵民之责，务各殚忠尽职，洁己爱人，任劳任怨，不得推避天下利弊。必以上闻朝廷恩意期，于下究庶政举民安早臻平治。凡我民人宜仰体朕心，务本兴行乐业安生，共享泰宁之庆。合行恩赦事宜条列于后。一、在京诸王以下至六品官员以下俱加恩赐。一、在外诸王以下至公等以上，俱加恩赐。一、内外满汉官员一品封赠三代，二品三品封赠二代，七品以上封赠一代，八九品止封赠本身。该部作速举行。一、官吏、兵民人等有犯除谋反、叛逆，子孙谋杀祖父母、父母、内乱、妻妾杀夫、告夫、奴婢杀家长、杀一家非死罪三人、采生、折割人、谋杀、故杀真正人命、蛊毒罪、魇魅、毒药杀人、强盗、妖言惑众十恶真正死罪不赦。隐匿满洲逃人，亦不赦外，其余自顺治八年正月十二日昧爽以前，已发觉、未发觉，已结正、未结正，咸赦除之。有以赦前事相告讦者，以其罪罪之。一、凡文武官员，见在议革、议降罚及住俸戴罪，并敕督抚提问究拟者，尽与豁免。一、各省由万历年间加派地亩钱粮，顺治八年分准免三分之一。一、畿辅地方原未派，有万历年间加增地亩钱粮，其人丁徭银各州县派征等则不一。顺治八年分上三则免四分之一，中三则免三分之一，下三则全免。一、五岳四渎等祀，应遣官致祭者照旧例举行。一、文官在京四品以上，在外三品以上，武官在京在外二品以上，各送一子入监读书。一、国子监监生免坐监一个月，已拨历者免历事一个月。一、顺治八年乡试中式举人，大省加十五名，中省加十名，小省加五名。九年会试中进士四百名。一、各直省儒学以正贡作恩贡。次贡作岁贡。一、有负固不服，潜据山海者，如能率众来归，悉赦已往，仍量功升赏。一、有因叛逆干连，原系无辜者，该督抚审明，即为具题释放。一、附近贼巢居民，原未从贼，有司将领一概混捕擅杀者，该督抚察实参处。一、各处盗贼，或为饥寒所累，或为贪官所迫，实有可悯。如能改过就抚者，准赦其罪。奸民讹诈，动以谋叛、通贼告害良民。此后如有越境妄告者，该督抚严拏究审情虚反坐以安良善。一、凡贪官罪应至死与不应至死者俱免罪革职，永不叙用。赃仍照罪。一、凡应追赃私，察果家产尽绝，力不能完者，概与豁免。毋得株连亲族。於戏！政在养民，敢虚天地生成之德，时当亲政恒念祖宗爱育之心。诏谕臣民，咸宜知悉。

## 03-04-02　　　　　　达赖喇嘛奏请圣安书

顺治八年正月十七日

达赖喇嘛呈献给君临天下至圣曼殊师利（文殊菩萨）皇帝文书。无生无灭金刚本真寿命根源，修炼者自身之色身甘霖诸佛，振天地持财者，恩赐普世延年益寿，吉祥威德！宇宙涅槃功德心脏之水仓，众悦镀金母之乌麦中开春！降伏一切尊胜人君，至圣曼殊师利（文殊）皇帝赐鉴！具有各种俱胝之数灵性威德（威光）齐备俱全，用诗镜修辞之学以口中所含酒寓于身体，心情如此喜悦且拿着自由自在大喜乐之叶数珠般念珠回禀。用无量福德甘霖圣水养育，以三密奇妙如意宝树果实，如意威福皇帝，便由此福果产生。只见无不和谐奇妙至善吉祥百种俱胝之数凉爽之光，在众人愿望青莲花之中展颜笑容，如同引来俱全奇妙客人。用若干种胡拨思（又写火不思，即琴——译者）使耳朵及全体众人喜悦并喜乐之宴，以前所未有诗镜修辞敕命之圣水味道，与世界根本力量相抗衡。深渊清澈心水大仓之江，给这个宇宙世界降临善良幸福，而其不散泡沫，圆满至善四部如意宝珠之器具，化作降临至此广大世界之内。以丰硕善业阳光使教法及众生利益之千叶展放微笑，且降伏衰退黑暗种类，由天命所生非尔莫属！故以信仰有力宝根，好生拥戴二政（政教二道——译者）之伞盖，因白善福业因缘成熟而飘动幢幡，在宇宙之顶及其转动之礼，在安抚赡部洲人类坛场，众多蓝宝石宝汇，在此扰攘纷绕乱世，愿尔转轮者，永久稳坐无生无灭金刚座之上！无垢引导两次出生者白身世尊，卑词喜悦降临花朵礼物。依照种类散落在蓝天深渊中，如同象征吉兆红色莲花般留下鲜明痕迹。铁支如意毗诃罗年，如同遇到普度众生观音菩萨一般。由雪域世界中心威光哲蚌寺经院呈献。

## 03-04-03　　　　　　班禅胡土克图奏请圣安书

顺治八年正月十七日

转力轮者天下君主陛下赐鉴！今安详太平，善成有益于敬仰第二伊拉古格森（大觉或世尊）胜者教法之业，赍来问安礼物非常高兴。又依旧先前之礼，不敢懈怠白善福业宗教事业。我等为修成守护身神灵而谨慎努力。随书敬献礼物有佛舍利、符咒陀罗尼结（结子）、神灵搜集药丸、格彻地方金顶毡帐、罗汉果二只、红色氆氇二卷、西藏地方黄色氆氇二卷、花条杂色金顶毡帐十个、花条杂色氆氇四卷。于新年吉日敬献。

## 03-04-04　　　　班禅胡土克图为伊拉古克三胡土克图灵童
## 　　　　　　　　　显灵事致皇叔父王文

顺治八年正月十七日

班禅胡土克图（原文似写作巴噶呼图克图——译者）敬献人君至圣陛下赐鉴！所恩赐之宝一百两、缎十匹已由察干（察汉）喇嘛带来。敬献礼物有持有重要授记善逝者增殖舍利子、持有神灵小包布皮、菩提度母像一尊、氆氇十张、优质香烛等一起，于龙（辰）年吉月敬献。十二月二十二日。还有金顶毡帐一个、黄色氆氇二卷、花条杂色毡帐六个、花条杂色氆氇三卷、一个红色花条杂色毡帐一起，于新年吉日敬献。

## 03-04-05　　　　顾实汗奏请圣安书
顺治八年正月十七日

托广大非常福德之力天命所赐人君至圣陛下赐鉴！伊拉古克森（大觉或世尊）胜者宗教及扶助众生持教法王呈献文书。今令众生命运无比生成之身体，日坛不被云雾遮住，以掌管之光亮安乐辅助全体，敕书及重礼送达，非常高兴。我等敬仰幸托三宝福德，安康幸福！一切欲奏之言，均由使者上奏。敬献文书及礼物，均由大昭寺，于吉日敬呈。

## 03-04-06　　　　顺治帝上孝端文皇后谥号之诏书
顺治八年正月二十二日

顺治帝尊谥皇太后为孝端正敬仁懿庄敏辅天协圣文皇后文：

以孝端文皇后升祔太庙庙礼成，颁诏天下。奉天承运皇帝诏曰：内则光前，行克兼于慈孝，鸿名裕后，礼莫大于尊亲，稽古追崇昭兹播告。钦惟我皇妣皇后，承乾正位，体顺居贞，光辅太宗，式扩开成之烈，佑翼冲子，宏昭启迪之恩，贻训如存，追思罔极。仰溯徽音之嗣，琬琰生光，允宜显号之隆，苾芬同荐，恪遵成宪，丕协舆情，祗告天地、宗庙、社稷，率诸王、贝勒、文武群臣，恭奉册宝，上尊谥曰：孝端正敬仁懿庄敏辅天协圣文皇后，于顺治八年正月十九日升祔太庙。於戏！至哉，坤元永表，配天之德，涣斯大号，式孚率土之心。布告天下，咸使闻知。钦此。

## 03-04-07　　顺治帝劝鄂尔多斯部落多尔济等返回原牧地之敕谕
顺治八年二月初八日

谕鄂尔多斯部落多尔济等曰：尔等弃生长之乡而事他边，岂意有所苦而然钦？兹特降恩纶，谕旨到日，可即来归故土，朕仍恩养如旧。毋怀疑畏，朕言一出，断不尔欺。若再心怀疑畏，仍执迷不从，尔等岂能别为一国耶？朕亦不任尔安居也。逮事迫乃悔，夫复何益？且尔之同侪扎穆苏等返故土后，复业无恙，尔所知也。特谕。

## 03-04-08　　　　顺治帝上皇母庄妃尊号之诏书
顺治八年二月初一日

以上昭圣慈寿皇太后尊号。遣官祭告天地、太庙、社稷。是日上恭上昭圣慈寿皇太后言，恭惟圣母，柔顺承乾，含弘配地，翼赞皇考，淑顺著于宫闱，诞育眇躬，祯祥集于家国，臣获缵丕绪，奄有寰区。抚莅兆民，益念诚求之至德。敉宁九域，聿遵训迪之鸿谟。既亲大政而考彝章，乃顺群心而崇显号。伏冀垂慈鉴允。俾展微忱，庶藉尊养之仪。稍微显扬之愿。臣不胜倦倦之至。

皇帝儿子致敬呈之言：母后以合义行事与天遂，其心与地母相等，辅佐父皇时，深沉性情著称于宫中，养育朕喜悦之吉祥传播家庭及所有人。朕即大朝之位，君临天下，治理众百姓时，常念并效法养育之恩德。安抚天下时，遵循仁教之命。今执掌大朝，效法古制，与众心协调，尊谥大号。发慈爱恩赐则遂朕敬仰之心，故敬呈。

## 03-04-09　　　　顺治帝上皇母庄妃尊号册文
### 顺治八年二月初一日

上躬率诸王文武群臣恭上昭圣慈寿皇太后尊号、册宝。册文曰：开国承家，道莫先于立爱，正名定位。礼莫大于尊亲，子有至情，古垂彝宪。家登崇号，以表化原。恭惟圣母体备含弘，性成圣善，克恭俭而襄大业，秉慈惠而谐六宫。祜既笃放家邦，祥乃钟于继嗣，恩勤顾复。丕殚鞠子之劳。启迪训行，备示作君之则。坤教彰于率土，母仪式于九围。至德难名，莫罄揄扬之实。深恩罔报，图申尊养之诚。爰顺舆情，肇隆盛典。谨告天地、太庙、社稷率诸王、贝勒、贝子、文武群臣恭奉册宝，上尊号曰：昭圣慈寿皇太后。伏愿凝和，履泰燕子诒孙德位兼崇锡鸿禧于四海，天人协庆，介眉寿于万年，宝文曰：昭圣慈寿皇太后宝。

册文之言曰：顺治八年春二月初一日，己卯，初十戊子，皇帝儿子顶礼膜拜上言，振邦建国之礼制，以孝为先。明封号，定品级（爵位），以尊宗族为先。尊上封号，宜以别教化之根源。母后心性深沉，以敬重和蔼适宜大朝。以仁爱使六宫和睦。恩德泽被家国及所有众人。诸子吉祥。为养育朕含辛茹苦，教导培养为君之道。训导著称于所有兀鲁思，嘉行懿德母仪天下，成为后世楷模。特行懿德不可言传，礼赞不胜，不能报答如山重恩之万一，故为报答其养育之恩，顺众心，效古法，供祭禀报天地、太庙、社稷祠，率诸王、诸贝勒及文武官员全体，敬献册文及宝玺，追谥皇太后为孝端正敬仁懿庄敏辅天协圣文皇后。祝愿尊母平安，祥和泽及子孙，恩泽足以覆盖天下，天人皆喜，万寿无疆！朕甚喜拜献。

## 03-04-10　　　　顺治帝上皇太后尊号颁大赦之诏书
### 顺治八年二月初十日

奉天承运皇帝诏曰：帝王统御寰区，抚绥亿兆，莫不正名彰德，致隆于所生乃仁孝之至情，尊养之彝宪也。钦惟我圣母协赞皇考，勤修内则，克谐宫壶。以御于家邦，诞育眇躬，劬劳启迪，缵承洪绪，混一多方。揆厥本原，实唯慈庇，王公庶臣，咸谓家崇上尊号，以孚中外之心，协古今之礼。察兹公议，允惬朕衷。谨告天地、太庙、社稷于顺治八年二月初十日，率诸王、贝勒、贝子、文武群臣恭奉册宝，上尊号曰：昭圣慈寿皇太后。隆仪备举，恺泽覃敷。

所有恩恤事宜条列于后。一、和硕亲王以下宗室三等、辅国将军以上应厚加恩赐。

一、外藩诸王以下，山额真、精奇尼哈番以上各加恩赐。一、内外自公主以下至格格，各加恩赐。一、满洲及在内蒙古旧汉军，公爵以下，拖沙喇哈番以上，并袭职幼官随朝以上者加升一级。内有从前行间著劳及在署供职已久者，应破格分别升授。一、先经颁给诰命，世职各官，今遇恩诏升授者于诰命内，准撰世袭罔替。旧汉军尽可能达哈哈番，满洲拜他喇布勒哈番，今遇恩诏，亦准撰给诰命。嗣后已领诰命者，如再膺实职，另行撰给敕书。白身任梅勒章京、甲喇章京、满洲、蒙古白身任牛录章京，满洲、蒙古、汉军白身任侍郎、内院学士理事、汉启心郎、副理事、主事者，应概加升一级。在京文官五品以上，各加一级。在京官员九品以上，厚加恩赐。各省镇总督、巡抚并总兵官，各加恩赐。一、地方人才，果有诚实有德，山林隐逸之士，著该督抚核实具奏，酌与录用。一、各省人丁徭银，派征不等。八年一年曾分九则者，上三则免七分之一，中三则免五分之一，下三则免三分之一。不分等则者三钱以上免半。三钱以下全免。畿辅除前诏免过外，再照各省，一例蠲免。一、各处满汉兵丁分马步战守，各加赏赉。历代帝王陵寝、先师孔子阙里，应遣官致祭，照旧例举行。一、满汉孝子顺孙、义夫、节妇，该管官细加咨访，确具事实，勘给奏闻。礼部核实，以凭旌表。一、自顺治元年起至八年二月十一日昧爽以前，凡卫所充军人犯，不论永远终身悉与赦免回籍。督抚仍将赦过人数，具册报部。一、营中倒毙马匹有按年责赔之例。自八年二月十一日以前未赔者，悉为豁免。一、各营兵丁征战劳苦，如月饷有欠者，该督抚速为补给。一、征调别省兵丁，深为可悯，其家口坐粮，照例给发。务令得沾实惠。一、朝鲜岁额，各色绵绸五百匹，棉布五千匹，以后永免绵绸一百匹、棉布六百匹。於戏立爱，唯亲孝思不匮，唯圣母丕隆名寿于万斯年。王公臣庶，偕此大庆，其各祗乃身裕乃心勤乃事敬迓天麻，以共臻于郅理。布告天下，咸使闻知。

## 03-04-11　　　　顺治帝宣告摄政王罪行之诏书
### 顺治八年二月二十二日

奉天承运皇帝诏曰：郑亲王（济尔哈朗——译者）、巽亲王（满达海——译者）、端重亲王（博洛——译者）、敬谨亲王（尼堪——译者），同（内）侍卫大臣合词奏言：太宗文皇帝龙驭殡天时，诸王、贝勒、大臣等同心坚持，舍死盟誓，扶立皇上，彼时臣等并无欲立摄政王（多尔衮——译者）之议。唯伊弟豫郡王（多铎——译者）唆动劝进，彼时皇上尚在幼年，曾将朝政付伊与郑亲王共理。逮后（睿王多尔衮——译者）独专威权，不令郑亲王预政，遂以伊亲弟豫郡王（多铎——译者）为辅政叔王，背誓肆行，自称为皇父摄政王，以扶立皇上之功，尽为己功，又将太宗文皇帝素日恩养诸王、大臣、官兵人等，为我皇上捐躯竭力，攻城破敌，剿灭贼寇之功，不归朝廷，全为己功。其所用仪仗、音乐、侍卫之人，俱与皇上同，盖造府第，亦与皇上宫殿无异，府库之财，任意靡费，织造缎匹，库贮银两珍宝，不与皇上，伊擅自用。又将皇上侍臣宜而登（《清实录》作"伊尔登"）、陈泰一族，及所属牛录人丁，刚林一族、把尔达七（《清实录》作"巴尔达齐"）一族尽收入自己旗下，又亲到皇宫院内，以为太宗文皇帝之位，原系夺立，以挟制皇上侍臣，又吹毛求疵，逼死肃亲王（豪格——译者），遂纳其妃，将官兵户口、财产等项，既与皇上，旋复收回，以自厚其力。又欲皇上侍臣厄而克歹青（《清实录》作"额尔克戴青"）归己，差吴拜、劳什（《清实录》作"罗什"）、刚林、祁充格，封以侯爵。因歹青（《清实录》作戴青）不从，复罢侯封。又差劳什（罗什）传言诱皇上侍臣什诺卜库（《清实录》作席讷布库）云：我疼你，你可知道么？凡一切政事，及批票本章不用皇上之旨，概用皇上摄政王旨，又背离入生母于太庙。凡伊喜悦之人，不应官者滥升，不合伊者滥降，又将伊妻自行追封，又不令诸王、贝勒、贝子、公等伺候皇上，竟以朝廷自居，令其日候府前。昨伊之近侍额克沁（《清实录》作"额克亲"）、吴拜、速拜（《清实录》作"苏拜"）、劳什（罗什）、钵罗会（《清实录》作"博尔惠"），口称亡主遗言，欲乱国政，被端重亲王、敬谨亲王，暨侍卫大臣等公同首出。遂将劳什（罗什）、钵罗会（博尔惠）正法，额克沁、吴拜、速拜（苏拜）从重治罪讫，以此思之，显有篡位之心，臣等俱畏威吞声，不敢出言，此等情形，皇上不知，谨冒死奏闻，今以伊功大，祔享太庙，这本内一应乖谬之事，皆臣等畏随唯诺之故，以致如此，伏愿皇上重加处治，罢伊母子庙享。朕随命在朝大臣详细会议，众口金同，反复详思，诸王大臣岂有虚言，不意伊之近侍苏沙哈（《清实录》作"苏克萨哈"）、占代（《清实录》作"詹岱"）、木几勒（《清实录》作"穆济伦"）首言，伊主在日，私造帝服，藏匿御用珠宝，曾向何罗会（何洛会）、吴拜、速拜（苏拜）、劳什（罗什）、钵罗会（博尔惠）商议，欲背皇上，带伊两固山移住永平府。又首言何罗会（何洛会）曾遇旧主肃亲王子骂云：该杀的鬼种等语。朕闻之，即令诸王大臣详细审问，逐件皆实。故将何罗会（何洛会）正法。据此事迹看来，谋篡之事果真，谨告天地、宗庙社稷，将伊母子并妻，罢追封，撤庙享，停其恩赦，布告天下，咸使闻知。

## 03-04-12　　　顺治帝以海萨尔岱病故准其子讷木胡

### 承袭阿达哈哈番之敕命

顺治八年二月二十八日

海萨尔岱病故之后，恩准其子讷木胡承袭阿达哈哈番。准再承袭四次。

## 03-04-13　　　顺治帝封丹巴扎苏为大国师之诰命

顺治八年闰二月二十六日

奉天承运皇帝诏曰：朕混一天下，不分内外，视如一家。黾勉激励尔丹巴扎苏自遐荒远方来进贡，今封为妙善广济大国师。尔务必谨慎小心，弘扬佛法，造福众生，循循善诱，以教法为贵，始终不渝，切勿破坏清规戒律。若果真能如此行事，并修行成功，则于佛教不无有裨益，朕亦赞扬备至。

## 03-04-14　　顺治帝封诺日布扎木苏为福音禅师之诰命

顺治八年闰二月二十六日

奉天承运皇帝诏曰：朕混一天下，不分内外，视如一家。兹勉激励诺日布扎木苏，尔自遐荒远方来进贡，今封为福音禅师。尔务必谨慎小心，弘扬佛法，造福众生，循循善诱，以教法为贵，始终不渝，切勿破坏净持戒行。若果真能如此修行，并获得成功，则于佛教不无有裨益焉，朕亦赞扬备至。

## 03-04-15　　顺治帝赏赐丹巴扎木苏国师寺院地之敕谕

顺治八年闰二月初五日

皇帝敕谕晓谕致臣民等所有人。朕弘扬佛教，可谓由来已久。佛教以空性为根本，以慈爱为宗旨。普济众生，指点迷津。上应内助皇帝，下顺教化百姓，致使其从善如流。德泽被及，不分明隐。因此敬信崇敬之礼，不在于远近。弘化寺、显庆寺，此两座寺院，乃济善大慈法王佛塔寺院。其地与河州、西宁两地毗邻，委托给喇嘛僧侣五十五人由上方发放每月米粮驻守。为供应祭祀用，赐给山地及田地。向东沙子口，向南川城，往西至河西沙林，往北至麦积山。又从所剩余士兵及服役百姓中抽出六十人经常进行灌溉及锄地。敬仰崇信之心，无以复加！今兹勉尔丹巴扎木苏，自遐荒绝域之地来进献贡物，今封为妙善广济灌顶大国师，嘉许其谨慎小心，洁身自好，颁赐给此敕谕。住持寺院管事诸喇嘛僧侣等，引领众生，切勿疏漏祭祀及修缮诸事。所有人不得将随意用当地山里土地、庄稼、又经籍、佛像、经幢、幡帜以及祭祀器皿等东西。依法给原抽调委付之人、诸僧侣等发放公粮。当地所有官吏、军民等休得任意侮辱或侵扰。休得冒犯袭击或欺侮。若敢违朕命，故意犯下罪行及嘲笑其教义者，严惩不贷。决不姑息迁就。谨行勿怠。钦此。

## 03-04-16　　喀尔喀部额尔德尼台吉奏进九白之贡书

顺治八年闰二月二十六日

恭请圣安。先前赛音博克多汗（清太宗——译者）与赛音格根汗（庚寅汗，指努尔哈赤——译者）时，（双方）亲密无间。皇帝如同所有众人之父。额尔德尼台吉呈献文书。我等所约定会盟（丘尔干），因为有尔之言，由上命令，所以进九白年贡，即一只白骆驼、八匹白马。先前帮助，但欲言又未具奏。如何永远爱护额尔德尼台吉之子，恭请皇帝赐鉴！

## 03-04-17　　阿邦受封名号敕命

（1）崇德五年二月初十日

### 崇德帝以阿邦追杀茂明安部有功赐和硕齐达尔汉名号之敕命

奉天承运宽温仁圣皇帝诏曰：阿邦，尔因率兵进剿茂明安部，谨慎行事，尽杀茂明安部全体，并携来喀木尼汉部落雅赍，故赐封和硕齐达尔汉封号，免除乌拉供马、差役及首思食物（驿递供应粮肉等——译者）。此封号世袭罔替。

（2）顺治八年三月初一日

**顺治帝以阿邦获罪废达尔汉名号后又恩赐达尔汉和硕齐名号之敕命**

又因不给使者提供乌拉马匹及差役（驿递马匹），并殴打乌拉赤（驿站服役站户——译者），免除其达尔汉封号。后来施恩亦赐给达尔汉和硕齐封号。不得承袭。

## 03-04-18　　　顺治帝延请达赖喇嘛于辰年七月会面之敕谕

*顺治八年三月初八日*

奉天承运皇帝诏曰：鄂齐尔达喇圣识一切达赖喇嘛赐鉴！想必鄂齐尔达喇圣识一切达赖喇嘛平安。朕等在此处安康。达赖喇嘛敕命龙年夏天大驾前往。今为助佑众生，朕欲辰年七月会面，明鉴！邀请使者有：图布昌国师、多尔济达尔汉诺颜、察干格隆、席喇卜格隆、噶布珠格隆，先前遣使者又有色棱。随敕谕赏赐礼物有拉西哈达一个，珍宝念珠一串。

## 03-04-19　　　顺治晓谕班禅胡土克图延请达赖喇嘛事宜之敕谕

*顺治八年三月初八日*

奉天承运皇帝诏曰：班禅胡土克图赐鉴！想必班禅胡土克图安康。朕等在此安好。为助佑众生，朕欲辰年七月与达赖喇嘛会面，并遣邀请使者。恭请喇嘛赐鉴并指摘修正！迎请使者图布昌国师、多尔济达尔汉诺颜、察干格隆、席喇卜格隆、噶布珠格隆，先前所遣奉使者色棱。随敕谕赏赐礼物有拉西哈达一个、黄金十两、银子百两。

## 03-04-20　　　顺治晓谕顾实汗延请达赖喇嘛之敕谕

*顺治八年三月初八日*

奉天承运皇帝诏敕谕致持教法王。我等在此安康，想必持教法王安康。为助佑众生，朕欲辰年七月与达赖喇嘛会面，并遣邀请使者。恭请持教法王赐鉴并指摘修正！邀请使者图布昌国师、多尔济达尔汉诺颜、察干格隆、席喇卜格隆、噶布珠格隆，先前所遣奉使者色棱。随敕谕赏赐礼物有拉西哈达一个。

## 03-04-21　　　顺治帝晓谕第巴延请达赖喇嘛事宜
## 　　　　　　　并请于大昭寺诵经之敕谕

*顺治八年三月初八日*

奉天承运皇帝诏敕谕致书第巴。为助佑众生，朕欲辰年七月与达赖喇嘛会面，并遣延请使者。恭请第巴赐鉴并指摘修正！因在大昭寺之前百次诵念《甘珠尔经》，将斋茶之礼两万两银子缴给第巴之手。在当地召集众僧侣诵经一事，由第巴做主。邀请使者图布昌国师、多尔济达尔汉诺颜、察干格隆、席喇卜格隆、噶布珠格隆，先前所遣奉使者色棱。随敕谕赏赐礼物有拉西哈达一个。

## 03-04-22　　国师安布多尔济诺颜接收使者西拉布
### 带来达赖喇嘛书之敕谕
顺治八年三月二十二日

国师安布、多尔济诺颜二人来接收使者西拉布所携带而来达赖喇嘛书。

## 03-04-23　　顺治帝延请达赖喇嘛于辰年七月相见之敕谕
顺治八年四月初二日

奉天承运皇帝诏曰：鄂齐尔达喇圣识一切达赖喇嘛赐鉴！想必鄂齐尔达喇圣识一切达赖喇嘛安康。朕等在此安康。赖嘛敕命龙年夏天大驾前往。今为助佑众生，朕欲辰年七月会面，明鉴！邀请使者图布昌国师、多尔济达尔汉诺颜、察干格隆、席喇卜格隆、噶布珠格隆，先前派遣使者有一位叫色棱。随敕谕赏赐礼物有配备鞍辔两匹马、金茶桶一个、金盘子一个、黄金一百两、银子两千两、缎一百匹。

## 03-04-24　　顺治帝晓谕班禅胡土克图延请达赖喇嘛事之敕谕
顺治八年四月初二日

奉天承运皇帝诏曰：班禅胡土克图赐鉴！想必班禅胡土克图安康。朕等在此安康。为助佑众生，朕欲辰年七月与达赖喇嘛会面，并派遣邀请使者。恭请喇嘛赐鉴并指摘修正！迎请使者图布昌国师、多尔济达尔汉诺颜、察干格隆、席喇卜格隆、噶布珠格隆，先前所遣奉使者色棱。随敕谕赏赐礼物有金茶桶一个、金盘子一个、拉西哈达一个，黄金一百两、银子两千两、缎一百匹。

## 03-04-25　　顺治帝晓谕顾实汗迎接达赖喇嘛事之敕谕
顺治八年四月初二日

奉天承运皇帝敕谕致持教法王。朕等在此安康，想必持教法王亦安康。为助佑众生，朕欲辰年七月与达赖喇嘛会面，并遣邀请使者。恭请持教法王赐鉴并指摘修正！迎请使者图布昌国师、多尔济达尔汉诺颜、察干格隆、席喇卜格隆、噶布珠格隆，先前所遣奉使者色棱。随敕谕赏赐礼物有衣服一件、帽子、腰带、靴子。盔甲一套、玲珑雕鞍一副、撒袋一个、弓箭撒袋插有十箭、雕刀一把、银茶桶一个、银盘子一个、银子一千两、豹皮三张、虎皮三张、江獭三只。

## 03-04-26　　晓谕第巴迎接达赖喇嘛事之敕谕
顺治八年四月初二日

奉天承运皇帝敕谕致第巴。为助佑众生，朕欲辰年七月与达赖喇嘛会面，并遣邀请使者。恭请第巴赐鉴，并指摘修正！因在大昭寺之前百次诵念《甘珠尔经》，将斋茶之礼两万两银子缴给第巴之手。在当地召集众僧侣诵经一事，由第巴做主。迎请使者图布昌国师、多尔济达尔汉诺颜、察干格隆、席喇卜格隆、噶布珠格隆，先前所遣奉使者色棱。赐给第巴礼物有银茶桶一个、银盘子一个、银子五百两、缎十匹。

### 03-04-27　　　　　顺治帝封阿鲁科尔沁部穆彰之子
### 珠喇扎噶为多罗贝勒之诰命

*顺治八年正月十八日*

奉天承运皇帝制曰：自开天辟地以来，有一代应运之君，必有藩屏之佐，故叙功定名以别封号者，乃古圣王之典也。朕爱仿古制，不分内外，视为一体。凡我诸藩，俱因功授册，以昭等威，受此册者，必忠以辅国，恪守矩度，自始至终，不忘信义，若此则光前裕后，而奕世永昌矣。慎行勿怠。

阿鲁科尔沁部穆彰，尔与乃父达赖一起携自己所属兄弟及兀鲁思来归顺。扎萨克昆都亲王（郑亲王济尔哈朗——译者）率军围攻锦州城第三次战役，战胜松山步兵时，率所属旗支援，击败敌人。睿亲王征服明朝战役，追击流贼兵马至庆都县赶上，率军支援击败敌人。故封为旗台吉。病故之后，封其子珠喇扎噶为多罗贝勒。除负朕厚恩，谋反大逆，削除王爵，及行军败逃，依律治罪外，其一应过犯，永不削夺，子孙世袭。

### 03-04-28　　　　顺治帝封珠喇扎噶为多罗郡王之诰命

*顺治八年四月初八日*

后来，因尔祖父达赖、父亲穆彰从阿鲁（阿禄，兴安岭以北——译者）地方携自己所属兄弟及属民来归顺，功劳殊大。所以封珠喇扎噶为多罗郡王。

### 03-04-29　　鄂尔多斯部多尔济等复崇德帝劝归原牧地谕旨之书

*顺治八年四月三十日*

多尔济已奉命，收悉皇帝敕谕。如此恩德我等感恩戴德，心存感激。故土在伊尔盖（西宁）之地阿拉善。伊尔盖（西宁）之地白色玉草这边属于我管辖。于三月二十三日寄送。

### 03-04-30　　　　以土默特部古木家失火烧毁诰命从原档中
### 重抄诰命颁给之记录

*顺治八年七月二十九日*

以土默特部古木家失火烧毁诰命，从原档中重抄诰命颁赐记录。

## 03-04-31 顺治帝册立科尔沁部卓礼克图亲王之女
## 额尔德尼本巴为皇后之册文

顺治八年八月十三日

奉天承运皇帝诏曰：朕惟乘乾御极，首奠坤维，弘业凝庥，必资内辅，义取作嫔于京室。礼宜正位于中宫。咨尔博尔济锦氏，乃科尔沁国卓礼克图亲王吴克善之女也。毓秀懿门，钟灵王室，言容纯备，行符国史之规，矩度幽闲。动合安贞之德。兹仰承皇太后懿命，册尔为皇后，其益崇壶范，肃正母仪，奉色养于兹闱，懋本支于奕世。钦哉！宝文曰：皇后之宝。

## 03-04-32 顺治帝册立皇后之诏

顺治八年八月十五日

奉天承运皇帝诏曰：朕唯圣化始于二南，作配协凤鸣之盛，天麻垂于万世，于归广麟趾之祥。正位中宫，勤宣风教。朕缵承鸿绪，祇荷丕基，慎择淑仪，覃延后嗣。迩者昭圣慈寿皇太后，特简内德，用式宫闱，仰遵睿慈。谨昭告天地、太庙于顺治八年八月十三日册立科尔沁国卓礼克图亲王乌克善之女为皇后。贞顺永昭，奉尊养之令典，敬恭匪懈，应天地之同功，爰合德于阴阳，期锡类于仁孝。诏告天下，咸使闻知。钦此。

## 03-04-33 顺治帝为皇太后加尊号奏请皇太后书

顺治八年八月十九日

上皇太后奏书：皇帝臣谨奏，恭唯圣母昭圣慈寿皇太后陛下，笃天之佑，如月之恒，臣仰荷恩勤，为求淑配，深承慈极，莫罄报私。恭率群工，上加徽号。伏祈圣母垂慈鉴允，俾展微忱，胥协四海之欢心，永享万年之洪泽。臣不胜惓惓之至，谨奏。

## 03-04-34 顺治帝为皇太后加尊号奏请皇太后书

顺治八年八月二十日

册文曰：子皇帝臣谨稽首再拜上言，圣化启自宫闱，肇修嘉礼盛典隆于尊养。加上徽称，万国翔欢。群工胥庆。恭惟圣母昭圣慈寿皇太后，翼襄皇考，笃育眇躬大婚之礼既彰，慈训之恩益懋。谨告天地、太庙、社稷，率诸王、贝勒、文武群臣，恭奉册宝，加上尊号曰：昭圣慈寿恭简皇太后。伏愿太平有象，圣寿无疆！鼎力绵延于万年，本支丕承于奕世。臣诚欢诚忭，稽首顿首谨言。宝文曰：昭圣慈寿恭简皇太后宝。

## 03-04-35 顺治帝为皇太后加尊号奏请皇太后书

顺治八年八月二十一日

奉天承运皇帝诏曰：朕唯帝王孝治天下，尊养隆备，鸿章显号，因事有加，乃人子之至情，古今之通义也。朕丕承大命，奄有万方，揆厥所由，实承懿训，至于有成。兹为朕慎择淑配，端范宫闱，嘉礼之始，深惟圣母洪慈靡极。是以参稽典礼，合布欢心。谨告天地、太庙、社稷于顺治八年八月二十日率诸王贝勒、文武群臣，恭奉册宝，加上圣母昭圣慈寿皇太后，尊号曰：昭圣慈寿恭简皇太后。允协群情，覃敷恺泽。

恩宥事宜开列于后。一、亲王以下宗室三等辅国将军以上应加恩赐。一、外藩诸王各加恩赐。一、内外自公主至格格，各加恩赐。一、满洲及在内蒙古旧汉军公爵以下拖沙喇哈番以上并年幼袭职，随朝各官以上，应各升一级。先经颁给诰命各官，今遇恩诏升授者，于诰命内准增撰世袭罔替旧汉军阿达哈哈番、满洲拜他喇布勒哈哈番今遇恩诏亦准撰给诰命。兹诏以后已领诰命者如再膺实职，不载入诰命之内，另行撰给敕书。一、京城内外满汉官员一品至九品，已奉恩诏，议给诰敕外，其未逢恩诏各官一体通行，俱依见授职衔，照例给予应诰敕。京官三品以上仍各荫一子入国子监衙门读书。一、在京六品官员以上，不与加级者，各加恩赐。一、官吏兵民人等有犯除谋反、叛逆，子孙谋杀祖父母、父母、内乱、妻妾杀夫、告夫、奴婢杀家长、杀一家非死罪三人、采生、折割人、谋杀、故杀真正人命、蛊毒罪、魇魅、毒药杀人、强盗、妖言惑众十恶等真正死罪不赦。除隐匿满洲逃人，亦不赦外，其余自顺治八年正月十二日昧爽以前，已发觉、未发觉、已结正、未结正，咸赦除之。有以赦前事相告讦者，以其罪罪之。一、贪官罪不至死者，免罪追赃革职，永不叙用。一、见在议革、议降、议罚及戴罪住俸各官，俱免议。满洲、蒙古、汉军随征披甲兵丁，出力攻战三十余年，常有得功牌三四次，因少一二功牌，不得论升者，今天下一统，不事征战，恐终身不叙升。该部于旗下察明有如此类者，准议升授。一、自顺治元年以来，曾经任用已革职官，除大计贪赃及居官不职以致失守城池外，若有事系冤枉被革，果有才力堪用者，在京听该衙门，在外听该督抚、按察明详开缘由保奏。一、满洲兵丁，各处征剿，对阵伤损残废，未经给赏者，该部照例速行赏恤。一、在内满洲、蒙古、汉军（昆都兵）或有穷兵，无力备马者，该部察明购给。一、天下驿递苦累，凡乘传员役恣行骚扰者，前有论旨著该督抚飞章参奏。未见遵行，除已往不究外，以后各该督抚、巡按，如仍前容隐，即以悖旨论罪。一、山陬海隅，尚在梗化者，果能革心投诚，悉赦前罪。如以兵马、城池来归，仍察其功之大小，准与分别升赏。一、各处土寇有胁从悔祸，缚献渠魁及贼首，翻然向化，率众求抚者，前罪均行赦免，仍与论功。一、凡土贼投顺，该督抚即与安插，遣之归农。其这豪强奸民，甘冒贼名投顺，径同已抚真贼，争占产业，多端诬害，有司碍不敢问，除从前滥为收用者免究外，以后该督抚按严察纠参，毋得诿卸，务期良民获安。一、地方人才，果有品行著闻及才学优长著该督抚、巡按核实具奏，仍听吏部考核酌用。一、顺治五年以前民所拖欠钱粮，俱与豁免。一、仓库钱粮或因交盘短少，见在追赔，家产罄尽，不能赔偿者，察宽豁免。一、各处解运钱粮，途次遇贼劫夺者，查实豁免。一、大小武官不许擅受民词及纵令兵丁强买市物，该督抚、巡按严行察参，以苏小民。一、各直省先加城工钱粮准抵八年正额，如恩诏未到以前，八年正额，已正在官者，俱各照数退还。仍取化户领状，缴抚按考察。其有已解各部寺者，并发该司府给领不得重累小民。一、临清烧造，苦累小民，并漕船带运。已行停止其造过坯片，已费工本，并民船长短载带砖纳价，俱准一体豁免。一、江南、浙江、福建、江西、山东等处，题派绫纱，又三色榜纸、龙沥纸价，姑念地方初定，通免三分之一。仍分三运起解一漕船缺额，已准动轻赍银两。责令运官自雇，不得重派地亩，又挛民船以苏苦累。一、凡应追赃私，察国家产尽绝，力不能完者，概与豁免。毋得株连亲族。一、凡失落之物及被盗赃物，如本主认明，原物给主。免究收盗之罪。一、京城内外鳏寡孤独，穷苦无依者，该部院著五城御史、兵马司宛大二县实察名数酌量周恤。其顺天八府及各省府州县衙所，旧有养济院，皆有额设米粮，该部通行设立给养。该道府官从实稽查，俾沾实惠。一、国子监监生免坐监两月。已拨历者免历事两月。一、各直省儒学贫生，该地方官核实申详学政于学田内动支银米赈济。一、在京各衙门官在任年久，父母年老，未得归省者，许堂印官，据实具奏，给假省亲，仍来供职。一、满洲、蒙古、汉军举人于明年会试，原额取六十名，今加额二十五名。於戏！正家及国，爱亲达民，唯我圣母保佑申重，克臻显懿。凡为臣子宜敬承天庥，祝宣万年以底于太平。布告中外，咸使闻知。

## 03-04-36　　顺治帝以嘎尔玛伊尔登病故准其子伊纳木承袭
### 三等精奇尼哈番之敕命
顺治八年九月十一日

嘎尔玛伊尔登病故之后，恩准其子伊纳木承袭三等精奇尼哈番。又准再承袭十一次。

## 03-04-37　顺治帝以赦免别乞之罪封其为拜他喇布勒哈番之敕命
顺治八年九月十一日

后来赦免别乞之罪，封其为拜他喇布勒哈番。准再承袭二代。

## 03-04-38　　顺治帝以赦免多尔济塔布囊之罪封其为
### 三等阿达哈哈番之敕命
顺治八年九月十一日

赦免多尔济塔布囊之罪，并封其为三等阿达哈哈番。又加两代，准再承袭四代。

## 03-04-39　顺治帝赦免白都喇前罪由拜他喇布勒哈番晋升为
### 三等阿达哈哈番之敕命
顺治八年九月十一日

后来赦免白都喇前罪，由拜他喇布勒哈番升为三等阿达哈哈番。又加两代，准再承袭四代。

### 03-04-40　　　顺治帝以巴珠台病故准其子伊米第承袭
### 达尔汉号之敕命
顺治八年九月十一日

巴珠台病故之后，恩准其子伊米第承袭达尔汉封号。依旧世袭罔替。免支驿差（乌拉），不纳驿站首思（驿递供应粮肉衹应等食物），遇到赏赐则减除其与甲喇章京级赏赐。

### 03-04-41　　　顺治帝以达蓝台病故准其子吉扬承袭
### 拜他喇布勒哈番之敕命
顺治八年九月十一日

达蓝台病故，恩准其子吉扬承袭拜他喇布勒哈番，还可以承袭一代。

### 03-04-42　　顺治帝封阿霸垓部济农都斯喀尔为多罗郡王之诰命
顺治八年九月十二日

奉天承运皇帝制曰：自开天辟地以来，有一代应运之君，必有藩屏之佐，故叙功定名以别封号者，乃古圣王之典也。朕爱仿古制，不分内外，视为一体。凡我诸藩，俱因功授册，以昭等威，受此诰者，必忠以辅国，恪守矩度，自始至终，不忘信义，若此则光前裕后，而奕世永昌矣。慎行勿怠。都斯喀尔，尔原系阿霸垓兀鲁思（部）济农，与察哈尔兀鲁思交战后，欲归顺朕。（尔）被察哈尔夺取牲畜之后，归服喀尔喀。又因从喀尔喀率领所属民来归诚。朕嘉尔勋，故封为多罗郡王。不得承袭。

### 03-04-43　　顺治帝令喀尔喀土谢图汗车臣汗交还巴林人口之敕谕
顺治八年九月十五日

谕喀尔喀部落土谢图汗、车臣汗、伊斯丹津喇嘛、大小贝勒等曰：尔等岁贡牲畜八九头牲畜（《清实录》作"七十二头口"）已经收纳。至巴林部人畜因不能赔偿，止以马百匹、驼十头赎罪，是尔等无归附之意，故而如此。今若归还我巴林部人口，遣为首诸贝勒入觐，其牲畜自当宽免。如遵朕命，则为首四旗岁贡自当收纳，其诸小贝子各自贡献俱行停止。倘不归我巴林部人口，不遣为首诸贝勒入觐，则尔等使臣可勿遣，岁贡可勿献。兹将尔等赎罪马百匹、驼十头发还。

### 03-04-44　　　　　额鲁特部鄂齐尔图台吉谢恩书
顺治八年十月十一日

众人共主大皇帝赐鉴！鄂齐尔图台吉敬献文书。想必明心平安。使者携带敕谕及礼物而来，欣喜至极。今谨奏迎请胡土克图达赖喇嘛，功德无量。故为人君者，执掌政教，让众生享福，此乃善莫大焉。我等为政教利益奉皇上之命，为福祉事业尽力效忠。随献书礼物有皂雕一只，两匹大快马为首一百五十匹马，使者以额尔德尼卫征囊素为首的十位赛特（大臣）及诸恰（侍卫）等。

## 03-04-45　顺治帝劝巴图鲁台吉与喀尔喀扎萨克图汗绝交之敕谕

顺治八年十月十七日

谕厄鲁特部巴图鲁台吉曰：尔部落原与本朝和好，及喀尔喀部扎萨克图汗、俄木布额尔德尼二人败好，获罪逃入尔地，尔等遂擅自收留。朕异日兴师问扎萨克图汗之罪，何分喀尔喀、厄鲁特，我大兵一临，彼此必构大衅。尔或将扎萨克图汗击破来奏，或将扎萨克图汗逐回原地，则彼此不失旧好，倘代人受过，双方交恶，殊非所宜，尔审计之。

# 顺治九年（1652）档册

## 03-05-01　　达赖喇嘛奏请圣安并遣使告知朝觐日期书

顺治九年正月初一日

以至善金轮引领天下至高无上人身之大梵天大皇帝明鉴！以广大慈悲行事月光，如同显明盛开意愿之黄莲花，明亮开颜般打开话匣子禀报。在至高圣威第三幅画中，敕命之吉祥白色海螺，佩带守护神，天物璎珞垂缨，成为持有音乐开导者甘霖精华。今托赡部洲众生福德，永恒成形三宝如意，成为万物小汗天冠之顶，善名建于器世界之顶，非尔莫属！此地跟随苏达达尼之子，崇敬五明智慧之持平者，谨守慎笃诵经者超脱者教法，聆听（闻）、铭思（思）、修行（修）寓于崇佩之智慧。福德妙胜法身，绿马（太阳）不耐烦则十二宫步子无障碍，如同在无生无灭之宗中，行走自如。尔乃智慧化神曼殊师利（文殊菩萨），振兴世界之如意宝树，如同如意宝珠宝物庄严，那棵如意宝树肯定硕大无比。自富丽造化所产生安康有益之物，难以容于具善德之金胎，在前无持财诸神帝王习俗中，世界始祖被埋没于劳顿之压力。在诸经论中宣扬，若在乱世纷时中不当转轮皇帝，则此乃无疑虚妄。若果真如此，在善成千辐器世界之顶，此亦不是被宇宙众生都明显看到了吗？启开有益幸福百种祭祀施主之门时，振兴世界上天，在被尊奉为无畏五面坛座之上，如同无毁金刚般附着神灵赐鉴！我等聆听宝帝之门，及欢乐之吩咐，遣使告知朝觐日期书。皇帝赐鉴！悦耳和声，朝觐资粮，凤凰喉咙音律。如同用车舆行走般畅通无阻。敬呈文书用三行书写。以水晶面颊之坛座，植物守护神之蓝天融化般深渊，以手印红莲花在其上钤盖印章。

## 03-05-02　　　班禅胡土克图奏劝导达赖喇嘛朝觐书

*顺治九年正月初一日*

转力轮者天人共主赐鉴！今身之须弥山越发坚固善成白善业缘，致寄敕谕礼物，加赐因德，欣喜万分！为兴盛佛法，助佑众生，邀请伊拉古格森（大觉或世尊）胜者圣识一切甚善。我尽可能上奏朝觐事宜。与之相适应伊拉古格森（大觉或世尊）胜者大宗喀巴之教法不灭供养，崇拜成为真谛，在此又慎重修行为善利守身之事，禀报明鉴！随书敬献礼物有用咒语加持圣结（护身结）、灵物灵丹丸子一百粒、灵药丸粒、灵丹丸子七粒、多次附真言咒语加持念珠一串。

## 03-05-03　　　第巴奏达赖喇嘛奉旨成行书

*顺治九年正月初一日*

谨奉至高大法王足下：敕谕、布施、赏赐以及吩咐给使者命令已至。守护身化神《甘珠尔经》，伊拉古格森胜者（大觉或世尊）福德之主、圣识一切前往朝觐之事，奉命行事，使者自行具奏。随呈献文书礼物有吉祥洁白绫子一只。卯年（兔年）九月初一吉日。

## 03-05-04　　　顾实汗奏遣使劝导达赖喇嘛成行书

*顺治九年正月初一日*

幸托洪福由天命而生人君赐鉴！诚心笃实佛法及众生安康持教法王敬献文书。今派遣使者及敕谕已平安抵达。幸托三宝神佑，我等平安无事。使者事宜，已禀报圣识一切，望圣识一切明鉴，由使者上奏。文书及礼物，于吉日由佛殿敬呈。

## 03-05-05　　　顺治帝为沙津平定腾机思之乱立功封多罗达尔汉
巴图鲁郡王之诰命

*顺治九年正月十五日*

后来，进行追击腾机思一役，当追上腾机思将其打散击溃时，杀死僧古尔寨台吉。又往前追至，获取腾机思毡帐、牲畜及妻子家口。当遇到喀尔喀部土谢图汗兵卒时，率领所属兵马率先战胜之。当击败（喀尔喀部）硕垒汗兵卒时，打败与左翼先锋军来交战之敌人。故授升以示电勉激励，封多罗达尔汉巴图鲁郡王。依旧世袭罔替。

## 03-05-06　　　顺治帝为迎接达赖喇嘛遣理藩院及各部官员
前往并赏赐礼物之敕谕

*顺治九年二月初五日*

奉天承运皇帝诏曰：致书圣识一切鄂齐尔达喇达赖喇嘛。为助佑众生，允准邀请，使者送来朝觐起程日期文书，朕非常欣喜。想必圣识一切鄂齐尔达喇达赖喇嘛安康。朕安康。今欲早日会面，遣理藩院侍郎沙济达喇，侍郎图瑞、尼哈禅、满察、别乞、户部郎中赵散、龚宁、缪章新、侍郎额仁，吏部衙门郎中翁海、索诺木、卢松俊，侍郎洪胡鲁，兵部郎中蒙格色尔、珠内、赵吉新，工部郎中阿图、塔比图、绰本、常绍辉等这些官员迎接。随敕谕赏赐礼物有珍宝念珠、帽子、袈裟、靴子及佩镀金玲珑雕鞍辔黄骠马八匹、鞭子一个。

## 03-05-07　顺治以第巴劝导达赖喇嘛来朝赏赐物品之敕谕
*顺治九年二月初五日*

奉天承运皇帝诏曰：致书第巴。朕在此地安康。朕听说尔劝导敦促达赖喇嘛来朝觐见，甚喜。随致书礼物有帽子、衣物、靴子及镀金玲珑雕鞍辔黄骠马二匹。

## 03-05-08　顺治帝以顾实汗劝导达赖喇嘛来朝赏赐物品之敕谕
*顺治九年二月初五日*

奉天承运皇帝诏曰：致持教法王。朕在此安康。想必持教法王安康。朕听说尔劝导敦促达赖喇嘛来朝觐见，甚喜。随致书礼物有镀金玲珑马鞍一副、镀金玲珑佩刀一把。

## 03-05-09　顺治帝令外藩王贝勒贝子等严惩盗贼
## 细加编查壮丁之敕谕
*顺治九年二月二十九日*

皇帝敕谕致外藩王贝勒贝子等。今听说国内有盗贼猖獗。每旗都有王、诸贝勒贝子、诸台吉、诸公、管旗、梅勒及章京、甲喇章京，如果将各自所管束旗严加管理，则盗贼如何能够猖獗？又编查壮丁时，将各自所属丁额谨慎识别加以编审人丁，勿欺隐不报。若欺隐不报，过后具告发觉，其罪必重。

## 03-05-10　顺治帝以三巴松病故准其弟乌日图纳苏图
## 承袭达尔汗名号之敕命
*顺治九年四月初五日*

三巴松病故之后，恩准其弟乌日图纳苏图承袭达尔汗名号。承袭依旧。

## 03-05-11　顺治帝为策试进士所制策文
*顺治九年三月二十五日*

皇帝敕谕。朕闻天下太平时，因无具告及讼争之人，故不用严刑酷律。草民难道自行停息其纷争？或者都堂（督抚）、道员等官吏均为善类？或者府、州、县城官吏，因接近于民，有推举好人之功劳？尔等都是读书人，想来当然通晓深谙！把尔等想法如实写出。朕欲亲览。

## 03-05-12　　昆都伦乌巴什奏请圣安并呈献礼物书

### 顺治九年四月十三日

祝福吉祥！托先前幸托福德之力而天子诞生，向各色赡部洲十方地方，以自在转轮者有古尔库木（红花或藏红花——译者）之颜色，掌有宝物两脚者敬仰之神，德高望重之主至圣皇帝赐鉴！敬献此类区区小礼物。昆都伦乌巴什去西方时上奏。奉使者塞臣拉格瓦喇嘛，有信仰之乌巴什（优婆塞）。

## 03-05-13　　顺治帝敦促喀尔喀扎萨克图汗等交还
## 所劫巴林牲畜之敕谕

### 顺治九年五月十四日

皇帝敕谕致扎萨克图汗、俄木布额尔德尼及大小诺颜。先前曾经致书扎萨克图汗、土谢图汗、丹津喇嘛、俄木布额尔德尼及几位大小诺颜。尔等众使者与诺门汗讲和而来，究竟未有定议。朕统一天下，征讨收服，原非好兵乐战，以伐无辜。倘有侵犯我，我亦未轻贷。我等曩与察哈尔原无衅隙，乃察哈尔擅执吾使。且言我勿伐汉人（明朝——译者），伐则助汉人（明朝——译者）为难。所以杀死察哈尔使臣杭胡勒拜户，征讨察哈尔，将察哈尔汗后妃、诸子及兀鲁思、人民尽数收服。苏尼特部，原系察哈尔属部，因那次战乱，苏尼特部腾机思遁附尔硕垒。后听说我大名慕名来归服。我与硕垒并无夙衅，乃引诱久附居住几年之苏尼特部携归，我等派兵时，吩咐切勿扰乱喀尔喀，只是追击苏尼特，与尔喀尔喀无涉。土谢图汗、硕垒汗反而率兵来拒战，承蒙上天谴责土谢图汗、硕垒汗，使其兵败。若朕果真欲与尔喀尔喀构兵，趁尔兵败溃退之际，既然已至尔国附近，何不长驱而直取乎？尔等经常挑衅，土谢图汗、硕垒汗二人率兵来拒战，二楚库尔攻打我巴林部。俄木布额尔德尼、巴尔布冰图二人率兵来欲攻打我，但听说我已出兵之后，只好撤回。巴尔布冰图进攻我土默特部杀掠人口、牲畜而去。我等以前曾有攻掠尔喀尔喀之举吗？今尔等如欲复通盟好，尔以表来，我已敕往，二楚库尔攻掠我巴林部人畜如数偿还我。赎俄木布额尔德尼、巴尔布冰图二人率兵之罪。惩治巴尔布冰图攻我土默特部杀掠人口、牲畜之罪，归还所掠人口、牲畜。今后若欲罢兵息战，复通盟好，为首诸诺颜（部落之长）、台吉（贝勒、贝子）所有人誓告天地，欲和则和，倘有一二旗诸诺颜不愿和好，自与尔诸贝子愿和好者无与，如我问罪于彼，尔亦不得相助，其修好诸诺颜（贝子），宜照定例，每年各按旗诸诺颜进贡一次，每旗下贝子合进骆驼一只、马八匹（九白年贡——译者），并遣首为大臣朝见。朕照定例赏赉。除此之外，使者及来往商人（遣使贸易），各从其便。尔等如遵朕命，则尔众贝子可遣首要诸诺颜、赛特（大臣）来朝。否则毋遣使者。朕曾经两次晓谕，又面谕尔来使车臣卓礼克图等，亦如前谕，朕意本欲和好，故命尔等归还所掠人畜，贡献所罚驼马，并为首贝勒、贝子、头目来朝赎罪。乃尔既不来朝，又不归还人畜，贡献驼马以赎罪，反遣车臣卓礼克图，以我留鲦登顾实牲畜为词，是何心也（若谓我留鲦登顾实牲畜，何又）。且尔一面通市，一面犯边，尔时来人，本应即加诛戮。我犹格外宽容，但不纳尔使，仍纵之还，可谓仁义尽至。（尔等）如何说这等话？尔等既不归还人畜，又不进献所定驼马，命诸诺颜（贝勒）、台吉来谢罪（反而遣人以鲦登顾实事借口），故不纳尔使，逐之还。朕仰承天眷，统一四海，尔亦自知仅存弹丸之地，一小撮人如何胆敢桀骜不驯？勿恃荒远，勿听尔属下奸人谗言，致隳尔绪。朕今开诚谕尔，尔等岂不知自古以来是则是，非则非，上天报施不爽，尔之所知。今若速还我人畜，献所罚骆驼、马匹，遣为首贝勒、贝子、大臣及台吉来朝则已，不然致有后悔，自贻伊戚，我何与焉！趁早深思，可速定议，毋得迟疑，以坠尔基业！

## 03-05-14　　　　顺治帝以敖汉部叟色病故准其孙
### 多尔济承袭达尔汗名号之敕命
#### 顺治九年三月初十日

奉天承运皇帝诏曰：敖汉部墨尔根巴图录郡王属下叟色，尔因充当来往使者，劳苦殊甚，与首领一起来归顺。故赐封达尔汉封号。敖汉部叟色病故之后，恩准其孙多尔济承袭达尔汗名号。仍恩准再承袭五次。

## 03-05-15　　　　顺治帝以敖汉部拜桑呼尔病故准其子
### 席利承袭达尔汉名号之敕命
#### 顺治九年三月初十日

奉天承运皇帝诏曰：敖汉部墨尔根巴图录郡王之拜桑呼尔，尔因充当来往使者，劳苦殊甚，与首领一起来归顺。故赐封达尔汉封号。敖汉部拜桑呼尔病故之后，恩准其孙多尔济承袭达尔汗名号。仍恩准再承袭五次。

## 03-05-16　　　　顺治帝以翁牛特部布达汉病故准其子
### 班第承袭达尔汉名号之敕命
#### 顺治九年三月初十日

翁牛特部布达汉，尔原系白身人。自阿鲁地方充当使者，往来行走，又与尔之首领王一起携其属民来归附。当茂明安叛乱时，追击尽剿灭之。又携来喀木尼汉部落之雅赉。故封为达尔汉封号。病故之后，恩准其子班第承袭达尔汉封号。仍恩准再承袭五次。

### 03-05-17　顺治帝晋封科尔沁多罗贝勒额驸绰尔济为镇国公之诰命

（原目录是敕命，误，此处应是诰命——译者）

顺治九年八月初三日

奉天承运皇帝制曰：自开天辟地以来，有一代应运之君，必有藩屏之佐，故叙功定名以别封号者，乃古圣王之典也。朕爱仿古制，不分内外，视为一体。凡我诸藩，俱因功授册，以昭等威，受此册者，必忠以辅国，恪守矩度，自始至终，不忘信义，若此则光前裕后，而奕世永昌矣。慎行勿怠。

绰尔济，尔曾祖父莽古斯扎尔古齐（扎尔古齐，意为审事人——译者）诺颜，尔祖父寨桑诺颜，尔之大伯父、父亲、两位小叔叔等全体经过商量之后同意，给太宗皇帝送来皇后。又送来皇太后时，尔与大叔、两位小叔叔等一起协商送来。察哈尔兵马来，欲征讨尔科尔沁部，围攻格尔珠尔根城时，（尔）所有兄弟都逃走，仅尔与卓礼克图亲王二人一起驻守绰尔门（《清实录》作"绰尔曼"，在嫩江与松花江汇流处北岸——译者）城，大家齐心协力，杀死察哈尔兵卒，获其骆驼、马匹等来呈献。在进行夺取大凌河口（城）战役，击败张道员兵时，率领五个旗兵卒支援，击败敌人。当战胜锦州城出城兵时，率领五个旗兵马支援，击败敌人。当驻防锦州城这边时，锦州城骑兵出城时，抄其后路追杀至城时，率领五个旗兵马支援，击败敌人。在攻打北京，远征山东时，战胜八位总兵官兵时，率领五个旗兵马支援，击败敌人。当战胜冯太监兵时，率领所属旗兵马支援，击败敌人。当修筑玉梁河桥梁时，战胜前来交战之敌人时，率领所属旗兵马支援，击败敌人。当出长城口时，有一位游击率领一千名士兵屯居山中，将其击败之。当征服明朝，进入九门之日，战胜流贼二十万兵马时，率领五个旗诸台吉支援，击败敌人。当追击流贼至庆都县城时，率兵支援，击败敌人。在追击腾机思，战胜喀尔喀部硕垒汗兵马时，率领所属旗兵马支援，击败敌人。当战胜土谢图汗兵马时，率领所属旗兵马支援，击败敌人。素来缔结姻娅，往来不断。因效力战场，功劳极大，由多罗额驸授升为镇国公。除负朕厚恩，谋反大逆，削除王爵，及行军败逃，依律治罪外，其一应过犯，永不削夺，子孙世袭。

### 03-05-18　　　从喀尔喀车臣汗部逃来者户口数目

顺治九年二月初四日

二月初四日，自喀尔喀部马哈撒嘛谛塞臣汗那里所逃来绍格堆、少尚塔布囊部五十户人；五月二十六日，自喀尔喀部马哈撒嘛谛塞臣汗那里所逃来斡齐忽之子多尔济冰图台吉、布达西伊尔登台吉、固西台吉为首十三人，五十户人。

## 03-05-19　　达赖喇嘛奏起程朝觐日期及即将抵达青海书

顺治九年八月十一日

圆满吉祥天下共主，文殊（菩萨）大皇帝赐鉴！幸托广福德吉祥缘分，远比福德大海珍贵，普照天下之艳日，至高无上尊贵，身、语、心三者未染不宜污垢，以承蒙上天之心、至善福德之力产生法令金轮征服赡部洲所有地区大名震撼寰区者，非尔莫属！皈依圆满吉祥释迦牟尼守护加持，我作为谨慎、欲望之乌比达尼规范师，自太平地方为雪域高原众生修行白善福德业道众多，故稍微拖延至此。为大皇帝祝寿谨奏，三月十七日自寺院动身起程，走近青海，谨奏会面之地、下榻之地以及所考虑一切细节，均遣使者具奏。谨奏恭奉皇恩浩荡，祈求前往觐见事宜，如同恒河之流。敬献礼物有神灵丸粒、守护身神灵丸粒、金刚结（护身结）各一个。六月初一日敬呈。

## 03-05-20　　顾实汗奏迎接达赖喇嘛礼仪及建言顺治帝
## 　　　　　　　于代噶湖与达赖喇嘛相见书

顺治九年八月十一日

法王呈献文书。皇帝为大朝至辰年六月我跟随，所有事情均已就绪。吉祥！每年正月在北寺诵读祈愿经文。因七、八月最好，皇帝以为对朝廷好，所以迎请达赖喇嘛。与古昔时皇帝与喇嘛二者会晤有所不同，今愈是尽可能尊敬达赖喇嘛，听其法旨愈发至善至极。我想遣官吏至出边迎接，然后诸王迎接，若皇帝在代噶湖召见，善莫大焉。若以此言为是，先遣使者来传谕，甚善。

## 03-05-21　　顺治帝晓谕达赖喇嘛因内地及西南盗贼猖獗
## 　　　　　　　不能在边外躬迎之敕谕

顺治九年八月十三日

奉天承运皇帝诏书致圣识一切达赖喇嘛。朕若出塞边外迎接，此时正值内地西南地区盗贼猖獗，每天羽书时闻，故不能置国家大事于不顾，出塞远迎，只能遣亲王、大臣前往迎接。等歼灭盗贼，无事干扰时，至塞内（边内）附近地方迎接。朕所遣使者诺木齐格隆、乌格德黑、豁海等。致书礼物有哈达一个、珍珠念珠等。

## 03-05-22　　顺治帝以乌珠穆秦部塔喇海病故准其子叟
## 　　　　　　　塞承袭达尔汉名号之敕命

顺治九年八月二十日

奉天承运皇帝诏曰：塔喇海，尔原系乌珠穆秦部车臣亲王侍卫（恰）。当追击腾机思战役时，充当向导至喀尔喀部，故黾勉激励其善，赐给达尔汉封号，并免除其乌拉首思（驿递供应马匹及粮肉等——译者）。此封号准再承袭三次。顺治三年十二月二十三日。塔喇海病故之后，恩准其子叟塞承袭达尔汉封号。仍准再承袭三次。

## 03-05-23　　达赖喇嘛奏内地疫病流行请在边外
## 归化城或代噶湖会面书

顺治九年八月二十九日

圆满吉祥天下之主，至高无上文殊（菩萨）大皇帝赐鉴！聆听今给赡部洲所有众生以身、语、心三者如同如意宝树般繁茂说词顾喜至极。我等为满足法王愿望，小心谨慎行进至青海，谨奏原委如下：先前彻辰诺尔布等使者为首觐见事情详细禀报，遣崔图、衮楚克、老瑞等将平常之词上呈，遣彻辰达尔扎上呈寰区世界所存在道理以及又其他奏言：因汉地大病颇为流行，我及寺院朋友们尚未出豆之人很多，皇帝贵体还未出豆，在内地会晤，则对皇帝及我二人有重大障碍。故希望皇帝恩准选择归化城（库库和屯）及代噶湖两地之一会面！一切紧要事宜都由使者谨奏。明鉴！随书敬献礼物有神灵、守护身神灵金刚结（护身结）一个。于八月初一日，自察汗塔拉敬呈。

## 03-05-24　　顺治帝拟在代噶湖迎接达赖喇嘛之敕谕

顺治九年九月十一日

奉天承运皇帝诏书致圣识一切达赖喇嘛赐鉴！喇嘛书称内地疾病流行，故塞外（边外）会面则甚善。故朕欲在边外代噶湖地方迎接。使者恰喇嘛、固木等，随致书礼物有白色哈达一个。

## 03-05-25　　达赖喇嘛以行近黄河愿在代噶湖会面事致顺治帝书

顺治九年九月二十一日

圆满吉祥天下之主，至高无上曼殊师利（文殊菩萨）大皇帝赐鉴！今礼物及谕旨送至。我等小心谨慎业已行近黄河，所有重要原委及详细计划均已实现，又尽可能快速行进。与先前两次遣使禀报相同。至代噶湖地方有要事谨奏，此概括敬呈，皇帝赐鉴！敬献礼物有增殖佛舍利、金刚结（护身结）一个。初七日敬呈。

## 03-05-26　　达赖喇嘛奏进觐见途中平安书

顺治九年十月初四日

圆满吉祥天下之主，至高无上文殊（菩萨）大皇帝赐鉴！赍至恩赐上谕、帽子、袈裟、宝贝念珠等已拜领。得闻今日此时幸托赡部洲众生福祉，吉祥显生宝身如同如意宝树一样永固，在珍贵善业凉阴中，为黎民安康养生之善名，普世显著，欣喜至极！我等平安，尽以骑驭之力谨慎行路。所有言语通过使者知晓并明鉴！敬献礼物有吉祥哈达颈结子（护身结）一个、琥珀数珠一串。于九月二十三日敬呈。此件即沙吉达喇所携带之上谕。

## 03-05-27 达赖喇嘛奏恭请圣安并呈献礼物书

*顺治九年十月初八日*

圆满吉祥天下之主，至高无上曼殊师利（文殊菩萨）大皇帝赐鉴！赍送上谕及礼物已来到。得闻皇上欲幸至代噶湖地方，非常欣喜！我等尽可能谨慎快速行进。详细情况由使者禀报。敬献礼物有神灵丸粒、守护身神灵及金刚结（护身结）一个。于二十七日敬呈。十月初八日。此即恰喇嘛所携带上谕。

## 03-05-28 顺治帝因盗贼肆虐不能亲往迎接达赖喇嘛之敕谕

*顺治九年十月十三日*

奉天承运皇帝诏书致圣识一切达赖喇嘛赐鉴！先前朕致书欲亲往迎接。近以盗贼肆虐猖獗，每天羽檄时闻，国家重务，难以轻置，是以不能前往，特遣和硕承泽亲王（硕塞——译者）及内大臣代迎。特此晓谕朕未能亲往迎接原因，钦此。

## 03-05-29 顺治帝为太宗皇帝妃加尊号之册文

*顺治九年十月初一日*

懿靖大贵妃册文曰：顺治九年岁次壬辰，十月初一日己亥，二十九日丁卯，皇帝谨言：赞坤元而敷教，懋德惟勤；景徽范以致隆，令名有淑。式循彝宪，肇举上仪。

皇考大贵妃，赋性柔嘉，秉躬淑善。慎威仪而有节，先皇资翼佐之贤。修苹藻而克偕，后宫著肃雍之誉。体既符于巽顺，位宜跻于崇高，匪晋嘉称，曷扬微行。谨以金册，尊为皇考懿靖大贵妃，昌龄弥茂，宣内则之凤娴，戬谷方来，睹履祥之叶吉。

## 03-05-30 顺治帝为太宗皇帝妃加尊号之册文

*顺治九年十月初一日*

康惠淑妃册文曰：顺治九年岁次壬辰，十月初一日己亥，二十九日丁卯，皇帝谨言：柔嘉维则，赞襄坤教之隆；义问攸崇，典册展懿亲之奉。庆谐宫壸，礼具彝章。

皇考淑妃秉安贞，持身恭慎，珩璜中节。著昧旦之良规，图史端仪，佐承乾之令矩。既行臻于备美，宜颂协于臧嘉。爰晋荣称，用昭徽范。谨以金册尊为皇考康惠淑妃，庆从善积，式凝康豫之祥。位以德升，弥笃显融之祜，谨言。

## 03-05-31 达赖喇嘛等报以十月十五日已渡黄河之书

*顺治九年十一月初六日*

圆满吉祥天下之主，至高无上曼殊室利（文殊菩萨）大皇帝赐鉴！谨奏原委，我等十月十五日，渡过黄河，因祛除圣上及所有人之疾病等业障，事关重大，随即完成祛灾除病诸事，谨慎行路，为将所有事情汇总具奏，奉遣使者。皇帝赐鉴！敬献礼物有护身神灵金刚结（护身结）一个。于二十三日，自黄河边敬呈。

## 03-05-32　　　　　　顺治帝责令喀尔喀土谢图汗等归还所掠
### 人畜并遣为首大臣朝觐之敕谕
#### 顺治九年十一月十六日

皇帝敕谕致土谢图汗、车臣汗、丹津喇嘛等所有人。尔等所呈文书称为四九之牲畜如同以往给送，以后我等不送这一句话，朕处逃人，为政体而前往诸官吏，有先前逃入（喀尔喀）者，又有后来逃入（喀尔喀）者。如果逃人任意来往进出，政体成何体统这句话。（尔等）将朕所遣使者拖延滞留竟达两个月之久，先让他拜跪塔（佛塔——译者），然后才见面，这三个错误即朕不遣使者之原因也。朕乃天下共主，尔等则弹丸之地之可汗。尔若欲来进贡，朕甄别尔等官职品级给赏赐。若以为赏赐薄，上奏请求皇帝可否大赏。今又如同以前给赏赐，我等不送四九牲畜云云，尔等欲想交恶？追究逃人之事，不送我巴林部人口、牲畜，让尔等遣来为首大臣不从，却提出逃人之事，又有什么用？如果将我巴林部人口、牲畜如数全部归还，并为首大臣前来，而且欲将政体一体，用可信之言发誓，然后依照所决定上谕，则可谓得体矣。今不送还我巴林部人口、牲畜，为首大臣亦不来，欲政体一体，并用可信之言发誓，却说话如此大言不惭，因尔等无任何诚意，所以这般说。朕受上天眷命，混一天下，一统海内。尔等只是一个区区小国而已，难道不晓得自己力量？切勿依仗地方遐荒遥远，听信下贱奸诈之徒谗言而破坏政体。朕至意实说到此。尔等岂不知古法所云：大是大非，上天自有甄别这个道理？今务必迅速送还我人口、牲畜，送来所规定骆驼及马匹，并遣为首大臣、诸诺颜及台吉等前来则无罪，不然大难临头之后，悔之已晚矣！早日深思，速做决定，切勿推迟拖延以至于失去政体！

## 03-05-33　　　顺治帝入冬不能派匠人前往雕塑佛像建寺庙事晓谕
### 额鲁特部巴图鲁台吉之敕谕
#### 顺治九年十一月二十八日

皇帝敕谕致额鲁特部巴图鲁台吉。因地方遥远，为此事并未遣使者。若以后有事可以遣使者。又会雕塑佛像匠人、木工、砖瓦工、石匠，寻找这些匠人甚是。为何吝啬爱惜这几个匠人？因地方遥远，寒冷季节，即使遣亦去不得，可能又往回返回。虽然至其地，也不能立足。所以没有遣（匠人）。

## 03-05-34　　　顺治帝晋封科尔沁部宾图郡王梅勒章京塔木泰
### 为拖沙喇哈番之敕命
#### 顺治九年十一月二十三日

奉天承运皇帝制曰：朕惟尚德崇功，国家之大典；输忠尽职，臣子之常经。古圣帝明王，戡乱以武，致治以文。朕钦承往制，甄进贤能，特设文武勋阶，以彰激励。受兹任者，必忠以立身，仁以抚众，防奸御侮，机无暇时。能此则荣及父祖，福延后嗣，而身家永康矣，敬之勿怠。尔塔木泰原系白身人梅勒。当进军黑龙江时，与八旗一起围攻并夺取了哈拉达孙之军营。征服明朝之战役，当进入九门之日，战胜流贼二十万兵马时，支援击败敌人。追击腾机思时，战胜喀尔喀部之土谢图汗兵马时，率领所属旗支援，击败敌人。战胜喀尔喀部硕垒汗兵马时，支援并击败敌人。故封为拖沙喇哈番封号。准再承袭一代。

## 03-05-35　　顺治帝晋封扎赛特部达尔汉和硕齐下梅勒章京塔干
### 为拖沙喇哈番之敕命
顺治九年十一月二十三日

奉天承运皇帝制曰：朕惟尚德崇功，国家之大典；输忠尽职，臣子之常经。古圣帝明王，戡乱以武，致治以文。朕钦承往制，甄进贤能，特设文武勋阶，以彰激励。受兹任者，必忠以立身，仁以抚众，防奸御侮，机无暇时。能此则荣及父祖，福延后嗣，而身家永康矣，敬之勿怠。塔干，尔原系闲散梅勒。当围攻锦州城第三次战役时，战胜洪军门骑兵来欲与我红夷炮兵交战时，率领所属旗支援，击败敌人。当战胜洪军门三个步兵营时，率领所属旗支援，击败敌人。当雨天战胜洪军门之兵时，率领所属旗支援，击败敌人。征服明朝战役，当进入九门之日，击败流贼二十万兵马时，率领所属旗支援，击败敌人。在攻破流贼，杀死福王，平定湖南、江南时，战胜由嘉兴府出城兵马时，副官蒙吉雅一起击败之。在夺取江阴县城时，战胜出城步兵时，率领所属五个旗兵力，击败之。故封为拖沙喇哈番封号。准再承袭一代。

## 03-05-36　　班禅胡土克图回奏劝导达赖喇嘛觐见事之书
顺治九年十二月十六日

转力轮者天人之主圣上明鉴！重要植物身体之缘分如同不动金刚石般存在，光明普照众生，因多次寄送文书及印信，作为北方掌持世界地方中生存众生福祉之地，迎请伊拉古格森（胜者）圣识一切之使者来，与此相应，我提出起程前往，在此随即不断谨慎修成满足愿望之守护神。随上书敬献礼物有增殖佛舍利子，青金石佛像一尊，多次念咒语诵读并加持青金石念珠一串、象征佛教广泛传播之礼物十六个罗汉像、神灵丸子一百粒、灵药（甘露）丸子十个、优质香烛十束、带花条文穹庐顶毡帐十个、带杂色花条文毡毯十五卷、多次附咒之颈结（结子）一个。克里德克月（此指藏历饶迥十月——译者）初吉日。

### 03-05-37 巴噶胡土克图回奏顺治帝书
顺治九年十二月二十二日

振兴世界人君大圣者明鉴！赏赐寄送之宝贝一百两、十匹缎等由察干喇嘛携至。舍利子、神灵包布匹、度母一尊、氆氇十卷、上等香一起敬呈。辰年吉月吉日敬献。

### 03-05-38 第巴奏请早日遣返达赖喇嘛书
顺治九年十二月二十四日

至高无上曼殊师利（文殊菩萨）大皇帝足莲之下，谨奏原委：今光明正大宝贵之身，治理天下之吉祥众多，所赐给敕书、布施及宝训等已迎受。提醒至高无上伊拉古格森胜者（大觉或世尊）权威喇嘛额尔德尼往那个方向前往起程，谨慎无误完成身之守护神，即《甘珠尔经》之百次诵读，并奉命修行永固。班禅额尔德尼及西藏持教法王为首最胜全体，因早日遣返伊拉古格森胜者（大觉或世尊）无上喇嘛一事，事关重大，故遣受戒使者及未受戒使者上奏。为修成正果，奏请恩准。随献书礼物有乌力吉图（吉祥）哈达一个、柔软红色氆氇二十卷、胭脂色氆氇二卷、黄色氆氇二十卷、带花杂色条文氆氇二十卷、白色氆氇二十卷、马二十匹。于辰年（龙年）五月初一吉日。

### 03-05-39 顾实汗为达赖喇嘛早日返藏事致顺治帝书
顺治九年十二月二十四日

祝福吉祥！托洪福之力天命人君至高无上皇帝明鉴！持教法王上书。今众生命运战胜身、语、心三者无适方向，（政教）两种法规（二道）善业普及众人，敕谕、礼物赉至，欣喜至极！今我等在此安然无恙，供养伊拉古格森（大觉或世尊）胜者教法及持教者，谨慎效力，乐善好施并赈济困窘众生。奉命劝导圣识一切达赖喇嘛觐见，并促使其起程。圣者班禅额尔德尼为首，我等喇嘛及施主三年，祈祷为西藏宗教及众生利益迅速前往觐见，三年之后下令欲前往，大皇帝不但协助其迅速前往而不会拖延等所有言语都由使者具奏。随献书礼物有盔甲、利剑、撒袋一套全副，氆氇一百卷、马五十匹。于水龙年三月一日吉日，由达木地方缘福寺敬呈。

### 03-05-40 顾实汗就丹津于西宁之地平定白帽有功
### 而未得赏赐致顺治帝书
顺治九年十二月二十四日

拜谢圣识一切。受上天恩赐，降生人世如同天一般，将此世界有力者以威慑降伏，将众生引导至幸福极乐，尊贵转力轮者顺治皇帝明鉴！额尔德尼持教法王侄子丹津谨奏：自古以来，在此赡部洲地方佛尊涅槃时，印度若巴喀尔巴皇帝及摩羯陀等地区，为今世及来世翻译额尔德尼佛经三藏（三乘），将各种众生挽救于两种命运。如同与霍尔木斯达天（帝释天）一样此世一切，为助佑众生观世音菩萨，如同照耀黑暗之太阳一般，振兴圣者宗喀巴宗教法，凡与此奇妙宗教相遇众人，得到恩赐。山中山如同巍巍须弥山一般，问好其金身安康。如同浩瀚大海一般恩赐泽及全体，却我未得到任何恩赐，所以谨奏原委如下：此西宁地方流贼猖獗时，曾经两次相助。然后又在回回叛乱时，为平定此叛乱立功。想必鸡年（酉年）如同此黄金道般我等使者及礼物抵达。

## 03-05-41　　顺治帝封察哈尔巴德玛为拖沙喇哈番之敕命

### 顺治九年三月初十日

巴德玛，尔原系察哈尔兀鲁思和硕亲王手下管辖管白身任梅勒。当围攻锦州城第三次战役，战胜洪军门三个步兵军营时，前后击败敌马步兵。在攻打北京，远征山东第二次战役时，在指定地点夺取赵县城。当追击腾机思，战胜喀尔喀部土谢图汗兵马时，率领所属旗支援，击败敌人。当战胜喀尔喀部硕垒汗兵马时，支援并击败敌人。故封为拖沙喇哈番。准再承袭一次。

## 03-05-42　　顺治帝封察哈尔色讷格为拜他喇布勒哈番之敕命

### 顺治九年三月初十日

色讷格，尔原系白身人。当攻打北京，远征山东第二次战役时，竖立云梯，身先士卒，夺取赵县城。故赐给巴图鲁封号，封拜他喇布勒哈番。准再承袭二次。

## 03-05-43　　顺治帝封察哈尔绰本珠为拖沙喇布勒哈番之敕命

### 顺治九年三月初十日

绰本珠，尔原系白身人。当攻打北京，远征山东第二次战役时，竖立云梯，身先士卒，仅次于色讷格（登城），夺取赵县城。故封拖沙喇布勒哈番。准承袭一次。

## 03-05-44　　顺治帝封察哈尔纳木僧格为拖沙喇哈番之敕命

### 顺治九年三月初十日

纳木僧格，尔原系管无人丁之苏木。在攻打北京，远征山东第二次战役时，架设云梯，尔率先竖立云梯，最先登城，夺取赵县城。故封为拖沙喇哈番。准再承袭一次。

## 03-05-45　　顺治帝封土默特部布达礼为拖沙喇布勒哈番之敕命

### 顺治九年十一月二十三日

布达礼，尔原系白身人旗主，土默特部固木公旗额真。当围攻锦州城第三次战役，战胜洪军门三个军营时，率领所属旗支援，击败敌人。当战胜洪军门三个步兵营时，战胜骑兵，率领所属旗支援，击败敌人。当攻打北京、远征山东第一次战役时，进入长城一带，战胜马总兵官兵卒，率领所属旗支援，击败敌人。当征服明朝战役时，进入九城门之日，战胜流贼二十万兵马，与固木一起击败之。在指定地点，夺取赵县城。当追击腾机思时，战胜喀尔喀部土谢图汗兵马，率领所属旗支援，击败敌人。当战胜喀尔喀部硕垒汗兵马时，支援并击败敌人。故封为拖沙喇布勒哈番。准再承袭一次。

## 03-05-46　　顺治帝封土默特部苏海为拖沙喇哈番之敕命
### 顺治九年十一月二十三日

苏海，尔原系管白身人任旗梅勒章京，土默特部善巴达尔汉梅勒章京。当征伐北京第一次战役时，战胜卢沟桥兵马，率领所属旗支援，击败敌人。当攻打北京，远征山东第一次战役时，战胜郝总兵官骑兵，与鄂勒吉图塔布囊一起击败敌人。当胡太监兵卒前来交战时，率兵支援战胜敌人。当征服明朝战役时，进入九城门之日，战胜流贼二十万兵马，与固山额真博罗忽一起击败之。当追击流贼至庆都县，与鄂勒吉图塔布囊一起击败之。当追击腾机思时，战胜喀尔喀部硕垒汗兵马，与鄂勒吉图塔布囊一起击败之。当战胜喀尔喀部土谢图汗兵马时，与鄂勒吉图塔布囊一起击败之。当战胜腾机思掩护兵马时，与森宇松塔布囊一起击败之。故封为拖沙喇哈番封号。准承袭一次。

## 03-05-47　　顺治帝封色棱伊尔登为拖沙喇哈番之敕命
### 顺治九年十一月二十三日

察哈尔部色棱伊尔登，尔原系管白身人梅勒章京，察哈尔兀鲁思额驸扎萨克亲王梅勒章京。当围攻锦州城第三次战役时，战胜洪军门三个军营，战胜自正蓝旗西边来欲包抄之兵马，率领所属旗支援，击败敌人。当攻打北京，远征山东第二次战役时，战胜张总兵官骑兵，率领所属旗支援，击败敌人。当战胜安肃县张总兵官骑兵时，率领所属旗支援，与格尔根一起击败敌人。当战胜泉水旁边兵马时，与吞泰一起击败之。当战胜北京北边骑兵时，率领所属旗支援，击败敌人。当战胜驻防在密云县城西边兵马时，率领所属旗支援，击败敌人。当走出长城口时，战胜吴总兵官兵卒，率领所属旗支援，击败敌人。当征服明朝战役时，进入九城门之日，战胜流贼二十万兵马，率领所属旗步行支援，击败敌人。故封为拖沙喇哈番封号。准再承袭一次。

## 03-05-48　　顺治帝封察哈尔索诺木卫寨桑为拖沙喇哈番之敕命
### 顺治九年十一月二十三日

索诺木卫寨桑，尔原系白身人旗主，察哈尔兀鲁思额驸扎萨克阿布奈亲王旗额真。当围攻锦州城第三次战役时，战胜洪军门三个军营，战胜自正蓝旗西边来欲包抄之马步兵，共同击败敌人。当攻打北京，远征山东第二次战役时，战胜郝总兵官骑兵，率领所属旗支援，击败敌人。当追击腾机思时，战胜喀尔喀部硕垒汗兵马，率领所属旗支援，击败敌人。当战胜喀尔喀部土谢图汗兵马时，率领所属旗支援，击败敌人。故封为拖沙喇哈番封号。准再承袭一次。

### 03-05-49　　顺治帝封扎赉特部拜因泰为拖沙喇哈番之敕命
#### 顺治九年十一月二十三日

拜因泰，尔原系白身人旗额真，扎赉特部达汉和硕齐旗主。当进军黑龙江时，与八旗一起攻取四个圈子百姓。当围攻锦州城第三次战役时，战胜雨天前来欲迎战之洪军门兵马，率领所属旗支援，击败敌人。当征服明朝战役时，进入九城门之日，战胜流贼二十万兵马，率领所属旗支援，击败敌人。当追击腾机思时，战胜喀尔喀部硕垒汗兵马，率领所属旗支援，击败敌人。当战胜喀尔喀部土谢图汗兵马时，率领所属旗支援，击败敌人。故封为拖沙喇哈番封号。准再承袭一次。

### 03-05-50　　顺治帝封科尔沁阿布泰为拜他喇布勒哈番之敕命
#### 顺治九年十一月二十三日

阿布泰，尔原系科尔沁部白身人旗额真，科尔沁部杜尔伯特色棱台吉旗主。当进军黑龙江时，夺取六座城池，率领所属旗支援，击败敌人。当围攻锦州城第三次战役时，战胜前来欲与我红夷炮兵交战之洪军门兵马，率领所属旗支援，击败敌人。在战胜雨天前来欲迎战之洪军门兵马时，率领所属旗支援，击败敌人。当战胜洪军门三个军营时，战胜骑兵，率领所属旗支援，击败敌人。当征服明朝战役时，进入九城门之日，战胜流贼二十万兵马，率领所属旗支援，击败敌人。故以其功劳殊大，黾勉其能征善战，晋封授升为拜他喇布勒哈番。准再承袭两次。

### 03-05-51　　顺治帝封科尔沁噶尔图为拖沙喇哈番之敕命
#### 顺治九年十一月二十三日

噶尔图，尔原系白身人旗额真，科尔沁部图瑞扎萨克图郡王旗主。当进军黑龙江时，率领所属五个旗夺取珠尔格哈城。当征服明朝战役时，进入九城门之日，战胜流贼二十万兵马，率领所属旗支援，击败敌人。当追击腾机思时，战胜喀尔喀部土谢图汗兵马，率领所属旗支援，击败敌人。故封为拖沙喇哈番封号。准再承袭一次。

### 03-05-52　　顺治帝封巴林部乌拉泰为拖沙喇哈番之敕命
#### 顺治九年十一月二十三日

乌拉泰，尔原系白身人旗额真，巴林部兀鲁思额驸色布丹郡王旗主。当进军北京第一次战役，战胜顺化城兵马时，支援击败敌人。当围攻锦州城第一次战役，战胜松山骑兵时，率领所属旗支援，击败敌人。当战胜松山步兵时，率领所属旗支援，击败敌人。当战胜杏山骑兵时，率领所属旗支援，击败敌人。当围攻锦州城第三次战役时，战胜洪军门三个军营，率领所属旗支援，击败敌人。当战胜自锦州城出城敌人时，出兵支援，击败敌人。故封为拖沙喇哈番封号。准再承袭一次。

### 03-05-53　　顺治帝封科尔沁巴珠泰为拜他喇布勒哈番之敕命

顺治九年十一月二十三日

巴珠泰，尔原系白身人旗额真，科尔沁部巴噶色棱之旗主。在进军精奇里江，用红夷炮攻克卓完真城时与图赉一起攻取之。当围攻锦州城第三次战役时，战胜前来与我红夷炮兵交战之洪军门兵马，率领所属旗支援，击败敌人。当战胜洪军门三个军营时，战胜骑兵，率领所属旗支援，击败敌人。在进攻流贼并两次战胜流贼时，与旗额真阿赉库鲁格达尔汉一起击败之。当追击腾机思时，战胜喀尔喀部硕垒汗兵马，率领所属旗支援，击败敌人。当战胜喀尔喀部土谢图汗兵马时，率领所属旗支援，击败敌人。故以其功劳殊大，黾勉其能征善战，晋封授升为拜他喇布勒哈番。准再承袭两次。

### 03-05-54　　顺治帝封翁牛特部班第为拖沙喇哈番之敕命

顺治九年十一月二十三日

班第，尔原系白身人旗额真，翁牛特部达尔汉戴青旗主。当围攻锦州城第一次战役时，战胜杏山骑兵，率领所属旗支援，击败敌人。当战胜松山骑兵时，率领所属旗支援，击败敌人。当战胜松山步兵时，率领所属旗支援，击败敌人。在锦州城之北边战胜马步兵时，率领所属旗支援，击败敌人。当追击腾机思时，战胜喀尔喀部硕垒汗兵马，与梅勒章京哈尔图一起击败敌人。当战胜喀尔喀部土谢图汗兵马时，又与梅勒章京哈尔图一起击败敌人。故封为拖沙喇哈番封号。准再承袭一次。

### 03-05-55　　顺治帝封噶尔玛思辖布为拖沙喇哈番之敕命

顺治九年十一月二十三日

噶尔玛思辖布，尔原系白身人旗额真。当进攻北京第一次战役时，战胜遵化城敌人，率领所属旗支援，击败敌人。当围攻锦州城第三次战役时，战胜洪军门三个军营，率领所属旗支援，击败敌人。当追击腾机思时，战胜喀尔喀部硕垒汗兵马，率领所属旗支援，击败敌人。当战胜喀尔喀部土谢图汗兵马时，率领所属旗支援，击败敌人。故封为拖沙喇哈番封号。准再承袭一次。

### 03-05-56　　顺治帝封杜尔伯特部诺木齐为拖沙喇哈番之敕命

顺治九年十一月二十三日

诺木齐，尔原系白身人梅勒，杜尔伯特色棱所属梅勒章京。当围攻锦州城第三次战役时，战胜前来与我红夷炮兵交战之洪军门兵马，率领所属旗支援，击败敌人。当战胜洪军门三个军营时，战胜骑兵，率领所属旗支援，击败敌人。当攻打北京，远征山东第二次战役时，战胜张总兵官骑兵，率领所属旗支援，击败敌人。征服明朝战役时，进入九城门之日，战胜流贼二十万兵马，率领所属旗支援，击败敌人。在追击腾机思并战胜喀尔喀部土谢图汗兵马时，率领所属旗支援，击败敌人。故封为拖沙喇哈番封号。准再承袭一次。

## 03-05-57　　顺治帝封扎赉特部额图为拖沙喇哈番之敕命
### 顺治九年十一月二十三日

额图，尔原系白身人梅勒，扎赉特部达尔和硕齐梅勒章京。当围攻锦州城第三次战役时，战胜雨天前来欲迎战之洪军门兵马，率领所属旗支援，击败敌人。在攻打北京，远征山东第二次战役时，战胜张总兵官骑兵，率领所属旗支援，击败敌人。当战胜赵军门兵马时，率领所属旗支援，击败敌人。当进攻流贼时，高唐之地战胜流贼兵马，率领所属旗支援，击败敌人。当追击腾机思时，战胜喀尔喀部硕垒汗兵马，率领所属旗支援，击败敌人。当战胜喀尔喀部土谢图汗兵马时，率领所属旗支援，击败敌人。故封为拖沙喇哈番封号。准再承袭一次。

## 03-05-58　　顺治帝封科尔沁部杜尔冬为拜他喇布勒哈番之敕命
### 顺治九年十一月二十三日

杜尔冬，尔原系白身人旗额真，科尔沁部扎萨克土谢图亲王旗主。当进军黑龙江时，与阿尔金、哈宁噶一起夺取两个圈子百姓。当围攻锦州城第三次战役时，战胜前来与我红夷炮兵交战之洪军门兵马，率领所属旗支援，击败敌人。当战胜雨天前来欲迎战之洪军门兵马时，率领所属旗支援，击败敌人。当战胜洪军门骑兵时，率领所属旗支援，击败敌人。当征服明朝战役时，进入九城门之日，战胜流贼二十万兵马，率领所属旗支援，击败敌人。当追击腾机思时，战胜喀尔喀部硕垒汗兵马，率领所属旗支援，击败敌人。当战胜喀尔喀部土谢图汗兵马时，率领所属旗支援，击败敌人。故封为拜他喇布勒哈番。准再承袭两次。

## 03-05-59　　顺治帝封科尔沁部布尔哈图为拖沙喇哈番之敕命
### 顺治九年十一月二十三日

布尔哈图，尔原系白身人梅勒，科尔沁部之巴噶色棱梅勒章京。当进军黑龙江时，夺取诺尔哈勒名之圈子百姓。当征服明朝战役时，进入九城门之日，战胜流贼二十万兵马，与巴噶色棱一起击败之。当追击腾机思时，战胜喀尔喀部土谢图汗兵马，又与巴噶色棱一起击败之。故封为拖沙喇哈番封号。准再承袭一次。

## 03-05-60　　顺治帝封科尔沁部布勒特格为拖沙喇哈番之敕命
### 顺治九年十一月二十三日

布勒特格，尔原系白身人旗额真，科尔沁部巴噶色棱旗主。当征服明朝战役时，进入九城门之日，战胜流贼二十万兵马，率领所属旗支援，击败敌人。当追击腾机思时，战胜喀尔喀部硕垒汗兵马，率领所属旗支援，击败敌人。当战胜喀尔喀部土谢图汗兵马时，率领所属旗支援，击败敌人。故封为拖沙喇哈番。准再承袭一次。

## 03-05-61　　顺治帝封郭尔罗斯部诺木图为拖沙喇哈番之敕命
### 顺治九年十一月二十三日

诺木图，尔原系白身人旗额真，科尔沁部郭尔罗斯布木拜旗主。攻打北京，远征山东第二次战役时，战胜八位总兵官兵马，率领所属旗支援，击败敌人。当征服明朝战役时，进入九城门之日，战胜流贼二十万兵马，率领所属旗支援，击败敌人。当追击腾机思时，战胜喀尔喀部硕垒汗兵马，率领所属旗支援，击败敌人。当战胜喀尔喀部土谢图汗兵马时，率领所属旗支援，击败敌人。故封为拖沙喇哈番。准再承袭一次。

## 03-05-62　　顺治帝封科尔沁部达喇席为拜他喇布勒哈番之敕命
### 顺治九年十一月二十三日

达喇席，尔原系白身人旗额真，科尔沁部扎萨克土谢图亲王旗主。在进军精奇里江，用红夷炮攻克卓完真城时与图赍一起取之。当围攻锦州城第三次战役时，战胜来与我红夷炮兵交战之洪军门兵马，率领所属旗支援，击败敌人。当战胜洪军门骑兵时，率领所属旗支援，击败敌人。当战胜雨天前来迎战之洪军门兵马时，率领所属旗支援，击败敌人。攻打北京，远征山东第二次战役，当战胜王副将兵马时，率领所属旗支援，击败敌人。战胜潘军门兵马，率领所属旗支援，击败敌人。进军流贼，当战胜京兆府外围兵马时，率领所属旗支援，击败敌人。当追击腾机思时，战胜喀尔喀部硕垒汗兵马，率领所属旗支援，击败敌人。当战胜喀尔喀部土谢图汗兵马时，率领所属旗支援，击败敌人。故晋封授升为拜他喇布勒哈番。准再承袭两次。

## 03-05-63　　顺治帝封扎赉特部巴布为拖沙喇哈番之敕命
### 顺治九年十一月二十三日

巴布，尔原系白身人甲喇，科尔沁部扎赉特部达尔汉和硕齐甲喇章京。在攻打北京，远征山东第二次战役时，战胜八个总兵官兵马，率领所属甲喇支援，击败敌人。当战胜张总兵官兵卒时，与布达习礼一起击败之。当战胜赵军门兵马时，亦与布达习礼一起击败之。当征服明朝战役时，进入九城门之日，战胜流贼二十万兵马，与旗额真巴颜台一起击败之。当追击腾机思时，战胜喀尔喀部硕垒汗兵马，率领所属甲喇支援，击败敌人。当战胜喀尔喀部土谢图汗兵马时，率领所属甲喇支援，击败敌人。故封为拖沙喇哈番。准再承袭一次。

## 03-05-64　顺治帝封扎赉特部布杜木勒为拖沙喇哈番之敕命
顺治九年十一月二十三日

布杜木勒，尔原系白身人甲喇，扎赉特部达尔汉和硕齐甲喇章京。在进军黑龙江时，攻取卓尔格哈之圈子百姓，率领五个旗兵马，与固山额真（旗主）共同攻取之。当征服明朝战役时，进入九城门之日，战胜流贼二十万兵马，与梅勒章京塔哈一起击败之。当追击腾机思时，战胜腾机思兵马，与先锋（噶布希滚）恰（侍卫）福阿一起击败之。当战胜喀尔喀部硕垒汗兵马时，与阿济赉击败敌人。当战胜喀尔喀部土谢图汗兵马时，与阿济赉一起击败敌人。故封为拖沙喇哈番。准再承袭一次。

## 03-05-65　顺治帝封哈巴为拖沙喇哈番之敕命
顺治九年十一月二十三日

哈巴，尔原系白身人梅勒，车根之固木白赉梅勒章京。攻打北京，远征山东第二次战役时，战胜八个总兵官兵卒，与阿尤喜一起击败敌人。当战胜吴总兵官兵卒时，又与阿尤喜一起击败敌人。追击腾机思战役，当战胜喀尔喀部硕垒汗兵马时，支援击败敌人。当战胜喀尔喀部土谢图汗兵马时，支援击败敌人。故封为拖沙喇哈番。准再承袭一次。

## 03-05-66　顺治帝封科尔沁部拜塞为拖沙喇哈番之敕命
顺治九年十一月二十三日

拜塞，尔原系白身人梅勒，科尔沁部和硕土谢图亲王梅勒章京。进军精奇里江，用红夷炮攻克卓完真城时，与图赉一起取之。攻打北京，远征山东省第二次战役时，当战胜八个总兵官兵马，率领所属旗支援，击败敌人。当战胜王总兵官兵马时，率领所属旗支援，击败敌人。追击腾机思战役，当战胜喀尔喀部硕垒汗兵马时，与固山额真杜尔冬一起击败敌人。当战胜喀尔喀部土谢图汗兵马时，又与旗额真杜尔栋一起击败敌人。故封为拖沙喇哈番。准再承袭一次。

## 03-05-67　顺治帝封土默特部牙巴书为拖沙喇哈番之敕命
顺治九年十一月二十三日

牙巴书，尔原系白身人梅勒，土默特部固木公旗梅勒章京。攻打北京，远征山东第一次战役，当战胜密云县城地方山区驻营兵马时，率领所属旗支援，击败敌人。当战胜扎营在密云县城西边敌军时，曾经两度率领所属旗支援，击败敌人。当打败三河县城敌兵时，率领所属旗支援，击败敌人。当战胜吴总兵官兵马时，率领所属旗支援，击败敌人。当征服明朝战役时，进入九城门之日，战胜流贼二十万兵马，率领所属旗支援，击败敌人。追击腾机思战役，当战胜喀尔喀部硕垒汗兵马时，与固木公一起击败敌人。当战胜喀尔喀部土谢图汗兵马时，与苏海一起击败敌人。故封为拖沙喇哈番。准再承袭一次。

## 03-05-68　　　顺治帝封土默特部巴图为拖沙喇哈番之敕命

顺治九年十一月二十三日

巴图，尔原系白身人甲喇，土默特部善巴达尔汉甲喇章京。攻打北京，远征山东第一次战役，当战胜马总兵官兵马时，与多尔济塔布囊一起击败之。当围攻锦州城第三次战役，战胜洪军门兵马时，与梅勒章京苏海一起击败之。当征服明朝战役时，进入九城门之日，战胜流贼二十万兵马，与固山额真博罗胡一起击败之。在追击流贼，兵马至庆都县城战胜时，与梅勒章京苏海一起击败之。追击腾机思战役，当战胜喀尔喀部硕垒汗兵马时，与梅勒章京苏海一起击败之。当战胜喀尔喀部土谢图汗兵马时，又与梅勒章京苏海一起击败敌人。故封为拖沙喇哈番。准再承袭一次。

## 03-05-69　　　顺治帝封巴林部巴达玛达尔汉为拖沙喇哈番之敕命

顺治九年十一月二十三日

巴达玛达尔汉，尔原系白身人额真，巴林部满珠习礼台吉固山额真。攻打北京，远征山东第一次战役，当战胜前来先锋（噶布希滚）军营交战之敌人时，率领所属旗支援，击败敌人。当围攻锦州城第一次战役时，战胜松山骑兵，率领所属旗支援，击败敌人。当战胜松山步兵时，率领所属旗支援，击败敌人。当两次战胜杏山骑兵时，率领所属旗支援，击败敌人。在打败流贼，杀死福王，平定湖南、江南地方时，两次战胜嘉兴府兵马，率领所属旗支援，击败敌人。当战胜嘉兴府南边敌军时，率领所属旗支援，击败敌人。从杭州城班师时，战胜前来军营交战之敌军，率领所属旗支援，击败敌人。故封为拖沙喇哈番。准再承袭一次。

## 03-05-70　　　顺治帝封喀喇沁部垴泰拖沙喇哈番之敕命

顺治九年十一月二十三日

垴泰，尔原系白身人额真，喀喇沁部色棱公固山额真。当攻打北京第一次战役时，战胜卢沟桥敌军，率领所属旗支援，击败敌人。当围攻锦州城第三次战役时，战胜洪军门三个兵营，率领所属旗支援，击败敌人。在攻打北京，远征山东第二次战役时，战胜王副将兵马，率领所属旗支援，击败敌人。当战胜刘总兵官兵马时，率领所属旗支援，击败敌人。当战胜北京城北边张总兵官兵马时，率领所属旗支援，击败敌人。当征服明朝战役时，进入九城门之日，战胜流贼二十万兵马，率领所属旗支援，击败敌人。追击腾机思战役，当战胜喀尔喀部硕垒汗兵马时，率领所属旗支援，击败敌人。当战胜喀尔喀部土谢图汗兵马时，率领所属旗支援，击败敌人。故封为拖沙喇哈番。准再承袭一次。

## 03-05-71　　　顺治帝封科尔沁部拜达力为拖沙喇哈番之敕命

顺治九年十一月二十三日

拜达力，尔原系白身人额真，科尔沁部扎萨克图郡王梅勒章京。当攻打北京，远征山东三次战役时，击败八个总兵官兵马，率领所属旗支援，击败敌人。当战胜张总兵官兵马时，率领所属旗支援，击败敌人。当战胜赵总兵官兵马时，率领所属旗支援，击败敌人。当征服明朝战役时，进入九城门之日，战胜流贼二十万兵马，与固山额真噶尔图一起击败之。追击腾机思战役，当战胜喀尔喀部硕垒汗兵马时，又与固山额真噶尔图一起击败之。当战胜喀尔喀部土谢图汗兵马时，与固山额真噶尔图一起击败之。故封为拖沙喇哈番。准再承袭一次。

## 03-05-72　　　顺治帝封四子部布乃为拖沙喇哈番之敕命

顺治九年十一月二十三日

布乃，尔原系白身人额真，四子部落达尔汉卓礼克图郡王固山额真。在携回博木固尔那件事情时，尽数俘获根河达斡尔三十户。征服明朝战役，追击流贼兵马，至庆都县城并战胜时，率领所属旗支援，击败敌人。当击败流贼，杀死福王，平定湖南、江南地方时，战胜义清县城敌军时，率领所属旗支援，击败敌人。当敌军前来义清县城交战时，率领所属旗支援，击败敌人。在战胜贼首穆大猷兵马时，率领所属旗支援，并击败敌人。当苏尼特部乌班岱台吉为首五个台吉等率领一百个人逃走时，与达尔汉卓礼克图郡王一起追上并将其全部俘获。在追击腾机思战役，战胜喀尔喀部硕垒汗兵马时，率领所属旗支援，击败敌人。当战胜喀尔喀部土谢图汗兵马时，率领所属旗支援，击败敌人。故封为拖沙喇哈番。准再承袭一次。

## 03-05-73　　　顺治帝封扎赉特部达木为拜他喇布勒哈番之敕命

顺治九年十一月二十三日

达木，尔原系白身人额真，扎赉特部色棱达尔汉和硕齐固山额真。在进军精奇里江，用红夷炮攻克卓完真城时，与图赉一起攻取之。当围攻锦州城第三次战役，战胜前来与我红夷炮兵交战之洪军门兵马时，率领所属旗支援，击败敌人。战胜洪军门骑兵时，率领所属旗支援，击败敌人。战胜雨天前来迎战之洪军门兵马时，率领所属旗支援，击败敌人。当战胜洪军门三个军营时，率领所属旗支援，击败敌人。在攻打北京，远征山东第二次战役，战胜八个总兵官第一营寨敌军时，率领五个旗支援，击败敌人。当战胜王总兵官敌军时，率领所属旗支援，击败敌人。当战胜潘军门兵马时，率领所属旗支援，击败敌人。当追击腾机思时，战胜喀尔喀部硕垒汗兵马，率领所属旗支援，击败敌人。当战胜喀尔喀部土谢图汗兵马时，率领所属旗支援，击败敌人。故授升封为拜他喇布勒哈番。准再承袭两次。

## 03-05-74　　　　顺治帝封宝迪为拖沙喇哈番之敕命
### 顺治九年十一月二十三日

宝迪，尔原系白身人固山额真。当攻打北京第一次战役，战胜顺化敌军时，率领所属旗支援，击败敌人。在战胜卢沟桥敌军时，率领所属旗支援，击败敌人。在攻打北京，远征山东第一次战役，战胜至我先锋军营欲交战之敌军时，率领所属旗支援，击败敌人。当围攻锦州城第三次战役，打败洪军门三营兵时，与扎萨克杜棱一起支援，并击败敌人。在攻打北京，远征山东第二次战役，战胜王副将所率敌军时，率领所属旗支援，击败敌人。在战胜刘总兵官马步兵时，率领所属旗支援，击败敌人。当袭击八个总兵官另一个军营时，率领所属旗支援，击败敌人。在战胜流贼，杀死福王，平定湖南、江南地方时，两次战胜嘉兴府兵马，率领所属旗支援，击败敌人。故封为拖沙喇哈番。准再承袭一次。

## 03-05-75　　　顺治帝封察哈尔部巴达礼为拖沙喇哈番之敕命
### 顺治九年十一月二十三日

巴达礼，尔原系白身人梅勒，察哈尔兀鲁思额驸扎萨克亲王梅勒章京。当攻打北京，远征山东省第二次战役，在北京北边战胜张总兵官步兵时，与色棱伊勒登一起击败之。在北京北边战胜骑兵时，又与色棱伊勒登一起击败之。当战胜胡总兵官敌军时，与固山额真索诺木卫寨桑一起击败之。当战胜吴总兵官两个步兵营寨时，率领所属旗支援，并击败敌人。在征服明朝战役时，进入九城门之日，战胜流贼二十万兵马，与色棱伊勒登一起击败之。当追击腾机思，战胜喀尔喀部硕垒汗兵马时，与固山额真索诺木卫寨桑一起击败之。当战胜喀尔喀部土谢图汗兵马时，与固山额真索诺木卫寨桑一起击败之。故封为拖沙喇哈番。准再承袭一次。

## 03-05-76　　　　顺治帝封巴林部邦嘎迪为拖沙喇哈番之敕命
### 顺治九年十一月二十三日

邦嘎迪，尔原系白身人甲喇，巴林部色布丹郡王甲喇章京。当围攻锦州城第一次战役时，战胜松山步兵，与固山额真乌拉泰一起击败之。当战胜松山骑兵时，支援并击败敌人。当战胜杏山骑兵时，两次率领所属甲喇支援，击败敌人。当围攻锦州城第三次战役时，战胜洪军门三个兵营，与毛祈他特一起率领所属甲喇支援，击败敌人。当战胜锦州城出城来交战敌兵时，与固山额真乌拉泰一起击败之。当进军四川省时，战胜郝贞兵马，步行支援，击败敌人。当战胜二辉敌兵时，支援并击败敌人。当战胜巴岱王兵马时，支援并击败敌人。故封为拖沙喇哈番。准再承袭一次。

# 清内秘书院蒙古文档案
# 第四辑

## 顺治十年（1653）档册

**04-01-01**　　　顺治帝以闲散都统图章屡立战功晋封为
拜他喇布勒哈番之敕命

*顺治十年二月初三日*

奉天承运皇帝制曰：朕惟尚德崇功，国家之大典；输忠尽职，臣子之常经。古圣帝明王，戡乱以武，致治以文。朕钦承往制，甄进贤能，特设文武勋阶，以彰激励。受兹任者，必忠以立身，仁以抚众，防奸御侮，机无暇时。能此则荣及父祖，福延后嗣，而身家永康矣，敬之勿怠。

图章，尔原系闲散都统，尽收服朝鲜，击败两营寨步兵时，与噶布希贤（先锋）兵一道率领所属固山打败来援助敌人。进军黑龙江地方一役，围攻诺尔哈勒城，与阿尔津、哈宁噶一起攻克之。进军精奇里江一役，用红夷炮攻取图固尔沁城时，与俄罗塞臣（一作"鄂罗塞臣"）一起攻克之。在攻打北京，远征山东省第一次战役，击败冯太监兵马时，率领所属固山，打败来援助敌人。出长城一役，当打败山上所聚集一千来个敌兵时，击败来援助敌人。追击腾机思一役，当追击并打败腾机思时，击败来援助敌人。打败喀尔喀部硕垒汗兵马时，率领所属固山打败来援助敌人。当打败喀尔喀部土谢图汗兵马时，率领所属固山打败来援助敌人。故黾勉激励晋升为拜他喇布勒哈番。亦可再承袭两次。

**04-01-02**　　　顺治帝以蒿齐忒部杜圭夫人率部归附册封为
多罗淑勒福晋之诰命

*顺治十年二月初三日*

奉天承运皇帝制曰：朕闻正名定号，以彰懿德，锡予褒封，乃古先圣王之常经，而万代不易之天理。今朕诞登大宝，效法前王，爰定藩封，和硕亲王、多罗郡王、多罗贝勒之妻，各有封号。蒿齐忒部杜圭夫人，尔原系蒙古兀鲁思察哈尔汗兄弟蒿齐忒部扎罕土谢图之妻。尔丈夫殒殁后，因察哈尔汗不思亲族，虐待臣民，所以尔携领诸子，逃避至喀尔喀部兄弟之后，硕垒汗娶尔为妻。太宗皇帝尽收服察哈尔兀鲁思，硕垒汗故去之后，尔始识时达势，抛弃喀尔喀部兄弟，率领诸子及兀鲁思来归。故特颁制诰，兹封尔为多罗淑勒福晋。尔多以善行抚育诸子，秉持中正，名显当世，垂誉后世，恪守闺箴。勿替朕命。

## 04-01-03　　　顺治帝以淖海出使有功赐达尔汉名号之敕命

顺治十年二月初三日

奉天承运皇帝制曰：淖海，尔以主人钟根夫人、噶尔玛色旺台吉由喀尔喀部叛来归附时，往来出使，辛苦有功。故施恩示宠赐给达尔汉名号。又可以承袭六代。

## 04-01-04　　　顺治帝以赛音泰出使有功赐达尔汉名号之敕命

顺治十年二月初三日

奉天承运皇帝制曰：尔赛音泰以主人钟根夫人、噶尔玛色旺台吉由喀尔喀部叛来归附时，往来出使，辛苦立功。故施恩示宠赐给达尔汉名号。又可以再承袭六次。

## 04-01-05　　　顺治帝蒿齐忒部噶尔玛色旺台吉率部归附
## 封为多罗郡王之诰命

顺治十年二月初四日

奉天承运皇帝制曰：自开天辟地以来，有一代应运之君，必有藩屏之佐，故叙功定名以别封号者，乃古圣王之典也。朕爰仿古制，不分内外，视为一体。凡我诸藩，俱因功授册，以昭等威，受此册者，必忠以辅国，恪守矩度，自始至终，不忘信义，若此则光前裕后，而奕世永昌矣。慎行勿怠。噶尔玛色旺台吉，尔原系蒙古兀鲁思察哈尔汗兄弟蒿齐忒部台吉也。因察哈尔汗暴虐无道，不思亲族，虐待臣民，尔避居于喀尔喀部兄弟处，硕垒汗娶尔之母为妻。硕垒汗故去之后，尔知时达务，遂弃喀尔喀部兄弟，率所属之民来归诚。朕嘉尔勋，故册封尔为多罗郡王。除负朕厚恩，谋反大逆，削除王爵，及行军败逃，依律治罪外，其一应过犯，永不削夺，子孙世袭。钦哉。勿负朕命。

## 04-01-06　　　顺治帝以喀喇沁部宝迪病故准其子布颜达礼
## 承袭拖沙喇哈番之敕命

顺治十年二月十八日

喀喇沁部宝迪病故之后，恩准其子布颜达礼承袭拖沙喇哈番。倘若阵亡，则准袭，如若病故，则停袭。

## 04-01-07　　顺治帝以扎鲁特部梅勒章京阿玉锡阵亡追封为
### 拖沙喇哈番准其子土璋袭职之敕命
顺治十年二月十八日

奉天承运皇帝制曰：朕惟尚德崇功，国家之大典；输忠尽职，臣子之常经。古圣帝明王，戡乱以武，致治以文。朕钦承往制，甄进贤能，特设文武勋阶，以彰激励。受兹任者，必忠以立身，仁以抚众，防奸御侮，机无暇时。能此则荣及父祖，福延后嗣，而身家永康矣，敬之勿怠。阿玉锡，尔原系闲散梅勒。攻克博穆博果尔一事，与席特库一起攻取名为达呼鲁库伦（圈子，意为屯或城——译者）的居民。当攻打北京并远征山东省第二次战役时，打败八位总兵官北大营兵马，击败来援助之敌人。打败吴总兵官兵马，与俄罗塞臣（一作"鄂罗塞臣"）一起击败之。当击破流贼，杀死福王，平定湖南、江南地方时，打败嘉兴府兵马，击败来援助敌人。当击败顺天县城兵马时，率领所属固山部众，击败来援助敌人。在追击腾机思，打败喀尔喀部土谢图汗兵马时，不幸中箭而阵亡。故恩准令其子土璋承袭拖沙喇哈番。倘若阵亡，则（其子孙）准袭爵，如若病故，则停袭。

## 04-01-08　　顺治帝以杜尔栋病故准其子巴扎尔承袭
### 拜他喇布勒哈番之敕命
顺治十年二月二十一日

杜尔栋病故之后，恩准其子巴扎尔承袭拜他喇布勒哈番。准再承袭一代。

## 04-01-09　顺治帝以拜赛病故准其子塞稜承袭拖沙喇哈番之敕命
顺治十年二月二十一日

拜赛病故之后，恩准其子塞稜仍承袭拖沙喇哈番。倘若阵亡，则（其子孙）准袭爵，如若病故，则停袭。

## 04-01-10　　布尔噶图病故准其子僧格承袭拖沙喇哈番之敕命
顺治十年二月二十一日

布尔噶图病故之后，恩准其子僧格承袭拖沙喇哈番。倘若阵亡，则（其子孙）准袭，如若病故，则停袭。

## 04-01-11　　杜尔伯特部诺木齐病故准其子班第
### 承袭拖沙喇哈番之敕命
顺治十年二月二十一日

杜尔伯特部诺木齐病故之后，恩准其子班第仍承袭拖沙喇哈番。倘若阵亡，则

（其子孙）准袭，如若病故，则停袭。

## 04-01-12　喀喇沁部耨德病故准其子扎麻承袭拖沙喇哈番之敕命
順治十年二月二十一日

喀喇沁部耨德病故之后，恩准其子扎麻仍承袭拖沙喇哈番。倘若阵亡，则（其子孙）准袭，如若病故，则停袭。

## 04-01-13　顺治帝以总管阿布代病故准其子塞穆承袭
### 拜他喇布勒哈番之敕命
順治十年二月二十一日

总管阿布代病故之后，恩准其子塞穆仍承袭拜他喇布勒哈番。又准再袭一次。

## 04-01-14　顺治帝以扎赉特部达穆病故准其子绰世喜承袭
### 拜他喇布勒哈番之敕命
順治十年二月二十一日

扎赉特部达穆病故之后，恩准其子绰世喜仍承袭拜他喇布勒哈番。仍准再袭一次。

## 04-01-15　顺治帝以土默特部布达礼病故准其伯父之子
### 鄂齐尔承袭拖沙喇哈番之敕命
順治十年二月二十九日

土默特部布达礼病故之后，恩准其伯父之子鄂齐尔承袭拖沙喇哈番。倘若阵亡，则（其子孙）准袭，如若病故，则停袭。

## 04-01-16　顺治帝封喀尔喀土谢图汗部台吉贲塔尔为
### 和硕达尔汉亲王之诰命
順治十年二月二十九日

奉天承运皇帝制曰：自开天辟地以来，有一代应运之君，必有藩屏之佐，故叙功定名以别封号者，乃古圣王之典也。朕爱仿古制，不分内外，视为一体。凡我诸藩，俱因功授册，以昭等威，受此册者，必忠以辅国，恪守矩度，自始至终，不忘信义，若此则光前裕后，而奕世永昌矣。慎行勿怠。贲塔尔，尔原系蒙古喀尔喀部土谢图汗亲族台吉。尔知时达务，遂弃喀尔喀部兄弟，率领兄弟及所属部众来归诚。朕嘉尔勋，故册封尔为和硕达尔汉亲王。除负朕厚恩，谋反大逆，削除王爵，及行军败逃，依律治罪外，其一应过犯，永不削夺，子孙世袭。钦哉。勿负朕命。

## 04-01-17　顺治帝封喀尔喀土谢图汗部台吉衮布为
### 多罗卓礼克图郡王之诰命
顺治十年二月二十九日

　　奉天承运皇帝制曰：自开天辟地以来，有一代应运之君，必有藩屏之佐，故叙功定名以别封号者，乃古圣王之典也。朕爰仿古制，不分内外，视为一体。凡我诸藩，俱因功授册，以昭等威，受此册文者，必忠以辅国，恪守矩度，自始至终，不忘信义，若此则光前裕后，而奕世永昌矣。慎行勿怠。衮布，尔原系蒙古喀尔喀部土谢图汗亲族台吉。尔知时达务，弃喀尔喀部兄弟，率领兄弟及所属部众来归诚。朕嘉尔勋，故册封尔为多罗卓礼克图郡王。除负朕厚恩，谋反大逆，削除王爵，及行军败逃，依律治罪外，其一应过犯，永不削夺，子孙世袭。钦哉。勿负朕命。

## 04-01-18　顺治帝封喀尔喀土谢图汗部台吉扎穆苏
### 为镇国公之诰命
顺治十年二月二十九日

　　奉天承运皇帝制曰：自开天辟地以来，有一代应运之君，必有藩屏之佐，故叙功定名以别封号者，乃古圣王之典也。朕爰仿古制，不分内外，视为一体。凡我诸藩，俱因功授诰命，以昭等威，受此诰命，必忠以辅国，恪守矩度，自始至终，不忘信义，若此则光前裕后，而奕世永昌矣。慎行勿怠。扎穆苏，尔原系蒙古喀尔喀部土谢图汗亲族台吉。尔知时达务，与乃兄贲塔尔楚古库尔一起率领所属部众来归诚。朕嘉尔勋，故封尔为镇国公。除负朕厚恩，谋反大逆，削除王爵，及行军败逃，依律治罪外，其一应过犯，永不削夺，子孙世袭。钦哉。勿负朕命。

## 04-01-19　顺治帝封喀尔喀土谢图汗部台吉奔巴世希
### 为固山贝子之诰命
顺治十年二月二十九日

　　奉天承运皇帝制曰：自开天辟地以来，有一代应运之君，必有藩屏之佐，故叙功定名以别封号者，乃古圣王之典也。朕爰仿古制，不分内外，视为一体。凡我诸藩，俱因功授诰命，以昭等威，受此诰命，必忠以辅国，恪守矩度，自始至终，不忘信义，若此则光前裕后，而奕世永昌矣。慎行勿怠。奔巴世希，尔原系蒙古喀尔喀部土谢图汗亲族台吉。尔知时达务，与乃兄贲塔尔楚古库尔一起率领所属部众来归诚。朕嘉尔勋，故封尔为固山贝子。除负朕厚恩，谋反大逆，削除王爵，及行军败逃，依律治罪外，其一应过犯，永不削夺，子孙世袭。钦哉。勿负朕命。

### 04-01-20　　　顺治帝封喀尔喀土谢图汗部贲塔尔所属下台吉巴
### 拜为三等精奇尼哈番之敕命

顺治十年二月二十九日

奉天承运皇帝制曰：巴拜，尔原系喀尔喀部贲塔尔楚库尔所属大臣，尔醒悟且知时达务，说服自己主人，由喀尔喀部来归诚。故封尔为三等精奇尼哈番。准再袭十二次。

### 04-01-21　　　顺治帝封喀尔喀之土谢图汗部贲塔尔所属下台
### 吉萨喇瑚为三等精奇尼哈番之敕命

顺治十年二月二十九日

奉天承运皇帝制曰：萨喇瑚，尔原系喀尔喀部墨尔根阿海所属大臣，尔醒悟且知时达务，说服自己主人，由喀尔喀部来归诚。故封尔为三等精奇尼哈番。恩准再袭八次。

### 04-01-22　　　顺治帝封喀尔喀土谢图汗部贲塔尔所属下答尔玛
### 出使有功赐达尔汉名号之敕命

顺治十年二月二十九日

奉天承运皇帝制曰：答尔玛，当尔主人贲塔尔楚库尔、墨尔根阿海等人由喀尔喀部叛离来归诚时，往来出使，勤劳有功，故恩宠赐给达尔汉名号，免除供应乌拉差役及首思祗应（供应马匹、糗粮——译者）。恩准再袭四次。

### 04-01-23　　　顺治帝封喀尔喀土谢图汗部贲塔尔所属下赫舍依
### 出使有功赐达尔汉名号之敕命

顺治十年二月二十九日

奉天承运皇帝诏曰：赫舍依，当尔主人贲塔尔楚库尔、墨尔根阿海等人由喀尔喀部叛离来归时，往来出使，勤劳有功，故恩宠赐给达尔汉名号，免除乌拉差役及首思祗应（马匹、糗粮——译者）供应（驿站所需食物——译者）。恩准承袭四代。

### 04-01-24　　　顺治帝以按原封号赐给土康严书巴郎杰喇嘛
### 新册文印信之敕命

顺治十年二月二十九日

皇帝圣旨致土康严书巴郎杰喇嘛。朕思虑佛法以清净为根，以慈悲为贵。凫勉鼓励教徒中明白修成佛学正果者，国家常礼。严书巴郎杰喇嘛，尔生性心底明洁，严守教规教义。虽然身居遐荒远域绝险地方，但一直仰望慕名朕为政之道，特意来朝觐见，故恩准赐给原封号，并颁赐恩赐敕书及印信。尔引领指导信徒僧众，精修佛法，增益修善天生明心，以副朕嘉勉崇善至意。务必慎之又慎。

## 04-01-25　　　达赖喇嘛奏请顺治帝圣安之奏折

顺治十年三月二十八日

用福德之金修成千辐繁盛，大力伟大世间转轮王，人之上天圣上最胜曼殊师利（文殊菩萨）大皇帝赐鉴！由今时轮善业浩渺水仓艳丽色体捕捉兔子之像，分离不谐污垢，当举行未染奇妙耳宴时，百座凌霄宝殿大门，无边无量四部地方，在金乌麦中以威严之力来投胎而生，自天赐降生非尔莫属！因此向纯净金子喜乐圣母周围泽被之臣民全体，创造增加利益及幸福美满喜宴，振兴世间上天，在运星大地诸城内纯净金子铸成宫殿中，心情喜乐愉悦，人主天帝不朽金刚座坛进言。如同将湛蓝天空融化为渊薮画面般，好像月亮般明亮降生神灵，化作无量无边吉祥并将其敬献上呈。

## 04-01-26　　　达赖喇嘛奏返藏路途之艰难身体状况并请
### 顺治帝先赐至青海费用之奏折

顺治十年三月二十八日

达赖喇嘛奏报事由，那天在彼地心胸肝脏皆不适，虽换水之后，些许有所好转，但因水土不宜良是，病根仍旧未根除。至今也许由于忽冷忽热，导致愈加不适，仍旧未见好转。所以，由此地出行大概推迟，如果冬天不能从青海地方出行，如同先前奏报那般西藏地方诸事尚未完备，琐碎忙碌事情较多，故由青海地方至西藏之间地区，又寒冷且多雪，人畜疲惫不堪，至西藏地方自然迟缓拖延。大概十一月之前，欲越过察汗山。因此，奏报准备四月末由此地出发，恭请先赐给至青海地方之盘费及所用物品等。仅以口头恭谨上奏。

## 04-01-27　　　顺治帝以闲散甲喇章京马尼阵亡追封为拖沙喇哈番
### 并准其子殷达大什袭爵之敕命

顺治十年四月初四日

马尼，尔原系闲散甲喇章京。在打败流贼，杀死福王，平定湖南、江南地方，打败前来欲与藩部马群（原文作"阿敦苏鲁克"）牧马人交战之土贼时，与庄土贲一起合伙击破。追击腾机思，在战胜喀尔喀部硕垒汗兵马时，与固山额真恭古尔一起击败。当打败喀尔喀部土谢图汗兵马时，又与固山额真恭古尔一起击败。当围攻大同，攻占左卫城时，不幸中炮弹阵亡。故追封尔为拖沙喇哈番，并恩准亲子殷达大什承袭爵位。倘若阵亡，则准袭，如若病故，则停袭。

## 04-01-28　　　顺治帝塞稜伊尔登病故准其子多尔济承袭
### 拖沙喇哈番之爵位之敕命
顺治十年四月初四日

塞稜伊尔登病故之后，恩准其子多尔济承袭拖沙喇哈番封爵。倘若阵亡，则准袭，如若病故，则停袭。

## 04-01-29　　　顺治帝以闲散甲喇章京努赖在腾机思事件中阵亡
### 追封为拖沙喇哈番并准其子达礼承袭爵位之敕命
顺治十年四月初四日

努赖，尔原系闲散甲喇章京。进军黑龙江地方一役，与卓布泰一起用红夷炮攻克图古尔扎城。追击腾机思，并攻打腾机思时，不幸在敌阵中被刺中阵亡，故追封尔为拖沙喇哈番，并恩准其子达礼袭爵。倘若阵亡，则准袭，如若病故，则停袭。

## 04-01-30　　　顺治帝以闲散甲喇章京孔我代在腾机思事件中阵亡
### 追封为拖沙喇哈番并准其子朱尔堪袭爵之敕命
顺治十年四月十九日

奉天承运皇帝制曰：朕惟尚德崇功，国家之大典；输忠尽职，臣子之常经。古圣帝明王，戡乱以武，致治以文。朕钦承往制，甄进贤能，特设文武勋阶，以彰激励。受兹任者，必忠以立身，仁以抚众，防奸御侮，机无暇时。能此则荣及父祖，福延后嗣，而身家永康矣，敬之勿怠。孔我代，尔原系闲散甲喇章京。进军黑龙江地方，攻克名为约尔恩噶寨村时，与阿尔津、哈宁噶一起攻取之。追击腾机思一役，当战胜腾机思一行掩护殿后时，率领所属甲喇打败来援敌人。当攻打喀尔喀部土谢图汗兵马时，不幸受伤致死。故追封尔为拖沙喇哈番，并准其亲子朱尔堪袭爵位。倘若阵亡，则准袭，如若病故，则停袭。

## 04-01-31　　　顺治帝以巴达玛达尔汉病故准其兄卓遂承袭
### 拖沙喇哈番之敕命
顺治十年四月十九日

巴达玛达尔汉病故之后，恩准其兄卓遂承袭拖沙喇哈番。倘若阵亡，则准袭，如若病故，则停袭。

## 04-01-32　　　顺治帝册封五世达赖为"西天大善自在佛所领天下
### 释教普通瓦赤喇怛喇达赖喇嘛"并赐金册金印之诰命
顺治十年四月二十二日

奉天承运皇帝诏曰：朕闻兼善独善，开宗之义不同，世出世间，设教之途亦异。

然而明心见性，淑世觉民，其归一也。兹尔罗布藏扎慕（札木）素达赖喇嘛，襟怀贞朗，德量渊泓，定慧双修，色空俱泯，以能宣扬释教，诲导愚蒙。因化被西域，名驰东土，我皇考太宗文皇帝闻而欣尚，特遣使迎聘。尔早识天心，许以辰年来见。朕荷皇天眷命，抚有天下，果如期应聘而至。仪范可亲，语默有度，臻般若圆通之境，扩慈悲摄受之门。诚觉路梯航，禅林山斗也。朕甚嘉焉！兹以金册印封尔为"西天大善自在佛所领天下释教普通瓦赤喇怛喇达赖喇嘛"。於戏！应劫现身，兴隆佛化，随机说法，利济众生，不亦休哉。故颁赐册文及印信。钦此。

## 04-01-33　顺治帝册封顾实汗为"遵行文义敏慧顾实汗"
### 并赐金册金印之诰命
顺治十年四月二十二日

奉天承运皇帝诏曰：帝王经纶大业，务安劝庶邦，使德教加于四海庶邦，君长能度势审时，归诚向化，朝廷必加旌异，以示怀柔。尔厄鲁特部落顾实汗，尊德乐善，秉义行仁，惠泽克敷，被于一境，殚乃精诚，倾心恭顺，朕甚嘉焉。兹以金册印封为"遵行文义敏慧顾实汗"，尔尚益矢忠诚，广宣声教，作朕屏辅，辑乃封圻，如此则带砺山河，永膺嘉祉，钦哉！尔务必谨小慎微。

## 04-01-34　顺治帝以奈曼部多罗达尔汉郡王病故准其子
### 阿罕袭爵之敕命
顺治十年三月初三日

奈曼部多罗达尔汉郡王滚楚克病故之后，恩准其子阿罕承袭多罗达尔汉郡王爵位。

## 04-01-35　喀尔喀部土谢图汗等奏请顺治帝索要逃亡人畜之奏折
顺治十年六月十三日

瓦赤喇（金刚）土谢图汗、法王车臣汗为首全体上书。为有益于政体，自诸诺颜及土什穆勒（官吏）前往（彼处）以来，一向择善行事，却我诸诺颜纷纷潜逃（彼处）。今因两个兀鲁思（国）和睦相处，故请遣送对政体构成鬼怪（原文作"哲特克尔"——译者）般（威胁之）潜逃者诸诺颜，将其当作（尔）索要所欠巴林部人畜之赔偿，并敬请将多余诸诺颜遣返为盼。

## 04-01-36　顺治帝以喀尔喀部不朝贡欠还人口为由
### 拒绝发还逃来人口并问罪之敕谕
顺治十年六月二十六日

皇帝敕谕致喀尔喀部土谢图汗、丹津喇嘛、车臣汗全体。先前传谕要求归还所欠巴林部所有人口，为求讨巴林部牲畜，为首诸诺颜来觐见，等那时才处置逃人一事。

尔等并没有服从那道敕谕，也没有派来为首诸诺颜，此一。今年没有送来每个旗上贡之九头牲畜（即九白年贡——译者），此二。又所欠巴林部人口，仍旧尚未全部归还，此三。尔等有此三条失误，却敢欲要求全体之共主皇帝随意归还（潜逃）来归附诸诺颜，此言明显有违背常理。今若尔等将所欠巴林部人口归还，并为首诸诺颜来朝觐见，（朕）将这批来归附诸诺颜、赛特（臣宰）才能够归还。若全部送还所欠巴林人口，并且为首诸诺颜来朝觐见，将今后来归附逃人等似可酌情商量遣送。否则来归附这些诸诺颜，以及凡是诸诺颜、赛特（臣宰），以朕为共主皇帝来投身归诚朕处，依旧迎接容纳，并且恩养使其享受富足无忧。

## 04-01-37　顺治帝以西纳班珠尔盆错奉贡请旨恩准袭其祖父
### "通慧精觉国师"名号并颁发敕印之诰命
#### 顺治十年闰六月二十三日

奉天承运皇帝制曰：朕思虑佛法崇尚戒律，以慈悲为贵。为后世明确根本大法，公开宣教，引导众生。鉴古追昔，此类黾勉激励可谓为数甚多。如今西纳班珠尔盆错喇嘛，尔学问、德行及经律、教义，光明敏慧，行事公允且平和，自遐荒远方虔诚思道来朝觐见，故恩准尔承袭祖父"通慧精觉国师"名号，并颁赐给敕印。尔务必恒久铭记佛法，以虔诚之心谆谆教诲四友。宣扬教示释迦牟尼佛尊三教。谨受国恩民戴，务必慎之又慎。

## 04-01-38　顺治帝以阿巴垓部固山达尔汉贝子多尔济卒
### 准其子绰博和袭爵之诰命
#### 顺治十年七月二十二日

阿巴垓部固山达尔汉贝子多尔济卒后，恩准其子绰博和承袭达尔汉台吉爵位。依旧世袭罔替。

## 04-01-39　乌思藏阐化王遣索嫩毕喇席喇国师等贡请
### 赐文印信施舍之奏文
#### 顺治十年八月十日

至上最胜人世间共主大法王赐鉴！乌思藏阐化王以善于修辞著称，谨烧至胜高香，合掌跪拜祈祷，至尊最胜荣登大汉人（皇帝）之金座，我依照昔日旧例，遣索嫩毕喇席喇国师敬献千份礼物，切盼至上最胜大皇帝传谕布施，大慈大悲，大发恩赐且明鉴！今又遣索嫩毕喇席喇国师将两道敕书及千份礼物一并敬献，至于至上最胜大圣依照先前惯例，如何行使布施恩赐，悉听圣裁明鉴！

## 04-01-40　　　顺治帝以嫩科尔沁部奇他特薨准其子额尔德尼
### 承袭多罗郡王爵位之诰命
顺治十年八月二十三日

嫩科尔沁部奇他特薨逝之后，恩准其子额尔德尼承袭多罗郡王爵位。依旧恩准世袭罔替。

## 04-01-41　　　顺治帝以扎鲁特部多罗贝勒尚嘉布卒准其子
### 祈他特袭爵之诰命
顺治十年九月十一日

扎鲁特部多罗贝勒尚嘉布卒之后，恩准其子祈他特袭爵。依旧世袭罔替。

## 04-01-42　　　顺治帝以乌思藏国已故阐化王子阿哈旺
### 遣使奉贡事嘉奖赏赐之敕谕
顺治十年九月十九日

皇帝敕谕晓谕乌思藏国已故阐化王子阿哈旺：尔世居西域净土，顺应天道，崇尚仰慕中华，尽力完成所有委付事宜。今遣使进贡方物，诚心符合政道。理应激励黾勉。故恩赐给尔所遣来使者彩缎表里，以聊表黾勉鼓励之意。使者一旦抵达即收取，特此传谕。赏赐有缎一匹、绸缎一匹、里缎一匹、表缎一匹。

## 04-01-43　　　顺治帝封公固丹净为灌顶精觉弘济大国师之诰命
顺治十年九月二十二日

奉天承运皇帝制曰：朕思虑佛法以明澄宣教为根本，以慈悲为至贵。上应利益大朝，下则引领乱民，为后世明确宣扬此法者，俱理应黾勉激励。公固丹净，尔慧力超群，正守法理，深悟精通释迦牟尼秘咒经义，朝廷……（这里档案原文残缺——译者）

## 04-01-44　　顺治帝封班珠尔札木素喇嘛为国师并赐册文印信之诰命
顺治十年九月二十二日

奉天承运皇帝制曰：朕思虑佛法以清净明心为根本，以仁爱慈悲为贵。上应有利于朝廷，下顺引领愚民宣教，为后世明确宣扬此法者，朕亦应给予黾勉激励。班珠尔札木素，尔慧力超群，正守法理，自遐荒远方聊表诚心，仰慕善政来朝觐见。故恩准承袭尔祖父谨慈佑善国师名号，并颁赐册文及印信。尔永久振兴大法，崇尚资治正道，弘扬修行正果教法，务必多思钦命恩赐大号，谨行勿怠，敬之慎行。

## 04-01-45　　　顺治帝封杂习桓卓尔为灌顶广济弘善国师
### 并赐册文印信之诰命

顺治十年九月二十二日

　　奉天承运皇帝制曰：朕思虑佛法以清净为根本，以仁爱慈悲为贵。上则襄助朝廷，下则引领乱民宣教，为后世明确宣扬此法，朕亦应给予黾勉激励。杂习桓卓尔，尔慧力超群，正守经律，自遐荒远方表示诚心，因仰慕善政来朝觐见。故恩准承袭尔祖父灌顶广济弘善国师名号，并赐册文及印信。永久谨修三教，严教四众友朋，弘扬释迦牟尼佛法，钦此。切勿损辱至上名号。谨行勿怠，敬之慎行。

## 04-01-46　　　顺治帝封张沙喇方苏为广济弘修国师
### 并赐册文印信之诰命

顺治十年九月二十二日

　　奉天承运皇帝制曰：朕思虑佛法以清净为根本，以仁爱慈悲为至贵。上则襄助朝廷，下则引领愚民宣教，为后世明确宣扬此法者则朕亦黾勉激励。张沙喇方苏，尔慧力超脱，正守道法，自遐荒远方表诚心，仰慕善政来朝觐见。故恩准承袭尔祖父灌顶广济弘修国师名号并赐册文印信。永久谨修三教，严教四众友朋，广泛弘扬释迦牟尼佛法。切勿贻误，有辱钦赐至上名号。谨行勿怠，敬之慎行。

## 04-01-47　　　顺治帝封舍喇苏南为妙胜慧智灌顶大国师
### 并赐册文印信之诰命

顺治十年九月二十二日

　　奉天承运皇帝制曰：朕思虑佛法以清净为根本，以仁爱慈悲为贵。上则襄助朝廷，下则引领愚民宣教，为后世明确宣扬此法者则朕亦黾勉激励。舍喇苏南，尔善洁佛法，生性超脱，自遐荒远方表诚心，仰慕善政来朝觐见。故恩准承袭尔祖父妙胜慧智灌顶大国师名号，并赐册文及印信。尔永久弘法，以仁义为贵，宏传边陲地方。切勿贻误，有辱钦赐至上名号。谨行勿怠，敬之慎行。

## 04-01-48　　顺治帝封罗桑拉丹为辅教禅师并赐册文印信之诰命

顺治十年九月二十二日

　　奉天承运皇帝诏曰：朕思虑佛法以清净为根本，以仁爱慈悲为贵。上则襄助朝廷，下则引领愚民宣教，为后世明确宣扬此法者则朕亦黾勉激励。罗桑拉丹，尔慧力超群，正守道法，自遐荒远方表诚心，仰慕善政来朝觐见。故恩准承袭尔祖父辅教禅师名号，并赐册文及印信。永久谨修三教，严教四众之朋，广泛弘扬释迦牟尼佛法。切勿贻误，有辱钦赐至上名号。谨行勿怠，敬之慎行。

## 04-01-49　　顺治帝封丹津札木素喇嘛为妙善通慧国师
### 并赐册文印信之诰命

顺治十年九月二十二日

奉天承运皇帝制曰：朕思虑佛法以清净为根本，以仁爱慈悲为贵。上则襄助朝廷，下则引领指导愚民宣教，为后世明确宣扬此法者则朕亦黾勉激励。丹津札木素，尔慧力超群，正守道法，自遐荒远方表诚心，仰慕善政来朝觐见。故恩准承袭尔祖父妙善通慧国师名号，并赐册文印信。永久谨修三教，严教四众之朋，广泛弘扬释迦牟尼佛法。切勿贻误，有愧钦赐至上名号。谨行勿怠，敬之慎行。

## 04-01-50　　顺治帝以保护西宁吉祥寺田产事颁给大小
### 官吏及百姓之敕谕

顺治十年九月二十二日

皇帝敕谕致西宁大小官吏及百姓。朕思佛法勃兴永久，西域土地之人，自古以来崇敬久远，以为神灵。守其戒律者，未曾根绝，以善行为贵。向来善行教化，对众生愚民明白宣扬。能够崇尚此教法之人，供养并引领指导一方之人，由将其愚昧转向善业，不以强凌弱，不以大蔑视小，消除打架斗殴，根除抢夺劫掠等祸害，让尊贵者及下贱者，依旧安分守己，分别储藏，令老少（百姓）生计各尽其能，能够以仁爱引领大家，则德智善名，必闻名遐迩。今给西宁吉祥寺田产事颁赐敕书。那里所有官吏及士兵、百姓，务必各自严持诚心，崇尚教法，辅教禅师罗桑拉丹，又那座寺院诸喇嘛、众僧人等，随意行事，悉听其便。不得以强凌弱。他原居住并所住持寺庙、田产、山川、林木、公园、财产、牲畜等，所有人不得抢夺，不得侵害。若如此则佛法大宏，政教必定变得明朗。尔等处所有人，平安生计否？得修善政则可。如果违背朕晓谕，不恭敬三宝，故意作恶，以强凌弱，妨碍其教法，则按律论处。钦此。

## 04-01-51　　顺治帝以保护西宁静觉寺（京觉寺）田产事颁给
### 大小官吏及百姓之敕谕

顺治十年九月二十二日

皇帝敕谕致西宁大小官吏及百姓。朕思佛法勃兴永久，西域土地之人，自古以来崇敬久远，以为神灵。守其戒律者，未曾根绝，以善行为贵。向善行教化，对众生愚民明白宣扬。能够崇尚此教法之人，供养并引领指导一方之人，由将其愚昧转向善业，不以强凌弱，不以大蔑视小，消除打架斗殴，根除抢夺等祸害，让尊贵者及下贱者，依旧安分守己，各自储藏，让老少生计各尽其能，能够以仁爱引领大家则德智善名，必闻名遐迩。今世代修缮西宁静觉寺（京觉寺）乃当地一大美丽景观。今传谕净慈优禅国师班珠尔扎木素，又那座寺院诸喇嘛、众僧人等随意修成行事，悉听其便。那里所有官吏及军民持虔诚之心，崇敬教法，不得以强凌弱。其原来所住持寺庙、田产、山川、林木、公园、财产、牲畜等，所有人不得抢夺，不得侵害。若如此则佛法大宏清明，教法必定变得明净平安。尔等处所有人，平安生计否？得修善政则可。如果胆敢违背朕晓谕，不恭敬三宝，故意作恶，以强凌弱，妨碍其教法，则决不迁就宽宥，按律论处。钦此。

## 04-01-52　　顺治帝以保护西宁瞿坛寺田产事颁给
## 大小官吏及百姓之敕谕

顺治十年九月二十二日

皇帝敕谕致西宁大小官吏及百姓。朕思佛法勃兴永久，西域土地之人，自古以来崇敬久远，以为神灵。守其戒律者，未曾根绝以善行为贵。向来善行教化，对众生愚民明白宣扬。能够崇尚此教法者，供养并引领指导一方之人，由将其愚昧转向善业，不以强凌弱，不以大蔑视小，消除打架斗殴，根除抢夺等祸害，让尊贵者及下贱者，依旧安分守己，各自储藏，令老少（百姓）生计各尽其能，能够以仁爱引领大家，则德智善名，必定闻名遐迩。今世代修缮西宁瞿坛寺，彼地景色优美，东抵虎狼沟，西达布团观音堂，南至雪山，北至松楚塔沟。因大家善信接受烧香银子，准备祭祀。今又令灌顶净觉弘济大国师公葛丹净与灌顶广济弘善国师杂习桓卓尔共同居住。令其率众人烧香祈祷，为国众生祈福。那里所有官吏及军民，须持虔诚之心，崇敬教法，那座寺院诸喇嘛、众僧人等随意修成行事时，悉听其便。不得以强凌弱。他们原来田产、山川、林木、公园、财产、牲畜等，所有人不得抢夺，不得侵害。若如此则佛法大宏清明，政教永安。尔等处所有人，平安生计否？得以修行善政则足矣。如果违背朕晓谕，不恭敬三宝，故意为非作歹，以强凌弱，妨碍其教法，则决不迁就宽恕，按律论处。钦此。即日。

## 04-01-53　　顺治帝以保护西宁普法寺田产事颁给大小
## 官吏及百姓之敕谕

顺治十年九月二十二日

皇帝敕谕致西宁大小官吏及百姓。朕思佛法勃兴永久，西域土地之人，自古以来崇敬久远，以为神灵。其地坚守其戒律者，未曾根绝，以多行善德为贵。向来行善积德教化，对众生愚民明白宣扬教示。能够崇尚此教法之人，供养并引领一方众生，由将其愚昧转向善业，不以强凌弱，不以大蔑视小，消除打架斗殴等恶习，根除抢夺劫掠等祸害，让尊贵者及下贱者，依旧安分守己，各自储藏，令老少（百姓）生计，各得其所，并且各尽其能，能够以仁爱引领大家，则德智善名，必闻名遐迩。今给西宁普法寺田产事颁赐敕书。那里所有官吏及士兵、百姓，务必各自净持戒行，崇尚教法，妙善通慧国师丹津扎木素，又那座寺院诸喇嘛等，随意行事，悉听其便。不得以强凌弱。其原来所住持寺庙、田产、山川、林木、公园、财产、牲畜等，所有人不得抢夺，不得侵害。若果能如此则佛法大宏，政教会变得明朗。尔等处所有人，平安生计否？得修善政则足矣。如果违背朕晓谕，不恭敬三宝，故意作恶，以强凌弱，妨碍其教法则按律论处。钦此。

## 04-01-54　　顺治帝以保护西宁延寿寺田产事颁给大小官吏及百姓之敕谕

### 顺治十年九月二十二日

皇帝敕谕致西宁大小官吏及百姓。朕思佛法勃兴永久，西域土地之人，自古以来崇敬久远，以为神灵。守其戒律者，未曾根绝，以善行为贵。向善行教化，对众生愚民明白宣扬。能够崇尚此教法之人，供养并引领一方之人，由将其愚昧转向善业，不以强凌弱，不以大蔑视小，消除打架斗殴等恶习，根除抢夺劫掠等祸害，让尊贵者及下贱者，依旧安分守己，各自储藏，令（百姓）老少生计各尽其能，能够以仁爱引领大家，则德智善名，必闻名遐迩。今给西宁延寿寺田产事颁发敕书。那里所有官吏及士兵、百姓务必各自严持诚心，崇尚教法，广济弘修国师张沙喇朋索，又那座寺院诸喇嘛、众僧人等随意行事，悉听其便。不得以强凌弱。其原来居住所住持寺庙、田产、山川、林木、公园、财产、牲畜等，所有人不得抢夺，不得侵害。若果能如此则佛法大宏，政教会变得明澄。尔等处居住所有人，平安生计否？得修善政则足矣。如果违背朕晓谕，不恭敬三宝，故意作恶，以强凌弱，妨碍其教法则按律论处。钦此。即日。

## 04-01-55　　顺治帝以保护西宁静宁菩提寺田产事颁给大小官吏及百姓之敕谕

### 顺治十年九月二十二日

皇帝敕谕致西宁大小官吏及百姓。朕思佛法勃兴永久，西域净土之人，自古以来崇敬久远，以为神灵。凡守其戒律者，未曾根绝以善行为贵。向善行教化，对众生愚民明白宣扬。能够崇尚此教法之人，供养并引领一方之众生，由将其愚昧转向善业，不以强凌弱，不以大蔑视小，消除打架斗殴，根除抢夺劫掠等祸害，让尊贵者及下贱者，依旧安分守己，各自储藏，令（百姓）老少生计各得其所，且各尽其能，能够以仁爱引领大家则德智之好名声必闻名遐迩。今西宁柯代口沟地方静宁普提寺，乃世代修缮所建大刹。那里之所以景色优美，东达黄河，南抵鲁沟塔，西到大山，北至九口塔。金壶、道狭两个地方，土圮、坎迪两个地方，长流水之末妙胜慧智灌顶大国师舍喇索南，又那座寺院诸喇嘛、众僧人等，随意行事，悉听其便。那里所有官吏及士兵、百姓务必各自严持诚心，崇尚教法，不得以强凌弱。他原来所住持寺庙、田产、山川、林木、公园、财产、牲畜等，所有人不得抢夺，不得侵害。若果能如此行事，则佛法大宏，政教会变得清明。尔等处所有人，平安生计否？得修善政则足矣。如果胆敢违背朕晓谕，不恭敬三宝，故意作恶，以强凌弱，妨碍其教法，则按律论处。钦此。即日。

## 04-01-56　　顺治帝封沙思巴敦珠为国师并赐册文印信之诰命

顺治十年九月二十二日

皇帝敕谕给官吏军民晓谕，朕思虑佛法以仁爱慈悲、清净为根本，上则协助朝廷，下则助益百姓生计，德智善名，无时不在。其教徒若能光大其教法者，朕必大加赞扬。西宁卫、暖州慈利寺国师沙思巴敦珠，尔精通佛法，生性明洁，向来慕名善政来朝觐见，朕嘉奖尔虔诚笃实。今恩准赐给尔弘善净觉国师名号，并赐给册文印信，仍居住其原寺院，随意修行。那里所有官兵及众百姓，切勿欺凌蔑视，以妨碍其教法。他们所有土地、水池、田产、牲畜、房屋等什物，不得抢占或侵害。尔仍谨守佛法，以示慈爱，引领众生行善积德，合理行事，则不辱所信守教法。遵循恩准钦命，谨行勿怠，敬之慎行。钦此。即日。

## 04-01-57　　顺治帝封杂习桓卓尔为灌顶广济弘善国师

## 并赐敕印之诰命

顺治十年九月二十二日

皇帝敕谕致灌顶广济弘善国师杂习桓卓尔。奉天承运皇帝制曰：朕思虑佛法以清净为根本，以仁爱慈悲为贵。上则襄助朝廷，下则引领乱民宣教，为后世明确宣扬此法者，朕亦黾勉激励。杂习桓卓尔，尔慧力超群，正守道法，是以自遐荒远方表诚心，仰慕善政来朝觐见。故按照原等级，恩准令尔承袭祖父灌顶广济弘善国师名号，并颁赐册文及印信。尔为众徒弟以身作则，谨慎修行佛法，襄助国朝振兴，方副朕黾勉至意。钦此，即日。

## 04-01-58　　顺治帝赐萨木丹屯其克喇嘛敕书印信之敕命

顺治十年九月二十二日

皇帝敕谕致灌顶广济弘善国师杂习桓卓尔。奉天承运皇帝诏曰：朕思虑佛法以清净为根本，以仁爱慈悲为贵。若在尔教徒中有明确宣扬此法者，朕亦黾勉激励。萨木丹屯其克，尔慧力超群，正守道法，自遐荒远方聊表诚心，仰慕善政来朝觐见。故恩准颁赐净教斋戒敕书及印信。尔始终不渝，广泛弘扬三乘教法，光大原法，广传仁爱法理，修行善业。谨行勿怠，敬之慎行。钦此，即日。

## 04-01-59　　顺治帝赐丹巴舍剌喇嘛敕书印信之敕命

顺治十年九月二十二日

皇帝敕谕致丹巴舍剌喇嘛。朕思虑佛法以清净为根本，以仁爱慈悲为贵。若尔众徒弟中有明显兴盛此法者，朕亦黾勉嘉奖。丹巴舍剌喇嘛，尔慧力超群，严守教义，自遐荒远方聊表诚心，仰慕善政来朝觐见。故恩准颁赐严修佛法敕书及印信。尔精修佛法，弘扬原法，广传仁爱诸事宜。谨行勿怠，敬之慎行。钦此，即日。

## 04-01-60　　　顺治帝赐杂西嘉琐喇嘛敕书印信之敕命

顺治十年九月二十二日

皇帝敕谕致杂西嘉琐喇嘛。朕思虑佛法以清净为根本，以仁爱慈悲为贵。若尔众徒弟中有明显兴盛此法者，朕亦黾勉激励。杂西嘉琐喇嘛，尔慧力超群，严守教义，自遐荒远方聊表诚心，仰慕善政来朝觐见。故恩准颁赐修行善法敕书及印信。尔谨慎精修佛法，弘扬原法，明确三教，广传仁爱慈悲之心。谨行勿怠，敬之慎行。钦此，即日。

## 04-01-61　　　顺治帝封貌素南宫赫为妙胜禅师并赐敕印之诰命

顺治十年九月二十二日

皇帝敕谕致貌素南宫赫。朕思虑佛法以清净为根本，以仁爱慈悲为贵。若尔众徒弟中有明显兴盛此法者，朕亦黾勉激励。貌素南宫赫，尔慧力超群，严守教义，是以自遐荒远方聊表诚心，仰慕善政来朝觐见。故恩封妙胜禅师号，并颁赐修行善法敕书及印信。尔谨慎精修佛法，弘扬原法，明确三教，广传仁爱慈悲之心。谨行勿怠，敬之慎行。钦此，即日。

## 04-01-62　　　顺治帝赐邻真监赞喇嘛敕书之敕命

顺治十年九月二十二日

皇帝敕谕致邻真监赞喇嘛。朕思虑佛法以清净为根本，以仁爱慈悲为贵。若尔众徒弟中有明显兴盛此法者，朕亦黾勉激励。邻真监赞喇嘛，尔慧力超群，严守教义，是以自遐荒远方聊表诚心，仰慕善政来朝觐见。故颁赐生性净觉敕书及印信。尔谨慎精修佛法，弘扬原法，明确三教，传扬仁爱慈悲之心。谨行勿怠，敬之慎行。钦此，即日。

## 04-01-63　　　顺治帝封沙石乌珠尔为土康并赐印信之敕命

顺治十年九月二十二日

皇帝敕谕致沙石乌珠尔为土康。朕思虑佛法以清净为根本，以仁爱慈悲为贵。若尔众徒弟中有明显兴盛此法者，朕亦黾勉嘉奖。沙石乌珠尔，尔生性聪颖，超群绝伦，精通佛法，是以自遐荒远方聊表诚心，仰慕善政来朝觐见。故恩准承袭尔祖父都纲封号，并颁赐印信。尔谨慎精修佛法，明确三教则甚副朕黾勉励至意。谨行勿怠，敬之慎行。钦此，即日。

**04-01-64　　　　　　顺治帝赐哥剌嘉琐喇嘛敕书之敕命**

顺治十年九月二十二日

　　皇帝敕谕致哥剌嘉琐喇嘛。朕思虑佛法以清净为根本，以仁爱慈悲为贵。若尔众徒弟中有明显兴盛此法者，朕亦黾勉激励。哥剌嘉琐喇嘛，尔崇敬佛法清净，是以自遐荒远方聊表诚心，仰慕善政来朝觐见。故颁赐给大力弘扬原法敕书及印信。尔一直始终不渝，谨慎精修佛法，极力弘扬原法，兴盛三教，以慈悲教法为贵。谨行勿怠，敬之慎行。钦此，即日。

**04-01-65　　　　顺治帝封贡格丹津为灌顶净觉弘智大国师**

**并赐册文印信之诰命**

顺治十年九月二十二日

　　皇帝敕谕致贡格丹津。朕思虑佛法以清净为根本，以仁爱慈悲为贵。若尔众徒弟中有明显兴盛此法者则朕亦黾勉嘉奖。贡格丹津，尔精通佛法，生性聪颖，超群绝伦，是以自遐荒远方聊表诚心，仰慕善政来朝觐见。故朕仍按照先前惯例，恩封尔为灌顶净觉弘智大国师名号。尔以身作则，引领众弟子信徒，谨慎精修佛法，襄助大朝以副朕激励至意。谨行勿怠，敬之慎行。钦此，即日。

**04-01-66　　　　　　顺治帝赐琐南巴拉登喇嘛敕书之敕命**

顺治十年九月二十二日

　　皇帝敕谕致琐南巴拉登喇嘛。朕思虑佛法以清静为根本，以仁爱慈悲为至贵。若尔众徒弟中有明显兴盛此法者，朕亦黾勉激励。琐南巴拉登喇嘛，尔生性心明，精通佛法，是以自遐荒远方聊表诚心，仰慕善政来朝觐见。故颁赐给善洁大扎萨克敕书及印信。尔始终精修三（藏）法，极力弘扬原法，兴盛慈爱善业，修行成就慈悲佛法。谨行勿怠，敬之慎行。钦此，即日。

**04-01-67　　　　顺治帝以四子部达尔汉卓礼克图郡王薨准其子**

**巴拜承袭郡王爵位之诰命**

顺治十年九月二十四日

　　四子部达尔汉卓礼克图郡王薨之后，恩准其子巴拜承袭达尔汉卓礼克图郡王爵位。仍旧世袭罔替。

**04-01-68　　　　达赖喇嘛抵达青海奏请圣安并献礼之呈文**

顺治十年九月二十六日

　　光明世间之主至上曼殊师利（文殊菩萨）皇帝征服十方之最胜赐鉴！祝愿今世普

照及赡部洲所有生灵之征服者，托福德神力诞生之身，如意宝树之权力愈加巩固，以太平有益之荫凉令众生享福者，圣谕法度如同日月光焰般明亮，毫无妨碍大驾乘坐。我平安到达青海地方，在本月欲前往西藏地方。又在有幸大世间之主您圣旨法度之白伞盖之荫凉下，谨奏在大世间者佛法之宝广泛传播，所有生灵平安幸福之善良征兆，如同静静流淌江水般不断，我从这里为皇帝长寿及帝位永固祈福，并致力于造福神轮等，明鉴！敬献礼物有扎西哈达、青金石、珊瑚数珠、琥珀数珠、菩提数珠等。于七月十四日，自黄河之边地方敬上。

## 04-01-69　　顺治帝以阿巴垓部都司噶尔郡王薨准其子
### 沙克沙僧格承袭父爵之诰命
顺治十年十月二十二日

阿巴垓部都司噶尔郡王薨之后，恩准其子沙克沙僧格承袭其父多罗郡王爵位。除负朕厚恩，谋反大逆，削除王爵，及行军败逃，依律治罪外，其一应过犯，永不削夺，子孙世袭。

# 顺治十一年（1654）档册

## 04-02-01　　顺治帝以喀喇沁部博颜习礼病故准其子
### 班第承袭三等精奇哈尼哈番之敕命
顺治十一年正月十九日

喀喇沁部博颜习礼病故之后，恩准其子班第承袭三等精奇哈尼哈番。又可再袭十次。

## 04-02-02　　顺治帝遣官致祭敖汉部固伦公主之祭文
顺治十一年二月十八日

皇帝敕谕，今遣内臣索尼致祭敖汉部固伦公主祭词曰：尔公主为乃父太宗所生亲长姊，天生心性持重，为人行事孝虔，下嫁某藩部之王，琴瑟和谐，生养孝子（贤女），箴矩远闻于闺门。朕以为如同松柏常青，惊闻如同紫兰花变色般遽然故去，朕心哀痛异常，聊备祭品，以略表仁爱之意。呜呼！贤惠德行声闻于家庭，名垂青史。因直系亲属，故用刻有龙纹（纸）祭文，以示敬意。若尔在天之灵有知，则来尚飨！

## 04-02-03　　顺治帝以喀尔喀部拒绝来朝欠九白之贡事
### 谴责其四大诺颜之敕谕
顺治十一年三月二十日

皇帝敕谕致喀尔喀部丹津喇嘛。先前尔等所来遣达尔汉亲王使臣，土谢图汗所属

（使臣）锡棱噶、敖木格图侍卫（恰），丹津喇嘛之（使臣）和图依楚阳乌巴什，车臣
汗之（使臣）垂绰克图、哈尔察该等人所赍之文书曰：皇帝敕谕致土谢图汗、丹津喇
嘛、车臣汗全体。先前传谕曰：归还所欠巴林部所有人口，并为求讨巴林部牲畜，为
首诸诺颜来朝觐见，那时才处置逃人。尔等却并没有服从那道敕谕，也没有派来诸诺
颜，此一。今年没有送来每个旗理应进献九头大牲畜（九白年贡），此二。所欠巴林部
人口，没有全部归还，此三。尔等有此三条失误，却敢欲要求全体之共主皇帝随意归
还（自喀尔喀）来归诚诸诺颜，此言明显有违常理。如今尔等若将所欠巴林部人口仍
不归还，又为首诸诺颜不来朝觐见，朕将这批来归诸诺颜、赛特（臣宰）等（朕）亦
不给遣还。若尔等全部送还所欠巴林部人口，并且为首诸诺颜来朝觐见，朕将今后来
归诚逃人似可酌情商量遣送。否则来归这些诸诺颜，以及凡是诸诺颜、赛特（臣宰）
等以朕为共主皇帝来投奔归诚，则仍旧迎接容纳，并恩养使其富足无忧。尔后九月，
尔等众使者送来四个旗年贡白马、骆驼（九白年贡——译者）时，又如先前传谕一样
说。尔等违背敕谕，并未送还所欠巴林部人口，并为求讨牲畜为首诸诺颜也没有来，
故难以接纳放进尔等所遣使臣。今询问尔之子额尔德尼诺穆齐，回禀尔言道，当逐回
四个旗所送进献白马、骆驼之使臣时，说圣上敕谕夏天遣来使臣时，送还所欠巴林部
人口，若为牲畜一事遣为首四大臣来觐见，方允许接纳放进使臣。如今尔等为首四大
臣并没有来，却为何送来八匹白马、一只骆驼（九白年贡——译者），故仍然驱逐回
去。我本来召集四个旗诸诺颜派遣，因杭盖地方下大雪，未能聚集商讨以致迟缓延误。
又听说，出兵驻防，恐怕国中出乱，携带岁贡八匹白马、一只骆驼（九白年贡——译
者）速至上奏此言，故遣我来。又太宗皇帝传谕红缨之国，非我敌人，我丹津喇嘛以
前进贡遣使。圣上又曾降恩护佑。今为圣上事情，虎年遣额尔德尼诺穆齐及为首四个
大臣，并为政体不管传谕敕令如何悉听服从，我前往拜见达赖喇嘛。诸诺颜前往为政
体商量，政体可以安定。圣上悉知我掌管着四个旗。人不可傲慢自大。圣上有何传谕
敕令，则（我）按部就办。在四个旗诸诺颜中，有一两个诺颜胆，敢违背传谕敕令，
则那些诸诺颜不遵循传谕敕令，如此这般上奏。又侍读毕力克图前往召集巴林部人口
时，我前往达赖喇嘛那里，因此不在家。召集前往时，登记有多少人缺，有多少人逃
走等。我看过其登记册，遣博尔济吉泰名字之人至喀尔喀部达尔汉亲王、卓礼克图郡
王处询问，则说有几个逃人。今询问达尔汉亲王、卓礼克图郡王，尔有多少人，请写
出所缺多少人。又为四个旗，圣上如果有任何传谕敕令，（我）召集四个旗诸诺颜，传
达传谕敕令。如果有诸诺颜，胆敢违背传谕敕令的话，（我）遣使者上奏，有哪些诸诺
颜不遵循传谕敕令。尔所言，尔掌管两个汗之四个旗，情况属实。尔所说侍读毕力克
图前往召集巴林部人口时，（尔）因前往达赖喇嘛那里，因此不在家，确实当毕力克图
前往时，尔不在家。但尔冬天遣来之使臣被驱回时，难道没有跟你说吗？又太宗皇帝
传谕红缨之国，素来非我敌人，我们何曾讨伐尔等？硕垒汗挑拨我苏尼特部，并将其
携走，土谢图汗、丹津喇嘛、硕垒汗来迎战我追击苏尼特之大兵，所幸上天谴责，尔

等兵败。又二楚库尔来掠夺我巴林部人口而去。先前传谕送还所欠巴林部人口，为牲畜一事遣为首四大臣来觐见，则才能够允许放进（尔所遣使臣）。如今假若送还所欠巴林部人口全体，为牲畜一事遣为首四大臣来朝觐见，方能允许放进使臣。有何人不从，那些诸诺颜如果不合适，则遣来合适诸诺颜。若三个旗诸诺颜不从，尔说他们不能，尔（亲自）前来回奏。否则以后虽遣来使臣仍然拒绝。钦此。

## 04-02-04　　　顺治帝追封皇太后之父科尔沁部赛桑为和硕忠
## 亲王母为贤妃颁赐册文之诰命

顺治十一年四月十九日

奉天承运皇帝诏曰：锡土建邦必视功以崇报，展亲布泽，咸推本以加恩。成宪具存，世以为重。外大父赛桑，尔乃嫩科尔沁贝勒，为我圣母昭圣慈寿恭简皇太后之父。本以勋亲世守忠悫，既效力于先皇，固守边圉之地。矧诞育乎圣母，肇开久远之祥，勉笃忠清，罔渝终始。应加称号以示显扬！人虽云亡，益深悼念。兹特册赠外大父为和硕忠亲王，外大母为和硕忠亲王贤妃。呜呼！休称允锡，位逾五等之尊，纶并颁恩被九原之下，受兹宠命，永裕后人。

## 04-02-05　　　顺治帝以土默特部白图喇病故准其子脑木图
## 承袭三等阿达哈哈番之敕命

顺治十一年五月二十三日

土默特部白图喇病故之后，恩准其子脑木图承袭三等阿达哈哈番。准再承袭三代。

## 04-02-06　　　顺治帝以多罗额尔德尼郡王博罗特病故准其子
## 阿赖崇袭爵之诰命

顺治十一年六月十三日

多罗额尔德尼郡王博罗特病故之后，恩准其子阿赖崇承袭多罗额尔德尼郡王爵位。依旧世袭罔替。

## 04-02-07　　　顺治帝册立科尔沁国镇国公绰尔济之女
## 博尔济锦氏为皇后之诏书

顺治十一年六月十八日

奉天承运皇帝诏曰：帝王膺天显命，洪敷化理，必造自宫壸，乃达家国，以讫于万方，即躬备令德，恒资内助，弼成雍穆。故慎简厥始，用介有终。所以承宗庙，敦孝养，崇化源，茂本支也。朕祗缵鸿绪，笃敬彝伦。圣母昭圣慈寿恭简皇太后，深惟内治，期遴懿淑，以襄朕躬，必得贤媛。乃正中宫，俾仪天下。兹钦遵慈命，虔告天地、宗庙于顺治十一年六月十六日，册立科尔沁国镇国公绰尔济之女博尔济锦氏为皇后。惟朕躬暨后，克迪厥德，邦其永孚于休。用绍徽我圣善，遹睦宫庭，乃锡祉于尔多方，丕协熙治。布告天下，咸使闻知。

## 04-02-08　　　顺治为圣母皇太后上徽号为昭圣慈寿恭简安
## 懿皇太后事谕礼部之圣旨

顺治十一年六月二十一日

奉天承运皇帝诏曰：在昔成周，兰闺门敦睦，治化翔洽，祈天永命，以克昌厥，皆文母之德也。朕以凉薄，缵承祖宗丕绪，统御海内，赖我圣母昭圣慈寿恭简皇太后恩勤诲迪。是训是行，十有一年于兹矣。深惟风教之源，始于宫壸，遴求淑德作配朕躬，嘉礼既成，慈徽益著。宜晋尊崇，弘彰圣善。

## 04-02-09　　　顺治帝以圣母皇太后上徽号礼成恩赦官民之诏书

顺治十一年六月二十一日

谨择顺治十一年六月二十一日，祗告天地、太庙、社稷，率诸王贝勒、文武群臣恭奉册宝，加上昭圣慈寿恭简安懿皇太后。名寿克全于大德，尊亲覃庆于多方。

所有恩赦事宜开列于后。

一种，和硕亲王以下，章京以上俱加恩赐。一种，公主以下固山格格以上俱加恩赐。其无俸宗女，酌加恩赐。一种，在外藩王以下，公以上俱加恩赐。一种，京城满洲、蒙古、汉军（昆都兵）异姓公以下七品以上，俱加恩赐。一种，在京文武汉官五品以上，俱加恩赐。一种，山林隐逸，果真怀才抱德，通达治体者，该军门、都堂（督抚）核实举荐。朕亲加试用。一种，顺治十一年六月二十二日以前所有官吏、军民等，除谋反，叛逆，子孙杀祖父母、父母，内乱，妻妾杀夫，告夫，奴婢杀家长，杀一家非死罪三人，采生折割人，谋杀，故杀，蛊毒，魇魅，毒药杀人，强盗，妖言十恶等真正死罪不赦外，其隐匿满洲逃人之罪及贪官衙受蠹赃，监守自盗，领运官役，侵盗漕粮不赦并顺治九年十一月二十三日，在平衡州府击贼时有罪诸人亦在不赦。其余罪无大小，已发觉，未发觉，已结正，未结正，咸赦除之。有以赦前事告讦者，以其罪罪之。一种，内外文武百官时，除大计处分，镇守城池失守外，有因公事违误革职，降级，罚俸，戴罪住俸等项，并见在议革，议降，议罚者，各该衙门，悉与奏明宽宥。一种，顺治六、七年两年地亩，人丁本折钱粮，果系拖欠在民，悉与蠲免。其已征在官者，不得借口民欠侵隐。一种，顺治七年分历日祭祀牛羊、药材本折钱粮均征收，其已征在官者，照数起解。其拖欠在民者，悉行蠲免。一种，会典旧律，各府州县俱有预备四仓及义仓、社仓等法。各处积贮，多者万余石，小者数千石，各省仓储，俱数百万石计。故民有所恃，荒歉无虞。今责成各地方该道专管，稽查旧积，料理新储。应行事宜，听呈军门、都堂（督抚）具奏。每年两次造册报至户部衙门。该部察积谷多寡，分别议奏，并以定该道吏功罪。一种，大军经过地方，马匹所需，供应草豆运价等项，以后俱准作正项钱粮销算。如官胥通同，勒揹侵冒，该督抚即行纠参。隐徇者一体重处。一种，满洲、蒙古、汉军（昆都军人）兵丁酌量给赏。一种，贫民失业流亡，各地方官有能赈恤全活五百人以上者，核实纪录。千人以上者，即与题请加级。江淮地区其有乡绅富民尚义出粟，全活贫民百人以上者，该地方官核实具奏，分别旌劝。一种，东南财赋之地，素称富裕沃壤。连年水涝干旱灾害，民生重困。因失修水利，致误工。该督抚责成地方官，悉心讲求，疏通水道，修筑堤防以时蓄泄，俾水旱无虞，民安乐利。一种，频年治河，旋塞旋决，夫役埽料，民累不堪。或地方有司，借端加派，或滥用委官，侵冒诈索。该督抚监司，严加清厘禁戢。仍须讲求长策，克期竣工，勿得延缓滋害。一种，近来司、府、州、县，征收钱粮，天平砝码太重，多加火耗，民受困苦。著该督抚、司道等官，严饬有司，务遵较定砝码。不许私自增加。仍不时密密违者，指名参奏。并上司差役，摧提横加需索，凌逼下属，著严行禁戢。督抚各官不自觉察者，一并治罪。一种，各地方徭役繁重，有豪绅劣衿、衙胥积蠹，或本身阡陌，滥免差徭，或包揽他人田地徭丁，代为规避，偏累穷民，莫此为甚。该督抚行各地方官，秉公严察。如有此等情弊，重加惩处。一种，直隶及各省征收钱粮，俱照万历年间则例，久已通行。如州县官，有将天启、崇祯年间滥加钱粮，仍行征派者，该督抚纠参重处。一种，白粮民解累民，官解仍以累民。今后于该省漕粮船分带，以苏官民之累。应行事宜，该督抚作速议奏。一种，漕船缺额，已准动轻赍银两，责令运官自雇。如有重派地亩，善拏民船者，有司运官，俱听该督抚纠参重处。一种，关税已经定额，奉差官员，不许分外科索，扰害商民。其地方民事，一概不许干预，违者并治。一种，钱粮私派，欺隐等弊，俱由积恶吏书，串通衙内幕客，诱官作奸，害民蠹国。今该督抚纠参有司钱粮款件。必将经承吏书、奸恶、幕客列名并劾。如款内不及吏书、幕客者，该督抚以徇纵论。各布政使仍将司、府、州、县，一应经承钱粮，吏书每年二次造册报部。若册内无名滥管钱粮者，许诸人告发。司府州县一体重治。一种，饥民有愿赴辽东就食耕种者，山海关章京不得拦阻。所在章京及府州县，随民愿往处所，拨与田地，酌给种粮，安插抚养，毋致失所。仍将收过人数，详开报部奏闻。一种，兵火之后，田土荒芜，须令民间尽力开垦，不许豪强占隐，以致穷民失业，违者重惩。有司不行觉察，以溺职论。一种，运粮官丁行月粮，各地方本折不等，多有偏枯之弊，著漕督通查确酌具奏。务期本折均平，以赡穷丁。一种，顺治十一年乡试中额，顺天加举人十名，大省加举人七名，中省加举人五名，小省加举人三名。满洲、汉军各加举人十名。蒙古加举人五名。十二年会试中额，直省共加进士五十名。满洲、汉军各加进士十名。蒙古加进士五名。一种，乡试中式武举额，大省加六名，中省加四名，小省加二名。会试武进士额，共加二十名。一种，直隶各省儒学，每学俱于廪生内通行考试，慎加选择。务取经书、策论，学问兼优者，拔取一名充贡，送部廷试。一种，国子监监生，见今坐监者，免坐监一个月。满洲兵丁，披甲随征，多年效力，被伤不能披甲，及年老有疾退役者，酌给恩赏。一种，满洲兵丁，各处征剿，对阵伤损，未经给赏者，速给。一种，銮仪卫旗尉象军，服役有年，酌加赏赉。一种，土贼啸聚，或因饥馑所迫，或因贪官虐害，殊为可悯。果能改悔前愆，自行投首者，悉免其罪。一种，有从贼官民人等，厌苦贼患，慕义来归者，地方官即行优养，务令得所，来归官员，奏闻酌用。一种，各省设兵处所，钱粮务要以时支放。不许有司压欠。本官将领侵剋。如有此等情弊，该督抚即行纠参。一种，省会设兵处所，有等奸民，假冒投充，混入营内，伙告伙证，拖累小民。甚至有借通贼为名，抄掠殷实，尤为大害。该固山额真、督抚、镇将，严行约束，务绝害端。如有隐徇不究，一并从重处治。一种，设兵原以卫民，近来各省兵丁，肆害无穷。或放马伤稼，斫伐桑枣，拆毁庐舍。甚至至城市劫掠，公为大盗，各弁毫无约束，故纵分肥，大干法纪。该督抚申饬管兵官，务严纪律，毋得再蹈前辙。如有徇庇容隐，不行纠参事发，一并究罪。一种，凡应追入官钱粮，如果家产尽绝，该督抚查确题请豁免。不许株连亲族。一种，有因叛逆干连者，该督抚审明，实系冤枉，即为具题释放。一种，各省有城垣倾圮，桥梁毁坏，地方官能设法修葺，不致累民者，该督抚具题，即与叙录。一种，黄河神金龙四大王，运河神分水龙王，应遣官致祭。一种，诏内各款，该地方各官，俱要实心奉行。务使恩泽及民，方不负朕悯念元元至意。如沿袭旧套，徒以虚文塞责，该督抚不能觉察参奏，著部院科道，一并纠参重处。於戏！协九畴而茂祉，万年膺笃祜之祥。聚大顺以怡亲，四海需旁流之泽。诏告中外，咸使闻知。

## 04-02-10　　　顾实汗以顺治帝赐金印金册事答谢回礼之文书
### 顺治十一年六月二十日

祝愿吉祥安康！托洪福祖护之力天命而生人之至尊圣上皇帝明鉴！为祈求佛法及利益众生执法法王上书。胜过今时创造全体众生于命运之如意，身心无所妨碍，将慈养白善福业普及大海之边，惩恶扬善，不负众望，护佑我等所思，所颁赐给善敕大红金印，已收齐，心悦异常。随献文书礼物有珊瑚念珠一串、青金石念珠一串、琥珀念珠一串、氆氇五十卷、马匹二十四等，由神寺庙院附近敬献。

## 04-02-11　　　班禅呼图克图具表谢恩并贡方物之文书
### 顺治十一年六月二十一日

班禅呼图克图表文。古昔修炼善业转力轮王大皇帝明鉴！今无量生灵善业积成之身精神焕发，自尊崇教宝及皇位善迹如同夏天之海般增益在善兆不弱之空中，令使者所赏礼品全部收到，心喜异常！亦善待崇敬第二伊拉古格森（大觉或世尊）胜者之教法及持教法者。普爱休养所有平民百姓等，务必积累无量功德。善于修行今生及来世一切寿福守护身之神。随书礼品有增殖佛舍利子一、多次念咒颈结（结子）、小神丸、甘露药丸。为皇帝延年益寿礼物有银制阿玉锡佛（无量寿佛）、大珊瑚五串、带花纹杂色氆氇六十卷，一同于正月初八日，自扎什伦布寺敬献。

## 04-02-12　　　巴噶呼图克图具表谢恩并贡方物之文书

顺治十一年六月二十一日

圣上令使者携带恩赐银桶一只、绢十匹均抵达。随文书所贡方物有增殖佛祖舍利一、上等带花纹杂色毡氆十卷。一同于新年吉日自哲蚌寺敬献。

## 04-02-13　　　顾实汗呈顺治帝之请安回礼奏书

顺治十一年六月二十二日

祝愿吉祥安康！托洪福之力天命而生人之至尊圣上皇帝明鉴！祈求佛法及众生之益执法法王上书。今众生福分至胜身心，在日坛远离妨碍云朵，以慈爱功德善业千辐光焰将使赡部洲莲花及众民平安幸福，善名具备之布施礼品，俱全齐至。这里平安崇敬教法及持教法者，按例救助黎民。随上书礼品有琥珀念珠一串、剑一把、大雕羽毛两个、毡氆三十卷、马二十匹，自离召庙附近敬上。

## 04-02-14　　　顺治帝以翁牛特部根特尔薨准其弟叟塞承袭
## 　　　　　　　　达尔汉岱青固山台吉爵位之敕命

顺治十一年七月初一日

翁牛特部根特尔薨之后，恩准其弟叟塞承袭达尔汉岱青固山台吉爵位。依旧世袭罔替。

## 04-02-15　　　达赖喇嘛奏请圣安书

顺治十一年六月二十二日

在普遍具备必胜世尊大席位，由好胜创造白莲花出身之天，占有世间具有人身大梵天，最胜曼殊师利（文殊菩萨）皇帝赐鉴！在振兴雪域世界威光之中，对圣识一切世尊无垢宗教，完备闻、思、坐禅修行智慧，谨守戒律持教者我，如此这般禀报。掌握时运天空大力者，明显给授记至尊最胜自由自在，胜者之胜者世尊，永不毁坏金刚般敏惠善备转轮之部众，由自由自在德行构成之天明鉴！今身、言、心之白色光芒，使罪魁祸首天空之大象远离，给赡部洲之四部人类生灵恩赐尊贵，在万众春色气味中，除欢喜之外，又有何所求？两位先帝缔造，因自由自在之力升天时，无执著之力成为世尊上天，将圆满具备之经典（内典）与世间之白伞盖给予尔，使尔得到心满意足。众多大梵天与毗湿奴之顶点至上月亮，三界合为一体执著之时，因回禀转轮王自由自在皇帝，跟随无心持有世间（世界），何人之威光（威德）兴隆之凤凰，以蓝色喉咙之蛇著称之装饰，不因惶恐失掉在葛纳巴第之鼻子之中，当居住时如同诸天只笑不说什么般。打开无柱子天空之门，无辔套（缰绳）之狮子，跳跃行事，将自由自在转轮皇帝脚底尘埃，今世界只能接受在顶点外，还能有什么？古史书云：将世间毁灭般强硬有力之部类，以四节善备宝刀利刃方法，使其灰飞烟灭，并让其爬行于前世梯子。

稍微依怙尊（信仰导师）即将所有欲望者无私给予者，天空自由自在，如意宝树将各自门道敞开。智力善备者之行事，难以理解领悟。调御降伏烦恼敌人之金刚雷霆，将所有平民百姓慈爱眷养及世间自由自在，能够明辨内典经论与世间诸事者曼殊师利（文殊菩萨），作为当今所有人类生灵吉祥降生。太阳依照上天言语，因和谐理由成为圆满，一同普照东西域万物，显明平安前往顶礼膜拜，如同到达第二座布达拉宫地方般。使修行有善益于教法（宗教）正果之最胜佛经照耀此地，使所有众生增益皇帝政道成双成对之业缘，在无量世间（世界）上为生灵安宁有益所创造大仓。又有在金脸好胜吐露萨忽，并恩赐给救谕八次，如同善备静静流淌之江水，流向东方大海般，在大皇帝宫殿之内，见到圣洁之地各种宝物齐备不断。随文书敬献礼品有将曼荼罗作为装饰耳朵之好胜作成三摩提（三昧）前往成双水滴浩渺大仓。祈求舞蹈者自由自在持有巴达玛拉噶（映红宝石）颜色不死之天，至胜晓谕仁爱世尊富有气力巨大，扶持振兴威光世间自由自在，尔万寿无疆！进献贡物者之礼，善备圆满！

## 04-02-16　　　　第巴具表谢恩并贡方物之文书
### 顺治十一年六月二十二日

第巴上书，至上曼殊师利（文殊菩萨）皇帝明鉴！虽地方遥远，以虔诚之心谨奏，今众生福德威光之身精神焕发，以十善福政道平安治天下，皇恩浩荡，自远方所恩赐善备布施降至，心喜异常！喜悦恭敬之礼物有拉西哈达一、珊瑚念珠一串、大氆氇十卷、小氆氇十卷。甲午年正月初一日，吉日敬奉。

## 04-02-17　　　顺治帝以郭尔罗斯部布木巴病故准其子
### 扎尔布承袭镇国公爵位之敕命
### 顺治十一年九月初五日

郭尔罗斯部布木巴病故之后，恩准其子扎尔布仍承袭镇国公爵位。依旧世袭罔替。

## 04-02-18　　　　顺治帝遣使存问达赖喇嘛并赏礼之敕谕
### 顺治十一年九月二十六日

皇帝敕谕致西天大善自在佛所部天下释教普通瓦赤喇怛喇达赖喇嘛。喇嘛问安奏折已悉。今遣曼殊师利绰尔济、诺尔布温布、苏如木恰（侍卫）、阿津等按惯例问安，并赐给镶嵌珊瑚绿宝石四十两重金茶桶一个、玉盅两只、玉杯（扯古掣）四只、镀金玲珑雕鞍一副、绢十匹。

## 04-02-19　　　　顺治帝遣使存问班禅呼图克图并赏礼之敕谕
### 顺治十一年九月二十六日

皇帝敕谕致班禅呼图克图。喇嘛问安奏折已悉。今遣曼殊师利绰尔济、诺尔布温布、苏如木恰（侍卫）、阿津等按惯例问安，并赐给……（原文这里有残缺——译者）。

## 04-02-20　　　顺治帝遣使存问顾实汗并赏礼之敕谕

顺治十一年九月二十六日

皇帝敕谕致持法彻辰顾实汗。问安奏折已悉。今遣曼殊师利绰尔济、诺尔布温布、苏如木恰（侍卫）、阿津等按惯例问安，并赐给镀金玲珑雕鞍一副、一把刀、玉盅一只、玉杯两只、绢十匹。

# 顺治十二年（1655）档册

## 04-03-01　　　顺治帝以绰什希之伯父病故命其承袭
### 伯父拖沙喇哈番爵位之敕命

顺治十二年三月初八日

绰什希之伯父病故之后，命其承袭伯父拖沙喇哈番爵位。倘若阵亡，则准袭，如若病故，则停袭。

## 04-03-02　　　顺治帝以闲散都统留什屡建战功封为拜他喇布勒
### 哈番病故后准其子色冷袭爵之敕命

顺治十二年一月十一日

留什，尔原系闲散都统。攻北京远征山东一役，当战胜侯太监骑兵时，率所属旗与右翼四旗打败来援敌人。当噶布希盖贤（先锋）兵夜间打败来犯之敌时，率所属旗与章京汉图一起战胜敌人。当围攻锦州第三次战役，战胜洪军门三支兵马堵截骑兵时，率所属旗军与洛图一起战胜敌人。当洪军门骑兵来攻我红夷大炮时，与洛图一起战胜敌人。在洪军门骑兵下雨天来挑战时，率所属旗士兵与巴德玛一起战胜敌人。在战胜隐藏在岩石之间敌人步兵时，率所属旗兵马打败敌人。故黾勉嘉奖，封尔为拜他喇布勒哈番。病故之后，恩准其子色冷承袭爵位。又可承袭一代。

## 04-03-03　　　顺治帝以喀尔喀部四大诺颜遣使贡事谕若誓约
### 可免还巴林人畜准许贡市之敕谕

顺治十二年五月初五日

皇帝敕谕致喀尔喀部土谢图汗、丹津喇嘛、车臣汗、墨尔根诺颜等全体。曩因尔等抗违谕旨，虽（尔等）几次遣使者来，朕均不纳拒之门外遣回。今不违朕谕，诚心诚意遣额尔德尼诺穆齐、门章墨尔根楚库尔、伊世希布额尔德尼、额尔克戴青这四位台吉等人，岁贡来朝，并认错来朝觐见，故应还巴林部缺少所有人口、牲畜，悉从宽免。今在朕所遣使臣面前，尔等为政体定立盟誓。如此这般定立盟誓，而且每年按照一定数额进贡。亦可以交通贸易。朕亦加恩，不断赏赉。既自定立盟誓之后，若尔等所部逃人至此，亦不收纳，仍行送还。若不修好坚盟誓，即进贡何用？以后逃人至此，仍旧命收纳，且加以富贵恩养，使其衣食无忧。

## 04-03-04　顺治帝以俄罗斯沙皇遣使献礼事为沙皇还礼之敕谕

顺治十二年五月二十二日

大清皇帝敕谕，致俄罗斯沙皇。尔国地处西北地方，距离遥远，向来未至中国，却今尔悉闻善名，真心实意遣人进献方物，故朕欢喜异常。为略表朕兴仁遐荒远方异域之苦心，并还礼布施，委付给来使赍之。恭收此礼，愿永保和睦，世代受到恩赏。

## 04-03-05　顺治帝以喀尔喀庇护逃人所抢掠人畜等罪谕

## 若喀尔喀诸诺颜誓约来朝可免罪之敕

顺治十二年五月二十二日

皇帝敕谕给毕希尔勒图汗、俄木布额尔德尼及大小诸诺颜。先前致扎萨克图汗、土谢图汗、丹津喇嘛、俄木布额尔德尼等几个大诺颜传谕。尔等所有人使臣与诺门汗一起为政体来商量，但究无定议。我等素来统一寰区，平定天下，征伐进讨，并没无缘无故挑衅树敌。若有无故进犯我者，我等亦未曾轻易放过。我与察哈尔部初无嫌隙，察哈尔部执我使臣，又劝我勿征伐汉人（明朝——译者），且说若征伐汉人（明朝——译者），则将助汉人侵我，故杀死察哈尔部使臣杭哈尔拜户（虎）。是所以征伐察哈尔部，并尽得察哈尔汗诸哈屯及土地、人民。苏尼特部原属察哈尔部。当溃乱之时，所以苏尼特腾机思逃至投入尔硕垒（汗）那里。后来，又闻朕仁义善名，慕名来归附。硕垒（汗）与我素无冤仇，却教唆诱去久居几年之苏尼特人，我等派兵吩咐切勿犯扰喀尔喀部，只是追击苏尼特人。此与尔喀尔喀部初无干涉也，（尔等）土谢图汗、硕垒汗等却率兵来迎战，惟所幸上天谴责，故令土谢图汗、硕垒汗等兵败。若我果真欲与尔喀尔喀部构兵，乘此尔兵败散亡，溃不成军之时，既然已经接近尔国附近，纵兵擒取，何为不可？尔等经常挑衅，土谢图汗、硕垒汗二人来欲与我军交战。二楚库尔来攻打我巴林部所属之人。俄木布额尔德尼、巴尔布冰图二人来率兵前来，闻我已出兵而还。巴尔布冰图来攻打我土默特部，杀人并抢掠人马若干而去。以前我曾经用兵征伐尔等吗？今尔等重新举行会盟商量，凡往来文书，俱遵以大义，尔等书云题奏，朕云敕谕，此为正理。二楚库尔将所攻掠我巴林部人口、牲畜理应送还赔偿。俄木布额尔德尼、巴尔布冰图等以兵来犯，应治其罪。巴尔布冰图来攻打我土默特部杀人（掠畜），应治其罪，并送还所掠人马。今后若想息止兵戈，相互信任，永坚和好，彼处为首汗、诸诺颜（贝勒）、台吉等全体同对天地，诚心盟誓，以便统一政体。不然来使何必呢？如此这般再次派遣使臣口头传谕。朕常思太平修好政体，既往不咎，曾经传谕尔等为所掠夺人口、牲畜之罪，并送来先前所定直献骆驼、马匹，派遣为首诸诺颜（贝勒）、台吉等官吏。尔等却不遣使来，却又遣车臣卓礼克图说取尔衮东古西之牲畜，是什么意思？尔等以取衮东古西之牲畜为言乎？夫一边经商，一边来兵（厮杀）之人，朕曾不杀尔一人而遣送放走，可谓备极宽容矣。如今所言岂其合理？乃不送还我人口、牲畜，及进献所定驼马，又不感恩认罪，并且诸诺颜台吉等又不亲自来，反而遣使者来言衮东古西，是以将尔使逐回。我朝受天眷命，混一寰区，统一天下，尔等区区一隅之国（弹丸之地），能恣意自为乎？甚毋恃土地遥远，听信在下奸诡之言，致败和好政体。朕已说由衷真言，古礼曰：是是非非，天鉴昭明。尔等亦并非不知道。今尔将所欠我人口、牲畜及所定应进献驼马速送，并派遣为首诸诺颜（贝勒）、台吉等来朝，则为无罪。不然毁掉败坏政体之后，虽悔何及！其亟思之，宜早决断，毋得犹豫延误，致败政体。（尔等）违背朕传谕，为首诸诺颜不来朝，俄木布额尔德尼、巴尔布冰图率兵而来，其所犯之罪，以及巴尔布冰图攻掠杀人罪，所掠走人畜亦不送还。但朕仍给予赦免宽宥，允许尔等使臣来进贡，并给以恩赏。今俄木布额尔德尼、巴尔布冰图率兵而来，其所犯罪行，以及送还巴尔布冰图所掠走所有人口、牲畜，为首诸诺颜（贝勒）、台吉等认罪来朝，其巴尔布冰图攻掠杀人罪，所掠走人口、牲畜，则再为裁定。如此则和事既成，往来通好，朕亦赏赍不绝。若或不然，仍前违旨，即使遣使亦复何益哉。钦此。

## 04-03-06　顺治帝以外藩蒙古会盟派遣钦差谕蒙古王
### 公诺颜台吉之敕谕
顺治十二年七月十七日

皇帝敕谕致外藩蒙古诸王、诺颜、台吉、公等。一般军用武器，一年春秋必须再次检察修理。按规定训练射箭。至编审人丁，勿得欺隐。倘迟至二三年具告，则不知比之幼丁，即不到一两个手指头少年，因身体必以长成而难以察觉。虽告不准。各自以至旗、苏木切实查核盗贼冒伪。钦此。

## 04-03-07　顺治帝以噶尔玛斯希辖布故准其子僧格袭
### 拖沙喇哈番之敕谕
顺治十二年七月二十日

噶尔玛斯希辖布故之后，恩准其子僧格承袭拖沙喇哈番。倘若阵亡，则准袭，如若病故，则停袭。

## 04-03-08　顺治帝以外藩蒙古会盟派遣钦差谕蒙古王
### 公诺颜台吉之敕谕
顺治十二年十月初七日

皇帝敕谕致外藩蒙古诸王、诺颜、台吉、公等。军用武器一年春秋，须再次检察修理。按规定训练射箭。不得隐瞒兵丁。若有人具告隐瞒兵丁之罪，则须具告编丁之年。至编审人丁，勿得欺隐。倘迟至二三年具告，则不知比之幼丁，即不到一两个手指头少年，因身体必长成而难以察觉。虽告不准。各自以至旗、苏木切实查核盗贼冒伪。钦此。

## 04-03-09　顺治帝所遣侍卫喇嘛祈他特车尔贝等带来之喀尔喀四大诺颜誓约书

顺治十二年十月十日

土谢图汗、丹津喇嘛、车臣汗、墨尔根诺颜，我等恭遵皇帝之命，若对所定政体作恶则愿受天地谴责，（向上天）洒酒献祭并喝其献祭所剩酒，信守诺言，立下誓约。于羊年七月十七日。十月十日奏报。

## 04-03-10　顺治帝命卜散承袭其叔达尔汉名号之敕命

顺治十二年十月十日

卜散之叔病故之后，令其承袭达尔汉名号。又可以承袭四代。

## 04-03-11　顺治帝遣达尔汉绰尔济存问达赖喇嘛之敕谕

顺治十二年档子内无日期

皇帝敕谕致西天大善自在佛所部天下释教普通瓦赤喇怛喇达赖喇嘛。托上天保佑安康，圣识一切达赖喇嘛传播至上佛法，以慈悲为怀，教化启蒙众生愚昧，悉闻尔安康，朕心喜异常。托自古前世无量积善积德之力，尔永久以虔诚之心完善俱全善道，以慈爱仁悲普济众生，大力兴盛佛教经法，理应嘉勉激励。虽地方遥远，朕常惦记黾勉嘉许，故遣特木济达尔汉绰尔济存问安康。

## 04-03-12　顺治帝祭奠扎鲁特部多罗贝勒奇塔特之祭文

顺治十二年档子内无日期

皇帝敕谕。遣人祭奠扎鲁特部多罗贝勒奇塔特之祭文：朕思遐荒远域，示仁恩佑殡殆者，以广布仁爱。为人臣者，不辞辛苦，效力辅佐，以虔诚成事为至贵。扎鲁特部多罗贝勒奇塔特，尔生性忠厚笃实，明慧聪颖，完成所委付诸事。朕以为永远长寿，不料遽然逝去。朕哀恸异常，备齐祭品，聊表痛悼之意致祭。呜呼！恩赐被及冥界地府。仁爱泽至遗体，降恩远方。若尔地下有知，则来尚飨！

## 04-03-13　顺治帝遣使臣祭奠厄鲁特部顾实汗之祭文

顺治十二年档子内无日期

朕思遐荒远域，殡殆者聊表慈悲仁爱。精思国体大政，始终不渝，并一心一意效力，恩赏异常。尔持法彻辰顾实汗，生性忠厚笃实，对外成就事业，诚心尊上，治理属部，崇尚德行，乐善行道，安定边陲。朕以为永远如同江山般稳固，不曾预料遽然逝去。朕哀恸异常，遣官吏备齐祭品，聊表痛悼之意致祭。呜呼！恩赐被及冥界地府。仁爱泽至遗体，降恩远方。若尔在天之灵有知，则来尚飨！

# 顺治十三年（1656）档册

## 04-04-01　顺治帝以翁阿岱病故准其子昭日格袭达尔汉名号之敕命
### 顺治十三年正月十一日

翁阿岱病故之后，恩准其子昭日格承袭达尔汉名号。依旧世袭罔替。

## 04-04-02　　顺治帝以鄂尔多斯部多罗郡王额林臣薨准
## 其侄巴图袭爵之诰命
### 顺治十三年正月十一日

鄂尔多斯部多罗郡王额林臣薨逝之后，恩准其侄巴图承袭爵位。依旧世袭罔替。

## 04-04-03　　顺治帝遣厄木齐喇嘛等存问班禅呼图克图之敕谕
### 顺治十三年三月初七日

皇帝敕谕致班禅呼图克图。喇嘛问安文书已悉。托上天福德，这里平安。悉闻彼地班禅呼图克图致力于振兴佛法，平安健康，心喜异常。今虽地方绝险遥远，常黾勉激励之心，不绝如缕。所以，遣厄木齐喇嘛、达尔汉绰尔济等，并存问呼图克图安康。

## 04-04-04　顺治帝遣厄木齐喇嘛等存问班禅呼图克图并赏赐之敕谕
### 顺治十三年三月初七日

皇帝敕谕致班禅呼图克图。喇嘛问安奏疏已悉。托上天福德，这里平安健康。悉闻在彼地班禅呼图克图振兴佛法，平安健康，心喜异常。今虽地方绝险遥远，常黾勉嘉善之心，不绝如缕。所以，遣厄木齐喇嘛、达尔汉绰尔济等，按存问呼图克图礼，随敕谕礼品有镀金银茶桶一、绢十匹、玉壶一、玉制扯古掣（茶酒盅）二。

## 04-04-05　　顺治帝遣厄木齐喇嘛等存问达赖喇嘛之敕谕
### 顺治十三年三月初七日

皇帝敕谕致西天大善自在佛所部天下释教普通瓦赤喇怛喇达赖喇嘛。托上天保佑平安健康，圣识一切达赖喇嘛传播至上佛法，以慈悲为怀，教化启蒙众生愚昧，悉闻尔平安健康，朕心喜异常。托自古前世无量积善积德之力，尔永久以虔诚之心完善教义，以慈爱仁恩普济众生，大力兴盛佛教经义，理应嘉勉恩赏。虽地方绝域遥远，朕常惦记笃勉激励。故遣厄木齐喇嘛、特木济达尔汉绰尔济等存问安康。

## 04-04-06　　顺治帝遣厄木齐喇嘛等存问达赖喇嘛并赏赐之敕谕

顺治十三年三月初七日

皇帝敕谕致西天大善自在佛所领天下释教普通瓦赤喇怛喇达赖喇嘛。喇嘛问安文书已悉。今虽地方绝域险远，常思笃勉嘉善之心，不绝如缕。所以遣厄木齐喇嘛、达尔汉绰尔济等，按存问安康之例给赏赐，随敕文礼品有镶嵌珊瑚绿宝石四十两金茶桶一、玉壶二、玉扯古掣（茶酒盅）四个、镀金雕鞍一副、绸缎十匹。

## 04-04-07　　顺治帝恩准乌力济承袭其父拖沙喇哈番爵位之敕命

顺治十三年四月三十日

恩准乌力济承袭其父拖沙喇哈番爵位。倘若阵亡，则准袭封，如若病故，则停袭。

## 04-04-08　　顺治帝遣官致祭四子部落已故二等台吉伊尔扎木之祭文

顺治十三年六月二十五日

皇帝敕谕，遣伊齐济雅拉哈番（郎中）哈锡泰致祭二等台吉伊尔扎木祭文曰：朕思遐荒远域，示仁恩赐陨殍者，普授恩赏。为人臣者，笃实效力，立功成事，崇尚道义。伊尔扎木，尔生性忠厚诚实，行事和善，小心谨慎，恪尽职守。朕以为长寿，不曾预料遽然故去。朕哀恸异常，备齐祭品，恩赐供祭亡灵。若尔地下有知，则来迎尚飨！

## 04-04-09　　顺治帝遣官致祭克什克腾部故二等台吉云敦之祭文

顺治十三年六月二十七日

皇帝敕谕，遣胡拉尔哈番（赞礼郎）哈达格沁致祭克什克腾部二等台吉云敦祭文曰：朕思遐荒远域，示仁恩赐陨殍者，普授恩赏。为人臣者，笃实效力，立功成事，崇尚道义。云敦，尔生性忠厚诚实，行事和善，小心谨慎，恪尽职守。朕以为长寿，不曾预料遽然故去。朕哀恸异常，备齐祭品，恩赐供祭亡灵。若尔地下有知，则来迎尚飨！

## 04-04-10　　顺治帝遣官致祭乌喇忒部落故镇国公图巴之祭文

顺治十三年六月初九日

皇帝敕谕，遣二等恰（侍卫）胡勒图致祭乌喇忒部落故镇国公图巴祭文曰：思量遐荒远域，示仁恩赐陨殍者，普授恩赏。为人臣者，笃实效力，立功成事，崇尚道义。图巴，尔生性忠厚诚实，行事和善，小心谨慎，恪尽职守，以成就所委付事宜。朕以为长寿，不曾预料遽然故去。朕哀恸异常，备齐祭品，聊表痛悼之心致祭。呜呼！恩赐被及冥界。仁爱泽至遗体，以安亡灵。若尔地下有知，则来尚飨！

## 04-04-11　顺治帝以乾清宫坤宁宫落成典礼宣恩赦天下之诏书

顺治十三年七月初七日

奉天承运皇帝诏曰：帝王统御天下，必先巩固皇居。壮万国之观瞻。九重之警卫，规模大备，振古如兹。朕自即位以来思物力之艰难，罔敢过用。轸民生之疾苦，不忍重劳。暂改保和殿为位育宫，已经十载。揆之典制，建宫终不容已，乃于顺治十年秋卜吉鸠工。今乾清、坤宁宫告成，祗告天地、宗庙、社稷于顺治十三年七月初六日，临御新宫，懋图治理。念臣民之劳瘁，宜恩赦之广颁。所有事款，条列于后。

一、文职官员，除大计处分，失陷城池，缉盗不获，罪犯越狱，贪赃，拖欠钱粮、漕粮等罪不赦外，其余议革、议降、议罚及戴罪，住俸各官，俱免议。一、除革职、降级、休致回籍人员外，直省地方果有才行著闻及学问优长者，著该省督抚按核实具奏。一、顺治十三年七月初七日昧爽以前，官吏军民人等，除谋反，叛逆，子孙杀祖父母、父母，内乱，妻妾杀夫、告夫，奴婢杀家长，杀一家非死罪三人，采生折割人，谋杀，故杀，蛊毒，魇魅，毒药杀人，强盗，妖言十恶等真正死罪不赦外，满洲逃人窝主干连人等官役受赃，监守自盗，拖欠钱粮、漕粮，侵盗漕粮员役不赦，其余死罪，俱减一等。军罪以下大计军政，失陷地方城池，贪赃，拖欠钱粮、漕粮，缉盗不获，罪犯越狱等亦具不赦外，其余无论已发觉，未发觉，已结正，未结正，咸赦除之。有以赦前事讦告者，不与审理。即以其罪罪之。直省报荒地方有隐漏田粮，以熟作荒者，许自行出首，尽行免罪。其首出地亩，即以当年起科以前隐漏钱粮，概不追理。如被他人告发，仍行治罪追粮。一、各省屯田荒地，已行归并，有司即照三年起科事例。广行招垦，如有殷实人户，能开至两千亩以上者，照辽阳招民事例，量为录用。一、武职官员除失陷地方，纵兵抢掠，并军政处分，大贪收赃外，其余见在议革、议降、议罚，俱免议。一、有因公事违误，革职、降级、罚俸等项，各衙门悉与奏明宽宥。一、满洲兵丁各处征剿，阵前被伤，未经给赏者，照例速给。一、各地方人等，有因叛逆干连原系无辜者该督抚按即与具题释放。一、各处依附土贼等众，如悔过擒拿贼首投诚及贼首率众来降者，概宥前罪，仍给予官职，以示鼓励。若系土贼投诚，该督抚查愿充兵者，准入营务，愿为民者安插归农，务使得所。一、有啸聚山海，拥众不服者，果能真心投诚，尽赦前罪，仍量加赏录。一、各处盗贼，或为水旱灾荒所累，贪酷官吏所破，情实可悯。但能改过自首者，尽赦其罪。一、除谋杀、故杀外，如原无仇隙，偶因一事忿激相殴，伤重致死者，将凶犯免死，决杖一百，依律追银二十两，给付死者之家。一、应追赃，私除贪赃，侵盗情重者不赦外，其余查系家产尽绝，力不能完者概与割免，不许株连亲族。一、罚赎积榖，原以预备赈济。今岁水蝗为灾，秋冬之际，恐民生艰困，各巡按御史确查灾荒地方，除蠲免正粮外，其流离无告者，即动前项赎谷，赈济，不得令奸民冒领。一、十二年以前各省牛角、皮料等项，果有未解完者，工部照例改折，以纾民力。於戏！定丕基于万世，益厪敬天法祖之心，通寰宇为一家。共跻物阜民安之盛。布告中外，咸使闻知。

## 04-04-12　顺治帝以扎鲁特部多罗贝勒祈塔特薨准
### 其子扎木布袭爵之诰命
顺治十三年七月二十九日

扎鲁特部多罗贝勒祈塔特薨逝之后，恩准其子扎木布承袭爵位。依旧世袭罔替。

## 04-04-13　顺治帝以顺治五年乌喇忒部镇国公图巴
### 病故准其子海萨袭爵之敕命
顺治十三年八月十四日

奉天承运皇帝制曰：自开天辟地以来，有一代应运之君，必有藩屏之佐，故叙功定名以别封号者，乃古圣王之典也。朕爱仿古制，不分内外，视为一体。凡我诸藩，俱因功授册，以昭等威，受此诰命者，必忠以辅国，恪守矩度，自始至终，不忘信义，若此则光前裕后，而奕世永昌矣。慎行勿怠。乌喇忒部图巴，尔率领所属兄弟及部众来归诚。当围攻锦州城第三次战役，打败松山地方步兵时，率所属旗兵战胜来援敌人。当两部兵马会师，迎战松山地方骑兵时，率所属旗兵马战胜来援之敌人。追击腾机思，当打败土谢图汗兵马时，率所属旗兵战胜来援敌人。当击败硕垒汗兵马时，率所属旗兵马战胜来援敌人。朕嘉尔勋，故封为镇国公。除负朕厚恩，谋反大逆，削除王爵，及行军败逃，依律治罪外，其一应过犯，永不削夺，子孙世袭。依旧世袭罔替。顺治五年正月十八日，乌喇忒部镇国公图巴病故之后，恩准其子海萨仍承袭镇国公封爵。

## 04-04-14　顺治帝以边界属民事颁厄鲁特部落巴图鲁台
### 吉土谢图巴图鲁戴青之敕谕
顺治十三年八月十七日

皇帝谕厄鲁特部落巴图鲁台吉、土谢图巴图鲁戴青等曰：分疆别界，各有定例。是以上不凌下，下不侵上，古帝王统御之常经也。朕怀抚恤远人之意，正欲共跻斯世于隆平。乃数年来，尔等频犯内地，劫夺马牛，拒敌官兵，率领番彝，威胁抢掠。该地方督抚、巡按等边臣奏报二十余次，经部臣屡经遣官晓谕，尔终不悛。朕体天地好生之心，宥兹小过，尔反违定制，昏迷不恭。今特遣兵部右侍郎石图、理藩院启心郎萧格前往甘州、西宁等地审问。聚集公所或尔等亲至其地，或遣所属官员与地方官对质。如蒙古劫夺是实，即当按数赔偿。如系地方官诬诳，罪有所归，非尔等之咎。倘番夷在故明时，原属蒙古纳贡者，即归蒙古管辖。如为故明所属者，理应隶入中国为民，与蒙古又有何与焉。其汉人、蒙古所定居址与贸易隘口详加查核，照旧分定耕牧，毋得越境混扰，则有以副朕抚绥遐荒绝域之心，而尔等亦享无疆之休矣。尔等由此处遣官吏赍来具奏。钦此。

## 04-04-15　　　顺治帝以察汉喇嘛出使功赐达尔汉绰尔济尊号
顺治十三年九月初四日

奉天承运皇帝诏曰：开国奠基之初，诸国之间战乱频繁，尔察干（察汉）喇嘛几次出使至达赖喇嘛处，艰辛异常，故赐给达尔汉绰尔济尊号。

## 04-04-16　　　顺治帝以图巴病故准其子海萨袭爵之敕命
顺治十三年八月十四日

图巴病故之后，恩准其子海萨承袭爵位。依旧世袭罔替。

## 04-04-17　　　顺治帝念科尔沁和硕土谢图亲王巴达礼效力年久
### 秉资忠直特赐之满蒙文黄敕
顺治十三年八月初一日

皇帝敕谕传谕科尔沁和硕土谢图亲王巴达礼：尔等秉资忠直，当太祖、太宗开创之时，即诚心效顺，结为姻娅，请为屏藩。太祖、太宗嘉尔等勋劳，崇以爵号，赏赍有加，恩至渥焉。朝觐往来，时令陛见。教诲饮食，异数有加。凡有怀欲吐，俱得奏陈，情意和谐，如同父子。朕荷祖宗鸿庥，统一寰宇。恐欲祖宗德意有违，成宪未合，恒用尤惕。但初年朕在幼冲，睿王摄政，任意变更。不遵太祖、太宗旧制，所行悖逆，以致众怒群怨，使尔等夙夜望朕亲政。常保恩惠，如得复见太祖、太宗。乃自朕亲政以来六年于兹矣。未得一见，岂朕忘尔等哉？盖因地广事烦，万机少暇，且痘症流行。尔等远来之日，朕复出巡幸。是以相见甚疏。然相见之疏，固自有由，而怀尔之诚，时切朕念。每思尔等效力年久，战伐多功，虽在痌瘝未之有敉。兹念尔等久不来见，恐有诚意不得上通。故特遣官赍敕，赐尔等缎三九匹，以谕朕意。嗣后有欲奏闻之事，即行奏请。朕无不体恤而行。朕方欲致天下于太平。尔等心怀忠直，毋忘太祖、太宗历年恩宠。我国家世世为天子，尔等亦世世为王，享富贵于无穷，垂芳名于不朽。岂不休乎！钦此。

## 04-04-18　　　顺治帝念科尔沁和硕卓礼克图亲王吴克善效力年久
### 秉资忠直特赐之满蒙文黄敕
顺治十三年八月初一日

皇帝敕谕传谕科尔沁和硕卓礼克图亲王吴克善：尔等秉资忠直，当太祖、太宗开创之时，即诚心效顺，结为姻娅，请为屏藩。太祖、太宗嘉尔等勋劳，崇以爵号，赏赍有加，恩至渥焉。朝觐往来，时令陛见。教诲饮食，异数有加。凡有怀欲吐，俱得奏陈，情意和谐，如同父子。朕荷祖宗鸿庥，统一寰宇。恐欲祖宗德意有违，成宪未合，恒用尤惕。但初年朕在幼冲，睿王摄政，任意变更。不遵太祖、太宗旧制，所行悖逆，以致众怒群怨，使尔等夙夜望朕亲政。常保恩惠，如得复见太祖、太宗。乃自朕亲政以来六年于兹矣。未得一见，岂朕忘尔等哉？盖因地广事烦，万机少暇，且痘症流行。尔等远来之日，朕复出巡幸。是以相见甚疏。然相见之疏，固自有由，而怀尔之诚，时切朕念。每思尔等效力年久，战伐多功，虽在寤寐未之有斁。兹念尔等久不来见，恐有诚意不得上通。故特遣官赍敕。赐尔等缎三九匹，以谕朕意。嗣后有欲奏闻之事，即行奏请。朕无不体恤而行。朕方欲致天下于太平。尔等心怀忠直，毋忘太祖、太宗历年恩宠。我国家世世为天子，尔等亦世世为王，享富贵于无穷，垂芳名于不朽。岂不休乎！钦此。

## 04-04-19　　顺治帝念科尔沁和硕达尔汉巴图鲁郡王满朱习礼
### 效力年久秉资忠直特赐之满蒙文黄敕
顺治十三年八月初一日

　　皇帝敕谕传谕科尔沁和硕达尔汉巴图鲁郡王满朱习礼：尔等秉资忠直，当太祖、太宗开创之时，即诚心效顺，结为姻娅，请为屏藩。太祖、太宗嘉尔等勋劳，崇以爵号，赏赉有加，恩至渥焉。朝觐往来，时令陛见。教诲饮食，异数有加。凡有怀欲吐，俱得奏陈，情意和谐，如同父子。朕荷祖宗鸿庥，统一寰宇。恐欲祖宗德意有违，成宪未合，恒用尤惕。但初年朕在幼冲，睿王摄政，任意变更。不遵太祖、太宗旧制，所行悖逆，以致众怒群怨，使尔等夙夜望朕亲政。常保恩惠，如得复见太祖、太宗。乃自朕亲政以来六年于兹矣。未得一见，岂朕忘尔等哉？盖因地广事烦，万机少暇，且痘症流行。尔等远来之日，朕复出巡幸。是以相见甚疏。然相见之疏，固自有由，而怀尔之诚，时切朕念。每思尔等效力年久，战伐多功，虽在寤寐未之有斁。兹念尔等久不来见，恐有诚意不得上通。故特遣官赍敕。赐尔等缎二九匹，以谕朕意。嗣后有欲奏闻之事，即行奏请。朕无不体恤而行。朕方欲致天下于太平。尔等心怀忠直，毋忘太祖、太宗历年恩宠。我国家世世为天子，尔等亦世世为王，享富贵于无穷，垂芳名于不朽。岂不休乎！钦此。

## 04-04-20　　顺治帝念喀喇沁部杜棱多罗贝勒古鲁什希卜效力
### 年久秉资忠直特赐之满蒙文黄敕
顺治十三年八月初一日

　　皇帝敕谕传谕喀喇沁部杜棱多罗贝勒古鲁什希卜：尔等秉资忠直，当太祖、太宗开创之时，即诚心效顺，结为姻娅，请为屏藩。太祖、太宗嘉尔等勋劳，崇以爵号，赏赉有加，恩至渥焉。朝觐往来，时令陛见。教诲饮食，异数有加。凡有怀欲吐，俱得奏陈，情意和谐，如同父子。朕荷祖宗鸿庥，统一寰宇。恐欲祖宗德意有违，成宪未合，恒用尤惕。但初年朕在幼冲，睿王摄政，任意变更。不遵太祖、太宗旧制，所行悖逆，以致众怒群怨，使尔等夙夜望朕亲政。常保恩惠，如得复见太祖、太宗。乃自朕亲政以来六年于兹矣。未得一见，岂朕忘尔等哉？盖因地广事烦，万机少暇，且痘症流行。尔等远来之日，朕复出巡幸。是以相见甚疏。然相见之疏，固自有由，而怀尔之诚，时切朕念。每思尔等效力年久，战伐多功，虽在痌瘝未之有致。兹念尔等久不来见，恐有诚意不得上通。故特遣官赍敕。赐尔等缎一九、一七匹，以谕朕意。嗣后有欲奏闻之事，即行奏请。朕无不体恤而行。朕方欲致天下于太平。尔等心怀忠直，毋忘太祖、太宗历年恩宠。我国家世世为天子，尔等亦世世为王，享富贵于无穷，垂芳名于不朽。岂不休乎！钦此。

## 04-04-21　顺治帝念科尔沁多罗郡王额尔德尼父子二人效力
### 年久秉资忠直特赐之满蒙文黄敕
顺治十三年八月初一日

皇帝敕谕传谕科尔沁多罗郡王额尔德尼：尔父多罗额驸祈塔特秉资忠直，当太祖、太宗开创之时，即诚心效顺，结为姻娅，请为屏藩。太祖、太宗嘉尔父效力勋劳，崇以爵号，赏赍有加，恩至渥焉。朝觐往来，时令陛见。教诲饮食，异数有加。凡有怀欲吐，俱得奏陈，情意和谐，如同父子。尔父故去之后，朕思太祖、太宗恩渥，准令尔承袭王封号。朕荷祖宗鸿麻，统一寰宇。恐欲祖宗德意有违，成宪未合，恒用尤惕。但初年朕在幼冲，睿王摄政，任意变更。不遵太祖、太宗旧制，所行悖逆，以致众怒群怨，使尔等夙夜望朕亲政。常保恩惠，如得复见太祖、太宗。乃自朕亲政以来六年于兹矣。未得一见，岂朕忘尔等哉？盖因地广事烦，万机少暇，且痘症流行。尔等远来之日，朕复出巡幸。是以相见甚疏。然相见之疏，固自有由，而怀尔之诚，时切朕念。每思尔等效力年久，战伐多功，虽在痌瘝未之有致。兹念尔等久不来见，恐有诚意不得上通。故特遣官赍敕，赐尔等缎二九匹，以谕朕意。嗣后有欲奏闻之事，即行奏请。朕无不体恤而行。朕方欲致天下于太平。尔等心怀忠直，毋忘太祖、太宗历年恩宠。我国家世世为天子，尔等亦世世为王，享富贵于无穷，垂芳名于不朽。岂不休乎！钦此。

## 04-04-22　顺治帝念科尔沁多罗秉图郡王额森父子二人效力
### 年久秉资忠直特赐之满蒙文黄敕
顺治十三年八月初一日

皇帝敕谕传谕科尔沁多罗秉图郡王额森：尔父洪格尔秉资忠直，当太祖、太宗开创之时，即诚心效顺，结为姻娅，请为屏藩。太祖、太宗嘉尔父效力勋劳，崇以爵号，赏赍有加，恩至渥焉。朝觐往来，时令陛见。教诲饮食，异数有加。凡有怀欲吐，俱得奏陈，情意和谐，如同父子。所有这些尔在台吉时，难道没有亲眼目睹吗？尔父故去之后，朕思太祖、太宗恩渥，准令尔承袭王封号。朕荷祖宗鸿庥，统一寰宇。恐欲祖宗德意有违，成宪未合，恒用尤惕。但初年朕在幼冲，睿王摄政，任意变更。不遵太祖、太宗旧制，所行悖逆，以致众怒群怨，使尔等夙夜望朕亲政。常保恩惠，如得复见太祖、太宗。乃自朕亲政以来六年于兹矣。未得一见，岂朕忘尔等哉？盖因地广事烦，万机少暇，且痘症流行。尔等远来之日，朕复出巡幸。是以相见甚疏。然相见之疏，固自有由，而怀尔之诚，时切朕念。每思尔等效力年久，战伐多功，虽在寤寐未之有斁。兹念尔等久不来见，恐有诚意不得上通。故特遣官赍敕，赐尔等缎二九匹，以谕朕意。嗣后有欲奏闻之事，即行奏请。朕无不体恤而行。朕方欲致天下于太平。尔等心怀忠直，毋忘太祖、太宗历年恩宠。我国家世世为天子，尔等亦世世为王，享富贵于无穷，垂芳名于不朽。岂不休乎！钦此。

## 04-04-23　　顺治帝念科尔沁多罗郡王张继伦父子二人效力
### 年久秉资忠直特赐之满蒙文黄敕
#### 顺治十三年八月初一日

皇帝敕谕传谕科尔沁多罗郡王张继伦：尔父栋库尔尔等秉资忠直，当太祖、太宗开创之时，即诚心效顺，结为姻娅，请为屏藩。太祖、太宗嘉尔父效力勋劳，崇以爵号，赏赍有加，恩至渥焉。朝觐往来，时令陛见。教诲饮食，异数有加。凡有怀欲吐，俱得奏陈，情意和谐，如同父子。所有这些尔在台吉时，难道没有亲眼目睹吗？尔父故去之后，朕思太祖、太宗恩渥，准令尔承袭王封号。朕荷祖宗鸿庥，统一寰宇。恐欲祖宗德意有违，成宪未合，恒用尤惕。但初年朕在幼冲，睿王摄政，任意变更。不遵太祖、太宗旧制，所行悖逆，以致众怒群怨，使尔等夙夜望朕亲政。常保恩惠，如得复见太祖、太宗。乃自朕亲政以来六年于兹矣。未得一见，岂朕忘尔等哉？盖因地广事烦，万机少暇，且痘症流行。尔等远来之日，朕复出巡幸。是以相见甚疏。然相见之疏，固自有由，而怀尔之诚，时切朕念。每思尔等效力年久，战伐多功，虽在寤寐未之有斁。兹念尔等久不来见，恐有诚意不得上通。故特遣官赍敕，赐尔等缎二九匹，以谕朕意。嗣后有欲奏闻之事，即行奏请。朕无不体恤而行。朕方欲致天下于太平。尔等心怀忠直，毋忘太祖、太宗历年恩宠。我国家世世为天子，尔等亦世世为王，享富贵于无穷，垂芳名于不朽。岂不休乎！钦此。

## 04-04-24　　顺治帝念阿鲁科尔沁多罗郡王朱尔扎噶祖孙二人
### 效力年久秉资忠直特赐之满蒙文黄敕
#### 顺治十三年八月初一日

皇帝敕谕传谕阿鲁科尔沁多罗郡王朱尔扎噶：尔祖父达赖秉资忠直，当太宗之时，即诚心效顺，请为屏藩。太宗嘉尔祖父等效力勋劳，崇以爵号，赏赍有加，恩至渥焉。朝觐往来，时令陛见。教诲饮食，异数有加。凡有怀欲吐，俱得奏陈，情意和谐，如同父子。所有这些尔在台吉时，难道没有亲眼目睹吗？尔父故去之后，朕思太宗昔日恩渥，准令尔承袭王封号。朕荷祖宗鸿庥，统一寰宇。恐欲祖宗德意有违，成宪未合，恒用尤惕。但初年朕在幼冲，睿王摄政，任意变更。不遵太祖、太宗旧制，所行悖逆，以致众怒群怨，使尔等夙夜望朕亲政。常保恩惠，如得复见太祖、太宗。乃自朕亲政以来六年于兹矣。未得一见，岂朕忘尔等哉？盖因地广事烦，万机少暇，且痘症流行。尔等远来之日，朕复出巡幸。是以相见甚疏。然相见之疏，固自有由，而怀尔之诚，时切朕念。每思尔等效力年久，战伐多功，虽在寤寐未之有致。兹念尔等久不来见，恐有诚意不得上通。故特遣官赍敕，赐尔等缎二九匹，以谕朕意。嗣后有欲奏闻之事，即行奏请。朕无不体恤而行。朕方欲致天下于太平。尔等心怀忠直，毋忘太祖、太宗历年恩宠。我国家世世为天子，尔等亦世世为王，享富贵于无穷，垂芳名于不朽。岂不休乎！钦此。

## 04-04-25　顺治帝念科尔沁多罗扎萨克郡王拜撒哈尔父子二人

### 效力年久秉资忠直特赐之满蒙文黄敕

#### 顺治十三年八月初一日

　　皇帝敕谕传谕科尔沁多罗扎萨克郡王拜撒哈尔：尔父布达齐秉资忠直，当太祖、太宗开创之时，即诚心效顺，请为屏藩。太祖、太宗嘉尔父效力勋劳，崇以爵号，赏赍有加，恩至渥焉。朝觐往来，时令陛见。教诲饮食，异数有加。凡有怀欲吐，俱得奏陈，情意和谐，如同父子。所有这些尔在台吉时，难道没有亲眼目睹吗？尔父故去之后，朕思太祖、太宗昔日恩渥，准令尔承袭王封号。朕荷祖宗鸿庥，统一寰宇。恐欲祖宗德意有违，成宪未合，恒用尤惕。但初年朕在幼冲，睿王摄政，任意变更。不遵太祖、太宗旧制，所行悖逆，以致众怒群怨，使尔等夙夜望朕亲政。常保恩惠，如得复见太祖、太宗。乃自朕亲政以来六年于兹矣。未得一见，岂朕忘尔等哉？盖因地广事烦，万机少暇，且痘症流行。尔等远来之日，朕复出巡幸。是以相见甚疏。然相见之疏，固自有由，而怀尔之诚，时切朕念。每思尔等效力年久，战伐多功，虽在寤寐未之有致。兹念尔等久不来见，恐有诚意不得上通。故特遣官赍敕，赐尔等缎二九匹，以谕朕意。嗣后有欲奏闻之事，即行奏请。朕无不体恤而行。朕方欲致天下于太平。尔等心怀忠直，毋忘太祖、太宗历年恩宠。我国家世世为天子，尔等亦世世为王，享富贵于无穷，垂芳名于不朽。岂不休乎！钦此。

## 04-04-26　顺治帝念阿鲁科尔沁多罗贝勒顾穆效力年久

### 秉资忠直特赐之满蒙文黄敕

#### 顺治十三年八月初一日

　　皇帝敕谕传谕阿鲁科尔沁多罗贝勒顾穆：尔秉资忠直，当太宗开创之时，即诚心效顺，请为屏藩。太祖、太宗嘉尔等勋劳，崇以爵号，赏赍有加，恩至渥焉。朝觐往来，时令陛见。教诲饮食，异数有加。凡有怀欲吐，俱得奏陈，情意和谐，如同父子。尔父故去之后，朕思太宗昔日恩渥，准令尔承袭多罗贝勒。朕荷祖宗鸿庥，统一寰宇。恐欲祖宗德意有违，成宪未合，恒用尤惕。但初年朕在幼冲，睿王摄政，任意变更。不遵太祖、太宗旧制，所行悖逆，以致众怒群怨，使尔等夙夜望朕亲政。常保恩惠，如得复见太祖、太宗。乃自朕亲政以来六年于兹矣。未得一见，岂朕忘尔等哉？盖因地广事烦，万机少暇，且痘症流行。尔等远来之日，朕复出巡幸。是以相见甚疏。然相见之疏，固自有由，而怀尔之诚，时切朕念。每思尔等效力年久，战伐多功，虽在痌瘝未之有敉。兹念尔等久不来见，恐有诚意不得上通。故特遣官赍敕，赐尔等缎一九、一七匹，以谕朕意。嗣后有欲奏闻之事，即行奏请。朕无不体恤而行。朕方欲致天下于太平。尔等心怀忠直，毋忘太祖、太宗历年恩宠。我国家世世为天子，尔等亦世世为王，享富贵于无穷，垂芳名于不朽。岂不休乎！钦此。

## 04-04-27　顺治帝念扎赉特部固山贝子达尔汉和硕齐色冷父子
## 效力年久秉资忠直特赐之满蒙文黄敕
### 顺治十三年八月初一日

皇帝敕谕传谕扎赉特部固山贝子达尔汉和硕齐色冷：尔父达尔汉和硕齐蒙胡秉资忠直，当太宗开创之时，即诚心效顺，请为屏藩。太祖、太宗嘉尔等效力勋劳，崇以爵号，赏赉有加，恩至渥焉。朝觐往来，时令陛见。教诲饮食，异数有加。凡有怀欲吐，俱得奏陈，情意和谐，如同父子。尔父故去之后，朕思太宗昔日恩渥，准令尔承袭台吉封号。朕荷祖宗鸿庥，统一寰宇。恐欲祖宗德意有违，成宪未合，恒用尤惕。但初年朕在幼冲，睿王摄政，任意变更。不遵太祖、太宗旧制，所行悖逆，以致众怒群怨，使尔等夙夜望朕亲政。常保恩惠，如得复见太祖、太宗。乃自朕亲政以来六年于兹矣。未得一见，岂朕忘尔等哉？盖因地广事烦，万机少暇，且痘症流行。尔等远来之日，朕复出巡幸。是以相见甚疏。然相见之疏，固自有由，而怀尔之诚，时切朕念。每思尔等效力年久，战伐多功，虽在痌瘝未之有敉。兹念尔等久不来见，恐有诚意不得上通。故特遣官赍敕，赐尔等缎一九、一五匹，以谕朕意。嗣后有欲奏闻之事，即行奏请。朕无不体恤而行。朕方欲致天下于太平。尔等心怀忠直，毋忘太祖、太宗历年恩宠。我国家世世为天子，尔等亦世世为王，享富贵于无穷，垂芳名于不朽。岂不休乎！钦此。

## 04-04-28　顺治帝念杜尔伯特部固山贝子色冷效力年久
## 秉资忠直特赐之满蒙文黄敕
### 顺治十三年八月初一日

皇帝敕谕传谕杜尔伯特部固山贝子色冷：尔等秉资忠直，当太宗开创之时，即诚心效顺，请为屏藩。太宗嘉尔等效力勋劳，崇以爵号，赏赉有加，恩至渥焉。朝觐往来，时令陛见。教诲饮食，异数有加。凡有怀欲吐，俱得奏陈，情意和谐，如同父子。朕荷祖宗鸿庥，统一寰宇。恐欲祖宗德意有违，成宪未合，恒用尤惕。但初年朕在幼冲，睿王摄政，任意变更。不遵太祖、太宗旧制，所行悖逆，以致众怒群怨，使尔等夙夜望朕亲政。常保恩惠，如得复见太祖、太宗。乃自朕亲政以来六年于兹矣。未得一见，岂朕忘尔等哉？盖因地广事烦，万机少暇，且痘症流行。尔等远来之日，朕复出巡幸。是以相见甚疏。然相见之疏，固自有由，而怀尔之诚，时切朕念。每思尔等效力年久，战伐多功，虽在痌瘝未之有斁。兹念尔等久不来见，恐有诚意不得上通。故特遣官赍敕，赐尔等缎一九、一五匹，以谕朕意。嗣后有欲奏闻之事，即行奏请。朕无不体恤而行。朕方欲致天下于太平。尔等心怀忠直，毋忘太祖、太宗历年恩宠。我国家世世为天子，尔等亦世世为王，享富贵于无穷，垂芳名于不朽。岂不休乎！钦此。

## 04-04-29　顺治帝念科尔沁镇国公小色冷效力年久秉资忠直特赐之满蒙文黄敕

顺治十三年八月初一日

皇帝敕谕传谕科尔沁镇国公小色冷：尔等秉资忠直，当太祖、太宗开创之时，即诚心效顺，请为屏藩。太祖、太宗嘉尔等勋劳，崇以爵号，赏赉有加，恩至渥焉。朝觐往来，时令陛见。教诲饮食，异数有加。凡有怀欲吐，俱得奏陈，情意和谐，如同父子。朕荷祖宗鸿庥，统一寰宇。恐欲祖宗德意有违，成宪未合，恒用尤惕。但初年朕在幼冲，睿王摄政，任意变更。不遵太祖、太宗旧制，所行悖逆，以致众怒群怨，使尔等夙夜望朕亲政。常保恩惠，如得复见太祖、太宗。乃自朕亲政以来六年于兹矣。未得一见，岂朕忘尔等哉？盖因地广事烦，万机少暇，且痘症流行。尔等远来之日，朕复出巡幸。是以相见甚疏。然相见之疏，固自有由，而怀尔之诚，时切朕念。每思尔等效力年久，战伐多功，虽在痌瘝未之有斁。兹念尔等久不来见，恐有诚意不得上通。故特遣官赍敕。赐尔等缎一九匹，以谕朕意。嗣后有欲奏闻之事，即行奏请。朕无不体恤而行。朕方欲致天下于太平。尔等心怀忠直，毋忘太祖、太宗历年恩宠。我国家世世为天子，尔等亦世世为王，享富贵于无穷，垂芳名于不朽。岂不休乎！钦此。

## 04-04-30　顺治帝念科尔沁镇国公绰尔济额驸效力年久秉资忠直特赐之满蒙文黄敕

顺治十三年八月初一日

皇帝敕谕传谕科尔沁镇国公绰尔济额驸：尔等秉资忠直，当太祖、太宗开创之时，即诚心效顺，结为姻娅，请为屏藩。太祖、太宗嘉尔等勋劳，崇以爵号，赏赉有加，恩至渥焉。朝觐往来，时令陛见。教诲饮食，异数有加。凡有怀欲吐，俱得奏陈，情意和谐，如同父子。朕荷祖宗鸿庥，统一寰宇。恐欲祖宗德意有违，成宪未合，恒用尤惕。但初年朕在幼冲，睿王摄政，任意变更。不遵太祖、太宗旧制，所行悖逆，以致众怒群怨，使尔等夙夜望朕亲政。常保恩惠，如得复见太祖、太宗。乃自朕亲政以来六年于兹矣。未得一见，岂朕忘尔等哉？盖因地广事烦，万机少暇，且痘症流行。尔等远来之日，朕复出巡幸。是以相见甚疏。然相见之疏，固自有由，而怀尔之诚，时切朕念。每思尔等效力年久，战伐多功，虽在痌瘝未之有致。兹念尔等久不来见，恐有诚意不得上通。故特遣官赍敕，赐尔等缎一九匹，以谕朕意。嗣后有欲奏闻之事，即行奏请。朕无不体恤而行。朕方欲致天下于太平。尔等心怀忠直，毋忘太祖、太宗历年恩宠。我国家世世为天子，尔等亦世世为王，享富贵于无穷，垂芳名于不朽。岂不休乎！钦此。

## 04-04-31　　　顺治帝念郭尔罗斯镇国公扎木苏父子效力年久
### 秉资忠直特赐之满蒙文黄敕

顺治十三年八月初一日

皇帝敕谕传谕郭尔罗斯镇国公扎木苏：尔父布木巴秉资忠直，太宗开创之时，即诚心效顺，请为屏藩。太宗嘉尔父效力勋劳，崇以爵号，赏赉有加，恩至渥焉。朝觐往来，时令陛见。教诲饮食，异数有加。凡有怀欲吐，俱得奏陈，情意和谐，如同父子。所有这些尔在台吉时，难道没有亲眼目睹吗？尔父故去之后，朕思太宗昔日恩渥，准令尔承袭公封号。朕荷祖宗鸿庥，统一寰宇。恐欲祖宗德意有违，成宪未合，恒用尤惕。但初年朕在幼冲，睿王摄政，任意变更。不遵太祖、太宗旧制，所行悖逆，以致众怒群怨，使尔等夙夜望朕亲政。常保恩惠，如得复见太祖、太宗。乃自朕亲政以来六年于兹矣。未得一见，岂朕忘尔等哉？盖因地广事烦，万机少暇，且痘症流行。尔等远来之日，朕复出巡幸。是以相见甚疏。然相见之疏，固自有由，而怀尔之诚，时切朕念。每思尔等效力年久，战伐多功，虽在痌瘝未之有致。兹念尔等久不来见，恐有诚意不得上通。故特遣官赍敕，赐尔等缎一九匹，以谕朕意。嗣后有欲奏闻之事，即行奏请。朕无不体恤而行。朕方欲致天下于太平。尔等心怀忠直，毋忘太祖、太宗历年恩宠。我国家世世为天子，尔等亦世世为王，享富贵于无穷，垂芳名于不朽。岂不休乎！钦此。

# 清内秘书院蒙古文档案
# 第五辑

顺治十三年（1656）档册续

**05-01-32** **顺治帝念喀喇车里克部镇国公察哈代父子效力年久**
**秉资忠直特赐之满蒙文黄敕**

顺治十三年八月初一日

皇帝敕谕传谕喀喇车里克部镇国公察哈代：尔父噶尔玛秉资忠直，太宗开创之时，即诚心效顺，请为屏藩。太宗嘉尔父效力勋劳，崇以爵号，赏赉有加，恩至渥焉。朝觐往来，时令陛见。教诲饮食，异数有加。凡有怀欲吐，俱得奏陈，情意和谐，如同父子。所有这些尔在台吉时，难道没有亲眼目睹吗？尔父故去之后，朕思太宗昔日恩渥，准令尔承袭公封号。朕荷祖宗鸿庥，统一寰宇。恐欲祖宗德意有违，成宪未合，恒用尤惕。但初年朕在幼冲，睿王摄政，任意变更。不遵太祖、太宗旧制，所行悖逆，以致众怒群怨，使尔等夙夜望朕亲政。常保恩惠，如得复见太祖、太宗。乃自朕亲政以来六年于兹矣。未得一见，岂朕忘尔等哉？盖因地广事烦，万机少暇，且痘症流行。尔等远来之日，朕复出巡幸。是以相见甚疏。然相见之疏，固自有由，而怀尔之诚，时切朕念。每思尔等效力年久，战伐多功，虽在痛寐未之有致。兹念尔等久不来见，恐有诚意不得上通。故特遣官赍敕，赐尔等缎一九匹，以谕朕意。嗣后有欲奏闻之事，即行奏请。朕无不体恤而行。朕方欲致天下于太平。尔等心怀忠直，毋忘太祖、太宗历年恩宠。我国家世世为天子，尔等亦世世为王，享富贵于无穷，垂芳名于不朽。岂不休乎！钦此。

**05-01-33** **顺治帝念郭尔罗斯辅国公昂阿父子效力年久**
**秉资忠直特赐之满蒙文黄敕**

顺治十三年八月初一日

皇帝敕谕传谕郭尔罗斯辅国公昂阿：尔父固穆秉资忠直，太宗开创之时，即诚心效顺，请为屏藩。太宗嘉尔父效力勋劳，崇以爵号，赏赉有加，恩至渥焉。朝觐往来，时令陛见。教诲饮食，异数有加。凡有怀欲吐，俱得奏陈，情意和谐，如同父子。所有这些尔在台吉时，难道没有亲眼目睹吗？尔父故去之后，朕思太宗昔日恩渥，准令尔承袭公封号。朕荷祖宗鸿庥，统一寰宇。恐欲祖宗德意有违，成宪未合，恒用尤惕。但初年朕在幼冲，睿王摄政，任意变更。不遵太祖、太宗旧制，所行悖逆，以致众怒群怨，使尔等夙夜望朕亲政。常保恩惠，如得复见太祖、太宗。乃自朕亲政以来六年于兹矣。未得一见，岂朕忘尔等哉？盖因地广事烦，万机少暇，且痘症流行。尔等远来之日，朕复出巡幸。是以相见甚疏。然相见之疏，固自有由，而怀尔之诚，时切朕念。每思尔等效力年久，战伐多功，虽在寤寐未之有致。兹念尔等久不来见，恐有诚意不得上通。故特遣官赍敕，赐尔等缎一九匹，以谕朕意。嗣后有欲奏闻之事，即行奏请。朕无不体恤而行。朕方欲致天下于太平。尔等心怀忠直，毋忘太祖、太宗历年恩宠。我国家世世为天子，尔等亦世世为王，享富贵于无穷，垂芳名于不朽。岂不休乎！钦此。

## 05-01-34　顺治帝念喀尔喀和硕达尔汉亲王贲塔尔忠心归附
### 效力多年特赐之满蒙文黄敕
#### 顺治十三年八月初一日

皇帝敕谕传谕喀尔喀和硕达尔汉亲王贲塔尔：尔等秉资忠直，副朕绥服远人之意，识时务，诚心效顺，请为屏藩。朕嘉尔等效力勋劳，崇以爵号，赏赉有加，恩至渥焉。朝觐往来，凡有怀欲吐，俱得奏陈，情意和谐，此乃朕内外不分，一视同仁之至意也。自归附朕以来至今已多年，未得一见，岂朕忘尔等哉？盖因地广事烦，万机少暇，且痘症流行。尔等远来之日，朕复出巡幸。是以相见甚疏。然相见之疏，固自有由，而怀尔之诚，时切朕念。每思尔等效力年久，战伐多功，虽在寤寐未之有致。兹念尔等久不来见，恐有诚意不得上通。故特遣官赍敕，赐尔等缎三九匹，以谕朕意。嗣后有欲奏闻之事，即行奏请。朕无不体恤而行。朕方欲致天下于太平。尔等心怀忠直，毋忘太祖、太宗历年恩宠。我国家世世为天子，尔等亦世世为王，享富贵于无穷，垂芳名于不朽。岂不休乎！钦此。

## 05-01-35　顺治帝念察哈尔固伦额驸和硕亲王阿布鼐兄弟二人
### 效力年久秉资忠直特赐之满蒙文黄敕
#### 顺治十三年八月初一日

皇帝敕谕传谕察哈尔固伦额驸和硕亲王阿布鼐：太宗皇帝施仁尔兄，崇以爵号，赏赉有加，恩至渥焉。朝觐往来，时令陛见。教诲饮食，异数有加。凡有怀欲吐，俱得奏陈，情意和谐，如同父子。尔兄故去之后，朕思太宗皇帝昔日恩渥，允令尔承袭王封号。朕荷祖宗鸿庥，统一寰宇。恐欲祖宗德意有违，成宪未合，恒用尤惕。但初年朕在幼冲，睿王摄政，任意变更。不遵太祖、太宗旧制，所行悖逆，以致众怒群怨，使尔等夙夜望朕亲政。常保恩惠，如得复见太祖、太宗。乃自朕亲政以来六年于兹矣。未得一见，岂朕忘尔等哉？盖因地广事烦，万机少暇，且痘症流行。尔等远来之日，朕复出巡幸。是以相见甚疏。然相见之疏，固自有由，而怀尔之诚，时切朕念。每思尔等效力年久，战伐多功，虽在寤寐未之有致。兹念尔等久不来见，恐有诚意不得上通。故特遣官赍敕，赐尔等缎三九匹，以谕朕意。嗣后有欲奏闻之事，即行奏请。朕无不体恤而行。朕方欲致天下于太平。尔等心怀忠直，毋忘太祖、太宗历年恩宠。我国家世世为天子，尔等亦世世为王，享富贵于无穷，垂芳名于不朽。岂不休乎！钦此。

## 05-01-36　顺治帝念乌朱穆秦和硕车臣亲王察汉巴拜祖孙
### 效力年久秉资忠直特赐之满蒙文黄敕
*顺治十三年八月初一日*

　　皇帝敕谕传谕乌朱穆秦和硕车臣亲王察汉巴拜：尔祖父多尔济秉资忠直，当太宗开创之时，即诚心效顺，请为屏藩。太宗嘉尔祖父效力勋劳，崇以爵号，赏赍有加，恩至渥焉。朝觐往来，时令陛见。教诲饮食，异数有加。凡有怀欲吐，俱得奏陈，情意和谐，如同父子。尔祖父故去之后，朕思太宗皇帝昔日恩渥，允令尔承袭王封号。朕荷祖宗鸿麻，统一寰宇。恐欲祖宗德意有违，成宪未合，恒用尤惕。但初年朕在幼冲，睿王摄政，任意变更。不遵太祖、太宗旧制，所行悖逆，以致众怒群怨，使尔等夙夜望朕亲政。常保恩惠，如得复见太祖、太宗。乃自朕亲政以来六年于兹矣。未得一见，岂朕忘尔等哉？盖因地广事烦，万机少暇，且痘症流行。尔等远来之日，朕复出巡幸。是以相见甚疏。然相见之疏，固自有由，而怀尔之诚，时切朕念。每思尔等效力年久，战伐多功，虽在寤寐未之有致。兹念尔等久不来见，恐有诚意不得上通。故特遣官赍敕，赐尔等缎三九匹，以谕朕意。嗣后有欲奏闻之事，即行奏请。朕无不体恤而行。朕方欲致天下于太平。尔等心怀忠直，毋忘太祖、太宗历年恩宠。我国家世世为天子，尔等亦世世为王，享富贵于无穷，垂芳名于不朽。岂不休乎！钦此。

## 05-01-37　顺治帝念苏尼特部腾机忒兄弟二人效力年久
### 秉资忠直特赐之满蒙文黄敕
*顺治十三年八月初一日*

　　皇帝敕谕传谕苏尼特部腾机忒多罗郡王：尔兄腾机思秉资忠直，太宗开创之时，识时务，诚心效顺来归附，请为屏藩。太宗嘉尔兄效力勋劳，崇以爵号，赏赍有加，恩至渥焉。朝觐往来，时令陛见。教诲饮食，异数有加。凡有怀欲吐，俱得奏陈，情意和谐，如同父子。所有这些尔在台吉时，难道没有亲眼目睹吗？尔兄长故去之后，朕思太宗皇帝昔日恩渥，准令尔承袭王封号。朕荷祖宗鸿麻，统一寰宇。恐欲祖宗德意有违，成宪未合，恒用尤惕。但初年朕在幼冲，睿王摄政，任意变更。不遵太祖、太宗旧制，所行悖逆，以致众怒群怨，使尔等夙夜望朕亲政。常保恩惠，如得复见太祖、太宗。乃自朕亲政以来六年于兹矣。未得一见，岂朕忘尔等哉？盖因地广事烦，万机少暇，且痘症流行。尔等远来之日，朕复出巡幸。是以相见甚疏。然相见之疏，固自有由，而怀尔之诚，时切朕念。每思尔等效力年久，战伐多功，虽在癌瘵未之有致。兹念尔等久不来见，恐有诚意不得上通。故特遣官赍敕，赐尔等缎二九匹，以谕朕意。嗣后有欲奏闻之事，即行奏请。朕无不体恤而行。朕方欲致天下于太平。尔等心怀忠直，毋忘太祖、太宗历年恩宠。我国家世世为天子，尔等亦世世为王，享富贵于无穷，垂芳名于不朽。岂不休乎！钦此。

## 05-01-38　　顺治帝念蒿齐特部多罗郡王噶尔玛塞望忠心归附
## 效力多年特赐之满蒙文黄敕

顺治十三年八月初一日

皇帝敕谕传谕蒿齐特部多罗郡王噶尔玛塞望：尔等秉资忠直，副朕绥服远人之意，识时务诚心效顺来归附，请为屏藩。朕嘉尔等真心来归附，崇以爵号，赏赉有加，恩至渥焉。朝觐往来，凡有怀欲吐，俱得奏陈，情意和谐，乃朕内外不分，一视同仁之意。自尔等来归附朕以来至今未得一见，岂朕忘尔等哉？盖因地广事烦，万机少暇，且痘症流行。尔等远来之日，朕复出巡幸。是以相见甚疏。然相见之疏，固自有由，而怀尔之诚，时切朕念。每思尔等真心归附，永远成为屏藩，虽在癌瘵未之有致。兹念尔等久不来见，恐有诚意不得上通。故特遣官赍敕，赐尔等缎二九匹，以谕朕意。嗣后有欲奏闻之事，即行奏请。朕无不体恤而行。朕方欲致天下于太平。尔等心怀忠直，毋忘太祖、太宗历年恩宠。我国家世世为天子，尔等亦世世为王，享富贵于无穷，垂芳名于不朽。岂不休乎！钦此。

## 05-01-39　　顺治帝念喀尔喀多罗卓礼克图郡王滚布忠心归附
## 效力多年特赐之满蒙文黄敕

顺治十三年八月初一日

皇帝敕谕传谕喀尔喀多罗卓礼克图郡王滚布：尔等秉资忠直，副朕绥服远人之意，且识时务，诚心效顺来归附，请为屏藩。朕嘉尔等真心来归附，崇以爵号，赏赉有加，恩至渥焉。朝觐往来，凡有怀欲吐，俱得奏陈，情意和谐，乃朕内外不分，一视同仁之意。自尔等来归附朕以来至今未得一见，岂朕忘尔等哉？盖因地广事烦，万机少暇，且痘症流行。尔等远来之日，朕复出巡幸。是以相见甚疏。然相见之疏，固自有由，而怀尔之诚，时切朕念。每思尔等真心归附，永远成为屏藩，虽在癌瘵未之有致。兹念尔等久不来见，恐有诚意不得上通。故特遣官赍敕，赐尔等缎二九匹，以谕朕意。嗣后有欲奏闻之事，即行奏请。朕无不体恤而行。朕方欲致天下于太平。尔等心怀忠直，毋忘太祖、太宗历年恩宠。我国家世世为天子，尔等亦世世为王，享富贵于无穷，垂芳名于不朽。岂不休乎! 钦此。

## 05-01-40　顺治帝念蒿齐忒多罗郡王阿赖充额尔德尼父子效力
### 年久秉资忠直特赐之满蒙文黄敕
顺治十三年八月初一日

皇帝敕谕传谕蒿齐忒多罗郡王阿赖充额尔德尼：尔父博罗特额尔德尼秉资忠直，当太宗皇帝开创之时，识时务诚心来归附，真心效顺，请为屏藩。太宗皇帝嘉尔父效力勋劳，崇以爵号，赏赉有加，恩至渥焉。朝觐往来，时令陛见。教诲饮食，异数有加。凡有怀欲吐，俱得奏陈，情意和谐，如同父子。尔父去世后，朕思太宗皇帝昔日恩渥，允令尔承袭王封号。朕荷祖宗鸿庥，统一寰宇。恐欲祖宗德意有违，成宪未合，恒用尤惕。但初年朕在幼冲，睿王摄政，任意变更。不遵太祖、太宗旧制，所行悖逆，以致众怒群怨，使尔等夙夜望朕亲政。常保恩惠，如得复见太祖、太宗。乃自朕亲政以来六年于兹矣。未得一见，岂朕忘尔等哉？盖因地广事烦，万机少暇，且痘症流行。尔等远来之日，朕复出巡幸。是以相见甚疏。然相见之疏，固自有由，而怀尔之诚，时切朕念。每思尔等效力年久，战伐多功，虽在寤寐未之有致。兹念尔等久不来见，恐有诚意不得上通。故特遣官赍敕，赐尔等缎二九匹，以谕朕意。嗣后有欲奏闻之事，即行奏请。朕无不体恤而行。朕方欲致天下于太平。尔等心怀忠直，毋忘太祖、太宗历年恩宠。我国家世世为天子，尔等亦世世为王，享富贵于无穷，垂芳名于不朽。岂不休乎! 钦此。

## 05-01-41　顺治帝念苏尼特多罗杜棱郡王楮鲁睦父子效力年久
### 秉资忠直特赐之满蒙文黄敕
顺治十三年八月初一日

皇帝敕谕传谕苏尼特多罗杜棱郡王楮鲁睦：尔父叟萨秉资忠直，当太宗皇帝开创之时，即诚心效顺，请为屏藩。太宗皇帝嘉尔父效力勋劳，崇以爵号，赏赉有加，恩至渥焉。朝觐往来，时令陛见。教诲饮食，异数有加。凡有怀欲吐，俱得奏陈，情意和谐，如同父子。所有这些尔在台吉时，难道没有亲眼目睹吗？尔兄长故去之后，朕思太宗皇帝昔日恩渥，准令尔承袭王封号。朕荷祖宗鸿庥，统一寰宇。恐欲祖宗德意有违，成宪未合，恒用尤惕。但初年朕在幼冲，睿王摄政，任意变更。不遵太祖、太宗旧制，所行悖逆，以致众怒群怨，使尔等夙夜望朕亲政。常保恩惠，如得复见太祖、太宗。乃自朕亲政以来六年于兹矣。未得一见，岂朕忘尔等哉？盖因地广事烦，万机少暇，且痘症流行。尔等远来之日，朕复出巡幸。是以相见甚疏。然相见之疏，固自有由，而怀尔之诚，时切朕念。每思尔等效力年久，战伐多功，虽在寤寐未之有致。兹念尔等久不来见，恐有诚意不得上通。故特遣官赍敕，赐尔等缎二九匹，以谕朕意。嗣后有欲奏闻之事，即行奏请。朕无不体恤而行。朕方欲致天下于太平。尔等心怀忠直，毋忘太宗皇帝以来至今历年恩宠。我国家世世为天子，尔等亦世世为王，享富贵于无穷，垂芳名于不朽。岂不休乎！钦此。

## 05-01-42 顺治帝念乌朱穆秦多罗贝勒色冷额尔德尼忠心归附效力多年特赐之满蒙文黄敕

顺治十三年八月初一日

皇帝敕谕传谕乌朱穆秦多罗贝勒色冷额尔德尼：尔等秉资忠直，当太宗皇帝开创之时，即来归附，诚心效顺，请为屏藩。太宗皇帝嘉尔效力勋劳，崇以爵号，赏赍有加，恩至渥焉。朝觐往来，时令陛见。教诲饮食，异数有加。凡有怀欲吐，俱得奏陈，情意和谐，朕荷祖宗鸿庥，统一寰宇。恐欲祖宗德意有违，成宪未合，恒用尤惕。但初年朕在幼冲，睿王摄政，任意变更。不遵太祖、太宗旧制，所行悖逆，以致众怒群怨，使尔等夙夜望朕亲政。常保恩惠，如得复见太祖、太宗。乃自朕亲政以来六年于兹矣。未得一见，岂朕忘尔等哉？盖因地广事烦，万机少暇，且痘症流行。尔等远来之日，朕复出巡幸。是以相见甚疏。然相见之疏，固自有由，而怀尔之诚，时切朕念。每思尔等效力年久，战伐多功，虽在癗痳未之有致。兹念尔等久不来见，恐有诚意不得上通。故特遣官赍敕，赐尔等缎一九、一七匹，以谕朕意。嗣后有欲奏闻之事，即行奏请。朕无不体恤而行。朕方欲致天下于太平。尔等心怀忠直，毋忘太宗皇帝以来至今历年恩宠。我国家世世为天子，尔等亦世世为王，享富贵于无穷，垂芳名于不朽。岂不休乎！钦此。

## 05-01-43 顺治帝念苏尼特多罗贝勒额驸萨穆扎父子效力年久秉资忠直特赐之满蒙文黄敕

顺治十三年八月初一日

皇帝敕谕传谕苏尼特多罗贝勒额驸萨穆扎：尔父腾机思秉资忠直，当太宗皇帝开创之时，识时务即来归附，诚心效顺，请为屏藩。太宗皇帝嘉尔父效力勋劳，崇以爵号，赏赍有加，恩至渥焉。朝觐往来，时令陛见。教诲饮食，异数有加。凡有怀欲吐，俱得奏陈，情意和谐，如同父子。所有这些尔在台吉时，难道没有亲眼目睹吗？朕思太宗皇帝昔日恩渥，准令尔承袭多罗贝勒封号。朕荷祖宗鸿庥，统一寰宇。恐欲祖宗德意有违，成宪未合，恒用尤惕。但初年朕在幼冲，睿王摄政，任意变更。不遵太祖、太宗旧制，所行悖逆，以致众怒群怨，使尔等夙夜望朕亲政。常保恩惠，如得复见太祖、太宗。乃自朕亲政以来六年于兹矣。未得一见，岂朕忘尔等哉？盖因地广事烦，万机少暇，且痘症流行。尔等远来之日，朕复出巡幸。是以相见甚疏。然相见之疏，固自有由，而怀尔之诚，时切朕念。每思尔等效力年久，战伐多功，虽在癗痳未之有致。兹念尔等久不来见，恐有诚意不得上通。故特遣官赍敕，赐尔等缎一九、一七匹，以谕朕意。嗣后有欲奏闻之事，即行奏请。朕无不体恤而行。朕方欲致天下于太平。

尔等心怀忠直，毋忘太宗皇帝以来至今历年恩宠。我国家世世为天子，尔等亦世世为王，享富贵于无穷，垂芳名于不朽。岂不休乎！钦此。

## 05-01-44　　顺治帝念苏尼特多罗贝勒噶尔玛忠心归附效力
### 多年特赐之满蒙文黄敕
顺治十三年八月初一日

皇帝敕谕传谕苏尼特多罗贝勒噶尔玛：尔秉资忠直，当太宗皇帝开创之时，识时务即来归附，诚心效顺，请为屏藩。太宗皇帝嘉尔效力勋劳，崇以爵号，赏赉有加，恩至渥焉。朝觐往来，时令陛见。教诲饮食，异数有加。凡有怀欲吐，俱得奏陈，情意和谐，如同父子。所有这些尔在台吉时，难道没有亲眼目睹吗？朕思太宗皇帝昔日恩渥，准令尔承袭多罗贝勒封号。朕荷祖宗鸿麻，统一寰宇。恐欲祖宗德意有违，成宪未合，恒用尤惕。但初年朕在幼冲，睿王摄政，任意变更。不遵太祖、太宗旧制，所行悖逆，以致众怒群怨，使尔等夙夜望朕亲政。常保恩惠，如得复见太祖、太宗。乃自朕亲政以来六年于兹矣。未得一见，岂朕忘尔等哉？盖因地广事烦，万机少暇，且痘症流行。尔等远来之日，朕复出巡幸。是以相见甚疏。然相见之疏，固自有由，而怀尔之诚，时切朕念。每思尔等效力年久，战伐多功，虽在痼寐未之有敉。兹念尔等久不来见，恐有诚意不得上通。故特遣官赍敕，赐尔等缎一九、一七匹，以谕朕意。嗣后有欲奏闻之事，即行奏请。朕无不体恤而行。朕方欲致天下于太平。尔等心怀忠直，毋忘太宗皇帝以来至今历年恩宠。我国家世世为天子，尔等亦世世为王，享富贵于无穷，垂芳名于不朽。岂不休乎！钦此。

## 05-01-45　　顺治帝念喀尔喀镇国公扎穆苏忠心归附
### 效力多年特赐之满蒙文黄敕
顺治十三年八月初一日

皇帝敕谕传谕喀尔喀镇国公扎穆苏：尔等秉资忠直，副朕绥服远人之意，且识时务，诚心效顺来归附，请为屏藩。朕嘉尔等真心来归附，崇以爵号，赏赉有加，恩至渥焉。朝觐往来，凡有怀欲吐，俱得奏陈，情意和谐，此乃朕内外不分，一视同仁之意。自尔等来归附朕以来至今未得一见，岂朕忘尔等哉？盖因地广事烦，万机少暇，且痘症流行。尔等远来之日，朕复出巡幸。是以相见甚疏。然相见之疏，固自有由，而怀尔之诚，时切朕念。每思尔等真心归附，永远成为屏藩，虽在痼寐未之有敉。兹念尔等久不来见，恐有诚意不得上通。故特遣官赍敕，赐尔等缎一九匹，以谕朕意。嗣后有欲奏闻之事，即行奏请。朕无不体恤而行。朕方欲致天下于太平。尔等心怀忠直，毋忘太祖、太宗历年恩宠。我国家世世为天子，尔等亦世世为王，享富贵于无穷，垂芳名于不朽。岂不休乎！钦此。

**05-01-46**　　　**顺治帝念喀尔喀固山贝子本巴什希忠心归附**
　　　　　　　　　　**效力多年特赐之满蒙文黄敕**

顺治十三年八月初一日

　　皇帝敕谕传谕喀尔喀固山贝子本巴什希：尔等秉资忠直，副朕绥服远人之意，且识时务，诚心效顺来归附，请为屏藩。朕嘉尔等真心来归附，崇以爵号，赏赉有加，恩至渥焉。朝觐往来，凡有怀欲吐，俱得奏陈，情意和谐，此乃朕内外不分，一视同仁之意。自尔等来归附朕以来至今未得一见，岂朕忘尔等哉？盖因地广事烦，万机少暇，且痘症流行。尔等远来之日，朕复出巡幸。是以相见甚疏。然相见之疏，固自有由，而怀尔之诚，时切朕念。每思尔等真心归附，永远成为屏藩，虽在寤寐未之有致。兹念尔等久不来见，恐有诚意不得上通。故特遣官赍敕，赐尔等缎一九、一五匹，以谕朕意。嗣后有欲奏闻之事，即行奏请。朕无不体恤而行。朕方欲致天下于太平。尔等心怀忠直，毋忘太祖、太宗历年恩宠。我国家世世为天子，尔等亦世世为王，享富贵于无穷，垂芳名于不朽。岂不休乎！钦此。

**05-01-47**　　　**顺治帝念巴林固伦额驸多罗郡王塞布腾父子效力**
　　　　　　　　　　**多年秉资忠直特赐之满蒙文黄敕**

顺治十三年八月初一日

　　皇帝敕谕传谕巴林固伦额驸多罗郡王塞布腾：尔父秉资忠直，太宗皇帝开创之时，识时务，即诚心效顺，请为屏藩。太宗皇帝嘉尔父效力勋劳，崇以爵号，赏赉有加，恩至渥焉。朝觐往来，时令陛见。教诲饮食，异数有加。凡有怀欲吐，俱得奏陈，情意和谐，如同父子。所有这些尔在台吉时，难道没有亲眼目睹吗？朕思太宗皇帝昔日恩渥，准令尔承袭王封号。朕荷祖宗鸿庥，统一寰宇。恐欲祖宗德意有违，成宪未合，恒用尤惕。但初年朕在幼冲，睿王摄政，任意变更。不遵太祖、太宗旧制，所行悖逆，以致众怒群怨，使尔等夙夜望朕亲政。常保恩惠，如得复见太祖、太宗。乃自朕亲政以来六年于兹矣。未得一见，岂朕忘尔等哉？盖因地广事烦，万机少暇，且痘症流行。尔等远来之日，朕复出巡幸。是以相见甚疏。然相见之疏，固自有由，而怀尔之诚，时切朕念。每思尔等效力年久，战伐多功，虽在寤寐未之有致。兹念尔等久不来见，恐有诚意不得上通。故特遣官赍敕，赐尔等缎二九匹，以谕朕意。嗣后有欲奏闻之事，即行奏请。朕无不体恤而行。朕方欲致天下于太平。尔等心怀忠直，毋忘太宗皇帝以来至今历年恩宠。我国家世世为天子，尔等亦世世为王，享富贵于无穷，垂芳名于不朽。岂不休乎！钦此。

## 05-01-48　顺治帝念巴林固山贝子满朱习礼效力年久
### 秉资忠直特赐之满蒙文黄敕

顺治十三年八月初一日

皇帝敕谕传谕巴林固山贝子满朱习礼：尔等秉资忠直，当太宗皇帝开创之时，即诚心效顺，请为屏藩。太宗皇帝嘉尔等效力勋劳，崇以爵号，赏赉有加，恩至渥焉。朝觐往来，时令陛见。教诲饮食，异数有加。凡有怀欲吐，俱得奏陈，情意和谐，如同父子。朕荷祖宗鸿庥，统一寰宇。恐欲祖宗德意有违，成宪未合，恒用尤惕。但初年朕在幼冲，睿王摄政，任意变更。不遵太祖、太宗旧制，所行悖逆，以致众怒群怨，使尔等夙夜望朕亲政。常保恩惠，如得复见太祖、太宗。乃自朕亲政以来六年于兹矣。未得一见，岂朕忘尔等哉？盖因地广事烦，万机少暇，且痘症流行。尔等远来之日，朕复出巡幸。是以相见甚疏。然相见之疏，固自有由，而怀之诚，时切朕念。每思尔等效力年久，战伐多功，虽在痦瘵未之有致。兹念尔等久不来见，恐有诚意不得上通。故特遣官赍敕，赐尔等缎一九、一五匹，以谕朕意。嗣后有欲奏闻之事，即行奏请。朕无不体恤而行。朕方欲致天下于太平。尔等心怀忠直，毋忘太祖、太宗历年恩宠。我国家世世为天子，尔等亦世世为王，享富贵于无穷，垂芳名于不朽。岂不休乎！钦此。

## 05-01-49　顺治帝念巴林固山贝子温冲父子效力年久
### 秉资忠直特赐之满蒙文黄敕

顺治十三年八月初一日

皇帝敕谕传谕巴林固山贝子温冲：尔父色冷秉资忠直，当太宗皇帝开创之时，即真心归附，诚心效顺，请为屏藩。太宗皇帝嘉尔父效力勋劳，崇以爵号，赏赉有加，恩至渥焉。朝觐往来，时令陛见。教诲饮食，异数有加。凡有怀欲吐，俱得奏陈，情意和谐，如同父子。尔父去世之后，朕思太宗皇帝昔日恩渥，准令尔承袭固山贝子封号。朕荷祖宗鸿庥，统一寰宇。恐欲祖宗德意有违，成宪未合，恒用尤惕。但初年朕在幼冲，睿王摄政，任意变更。不遵太祖、太宗旧制，所行悖逆，以致众怒群怨，使尔等夙夜望朕亲政。常保恩惠，如得复见太祖、太宗。乃自朕亲政以来六年于兹矣。未得一见，岂朕忘尔等哉？盖因地广事烦，万机少暇，且痘症流行。尔等远来之日，朕复出巡幸。是以相见甚疏。然相见之疏，固自有由，而怀尔之诚，时切朕念。每思尔等效力年久，战伐多功，虽在痦瘵未之有致。兹念尔等久不来见，恐有诚意不得上通。故特遣官赍敕，赐尔等缎一九、一五匹，以谕朕意。嗣后有欲奏闻之事，即行奏请。朕无不体恤而行。朕方欲致天下于太平。尔等心怀忠直，毋忘太宗皇帝以来至今历年恩宠。我国家世世为天子，尔等亦世世为王，享富贵于无穷，垂芳名于不朽。岂不休乎！钦此。

## 05-01-50　　顺治帝念扎鲁特部多罗贝勒桑哈尔父子效力
### 年久秉资忠直特赐之满蒙文黄敕

顺治十三年八月初一日

　　皇帝敕谕传谕扎鲁特部多罗贝勒桑哈尔：尔父色本达尔汉巴图鲁秉资忠直，太宗皇帝开创之时，即真心归附，诚心效顺，请为屏藩。太宗皇帝嘉尔父效力勋劳，崇以爵号，赏赉有加，恩至渥焉。朝觐往来，时令陛见。教诲饮食，异数有加。凡有怀欲吐，俱得奏陈，情意和谐，如同父子。所有这些尔难道没有亲眼目睹吗？尔父去世之后，朕思太宗皇帝昔日恩渥，准令尔承袭多罗贝勒封号。朕荷祖宗鸿庥，统一寰宇。恐欲祖宗德意有违，成宪未合，恒用尤惕。但初年朕在幼冲，睿王摄政，任意变更。不遵太祖、太宗旧制，所行悖逆，以致众怒群怨，使尔等夙夜望朕亲政。常保恩惠，如得复见太祖、太宗。乃自朕亲政以来六年于兹矣。未得一见，岂朕忘尔等哉？盖因地广事烦，万机少暇，且痘症流行。尔等远来之日，朕复出巡幸。是以相见甚疏。然相见之疏，固自有由，而怀尔之诚，时切朕念。每思尔等效力年久，战伐多功，虽在寤寐未之有致。兹念尔等久不来见，恐有诚意不得上通。故特遣官赍敕，赐尔等缎一九、一七匹，以谕朕意。嗣后有欲奏闻之事，即行奏请。朕无不体恤而行。朕方欲致天下于太平。尔等心怀忠直，毋忘太宗皇帝以来至今历年恩宠。我国家世世为天子，尔等亦世世为王，享富贵于无穷，垂芳名于不朽。岂不休乎！钦此。

## 05-01-51　　顺治帝念扎鲁特部多罗贝勒扎穆布祖孙效力年久
### 秉资忠直特赐之满蒙文黄敕

顺治十三年八月初一日

　　皇帝敕谕传谕扎鲁特部多罗贝勒扎穆布：尔祖父艾齐秉资忠直，太宗皇帝开创之时，即识时务，真心归附，诚心效顺，请为屏藩。太宗皇帝嘉尔祖父效力勋劳，崇以爵号，赏赉有加，恩至渥焉。朝觐往来，时令陛见。教诲饮食，异数有加。凡有怀欲吐，俱得奏陈，情意和谐，如同父子。朕思太宗皇帝昔日恩渥，准令尔承袭多罗贝勒封号。朕荷祖宗鸿庥，统一寰宇。恐欲祖宗德意有违，成宪未合，恒用尤惕。但初年朕在幼冲，睿王摄政，任意变更。不遵太祖、太宗旧制，所行悖逆，以致众怒群怨，使尔等夙夜望朕亲政。常保恩惠，如得复见太祖、太宗。乃自朕亲政以来六年于兹矣。未得一见，岂朕忘尔等哉？盖因地广事烦，万机少暇，且痘症流行。尔等远来之日，朕复出巡幸。是以相见甚疏。然相见之疏，固自有由，而怀尔之诚，时切朕念。每思尔等效力年久，战伐多功，虽在寤寐未之有致。兹念尔等久不来见，恐有诚意不得上通。故特遣官赍敕，赐尔等缎一九、一七匹，以谕朕意。嗣后有欲奏闻之事，即行奏请。朕无不体恤而行。朕方欲致天下于太平。尔等心怀忠直，毋忘太宗皇帝以来至今历年恩宠。我国家世世为天子，尔等亦世世为王，享富贵于无穷，垂芳名于不朽。岂不休乎！钦此。

## 05-01-52　顺治帝念扎鲁特部镇国公毛奇塔特父子效力年久
### 秉资忠直特赐之满蒙文黄敕
顺治十三年八月初一日

皇帝敕谕传谕扎鲁特部镇国公毛奇塔特：尔父青巴图鲁秉资忠直，太宗皇帝开创之时，即识时务，真心归附，诚心效顺，请为屏藩。太宗皇帝嘉尔父效力勋劳，崇以爵号，赏赉有加，恩至渥焉。朝觐往来，时令陛见。教诲饮食，异数有加。凡有怀欲吐，俱得奏陈，情意和谐，如同父子。所有这些尔难道当台吉时，没有亲眼目睹吗？朕思太宗皇帝昔日恩渥，准令尔承袭公封号。朕荷祖宗鸿麻，统一寰宇。恐欲祖宗德意有违，成宪未合，恒用尤惕。但初年朕在幼冲，睿王摄政，任意变更。不遵太祖、太宗旧制，所行悖逆，以致众怒群怨，使尔等夙夜望朕亲政。常保恩惠，如得复见太祖、太宗。乃自朕亲政以来六年于兹矣。未得一见，岂朕忘尔等哉？盖因地广事烦，万机少暇，且痘症流行。尔等远来之日，朕复出巡幸。是以相见甚疏。然相见之疏，固自有由，而怀尔之诚，时切朕念。每思尔等效力年久，战伐多功，虽在痞寐未之有致。兹念尔等久不来见，恐有诚意不得上通。故特遣官赍敕，赐尔等缎一九匹，以谕朕意。嗣后有欲奏闻之事，即行奏请。朕无不体恤而行。朕方欲致天下于太平。尔等心怀忠直，毋忘太宗皇帝以来至今历年恩宠。我国家世世为天子，尔等亦世世为王，享富贵于无穷，垂芳名于不朽。岂不休乎！钦此。

## 05-01-53　顺治帝念阿霸垓部卓礼克图郡王色尔哲父子效力
### 年久秉资忠直特赐之满蒙文黄敕
顺治十三年八月初一日

皇帝敕谕传谕阿霸垓部卓礼克图郡王色尔哲：尔父多尔济秉资忠直，太宗皇帝开创之时，即识时务，真心归附，诚心效顺，请为屏藩。太宗皇帝嘉尔父效力勋劳，崇以爵号，赏赉有加，恩至渥焉。朝觐往来，时令陛见。教诲饮食，异数有加。凡有怀欲吐，俱得奏陈，情意和谐，如同父子。所有这些尔难道当台吉时，没有亲眼目睹吗？朕思太宗皇帝昔日恩渥，准令尔承袭王封号。朕荷祖宗鸿麻，统一寰宇。恐欲祖宗德意有违，成宪未合，恒用尤惕。但初年朕在幼冲，睿王摄政，任意变更。不遵太祖、太宗旧制，所行悖逆，以致众怒群怨，使尔等夙夜望朕亲政。常保恩惠，如得复见太祖、太宗。乃自朕亲政以来六年于兹矣。未得一见，岂朕忘尔等哉？盖因地广事烦，万机少暇，且痘症流行。尔等远来之日，朕复出巡幸。是以相见甚疏。然相见之疏，固自有由，而怀尔之诚，时切朕念。每思尔等效力年久，战伐多功，虽在痞寐未之有致。兹念尔等久不来见，恐有诚意不得上通。故特遣官赍敕，赐尔等缎二九匹，以谕朕意。嗣后有欲奏闻之事，即行奏请。朕无不体恤而行。朕方欲致天下于太平。尔等心怀忠直，毋忘太宗皇帝以来至今历年恩宠。我国家世世为天子，尔等亦世世为王，享富贵于无穷，垂芳名于不朽。岂不休乎！钦此。

## 05-01-54　顺治帝念阿霸垓部多罗郡王沙克厦僧格父子效力
## 年久秉资忠直特赐之满蒙文黄敕

顺治十三年八月初一日

皇帝敕谕传谕阿霸垓部多罗郡王沙克厦僧格：尔父图斯格尔秉资忠直，副朕绥服远人之意，且识时务，诚心效顺来归附，请为屏藩。朕嘉尔父真心来归附，崇以爵号，赏赉有加，恩至渥焉。不久即去世之后，朕施仁恩准尔承袭王封号。朝觐往来，凡有怀欲吐，俱得奏陈，情意和谐，此乃朕内外不分，一视同仁之意。自尔等来归附朕以来至今未得一见，岂朕忘尔等哉？盖因地广事烦，万机少暇，且痘症流行。尔等远来之日，朕复出巡幸。是以相见甚疏。然相见之疏，固自有由，而怀尔之诚，时切朕念。每思尔等真心归附，永远成为屏藩，虽在痌瘝未之有致。兹念尔等久不来见，恐有诚意不得上通。故特遣官赍敕，赐尔等缎二九匹，以谕朕意。嗣后有欲奏闻之事，即行奏请。朕无不体恤而行。朕方欲致天下于太平。尔等亦心怀忠直，世间为人臣，毋朕恩宠至渥。我国家世世为天子，尔等亦世世为王，享富贵于无穷，垂芳名于不朽。岂不休乎！钦此。

## 05-01-55　顺治帝念阿霸垓部固山贝子绰博会达尔汉效力年久
## 秉资忠直特赐之满蒙文黄敕

顺治十三年八月初一日

皇帝敕谕传谕阿霸垓部固山贝子绰博会达尔汉：尔父多尔济秉资忠直，太宗皇帝开创之时，即识时务，真心归附，诚心效顺，请为屏藩。太宗皇帝嘉尔父效力勋劳，崇以爵号，赏赉有加，恩至渥焉。朝觐往来，时令陛见。教诲饮食，异数有加。凡有怀欲吐，俱得奏陈，情意和谐，如同父子。尔父去世之后，朕思太宗皇帝昔日恩渥，准令尔承袭固山贝子封号。朕荷祖宗鸿庥，统一寰宇。恐欲祖宗德意有违，成宪未合，恒用尤惕。但初年朕在幼冲，睿王摄政，任意变更。不遵太祖、太宗旧制，所行悖逆，以致众怒群怨，使尔等夙夜望朕亲政。常保恩惠，如得复见太祖、太宗。乃自朕亲政以来六年于兹矣。未得一见，岂朕忘尔等哉？盖因地广事烦，万机少暇，且痘症流行。尔等远来之日，朕复出巡幸。是以相见甚疏。然相见之疏，固自有由，而怀尔之诚，时切朕念。每思尔等效力年久，战伐多功，虽在痌瘝未之有致。兹念尔等久不来见，恐有诚意不得上通。故特遣官赍敕，赐尔等缎一九、一五匹，以谕朕意。嗣后有欲奏闻之事，即行奏请。朕无不体恤而行。朕方欲致天下于太平。尔等心怀忠直，毋忘太宗皇帝以来至今历年恩宠。我国家世世为天子，尔等亦世世为王，享富贵于无穷，垂芳名于不朽。岂不休乎！钦此。

## 05-01-56　　顺治帝念敖汉部多罗郡王墨尔根巴图鲁父子效力
## 年久秉资忠直特赐之满蒙文黄敕
顺治十三年八月初一日

　　皇帝敕谕传谕敖汉部多罗郡王墨尔根巴图鲁：尔父固伦额驸班迪秉资忠直，当太宗皇帝开创之时，即识时务，诚心效顺来归附，请为屏藩。太宗皇帝嘉尔父效力勋劳，崇以爵号，赏赉有加，恩至渥焉。朝觐往来，时令陛见。教诲饮食，异数有加。凡有怀欲吐，俱得奏陈，情意和谐，如同父子。所有这些尔在当台吉时，难道没有亲眼目睹吗？尔父去世之后，朕思太宗皇帝昔日恩渥，准令尔承袭王封号。朕荷祖宗鸿麻，统一寰宇。恐欲祖宗德意有违，成宪未合，恒用尤惕。但初年朕在幼冲，睿王摄政，任意变更。不遵太宗旧制，所行悖逆，以致众怒群怨，使尔等夙夜望朕亲政。常保恩惠，如得复见太宗皇帝。乃自朕亲政以来六年于兹矣。未得一见，岂朕忘尔等哉？盖因地广事烦，万机少暇，且痘症流行。尔等远来之日，朕复出巡幸。是以相见甚疏。然相见之疏，固自有由，而怀尔之诚，时切朕念。每思尔等效力年久，战伐多功，虽在寤寐未之有致。兹念尔等久不来见，恐有诚意不得上通。故特遣官赍敕，赐尔等缎二九匹，以谕朕意。嗣后有欲奏闻之事，即行奏请。朕无不体恤而行。朕方欲致天下于太平。尔等心怀忠直，毋忘太宗皇帝以来至今历年恩宠。我国家世世为天子，尔等亦世世为王，享富贵于无穷，垂芳名于不朽。岂不休乎！钦此。

## 05-01-57　　顺治帝念敖汉部多罗郡王马济克父子效力
## 年久秉资忠直特赐之满蒙文黄敕
顺治十三年八月初一日

　　皇帝敕谕传谕敖汉部多罗郡王马济克：尔父索诺木杜棱秉资忠直，当太宗皇帝开创之时，即识时务，诚心效顺来归附，请为屏藩。太宗皇帝嘉尔父效力勋劳，崇以爵号，赏赉有加，恩至渥焉。朝觐往来，时令陛见。教诲饮食，异数有加。凡有怀欲吐，俱得奏陈，情意和谐，如同父子。所有这些尔在当台吉时，难道没有亲眼目睹吗？尔父去世之后，朕思太宗皇帝昔日恩渥，准令尔承袭王封号。朕荷祖宗鸿麻，统一寰宇。恐欲祖宗德意有违，成宪未合，恒用尤惕。但初年朕在幼冲，睿王摄政，任意变更。不遵太宗皇帝旧制，所行悖逆，以致众怒群怨，使尔等夙夜望朕亲政。常保恩惠，如得复见太宗皇帝。乃自朕亲政以来六年于兹矣。未得一见，岂朕忘尔等哉？盖因地广事烦，万机少暇，且痘症流行。尔等远来之日，朕复出巡幸。是以相见甚疏。然相见之疏，固自有由，而怀尔之诚，时切朕念。每思尔等效力年久，战伐多功，虽在寤寐未之有致。兹念尔等久不来见，恐有诚意不得上通。故特遣官赍敕，赐尔等缎二九匹，以谕朕意。嗣后有欲奏闻之事，即行奏请。朕无不体恤而行。朕方欲致天下于太平。尔等心怀忠直，毋忘太宗皇帝以来至今历年恩宠。我国家世世为天子，尔等亦世世为王，享富贵于无穷，垂芳名于不朽。岂不休乎！钦此。

## 05-01-58　顺治帝念奈曼部多罗达尔汉郡王阿汗父子效力
### 年久秉资忠直特赐之满蒙文黄敕

顺治十三年八月初一日

皇帝敕谕传谕奈曼部多罗达尔汉郡王阿汗：尔父巴图鲁秉资忠直，当太宗皇帝开创之时，即识时务，诚心效顺来归附，请为屏藩。太宗皇帝嘉尔父效力勋劳，崇以爵号，赏赉有加，恩至渥焉。朝觐往来，时令陛见。教诲饮食，异数有加。凡有怀欲吐，俱得奏陈，情意和谐，如同父子。尔父去世之后，朕思太宗皇帝昔日恩渥，准令尔承袭王封号。朕荷祖宗鸿庥，统一寰宇。恐欲祖宗德意有违，成宪未合，恒用尤惕。但初年朕在幼冲，睿王摄政，任意变更。不遵太宗皇帝旧制，所行悖逆，以致众怒群怨，使尔等夙夜望朕亲政，常保恩惠。乃自朕亲政以来六年于兹矣。未得一见，岂朕忘尔等哉？盖因地广事烦，万机少暇，且痘症流行。尔等远来之日，朕复出巡幸。是以相见甚疏。然相见之疏，固自有由，而怀尔之诚，时切朕念。每思尔等效力年久，战伐多功，虽在寤寐未之有敳。兹念尔等久不来见，恐有诚意不得上通。故特遣官赍敕，赐尔等缎二九匹，以谕朕意。嗣后有欲奏闻之事，即行奏请。朕无不体恤而行。朕方欲致天下于太平。尔等心怀忠直，毋忘太宗皇帝以来至今历年恩宠。我国家世世为天子，尔等亦世世为王，享富贵于无穷，垂芳名于不朽。岂不休乎！钦此。

## 05-01-59　顺治帝念翁牛特部多罗杜棱郡王博多和祖孙效力
### 年久秉资忠直特赐之满蒙文黄敕

顺治十三年八月初一日

皇帝敕谕传谕翁牛特部多罗杜棱郡王博多和：尔祖父逊杜棱秉资忠直，当太宗皇帝开创之时，即识时务，诚心效顺来归附，请为屏藩。太宗皇帝嘉尔祖父效力勋劳，崇以爵号，赏赉有加，恩至渥焉。朝觐往来，时令陛见。教诲饮食，异数有加。凡有怀欲吐，俱得奏陈，情意和谐，如同父子。尔祖父去世之后，朕思太宗皇帝昔日恩渥，准令尔承袭王封号。朕荷祖宗鸿庥，统一寰宇。恐欲祖宗德意有违，成宪未合，恒用尤惕。但初年朕在幼冲，睿王摄政，任意变更。不遵太宗皇帝旧制，所行悖逆，以致众怒群怨，使尔等夙夜望朕亲政，常保恩惠。乃自朕亲政以来六年于兹矣。未得一见，岂朕忘尔等哉？盖因地广事烦，万机少暇，且痘症流行。尔等远来之日，朕复出巡幸。是以相见甚疏。然相见之疏，固自有由，而怀尔之诚，时切朕念。每思尔等效力年久，战伐多功，虽在寤寐未之有敳。兹念尔等久不来见，恐有诚意不得上通。故特遣官赍敕，赐尔等缎二九匹，以谕朕意。嗣后有欲奏闻之事，即行奏请。朕无不体恤而行。朕方欲致天下于太平。尔等心怀忠直，毋忘太宗皇帝以来至今历年恩宠。我国家世世为天子，尔等亦世世为王，享富贵于无穷，垂芳名于不朽。岂不休乎！钦此。

## 05-01-60 顺治帝念翁牛特固山贝子叟色父子效力年久
## 秉资忠直特赐之满蒙文黄敕

顺治十三年八月初一日

皇帝敕谕传谕翁牛特固山贝子叟色：尔父佟达尔汉岱青秉资忠直，当太宗皇帝开创之时，即识时务，诚心效顺来归附，请为屏藩。太宗皇帝嘉尔父效力勋劳，崇以爵号，赏赉有加，恩至渥焉。朝觐往来，时令陛见。教诲饮食，异数有加。凡有怀欲吐，俱得奏陈，情意和谐，如同父子。尔父去世之后，朕思太宗皇帝昔日恩渥，准令尔承袭固山贝子封号。朕荷祖宗鸿庥，统一寰宇。恐欲祖宗德意有违，成宪未合，恒用尤惕。但初年朕在幼冲，睿王摄政，任意变更。不遵太宗皇帝旧制，所行悖逆，以致众怒群怨，使尔等夙夜望朕亲政，常保恩惠。乃自朕亲政以来六年于兹矣。未得一见，岂朕忘尔等哉？盖因地广事烦，万机少暇，且痘症流行。尔等远来之日，朕复出巡幸。是以相见甚疏。然相见之疏，固自有由，而怀尔之诚，时切朕念。每思尔等效力年久，战伐多功，虽在寤寐未之有致。兹念尔等久不来见，恐有诚意不得上通。故特遣官赍敕，赐尔等缎一九、一五匹，以谕朕意。嗣后有欲奏闻之事，即行奏请。朕无不体恤而行。朕方欲致天下于太平。尔等心怀忠直，毋忘太宗皇帝以来至今历年恩宠。我国家世世为天子，尔等亦世世为王，享富贵于无穷，垂芳名于不朽。岂不休乎！钦此。

## 05-01-61 顺治帝念四子部多罗达尔汉卓礼克图郡王巴拜
## 父子效力年久秉资忠直特赐之满蒙文黄敕

顺治十三年八月初一日

皇帝敕谕传谕四子部多罗达尔汉卓礼克图郡王巴拜：尔父鄂木布秉资忠直，当太宗皇帝开创之时，即识时务，诚心效顺来归附，请为屏藩。太宗皇帝嘉尔父效力勋劳，崇以爵号，赏赉有加，恩至渥焉。朝觐往来，时令陛见。教诲饮食，异数有加。凡有怀欲吐，俱得奏陈，情意和谐，如同父子。所有这些尔当台吉时，难道没有亲眼目睹吗？尔父去世之后，朕思太宗皇帝昔日恩渥，准令尔承袭王封号。朕荷祖宗鸿庥，统一寰宇。恐欲祖宗德意有违，成宪未合，恒用尤惕。但初年朕在幼冲，睿王摄政，任意变更。不遵太宗皇帝旧制，所行悖逆，以致众怒群怨，使尔等夙夜望朕亲政，常保恩惠，如得复见太宗皇帝。乃自朕亲政以来六年于兹矣。未得一见，岂朕忘尔等哉？盖因地广事烦，万机少暇，且痘症流行。尔等远来之日，朕复出巡幸。是以相见甚疏。然相见之疏，固自有由，而怀尔之诚，时切朕念。每思尔等效力年久，战伐多功，虽在寤寐未之有致。兹念尔等久不来见，恐有诚意不得上通。故特遣官赍敕，赐尔等缎二九匹，以谕朕意。嗣后有欲奏闻之事，即行奏请。朕无不体恤而行。朕方欲致天下于太平。尔等心怀忠直，毋忘太宗皇帝以来至今历年恩宠。我国家世世为天子，尔等亦世世为王，享富贵于无穷，垂芳名于不朽。岂不休乎！钦此。

## 05-01-62　　顺治帝念喀喇沁部镇国公色冷效力年久
## 秉资忠直特赐之满蒙文黄敕

顺治十三年八月初一日

皇帝敕谕传谕喀喇沁部镇国公色冷：尔秉资忠直，当太宗皇帝开创之时，即识时务，诚心效顺来归附，请为屏藩。太宗皇帝嘉尔效力勋劳，崇以爵号，赏赍有加，恩至渥焉。朝觐往来，时令陛见。教诲饮食，异数有加。凡有怀欲吐，俱得奏陈，情意和谐，如同父子。朕荷祖宗鸿庥，统一寰宇。恐欲祖宗德意有违，成宪未合，恒用尤惕。但初年朕在幼冲，睿王摄政，任意变更。不遵太宗皇帝旧制，所行悖逆，以致众怒群怨，使尔等夙夜望朕亲政，常保恩惠，如得复见太宗皇帝。乃自朕亲政以来六年于兹矣。未得一见，岂朕忘尔等哉？盖因地广事烦，万机少暇，且痘症流行。尔等远来之日，朕复出巡幸。是以相见甚疏。然相见之疏，固自有由，而怀尔之诚，时切朕念。每思尔等效力年久，战伐多功，虽在痌瘝未之有致。兹念尔等久不来见，恐有诚意不得上通。故特遣官赍敕，赐尔等缎一九匹，以谕朕意。嗣后有欲奏闻之事，即行奏请。朕无不体恤而行。朕方欲致天下于太平。尔等心怀忠直，毋忘太宗皇帝以来至今历年恩宠。我国家世世为天子，尔等亦世世为王，享富贵于无穷，垂芳名于不朽。岂不休乎！钦此。

## 05-01-63　　顺治帝念土默特部镇国公善巴效力年久
## 秉资忠直特赐之满蒙文黄敕

顺治十三年八月初一日

皇帝敕谕传谕土默特部镇国公善巴：尔秉资忠直，当太宗皇帝开创之时，即识时务，诚心效顺来归附，请为屏藩。太宗皇帝嘉尔效力勋劳，崇以爵号，赏赍有加，恩至渥焉。朝觐往来，时令陛见。教诲饮食，异数有加。凡有怀欲吐，俱得奏陈，情意和谐，如同父子。朕荷祖宗鸿庥，统一寰宇。恐欲祖宗德意有违，成宪未合，恒用尤惕。但初年朕在幼冲，睿王摄政，任意变更。不遵太宗皇帝旧制，所行悖逆，以致众怒群怨，使尔等夙夜望朕亲政，常保恩惠，如得复见太宗皇帝。乃自朕亲政以来六年于兹矣。未得一见，岂朕忘尔等哉？盖因地广事烦，万机少暇，且痘症流行。尔等远来之日，朕复出巡幸。是以相见甚疏。然相见之疏，固自有由，而怀尔之诚，时切朕念。每思尔等效力年久，战伐多功，虽在痌瘝未之有致。兹念尔等久不来见，恐有诚意不得上通。故特遣官赍敕，赐尔等缎一九匹，以谕朕意。嗣后有欲奏闻之事，即行奏请。朕无不体恤而行。朕方欲致天下于太平。尔等心怀忠直，毋忘太宗皇帝以来至今历年恩宠。我国家世世为天子，尔等亦世世为王，享富贵于无穷，垂芳名于不朽。岂不休乎！钦此。

## 05-01-64　顺治帝念土默特部镇国公顾穆效力年久
## 秉资忠直特赐之满蒙文黄敕

顺治十三年八月初一日

皇帝敕谕传谕土默特部镇国公顾穆：尔秉资忠直，当太宗皇帝开创之时，即识时务，诚心效顺来归附，请为屏藩。太宗皇帝嘉尔效力勋劳，崇以爵号，赏赉有加，恩至渥焉。朝觐往来，时令陛见。教诲饮食，异数有加。凡有怀欲吐，俱得奏陈，情意和谐，如同父子。朕荷祖宗鸿庥，统一寰宇。恐欲祖宗德意有违，成宪未合，恒用尤惕。但初年朕在幼冲，睿王摄政，任意变更。不遵太宗皇帝旧制，所行悖逆，以致众怒群怨，使尔等夙夜望朕亲政，常保恩惠，如得复见太宗皇帝。乃自朕亲政以来六年于兹矣。未得一见，岂朕忘尔等哉？盖因地广事烦，万机少暇，且痘症流行。尔等远来之日，朕复出巡幸。是以相见甚疏。然相见之疏，固自有由，而怀尔之诚，时切朕念。每思尔等效力年久，战伐多功，虽在寤寐未之有致。兹念尔等久不来见，恐有诚意不得上通。故特遣官赍敕，赐尔等缎一九匹，以谕朕意。嗣后有欲奏闻之事，即行奏请。朕无不体恤而行。朕方欲致天下于太平。尔等心怀忠直，毋忘太宗皇帝以来至今历年恩宠。我国家世世为天子，尔等亦世世为王，享富贵于无穷，垂芳名于不朽。岂不休乎！钦此。

## 05-01-65　顺治帝念吴喇忒部镇国公海萨父子效力年久
## 秉资忠直特赐之满蒙文黄敕

顺治十三年八月初一日

皇帝敕谕传谕吴喇忒部镇国公海萨：尔父图巴秉资忠直，当太宗皇帝开创之时，即识时务，诚心效顺来归附，请为屏藩。太宗皇帝嘉尔父效力勋劳，崇以爵号，赏赉有加，恩至渥焉。朝觐往来，时令陛见。教诲饮食，异数有加。凡有怀欲吐，俱得奏陈，情意和谐，如同父子。朕荷祖宗鸿庥，统一寰宇。恐欲祖宗德意有违，成宪未合，恒用尤惕。但初年朕在幼冲，睿王摄政，任意变更。不遵太宗皇帝旧制，所行悖逆，以致众怒群怨，使尔等夙夜望朕亲政，常保恩惠，如得复见太宗皇帝。乃自朕亲政以来六年于兹矣。未得一见，岂朕忘尔等哉？盖因地广事烦，万机少暇，且痘症流行。尔等远来之日，朕复出巡幸。是以相见甚疏。然相见之疏，固自有由，而怀尔之诚，时切朕念。每思尔等效力年久，战伐多功，虽在寤寐未之有致。兹念尔等久不来见，恐有诚意不得上通。故特遣官赍敕，赐尔等缎一九匹，以谕朕意。嗣后有欲奏闻之事，即行奏请。朕无不体恤而行。朕方欲致天下于太平。尔等心怀忠直，毋忘太宗皇帝以来至今历年恩宠。我国家世世为天子，尔等亦世世为王，享富贵于无穷，垂芳名于不朽。岂不休乎！钦此。

## 05-01-66　　　顺治帝念吴喇忒部辅国公楚充客父子效力年久
### 秉资忠直特赐之满蒙文黄敕

顺治十三年八月初一日

皇帝敕谕传谕吴喇忒部辅国公楚充客：尔父色棱秉资忠直，当太宗皇帝开创之时，即识时务，诚心效顺来归附，请为屏藩。太宗皇帝嘉尔父效力勋劳，崇以爵号，赏赉有加，恩至渥焉。朝觐往来，时令陛见。教诲饮食，异数有加。凡有怀欲吐，俱得奏陈，情意和谐，如同父子。所有这些尔难道没有亲眼目睹吗？朕思太宗皇帝昔日恩渥，准令尔承袭公封号。朕荷祖宗鸿庥，统一寰宇。恐欲祖宗德意有违，成宪未合，恒用尤惕。但初年朕在幼冲，睿王摄政，任意变更。不遵太宗皇帝旧制，所行悖逆，以致众怒群怨，使尔等夙夜望朕亲政，常保恩惠，如得复见太宗皇帝。乃自朕亲政以来六年于兹矣。未得一见，岂朕忘尔等哉？盖因地广事烦，万机少暇，且痘症流行。尔等远来之日，朕复出巡幸。是以相见甚疏。然相见之疏，固自有由，而怀尔之诚，时切朕念。每思尔等效力年久，战伐多功，虽在痊寐未之有致。兹念尔等久不来见，恐有诚意不得上通。故特遣官赍敕，赐尔等缎一九匹，以谕朕意。嗣后有欲奏闻之事，即行奏请。朕无不体恤而行。朕方欲致天下于太平。尔等心怀忠直，毋忘太宗皇帝以来至今历年恩宠。我国家世世为天子，尔等亦世世为王，享富贵于无穷，垂芳名于不朽。岂不休乎！钦此。

## 05-01-67　　　顺治帝念吴喇忒部镇国公谔班效力年久
### 秉资忠直特赐之满蒙文黄敕

顺治十三年八月初一日

皇帝敕谕传谕吴喇忒部镇国公谔班：尔秉资忠直，当太宗皇帝开创之时，即识时务，诚心效顺来归附，请为屏藩。太宗皇帝嘉尔效力勋劳，崇以爵号，赏赉有加，恩至渥焉。朝觐往来，时令陛见。教诲饮食，异数有加。凡有怀欲吐，俱得奏陈，情意和谐，如同父子。朕荷祖宗鸿庥，统一寰宇。恐欲祖宗德意有违，成宪未合，恒用尤惕。但初年朕在幼冲，睿王摄政，任意变更。不遵太宗皇帝旧制，所行悖逆，以致众怒群怨，使尔等夙夜望朕亲政，常保恩惠，如得复见太宗皇帝。乃自朕亲政以来六年于兹矣。未得一见，岂朕忘尔等哉？盖因地广事烦，万机少暇，且痘症流行。尔等远来之日，朕复出巡幸。是以相见甚疏。然相见之疏，固自有由，而怀尔之诚，时切朕念。每思尔等效力年久，战伐多功，虽在痊寐未之有致。兹念尔等久不来见，恐有诚意不得上通。故特遣官赍敕，赐尔等缎一九匹，以谕朕意。嗣后有欲奏闻之事，即行奏请。朕无不体恤而行。朕方欲致天下于太平。尔等心怀忠直，毋忘太宗皇帝以来至今历年恩宠。我国家世世为天子，尔等亦世世为王，享富贵于无穷，垂芳名于不朽。岂不休乎！钦此。

## 05-01-68　顺治帝念鄂尔多斯部多罗郡王巴图与其叔仁钦二人效力年久秉资忠直特赐之满蒙文黄敕

顺治十三年八月初一日

皇帝敕谕传谕鄂尔多斯部多罗郡王巴图：尔叔父仁钦秉资忠直，当太宗皇帝开创之时，即识时务，诚心效顺来归附，请为屏藩。太宗皇帝嘉尔叔父效力勋劳，崇以爵号，赏赍有加，恩至渥焉。朝觐往来，时令陛见。教诲饮食，异数有加。凡有怀欲吐，俱得奏陈，情意和谐，如同父子。所有这些尔在当台吉时，难道没有亲眼目睹吗？朕思太宗皇帝昔日恩渥，准令尔承袭王封号。朕荷祖宗鸿庥，统一寰宇。恐欲祖宗德意有违，成宪未合，恒用尤惕。但初年朕在幼冲，睿王摄政，任意变更。不遵太宗皇帝旧制，所行悖逆，以致众怒群怨，使尔等夙夜望朕亲政，常保恩惠，如得复见太宗皇帝。乃自朕亲政以来六年于兹矣。未得一见，岂朕忘尔等哉？盖因地广事烦，万机少暇，且痘症流行。尔等远来之日，朕复出巡幸。是以相见甚疏。然相见之疏，固自有由，而怀尔之诚，时切朕念。每思尔等效力年久，战伐多功，虽在寤寐未之有致。兹念尔等久不来见，恐有诚意不得上通。故特遣官赍敕，赐尔等缎二九匹，以谕朕意。嗣后有欲奏闻之事，即行奏请。朕无不体恤而行。朕方欲致天下于太平。尔等心怀忠直，毋忘太宗皇帝以来至今历年恩宠。我国家世世为天子，尔等亦世世为王，享富贵于无穷，垂芳名于不朽。岂不休乎！钦此。

## 05-01-69　顺治帝念鄂尔多斯部多罗贝勒善丹效力年久秉资忠直特赐之满蒙文黄敕

顺治十三年八月初一日

皇帝敕谕传谕鄂尔多斯部多罗贝勒善丹：尔秉资忠直，当太宗皇帝开创之时，即识时务，诚心效顺来归附，请为屏藩。太宗皇帝嘉尔效力勋劳，崇以爵号，赏赍有加，恩至渥焉。朝觐往来，时令陛见。教诲饮食，异数有加。凡有怀欲吐，俱得奏陈，情意和谐，如同父子。所有这些尔难道当台吉时，没有亲眼目睹吗？朕思太宗昔日恩渥，准令尔承袭多罗贝勒。朕荷祖宗鸿庥，统一寰宇。恐欲祖宗德意有违，成宪未合，恒用尤惕。但初年朕在幼冲，睿王摄政，任意变更。不遵太宗皇帝旧制，所行悖逆，以致众怒群怨，使尔等夙夜望朕亲政，常保恩惠，如得复见太宗皇帝。乃自朕亲政以来六年于兹矣。未得一见，岂朕忘尔等哉？盖因地广事烦，万机少暇，且痘症流行。尔等远来之日，朕复出巡幸。是以相见甚疏。然相见之疏，固自有由，而怀尔之诚，时切朕念。每思尔等效力年久，战伐多功，虽在寤寐未之有致。兹念尔等久不来见，恐有诚意不得上通。故特遣官赍敕，赐尔等缎一九、一七匹，以谕朕意。嗣后有欲奏闻之事，即行奏请。朕无不体恤而行。朕方欲致天下于太平。尔等心怀忠直，毋忘太宗皇帝以来至今历年恩宠。我国家世世为天子，尔等亦世世为王，享富贵于无穷，垂芳名于不朽。岂不休乎！钦此。

## 05-01-70 顺治帝念鄂尔多斯部镇国公扎木素效力年久
## 秉资忠直特赐之满蒙文黄敕

顺治十三年八月初一日

皇帝敕谕传谕鄂尔多斯部镇国公扎木素：尔秉资忠直，当太宗皇帝开创之时，即识时务，诚心效顺来归附，请为屏藩。太宗皇帝嘉尔效力勋劳，崇以爵号，赏赉有加，恩至渥焉。朝觐往来，时令陛见。教诲饮食，异数有加。凡有怀欲吐，俱得奏陈，情意和谐，如同父子。所有这些尔当台吉时想必亲眼目睹。朕思太宗皇帝昔日恩渥，准令尔承袭公封号。朕荷祖宗鸿庥，统一寰宇。恐欲祖宗德意有违，成宪未合，恒用尤惕。但初年朕在幼冲，睿王摄政，任意变更。不遵太宗皇帝旧制，所行悖逆，以致众怒群怨，使尔等夙夜望朕亲政，常保恩惠，如得复见太宗皇帝。乃自朕亲政以来六年于兹矣。未得一见，岂朕忘尔等哉？盖因地广事烦，万机少暇，且痘症流行。尔等远来之日，朕复出巡幸。是以相见甚疏。然相见之疏，固自有由，而怀尔之诚，时切朕念。每思尔等效力年久，战伐多功，虽在癗寐未之有敦。兹念尔等久不来见，恐有诚意不得上通。故特遣官赍敕，赐尔等缎一九匹，以谕朕意。嗣后有欲奏闻之事，即行奏请。朕无不体恤而行。朕方欲致天下于太平。尔等心怀忠直，毋忘太宗皇帝以来至今历年恩宠。我国家世世为天子，尔等亦世世为王，享富贵于无穷，垂芳名于不朽。岂不休乎！钦此。

## 05-01-71 顺治帝念鄂尔多斯部固山贝子色棱父子效力
## 年久秉资忠直特赐之满蒙文黄敕

顺治十三年八月初一日

皇帝敕谕传谕鄂尔多斯部固山贝子色棱：尔父固鲁秉资忠直，当太宗皇帝开创之时，即识时务，诚心效顺来归附，请为屏藩。太宗皇帝嘉尔父效力勋劳，崇以爵号，赏赉有加，恩至渥焉。朝觐往来，时令陛见。教诲饮食，异数有加。凡有怀欲吐，俱得奏陈，情意和谐，如同父子。所有这些尔当台吉时，想必曾经亲眼目睹。朕思太宗皇帝昔日恩渥，准令尔承袭固山贝子。朕荷祖宗鸿庥，统一寰宇。恐欲祖宗德意有违，成宪未合，恒用尤惕。但初年朕在幼冲，睿王摄政，任意变更。不遵太宗皇帝旧制，所行悖逆，以致众怒群怨，使尔等夙夜望朕亲政，常保恩惠，如得复见太宗皇帝。乃自朕亲政以来六年于兹矣。未得一见，岂朕忘尔等哉？盖因地广事烦，万机少暇，且痘症流行。尔等远来之日，朕复出巡幸。是以相见甚疏。然相见之疏，固自有由，而怀尔之诚，时切朕念。每思尔等效力年久，战伐多功，虽在癗寐未之有敦。兹念尔等久不来见，恐有诚意不得上通。故特遣官赍敕，赐尔等缎一九、一五匹，以谕朕意。嗣后有欲奏闻之事，即行奏请。朕无不体恤而行。朕方欲致天下于太平。尔等心怀忠直，毋忘太宗皇帝以来至今历年恩宠。我国家世世为天子，尔等亦世世为王，享富贵于无穷，垂芳名于不朽。岂不休乎！钦此。

## 05-01-72　　　顺治帝念鄂尔多斯部固山贝子沙克扎效力年久
### 秉资忠直特赐之满蒙文黄敕
顺治十三年八月初一日

　　皇帝敕谕传谕鄂尔多斯部固山贝子沙克扎：尔秉资忠直，当太宗皇帝开创之时，即识时务，诚心效顺来归附，请为屏藩。太宗皇帝嘉尔效力勋劳，崇以爵号，赏赉有加，恩至渥焉。朝觐往来，时令陛见。教诲饮食，异数有加。凡有怀欲吐，俱得奏陈，情意和谐，如同父子。所有这些尔当台吉时，难道没有亲眼目睹吗？朕思太宗皇帝昔日恩渥，准令尔承袭固山贝子。朕荷祖宗鸿庥，统一寰宇。恐欲祖宗德意有违，成宪未合，恒用尤惕。但初年朕在幼冲，睿王摄政，任意变更。不遵太宗皇帝旧制，所行悖逆，以致众怒群怨，使尔等夙夜望朕亲政，常保恩惠，如得复见太宗皇帝。乃自朕亲政以来六年于兹矣。未得一见，岂朕忘尔等哉？盖因地广事烦，万机少暇，且痘症流行。尔等远来之日，朕复出巡幸。是以相见甚疏。然相见之疏，固自有由，而怀尔之诚，时切朕念。每思尔等效力年久，战伐多功，虽在痌瘝未之有致。兹念尔等久不来见，恐有诚意不得上通。故特遣官赍敕，赐尔等缎一九、一五匹，以谕朕意。嗣后有欲奏闻之事，即行奏请。朕无不体恤而行。朕方欲致天下于太平。尔等心怀忠直，毋忘太宗皇帝以来至今历年恩宠。我国家世世为天子，尔等亦世世为王，享富贵于无穷，垂芳名于不朽。岂不休乎！钦此。

## 05-01-73　　　顺治帝念鄂尔多斯部固山贝子额璘臣父子效力年久
### 秉资忠直特赐之满蒙文黄敕
顺治十三年八月初一日

　　皇帝敕谕传谕鄂尔多斯部固山贝子额璘臣：尔父布达泰秉资忠直，当太宗皇帝开创之时，即识时务，诚心效顺来归附，请为屏藩。太宗皇帝嘉尔父效力勋劳，崇以爵号，赏赉有加，恩至渥焉。朝觐往来，时令陛见。教诲饮食，异数有加。凡有怀欲吐，俱得奏陈，情意和谐，如同父子。所有这些尔当台吉时，难道没有亲眼目睹吗？朕思太宗皇帝昔日恩渥，准令尔承袭固山贝子。朕荷祖宗鸿庥，统一寰宇。恐欲祖宗德意有违，成宪未合，恒用尤惕。但初年朕在幼冲，睿王摄政，任意变更。不遵太宗皇帝旧制，所行悖逆，以致众怒群怨，使尔等夙夜望朕亲政，常保恩惠，如得复见太宗皇帝。乃自朕亲政以来六年于兹矣。未得一见，岂朕忘尔等哉？盖因地广事烦，万机少暇，且痘症流行。尔等远来之日，朕复出巡幸。是以相见甚疏。然相见之疏，固自有由，而怀尔之诚，时切朕念。每思尔等效力年久，战伐多功，虽在痌瘝未之有致。兹念尔等久不来见，恐有诚意不得上通。故特遣官赍敕，赐尔等缎一九、一五匹，以谕朕意。嗣后有欲奏闻之事，即行奏请。朕无不体恤而行。朕方欲致天下于太平。尔等心怀忠直，毋忘太宗皇帝以来至今历年恩宠。我国家世世为天子，尔等亦世世为王，享富贵于无穷，垂芳名于不朽。岂不休乎！钦此。

## 05-01-74　　　顺治帝以册封内大臣鄂硕之女董鄂氏为
### 皇贵妃礼成宣大赦之书
顺治十三年十二月初六日

奉天承运皇帝诏曰：帝王临宇天下，庆赏刑威，虽当并用，然吉祥茂集之时，尤宜推恩肆赦，敬迓天麻。朕遵圣母皇太后谕旨，思佐宫闱之化，爰慎贤淑之求。于本月初六日，册封内大臣鄂硕之女董鄂氏为皇贵妃，赞理得人，群情悦豫。逢兹庆典，恩赦特颁。所有事宜，条列如下。

一、自顺治十三年十二月初六日昧爽以前，凡官吏兵民人等有犯除谋反，叛逆，子孙杀祖父母、父母，内乱，妻妾杀夫、告夫，奴婢杀家长，杀一家非死罪三人，采生折割人，谋杀，故杀，蛊毒，魇魅，毒药杀人，强盗，妖言十恶等真正死罪不赦外，及贪官衙蠹，受赃，监守自盗，拖欠钱粮，侵盗漕粮员役，亦在不赦。其余死罪，俱减一等。军罪以下，已发觉，未发觉，已结正，未结正，咸赦除之。有以赦前事告讦者，以其罪罪之。今岁朝审候决重犯至一百三四十人。无知罹辟，独外生成，殊可悯恻。其在京朝审过见在候决囚犯，俱与减等发落。一、各直省司府州县，见在监候秋决各犯，亦准一体减等发落。一、文职官员除贪赃及在大计处分，失陷城池，缉盗不获，罪犯越狱，拖欠钱粮、漕粮，违误钦件限期审事徇情等罪不赦外，其余见在议革、议降、议罚及戴罪住俸各官，各该衙门奏明宽宥。一、武职官员，除贪赃及军政处分，失陷地方，纵兵抢掠，拖欠钱粮，违误钦件限期审事徇情等罪不赦外，其余见在议革、议降、议罚及戴罪住俸各官，各该衙门奏明宽宥。一、应追赃私，除贪赃侵盗不赦外，其余果系家产尽绝，力不能完者，该督抚察确题请豁免。不许株连亲族。一、各地方人等有因叛干连，原系无辜者，该督抚按即与珍题释放。一、啸聚山海，拥众不服者，果能真心来归，除赦其前罪外，仍破格叙擢。如有能擒战叛首，归正投诚，并与不次擢用。一、各处盗贼，或为饥寒所累，或为贪官所迫，情实可悯。如能改过自首者，准赦其罪。一、各处依附土贼等众，如悔过擒挐贼首投诚，及贼首率众来降者，概宥前罪，仍与官职，以示鼓励。於戏！殊恩荡荡，法宥过以施仁。嘉祉绵绵，衍贻谋而昌后。布告天下，咸使闻知。

## 05-01-75　　　顺治帝以圣母皇太后上徽号礼成赏赐诸王
### 大臣施恩于百姓之诏书
顺治十三年十二月二十四日

表文曰：子皇帝臣谨奏：恭惟圣母昭圣慈寿恭简安懿皇太后陛下，天禧懋集，坤德弘昭。臣祇奉训言，抚绥函夏，八埏向化，亿姓蒙麻。兹复特简淑慎之仪茂佐宫闱之政，神人允协。典礼宜崇，爰顺群心，恭加徽号。伏祈垂慈俞鉴，俾展微忱，介福禄于无疆，衍本支于永。臣不胜惓惓之至。以上昭圣慈寿恭简安懿皇太后徽号，祭告天地、宗庙、社稷。

上率诸王、贝勒、文武群臣恭奉册宝，加上昭圣慈寿恭简安懿皇太后徽号曰：昭圣慈寿恭简安懿章庆皇太后。册文曰：维顺治十三年，岁次丙申十二月甲戌朔，越二十四日丁酉，子皇帝臣谨稽首、顿首上言：慈恩罔极，祗深爱戴之忱。盛德难名，益肃尊崇之典。泽流寰海，喜溢宫廷。钦惟昭圣慈寿恭简安懿皇太后，道合坤贞，功参乾始，茂膺纯嘏。既锡祚于藐躬，特简贤媛，俾协襄乎内治，问安视膳，莫申养之微诚，显号隆仪用表徽音之备美。谨告天地、宗庙、社稷，率诸王、贝勒、文武群臣恭奉册宝，加上昭圣慈寿恭简安懿皇太后徽号曰：昭圣慈寿恭简安懿章庆皇太后。伏愿增瑶牒，瑞萱闰如月之恒，燕翼祥开百世。唯仁者寿，翟褕辉映千秋。臣诚欢诚忭，稽首、顿首谨言。宝文曰：昭圣慈寿恭简安懿章庆皇太后宝。

颁诏赦天下。诏曰：自古帝王统御天下，首重尊亲，故嘉礼告成，必晋崇显号，推厥弘泽，洽于四海。所以广孝思昭锡类之仁，甚盛典也。朕承圣母昭圣慈寿恭简安懿皇太后慈训，抚辑万方，于今逾纪，兹更遴选贤淑，俾佐壸教，弼成内治。仰惟至德，高厚难酬。非藉鸿称，曷申孝恫。是用祗告天地、宗庙、社稷于顺治十三年十二月二十四日，率诸王、贝勒、文武群臣恭奉册宝，加上圣母尊号曰：昭圣慈寿恭简安懿章庆皇太后。隆仪爱举，湛惠斯覃。

所有应行恩宽事宜，条列于后。一、和硕亲王以下，奉恩将军以上，俱加恩赐。一、内外公主以下，固山格格以上，俱加恩赐。一、外藩诸王以下，固山额真以上，各加恩赐。一、在京文武官员，年幼未豫，随朝世职官员外，公侯伯以下至九品官员，普加恩赐。一、各省固山额真、昂邦章京、梅勒章京、总督、巡抚并总兵官各加恩赐。一、顺治八、九两年未完地亩、人丁本折钱粮，该督抚确察，果系拖欠在民者，具奏豁免。一、十三年以前各省牛角、皮料等项，果有未解完者，工部确察，照例改折，以舒民力。一、在京满洲、蒙古、汉军兵丁，量给恩赏。一、满洲兵丁，披甲随征多年，效力被伤，不能披甲及年老有疾退役者，酌给恩赏。一、调拨别省兵丁，远出从征，深为可悯。其家口坐粮，照例给发。务令得沾实惠。於戏！荣号洊加用阐慈闱之圣善宏恩遐播，庶合海宇之欢心。布告天下，咸使闻知。

# 顺治十四年（1657）档册

## 05-02-01 顺治帝以绰海病故命其子胡素来承袭达尔汉爵位之敕命

顺治十四年正月二十日

钟根福晋之绰海病故之后，恩准命其子胡素来承袭达尔汉爵位。顺治十四年正月二十日。由布拉缮写。

**05-02-02**　　　**顺治帝以喀尔喀遣使朝贡恩准却其贡品免其**

**抢夺罪规劝盟誓之敕谕**

顺治十四年二月十八日

　　皇帝敕谕致喀尔喀部毕希尔勒图汗、俄木布额尔德尼、车臣汗、昆都伦伊勒登等全体。先前因尔等违背朕敕谕，所以尔虽曾几次遣使来，均拒绝门外逐回。今尔等遵循朕传谕，诚心诚意遣冰图台吉、巴图鲁台吉、额尔克卓礼克图台吉、额尔克巴图鲁台吉这四位台吉等人，送来进献年贡，认罪并送来骆驼与马匹觐见，所以（尔等先前）攻掠杀人，抢掠牲畜等罪，均给予赦免饶恕。今在朕所遣使臣面前，尔等为和好政体立下誓约。如此立下誓约，每年及时按所定额来进贡。与此同时，可以经商贸易。朕亦仍旧赏赐不断。自立下誓约那天以后，如果由尔等那里逃人来归附，则不吸纳而遣送回去。如果不为和好政体，立下誓约，则不必送来年贡（九白之贡——译者）。逃人来投奔，则（朕）仍然接受，并保证供养令其富足无忧。

**05-02-03**　　　**顺治帝祭天地太祖太宗配享之礼成宣谕赏赐**

**文武百官大赦天下之诏书**

顺治十四年三月十八日

　　奉天承运皇帝诏曰：自古帝王禋祀天地，必崇奉祖宗侑飨。所以昭功德，申孝敬，甚钜典也。恭惟太祖皇帝知勇懋昭，肇开骏业，太宗文皇帝宽仁覃播，继廓宏图，厚德丰功，俱垂万世。并宜配享，以尽尊崇。朕仰承天眷，赞嗣先猷。南郊祈谷。奉太祖皇帝配祀典礼，已先奉行。兹复昭告天地、宗庙、社稷，率诸王贝勒、文武群臣，于顺治十四年三月初六日，如冬至祈谷仪。恭祀上帝，奉太宗文皇帝同配。于初九日如夏至仪，恭祀皇地祇，奉太祖武皇帝、太宗文皇帝并配，式举宏章，宜颁湛惠。所有事宜，开列于后。一、亲王以下奉恩将军以上，俱加恩赐。一、内外公主以下，固山格格以上，俱加恩赐。一、外藩诸王以下，公以上俱加恩赐。一、在京文武官员，听各衙门堂印官确查，分别升赏。各省固山额真、昂邦章京、梅勒章京、总督、巡抚、总兵官，各加恩赐。一、内外满汉官员，一品封赠三代，三品封赠二代，七品以上封赠一代，八九品止封本身。给予应得告敕。一、自顺治十四年三月初十日昧爽以前，凡官吏兵民人等有犯除谋反，叛逆，子孙杀祖父母、父母，内乱，妻妾杀夫、告夫，奴婢杀家长，杀一家非死罪三人，采生折割人，谋杀，故杀，蛊毒，魇魅，毒药杀人，强盗，妖言十恶等真正死罪不赦外，及满洲逃人窝主，干连人等贪官衙蠹受赃，监守自盗，拖欠钱粮、漕粮，侵盗漕粮员役，亦在不赦，其余死罪，俱减一等。军罪以下已发觉，未发觉，已结正，未结正，咸赦除之。有以赦前事讦告者，不与审理，即以其罪罪之。文职官员除贪赃及大计处分，失陷城池，缉盗不获，罪犯越狱，拖欠钱粮、漕粮，违误钦件限期，审事徇情，举劾不公，阅卷有弊，衙役作弊犯赃，本官不能觉察，投认师生等罪不赦外，见在因公诖误，议革、议降、议罚及戴罪住俸各官，各该衙门奏明宽宥。一、武职官员，除贪赃及军政处分，失陷地方，缉盗不获，纵兵抢掠，拖欠钱粮，违误钦件限期，审事徇情等罪不赦外，见在因公诖误，议革、议降、议罚及戴罪住俸各官，各该衙门奏明宽宥。一、满洲兵丁，处处战攻劳苦，该部通行赏赉。一、满洲兵丁、披甲，随征多年效力，被伤不能披甲及年老有疾退役者，酌给恩赏。一、征调别省兵丁深为可悯，其家口坐粮，照例给发。务令得沾实惠。一、自顺治元年五月以来，各地方归顺有功文武官员人等，除已叙外，凡未经叙录者，将归顺来历及归后劳绩，该部查明叙升。给与世袭诰敕。一、凡试职各官，俱准实授。一、顺治十五年会试，照丙戌科额，取中进士四百名。一、所在孝子顺孙、义夫、节妇，自顺治元年以后，曾经各巡按御史奏闻者，仍行该按再为核实。毋事浮滥。造册报部，以凭具奏旌表。一、派征钱粮，俱照万历年间则例，其天启、崇祯年间加增尽行蠲免。能行已久，如有贪官污吏，例外私派，多征扰民者，该督抚按官，纠参重处。远省未附地方，文武各官及乡绅士民，投诚归顺者，以前负固之罪，通与赦免。察其功之大小，各与升赏。一、有因叛逆干连，原系无辜者，该督抚按审明，即为具题释放。一、附近贼巢居民，原未从贼，有司将领，一概混捕擅杀者，该督抚按察实参处。盗贼多因饥寒失业，或为贪官所迫。诏书到日，虽系首恶，若能率党投首，悉免其罪。兵收入伍，民收入籍。务期得所。有能擒捕首恶及党内首告者，论功授官给赏。如有因其投首，乘机邀执行，希图功赏者，治以重罪。一、大兵经过，诿马地方，供应草豆运价等项，以后俱准作正项钱粮销算。如官胥通同揑勒，侵冒，该督抚即行纠参。隐徇者一体重处。一、贫民失业流离，各地方官有能赈恤，全活五百人以上者，核实记录。千人以上者，即与题请加级。其有绅衿富室，尚义出粟全活贫民五百人以上者，该地方官核实具奏。分别旌劝。一、各处土司，原当世守地方。不得轻听叛逆招诱，自外王化。凡未经归顺，今来投诚者，开其原管地方部落，准与照旧袭封。有擒执叛逆来献者，仍厚加升赏。一、已归顺土司官，曾立功绩及未经授职者，各督抚、巡按官，通行查明具奏，论功升授。於戏！祀事孔修，答高厚生成之德。孝思用展，彰圣神作述之猷，洽万国之欢心，备一朝之盛典。布告天下，咸使闻知。

## 05-02-04　顺治帝以外藩蒙古会盟事宜宣谕诸王贝勒贝子公等敕谕
### 顺治十四年四月初九日

谕外藩蒙古王、贝勒、贝子、公等曰：尔等今勿以喀尔喀、厄鲁特归降，遂弛武备。宜遵定例，春秋二次查验器械，照常习射。至盗贼窃发，皆该管之人懈弛所致。各扎萨克王、贝勒、贝子、公等下各有固山额真、梅勒章京、甲喇章京、牛录章京、十家长，若严禁查处，盗贼何由而起。此后，宜严行诫饬，勿致懈怠。又蒙古台吉，俱分别等级，优免人丁。其余人丁，三丁之内派甲一副。乃披甲人等以其身非台吉属人，遂行藐视。不知各台吉皆率领本国来归，乃有功之人，其令优免人丁者，一则分别贵贱，一则恐披甲之人出兵，则台吉无人以供使令。自今以后，披甲藐视本主，即于扎萨克王、贝勒等处告理，查其虚实治罪。至编审人丁，勿得欺隐。如有举首欺隐者，即于审丁之年具告。倘迟至二三年具告，则不知比之幼丁，即不到一两个手指头少年因长身体，必以长成。虽告不准。钦此。

## 05-02-05　　　　　达赖喇嘛恭请圣安并贡方物之奏折
### 顺治十四年五月十日

转力轮者天人至尊明鉴！今托福德之气力，降生大力身体无恙，如同古昔大法王行事般善业增益天空，敕书礼品等为首使臣一同相遇，心喜异常。我作法事，安康无事。又谨奏克尽尊崇教法，及慈悲仁爱国民，兴盛善业增进，由资粮诸部一同修行，祝愿谨慎小心，洁身自好等。随奏折敬奉礼品有如来佛增殖舍利子、附念咒颈结（结子）一个、香味酒十一瓶、一百零八珊瑚念珠一串、有印迹黄色氆氇三卷、白毡帐八、花条杂色氆氇七卷、白色氆氇五卷等，于吉日上书。

## 05-02-06　　　额鲁特巴图鲁台吉以顺治帝遣使赙仪事回礼
### 并协商西宁以东驿站之文书
### 顺治十四年五月十日

圣上明鉴！巴图鲁台吉上书。上向福祉方向所恩赐行赏贡方物，均已赍至，欣喜异常。先前遵循善规使臣往来时，过西宁驿站所用粮食，出行不易。为今后对使臣有所帮助，报呈求索印信。上书礼品有哈达一个、珊瑚念珠一串、白色氆氇一卷等。于十一月二十日，由召庙附近敬奉。由布拉缮写。

## 05-02-07　　　　达赖喇嘛奏请皇上圣安并贡方物之奏折
### 顺治十四年五月十日

天地所有曼荼罗托（佛坛）福德以千辐转轮明显征服，创造世间之最胜持有大梵天及人至上最胜曼殊师利（文殊菩萨）明鉴！因执著世间之困厄，在混合之淤泥中，圆满世间之百叶莲花却烂漫盛开，赐给安宁有益香蜜，以威德之吼声作为耳朵之庄严，如此这般回答。曼殊师利（文殊菩萨）用锐利金刚之神通，扶持人间皇帝舞蹈，战胜且持有，眼见利益善具金刚身，无疑那便是众生福祚。在轮回涅槃顶峰极端，清楚彰显敕令、印信。托长寿天之力，内外绸缎（绢）及各种珍宝丰厚礼品均已赍至。在两种法理（又称政教二道——译者）完善之雪域中心地方，安居并谨守净持戒律，祈求功德圆满，三区法王宗喀巴之宗教普及一百个方向。尔自圆满威光方向至胜世尊根源完备根源之自在圣上，明显超越在天及人之顶点，此话比甘达里逊（海市蜃楼——译者）琵琶声音还美妙。为所有一切世尊及世尊弟子心之大力者，常思持有转轮王座坛，众多真经中善说教法，此法理无论何人，怎么能够怀疑呢？在这个持有财者敬奉情理中，满足生灵欲望，尔天即如意宝树。满足第二欲望，即如意之宝皇帝无疑。转轮皇帝在圆满时节，成就如此这般，众多经卷说教终归虚假。若是此点真实，则在执著这个时节，何人滥觞（端倪）于尔天地全体之至尊？赐给安乐喜庆之光明时昼日至尊，至胜征服一切时非天之至尊，说教一百器世界俱胝种类时曼殊师利（文殊菩萨），轮回涅槃所创造最胜皇帝大名，但愿足下莲花金龙敬奉大位席至百劫永久不飘摇，将两种法理（又称政教二道——译者）白伞盖之宝柄转动至轮回（三十三天）宇宙顶点。敬请教谕博大精深宽广心胸慈悲仁爱脸色，来自雪山喜悦欢笑口嘴之敕谕之类与恒河之流争奇斗艳，如同日月运行般不断。以晴天之眼瞅，进献礼品有宝贝念珠、胜者之乘及柔软氍毹一捆。以花斑物品装饰有益全体之首遇弓房，白善方向第三世尊，以四部威光征服圆满喜乐宫殿，持有船只之山具善镇之边敬奉。

## 05-02-08 顺治十四年六月二十日

**（1）顺治五年十二月十八日封喀喇沁部色冷塔不囊为镇国公之旧册文**

奉天承运皇帝制曰：自开天辟地以来，有一代应运之君，必有藩屏之佐，故叙功定名以别封号者，乃古圣王之典也。朕爱仿古制，不分内外，视为一体。凡我诸藩，俱因功授册，以昭等威，受此册者，必忠以辅国，恪守矩度，自始至终，不忘信义，若此则光前裕后，而奕世永昌矣。慎行勿怠。喀喇沁部色冷塔不囊，尔携领所属兄弟及兀鲁思来归附。当攻打北京第二次战役，战胜卢沟桥敌兵时，击败来援敌人。当围攻锦州第三次战役，战胜洪军门三个步兵营寨时，击败来援敌人。当进行夺取明朝战役，进入九门之日，战胜流贼二十万军时，击败来援敌人。追击流贼兵马，在庆都县城追及，并击败来援之敌人。朕嘉尔勋，故册封尔为镇国公。除负朕厚恩，谋反大逆，削除王爵，及行军败逃，依律治罪外，其一应过犯，永不削夺，子孙世袭。顺治五年十二月十八日。布拉缮写。

**（2）顺治帝以喀喇沁部色冷病故准其子祈他特承袭镇国公爵位之敕命**

喀喇沁部色冷公病故之后，恩准其子祈他特承袭镇国公爵位。依旧世袭罔替。

## 05-02-09 顺治帝遣席喇布喇嘛等存问达赖喇嘛之敕谕
### 顺治十四年六月二十四日

皇帝敕谕致西天大善自在佛所部天下释教普通瓦赤喇怛喇达赖喇嘛。幸托上天福德，这里平安。得悉圣识一切达赖喇嘛安康，喜悦异常。虽地方绝险遥远，仍旧常思黾勉激励，故遣席喇布喇嘛、萨木丹格隆等前去存问安康。

## 05-02-10 顺治帝遣席喇布喇嘛等赏赐达赖喇嘛之敕谕
### 顺治十四年六月二十四日

皇帝敕谕致西天大善自在佛所部天下释教普通瓦赤喇怛喇达赖喇嘛。喇嘛问安奏折已悉。虽地方绝险遥远，常思黾勉激励，故遣席喇布喇嘛、萨木丹格隆等问安。按惯例赐给镶嵌珊瑚绿宝石金茶桶一只、玉盅一只、扯古掣（茶酒盅）两只、绢十匹。

### 05-02-11　　顺治帝遣席喇布喇嘛等存问班禅胡土克图之敕谕
顺治十四年六月二十四日

皇帝敕谕致班禅胡土克图。托上天之福，这里平安无事。得悉在彼处班禅胡土克图兴教安康，喜悦异常。虽地方绝险遥远，常思黾勉激励，故遣席喇布喇嘛、萨木丹格隆等存问安康。

### 05-02-12　　顺治帝遣西喇布喇嘛等赏赐班禅胡土克图之敕谕
顺治十四年六月二十四日

皇帝敕谕致班禅胡土克图。喇嘛问安奏折已悉。虽地方绝险遥远，常思黾勉激励，故派遣遣西喇布喇嘛、萨木坦格隆等问安。按惯例赐给镀金银桶一只、五十两盘一、玉壶一只、扯古掣（茶酒盅）两只、绢十匹。

### 05-02-13　　顺治帝以第巴冒名阐化王名义骗取册文印
### 信之缘由事质问达赖喇嘛之圣旨
顺治十四年六月二十四日

皇帝敕谕致西天大善自在佛所部天下释教普通瓦赤喇怛喇达赖喇嘛。朕自即位以来，阐化王曾三次遣人进贡，每次约千人。因其归化效力，诚悃可嘉，故两赐敕印，以示鼓劝。今复遣坚错那布来贡，兼持旧玉印一颗，并故明所给敕书求换。及览该部奏，称阐化王原系图伯忒国主，后为图伯忒臧巴汗所破，隶之属下。明季臧巴汗又为厄鲁特国顾实汗所破，以阐化王给予达赖喇嘛，转给第巴，阐化王遂于达赖喇嘛处授格隆萨喜尔为喇嘛。第巴因有阐化王敕印，遂以边内安多人为阐化王人，遣之以来。及问来使坚错那布等言，阐化王旧隶第巴，而此次奏章复言皆为阐化王所奉贡赋亦称阐化王。夫阐化王既属第巴，而屡次进贡，仍称阐化王原名（或王贡）。且此番进贡，请换敕印，又不奏明，前后甚属不符，可将原委具实备书，付存问使者西喇布喇嘛、萨木坦格隆来具奏。

### 05-02-14　　奉旨修改理藩院则例若干条款并重新装订
### 成一百二十册之记录
顺治十四年七月初六日

理藩院上奏称：顺治八年颁布外藩蒙古则例中俗人偷盗，鞭一百，自其诺颜加倍数征派使者条及奴仆盗窃则鞭打一百，并给予释放等条均废除，将其归入所有人，如果一个人盗窃人及四大牲畜，则杀头等条目中，遵循上谕顺治十四年三十一日修改装订一百二十册，并于七月初六日，与尚书觉罗巴哈那、侍朗额木格图、麻勒吉、尼满、昌乃等言及，学士昌乃、额哲库哈番（主事）哈木尔、考里、苏海萨等阅毕，交给理藩院爱什拉库哈番（员外郎）敦珠克、他赤哈哈番（博士）萨塔拉、笔帖式哈番（文官）布鲁堆等。后来装订完毕一百二十册送来之后，额哲库哈番（主事）考里、苏海萨给大臣说，并于七月十八日，交给爱什拉库哈番（员外郎）乌录孙泰。

## 05-02-15　　顺治帝以外藩蒙古会盟事宜宣谕蒙古
### 诸王贝勒贝子公等大臣之圣旨
顺治十四年八月初一日

谕外藩蒙古王、贝勒、贝子、公等曰：尔等今勿以喀尔喀、厄鲁特归降，遂弛武备。宜遵定例，春秋二次查验器械，照常习射。至盗贼窃发，皆该管之人懈弛所致。各扎萨克王、贝勒、贝子、公等下各有固山额真、梅勒章京、甲喇章京、牛录章京、十家长，若严禁查处，盗贼何由而起。此后，宜严行诫饬，勿致懈怠。又蒙古台吉，俱分别等级，优免人丁。其余人丁，三丁之内派甲一副。乃披甲人等以其身非台吉属人，遂行藐视。不知各台吉皆率领本国来归，乃有功之人，其令优免人丁者，一则分别贵贱，一则恐披甲之人出兵，则台吉无人以供使令。自今以后，披甲藐视本主，即于扎萨克王、贝勒等处告理，查其虚实治罪。至编审人丁，勿得欺隐。如有举首欺隐者，即于审丁之年具告。倘迟至二三年具告，则不知比之幼丁，不到一两个手指头少年因长身体，必以长成。虽告不准。钦此。

## 05-02-16　　顺治帝以科尔沁部扎萨克图郡王拜斯噶勒薨准
### 其子鄂齐尔袭爵之诰命
顺治十四年九月初八日

科尔沁部多罗扎萨克图郡王拜斯噶勒薨逝之后，恩准其子鄂齐尔承袭多罗扎萨克图郡王爵位。依旧世袭罔替。

## 05-02-17　　顺治帝以昂阿病故准其子达尔玛承袭一等
### 阿思哈尼哈番爵位之敕命
顺治十四年十月二十九日

昂阿病故之后，恩准其子达尔玛承袭一等阿思哈尼哈番爵位。又可以承袭九代。

## 05-02-18　　委寨桑琐那木病故之后准其子噶尔玛色冷承袭
### 父爵拖沙喇哈番之敕命
顺治十四年十月二十九日

委寨桑琐那木病故之后，恩准其子噶尔玛色冷承袭父爵拖沙喇哈番。若阵亡可以承袭爵位，若病故则不得承袭爵位。

## 05-02-19　　　顺治帝以喜得龙子礼宣大赦天下之诏书

顺治十四年十月二十六日

奉天承运皇帝诏曰：自古帝王继统立极，抚有四海，必永绵历祚，垂裕无疆。是以衍庆发祥，聿隆胤嗣。朕以凉德缵承大宝十有四年。兹荷皇天眷佑，祖考贻庥，于今年十月初七日，第一子生，系皇贵妃出。上副圣母慈育之心，下慰臣民爱戴之悃，特颁肆赦，用广仁恩。施行恩赦条款附录于后。一种，凡官吏、兵民人等，除犯有谋反，叛逆，子孙杀祖父母、父母，内乱，妻妾杀夫、告夫，奴婢杀家长，杀一家非死罪三人，采生折割人，谋杀，故杀，蛊毒，魇魅，毒药杀人，强盗，妖言十恶等真正死罪不赦外，贪取财物，克扣盗窃漕粮，失守城镇，纵兵劫掠，审案断狱，徇私舞弊者，阅卷贪财作弊，投认师生等勾结罪恶，亦在不赦外，其他死刑犯均减罪一等。充军罪以下阅卷有弊，科场作弊及投认师生，其余死罪以下，已发觉，未发觉，已结正，未结正，咸赦除之。有以赦前事告讦者，不与审理，以其罪罪之。一种，年终会审将秋后处决之重犯减一等。一种，直隶各省，司、府、州、县，今关押牢狱将秋后处决之众多重犯减一等。一种，除文武官员，外兰（臣宰）及衙门皂隶（衙役、书吏）等，贪赃枉法及偷窃漕粮，失守城镇，纵兵抢掠侵扰，断狱徇私舞弊，阅卷贪财作弊，投认师生，构成勾结罪等仍勿赦外，今见在审理废除封号及降职，以及又住俸戴罪听候处理，停止俸禄等罪，均给赦免宽宥。一种，凡是贪取抄没赃物，隐瞒偷窃，据为己有者，视其原因，除重罪不赦以外，若果真全无生计，尽其全力仍无力偿还者，所属各地巡抚、巡按严格察明并奏请赦免。一种，核计直隶各省废弃田土时，自行交出所隐瞒田地及钱粮，并将良田记为弃田者，赦免其所有罪，当年从其所交出田地征收钱粮，免除补收先前隐瞒拖欠钱粮。若其他人交出则仍惩治，并补收其钱粮。啸聚山林及大海半岛，恃众不服，未归之民，若真心来归附，既往不咎，均赦免其昔日罪恶，依然分别查核登记并给赏。一种，各地充当盗贼者，均或因饥寒交迫，致使其失掉生计，或由于受贪官污吏胁迫所致。其情形原由，甚为可悯。若果真弃恶从善来自首归附，赦免其罪。於戏！奇厥肇基，宗支奕隆百代。颁赐诏书，恩赏万国。布告中外，咸使闻知。

## 05-02-20　　　顺治帝遣使喀尔喀部命未约誓之俄木布额尔德尼

尽早誓约之敕命

顺治十四年十一月十九日

皇帝敕谕致喀尔喀部俄木布额尔德尼。尔奏折称毕希尔勒图汗、昆都伦喇嘛、珠农三人已立下誓约。俄木布额尔德尼，尔因忌讳未曾立下誓约。尔在朕所遣官吏面前为和好政体盟誓立约。立下誓约之后，每年按时送来所进献年贡（九白年贡——译者），并进行交易。朕仍恩赐，赏赐不绝。自定立誓约之日起尔逃人来，则不吸纳而遣送回去。如果不立下誓约，则不必来进贡。若逃人来，依旧接受，并畜养保证使其富足无忧。钦此。

## 05-02-21　　　　　　　顺治十四年十一月二十九日

（1）崇德元年封土默特塔布囊善巴为镇国公之旧册文

奉天承运皇帝制曰：自开天辟地以来，有一代应运之君，必有藩屏之佐，故叙功定名以别封号者，乃古圣王之典也。朕爱仿古制，不分内外，视为一体。凡我诸藩，俱因功授册，以昭等威，受此册者，必忠以辅国，恪守矩度，自始至终，不忘信义，若此则光前裕后，而奕世永昌矣。慎行勿怠。善巴，尔原系土默特兀鲁思之塔布囊。携领所属兀鲁思来归附朕。当进军北京时，攻克一座寨子，击败驻防马兰峪八百敌兵。然后又战胜前来援助马兰峪之大同一千五百个敌兵。尔后，当汉人三千名士兵来围攻尔所居城池时，尔与乌讷格巴克什说，与巴克什一起战胜敌人。与俄木布一起前往又一度（档案原文此处可能有脱文——译者）。朕嘉尔勋，故册封尔为镇国公。除负朕厚恩，谋反大逆，削除王爵，及行军败逃，依律治罪外，其一应过犯，永不削夺，子孙世袭。崇德元年四月二十三日。

（2）顺治帝以土默特部镇国公病故准其子卓礼克图袭父爵之敕命

土默特部镇国公善巴病故之后，恩准其子卓礼克图承袭其父镇国公爵位。依旧世袭罔替。十一月二十九日。

## 05-02-22　顺治帝以因鄂尔多斯多罗郡王巴图因不孝获罪削其爵
### 命其堂兄顾禄袭爵之诰命
顺治十四年十一月十九日

鄂尔多斯多罗郡王巴图因不孝获罪，故削夺其爵位，恩准命其堂兄顾禄承袭爵位。恩准仍旧世袭罔替。

## 05-02-23　顺治帝以因鄂尔多斯部固山贝子沙克扎病故准其子
### 固鲁西喜布袭父爵之诰命
顺治十四年十一月十九日

鄂尔多斯部固山贝子沙克扎病故之后，恩准其子固鲁西喜布袭父爵。仍旧世袭罔替。

## 05-02-24　顺治帝遣官致祭乌珠穆秦部车臣亲王察汉巴拜之祭文
顺治十四年十一月二十四日

朝廷给祭文、纸钱及羊并遣内大臣加一级图馁，读祭文洒酒，照例十月二十一日供祭。祭文词曰：皇帝敕谕遣内大臣加一级图内，致祭乌珠穆秦部车臣亲王察汉巴拜之祭文。朕思量遐荒远域，示仁恩赐殒殆者，以广布仁义。为人臣者，历尽艰辛，笃实效力，崇尚道义。车臣亲王察汉巴拜，尔生性忠厚，谨慎至极，承袭乃祖乃父爵位，耀祖光宗，传扬家风。为国效忠，克成善事。朕以为长寿，不曾预料遽然故去。朕哀恸异常，备齐祭品，供祭以表哀痛！呜呼！远播恩德，泽被冥界。敬重恩赐，安慰亡灵。若尔地下有知，则来迎尚飨！

## 05-02-25　顺治帝遣官致祭科尔沁部扎萨克图郡王拜斯噶勒之祭文
### 顺治十四年二月十日

皇上祭文，赐给纸钱、羊、酒，遣理藩院阿思尼哈番（男）沙斯迪尔读祭文，洒酒照例祭奠。祭文词曰：顺治十四年二月十日，皇帝敕谕，遣理藩院阿思尼哈番（男）沙斯迪尔致祭科尔沁部扎萨克图郡王拜斯噶勒之祭文。朕思及遐荒远域，示仁恩赐殒殆者，以广布恩德。为人臣者，历尽艰辛，笃实效力，崇尚道义。科尔沁部扎萨克图郡王拜斯噶勒，尔生性聪颖忠厚，做事公允持重，承袭乃父王爵位，传扬家风。为国尽心效忠，克成善事。朕以为长寿，不曾预料遽然故去。朕哀恸异常，遣官备齐祭品，祭奠以表哀痛！呜呼！远播恩德，泽被冥界，恩赐遗体以广仁爱。若尔地下有知，则来迎尚飨！

## 05-02-26　顺治帝遣官致祭科尔沁部卓礼克图亲王之二等台吉巴达玛之祭文
### 顺治十四年三月十七日

皇上祭文，赐给纸钱、羊、酒，遣理藩院爱什拉库哈番（员外郎）图克珠克读祭文，洒酒照例祭奠。祭文词曰：顺治十四年三月十七日，皇帝敕谕，遣理藩院爱什拉库哈番（员外郎）图克珠克致祭科尔沁部卓礼克图亲王之已故二等台吉巴达玛之祭文。朕思量遐荒远域，示仁恩赐殒殆者，以广布仁义。为人臣者，谨慎效力，善守爵位，崇尚道义。巴达玛，尔生性忠厚诚实，行事持重，耿直忠良，以谦逊之心善守职守。朕以为长寿，不曾预料遽然故去。朕哀恸异常，备齐祭品，加恩祭奠以安亡灵！若尔地下有知，则来迎尚飨！

## 05-02-27　顺治帝遣官致祭乌珠穆秦部三等台吉和多和沁之祭文
### 顺治十四年十月二十三日

皇上祭文，赐给纸钱、羊、酒，遣理藩院爱什拉库哈番（员外郎）南达海读祭文，洒酒照例祭奠。祭文词曰：顺治十四年十月二十三日，皇帝敕谕，遣理藩院爱什拉库哈番（员外郎）南达海致祭乌珠穆秦部三等台吉和多和沁之祭文。朕思及遐荒远域，示仁恩赐殒殆者，以广布仁义。为人臣者，谨慎效力，善守爵位，崇尚道义。和多和沁，尔生性忠厚诚实，以谦逊之心善守职守。朕以为长寿，不曾预料遽然故去。朕哀恸异常，备齐祭品，加恩祭奠以安慰亡灵！若尔地下有知，则来迎尚飨！

## 05-02-28　顺治帝遣官致祭乌珠穆秦部二等台吉都思噶尔之祭文
### 顺治十四年三月十七日

皇上祭文，赐给纸钱、羊、酒，遣理藩院爱什拉库哈番（员外郎）南达海读祭文，洒酒照例祭奠。祭文词曰：顺治十四年三月十七日，皇帝敕谕，遣理藩院爱什拉库哈番（员外郎）南达海致祭乌珠穆秦部二等台吉都思噶尔之祭文。朕思及遐荒远域，示仁恩赐殒殆者，以广布仁义。为人臣者，谨慎效力，善守爵位，崇尚道义。都思噶尔，尔生性忠厚诚实，以谦逊之心善守职守。朕以为长寿，不曾预料遽然故去。朕哀恸异常，备齐祭品，加恩祭奠以安慰亡灵！若尔地下有知，则来迎尚飨！

## 05-02-29　顺治帝遣官致祭鄂尔多斯部固山贝子沙克扎之祭文
### 顺治十四年六月二十七日

皇上祭文，赐给纸钱、羊、酒，于六月二十七日，遣内务部爱什拉库哈番（员外郎）塔毕图读祭文，洒酒照例祭奠。祭文词曰：顺治十四年六月二十七日，皇帝敕谕，遣内务部爱什拉库哈番（员外郎）塔毕图致祭鄂尔多斯部固山贝子沙克扎之祭文。朕思及遐荒远域，示仁恩赐殒殆者，以广布仁义。为人臣者，谨慎效力，知恩图报，崇尚笃实。沙克扎贝子，尔生性品行端正，善成德行及所委付事宜，为国尽忠。朕以为长寿，不曾预料遽然故去。朕哀恸异常，遣官备齐祭品，祭奠以表哀痛！呜呼！远播恩德，泽被冥界，恩赐遗体以广仁爱。若尔地下有知，则来迎尚飨！

## 05-02-30　顺治帝遣官致祭喀喇沁部镇国公色冷之祭文
### 顺治十四年四月初七日

皇上祭文，赐给纸钱、羊、酒，于六月二十七日，遣理藩院爱什拉库哈番（员外郎）明海读祭文，洒酒照例祭奠。祭文词曰：顺治十四年四月初七日，皇帝敕谕，遣理藩院爱什拉库哈番（员外郎）明海致祭喀喇沁部镇国公色冷之祭文。朕思及遐荒远域，示仁恩赐殒殆者，以广布仁义。为人臣者，谨慎效力，崇尚笃实。喀喇沁部镇国公色冷，尔生性忠厚诚实，谨慎小心，善守爵位，善成所委付事宜。朕以为长寿，不曾预料遽然故去。朕哀恸异常，遣官备齐祭品，祭奠以表哀痛！呜呼！恩德优渥，泽被冥界地府，加恩浩荡，以安慰亡灵。若尔地下有知，则来迎尚飨！

## 05-02-31　顺治帝遣官致祭土默特部镇国公善巴达尔汉之祭文
### 顺治十四年八月二十七日

皇上祭文，赐给纸钱、羊、酒，遣三等侍卫（恰）老罕读祭文，洒酒照例祭奠。祭文词曰：顺治十四年八月二十七日，皇帝敕谕，遣三等侍卫（恰）老罕致祭土默特部镇国公善巴达尔汉之祭文。朕思量遐荒远域，恩赐殒殆者，以广仁义。为人臣者，谨慎效力，知恩图报，崇尚笃实。善巴达尔汉，尔生性忠厚诚实，生性忠厚，谨慎小心，善守爵位。朕以为长寿，不曾预料遽然故去。朕哀恸异常，遣官备齐祭品，祭奠以表哀痛！呜呼！恩德优渥，泽被冥界地府，加恩浩荡，以安慰亡灵。若尔地下有知，则来迎尚飨！

## 05-02-32　　顺治帝遣官致祭郭尔罗斯部三等台吉敦多布之祭文
### 顺治十四年九月十一日

皇上祭文，赐给纸钱、羊、酒，于六月二十七日，遣鸿胪寺衙门胡拉尔哈番（赞礼郎）占木布鲁读祭文，洒酒照例祭奠。祭文词曰：顺治十四年九月十一日，皇帝敕谕，遣鸿胪寺衙门胡拉尔哈番（赞礼郎）占木布鲁致祭郭尔罗斯部三等台吉敦多布之祭文。朕思量遐荒远域，示仁恩赐殒殆者，以广布仁义。为人臣者，谨慎效力，知恩图报，崇尚笃实。敦多布，尔生性忠厚，善守爵位。朕以为长寿，不曾预料遽然故去。朕爱怜常思，故遣官备齐祭品，加恩祭奠以安慰亡灵。若尔地下有知，则来迎尚飨！

## 05-02-33　　顺治帝遣官致祭翁牛特部二等台吉博多和之祭文
### 顺治十四年九月十一日

皇上祭文，赐给纸钱、羊、酒，遣鸿胪寺衙门他赤哈哈番（博士官）加一级克勒苏读祭文，洒酒照例祭奠。祭文词曰：顺治十四年九月十一日，皇帝敕谕，遣鸿胪寺衙门他赤哈哈番（博士官）加一级克勒苏致祭翁牛特部二等台吉博多和之祭文。朕思量遐荒远域，示仁恩赐殒殆者，以广布恩赐。为人臣者，谨慎效力，成事受职，崇尚道义。博多和，尔生性忠厚，善守爵位。朕以为长寿，不曾预料遽然故去。朕爱怜常思，故遣官备齐祭品，加恩祭奠以安慰亡灵。若尔地下有知，则来迎尚飨！

## 05-02-34　　顺治帝遣官致祭四子部落三等台吉顾禄之祭文
### 顺治十四年十一月二十一日

皇上祭文，赐给纸钱、羊、酒，于顺治十四年十一月二十一日，遣内务府他赤哈哈番（博士官）及加一级哈哈那祭奠。祭文词曰：朕思量遐荒远域，示仁恩赐殒殆者，以广泽恩德。为人臣者，谨慎效力，受职成事，崇尚道义。顾禄，尔生性忠厚诚实，善守爵位。朕以为长寿，不曾预料遽然故去。朕爱怜常思，故遣官备齐祭品，加恩祭奠以安慰亡灵。若尔地下有知，则来迎尚飨！

## 05-02-35　　顺治帝遣官致祭科尔沁部二等台吉巴雅斯库之祭文
### 顺治十四年十一月二十一日

皇上祭文，赐给纸钱、羊、酒，遣鸿胪寺衙门达古达胡哈番（赞礼郎）济锡哈读祭文，洒酒照例祭奠。祭文词曰：顺治十四年十一月二一日，皇帝敕谕，遣鸿胪寺衙门达古达胡哈番（赞礼郎）济锡哈致祭科尔沁部二等台吉巴雅斯库之祭文。朕思量遐荒远域，示仁恩赐殒殆者，以广布恩德。为人臣者，谨慎效力，受职成事，崇尚道义。巴雅斯库，尔生性忠厚诚实，善守爵位。朕以为长寿，不曾预料遽然故去。朕爱怜常思，故遣官备齐祭品，加恩祭奠以安慰亡灵。若尔地下有知，则来迎尚飨！

# 顺治十五年（1658）档册

## 05-03-01　　顺治帝以皇太后圣体康豫事大赦天下之诏书
### 顺治十五年正月初三日

　　奉天承运皇帝诏曰：帝王以孝治天下，莫乎事亲，必福寿康宁而人子之欢心始畅。近者圣母昭圣慈寿恭简安懿章庆皇太后，圣体违和，朕夙夜恭事，尤念实深。幸赖我皇太后，懿德素昭，弘庥克迓。仰荷天地，祖宗眷佑，今已大安。朕心慰悦，率土同欢。遭兹大之嘉祥，宜布非常之恩赦。应行恩赐事款，开列于后。一、和硕亲王以下，奉恩将军以上，俱加恩赐。内外公主以下，固山格格以上，俱加恩赐。外藩诸王以下，公以上，俱加恩赐。在京文武各官，除未随朝年幼官员外，公侯伯以下，至九品官员，普加恩赐。各省固山额真、昂邦章京、梅勒章京、总督、巡抚，并总兵官，各加恩赐。一、自顺治十五年正月初三日昧爽以前，凡官吏兵民人等，有犯除谋反，叛逆，子孙杀祖父母、父母，内乱，妻妾杀夫、告夫，奴婢杀家长，杀一家非死罪三人，采生折割人，谋杀，故杀，蛊毒，魇魅，毒药杀人，强盗，妖言十恶等真正死罪不赦外及贪赃，侵盗钱粮、漕粮，审事徇情，举劾不公，阅卷有弊，科场作弊及投认师生，亦在不赦外，其余死罪以下，已发觉，未发觉，已结正，未结正，咸赦除之。有以赦前事告讦者，不与审理，以其罪罪之。一、内外文武官员，有因公诖误，革职降级、罚俸、戴罪住俸等项，并见在议革、议降、议罚者，各该衙门，悉与奏明宽宥。一、满洲兵丁、披甲随征，多年效力，被伤不能披甲及年老有疾退役者，酌给恩赏。一、凡试职各官，俱准实授。一、顺治十、十一两年，未完地亩、人丁，本折钱粮，该抚按确察，果系拖欠在民者，具奏豁免。已征在官者不得借口民欠侵隐。一、顺治十、十一两年，分历日，祭祀牛羊药材本折钱粮，其已征在官者，照数起解。其拖欠在民者，该抚按确察，具奏豁免。一、顺治十四年以前，各省牛角、皮料等项，凡有未解完者，工部确察，照例改折，以纾民力。一、应追赃私，除贪赃，侵盗情重者不赦外，其余果系家产尽绝，该抚按确察，题请豁免。不许株连亲族。啸聚山海，拥众不服者，果能真心来归，除赦其前罪外，仍破格叙擢。如其中有能擒斩叛首，返正投诚者，并与不次擢用，以示劝励。一、各处土司，世守地方，有能真心归化者即将原管部落准与照旧袭职。有能擒叛逆来献者，仍厚加行赏。一、已归顺土司，曾立功绩者，该督抚按察

明具奏升赏。其未经授职立功者，一并叙授。於戏！慈闱介祉绵鹤算于万年，海宇蒙
禧霈鸿恩于九有。播告中外，咸使闻知。

## 05-03-02　　　顺治帝遣官致祭喀喇沁部多罗杜棱勒诺颜
### 顾鲁什辖布之祭文
顺治十五年四月十三日

　　皇上祭文，赐给纸钱、羊、酒，遣二等侍卫（恰）加一级沙津达拉读祭文，洒酒
照例于本月二十五日祭奠。祭文词曰：皇帝敕谕，遣二等侍卫（恰）加一级沙津达拉
致祭多罗杜棱勒诺颜顾鲁什辖布之祭文。朕思及遐荒远域，示仁恩赐殒殆者，以远著
恩德。为人臣者，谨慎效力，知恩图报，崇尚笃实。顾鲁什辖布，尔生性诚实忠厚，
善成德行及所委付事宜，为国效力，佐助显著。朕以为长寿，不曾预料遽然故去。朕
哀恸异常，遣官备齐祭品，祭奠以表哀痛！呜呼！远播恩德，泽被冥界地府，恩赐遗
体以广仁爱。若尔地下有知，则来迎尚飨！

## 05-03-03　　　顺治帝遣官致祭扎赉特二等台吉顾禄之祭文
顺治十五年五月十九日

　　皇上祭文，赐给纸钱、羊、酒，于四月十三日，遣笔帖式他赤哈哈番（博士官）
且加一级巴达克读祭文，洒酒照例祭奠。祭文词曰：顺治十五年五月十九日，皇帝敕
谕，遣笔帖式他赤哈哈番（博士官）且加一级巴达克致祭扎赉特二等台吉顾禄之祭文。
朕思及遐荒远域，示仁恩赐殒殆者，以广施恩泽。为人臣谨慎效力，善成职守，崇尚
道义。顾禄，尔生性忠厚诚实，善守爵位。朕以为长寿，不曾预料遽然故去。朕爱怜
常思，故遣官备齐祭品，加恩祭奠以安慰亡灵。若尔地下有知，则来迎尚飨！

## 05-03-04　　　顺治帝遣官致祭阿巴垓部三等台吉鄂齐尔之祭文
顺治十五年五月初七日

　　皇上祭文，赐给纸钱、羊、酒，于四月十三日，遣笔帖式哈番且加一级杭济读祭
文，照例于五月初七日洒酒祭奠。祭文词曰：皇帝敕谕，遣笔帖式哈番（文官）且加
一级杭济致祭阿巴垓部三等台吉鄂齐尔之祭文。朕思量遐荒远域，示仁恩赐殒殆者，
以广施恩泽。为人臣谨慎效力，善成职守，崇尚道义。鄂齐尔，尔生性忠厚诚实，善
守爵位。朕以为长寿，不曾预料遽然故去。朕爱怜常思，故遣官备齐祭品，加恩祭奠
以安慰亡灵。若尔地下有知，则来迎尚飨！

## 05-03-05　　　顺治帝遣官致祭科尔沁部四等台吉拉塞之祭文
顺治十五年五月初九日

　　顺治十五年四月十三日，皇上给科尔沁部四等台吉拉塞赐给纸钱、羊、酒，遣笔

帖式他赤哈哈番（博士官）并加一级拜塔拉读祭文，洒酒照例于五月初九日祭奠。祭文词曰：皇帝敕谕，遣笔帖式他赤哈哈番（博士官）并加一级拜塔拉致祭科尔沁部四等台吉拉塞之祭文。朕思量遐荒远域，示仁恩赐殒殆者，以广施恩泽。为人臣者，谨慎效力，善成职守，崇尚道义。拉塞，尔生性忠厚诚实，善守爵位。朕以为长寿，不曾预料遽然故去。朕爱怜常思，故遣官备齐祭品，加恩祭奠以安慰亡灵。若尔地下有知，则来迎尚飨！

## 05-03-06　顺治帝遣官致祭喀喇齐哩克部四等台吉阿必达之祭文
### 顺治十五年四月二十九日

顺治十五年五月十三日，致祭喀喇齐哩克部四等台吉阿必达。皇上祭文，赐给纸钱、羊、酒，于四月十三日，遣笔帖式他赤哈哈番（博士官）且加一级巴达克读祭文，洒酒，照例于四月二十九日祭奠。祭文词曰：皇帝敕谕，遣笔帖式他赤哈哈番（博士官）且加一级巴达克致祭喀喇齐哩克部四等台吉阿必达之祭文。朕思及遐荒远域，示仁恩赐殒殆者，以广施恩泽。为人臣者，谨慎效力，善成职守，崇尚道义。顾禄，尔生性忠厚诚实，善守爵位。朕以为长寿，不曾预料遽然故去。朕爱怜常思，故遣官备齐祭品，加恩祭奠以安慰亡灵。若尔地下有知，则来迎尚飨！

## 05-03-07　　顺治帝遣官致祭敖汉部博乞泰达尔汉之祭文
### 顺治十五年四月二十九日

顺治十五年四月十三日，皇上给敖汉部博乞泰达尔汉赐给纸钱、羊、酒，遣笔帖式他赤哈哈番（博士官）并加一级拜塔拉读祭文，洒酒照例于四月二十九日祭奠。祭文词曰：皇帝敕谕，致祭已故敖汉部博乞泰达尔汉祭词。朕思及遐荒远域，示仁恩赐殒殆者，以广施恩泽。为人臣者，谨慎效力，善成职守，崇尚道义。博乞泰达尔汉，尔生性忠厚诚实，善守爵位。朕以为长寿，不曾预料遽然故去。朕爱怜常思，故遣官备齐祭品，加恩祭奠以安慰亡灵。若尔地下有知，则来迎尚飨！

## 05-03-08　　顺治帝遣官致祭科尔沁部四等台吉白噶勒之祭文
### 顺治十五年五月十一日

顺治十五年四月十三日，皇上给科尔沁部四等台吉白噶勒赐给纸钱、羊、酒，遣笔帖式他赤哈哈番（博士官）且加一级巴达克读祭文，洒酒照例于五月十一日祭奠。祭文词曰：皇帝敕谕，遣笔帖式他赤哈哈番（博士官）且加一级巴达克致祭科尔沁部四等台吉白噶勒之祭文。朕思及遐荒远域，示仁恩赐殒殆者，以广施恩泽。为人臣者，谨慎效力，善成职守，崇尚道义。白噶勒，尔生性忠厚诚实，善守爵位。朕以为长寿，不曾预料遽然故去。朕爱怜常思，故遣官备齐祭品，加恩祭奠以安慰亡灵。若尔地下有知，则来迎尚飨！

## 05-03-09　　顺治帝遣官致祭阿巴垓部三等台吉德力格尔之祭文
### 顺治十五年五月初七日

顺治十五年四月十三日，皇上祭奠阿巴垓部三等台吉德力格尔之祭文。皇上赐给纸钱、羊、酒，遣笔帖式哈番且加一级杭济读祭文，照例于五月初七日洒酒祭奠。祭文词曰：皇帝敕谕，遣笔帖式哈番且加一级杭济致祭阿巴垓部三等台吉德力格尔之祭文。朕思及遐荒远域，示仁恩赐殒殆者，以广施恩泽。为人臣谨慎效力，善成职守，崇尚道义。德力格尔，尔生性忠厚诚实，善守封爵。朕以为长寿，不曾预料遽然故去。朕爱怜常思，故遣官备齐祭品，加恩祭奠以安慰亡灵。若尔地下有知，则来迎尚飨！

## 05-03-10　　顺治帝遣官致祭乌珠穆秦部三等台吉祈他特之祭文
### 顺治十五年五月十五日

顺治十五年四月十三日，皇上祭奠乌珠穆秦部三等台吉祈他特之祭文。皇上赐给纸钱、羊、酒，遣笔帖式哈番且加一级杭济读祭文，照例于五月十五日洒酒祭奠。祭文词曰：皇帝敕谕，遣笔帖式哈番且加一级杭济致祭乌珠穆秦部三等台吉祈他特之祭文。朕思及遐荒远域，示仁恩赐殒殆者，以广施恩泽。为人臣者，谨慎效力，善成职守，崇尚道义。祈他特，尔生性忠厚诚实，善守爵位。朕以为长寿，不曾预料遽然故去。朕爱怜常思，故遣官备齐祭品，加恩祭奠以安慰亡灵。若尔地下有知，则来迎尚飨！

## 05-03-11　　顺治帝遣官致祭科尔沁部二等台吉朝奴胡之祭文
### 顺治十五年五月初五日

顺治十五年四月十三日，皇上给科尔沁部二等台吉朝奴胡赐给纸钱、羊、酒，遣笔帖式他赤哈哈番（博士官）并加一级拜塔拉读祭文，洒酒照例于五月初五日祭奠。祭文词曰：皇帝敕谕，遣笔帖式他赤哈哈番（博士官）并加一级拜塔拉致祭词。朕思及遐荒远域，示仁恩赐殒殆者，以广施恩泽。为人臣者，谨慎效力，善成职守，崇尚道义。朝奴胡，尔生性忠厚诚实，善守爵位。朕以为长寿，不曾预料遽然故去。朕爱怜常思，故遣官备齐祭品，加恩祭奠以安慰亡灵。若尔地下有知，则来迎尚飨！

## 05-03-12　　顺治帝遣官致祭乌珠穆秦部四等台吉诺尔布之祭文
### 顺治十五年五月十三日

顺治十五年四月十三日，皇上祭奠乌珠穆秦部四等台吉诺尔布之祭文。皇上赐给纸钱、羊、酒，遣笔帖式哈番且加一级杭济读祭文，照例于五月十三日洒酒祭奠。祭文词曰：皇帝敕谕，遣笔帖式哈番且加一级杭济致祭乌珠穆秦部四等台吉诺尔布之祭文。朕思及遐荒远域，示仁恩赐殒殆者，以广施恩泽。为人臣者，谨慎效力，善成职守，崇尚道义。诺尔布，尔生性忠厚诚实，善守封爵。朕以为得以长寿，不曾预料遽然故去。朕爱怜常思，故遣官备齐祭品，加恩祭奠以安慰亡灵。若尔地下有知，则来迎尚飨！

## 05-03-13　补写"达尔汉"字样之土默特扎萨克图达尔汉镇国公
## 善巴达尔汉病故准其子卓礼克图袭爵之诰命
### 顺治十五年五月十四日

奉天承运皇帝制曰：自开天辟地以来，有一代应运之君，必有藩屏之佐，故叙功定名以别封号者，乃古圣王之典也。朕爱仿古制，不分内外，视为一体。凡我诸藩，俱因功授给诰命，以昭等威，受此诰命者，必忠以辅国，恪守矩度，自始至终，不忘信义，若此则光前裕后，而奕世永昌矣。慎行勿怠。善巴，尔原系土默特部兀鲁思之塔布囊。率领尔所属兀鲁思来归附。当进军北京一役时，攻克一座营寨。又打败马兰峪八百兵马。尔后又击败前来援助马兰峪之大同地方一千五百兵马。尔后汉人三千个士兵来围攻尔所居城关，尔与吴讷格（一作"武纳格"）巴克什说，与巴克什一起合作，共同击败敌人。与俄木布一起前往，又一度打败敌兵。朕嘉尔勋，故册封尔为镇国公。除负朕厚恩，谋反大逆，削除王爵，及行军败逃，依律治罪外，其一应过犯，永不削夺，子孙世袭。大清崇德元年一月二十四日。

（善巴）病故之后，令其子卓礼克图承袭扎萨克图达尔汉镇国公爵位。依旧世袭罔替。顺治十四年十一月二十九日。额尔克图缮写。

## 05-03-14　顺治帝以朝贡事颁喀尔喀部土谢图汗之敕谕
### 顺治十五年七月二十三日

皇帝敕谕致喀尔喀部土谢图汗，朕思尔明识天命知时达务，遵循晓谕遣四个台吉来认错觐见，朕予以宽恕免除所有罪恶，派遣官吏，尔在朕所遣官吏面前不违敕谕诚心为政体立言盟誓，每年进献所定年贡，并派人来觐见。所以朕甚为黾勉激励，不分内外，视为一体，故大加恩赏，传谕并遣官吏。今后时常以诚信和善达成本真，报答恩德。受朕重恩，以副朕仁爱远域之苦心，虔诚不悖，则受上天眷佑，受朕恩赐，世代永享太平幸福。钦此。

## 05-03-15　顺治帝以朝贡事颁喀尔喀部车臣之敕谕
### 顺治十五年七月二十三日

皇帝敕谕致喀尔喀部车臣，朕思尔明识天命达势，遵循晓谕，遣四个台吉来认错觐见，朕予以宽恕免除所有罪恶，遣官吏，尔等在朕所遣官吏面前，不违敕谕，诚心为政体立言盟誓，每年进献所定年贡，并派人来觐见。所以朕甚为黾勉激励，不分内外，视为一体，故大行恩赏，传谕并遣官吏。今后时常以诚信和善达成本真，报答恩德。受朕重恩，以副朕仁爱远域之苦心，夫虔诚不悖，则受上天眷佑，受朕恩赐，世代永享太平幸福。钦此。

## 05-03-16　　　顺治帝以朝贡事颁喀尔喀部莫尔根诺颜之敕谕

顺治十五年七月二十三日

皇帝敕谕致喀尔喀部莫尔根诺颜，朕思尔明识天命达时势，遵循晓谕，遣四个台吉来认错觐见，朕予以宽恕免除所有罪恶，派遣官吏，尔等在朕所遣官吏面前，不违敕谕，诚心为政体立言盟誓，每年进献规定年贡，并派人来觐见。所以朕甚为黾勉激励，不分内外，视为一体，故大加恩赏，传谕并遣官吏。今后时常以诚信和善致达本真，报答恩德。受朕重恩，以副朕仁爱远域之苦心，虔诚不悖则受上天眷佑，受朕恩赐，世代永享太平幸福。钦此。

## 05-03-17　　　顺治帝以朝贡事颁喀尔喀部丹津喇嘛之敕谕

顺治十五年七月二十三日

皇帝敕谕致喀尔喀部丹津喇嘛，朕思尔明识天命达时势，遵循晓谕，遣四个台吉来认错且觐见，朕予以宽恕免除所有罪恶，遣官吏，尔等在朕所遣官吏面前，不违敕谕，诚心为政体立言盟誓，每年进献所定年贡，并派人来觐见。所以朕甚为黾勉激励，不分内外，视为一体，故大加恩赏，传谕并遣官吏。今后时常以诚信和善致达本真，报答恩德。受朕重恩，以副朕仁爱远域之苦心，虔诚不悖则受上天眷佑，受朕恩赐，世代永享太平幸福。钦此。

## 05-03-18　　　顺治帝赏赐喀尔喀部四大诺颜之礼品名单

顺治十五年七月二十四日

貂皮衬里子莽缎衣裳一件、黑貂皮短袍衫一件、染色貂皮帽子一顶、镶嵌绿宝石鞓带系手巾（手帕）及褡裢一、荷苞带板佩带刀子、珊瑚念珠一串、皮靴、缎袜子一套、镶嵌绿宝石、珊瑚之撒袋装带弓箭及十只箭、镶嵌绿宝石大刀一把、一等玲珑马鞍一副、镶嵌绿宝石、珊瑚之五十两金桶一只、五十两银盘子一只、大蟒袍衣裳三件、蟒衣三件、纱蟒衣三件、小蟒衣五件、妆缎三件、黑色帽缎三件、官绸五件、大闪缎两件、小碎花闪缎两件、大缎五件、倭缎四件、片金三件、青素缎三件、青色帽缎三件、漳缎五件、彭缎五件、纺丝三件、绫子三件、细绸三件、绢四件、大小缎共七十件黑色布匹、蓝色布匹七百件、染色貂皮五张、染色水獭皮五张、豹皮五张、虎皮五张、江獭皮五张、茶七蒌。

以上给喀尔喀部四大诺颜即土谢图汗、车臣汗、丹津喇嘛、莫尔根诺颜所赏赐礼品数相等。

## 05-03-19　　　颁喀尔喀四诺颜之敕谕礼品清单成文过程
### 顺治十五年七月二十四日

于七月十一日，大学士额塞黑、侍郎法沙孙、察布海等将给喀尔喀敕谕四件上奏，敕谕曰：善。于七月二十三日，侍郎布颜、法沙孙、额哲库哈番（主事）塞珠以及尚宝寺王浩山等三个太监将给喀尔喀四件敕谕及赏赐礼品清单看过后，钤盖敕书用皇帝玉玺（制诰之宝）八次。于七月二十四日，额哲库哈番（主事）库里、尚书巴哈纳、额塞黑等将给喀尔喀部四件敕谕及赏赐礼品清单交给学士折库纳、尼满等与说了。而且哈木尔、塞珠等把敕谕与赏赐礼品清单交给理藩院侍郎沙斯济尔、额哲库哈番（主事）莫洛。

## 05-03-20　　　顺治十五年九月初七日

### （1）崇德六年八月封乌珠穆秦部多尔济为扎萨克图车臣亲王之诰命

奉天承运皇帝制曰：自开天辟地以来，有一代应运之君，必有藩屏之佐，故叙功定名以别封号者，乃古圣王之典也。朕爱仿古制，不分内外，视为一体。凡我诸藩，俱因功授给诰命，以昭等威，受此诰命者，必忠以辅国，恪守矩度，自始至终，不忘信义，若此则光前裕后，而奕世永昌矣。慎行勿怠。多尔济，尔原系蒙古国察哈汗亲族乌珠穆秦部诺颜。察哈尔汗不思亲族，虐待臣民，失毁国政时，尔逃避至喀尔喀兄弟。朕尽绥服察哈尔兀鲁思之后，尔知时达务，率领所属部众来归附。朕嘉尔勋，故册封尔为扎萨克图车臣亲王。除负朕厚恩，谋反大逆，削除王爵，及行军败逃，依律治罪外，其一应过犯，永不削夺，子孙世袭。大清崇德六年八月初四日。

### （2）顺治四年正月多尔济薨准其子察汗巴拜袭父爵之诰命

多尔济薨之后，恩准其子察汗巴拜承袭父爵位。顺治四年正月十三日。

### （3）顺治十五年九月察汉巴拜薨准其子苏达尼承袭车臣亲王爵之诰命

察汉巴拜薨之后，恩准其子苏达尼承袭扎萨克图车臣亲王封爵。依旧世袭罔替。顺治十五年九月初七日。

## 05-03-21　　　顺治帝以喀喇沁部顾鲁什希布薨准其子图巴塞棱
## 袭扎萨克杜棱贝勒爵之诰命
### 顺治十五年九月初七日

喀喇沁部顾鲁什希布薨之后，恩准其子图巴塞棱承袭扎萨克杜棱贝勒爵位。依旧世袭罔替。

## 05-03-22　　　顺治帝以那木僧格病故准其子鄂齐尔承袭
### 拖沙喇哈番爵位之诰命
顺治十五年十月十二日

那木僧格病故之后，恩准其子鄂齐尔承袭拖沙喇哈番爵位。倘若阵亡，则准袭，如若病故，则停袭。

## 05-03-23　　　顺治帝以吴喇忒部谔班薨准其子白尔图勒
### 袭镇国公爵位之诰命
顺治十五年十月二十九日

吴喇忒部谔班薨之后，恩准其子白尔图勒承袭镇国公爵位。依旧世袭罔替。

## 05-03-24　　　　　达赖喇嘛奏请圣安之奏折
顺治十五年十二月十三日

以力转轮者大皇帝明鉴！自今明日身所含至上如同初月容貌般盛开之空中，巨手之敕书及礼品及使臣所携传谕两位格隆吩咐赉至，甚喜。今后振兴佛法之宝，并为降恩慈悲仁爱大国众民而祈福。我等也在这里照例作法事。随文书礼品有佛舍利子，附念咒语颈带（结子），上等香十一束，青金石念珠一串、黄色氆氇四卷、斑点花条毡子一件、白色氆氇三卷。于土狗年二月初一日吉日敬奉。

## 05-03-25　　　　　班禅呼图克图奏请圣安之奏折
顺治十五年十二月十三日

三界轮回之上留存，大梵天明显授记称帝至尊宝天盖冠顶饰，美观至极天明赐鉴！异于轮回（宇宙）之根源植物树木，如同多灭寂茉莉（花）一般生长，遵循美味三戒律修行阿牙克喀塔喜木里克（托钵僧——译者），持有洁白之心回禀！托长寿天之力，吉祥印信、敕书，普世圆满财宝、绸缎、绢匹等礼品由所遣使臣手中悉数奉献，进入法门方向法会无妨碍举行。具有百俱胝有数福祉资本之诸子，善逝充足完善身、心、语之天空，二政（政教二道——译者）如同日月般成双生辉，光芒普遍洒满三区地方，所以将嫉妒妖精般袒护异教左道如同治疗浑浊眼睛药物般，使所有黑暗名存实亡，对汉、蒙为首及所属顶点，用安康利益之光芒照亮。凡是所有生灵无甚分别，均享乐幸福安康，此只有天载（地覆），时常知晓，否则将众生在劫中所积累所有财物堆集在一起，如何能够衡量其彼岸？尔盛名荣耀，如同夏季攀龙之大吼声音般，功德如同海渊波涛般静深澄清，欲将所有这些都要说尽，则大梵天智慧，也许亦会疲惫不堪。这里有授记之持有大名念经者，结合仁爱慈祥极端白善爱心，及理解一切经为终空，结束自由自在身之事情，如此这般。总而言之，瞻部洲安宁利益归功于唯一生命征服天地扶持天下君主威光善具至尊最胜大皇帝之足永固，金龙手捧宝座龙席永远牢固安稳。如同恒河之水川流不息，三路永久流淌般尔谕旨、印信如同金铸桥梁般不断在汉地、图伯特（藏地）传谕并护佑！暂且如同用雨霁晴天眼瞅看般宝贝念珠，及各种软质氆氇有数卷，将少量礼品用钤盖印记装饰，称作朝布勒之土狗年，在蒙古三月，著名福天善经之大国，由光明具备第二布达拉宫敬奉。

## 05-03-26　厄鲁特部瓦齐尔汗问安献礼之书

顺治十五年十二月十三日

幸托大福荫之气力，大地转轮至尊皇帝陛下明鉴！持教瓦齐尔（金刚）汗上书。今在大世界中存在福祚命运所创身、语、心不偏，如同须弥山般巩固，用（政教）二道善业将教法之宝及众生平安幸福如同夏天湖水般广布，耳闻妙音，心喜异常。遵照父汗之命瓦赤喇达喇达赖喇嘛用加持神奇吉祥使我即汗位，始终为教法之宝效力，国泰民安，持有洁净之心。但愿往昔善规善矩，周而复始。随问安之礼有全身甲胄两副、珊瑚念珠二串、琥珀念珠一串、氆氇一百卷，于吉日自大召庙附近处敬献。

## 05-03-27　顺治帝颁赐达赖喇嘛班禅呼图克图厄齐尔汗之存问敕谕

顺治十五年十二月

皇帝赖谕颁赐达赖喇嘛。尔兴隆佛法，指导政教，著称于西土，成为朕异地股肱。心诚笃实，则必流芳百世。是以今遣喇木占木巴（兰占巴）喇嘛，衮布格隆等按问安之例，赍至赐给玉壶一、扎古掣（茶酒盅）一、绸缎十匹。以必副朕恩赐之至意。颁赐给班禅呼图克图。尔回到西域地方之后，据说行善修德，极为严格。经常想念尔修法时音容笑貌，因问安来自于遐荒远方。是以今遣喇木占木巴（兰占巴）喇嘛，衮布格隆等前往并按问安之例，赍赐玲珑镀金雕鞍一副、玉壶一、扎古掣（茶酒盅）二、绢十匹。敬请尔收取，以副朕恩赐之至意。

皇帝赖谕，阅毕尔所奏请问安文书，朕已知尔真心。幸托上天之眷佑，天下太平。西域远域绝地，之所以能够普遍受政教教化，均应归功于尔宣扬广传，所以教法未曾在外毁坏，今悉闻尔安康幸福，朕喜悦至极。常思引领众生，虽地方遐荒遥远，嘉善黾勉之心，不绝如缕。是以遣喇木占木巴（兰占巴）喇嘛，衮布格隆等前往问安。皇帝赖谕给厄齐尔汗，尔奏请问安文书已悉，知晓尔自遐荒远方常思念朕。朕甚黾勉嘉奖并常思尔诚心谨慎，真心循规，成为异地股肱。是以今遣喇木占木巴（兰占巴）喇嘛，衮布格隆等前往按问安之例，赍至赐给玲珑雕鞍一副、绸缎八匹。敬请尔收取。务必副朕恩赐仁爱之心。

## 05-03-28　顺治帝以边境属民及贡市之事颁厄鲁特车臣台吉之敕谕

顺治十五年十一月初三日

敕谕厄鲁特车臣台吉等曰：帝王抚有四海，划土分疆，谨防关隘，所以严中外，安远人也。朕素以怀柔为心，欲与尔等共享升平。凡属小国绝不苛求。乃迩年以来该督抚按屡奏尔等侵犯内地，攘夺牛马，抗拒官军，迫胁番人，故特遣兵部右侍郎石图、理藩院启心郎萧格等勘明其事。据奏云：尔等入边，因向番人取贡，并无他故。然擅行内地，辄肆攘夺。尔等难辞其咎。朕兹以宽大，贷尔前愆所夺之物，仍令赔补外，但朕抚绥中外，本无异视。而疆圉出入，自有大防，不容犯逾犯。今后边内番人，原系纳贡于尔者，仍听尔属。尔等向属番取贡，当酌定人数，路由正口，先委头目，禀明守口各官，方行入边取贡。毋得不委头目，不由正口，零星阑入，至贸易处所。原有酌定市口著从西宁地方镇海堡、北川二口，洪水一口出入，不得任意往来，取道他处。尔其恪遵约束，慎守疆圉，副朕怀柔至意。如或不悛，仍前妄行阑入，是尔等有负宽恩，自取罪戾。国宪具在，朕不能私，尔其慎之。

# 清内秘书院蒙古文档案
# 第六辑

## 顺治十六年（1659）档册

**06-01-01**　　　　顺治帝以拖沙喇哈番特木德病故准其子
图古尔袭公爵之敕命

顺治十六年二月初八日

特木德病故之后，恩准其子图古尔袭公爵，倘若阵亡，则准袭，如若病故，则停袭。

**06-01-02**　　　　　　　　顺治十六年四月十二日

**（1）顺治五年七月喀喇车里克部噶尔玛卒准其子镇国公察罕泰袭爵位之诰命**

奉天承运皇帝制曰：自开天辟地以来，有一代应运之君，必有藩屏之佐，故叙功定名以别封号者，乃古圣王之典也。朕爱仿古制，不分内外，视为一体。凡我诸藩，俱因功授给诰命，以昭等威，受此诰命者，必忠以辅国，恪守矩度，自始至终，不忘信义，若此则光前裕后，而奕世永昌矣。慎行勿怠。喀喇车里克部噶尔玛，尔从阿禄地方（大兴安岭以北——译者）率领所属兀鲁思来归附。攻打北京，远征山东第一次征战，当打败侯总兵官兵卒时，战胜来援敌人。围攻锦州第一役，首先在打败杏山骑兵时，战胜来援敌人。当左翼战胜锦州兵时，战胜来援敌人。当打败松山骑兵时，战胜来援敌人。当打败杏山骑兵时，战胜来援敌人。朕嘉尔勋，故册封尔为镇国公。病故之后，仍准其子察罕泰承袭镇国公爵位。除负朕厚恩，谋反大逆，削除王爵，及行军败逃，依律治罪外，其一应过犯，永不削夺，子孙世袭。顺治五年七月二十七日。

**（2）顺治十六年四月察罕泰卒准其子奇塔特袭镇国公爵位之敕命**

察罕泰卒后，恩准其子奇塔特袭镇国公爵位。依旧世袭罔替。顺治十六年四月十二日。

### 06-01-03　　顺治帝遣官致祭科尔沁部三等台吉博尔格之祭文
顺治十六年三月初六日

顺治十六年三月初六日，皇上致祭吊奠科尔沁部三等台吉博尔格之祭文。皇上赐给纸钱、羊、酒，遣七等笔帖式绰克图读祭文，洒酒，照例于三月初六日祭奠。祭文词曰：皇帝敕谕，遣七等笔帖式绰克图致祭科尔沁部三等台吉博尔格之祭文。朕思遐荒远域，示仁恩赐殒殆者，以广施恩泽。为人臣者，谨慎效力，善成职守，崇尚道义。博尔格，尔生性忠厚诚实，以谦逊之心善守封爵。朕以为长寿，不曾预料遽然故去。朕爱怜常思，故加恩祭奠。尔亡灵若有知，则来迎尚飨！

### 06-01-04　　顺治帝遣官致祭喀喇车里克部镇国公察罕泰之祭文
顺治十六年三月初七日

皇上赐给纸钱、羊、酒，遣蓝翎巴雅思胡朗读祭文，照例于三月初七日洒酒祭奠。祭文词曰：皇帝敕谕，遣蓝翎巴雅思胡朗致祭喀喇车里克部镇国公察罕泰之祭文。朕思及遐荒远域，恩赐殒殆者，以著恩泽。为人臣者，效力辅佐，报答恩德，以虔诚成事为贵。察罕泰，尔生性忠厚诚实，谨慎小心，善守职位，完成所委付诸事。朕以为永远长寿，不曾预料遽然逝去。朕哀恸异常，备齐祭品，聊表痛悼之心致祭。呜呼！恩赐被及冥界。仁爱泽至遗体，安慰亡灵。若尔地下有知，则来尚飨！

### 06-01-05　　顺治帝遣官致祭科尔沁部四等台吉哈巴拉之祭文
顺治十六年三月初八日

顺治十六年三月初八日，皇上致祭奠科尔沁部四等台吉哈巴拉之祭文。皇上赐给纸钱、羊、酒，遣七等笔帖式绰克图读祭文，洒酒，照例于三月初八日祭奠。祭文词曰：皇帝敕谕，遣七等笔帖式绰克图致祭科尔沁部四等台吉哈巴拉之祭文。朕思及遐荒远域，示仁恩赐殒殆者，以广施恩泽。为人臣者，谨慎效力，善成职守，崇尚道义。博尔格，尔生性忠厚诚实，以谦逊之心善守封爵。朕以为长寿，不曾预料遽然故去。朕爱怜常思，故加恩祭奠。若尔亡灵地下有知，则来迎尚飨！

### 06-01-06　　顺治帝遣官致喀喇车里克部一等台吉浩尼齐之祭文
顺治十六年三月十一日

顺治十六年三月十一日，皇上致祭奠喀喇车里克部四等台吉浩尼齐之祭文。皇上赐给纸钱、羊、酒，遣员外郎乌孙泰读祭文，洒酒，照例于三月十一日祭奠。祭文词曰：皇帝敕谕，遣参事乌孙泰致祭喀喇车里克部四等台吉浩尼齐之祭文。朕思及遐荒远域，恩赐殒殆者，广施恩泽。为人臣者，谨慎效力，善成职守，崇尚道义。浩尼齐，尔生性忠厚诚实，以谦逊之心善守爵位。朕以为长寿，不曾预料遽然故去。朕爱怜常思，故加恩祭奠。若尔亡灵地下有知，则来迎尚飨！

## 06-01-07　顺治帝遣官致祭扎鲁特部三等台吉满珠希礼之祭文
顺治十六年三月十二日

顺治十六年三月十二日，皇上致祭奠扎鲁特部三等台吉满珠希礼之祭文。皇上赐给纸钱、羊、酒，遣七等笔帖式绰克图读祭文，洒酒，照例于三月十一日祭奠。祭文词曰：皇帝敕谕，遣七等笔帖式绰克图致祭扎鲁特部三等台吉满珠希礼之祭文。朕思及遐荒远域，示仁恩赐殒殆者，广施恩泽。为人臣者，谨慎效力，善成职守，崇尚道义。满珠希礼，尔生性忠厚，以谦逊之心善守爵位。朕以为长寿，不曾预料遽然故去。朕爱怜常思，故加恩祭奠。若尔亡灵地下有知，则来迎尚飨！

## 06-01-08　顺治帝遣官致祭乌珠穆秦部四等台吉那木济拉之祭文
顺治十六年三月二十四日

顺治十六年三月十二日，皇上致祭奠乌珠穆秦部四等台吉那木济拉之祭文。皇上赐给纸钱、羊、酒，遣六等笔帖式扎尔泰读祭文，洒酒，照例于三月十一日祭奠。祭文词曰：皇帝敕谕，遣六等笔帖式扎尔泰致祭乌珠穆秦部四等台吉那木济拉之祭文。朕思及遐荒远域，示仁恩赐殒殆者，广施恩泽。为人臣者，谨慎效力，善成职守，崇尚道义。那木济拉，尔生性忠厚诚实，以谦逊之心善守爵位。朕以为长寿，不曾预料遽然故去。朕爱怜常思，故加恩祭奠。若尔亡灵地下有知，则来迎尚飨！

## 06-01-09　顺治帝遣官致祭扎赉特部四等台吉喇嘛什希之祭文
顺治十六年三月初七日

顺治十六年三月二十四日，皇上致祭奠扎赉特部四等台吉喇嘛什希之祭文。皇上赐给纸钱、羊、酒，遣七等笔帖式绰克图读祭文，洒酒，照例于三月十一日祭奠。祭文词曰：皇帝敕谕，遣七等笔帖式绰克图致祭扎赉特部四等台吉喇嘛什希之祭文。朕思及遐荒远域，示仁恩赐殒殆者，以广施恩泽。为人臣者，谨慎效力，善成职守，崇尚道义。喇嘛什希，尔生性忠厚，以谦逊之心善守封爵。朕以为长寿，不曾预料遽然故去。朕爱怜常思，故加恩祭奠。若尔亡灵地下有知，则来迎尚飨！

## 06-01-10　顺治帝遣官致祭喀尔喀固山额真巴拜之祭文
顺治十六年闰三月初九日

顺治十六年闰三月初九日，皇上致祭奠喀尔喀固山额真巴拜之祭文。皇上赐给纸钱、羊、酒，遣六等笔帖式扎尔泰读祭文，洒酒，照例于闰三月初九日祭奠。祭文词曰：皇帝敕谕，致祭喀尔喀已故固山额真巴拜之祭文。克己效力，乃为人臣善行，恩赐殒殆者，广施恩泽乃国家善政。巴拜，尔生性忠厚，相助外事，成固山额真，谨慎效力。朕以为长寿，不曾预料遽然故去。朕爱怜常思，备齐祭品，故加恩祭奠以表哀思。若尔亡灵地下有知，则来迎尚飨！

### 06-01-11 顺治帝遣官致祭鄂尔多斯部固山额真布达雅之祭文

顺治十六年闰三月二十五日

顺治十六年闰三月二十四日，皇上致祭鄂尔多斯部固山额真布达雅之祭文。皇上赐给纸钱、羊、酒，遣六等笔帖式扎尔泰读祭文，洒酒，照例于闰三月二十五日祭奠。祭文词曰：皇帝敕谕，致祭已故鄂尔多斯部固山额真布达雅之祭文。克己效力乃为人臣者善行，恩赐示仁殒殆者，广施恩泽乃国家善政。布达雅，尔生性忠厚，相助外事，成固山额真，谨慎效力。朕以为长寿，不曾预料遽然故去。朕爱怜常思，备齐祭品，故加恩祭奠以表哀思。若尔亡灵地下有知，则来迎尚飨！

### 06-01-12 顺治帝命阿信台承袭其病故兄之达尔汉爵位之敕命

顺治十六年四月十日

令阿信台承袭其病故兄之达尔汉爵位。依旧世袭罔替。

### 06-01-13 顺治帝命拜斯古郎承袭父爵拖沙喇哈番之敕命

顺治十六年五月十五日

命拜斯古郎承袭其父爵拖沙喇哈番封号。倘若阵亡，则准袭，如若病故，则停袭。

### 06-01-14 顺治帝命诺尔布承袭其父爵拜他喇布勒哈番之敕命

顺治十六年五月十五日

命诺尔布承袭其父爵拜他喇布勒哈番封号。倘若阵亡，则准袭，又准再承袭一代。

### 06-01-15 顺治帝命顾穆也克承袭其父爵三等精奇尼哈番之敕命

顺治十六年九月初四日

命顾穆也克承袭其父爵三等精奇尼哈番封号。恩准可以再承袭十一代。

### 06-01-16 顺治帝命乌达巴喇承袭其父爵拜他喇布勒哈番之敕命

顺治十六年十月二十三日

顺治帝令乌达巴喇承袭其父爵拜他喇布勒哈番名号。又恩准再承袭封爵一代。

### 06-01-17 顺治帝以朝贡事颁喀尔喀部毕席勒尔图汗之敕谕

顺治十六年四月二十日

皇帝敕谕致喀尔喀部毕席勒尔图汗，朕思量尔知天命识时达务，遵循晓谕，遣四个台吉来认错觐见，朕予以宽恕尔等所有罪恶，遣官吏，尔在朕所遣官吏面前不违敕谕，诚心为政体立言盟誓，每年按时进献所定年贡，并派人来觐见。所以朕甚为黾勉激励，不分内外，视为一体，故大加恩赏，传谕并派遣官吏。今后时常以诚信和善达成本真，报答恩德。受朕重恩，（尔等）以副朕仁爱遐荒远域之苦心，虔诚不悖则受上天眷佑，受朕恩赐，世代永享太平幸福。钦此。

## 06-01-18　　顺治帝赏赐喀尔喀部毕席勒尔图汗之礼单皇帝敕谕
### 顺治十六年四月二十日

赐给毕席勒尔图汗之赏赐礼品单子。貂皮里子蟒缎衣裳一件，黑貂皮短袍衫一件，染色貂皮帽子一顶，镶嵌绿宝石鞓带系手巾（手帕）及褡裢一，荷苞带板佩带刀子，珊瑚念珠一串，皮靴、缎袜子一套，镶嵌绿宝石、珊瑚撒袋装带弓箭，镶嵌绿宝石大刀一把，一等玲珑马鞍一副，镶嵌绿宝石、珊瑚之五十两金桶一只、五十两银盘子一只，大蟒袍衣裳三件、蟒衣三件、纱蟒衣三件、小蟒衣五件、妆缎三件、黑色帽缎三件、官绸五件、大闪缎两件、小碎花闪缎两件、大缎五件、倭缎四件、片金三件、青素缎三件、青色帽缎三件、漳缎五件、彭缎五件、纺丝三件、绫子三件、细绸三件、绢四件、大小缎共七十件黑色布匹、蓝色布匹七百件、染色貂皮五张、染色水獭皮五张、豹皮五张、虎皮五张、江獭皮五张、茶七篓。

## 06-01-19　　顺治帝以朝贡事颁喀尔喀部车臣济农之敕谕
### 顺治十六年四月二十日

皇帝敕谕致喀尔喀部车臣济农，朕思量尔知天命知时达务，遵循晓谕，遣四个台吉来认错觐见，朕予以宽恕尔等所有罪恶，派遣官吏，尔在朕所遣官吏面前不违敕谕，诚心为政体立言起誓，每年按时送来规定年贡，并派人来觐见。所以朕甚为黾勉激励，不分内外，视为一体，故大加恩赏，传谕并派遣官吏。今后时常以诚信和善达成本真，报答恩德。受朕重恩，以合朕仁爱遐荒远域之苦心，虔诚不悖则受上天眷佑，受朕恩赐，世代永享太平幸福。钦此。

## 06-01-20　　顺治帝赏赐喀尔喀部车臣济农之礼单
### 顺治十六年四月二十日

貂皮里子蟒缎衣裳一件，黑貂皮短袍衫一件，染色貂皮帽子一顶，镶嵌绿宝石鞓带系手巾（手帕）及褡裢一，荷苞带板佩带刀子，珊瑚念珠一串，皮靴、缎袜子一套，镶嵌绿宝石、珊瑚之撒袋装带弓箭，镶嵌绿宝石大刀一把，一等玲珑马鞍一副，镶嵌绿宝石、五十两珊瑚金桶一只、五十两银盘子一只，大蟒袍衣裳三件、蟒衣三件、纱蟒衣三件、小蟒衣五件、妆缎三件、黑色帽缎三件、官绸五件、大闪缎两件、小碎花闪缎两件、大缎五件、倭缎四件、片金三件、青素缎三件、青色帽缎三件、漳缎五件、彭缎五件、纺丝三件、绫子三件、细绸三件、绢四件、大小缎共七十件黑色布匹、蓝色布匹七百件、染色貂皮五张、染色水獭皮五张、豹皮五张、虎皮五张、江獭皮五张、茶七篓。

## 06—01—21　　　顺治帝以朝贡事颁喀尔喀部昆都伦托音之敕谕
### 顺治十六年四月二十日

皇帝敕谕致喀尔喀部昆都伦托音，朕思及尔知天命知时达务，遵循晓谕，遣四个台吉来认错觐见，朕予以宽恕尔等所有罪恶，派遣官吏，尔在朕所遣官吏面前勿违敕谕，诚心为政体立言起誓，每年按时进献所定年贡，并派人来觐见。所以朕甚为黾勉激励，不分内外，视为一体，故大加恩赏，传谕并遣官吏。今后时常以诚信和善达成本真，报答恩德。受朕重恩，以副朕仁爱遐荒远域之苦心，虔诚不悖则受上天眷佑，受朕恩赐，世代永享太平幸福。钦此。

## 06—01—22　　　顺治帝赏赐喀尔喀部昆都伦托音之礼单
### 顺治十六年四月二十日

貂皮里子蟒缎衣裳一件，黑貂皮短袍衫一件，染色貂皮帽子一顶，镶嵌绿宝石鞓带系手巾（手帕）及褡裢一，荷苞带板佩带刀子，珊瑚念珠一串，皮靴、缎袜子一套，镶嵌绿宝石大刀一把，一等玲珑马鞍一副，镶嵌绿宝石、珊瑚之五十两金桶一只、五十两银盘子一只、大蟒袍衣裳三件、蟒衣三件、纱蟒衣三件、小蟒衣五件、妆缎三件、黑色帽缎三件、官绸五件、大闪缎两件、小碎花闪缎两件、大缎五件、倭缎四件、片金三件、青素缎三件、青色帽缎三件、漳缎五件、彭缎五件、纺丝三件、绫子三件、细绸三件、绢四件、大小缎共七十件黑色布匹、蓝色布匹七百件、染色貂皮五张、染色水獭皮五张、豹皮五张、虎皮五张、江獭皮五张、茶七篓。

## 06—01—23　　　顺治帝以朝贡事颁喀尔喀部罗卜藏诺颜之敕谕
### 顺治十六年四月二十日

皇帝敕谕致喀尔喀部罗卜藏诺颜，朕思量尔知天命知时达务，遵循晓谕，遣四个台吉来朝，认错觐见，朕予以宽恕尔等所有罪恶，遣官吏，尔在朕所遣官吏面前勿违敕谕，诚心为政体立言起誓，每年进献所定年贡，并派人来觐见。所以朕甚为黾勉激励，不分内外，视为一体，故大加恩赏，传谕并遣官吏。今后时常以诚信和善达成本真，报答恩德。受朕重恩，以副朕仁爱遐荒远域之苦心，虔诚不悖则受上天眷佑，受朕恩赐，世代永享太平幸福。钦此。

## 06—01—24　　　顺治帝赏赐喀尔喀部罗卜藏诺颜之礼单
### 顺治十六年四月二十日

貂皮衬里子蟒缎衣裳一件，黑貂皮短袍衫一件，染色貂皮帽子一顶，镶嵌绿宝石鞓带系手巾（手帕）及褡裢一，荷苞带板佩带刀子，珊瑚念珠一串，皮靴、缎袜子一套，镶嵌绿宝石大刀一把，一等玲珑马鞍一副，镶嵌绿宝石、珊瑚之五十两金桶一只、五十两银盘子一只，大蟒袍衣裳三件、蟒衣三件、纱蟒衣三件、小蟒衣五件、妆缎三件、黑色帽缎三件、官绸五件、大闪缎两件、小碎花闪缎两件、大缎五件、倭缎四件、片金三件、青素缎三件、青色帽缎三件、漳缎五件、彭缎五件、纺丝三件、绫子三件、细绸三件、绢四件，大小缎共七十件黑色布匹、蓝色布匹七百件、染色貂皮五张、染色水獭皮五张、豹皮五张、虎皮五张、江獭皮五张、茶七篓。

# 顺治十七年（1660）档册

## 06-02-01　　　　顺治帝颁罪己诏大赦天下之诏书
### 顺治十七年正月二十五日

　　奉天承运皇帝诏曰：自古帝王统御寰区，绥定兆姓，治效已臻，则天下共乐升平。化理未奏，则先臣庶反身克责，敬天勤民，道不越此。朕荷皇天眷佑，缵承祖宗鸿绪，夙夜兢兢，力图治安，十有七于兹。乃民生尚未尽遂，贪吏尚未尽改，滇黔虽入版图，而伏莽未靖，征调犹繁，疾苦时告，拯恤未周。反复思维，皆朕不德，负上天之简，畀愧祖宗之寄托，虚皇太后教育之恩，孤四海万民之望。每怀及此，罔敢即安。兹于顺治十七年正月二十、二十一、二十三日，祭告天地、太庙、社稷，抒忱引咎。自今以后元旦、冬至，天下庆贺，表章皇太后前照常恭进。朕前表章，暂行停止。特颁恩赦，加惠元元。应事宜开列于后。一、顺治十七年正月二十五日昧爽以前，凡官吏兵民人等罪犯，除谋反，叛逆，子孙杀祖父母、父母，内乱，妻妾杀夫、告夫，奴婢杀家长，杀一家非死罪三人，采生折割人，谋杀，故杀，蛊毒，魔魅，毒药杀人，强盗，妖言十恶等真正死罪不赦外，行间罪过，贪官衙蠹受赃，监守自盗，拖欠钱粮、漕粮，侵盗漕粮员役及私书嘱托，骚扰驿递船牌票，亦在不赦外，其余死罪，俱减一等。军罪以下已发觉，未发觉，已结正，未结正，咸赦除之。有以赦前事讦告者，不与审理，即以其罪罪之。逃人罪犯赦后三效者，方坐死罪。在赦前者，俱免。一、文职官员除贪赃及大计处分，失陷城池，缉盗不获，罪犯越狱，拖欠钱粮、漕粮，违误钦件限期，审事徇情，举劾不公，阅卷有弊，衙役作弊，犯赃，本官不能觉察，投认师生等罪不赦外，见在因公诖误，议革、议降、议罚及戴罪住俸各官，各该衙门奏明宽宥。一、武职官员，除贪赃及军政处分，失陷地方，缉盗不获，纵兵抢掠，拖欠钱粮，违误钦件限期，审事徇情等罪不赦外，见在因公诖误，议革、议降、议罚及戴罪住俸各官，各该衙门奏明宽宥。顺治十六年以前，直省拖欠钱粮，差廉干满官，前往清查，果系拖欠在民者，俱与蠲免。如系官吏侵盗者，不准援赦滥及。一、满洲兵丁，处处战攻劳苦，该部通行赏赉。一、满洲兵丁、披甲，随征多年效力，被伤不能披甲及年老有疾退役者，酌给恩赏。一、征调别省兵丁深为可悯，其家口坐粮，照例给发。务令得沾实惠。一、自顺治元年五月以来，各地方归顺有功文武官员人等，除已叙外，凡未经叙录者，将归顺来历及归后劳绩，该部查明叙升。一、所在孝子顺孙、义夫、节妇，自顺治元年以后，曾经各巡按御史奏闻者，仍行该按再为核实，毋事浮滥。造册报部，以凭具奏旌表。一、额征钱粮，俱照万历年间则例，其天启、崇祯年间加增，尽行蠲免。能行已久，如有贪官污吏，例外私派，多征扰民者，该督抚按，题参重处。一、远省未附地方，文武各官及乡绅士民，投诚归顺者，以前负固之罪，通与赦免。察其功之大小，各与升赏。一、有因叛逆干连，原系无辜者，该督抚按审明，即为具题释放。一、附近贼巢居民，原未从贼，有司将领，一概混捕擅杀者，该督抚按察实参处。盗贼多因饥寒失业，或为贪官所迫。诏书到日，虽系首恶，若能率党投首，悉免其罪。兵收入伍，民收入籍。务期得所。有能擒捕首恶及党内首告者，论功授官给赏。如有因其投首，乘机邀执行，希图功赏者，治以重罪。一、大兵经过，诿马地方，供应草豆运价等项，以后俱准作正项钱粮销算。如官胥通同�’勒，侵冒，该督抚即行纠参。隐徇者一体重处。一、贫民失业流离，各地方官有能赈恤，全活五百人以上者，核实记录。千人以上者，即与题请加级。其有乡宦富民，尚义出粟全活贫民百人以上者，该地方官核实具奏。分别旌劝。一、各处土司，原当世守地方。不得轻听叛逆招诱，自外王化。凡从前未经归顺，今来投诚者，开具原管地方部落，准与照旧袭封。有擒执叛逆来献者，仍厚加升赏。一、已归顺土司官，曾立功绩及未经授职者，各督抚、巡按官，通行查明具奏，论功升授。於戏！乾行惕厉，用昭内省之诚，解泽旁流，式布维新之治。诞告中外，咸使闻知。

## 06-02-02　　　　顺治帝以扎木散兄获罪命其承袭其兄
### 多罗达尔汉郡王爵位之诰命
顺治十七年正月二十六日

以扎木散兄获罪，命其承袭其兄多罗达尔汉郡王封爵。

## 06-02-03　　　　顺治帝以礼达尔兄获罪命其承袭其兄
### 拖沙喇哈番爵位之敕命
顺治十七年正月二十六日

以礼达尔兄获罪，命其承袭其兄拖沙喇哈番封爵。依旧不得世袭。

## 06-02-04　　　　顺治帝派使者存问达赖喇嘛之敕谕
顺治十七年六月

皇帝敕谕，朕已悉尔等问安奏请，知悉真心。朕托上天眷佑，天下寰区内外，无不绥服。因西域地方绝险遥远，全凭尔弘扬德行教法，引领国民回归正道，宏传佛法。

虽地方绝险遥远，仍旧礼上往来，礼品互赠不断，所以遣班珠尔拉木占木巴（兰占巴）喇嘛、齐喇嘛等前往存问安康。

## 06-02-05　　顺治帝派使者存问班禅呼图克图之敕谕

### 顺治十七年六月

皇帝敕谕，朕已知悉尔问安奏折，知悉尔等由遥远绝险地方常思之心。尔在外成为股肱，掌管佛法，德行及慈悲，所到之处名声大噪，善业功德，敬颂遐迩。所以遣班珠尔拉木占巴喇嘛、齐喇嘛等存问安康。

## 06-02-06　　顺治帝派使者存问瓦齐尔汗之敕谕

### 顺治十七年六月

皇帝敕谕致瓦齐尔汗，朕已知悉尔等问安奏请，知悉由遥方常思之心。尔虽居化外之地，地方绝险遥远，真心实意却向内归宿。崇尚教化，扶助教法，传播仁爱，名声大显。朕关切西域，是以遣班珠尔拉木占木巴（兰占巴）喇嘛、齐喇嘛等存问并照例赍至玲珑雕鞍一副、绸缎八匹。尔收取之，以副朕恩赐之意。

## 06-02-07　　顺治帝派使者赏赐达赖喇嘛之礼单

### 顺治十七年六月

皇帝敕谕：尔远居西土地域，弘扬佛法，以善行协和众生，可歌可泣。今遣班珠尔拉木占木巴（兰占巴）喇嘛、齐喇嘛等存问，并照例赍至玲珑雕鞍一副、玉壶一、扯古掔（茶酒盅）二、绸缎十匹。尔收取之，以副朕恩赐之意。

## 06-02-08　　顺治帝派使者赏赐班禅呼图克图之礼单

### 顺治十七年六月

皇帝敕谕：朕每闻悉尔掌管教法，并行不悖，以慈悲为怀，自遥远绝险地方嘉善常思。今遣班珠尔拉木占木巴（兰占巴）喇嘛、齐喇嘛等存问安康，并照例赍至绸缎五匹。尔收取之，以副朕恩赐之意。

## 06-02-09　　顺治帝以军备防盗之事颁给外藩蒙古 诸王贝勒贝子公等圣旨

### 顺治十七年三月

皇帝敕谕晓谕外藩蒙古王公台吉等，今以为天下统一，担忧不置备武器装备，仍旧按先前定例春秋两次检查武器装备，仍如从前训练射击。又听说盗贼增多，猖獗异常，此等显然均掌管者之失误所致。各扎萨克王公，诸诺颜，和硕（旗）台吉等，又下级各旗额真、梅勒章京、甲喇章京、佐领、十户长等务必严查惩治，盗贼何以能够猖獗？今后务必严加防范，不得懈怠。至编审人丁，勿得欺隐。如有首告欺隐者，即于审丁之年具告。倘迟至二三年具告，则不及比之幼丁，即不到一两个手指头少年，必以长成。虽告不准。钦此。

## 06-02-10　顺治帝以军备防盗之事颁给外藩蒙古诸王贝勒贝子公等圣旨

顺治十七年七月十六日

皇帝敕谕晓谕外藩蒙古王公台吉等，今担忧因天下已统一而贻误置备武器装备，仍旧按先前定例春秋两次检查武器装备，仍如从前训练射击。又听说盗贼增多，猖獗异常，此等显然均掌管者之失误所致。各扎萨克王公，诸诺颜，和硕（旗）台吉等，又下级各旗额真、梅勒章京、甲喇章京、佐领、十户长等务必严查惩治则盗贼何以能够猖獗至此？今后务必严加防范，不得懈怠。又编审人丁时，勿得欺隐。如有举首欺隐者，即于审丁之年具告。倘迟至二三年具告，则不及比之幼丁，即不到一两个手指头少年，必已长成。虽告不准。钦此。

## 06-02-11　顺治十六年七月十一日

### （1）崇德元年四月太宗皇帝封科尔沁部满珠席礼为多罗巴图鲁郡王之旧诰命

奉天承运皇帝制曰：自开天辟地以来，有一代应运之君，必有藩屏之佐，故叙功定名以别封号者，乃古圣王之典也。朕爱仿古制，不分内外，视为一体。凡我诸藩，俱因功授给诰命，以昭等威，受此诰命者，必忠以辅国，恪守矩度，自始至终，不忘信义，若此则光前裕后，而奕世永昌矣。慎行勿怠。满珠席礼，尔叔祖明安达尔汉巴图鲁诺颜，先于嫩科尔沁部所有诸颜送女至太祖皇帝，缔结姻娅，往来不断。尔祖父莽骨斯扎尔古齐诺颜，先于科尔沁部所有其他诸诺颜给朕送女来，（双方）缔结姻娅，往来不断。又与祖母、生母商量，将妹给朕送来，成为双重婚姻。察哈尔部出兵，围攻尔科尔沁部之格尔珠尔根城，尔兄弟全体四散逃走，各奔东西。只有满珠席礼尔与兄驻绰尔门（《清实录》作"绰尔曼"，在嫩江与松花江汇流处北岸）城，杀死察哈尔部兵马，获其骆驼马匹作为首选礼物送来。闻太祖皇帝仙升宾天，及时来吊唁。进军讨伐东撳时，嫩科尔沁部诸诺颜全体回去。满珠席礼，尔穿过敌国境域，如期赴约而来，对喀喇沁部苏布穆交战力屈之百人，率领二十个伙伴奋勇攻取之。始终不渝，一心效力，朕嘉尔勋，故册封尔为巴图鲁郡王。除负朕厚恩，谋反大逆，削除王爵，及行军败逃，依律治罪外，其一应过犯，永不削夺，子孙世袭。尔必忠以辅国，恪守矩度，自始至终，不忘信义，若此则光前裕后，而奕世永昌矣。慎行勿怠。满珠席礼，尔叔祖明安达尔汉巴图鲁诺颜，先于嫩科尔沁部所有诸颜送女至太祖皇帝，缔结姻娅，往来不断。尔祖父莽骨斯扎尔古齐诺颜，先于科尔沁部所有其他诸诺颜（这里可能有脱文，原文如此——译者）。加赐名号，赐给郡王封号。依旧世袭罔替。顺治九年正月十五日。

（2）顺治九年三月以腾机思事件中屡立奇功赐满珠席礼为多罗达尔名号之诰命

（这件档册有目无文——译者）

（3）顺治十六年七月晋封皇太后亲兄满珠席礼为和硕达尔汉巴图鲁亲王之诰命

（尔）自太宗宽温仁圣皇帝即位以来，亲自率军冲锋陷阵，转战各地，专心致志，效力异常，获得名号。朕即位之后，当进军喀尔喀部时，为国尽心，军前效力，虔心效命，大获名号。又尔身为朕母皇太后亲兄，礼涉至亲重戚。恩益显于股肱，理应重赏效力，敬重非常，故加授晋升赐给扎萨克达尔汉巴图鲁亲王封号。依旧世袭罔替。顺治十六年七月十一日。

## 06-02-12　　　　顺治帝命达喜承袭父爵拖沙喇哈番之敕命

### 顺治十七年十月初六日

恩准令达喜承袭其父爵拖沙喇哈番封号。又准再承袭一代。

## 06-02-13　顺治帝遣官致祭之翁牛特部多罗杜棱郡王博多和之祭文

### 顺治十七年八月十五日

皇帝敕谕。遣人祭奠翁牛特部多罗杜棱郡王博多和之祭文。皇上赐给祭文、纸钱、羊等读祭文，遣太师少保吏部左侍郎济察巴洒酒，照例于九十一日祭奠，遣太师少保吏部左侍郎济察巴致祭翁牛特部多罗杜棱郡王博多和之祭文：朕思量遐荒远域，追念殒殆者以广布仁爱。为人臣者，效力辅佐，报答恩德，以虔诚成事为贵。翁牛特部多罗杜棱郡王博多和，尔生性忠厚笃实，明慧聪颖，承袭乃父王爵位，弘扬家风。朕以为永远长寿，不曾预料遽然逝去。朕哀恸异常，备齐祭品，聊表痛悼之心祭之。呜呼！恩赐被及冥界地府。仁爱泽至遗体，降恩远方。若尔地下有知，则来尚飨！

## 06-02-14　　　　顺治帝遣官致祭科尔沁国镇国公小色冷之祭文

### 顺治十七年九月十一日

皇上遣官致祭科尔沁国镇国公小色冷之祭文。顺治十七年八月初九日，皇上赐给纸钱、羊、酒，遣蓝翎阿津读祭文，洒酒，照例于九月十一日祭奠。祭文词曰：皇帝敕谕，遣蓝翎阿津致祭科尔沁国镇国公小色冷之祭文：朕思量遐荒远域，示仁恩赐殒殆者，以广布仁义。为人臣者，谨慎效力，报答恩德，以虔诚成事为贵。镇国公小色冷，尔生性忠厚，行事持重谨慎，善守职守，善成所委付事宜。朕以为长寿，不曾预料遽然故去。朕哀恸异常，备齐祭品，加恩祭奠以安慰亡灵！若尔地下有知，则来迎尚飨！

**06-02-15　　顺治帝遣官致祭茂明安部一等台吉巴达玛之祭文**

顺治十七年九月初七日

皇上祭文，赐给纸钱、羊、酒，遣员外郎拜恩图读祭文，洒酒照例祭奠。祭文词曰：顺治十四年三月十七日，皇帝敕谕，遣员外郎委恩图致祭茂明安部一等台吉巴达玛之祭文。朕思及遐荒远域，示仁恩赐殒殆者，以广布仁义。为人臣者，谨慎效力，善守爵位，崇尚道义。巴达玛，尔行事忠厚，以谦逊之心善守职守。朕以为长寿，不曾预料遽然故去。朕哀恸异常，备齐祭品，加恩祭奠以安慰亡灵！若尔地下有知，则来迎尚飨！

**06-02-16　　顺治帝遣官致祭巴林部一等台吉喇巴代之祭文**

顺治十七年八月二十九日

皇上祭文，赐给纸钱、羊、酒，遣员外郎莫洛读祭文，洒酒照例祭奠。祭文词曰：顺治十四年三月十七日，皇帝敕谕，遣员外郎莫洛致祭巴林部一等台吉喇巴代之祭文。朕思及遐荒远域，恩赐示仁殒殆者，以广布仁义。为人臣者，谨慎效力，善守爵位，崇尚道义。喇巴代，尔生性忠厚，行事公正，以谦逊之心善守职守。朕以为长寿，不曾预料遽然故去。朕哀恸异常，备齐祭品，加恩祭奠以安慰亡灵！若尔地下有知，则来迎尚飨！

**06-02-17　　顺治帝遣官致祭翁牛特部头等台吉色英之祭文**

顺治十七年八月二十三日

皇上祭文，赐给纸钱、羊、酒，遣员外郎莫洛读祭文，洒酒并照例于八月二十六日祭奠。祭文词曰：皇帝敕谕，遣员外郎莫洛致祭翁牛特部头等台吉色英之祭文。朕思量遐荒远域，恩赐施恩殒殆者，以广布仁义。为人臣者，谨慎效力，善守爵位，崇尚道义。色英，尔生性忠厚，以谦逊之心善守职守。朕以为长寿，不曾预料遽然故去。朕哀恸异常，备齐祭品，加恩祭奠以安慰亡灵！若尔地下有知，则来迎尚飨！

# 康熙元年（1662）档册

**06-03-01　　康熙帝以防盗军备之事颁给外藩蒙古**

**诸王贝勒贝子公等圣旨**

康熙元年三月十四日

皇帝敕谕晓谕外藩蒙古诸王、贝勒、贝子、公、台吉等，今闻外藩蒙古盗贼增多，猖獗异常，相互偷盗，黎民不得安宁。此乃掌管者失职所致盗贼猖獗。扎萨克诸王、贝勒、贝子、公、台吉等以及严禁各自旗固山额真、梅勒章京、甲喇章京、佐领（苏木章京）、领催等，各自严察详核并惩治盗贼则盗贼休以能增多猖獗？今在各自旗及苏木内严察详核，并惩治盗贼。今担忧因天下已统一而贻误置备武器装备，仍旧按先前定例春秋两次检查武器装备，仍如从前训练射击。先前定诸台吉等级时，归附或效力征战以及未效力战场均未鉴别一样给定一等二等等级。重新加以甄别。台吉亦加以甄别，钦此。

## 06-03-02　　康熙帝晋封土默特部镇国公顾穆为固山贝子之诰命
康熙元年二月二十三日

后来因太宗皇帝有恩赐尔之敕谕，所以由镇国公晋升为固山（旗）台吉。世袭罔替。

## 06-03-03　　　　　　　康熙元年四月二十二日

### （1）顺治十七年六月册封科尔沁部额尔敦郡王之母为固伦公主之旧册文

顺治十七年庚子六月初一日甲子丙戌，皇帝敕谕《尧典》云：下嫁有礼，圣人慎徽其女。《诗经》嘉许圣善和睦，帝王之女有礼。内廷修炼教养则必授奇礼。固伦公主，尔为朕姐，内心谨慎，处事文静，遵循母德，善学宫廷之礼。无违妇德，善名著称于夫家。因诞生于神奇天家支脉，嫁与大家合礼成亲。《玉牒》载录直亲，所以共同辅佐大政。喜结良缘，应赐礼服。故册封尔为固伦公主，赐给金册文。尔务必一心守贞备节，慎重兴门福德。虽富裕殷实，勤俭治家，家和善名永传颂。切勿纰漏善道。

### （2）康熙帝册封额尔敦郡王之母为端靖长公主之金册文

顺治十七年庚子六月初一日甲子丙戌，皇帝敕谕《尧典》云：下嫁有礼，圣人慎徽其女。《诗经》嘉许圣善和睦，帝王之女有礼。内廷修炼教养则必授非常大礼。固伦公主，尔为朕姐，内心谨慎，处事文静，遵循母德，善学宫廷之礼。无违妇德，善名著称于夫家。因诞生于神奇天家支脉，嫁与大家合礼成亲。《玉牒》载录直亲，所以共同辅佐大政。喜结良缘，应赐礼服。故册封尔为端靖长公主，赐给金册文。一心守贞备节，慎重兴门福德。虽富裕殷实，勤俭治家，家和善名永传颂。切勿纰漏善道。

## 06-03-04　　　　　　　康熙元年四月二十二日

### （1）顺治十七年六月册封巴林部色布腾额驸之福晋为固伦公主之旧册文

于顺治十七年庚子六月初一日甲子丙戌，皇帝敕谕《尧典》云：下嫁有礼，圣人慎徽其女。《诗经》嘉许圣善和睦，帝王之女有礼。内廷修炼教养则必授非常大礼。固伦公主，尔为朕姐，内心谨慎，处事文静，遵循母德，善学宫廷之礼。无违妇德，善名著称于夫家。因诞生于神奇天家支脉，嫁与大家合礼成亲。《玉牒》载录直亲，所以共同辅佐大政。喜结良缘，应赐礼服。故册封尔为固伦公主，赐给金册文。一心守贞备节，慎重兴门福德。虽富裕殷实，勤俭治家，家和善名永传颂。切勿纰漏善道。

（2）**康熙帝册封巴林部固伦公主为淑慧长公主之金册文**

顺治十七年庚子六月初一日甲子丙戌，皇帝敕谕《尧典》云：下嫁有礼，圣人慎徽其女。《诗经》嘉许圣善和睦，帝王之女有礼。内廷修炼教养则必授非常大礼。固伦公主尔为朕姐，内心谨慎，处事文静，遵循母德，善学宫廷之礼。无违妇德，善名著称于夫家。因诞生于神奇天家支脉，嫁与大家合礼成亲。《玉牒》载录直亲，所以共同辅佐大政。喜结良缘，应赐礼服。故册封尔为淑慧长公主，赐给金册文。一心守贞备节，慎重兴门福德。虽富裕殷实，勤俭治家，家和善名永传颂。切勿纰漏善道。

**06-03-05**　　　　　　　　康熙元年四月二十二日

（1）**顺治十七年六月册封察哈尔公主为固伦公主之旧册文**

顺治十七年庚子六月初一日甲子丙戌，皇帝敕谕《尧典》云：下嫁有礼，圣人慎徽其女。《诗经》嘉许圣善和睦，帝王之女有礼。内廷修炼教养则必授非常大礼。固伦公主，尔为朕姐，内心谨慎，处事文静，遵循母德，善学宫廷之礼。无违妇德，善名著称于夫家。因诞生于神奇天家支脉，嫁与大家合礼成亲。《玉牒》载录直亲，所以共同辅佐大政。喜结良缘，应赐礼服。故册封尔为固伦公主，赐给金册文。一心守贞备节，慎重兴门福德。虽富裕殷实，勤俭治家，家和善名永传颂。切勿纰漏善道。

（2）**康熙帝册封察尔固伦公主为温庄长公主之金册文**

顺治十七年庚子六月初一日甲子丙戌，皇帝敕谕《尧典》云：下嫁有礼，圣人慎徽其女。《诗经》嘉许圣善和睦，帝王之女有礼。内廷修炼教养则必授非常大礼。固伦公主尔为朕姐，内心谨慎，处事文静，遵循母德，善学宫廷之礼。无违妇德，善名著称于夫家。因诞生于神奇天家支脉，嫁与大家合礼成亲。《玉牒》载录直亲，所以共同辅佐大政。喜结良缘，应赐礼服。故册封尔为温庄长公主，赐给金册文。一心守贞备节，慎重兴门福德。虽富裕殷实，勤俭治家，家和善名永传颂。切勿纰漏善道。

**06-03-06**　　　　　　　　康熙元年四月二十二日

（1）**顺治十七年六月册封巴雅斯呼朗额驸之福晋为固伦公主之旧册文**

顺治十七年庚子六月初一日甲子丙戌，皇帝敕谕《尧典》云：下嫁有礼，圣人慎徽其女。《诗经》嘉许圣善和睦，帝王之女有礼。内廷修炼教养则必授非常大礼。固伦公主尔为朕姐，内心谨慎，处事文静，遵循母德，善学宫廷之礼。无违妇德，善名著称于夫家。因诞生于神奇天家支脉，嫁与大家合礼成亲。《玉牒》载录直亲，所以共同辅佐大政。喜结良缘，应赐礼服。故册封尔为固伦公主，赐给金册文。一心守贞备节，慎重兴门福德。虽富裕殷实，勤俭治家，家和善名永传颂。切勿纰漏善道。

（2）**康熙元年册封科尔沁部巴雅斯呼朗额驸之福晋为崇康长公主之金册文**

顺治十七年庚子六月初一日甲子丙戌，皇帝敕谕《尧典》云：下嫁有礼，圣人慎徽其女。《诗经》嘉许圣善和睦，帝王之女有礼。内廷修炼教养则必授非常大礼。固伦公主尔为朕姐，内心谨慎，处事文静，遵循母德，善学宫廷之礼。无违妇德，善名著称于夫家。因诞生于神奇天家支脉，嫁与大家合礼成亲。《玉牒》载录直亲，所以共同辅佐大政。喜结良缘，应赐礼服。故册封尔为崇康长公主，赐给金册文。一心守贞备节，慎重兴门福德。虽富裕殷实，勤俭治家，家和善名永传颂。切勿纰漏善道。

## 06-03-07　　　　　　　康熙元年四月二十二日

（1）顺治十七年六月册封毕勒塔噶尔额驸之福晋为固伦公主之旧册文

（旧册文不存在，这里蒙古文原文整理编辑者编目录时致误的——译者）

（2）康熙帝册封毕勒塔噶尔额驸之福晋为雍穆长公主之金册文

顺治十七年庚子六月初一日甲子丙戌，皇帝敕谕《尧典》云：下嫁有礼，圣人慎徽其女。《诗经》嘉许圣善和睦，帝王之女有礼成亲。内廷修炼教养则必授非常大礼。固伦公主尔为朕姐，内心谨慎，处事文静，遵循母德，善学宫廷之礼。无违妇德，善名著称于夫家。因诞生于神奇天家支脉，嫁与大家合礼。《玉牒》载录直亲，所以共同辅佐大政。喜结良缘，应赐礼服。故册封尔为雍穆长公主，赐给金册文。一心守贞备节，慎重兴门福德。虽富裕殷实，勤俭治家，家和善名永传颂。切勿纰漏善道。

## 06-03-08　　　康熙帝册封科尔沁部卓礼克图亲王福晋为
### 和硕大福晋之诰命
康熙元年六月三十日

奉天承运皇帝诏曰：皇帝仰仗亲族及贤臣辅佐，故有封王之礼。夫国家崇尚和慎之礼，务必以内礼为重。祥和家眷，积善积德之义，理应推崇。扎萨克卓礼克图亲王福晋，尔姓氏博尔济锦，生性端正，内心谨慎，生于名门望族，未曾越离闺箴内礼。遇到王身，恪守妇德。股肱之德，非常显著，必定亲密无间，鼎力相助。故封尔为扎萨克卓礼克图亲王和硕大福晋，颁赐册文。礼倍至修饰之极，光泽显现服饰。《诗经》赞扬义美，恪尽行善。《周易》载静信。崇尚和睦德行。不贻误修正，则共受福祉。谨小慎微。康熙元年六月三十日。即日。

## 06-03-09　　　康熙帝册封喀尔喀部达尔汉亲王福晋为
### 和硕大福晋之诰命
康熙元年六月三十日

奉天承运皇帝诏曰：皇帝仰仗亲族及贤臣辅佐，故有封王之礼。夫国家崇尚和慎之礼，务必以内礼为重。祥和家眷，积善积德则理应推崇。尔扎萨克达尔汉亲王福晋，姓氏博尔济锦，生性端正，内心谨慎，生于名门望族，未曾越离闺箴内礼。遇到王身，恪守妇德。股肱之德，显著异常，必定亲密无间，鼎力相助。故封尔为扎萨克达尔汉亲王和硕大福晋，颁赐册文。礼倍至修饰之极，光泽显现衣服。《诗经》赞扬义美，恪尽行善。《周易》载静信。崇尚和睦德行。不贻误修正则共受福祉。谨小慎微。康熙元年六月三十日。即日。

## 06-03-10　康熙帝册封科尔沁部扎萨克图郡王福晋为

### 多罗大福晋之诰命

康熙元年六月三十日

奉天承运皇帝诏曰：皇帝仰仗亲族及贤臣辅佐，故有封王之礼。夫国家崇尚和慎之礼，务必以内礼为重。祥和家眷，积善积德则理应推崇。扎萨克图郡王福晋，姓氏卦勒察，尔生性端正，内心谨慎，生于名门望族，未曾越离闺箴内礼。遇到王身，恪守妇德。股肱之德，显著异常，必定亲密无间，鼎力相助。故封尔为扎萨克图郡王多罗大福晋，颁赐册文。礼倍至修饰之极，光泽显现衣服。《诗经》赞扬义美，恪尽行善。《周易》载静信。崇尚和睦德行。不贻误修正，则共受福祉。谨小慎微。康熙元年六月三十日。即日。

## 06-03-11　康熙帝册封科尔沁部多罗郡王福晋为

### 多罗大福晋之诰命

康熙元年六月三十日

奉天承运皇帝诏曰：皇帝仰仗亲族及贤臣辅佐，故有封王之礼。夫国家崇尚和慎之礼，务必以内礼为重。祥和家眷，积善积德则理应推崇。多罗郡王福晋，姓氏博尔济锦，尔生性端正，内心谨慎，生于名门望族，未曾越离闺箴内礼。遇到王身，恪守妇德。股肱之德，显著异常，必定亲密无间，鼎力相助。故封尔为多罗郡王多罗大福晋，颁赐册文。礼倍至修饰之极，光泽显现衣服。《诗经》赞扬义美，恪尽行善。《周易》载静信。崇尚和睦德行。不贻误修正，则共受福祉。谨小慎微。康熙元年六月三十日。即日。

## 06-03-12　康熙帝册封奈曼部达尔汉郡王福晋为

### 达尔汉郡王大福晋之诰命

康熙元年六月三十日

奉天承运皇帝诏曰：皇帝仰仗亲族及贤臣辅佐，故有封王之礼。夫国家崇尚和慎之礼，务必以内礼为重。祥和家眷，积善积德则理应推崇。奈曼达尔汉郡王福晋，姓氏克烈，尔生性端正，内心谨慎，生于名门望族，未曾越离闺箴内礼。遇到王身，恪守妇德。股肱之德，显著异常，必定亲密无间，鼎力相助。故封尔为达尔汉郡王大福晋，颁赐册文。礼倍至修饰之极，光泽显现衣服。《诗经》赞扬义美，恪尽行善。《周易》载静信。崇尚和睦德行。不贻误修正，则共受福祉。谨小慎微。康熙元年六月三十日。即日。

## 06-03-13　康熙帝册封科尔沁部多罗郡王张继伦福晋
### 为郡王多罗大福晋之诰命

康熙元年六月三十日

奉天承运皇帝诏曰：皇帝仰仗亲族及贤臣辅佐，故有封王之礼。夫国家崇尚和慎之礼，务必以内礼为重。祥和家眷，积善积德则理应推崇。多罗郡王福晋，姓氏博尔济锦，尔生性端正，内心谨慎，生于名门望族，未曾越离闺箴内礼。遇到王身，恪守妇德。股肱之德显著异常，必定亲密无间，鼎力相助。故封尔为多罗郡王多罗大福晋，颁赐册文。礼倍至修饰之极，光泽显现衣服。《诗经》赞扬义美，恪尽行善。《周易》载静信。崇尚和睦德行。不贻误修正，则共受福祉。谨小慎微。康熙元年六月三十日。即日。

## 06-03-14　康熙帝册封阿霸垓部卓礼克图郡王福晋为
### 郡王大福晋之诰命

康熙元年六月三十日

奉天承运皇帝诏曰：皇帝仰仗亲族及贤臣辅佐，故有封王之礼。夫国家崇尚和慎之礼，务必以内礼为重。祥和家眷，积善积德则理应推崇。卓礼克图郡王福晋，姓氏博尔济锦，尔生性端正，内心谨慎，生于名门望族，未曾越离闺箴内礼。遇到王身，恪守妇德。股肱之德，显著异常，必定亲密无间，鼎力相助。故封尔为卓礼克图郡王大福晋，颁赐册文。礼倍至修饰之极，光泽显现衣服。《诗经》赞扬义美，恪尽行善。《周易》载静信。崇尚和睦德行。不贻误修正，则共受福祉。谨小慎微。康熙元年六月三十日。即日。

## 06-03-15　康熙帝册封四子部达尔汉卓礼克图郡王福晋
### 为多罗郡王之母福晋之诰命

康熙元年六月三十日

奉天承运皇帝诏曰：皇帝仰仗亲族及贤臣辅佐，故有封王之礼。夫国家崇尚和慎之礼，务必以内礼为重。祥和家眷，积善积德则理应推崇。达尔汉卓礼克图郡王福晋，姓氏博尔济锦，尔生性端正，内心谨慎，生于名门望族，未曾越离闺箴内礼。遇到王身，恪守妇德。股肱之德显著异常，必定亲密无间，鼎力相助。故封尔为达尔汉卓礼克图郡王多罗母福晋，颁赐册文。礼倍至修饰之极，光泽显现衣服。《诗经》赞扬义美，恪尽行善。《周易》载静信。崇尚和睦德行。不贻误修正，则共受福祉。谨小慎微。康熙元年六月三十日。即日。

## 06-03-16　　　　康熙帝册封苏尼特部杜棱郡王福晋为
## 郡王大福晋之诰命

康熙元年六月三十日

奉天承运皇帝诏曰：皇帝仰仗亲族及贤臣辅佐，故有封王之礼。夫国家崇尚和慎之礼，务必以内礼为重。祥和家眷，积善积德则理应推崇。杜棱郡王福晋，姓氏博尔济锦，尔生性端正，内心谨慎，生于名门望族，未曾越离闺箴内礼。遇到王身，恪守妇德。股肱之德显著异常，必定亲密无间，鼎力相助。故封尔为杜棱郡王大福晋，颁赐册文。礼倍至修饰之极，光泽显现衣服。《诗经》赞扬义美，恪尽行善。《周易》载静信。崇尚和睦德行。不贻误修正，则共受福祉。谨小慎微。康熙元年六月三十日。即日。

## 06-03-17　　　　康熙帝册封阿鲁科尔沁部多罗郡王福晋为郡王
## 多罗大福晋之诰命

康熙元年六月三十日

奉天承运皇帝诏曰：皇帝仰仗亲族及贤臣辅佐，故有封王之礼。夫国家崇尚和慎之礼，务必以内礼为重。祥和家眷，积善积德则理应推崇。多罗郡王福晋，亲族之女，尔生性端正，内心谨慎，生于名门望族，未曾越离闺箴内礼。遇到王身，恪守妇德。股肱之德，显著异常，必定亲密无间，鼎力相助。故封尔为多罗郡王多罗大福晋，颁赐册文。礼倍至修饰之极，光泽显现衣服。《诗经》赞扬义美，恪尽行善。《周易》载静信。崇尚和睦德行。不贻误修正，则共受福祉。谨小慎微。康熙元年六月三十日。即日。

## 06-03-18　　　　康熙帝册封蒿齐忒部多罗郡王福晋为
## 郡王多罗大福晋之诰命

康熙元年六月三十日

奉天承运皇帝诏曰：皇帝仰仗亲族及贤臣辅佐，故有封王之礼。夫国家崇尚和慎之礼，务必以内礼为重。祥和家眷，积善积德则理应推崇。多罗郡王福晋，姓氏博尔济锦，尔生性端正，内心谨慎，生于名门望族，未曾越离闺箴内礼。遇到王身，恪守妇德。股肱之德，显著异常，必定亲密无间，鼎力相助。故封尔为多罗郡王多罗大福晋，颁赐册文。礼倍至修饰之极，光泽显现衣服。《诗经》赞扬义美，恪尽行善。《周易》载静信。崇尚和睦德行。不贻误修正，则共受福祉。谨小慎微。康熙元年六月三十日。即日。

### 06-03-19　　康熙帝册封苏尼特部多罗郡王福晋为
### 郡王多罗大福晋之诰命

康熙元年六月三十日

奉天承运皇帝诏曰：皇帝仰仗亲族及贤臣辅佐，故有封王之礼。夫国家崇尚和慎之礼，务必以内礼为重。祥和家眷，积善积德则理应推崇。多罗郡王福晋，姓氏也里克温（源于蒙元时期聂斯脱里派景教徒姓氏——译者），尔生性端正，内心谨慎，生于名门望族，未曾越离闺箴内礼。遇到王身，恪守妇德。股肱之德，显著异常，必定亲密无间，鼎力相助。故封尔为多罗郡王多罗大福晋，颁赐册文。礼倍至修饰之极，光泽显现衣服。《诗经》赞扬义美，克尽行善。《周易》载静信。崇尚和睦德行。不贻误修正，则共受福祉。谨小慎微。康熙元年六月三十日。即日。

### 06-03-20　　康熙帝册封鄂尔多斯部多罗郡王福晋为
### 郡王多罗大福晋之诰命

康熙元年六月三十日

奉天承运皇帝诏曰：皇帝仰仗亲族及贤臣辅佐，故有封王之礼。夫国家崇尚和慎之礼，务必以内礼为重。祥和家眷，积善积德则理应推崇。多罗郡王福晋，姓氏扎赉尔，尔生性端正，内心谨慎，生于名门望族，未曾越离闺箴内礼。遇到王身，恪守妇德。股肱之德，显著异常，必定亲密无间，鼎力相助。故封尔为多罗郡王多罗大福晋，颁赐册文。礼倍至修饰之极，光泽显现衣服。《诗经》赞扬义美，恪尽行善。《周易》载静信。崇尚和睦德行。不贻误修正，则共受福祉。谨小慎微。康熙元年六月三十日。即日。

### 06-03-21　　康熙帝册封喀尔喀部卓礼克图郡王福晋为
### 郡王大福晋之诰命

康熙元年六月三十日

奉天承运皇帝诏曰：皇帝仰仗亲族及贤臣辅佐，故有封王之礼。夫国家崇尚和慎之礼，务必以内礼为重。祥和家眷，积善积德则理应推崇。卓礼克图郡王福晋，姓氏博尔济锦，尔生性端正，内心谨慎，生于名门望族，未曾越离闺箴内礼。遇到王身，恪守妇德。股肱之德，显著异常，必定亲密无间，鼎力相助。故封尔为卓礼克图郡王多罗大福晋，颁赐册文。礼倍至修饰之极，光泽显现衣服。《诗经》赞扬义美，恪尽行善。《周易》载静信。崇尚和睦德行。不贻误修正，则共受福祉。谨小慎微。康熙元年六月三十日。即日。

## 06-03-22　　康熙帝册封喀尔喀部达尔汉卓礼克图郡王
### 福晋为郡王大福晋之诰命

康熙元年六月三十日

奉天承运皇帝诏曰：皇帝仰仗亲族及贤臣辅佐，故有封王之礼。夫国家崇尚和慎之礼，务必以内礼为重。祥和家眷，积善积德则理应推崇。卓礼克图郡王福晋，姓氏扎赉尔泰，尔生性端正，内心谨慎，生于名门望族，未曾越离闺箴内礼。遇到王身，恪守妇德。股肱之德，显著异常，必定亲密无间，鼎力相助。故封尔为卓礼克图郡王大福晋，颁赐册文。礼倍至修饰之极，光泽显现衣服。《诗经》赞扬义美，恪尽行善。《周易》载静信。崇尚和睦德行。不贻误修正，则共受福祉。谨小慎微。康熙元年六月三十日。即日。

## 06-03-23　　康熙帝册封蒿齐忒部噶尔玛色旺之福晋为
### 郡王多罗大福晋之诰命

康熙元年六月三十日

奉天承运皇帝诏曰：皇帝仰仗亲族及贤臣辅佐，故有封王之礼。夫国家崇尚和慎之礼，务必以内礼为重。祥和家眷，积善积德则理应推崇。多罗郡王福晋，姓氏博尔济锦，尔生性端正，内心谨慎，生于名门望族，未曾越离闺箴内礼。遇到王身，恪守妇德。股肱之德，显著异常，必定亲密无间，鼎力相助。故封尔为多罗郡王多罗大福晋，颁赐册文。礼倍至修饰之极，光泽显现衣服。《诗经》赞扬义美，恪尽行善。《周易》载静信。崇尚和睦德行。不贻误修正，则共受福祉。谨小慎微。康熙元年六月三十日。即日。

## 06-03-24　　康熙帝册封阿霸垓部沙克厦僧格之福晋为
### 郡王多罗大福晋之诰命

康熙元年六月三十日

奉天承运皇帝诏曰：皇帝仰仗亲族及贤臣辅佐，故有封王之礼。夫国家崇尚和慎之礼，务必以内礼为重。祥和家眷，积善积德则理应推崇。多罗郡王福晋，姓氏博尔济锦，尔生性端正，内心谨慎，生于名门望族，未曾越离闺箴内礼。遇到王身，恪守妇德。股肱之德，显著异常，必定亲密无间，鼎力相助。故封尔为多罗郡王多罗大福晋，颁赐册文。礼倍至修饰之极，光泽显现衣服。《诗经》赞扬义美，恪尽行善。《周易》载静信。崇尚和睦德行。不贻误修正，则共受福祉。谨小慎微。康熙元年六月三十日。即日。

## 06-03-25　康熙帝册封乌珠穆秦车臣亲王之守寡福晋为
### 和硕亲王母福晋之诰命
康熙元年六月三十日

奉天承运皇帝诏曰：皇帝仰仗亲族及贤臣辅佐，故有封王之礼。夫国家崇尚和慎之礼，务必以内礼为重。祥和家眷，积善积德则理应推崇。扎萨克车臣亲王母福晋，姓氏博尔济锦，尔生性端正，内心谨慎，生于名门望族，未曾越离闺箴内礼。遇到王身，恪守妇德。股肱之德，显著异常，必定亲密无间，鼎力相助。故封尔为和硕亲王母福晋，颁赐册文。礼倍至修饰之极，光泽显现衣服。《诗经》赞扬义美，恪尽行善。《周易》载静信。崇尚和睦德行。不贻误修正，则共受福祉。谨小慎微。康熙元年六月三十日。即日。

## 06-03-26　康熙帝册封翁牛特部杜棱郡王福晋为
### 郡王多罗大福晋之诰命
康熙元年六月三十日

奉天承运皇帝诏曰：皇帝仰仗亲族及贤臣辅佐，故有封王之礼。夫国家崇尚和慎之礼，务必以内礼为重。祥和家眷，积善积德则理应推崇。杜棱郡王福晋，亲族之女，尔生性端正，内心谨慎，生于名门望族，未曾越离闺箴内礼。遇到王身，恪守妇德。股肱之德，显著异常，必定亲密无间，鼎力相助。故封尔为杜棱郡王多罗大福晋，颁赐册文。礼倍至修饰之极，光泽显现衣服。《诗经》赞扬义美，恪尽行善。《周易》载静信。崇尚和睦德行。不贻误修正，则共受福祉。谨小慎微。康熙元年六月三十日。即日。

## 06-03-27　康熙帝册封四子部达尔汉卓礼克图郡王
### 福晋为郡王大福晋之诰命
康熙元年六月三十日

奉天承运皇帝诏曰：皇帝仰仗亲族及贤臣辅佐，故有封王之礼。夫国家崇尚和慎之礼，务必以内礼为重。祥和家眷，积善积德则理应推崇。卓礼克图郡王福晋，姓氏扎穆沁，尔生性端正，内心谨慎，生于名门望族，未曾越离闺箴内礼。遇到王身，恪守妇德。股肱之德，显著异常，必定亲密无间，鼎力相助。故封尔为卓礼克图郡王大福晋，颁赐册文。礼倍至修饰之极，光泽显现衣服。《诗经》赞扬义美，恪尽行善。《周易》载静信。崇尚和睦德行。不贻误修正则共受福祉。谨小慎微。康熙元年六月三十日。即日。

## 06-03-28 康熙帝册封蒿齐忒部多罗郡王福晋为郡王多罗大福晋之诰命

康熙元年六月三十日

奉天承运皇帝诏曰：皇帝仰仗亲族及贤臣辅佐，故有封王之礼。夫国家崇尚和慎之礼，务必以内礼为重。祥和家眷，积善积德则理应推崇。多罗郡王福晋，姓氏博尔济锦，尔生性端正，内心谨慎，生于名门望族，未曾越离闺箴内礼。遇到王身，恪守妇德。股肱之德，显著异常，必定亲密无间，鼎力相助。故封尔为多罗郡王多罗大福晋，颁赐册文。礼倍至修饰之极，光泽显现衣服。《诗经》赞扬义美，恪尽行善。《周易》载静信。崇尚和睦德行。不贻误修正，则共受福祉。谨小慎微。康熙元年六月三十日。即日。

## 06-03-29 康熙帝册封和硕福亲王之长女为和硕格格之册文

康熙元年七月初一日

奉天承运皇帝诏曰：因举亲族协助，国家以亲族为重。为端正内廷规矩，洁身自好，家中严肃妇德教化。礼符衣服，则方赐给敕谕。和硕福亲王之长女，尔德行文静，生性笃信，因从小祈祷，毫无过错，恪守闺箴，自结婚时迎合教诲，极端谨慎小心，因学地礼，天家宗支格外高贵。故封尔为和硕格格，赐给册文。示家中孝心，则必为福晋之道。恪守襄助夫君之善德，则必能享受家庭福祉。谨守善道，后福吉祥永久！谨慎小心。

## 06-03-30 康熙帝册封和硕恭亲王之长女为和硕格格之册文

康熙元年七月初一日

奉天承运皇帝诏曰：因举亲族协助，国家以亲族为重。为端正内廷规矩，洁身自好，家中严肃妇德教化。礼符衣服，则方赐给敕谕。和硕恭亲王之长女，尔德行文静，生性笃信，因从小祈祷，毫无过错，恪守闺箴，自结婚时迎合教诲，极端谨慎小心，因学地礼，天家宗支格外高贵。故封尔为和硕格格，赐给册文。示家中孝心，则必为福晋之道。恪守襄助夫君之善德，则必能享受家庭福祉。谨守善道，后福吉祥永久！谨慎小心。

## 06-03-31 康熙帝册封多罗贝勒齐格森之姊多罗格格之诰命

康熙元年七月初一日

奉天承运皇帝诏曰：因举亲族协助，国家以亲族为重。为端正内廷规矩，洁身自好，家中严肃妇德教化。礼符衣服，则方赐给敕谕。多罗贝勒齐格森之姊，尔德行文静，生性笃信，因从小祈祷，毫无过错，恪守闺箴，自结婚时迎合教诲，极端谨慎小心，因学地礼，天家宗支格外高贵。故封尔为多罗格格，赐给册文。示家中孝心，则必为福晋之道。恪守襄助夫君之善德，则必能享受家庭福祉。谨守善道，后福吉祥永久！谨慎小心。

## 06-03-32　　康熙帝册封固山贝子章台兄额诺之女
### 为固山格格之诰命

*康熙元年七月初一日*

奉天承运皇帝诏曰：因举亲族协助，国家以亲族为重。为端正内廷规矩，洁身自好，家中严肃妇德教化。礼符衣服，则方赐给敕谕。固山贝子章台兄额诺之女，尔德行文静，生性笃信，因从小祈祷，毫无过错，恪守闺箴，自结婚时迎合教诲，极端谨慎小心，因学地礼，天家宗支格外高贵。故封尔为固山格格，赐给册文。示家中孝心，则必为福晋之道。恪守襄助夫君之善德，则必能享受家庭福祉。谨守善道，后福吉祥永久！谨慎小心。

## 06-03-33　　康熙帝册封辅国公哈布拉之女为乡君之敕命

*康熙元年八月三十日*

奉天承运皇帝诏曰：因举亲族协助，国家以亲族为重。为端正内廷规矩，洁身自好，家中严肃妇德教化。礼符衣服，则方赐给敕谕。辅国公哈布拉之女，尔德行文静，生性笃信，因从小祈祷，毫无过错，恪守闺箴，自结婚时迎合教诲，极端谨慎小心，因学地礼，天家宗支格外高贵。故封尔为辅国公之女乡君，赐给册文。示家中孝心，则必为福晋之道。恪守襄助夫君之善德，则必能享受家庭福祉。谨守善道，后福吉祥永久！谨慎小心。

## 06-03-34　　康熙帝命劳章承袭父爵为一等阿哈哈番之敕命

*康熙元年八月三十日*

其父病故之后，恩准其子劳章承袭其父一等阿达哈哈番封爵。又可以承袭四代。

## 06-03-35　　康熙帝命阿难达承袭其父爵达尔汉名号之敕命

*康熙元年九月初五日*

其父病故之后，恩准命阿难达承袭其父爵达尔汉名号。依旧世袭罔替。

## 06-03-36　　康熙帝削桑布爵位命阿席都之子喜迪袭拜
### 他喇布勒哈番爵位之敕命

*康熙元年九月十四日*

后来，削桑布爵位，恩准命阿席都之子喜迪承袭其拜他喇布勒哈番爵位。

**06-03-37　　　崇德元年四月封土默特部善巴为**
**扎萨克达尔汉镇国公之旧诰命**
*康熙元年十月初八日*

（1）**崇德元年四月封土默特部善巴为扎萨克达尔汉镇国公之旧诰命**

奉天承运宽温仁圣皇帝制曰：自开天辟地以来，有一代应运之君，必有藩屏之佐，故叙功定名以别封号者，乃古圣王之典也。朕爱仿古制，不分内外，视为一体。凡我诸藩，俱因功授诰，以昭等威，受此诰命者，必忠以辅国，恪守矩度，自始至终，不忘信义，若此则光前裕后，而奕世永昌矣。慎行勿怠。善巴，尔原系土默特兀鲁思之塔布囊。尔率领所属民来归附朕。当进军北京一役时，攻克一座寨子。打败马兰峪八白个敌兵。尔后，战胜来援助马兰峪之大同地方一千五百士兵。尔后，汉人三千人来围攻尔所居城池关口，尔与乌讷格巴克什说，并与巴克什一起击败。与俄木布一起，又一次打败敌人。朕嘉尔勋，故册封尔为扎萨克达尔汉镇国公名号。除负朕厚恩，谋反大逆，削除王爵，及行军败逃，依律治罪外，其一应过犯，永不削夺，子孙世袭。钦哉。勿负朕命。大清崇德元年四月二十三日。

（2）**顺治十四年十一月善巴病故准其子卓礼克图袭父扎萨克达尔汉镇国公之诰命**

善巴病故之后，恩准其子卓礼克图承袭父扎萨克达尔汉镇国公爵位。依旧世袭罔替。顺治十四年十一月二十九日。

（3）**康熙帝晋封镇国公卓礼克图为多罗达尔汉贝勒之诰命**

后来，因太宗皇帝时给尔父善巴册书备案，所以，由多罗达尔汉镇国公加授晋封为多罗达尔汉贝勒。世袭罔替。康熙元年十月初八日。

**06-03-38　　康熙帝为太皇太后皇太后母太后上徽号礼成赏赐**
**宗室及文武百官兵卒之诏书**
*康熙元年十月初四日*

奉天承运皇帝诏曰：朕惟自古帝王统御寰区，首崇孝治。溯宫闱之世德，备尊养之彝章。隆号推恩，甚盛典也。钦惟我圣母昭圣慈寿恭简安懿章庆皇太后，佐皇族太宗文皇帝，肇建丕基，启皇考世祖章皇帝，宅中定鼎，母后皇后，克嗣徽音，母仪四海。母后温恭淑惠，诞育眇躬。朕嗣缵宏图，并承慈训。仰惟恩德，爱戴弥殷。爰稽古今之典仪，用协臣庶之诚悃。谨告天地、宗庙、社稷于康熙元年十月初三日率领诸王、贝勒、文武群民，恭奉册宝，上圣祖母皇太后尊号曰：昭圣慈寿恭简安懿章庆敦惠太皇太后。母后皇后尊号曰：仁宪皇太后。母后尊号曰：慈和皇太后。盛典告成，爰颁恩赉。理应大行恩赏。将实行恩款事宜附写于后。一种，京城内王以下文武百官及九品以上加恩行赏。一种，外藩诸王以下公以上，又给继承官吏全体加恩行赏。一种，内外公主以下乡君全体加恩行赏。一种，京城内满洲、蒙古、汉军（昆都军）马步兵全体加恩行赏。於戏！诒孙翼子，绵介祉于千秋。大德显名，合欢于六宇。布告中外，咸使闻知。

### 06-03-39　康熙帝以唐哈赖达尔汉病故准其子哈布喇承袭三等
### 精奇尼哈番爵位达尔汉名号之敕命
康熙元年十月二十九日

唐哈赖达尔汉病故之后，废除其卓礼克图名号，恩准其子哈布喇承袭三等精奇尼哈番封爵及达尔汉名号。依旧世袭罔替。

### 06-03-40　康熙帝遣官致祭巴林部一等台吉茂祈他特之祭文
康熙元年三月二十五日

于康熙元年三月初四日，皇上赐给纸钱、羊、酒，遣员外郎达尔扎读祭文，洒酒照例于三月二十五日祭奠。祭文词曰：皇帝敕谕，遣员外郎达尔扎致祭巴林部一等台吉茂祈他特之祭文。朕思及遐荒远域，示仁恩赐殒殆者，以广布恩泽。为人臣者，谨慎效力，善守爵位，崇尚道义。茂祈他特，尔生性忠厚，行事公允，以谦逊之心恪尽职守。朕以为长寿，不曾预料遽然故去。朕哀痛异常，故备齐祭品，加恩祭奠以安慰亡灵！尔若地下有知，则来迎尚飨！

### 06-03-41　康熙帝遣官致祭翁牛特部一等台吉绰克图之祭文
康熙元年八月初七日

于康熙元年七月二十一日，皇上赐给纸钱、羊、酒，遣员外郎马木丕读祭文，洒酒照例于八月初七日祭奠。祭文词曰：皇帝敕谕，遣员外郎马木丕致祭翁牛特部一等台吉绰克图之祭文。朕思及遐荒远域，恩赐殒殆者，以广布恩泽。为人臣者，谨慎效力，善守爵位，崇尚道义。绰克图，尔生性忠厚，行事公允，以谦逊之心恪尽职守。朕以为长寿，不曾预料遽然故去。朕哀痛异常，故备齐祭品，加恩祭奠以安慰亡灵！若尔地下有知，则来迎尚飨！

### 06-03-42　康熙帝遣官致祭扎鲁特部二等台吉吉尔哈朗安布之祭文
康熙元年八月十一日

于康熙元年七月十七日，皇上赐给纸钱、羊、酒，遣一等侍卫（恰）萨塞读祭文，洒酒照例于八月十一日祭奠。祭文词曰：皇帝敕谕，遣一等侍卫（恰）萨塞致祭扎鲁特部二等台吉吉尔哈朗安布之祭文。为人臣者，谨慎效力，善守封爵，崇尚道义。朕一视同仁国家遐荒远域，示仁恩赐殒殆者，以广布恩泽。吉尔哈朗安布，尔性忠厚，以谦逊之心恪尽职守。朕以为长寿，不曾预料遽然故去。朕恩赐亲族，故备齐祭品，加恩祭奠以安慰亡灵！若尔地下有知，则来迎尚飨！

## 06-03-43　　康熙帝以边境属民市口之事遣使致厄鲁特部
## 多尔济台吉莫尔根济农达赖巴图鲁之敕谕

康熙元年十一月初七日

康熙元年十一月初七日，将此敕谕写上大黄文，令兵部伊齐吉雅拉哈番（郎中）素嫩，理藩院伊齐吉雅拉哈番（郎中）额叶图携至敕谕，传谕厄鲁特（卫拉特）部多尔济台吉、莫尔根济农、达赖巴图鲁等之敕谕。从兵部衙门奏书看，所遣官吏顾尔讷所携来呈文称，听说在河州地方允许做买卖，去经商则不让做买卖，所以赍书情况属实。毕桑、韩家、马家所有这些唐古特（藏人）人，致书来进贡确实属实。为此先前曾遣石图、萧格等与尔一起会合，西宁地方诸西番首领西讷朗素、珊仲朗素、米讷朗素、喇布尔朗素、图巴朗素、拜萨尔朗素、塔萨尔迪朗素、凯福斯朗素、扎西桓珠尔格隆一派，河州地方弘化寺、显庆寺，居凉州所属地方七部西番首领沙玛万冲等七人，居庄浪属地十二部诸西番首领所部珠尔康塔勒济占等十二人，居甘州所属地方二十六部诸西番首领土济松等二十六人，居肃州所属地方四部西番首领沙占万布等四人划为尔所隶属，其余都是自故明朝以来征收钱粮之生民，与尔无关，如此制定并商量上奏后，传制晓谕很明确。但（尔等）不服从敕谕晓谕，以令不属于尔等之毕桑、韩家、马家等唐古特（藏人）人先前未曾明白说明为借口，妄作乱行，乃实属背离道义。今后若向划归尔所属西番取贡，及来经商做买卖，则务必照例先委头目，禀明守口各官，从西宁地方镇海堡、北川二口，以及洪水一口出入，不得任意往来，取道他处。又听说赍敕谕至则尔等不下跪拜，坐着便接旨。朕治理天下，混一内外。凡是朕属国，则全体严格恪遵约束，以副朕抚绥怀柔绝域远人之至意。既往不咎，暂且不论，今后若赍敕谕至，（尔等）仍不跪拜便接旨，又不由边墙正口入边，取道他处，零行阑入，并侵犯滋扰非尔所属其他西番，肆意妄行，（朕）便立即派兵问罪。尔等若不修正前非，恐怕后悔。钦此。

## 06-03-44　　　　　　　康熙元年十月初八日

### （1）崇德元年四月封翁牛特部栋为和硕达尔汉岱青名号之诰命

奉天承运皇帝制曰：自开天辟地以来，有一代应运之君，必有藩屏之佐，故叙功定名以别封号者，乃古圣王之典也。朕爱仿古制，不分内外，视为一体。凡我诸藩，俱因功授册，以昭等威，受此册文者，必忠以辅国，恪守矩度，自始至终，不忘信义，若此则光前裕后，而奕世永昌矣。慎行勿怠。栋，尔原系阿禄（大兴安岭以北地方——译者）地方诸颜，率领所属兀鲁思来归附。朕嘉尔勋，故册封尔为和硕达尔汉岱青名号。除负朕厚恩，谋反大逆，削除王爵，及行军败逃，依律治罪外，其一应过犯，永不削夺，子孙世袭。钦哉。勿负朕命。大清国崇德元年四月二十三日。

（2）顺治五年正月以栋岱青病故命其子肯特尔袭父爵之诰命

栋岱青病故之后，恩准其子肯特尔仍旧承袭扎萨克达尔汉岱青封号。顺治五年正月十八日。

（3）顺治十一年七月以肯特尔病故命其弟叟塞袭父爵之诰命

肯特尔病故之后，恩准命其弟叟塞依旧承袭和硕达尔汉岱青名号。世袭罔替。顺治十一年七月初一日。

（4）康熙帝晋封和硕达尔汉岱青贝子叟塞为多罗达尔汉岱青贝勒之诰命

后来尔父栋，因太宗皇帝时赐给册文备案，所以将和硕达尔汉岱青台吉加授晋升为多罗达尔汉岱青贝勒。世袭罔替。

# 康熙二年（1663）档册

## 06-04-01　　康熙帝以皇妣慈和皇太后崩逝颁之哀诏
### 康熙二年二月十一日

奉天承运皇帝诏曰：朕继绍祖父、父皇大政，常思永久侍奉皇太后并赡养以尽孝道，不曾预料孝康慈和庄懿恭惠崇天育圣皇太后于康熙二年二月十一日亥时崩逝。呜呼！回想养育之恩，恩重如山，难以报答，思虑以尽孝道，不料中途却离别，哀恸异常，沉痛哀悼不已。令所有致哀戴孝礼法，除传谕相关事务衙门之外，宣谕天下。

## 06-04-02　　钦定谕各种地位喇嘛之敕谕等级种类档次之则例
### 康熙二年四月二十九日

详察档子中所记后只即丹子等寺诸喇嘛之敕谕，于顺治十年九月给公哥丹津等四位喇嘛传谕地方敕谕誊写在镀金有龙纹大黄纸上。其他都给有龙纹纸压制黄纸上缮写。查看掌管喇嘛之后只即丹子旧敕谕，缮誊在镀金有龙纹大黄纸上。我等商议，今给掌管众喇嘛后只即丹子敕谕，并在镀金有龙纹大黄纸上誊写。欲给其他喇嘛敕谕缮誊在有龙纹压制黄纸上，于康熙二年五月十八日，给阿里哈达伊图、阿思哈尼达罗敏、苏瓦雅木布、范承谟、蔡毓荣等，阿达哈达王世功、额哲库哈番额尔克图、陈嘉猷、田吉、哈番佟昌国等呈报，钦此照如所议缮誊。

## 06-04-03　　康熙帝颁赐各寺番喇嘛之金敕书与黄敕书
### 康熙二年四月二十九日

皇帝敕谕传谕圆觉寺番僧、僧纲司僧官后只即丹子。朕常思佛法以明洁为根本，以慈悲为贵。上则潜助政治，下则普济众生。其徒弟中有能传播贵法者，国家必然黾勉激励，令其掌管各寺诸喇嘛全体。尔修行善事，诚心渴望善名，从遐荒远方进献贡方物，理应受尊敬嘉勉，所以今黾勉传谕敕书之外，仍令尔掌管各寺番地诸喇嘛。尔严守佛法，效法敬斋，修行贵德，声著慈悲，以副重要敕命。谨行勿怠。钦此。给圆觉寺番僧、僧纲司僧官后只即丹子掌管全体僧众敕书一件。

　　皇帝敕谕传谕大崇教寺番僧鲁珠林济。朕常思佛法以明净为根本，以慈悲为贵。上则潜助国政，下则普济众生。其徒弟中有能传播贵法者，国家必然黾勉嘉奖，令其掌管各寺诸喇嘛全体。尔番僧鲁珠林济修行善事，诚心渴望善名，思量理应受大加嘉勉，所以今黾勉传谕敕书。尔严守佛法，时常谨慎修行，修正贵德，声著慈悲，以副重要敕命。慎重。钦此。诸如此类大崇教寺番僧鲁珠林济、岷州法藏寺番僧桑节落旦、陕西岷州卫大崇教寺嘉圆扎尔斯措、崇隆寺番僧唐珠藏布、刹藏寺番僧鲁觉法、石崖寺番僧扎西顿珠、羊圈寺番僧腾珠法修、赞林寺番僧苏珠林济、洪济寺番僧监措唐珠、广善寺番僧苏玛扎巴、永安寺番僧素纳珠乃等赐给敕书十件。

　　皇帝敕谕晓谕岷州等地大小官吏及军民。圆觉寺唐古特喇嘛（番僧）、僧纲司僧官后只即丹子，其原居旧寺庙、田地及牧场，以及牲畜等物，任何人切勿窃取、抢掠。诸喇嘛等不得凭借敕书胡作非为，作乱妄行。若违背此规定即治罪。钦此。

　　诸如此类原圆觉寺番僧、僧纲司僧官后只即丹子、宏教寺番僧檀子塔洁、讲堂寺番僧格法哲、广德寺番僧罗扎森珠、洪福寺番僧素坛孝、鲁班寺番僧林济监措、昭慈寺番僧诺布济尚、永宁寺番僧扎西素乃、写儿朵寺番僧罗珠塔杰、宝净寺番僧林济索纳、朝定寺番僧索纳丹巴等赐给敕书十一件。将所有这些敕书共二十二件，于四月十四日由阿里哈达（大学士）车克、觉罗伊图、李霨、阿思哈尼达塞色赫、吉佟额、苏瓦雅木布、罗敏、成格、蔡毓荣、王庆等上奏，传谕曰：善。照此将给后只即丹子赐给两件敕书用满、藏、汉三种文字在镀金大龙笺纸上誊写。其他都给在龙笺纸压制黄纸上仍用三种文字誊写。奉命祭酒等将由阿里哈达车克、阿思哈尼达成格、田吉、哈番佟昌国、阿拉米、太监李富浩、巴尔浩等全体过目，并钤盖垂训之宝六十六次。于本月三十日，向内阁衙门直阁事学士哈齐哈、笔帖式森珠鲁、田吉、哈番佟昌国、吴扬浩、阿拉米等大臣禀报，并令其审校。

## 06-04-04　　康熙帝遣官致祭察哈尔国温庄公主之祭文
### 康熙二年三月十五日

　　皇帝赐给祭文、纸钱、牛羊等，遣多罗诺颜察奈读祭文、洒酒，并照例于四月初三日致祭。祭文曰：皇帝敕谕，遣多罗诺颜察奈致祭察哈尔国温庄公主之祭文。治理教化之根本以尊重亲族为贵。慈爱兴仁之心，必然显现于祭礼。公主乃祖父太宗皇帝爱女，父皇世祖亲姊（姐姐），所幸生性庄重，崇尚谨慎和睦之心，修养内礼，下嫁一位藩部之王，以和蔼可亲之习性谐和家庭，琴瑟甚谐，以彰显淑德善行。朕以为长寿，不曾预料惊闻遽然逝世，朕内心哀恸异常，故行祭礼以聊表哀悼心情。呜呼！尔淑德善行声闻于家闱，名垂丹史。因直亲贵戚铭记于有龙纹之文书以示尊重。若尔英灵地下有知，则来尚飨！

## 06-04-05　康熙帝遣官致祭巴林部齐曼额驸之多罗格格之祭文
### 康熙二年四月初九日

于康熙二年三月十五日，皇帝赐给祭文、纸钱、羊等，遣员外郎素达礼读祭文、洒酒，并照例于四月初九日致祭。祭文曰：皇帝敕谕，遣员外郎素达礼致祭巴林部齐曼额驸之多罗格格之祭文。尊崇亲族以宗枝为贵。兴仁恩赐，以谨慎和睦为贵。因此所有善行均故去之后致祭。齐曼额驸之多罗格格，尔生性持重文静，足以彰显家闱之内淑德规矩。朕以为长寿，不曾预料遽然逝世，故行祭礼以聊表哀悼心情。呜呼！亲族之礼至重，所以铭记贤惠善德。赐给祭品，恩泽永久被及墓地。若尔英灵地下有知，则来尚飨！

## 06-04-06　康熙帝遣官致祭苏尼特部腾机忒郡王大福晋之祭文
### 康熙二年四月初九日

于康熙二年三月十五日，致祭苏尼特部腾机忒郡王大福晋之祭文。皇帝赐给祭文、纸钱、羊等，遣员外郎图拉噶图读祭文、洒酒，并照例于四月初七日致祭。祭文曰：皇帝敕谕，遣员外郎图拉噶图致祭苏尼特部腾机忒郡王大福晋之祭文。听闻尔本心纯洁，生性端正善良，遵循效法内礼，尽显为福晋之善道。惊闻逝世，哀恸异常，故派遣官吏，备齐祭品致祭。若尔英灵地下有知，则来尚飨！

## 06-04-07　康熙帝遣官致祭蒿齐特部噶尔玛色旺郡王
### 之母多罗车臣福晋之祭文
### 康熙二年四月初九日

于康熙二年三月十五日，致祭蒿齐特部噶尔玛色旺郡王之母多罗车臣福晋之祭文。皇帝赐给祭文、纸钱、羊等，遣员外郎图拉噶图读祭文、洒酒，并照例于四月十五日致祭。祭文曰：皇帝敕谕，遣员外郎图拉噶图致祭蒿齐特部噶尔玛色旺郡王之母多罗车臣福晋之祭文。听闻尔本心纯洁，生性端正善良，遵循效法内礼，尽显为福晋之善道。惊闻逝世，哀恸异常，故派遣官吏，备齐祭品致祭。若尔英灵地下有知，则来尚飨！

## 06-04-08　达赖喇嘛敬请圣安贡方物之奏折
### 康熙二年四月

因以掌握时运之力修成正果，战胜三地则骄横罪孽异端及无刻薄之心，慈悲扶持全民。按圣帝之礼奇妙且拒绝下贱之礼之天之天，天地曼陀罗（法坛）周围征服一切至上皇帝足下：洁白尽善仁爱之宽心水晶之光，人与动物一视同仁，受戒多闻念咒者，引吭智能福祉之嗓子如此这般说。天赐明显花条文书，嘉勉之敕极多，礼物物品如同珍珠之雨，进入透明金子铸成之福祉器具，将杜库尔所给定之手合掌在心中祈祷。信仰之曼殊师利，在光显人主生于明显削尖三个深细金刚之乐中，生老病死等世间（宇宙轮回）苦难，永久不能为害自己本性。黎民无妨碍和睦，精华果实成熟，享受长寿及大家圆满缘分之光辉，以尔白色福祉成熟之七辆车所套之完美日出成为这种喜悦。给深底宇宙之大海之母生物，不断降作平安幸福之水。宽心雪服永不脱终身穿者，只有恒河之父一人。扶持佛教如同行走来往之极，尔人君力之分未满，大部细岁之程度初升新月般却其勇硬功能如同十五月之月亮般，那般充满曼陀罗（法坛）发出千幅之光。尔恩德之光照到若干，清除大世间之污垢，凉光明显欲望之宴会喜悦之光明闪烁，全体生灵心安，吩咐人无追，无意心想事成，戴如意宝贝之冠之尔后金色世界跟随运转，莫非属民，不言而喻。将昔日祖父、父皇之二道白伞盖之柄令有根脚之子之最尔拿着，凉荫安益普遍三界，用妙备完美十善福洁白养分满足人生灵，不寻却受霍尔木斯达（帝释天）之天宝座如意，人身具备善历之所有德行四面之性集于一体。众国民视而不见，由于凡胎俗子之眼所致。但愿托尔福祉之力，用金轮千幅出至宇宙之极顶，足莲如同太阳之曼陀罗（法坛）般在四洲上空中，如心想般终生生长之祝福得以实现。祈求昔日恩赐，由上令我掌握大根子事业之规矩，永远不切断之象征和善敕书及礼品，如同自东方凉山月亮之曼陀罗（法坛）众多生长无妨碍般降赐。在天命所赐皇宫之大仓库中，大小财物牲畜收入中，不必寻找物品宝贝之连条，柔软毡毯之礼品，如同未翻腾之间歇之云彩般新盖印章，天人等均已镇定骄横，五体投地，顶礼膜拜，二道之众礼资粮集于一处之大斡耳朵（宫殿），以纯洁之心敬奉。但愿永远喷涌！

## 06-04-09　　　　班禅胡土克图敬请圣安贡方物之奏折
### 康熙二年四月

在容纳宇宙轮回涅槃普遍全体福祉之器具中，以长寿天车起要点，征服三地之至上曼殊师利（文殊菩萨），如同艳阳天般心安足近，妙胜宇宙明显上天及人全体拜跪及赞扬敬奉，从这里无妨碍恭敬回禀奏书作成妙曲谱韵，敬请尔聆听赐鉴！在众敬转轮皇帝宫殿内，五爪之龙擎举龙座上，将新近上天尔放在大梵天、普世芸芸众生顶点之上，充当妙胜皇帝。由先天命中注定独有父亲高贵血统跨过天梯成为诸天之贵驾崩时，托瞻部洲人大福祉，获胜之尔如同乱世之极所出生皇帝般，用俱胝两金子布施且极力谨慎，不陷入多种阴谋诡计及贪欲妄想，皇帝善政如同上天直尺般对全体生灵，不弃尺量之尔所定善律，惟独上天尔登上至尊最胜座位之真词，这里听闻且同时在贤者喜宴，从敬献礼物物品之前这个角度，将吉祥华丽辞藻任凭嗓子如此制作。授予学识之足具气力完备佛尊及两个真谛（真理）经论，无回僧侣三宝，大梵天、毗湿奴、玛噶殊理为首诸天，古今威德吉祥之天，但愿永远附在尔身！金轮如意宝、女宝、内臣、大象、武将宝及先行七宝政道得以开明，但愿普照直至劫之无边黑暗！但愿人主救命恩德生长在茉莉（花）之气味之中，因普世生灵之心灵中嗅觉芳香而饱尝苦难之乖僻，消解凉爽得以休息，享受娱乐幸福俱全生成新威德。但愿顶上之天权授予佩戴持有宝顶之皇帝根源地方，宇宙轮回涅槃普世业缘公正掌握之根本，但愿如同恒河之流般不断喷涌！果真与瞻部洲喜乐安康一起，尔之足不失跌且成为一体，故梯子不损坏，按照永恒象征之例，但愿托普世生灵福祉之力成就！制作众象征齐备礼品之文书，在圣洁耳朵之听觉蓝宝石相辅相成器皿内，适宜礼品宝贝念珠，柔软氆氇等，以修行善业为首等诸物，由这里制作。由雪域金色世界光芒地方中心，在佛尊足具显神之寺庙附近，有自成水井并四神灵之地，布达拉（宫）山顶敬奉。祝愿吉祥！

## 06-04-10　　第巴代替达延汗敬请圣安奏折

康熙二年四月

谨向至上文殊（曼殊师利）皇帝足下禀报：知悉传谕救谕之原因。西藏礼敬奉汗及诸诺颜文书，臣宰上报大小事情之禀报，何事何由，习惯不同。缺少详细知晓彼地惯例，理藩院赍至文书应由第巴作书回信。不晓得那件文书与皇帝救谕相同，所以方晓得是我罪过。愿上天般降恩护佑。所有降赐教诲铭记心中。今使臣来时，正值持教达延汗往工布地方出征，说迅速班师，让稍稍等候。说又要滞后，担忧至上皇帝使臣太耽误时间，则恐怕不甚妥当，与两位使臣一同给在距离四舍之地，达延汗交给救谕，甚为妥当，所以我致书扎木巴灵（厄木齐）医生说：我可以居在西藏读六笔之文，可以回禀至上皇帝。以为按那种愿望给予恩赐则如何？水虎年十二月敬奉。

## 06-04-11　　康熙帝存问赏赐达赖喇嘛之礼单

康熙二年八月二十二日

皇帝救谕，尔振兴佛教，弘扬真谛（真理），西域土地全境，均崇尚善法。明思善德，则必受嘉善，今遣罗布藏扎拉森喇嘛等，按照问安之例，赏至礼品有绸缎十五匹、镀金纽带、六十两重银茶桶一、五十两重银盘一、玉壶一只、扯古掣（茶酒盅）两只、镀金玲珑马鞍一副。

## 06-04-12　　康熙帝遣使存问达赖喇嘛之救谕

康熙二年八月二十二日

皇帝救谕致西天大善自在佛所部天下释教普通瓦赤喇怛喇达赖喇嘛。尔所呈问安文书知悉，得知真心。自朕即位以来内外无不归属统治地域。因西域地域绝险，距离遥远，全凭尔广布德行与教法，协和生民。虽然远隔江山，嘉善之心不断，今遣罗布藏扎拉森喇嘛等前往存问安康。

## 06-04-13　　康熙帝遣使存问厄鲁特部厄齐尔汗之敕谕

康熙二年八月二十二日

皇帝敕谕传谕厄鲁特部厄齐尔汗。尔在边域地方成为股肱大臣，向中国表示诚心，永久和好。所以朕恩赐遐荒远域之心未曾中断，今遣罗布藏扎拉森喇嘛等，按问安之礼赍至绸缎十五匹、五十两重银茶桶一、四十两银重盘一、玉壶一、茶二篓。尔务必副朕恩赐之心。康熙二年八月二十二日。将此三件敕谕由阿里哈笔帖克达（大学士）车克、阿思哈尼笔帖克达（学士）麻勒吉、成格、蔡毓荣等上奏，传谕曰：善。将此三件敕谕在纵队绘有一条龙纹四云彩钢笺纸上用满文、蒙古文缮写。

## 06-04-14　　康熙帝以青海厄鲁特部台吉抗命抢边之事

颁达赖喇嘛之敕谕

康熙二年八月二十二日

皇帝敕谕致西天大善自在佛所部天下释教普通瓦赤喇怛喇达赖喇嘛。朕常思心怀恩赐遐荒远域，天地之间永享太平，最近几年以来当地总督、巡抚奏报居青海附近地方诸台吉三番五次至内地侵扰，抢掠牛马，故遣侍郎石图等与诸台吉等共同商量，所属所有番人均分拨，并指定交易之门。今又越过指定地点，以非其所属之毕桑、韩家、马家等唐古特（藏人）人归属先前并未规定为借口，随心所欲，胡作非为。所以派遣郎中索尼，今后晓谕敕谕至，不下跪接旨，又不从昔日所划定（边墙）口子（隘口）走，而走其他口子（隘口），并侵犯非隶属尔之其他西番，依据国法治罪。对此莫尔根济农遣属下人特布新说：今尔为政体而来即与厄齐尔协商，为宗教而来则与达赖喇嘛商量。达赖巴图鲁、达赖喇嘛至厄齐尔汗那里。是否等候达赖巴图鲁，请尔自便，即使达赖巴图鲁来，也若如同以前，方能够接受敕谕。不跪拜接旨。尔让我等务必跪拜接旨，有些强人所难之嫌。如此这般说，且拒绝派遣官吏，并未接受敕谕。朕因混一内外，治理悖乱，几次赍至敕谕训斥，莫尔根济农等又不思悔改，仍越过所定边墙境界，可谓预谋作乱，妄图不轨无疑。因此朕以为莫非厄齐尔汗不知自己所属青海诸台吉胡作非为，妄作乱行，揭示其原因，写敕谕传谕厄齐尔汗。尔达赖喇嘛上则阴助国政，下则救济众生，为晓谕其中缘由，钦此。

## 06-04-15　　康熙帝以青海厄鲁特部台吉抗命

抢边之事颁厄齐尔汗之敕谕

康熙二年八月二十二日

皇帝敕谕传谕厄鲁特部厄齐尔汗。朕常思心怀恩赐遐荒远域，天地之间永享太平，最近几年以来当地总督、巡抚奏报尔所属居青海地方诸台吉三番五次至内地侵扰，抢掠牛马，故派遣侍郎石图等与诸台吉等共同商量，所属所有番人均分给尔，并指定交易之门。今又越过指定地点，以非尔所属之毕桑、韩家、马家等唐古特（藏人）人归属先前并未规定为借口，随心所欲，胡作非为。所以派遣郎中索尼，今后晓谕敕谕至则不下跪接旨，又不沿从昔日所划定边墙隘口，走其他隘口，并侵犯非隶属尔之其他西番，依据国法治罪。对此尔莫尔根济农遣自己属下人特布新说：今尔为政体而来即与厄齐尔汗协商，为宗教而来则与达赖喇嘛商量。达赖巴图鲁、达赖喇嘛至厄齐尔汗那里。是否等候达赖巴图鲁请尔自便，虽达赖巴图鲁来也如同以前则方能够接受敕谕。不跪拜接旨。尔让我等务必跪拜接旨有些强人所难之嫌。如此说并且拒绝派遣官吏，并未接受敕谕。朕因混一内外，治理悖乱，几次赍至敕书传谕训斥，尔莫尔根济农又不改，越过指定边墙界地，可谓预谋作乱，妄图不轨无疑。因此以为莫非尔厄齐尔汗不知所属青海诸台吉胡作非为，罗列事实，传谕。将莫尔根济农诸如从其他关口子放进，并纵容其乱行，拒绝接受敕谕，拒绝朕所遣官吏，将其中错误检讨之后，并派遣官吏来上奏。钦此。

## 06-04-16　　　　　　康熙二年七月十六日

（1）顺治十年四月追封努来为拖沙喇哈番准其子达力承袭父爵之敕命

努来，尔原系掌管闲散甲喇。进军黑龙江地方一事，放红夷炮与珠布台一起将图胡尔察攻克。追击腾机思一事，当攻打腾机思时，中枪被刺死。因此，封为拖沙喇哈番。令其子达力承袭拖沙喇哈番封号。又可以承袭一代。顺治十年四月初四日。

（2）康熙二年七月以达力病故准其弟格萨尔承袭拖沙喇哈番爵位之敕命

达力病故之后，恩准其弟格萨尔承袭拖沙喇哈番封爵。倘若阵亡，则准袭，如若病故，则停袭。康熙二年七月十六日。

## 06-04-17　康熙帝命噶尔玛承袭其父爵达尔汉和硕齐名号之敕命

康熙二年八月二十日

恩准命噶尔玛承袭其父爵位达尔汉和硕齐名号。

## 06-04-18　康熙帝命初一承袭其病故叔叔爵位拖沙喇哈番之敕命

康熙二年九月二十八日

恩准命初一承袭其病故叔叔爵位拖沙喇哈番。倘若阵亡，则准袭，如若病故，则停袭。

## 06-04-19　　康熙帝命森金承袭其父爵位拖沙喇哈番之敕命

康熙二年九月二十八日

恩准命森金承袭其父爵位拖沙喇哈番。倘若阵亡，则准袭，如若病故，则停袭。

**06-04-20　　康熙帝以科尔沁部土谢图亲王获罪罚俸之敕谕**

康熙二年十月初八日

以科尔沁部土谢图亲王获罪罚俸，扣减所增银三百两、绸缎十匹。

**06-04-21　　康熙帝命鄂尔多斯部琐诺木承袭其父爵多罗贝勒之诰命**

康熙二年十一月十三日

恩准命鄂尔多斯部琐诺木承袭其父爵多罗贝勒。依旧世袭罔替。康熙二年十一月十三日，吏部衙门学士靳绥将鄂尔多斯部琐诺木贝勒册子送至，额哲库哈番（主事）陈嘉猷接受，由阿达哈笔帖达穆成格、额哲库哈番（主事）敖锡巴于本月十四日，赍去与阿里哈笔帖达觉罗伊图、阿思哈尼笔帖克达麻勒吉、喀通喀等说，允许给缮写。于即日写出，并交给中书科衙门笔帖式宜成格。

**06-04-22　　康熙帝遣官致祭苏尼特部多罗贝勒噶尔玛之祭文**

康熙二年九月十五日

于康熙二年九月初二日，皇上赐给纸钱、羊、酒，遣二等侍卫（恰）达图读祭文，洒酒照例于九月十五日祭奠。祭文词曰：皇帝敕谕。遣二等侍卫（恰）达图祭奠苏尼特部多罗贝勒噶尔玛之祭文：皇帝敕谕，朕思及遐荒远域，示仁恩赐殒殆者，以广布仁爱。为人臣者，艰辛效力，以恪尽虔诚为贵。噶尔玛，尔生性为人端正忠厚，完成德行及所委付之事，为国事恪谨效劳，功劳显著。朕以为永远长寿，不曾预料遽然逝去。朕哀恸异常，遣官员，备齐祭品致祭以聊表哀悼心。若尔地下有知，则来尚飨！

**06-04-23　　康熙帝遣官致祭喀喇沁部一等塔布囊巴喇章之祭文**

康熙二年八月十一日

于康熙二年七月二十七日，皇上赐给纸钱、羊、酒，并遣侍读加一级哈木胡读祭文，洒酒照例于八月十一日祭奠。祭文词曰：皇帝敕谕。遣侍读加一级哈木胡祭奠喀喇沁部一等塔布囊巴喇章之祭文：皇帝敕谕，朕思及遐荒远域，示仁恩赐殒殆者，以广布仁爱。为人臣者谨慎效力，恪尽职守，以遵循道义为贵。巴喇章，尔生性为人端正忠厚，处事公允，以谦逊之心善守职位。朕以为永远长寿，不曾预料遽然逝去。朕哀恸异常，遣官员，备齐祭品致祭并降赐恩德。若尔地下有知，则来尚飨！

**06-04-24　　康熙帝遣官致祭鄂尔多斯部多罗贝勒**

**善丹（达）之祭文**

康熙二年五月二十三日

于康熙二年四月二十七日，皇上赐给纸钱、羊、酒，遣二等侍卫（恰）阿尔纳读祭文，洒酒照例于五月二三日祭奠。祭文词曰：皇帝敕谕。遣二等侍卫（恰）阿尔纳祭奠鄂尔多斯部多罗贝勒善丹之祭文：皇帝敕谕，朕思及遐荒远域，示仁恩赐殒殆者，以广布仁爱。为人臣者，谨慎效力，以恪尽虔诚为贵。善丹（达），尔生性为人忠诚正直，完成德行及所委付事宜，为国谨慎效力，功劳彰显。朕哀恸异常，遣官员，备齐祭品，聊表痛悼之心致祭。呜呼！恩赐被及冥府。仁爱泽至遗体，降赐恩德。若尔地下有知，则来尚飨！

## 06-04-25　康熙帝遣官致祭鄂尔多斯部固噜郡王母福晋之祭文

康熙二年八月十九日

皇上赐给纸钱、羊、酒，遣侍读加一级赉塞读祭文，洒酒照例于八月十九日祭奠。皇帝敕谕传谕，并遣侍读加一级赉塞致祭鄂尔多斯部固噜郡王母福晋之祭文。朕思量尔心地纯洁，生性端正，遵循内理，以显妇道。知悉遽然逝去，朕哀恸异常，是以遣官员，备齐祭品致祭。若尔地下有知，则来尚飨！

## 06-04-26　康熙帝以喀尔喀土谢图汗慢待钦差及所欠九白之贡
## 之事谴责土谢图汗之敕谕

康熙二年十二月十四日

皇帝敕谕传谕喀尔喀部土谢图汗。尔所奏报文书称听到一等侍卫（恰）图济、郎中官员敖拉岱等前往，右翼政体败坏，故应派人来探问虚实。所以委派扎木苏寨桑。询问图济等人，则非来迎接我等，而是去迎接扎萨克图汗属下巴图鲁喇嘛等。又听说，扎木苏寨桑等对我等言道：我等之汗、呼图克图知悉尔欲来则想来，遣其他人去。听说后来出兵至赤老图河驻兵两个月，并没有来。仔细询问则尔所居赤老图河，及图济等所居车臣济农所居翁努之敖尔克阿乌尔（诺尔，湖泊）之间并不遥远，果然以为至尊使臣，有尊敬之心，等待图济等前往，难道派人来接，不行吗？当捕获罗布桑使者出发时，图济等来。所谓我等也出发，虽说有急事，奏请圣安，立即进见给行军粮食不行吗？驻军之后，了解情况原由。自己没有来败坏事情，先前当图济等前往尔处时，并没让进晤面，却又为啥要前往？尔果然以为至尊使臣，立即遣人进见不行吗？尔图巴说在额德尔河一带有十天身影。那时即遣人，见面不行吗？又前不久，在名为固都里地方来迎接一事，但愿属实。进献今年贡物，却为何不送去年年贡？土谢图汗，尔难道没有十六匹马，两只骆驼吗？不知此错误，不但不修正身心，认错奏报，却污蔑前往使臣搞坏事情，故（尔）所进献年贡马匹（朕）没有收取即遣回。因让朕使臣居外喝茶，所以不给尔使臣食物，遣送回去方妥当。但（朕）并没有效仿尔所犯错误，给食物遣回。若今后仍旧如此，那么不必遣使进献年贡。钦此。康熙二年十二月十四日。此敕谕用有一条龙图四朵云纹黄金纸，并用满、蒙古文写成，钤盖印章，于本月十四日，将理藩院阿思哈尼昂邦（侍郎）绰克图、爱什拉库哈番（员外郎）图拉噶图、洪津等叫来跪拜，阿里哈尼（笔帖克）达（大学士）伊图、阿思哈尼（笔帖克）达（学士）塞色赫、蔡毓荣、王志高、阿达哈（笔帖克）达（侍读学士）穆成格、额哲库哈番（主事）敖希巴、额尔克图、田吉、佟昌国等给予校阅。

## 06-04-27　　　　　　　　康熙二年十二月十四日

（1）顺治六年九月初二日封苏尼特部台吉噶尔玛为多罗贝勒之诰命

奉天承运皇帝制曰：自开天辟地以来，有一代应运之君，必有藩屏之佐，故叙功定名以别封号者，乃古圣王之典也。朕爱仿古制，不分内外，视为一体。凡我诸藩，俱因功授诰命，以昭等威，受此诰命者，必忠以辅国，恪守矩度，自始至终，不忘信义，若此则光前裕后，而奕世永昌矣。慎行勿怠。噶尔玛，尔原系苏尼特部台吉。当尔兄弟腾机思、腾机式叛逃时，尔派人来上奏。后来尔兄弟强行将尔携至喀尔喀部。朕嘉尔率所属民归诚之勋，故册封尔为多罗贝勒。除负朕厚恩，谋反大逆，削除王爵，及行军败逃，依律治罪外，其一应过犯，永不削夺，子孙世袭。钦哉。勿负朕命。顺治六年九月初二日。

（2）康熙帝以噶尔玛薨准其子丹津承袭多罗贝勒爵位之诰命

噶尔玛病故后，恩准其子丹津承袭多罗贝勒爵位。依旧世袭罔替。康熙二年十二月十四日。

## 06-04-28　　理藩院笔帖式鄂齐尔从内秘书院转抄康熙帝
### 颁喀尔喀部之敕谕
康熙二年十二月十六日

于本月二十一日，盖上印章，额尔克图校对完毕交给吏部衙门爱什拉库哈番（员外郎）胡西巴。于十二月十六日，吏部衙门员外郎米哈纳修改誊写。在苏尼特部多罗诺颜丹津送来册文时，额哲库哈番（主事）额尔克图接受，与阿里哈（笔帖克）达（大学士）觉罗伊图、阿思哈尼（笔帖克）达（学士）麻勒吉、塞色赫、蔡毓荣等说，答曰：给写。理藩院笔帖式敖其尔，于春正月十七日，来为取传谕喀尔喀部之敕谕文书底子将其记入档子，额哲库哈番（主事）额尔克图将此事与阿里哈（笔帖克）达（大学士）车克、觉罗伊图、阿思哈尼（笔帖克）达（学士）塞色赫、罗敏、苏瓦雅木布等说，回答曰：给。

## 06-04-29　　康熙帝遣官致祭科尔沁部鄂齐尔额驸福晋
### 和硕格格之祭文
康熙二年十二月初三日

祭奠科尔沁部鄂齐尔额驸福晋和硕格格祭文。皇帝赐给祭文、纸钱、羊等，遣一等侍卫（恰）加一级固讷格读祭文，洒酒，照例于十二月初三日致祭。祭文曰：皇帝敕谕，遣一等侍卫（恰）加一级固讷格致祭科尔沁部鄂齐尔额驸福晋和硕格格祭词：崇敬亲族，以根本宗支为贵显。授恩赐护，以和睦为贵。因此，所有善行均逝世后举行祭奠。尔鄂齐尔额驸福晋和硕格格，举止文静，家内彰显道义规范。（朕）以为长久，不料遽然故去。因此举行祭奠之礼，以聊表痛悼之心。呜呼！亲族之礼至重，载录敏慧德行。赍至祭品，普照坟墓。若尔地下有知，则来尚飨！

## 06-04-30　康熙帝遣官致祭苏尼特部多罗郡王腾机忒之祭文

康熙二年十一月初三日

于康熙二年十月十五日，皇上赐给纸、羊、酒，遣一等侍卫（恰）敖胡达尔读祭文，洒酒照例于十一月初三日祭奠。祭文词曰：皇帝敕谕。遣一等侍卫（恰）敖胡达尔祭奠苏尼特部多罗郡王腾机忒之祭文：皇帝敕谕，朕思及遐荒远域，示仁恩赐殒殆者，以广仁爱。为人臣者，艰辛效力，以恪尽虔诚为贵。多罗郡王腾机忒，尔生性为人聪颖正直，处事公允平和，承袭乃兄王爵以来为国谨慎效力，修行德操，完成所委付诸事宜，善行彰显。朕以为永远长寿，不曾预料遽然逝去。朕哀恸异常，派遣官员，备齐祭品，聊表痛悼之心致祭。呜呼！恩赐被及冥府地曹。仁爱泽至遗体，降赐恩德。若尔地下有知，则来尚飨！康熙三年十二月二十六日。

# 康熙三年（1664）档册

## 06-05-01　康熙帝册封扎萨克简亲王之长女为和硕格格之册文

康熙三年二月十六日

奉天承运皇帝诏曰：因举亲族协助，国家以亲族为重。为端正内廷规矩，洁身自好，家中严肃妇德教化。礼符衣服，则方赐给敕谕。扎萨克简亲王长女，尔德行文静，生性笃信，因从小祈祷，毫无过错，恪守闺箴，自结婚时迎合教诲，极端谨慎小心，因学地礼，天家宗支格外高贵。故封尔为固山格格（县君），赐给册文。教示家中孝心，则必为福晋之道。恪守襄助夫君之善德，则必能享受家庭福祉。谨守善道，后福吉祥永久！谨慎小心。康熙三年二月初十六日。由拉巴格缮写。

## 06-05-02　康熙帝册封多罗豫郡王之四女为多罗格格之册文

康熙三年二月十六日

奉天承运皇帝诏曰：因举亲族协助，国家以亲族为重。为端正内廷规矩，洁身自好，家中严肃妇女内治教化。礼符衣服则方赐给敕谕。多罗豫郡王四女，尔德行文静，生性笃信，因从小祈祷，毫无过错，恪守闺箴，自结婚时迎合教诲，极端谨慎小心，因学地礼，天家宗支格外高贵。故封尔为固山格格（县君），赐给册文。教示家中孝心，则必为福晋之道。恪守襄助夫君之善德，则必能享受家庭福祉。谨守善道，后福吉祥永久！谨慎小心。康熙三年二月初十六日。由拉巴格缮写。

## 06-05-03　　　康熙帝册封恭郡王之次女为多罗格格之册文
康熙三年二月十六日

奉天承运皇帝诏曰：因举亲族协助，国家以亲族为重。为端正内廷规矩，洁身自好，家中严肃妇女之教化。礼符衣服则方赐给敕谕。恭郡王次女，由多罗左翼郡王领养。尔德行文静，生性笃信，因从小祈祷，无过错，恪守闺箴，自结婚时迎合教诲，极端谨慎小心，因学地礼，天家宗支格外高贵。故封尔为多罗郡王之女多罗格格（县君），赐给册文。教示家中孝心，则必为福晋之道。恪守襄助夫君之善德，则必能享受家庭福祉。谨守善道，后福吉祥永久！谨慎小心。康熙三年四月初二十四日。由拉巴格缮写。

## 06-05-04　　　康熙帝命巴达那袭其父爵拖沙喇哈番之敕命
康熙三年四月二十四日

其父病故之后，恩准命其长子巴达那承袭拖沙喇哈番爵位。倘若阵亡，则准袭，如若病故，则停袭。

## 06-05-05　　　康熙帝命孟古承袭其父爵拜他喇布勒哈番之敕命
康熙三年二月十四日

恩准命长子孟古承袭其父爵拜他喇布勒哈番。又准再承袭一代。

## 06-05-06　　　康熙帝以严惩盗贼统计兵丁之事谕外藩蒙古
### 诸王贝勒贝子公等圣旨
康熙三年四月十九日

皇帝敕谕晓谕外藩蒙古王、诸贝勒、和硕诸台吉、诸公等，为盗贼猖獗一事，虽然昔日三番五次传谕严禁，但盗贼依然不绝迹，所以生民不得安宁。此乃掌管者贻误所致。各扎萨克王公，诸贝勒、贝子诺颜，和硕台吉等，又下级各旗额真、梅勒章京、甲喇章京（参领）、苏木章京（佐领）、坤都拨什库（满文音译作分得拨库，即骁骑校——译者）、巴噶领催（小拨什库）、十户长更加严查，侦察捕获并送至有司衙门惩治，则盗贼何以猖獗至此？若扎萨克诸王及诸贝勒，徇私隐瞒盗贼不交出，以后发觉出来则治其罪。又曾经宣谕又核查统计兵丁时，切勿隐瞒达标人丁。将其编入苏木数给穿披皮甲。今统计时举证隐瞒兵丁者不得捕捉，此均由于掌旗者监督不力所致。管旗扎萨克诸王、诸贝勒、贝子诺颜、和硕台吉、诸公等、旗之额真、梅勒章京、甲喇章京（参领）、苏木章京（佐领）、坤都拨什库（满文译作分得拨什库，即骁骑校——译者）、巴噶领催（小拨什库）严格监督查核并记录于档子则谁敢欺隐兵丁？又听说王以下，平民以上相互诉讼者，当每次举行会盟（举行丘尔干）时，络绎不绝。细察则有人声称来归附时离散；有人来归附之后，某年逃走；有人在来归附之前，即遭丧乱离散。朕思索先前一般三年一度举行一次会盟。自那以后，在几次举行会盟时，检举告发其他人之事，应当尽绝。思量此类起诉者不断，徇私告发人，格外增多。晓谕今自顺治元年以来告发事宜，可以审理。而顺治元年以前，则切勿受理审问。

## 06-05-07 　　　　　　　　康熙三年四月初四日

**（1）崇德元年四月为四子部落鄂木布授扎萨克达尔汉卓里克图之诰命**

奉天承运皇帝制曰：自开天辟地以来，有一代应运之君，必有藩屏之佐，故叙功定名以别封号者，乃古圣王之典也。朕爱仿古制，不分内外，视为一体。凡我诸藩，俱因功授册，以昭等威，受此册文者，必忠以辅国，恪守矩度，自始至终，不忘信义，若此则光前裕后，而奕世永昌矣。慎行勿怠。鄂木布，尔原系阿鲁部落诺颜，率领所属兀鲁思来归附。尔后进军大凌河口，尔兄叟和与阿济格诺颜一起战胜锦州兵马时，作战勇敢。在征伐察哈尔部时，俘获一名诺颜。进军大同，攻克七座寨子。当打败自大同出城三百兵时，俘虏乌巴西台吉、索那木朗素二人。在收服察哈尔部回来时，尔弟伊尔扎木与四个诺颜一起前往。朕嘉尔勋，故赐给扎萨克达尔汉卓里克图名号。除负朕厚恩，谋反大逆，削除王爵，及行军败逃，依律治罪外，其一应过犯，永不削夺，子孙世袭。钦哉。勿负朕命。崇德元年四月二十三日。

**（2）顺治六年九月晋封四子部落鄂木布为多罗达尔汉卓里克图郡王之诰命**

后来当攻北京，在远征山东第一役，战胜冯太监马步军时，率领所属旗击败。夺取明朝战役，追打流贼兵马，至庆都县城赶上，并击溃之，最终打败敌人。在苏尼特部腾机思叛乱时进行追击，杀死乌班第达尔汉巴图鲁及其他五位台吉，并俘获其妻子家口及牲畜。故特此黾勉喜许，封为多罗达尔汉郡王。顺治六年九月初二日。

**（3）顺治十年九月鄂木布薨准其子巴拜承袭其父爵为达尔汉卓里克图郡王之诰命**

顺治十年九月鄂木布薨逝之后，恩准其子巴拜承袭其父爵为达尔汉卓里克图郡王封爵。依旧世袭罔替。顺治十年九月二十四日。

**（4）康熙帝以巴拜薨准其子沙克都尔承袭达尔汉卓里克图郡王之诰命**

巴拜病故之后，恩准其子沙克都尔承袭达尔汉卓里克图郡王封爵。依旧世袭罔替。康熙三年四月二十四日。

## 06-05-08 　　　　　　　　康熙三年四月二十四日

**（1）崇德六年十月封苏尼特部腾机思为多罗墨尔根郡王之诰命**

奉天承运皇帝制曰：自开天辟地以来，有一代应运之君，必有藩屏之佐，故叙功定名以别封号者，乃古圣王之典也。朕爱仿古制，不分内外，视为一体。凡我诸藩，俱因功授册，以昭等威，受此册文者，必忠以辅国，恪守矩度，自始至终，不忘信义，若此则光前裕后，而奕世永昌矣。慎行勿怠。腾机思，尔原系蒙古察哈尔汗亲族，且苏尼特兀鲁思诺颜。朕彻底征服察哈尔兀鲁思之后，尔识时达势，弃喀尔喀兄弟，率领所属兀鲁思来归附朕。朕嘉尔勋，故册封为多罗墨尔根郡王。除负朕厚恩，谋反大逆，削除王爵，及行军败逃，依律治罪外，其一应过犯，永不削夺，子孙世袭。钦哉。勿负朕命。大清崇德六年十月三十日。

**（2）顺治五年九月腾机思重新归附旋薨准其弟腾机忒承袭郡王爵位之诰命**

后来顺治三年率领其兀鲁思叛归喀尔喀部，又率领其兀鲁思来归。病故之后，恩准命其弟腾机忒承袭多罗郡王封号。顺治五年九月十六日。

**（3）康熙帝以腾机忒薨晋封腾机思之子多罗贝勒萨穆扎承袭郡王爵位之诰命**

腾机忒薨之后，恩准并晋封腾机思之子多罗贝勒萨穆扎承袭郡王封爵。康熙三年四月二十四日。

**（4）康熙帝命腾机忒之子博木布袭萨木扎原爵多罗贝勒爵位之诰命**

命尔承袭叔叔腾机忒之王爵之后，将尔多罗贝勒封号，令尔叔叔腾机忒之子博木布承袭。康熙三年四月二十四日。

## 06-05-09　　　　　　　　　　康熙三年闰六月初三日

**（1）顺治五年一月封茂明安部顾木为辅国公之诰命**

奉天承运皇帝制曰：自开天辟地以来，有一代应运之君，必有藩屏之佐，故叙功定名以别封号者，乃古圣王之典也。朕爱仿古制，不分内外，视为一体。凡我诸藩，俱因功授册，以昭等威，受此册文者，必忠以辅国，恪守矩度，自始至终，不忘信义，若此则光前裕后，而奕世永昌矣。慎行勿怠。阿鲁科尔沁部顾木，尔与齐根一起率领所属兀鲁思来归附。攻打北京，进军山东战役，当战胜侯太监兵马时，率领所属旗兵与正蓝旗一起打败。追击腾机思一役，当打败土谢图汗兵卒时，率领所属旗兵马打败来援敌人。打败硕垒汗兵马时，率领所属旗兵马打败来援敌人。朕嘉尔勋，故册封尔为辅国公。除负朕厚恩，谋反大逆，削除王爵，及行军败逃，依律治罪外，其一应过犯，永不削夺，子孙世袭。钦哉。勿负朕命。顺治五年一月十八日。

**（2）顺治七年八月晋封辅国公顾木为多罗贝勒之敕命**

后来，因尔与齐根率领所属兀鲁思，由辅国公晋封为多罗贝勒。依旧世袭罔替。顺治七年八月十三日。

**（3）康熙帝以顾木病故准其子图巴承袭多罗贝勒之诰命**

顾木病故之后，恩准其子图巴承袭多罗贝勒。依旧世袭罔替。康熙三年闰六月初三日。

## 06-05-10　　康熙帝以喀尔喀扎萨克图汗部内乱引起逃民之事
### 颁丹津喇嘛之敕谕
康熙三年七月二十四日

皇帝敕谕晓谕喀尔喀车臣汗。因尔喀尔喀部立下誓约和好政体，并进献贡物，所以逃民来归则往回遣送。今土谢图汗抛弃已经立下誓约，并没有进献一年之贡，无视朕祝福之使臣。因此将其所派使臣驱逐回去。今土谢图汗之岱青台吉所属德木林台吉声称其地方混乱，无法生计，因而又来归附。先前既然立下誓约，立即接受则担忧放弃先前誓约，钦此。又扎萨克图汗、罗布藏诺颜发生内讧，尔喀尔喀部自相俘虏较多，故以为无法生计来归附者非常多。和好政体，切实立下誓约，相互亲善时，逃人来归则拒绝接受。但并没有立下誓约，因汗被弑害，兀鲁思丧乱，无法生计者欲来归附时，又不予收容。朕混一天下，如何抛弃生计无着及无依无靠者，断其生路？既然订立誓约，弑杀汗及破坏政体等大事应该上奏，并使朕听闻其原因。如此发生大乱，尔等也没有上奏听闻。今扎萨克图汗所属部不管谁来立即接收。不必与尔等说。尔等不能劝告。又尔喀尔喀部昔日并没有越过喀尔喀部边界驻牧。康熙元年尔所属阿巴噶纳尔部台吉固英寨桑部越过喀尔喀部边界来乌古鲁尔名字之地方，朕宽大饶恕遣送回去。今年又尔所属阿巴噶纳尔部台吉色棱莫尔根部来乌讷齐哈达（汉语意为狐狸崖——译者）、齐努图鲁海（汉语意为狼头——译者）地方驻牧，又宽大遣送回去。朕思索为政体切实立下誓约，应该各自遵守约定，不应去非指定地点方妥当。不得任意来卡伦附近驻牧，却违规来恐怕理屈。悖乱缘由，均正在此。将此宣告尔属兀鲁思内。恐怕今后又越过喀尔喀部边界来驻牧。如果经常越过喀尔喀部边界来，则不往回遣送，立即接受。故派遣赛特（大臣）晓谕。钦此。

## 06-05-11　　康熙帝以喀尔喀扎萨克图汗部内乱引起
### 逃民之事颁车臣汗之敕谕
康熙三年七月二十四日

皇帝敕谕晓谕喀尔喀车臣汗。因尔喀尔喀部立下誓约和好政体并进献贡物，所以逃民来归则往回遣送。今土谢图汗抛弃先前所立下誓约，并没有送来进献一年之贡，无视朕祝福之使臣。因此将其所派使臣驱逐回去。今土谢图汗之岱青台吉所属德木林台吉声称其地方混乱，无法生计又来归附。先前既然立下誓约，立即接受则担忧放弃先前誓约，钦此。又扎萨克图汗、罗布藏诺颜发生内讧，尔喀尔喀部自相俘虏较多，故以为无法生计来归附者非常多。和好政体，切实立下誓约，相互亲善时，逃人来归则拒绝接受。但并没有立下誓约，因汗被弑害，兀鲁思丧乱，无法生计者欲来归时，不予吸收。朕混一天下，如何抛弃生计无着及无依无靠者，断其生路？既然订立誓约，弑杀其汗及破坏政体等大事应该上奏听闻其原因。发生如此大乱，尔等竟然也没有上奏听闻。今扎萨克图汗所属部，不管谁来立即接收。不必与尔等说。尔等不能劝告。又尔喀尔喀部昔日并没有越过喀尔喀部边界驻牧。康熙元年尔所属阿巴噶纳尔部台吉固英寨桑部越过喀尔喀部边界来乌古鲁尔名字之地方，（朕）宽大将其遣送回去。今年又尔所属阿巴噶纳尔部台吉色棱莫尔根部来乌讷齐哈达（汉语意为狐狸崖——译者）、齐努图鲁海（意为狼头——译者）地方驻牧，（朕）又宽大遣送回去。朕思索为政体切实立下誓约，应该各自遵守约定，不应去非指定地点方妥当。不得任意来卡伦附近驻牧，却违规来恐怕（尔等）理屈。悖乱缘由，均正在此。将此宣告尔属兀鲁思内。恐怕今后又越过喀尔喀部边界来驻牧。如果经常越过喀尔喀部边界来，则不往回遣送，立即接受。故派遣赛特（大臣）晓谕。钦此。

## 06-05-12　康熙帝命班达尔沙承袭其病故兄多罗杜棱贝勒之诰命
### 康熙三年七月二十九日

命班达尔沙承袭其病故兄多罗杜棱贝勒。依旧世袭罔替。

## 06-05-13　　康熙帝命布答礼承袭其父多罗郡王爵位之诰命
### 康熙三年七月二十一日

恩准命布答礼承袭其父多罗郡王爵位。

## 06-05-14　康熙帝封喀尔喀部左翼衮布伊尔登为多罗贝勒之诰命
### 康熙三年闰六月初五

奉天承运皇帝诏曰：太祖圣武皇帝开国肇基，以奇伟德智恩赐给子孙。太宗宽温仁圣皇帝即位，统一各地蒙古兀鲁思，彻底征服朝鲜国，增广国土，以尊政体。世祖章皇帝平定中原，统一天下，绥服遐荒远域，故德慧彰显。朕嗣登大位之后，衮布伊尔登，尔原系喀尔喀部诺颜。喀尔喀部突然发生内讧，因尔亲兄之子罗布藏诺颜捕获尔之扎萨克图汗，破坏和硕（旗）作乱，因尔无法生计，率领尔所属兀鲁思及妻子、子嗣，诚心来归附，所以特加授晋升为多罗诺颜。

## 06-05-15　　康熙帝命阿喇布坦承袭父爵为多罗郡王诰命
### 康熙三年八月十九日

其父病故之后，恩赐命长子阿喇布坦承袭父爵为多罗郡王爵位。依旧世袭罔替。

## 06-05-16

### （1）顺治五年九月封科尔沁部桑噶尔寨为一等精奇尼哈番之敕命
奉天承运皇帝诏曰：太祖圣武皇帝开基建国，以奇伟德智恩赐给子孙。太宗宽温仁圣皇帝即位，统一各地蒙古兀鲁思，彻底征服朝鲜国，增广国土，以尊政体。世祖章皇帝平定中原，统一天下，绥服遐荒远域，故德慧彰显。朕嗣登大位之后，科尔沁部桑噶尔寨杜棱，尔与其主土谢图汗提出并商量来归附。又围攻明朝大凌河城一役，在打败锦州城出城兵卒时，率所属旗兵，战胜来援敌人。在扎萨克巴图录亲王击败自锦州城出城来战敌人时，率所属旗兵马，战胜来援敌人。当战胜张道吏兵马时，率所属旗兵，战胜来援敌人。进军察哈尔部库库和屯（归化城——译者）一役，当战胜多尔济塔苏尔海时，战胜敌人。夺取明朝国政战役，与土谢图亲王一起来。病故之后，恩准其子额林臣，赐给一等精奇尼哈番。此名号世袭罔替。顺治五年一月十八日。

（2）桑噶尔寨病故后准其子乌尔古木勒袭精奇尼哈番之敕命

桑噶尔寨病故后，恩准其子乌尔古木勒袭精奇尼哈番。世袭罔替。康熙三年八月十九日。

## 06-05-17　　康熙帝遣官致祭喀喇沁部多罗杜棱贝勒
### 图巴色冷之祭文
#### 康熙三年四月初九日

于康熙三年三月二十五日，皇上赐给纸钱、羊、酒，遣一等侍卫（恰）加一级巴德玛读祭文，洒酒，照例于五月二十七日祭奠。祭文词曰：皇帝敕谕。遣一等侍卫（恰）加一级巴德玛祭奠喀喇沁部多罗杜棱贝勒图巴色冷之祭文：皇帝敕谕，朕思及遐荒远域，示仁恩赐殒殂者，以广布仁爱。为人臣谨慎效力，报答恩德，以虔诚成事为贵。图巴色冷，尔生性为人正直忠诚，处事公允，承袭王爵，修行德操，完成所委付事宜，谨慎效力。朕以为永远长寿，不曾预料遽然逝去。朕哀恸异常，备齐祭品，聊表痛悼之心祭之。呜呼！恩赐被及冥界地府。仁爱泽至遗体，以安慰英灵。若尔地下有知，则来尚飨！

## 06-05-18　　康熙帝遣官致祭喀喇沁部多罗贝勒古木之祭文
#### 康熙三年四月十七日

于康熙三年七月二十六日，皇上赐给纸钱、羊、酒，遣一等侍卫（恰）阿拉纳读祭文，洒酒照例于四月十七日祭奠。祭文词曰：皇帝敕谕。遣一等侍卫（恰）阿拉纳祭奠喀喇沁部多罗贝勒古木之祭文：皇帝敕谕，朕思及遐荒远域，示仁恩赐殒殂者，以广布仁爱。为人臣者，谨慎效力，报答恩德，以虔诚成事为贵。多罗贝勒古木，尔生性为人正直忠诚，处事公允，修行道德，恪尽职守，谨慎效力。朕以为永远长寿，不曾预料遽然逝去。朕哀恸异常，备齐祭品，聊表痛悼之心祭之。呜呼！恩赐被及冥界地府。仁爱泽至遗体，以安慰英灵。若尔地下有知，则来尚飨！

## 06-05-19　　康熙帝遣官致祭科尔沁部多罗贝郡王张继伦之祭文
#### 康熙三年七月二十六日

于康熙三年三月二十五日，皇上赐给纸钱、羊、酒，遣一等侍卫（恰）加一级巴德玛读祭文，洒酒照例于五月二十七日祭奠。祭文词曰：皇帝敕谕。遣一等侍卫（恰）加一级巴德玛祭奠科尔沁部多罗郡王张继伦之祭文：皇帝敕谕，朕思及遐荒远域，示仁恩赐殒殆者，以广布仁爱。为人臣者，谨慎效力，以虔诚成事为贵。多罗郡王张继伦，尔生性为人正直，处事公允，承袭王爵，恪尽职守，精心行善。朕以为永远长寿，不曾预料遽然逝去。朕哀恸异常，备齐祭品，聊表痛悼之心祭祀之。呜呼！恩赐被及冥界地府。仁爱泽至遗体，以安慰英灵。若尔地下有知，则来尚飨！

## 06-05-20　　康熙帝遣官致祭科尔沁部达尔汉巴图鲁亲王
### 满珠习礼之祭文
*康熙三年五月初三日*

于康熙三年四月初一日，给科尔沁部达尔汉巴图鲁亲王满珠习礼皇帝赐给祭文、纸钱、牛羊，遣多罗贝勒拉木布读祭文，洒酒，照例于五月初三日致祭。祭文词曰：皇帝敕谕，遣多罗贝勒拉木布致祭科尔沁部达尔汉巴图鲁亲王满珠习礼祭词。国家定制，思及遐荒远域，仁佑施恩殒殆者，以广布恩德。为人臣者，历经艰辛，克尽虔诚，以敬重道义为贵。尔系朕至亲贵戚，鼎力相助，理应以黾勉加奖法度为重。扎萨克达尔汉巴图鲁亲王满珠习礼，尔乃太皇太后亲兄，生性为人虔诚勇敢，处事谨慎，当太祖、太宗开国奠基时，先于任何人来归附，亲自转战各地，亲冒矢石，冲锋陷阵，谨慎效力，建立大名号。世代重亲，自始至终，一心一意，克尽笃实。朕以为永远长久，不曾预料遽然逝去。朕哀恸异常，备齐祭品，聊表痛悼之心，以祭奠。呜呼！恩赐被及冥界地府。降赐重恩仁义，以报艰辛效力。若尔地下有知，则来尚飨！

## 06-05-21　康熙帝遣官致祭蒿齐忒部多罗郡王噶尔玛色旺之祭文
*康熙三年五月初三日*

于康熙三年三月二十五日，皇上赐给纸钱、羊、酒，遣一等侍卫（恰）阿拉纳读祭文，洒酒照例于五月初三日祭奠。祭文词曰：皇帝敕谕。遣一等侍卫（恰）阿拉纳祭奠蒿齐忒部多罗郡王噶尔玛色旺之祭文：皇帝敕谕，朕思及遐荒远域，因示仁恩赐殒殆者，以广布仁爱。为人臣者，谨慎效力，以虔诚成事为贵。多罗郡王噶尔玛色旺，尔生性为人正直，处事公允，承袭王爵，恪尽职守，精心行善。朕以为永远长寿，不曾预料遽然逝去。朕哀恸异常，备齐祭品，聊表痛悼之心祭之。呜呼！恩赐被及冥界地府。仁爱泽至遗体，以安慰英灵。若尔地下有知，则来尚飨！

## 06-05-22　　康熙帝遣官致祭科尔沁部一等台吉巴鲁之祭文
*康熙三年五月初三日*

于康熙三年三月二十五日，皇上赐给纸钱、羊、酒，遣赞礼郎伊兰泰读祭文，洒酒并照例于五月初五日祭奠。祭文词曰：皇帝敕谕，遣赞礼郎伊兰泰致祭科尔沁部一等台吉巴鲁之祭文。朕思及遐荒远域，示仁恩赐殒殆者，以广布恩泽。为人臣者，谨慎效力，善守爵位，崇尚道义。巴鲁，尔生性忠厚，行事公允，以谦逊之心恪尽职守。朕以为长寿，不曾预料遽然故去。朕哀痛异常，故备齐祭品，加恩祭奠以安慰亡灵！若尔地下有知，则来迎尚飨！

## 06-05-23　　康熙帝遣官致祭科尔沁部一等台吉朵脑之祭文
### 康熙三年五月初三日

于康熙三年三月二十五日，皇上赐给纸钱、羊、酒，遣赞礼郎伊兰泰读祭文，洒酒并照例于五月初三日祭奠。祭文词曰：皇帝敕谕，派赞礼郎伊兰泰致祭科尔沁部一等台吉朵脑之祭文。朕思及遐荒远域，示仁恩赐殒殆者，广布恩泽。为人臣者，谨慎效力，善守封爵，崇尚道义。朵脑，尔生性忠厚诚实，行事公允，以谦逊之心恪尽职守。朕以为长寿，不曾预料遽然故去。朕哀痛异常，故备齐祭品，加恩祭奠以安慰亡灵！若尔地下有知，则来迎尚飨！

## 06-05-24　　康熙帝遣官致祭扎赉特部固山贝子达尔汉
## 和硕齐色冷之祭文
### 康熙三年五月十九日

于康熙三年三月二十五日，皇上赐给纸、羊、酒，遣一等侍卫（恰）加一级巴德玛读祭文，洒酒照例于五月十九日祭奠。祭文词曰：皇帝敕谕。遣人祭奠扎赉特部固山贝子达尔汉和硕齐色冷之祭文：皇帝敕谕，朕思及遐荒远域，示仁恩赐殒殆者，以广布仁爱。为人臣者，谨慎效力，以虔诚成事为贵。扎赉特部固山贝子达尔汉和硕齐色冷，尔生性为人忠诚正直，处事公允，恪尽职守，修德完成所委付之事。朕以为永远长寿，不曾预料遽然逝去。朕哀恸异常，备齐祭品，聊表痛悼之心祭之。呜呼！恩赐被及冥界地府。仁爱泽至遗体，以安慰英灵。若尔地下有知，则来迎尚飨！

## 06-05-25　　康熙帝遣官致祭科尔沁部一等台吉哈郎海之祭文
### 康熙三年六月初三日

于康熙三年五月初三日，皇上赐给纸钱、羊、酒，遣郎中敖拉泰读祭文，洒酒照例于六月初三日祭奠。祭文词曰：皇帝敕谕，遣郎中敖拉泰致祭科尔沁部一等台吉哈郎海之祭文。朕思及遐荒远域，示仁恩赐殒殆者，以广布恩泽。为人臣者，谨慎效力，善守封爵，崇尚道义。哈郎海，尔生性忠厚，行事公允，以谦逊之心恪尽职守。朕以为长寿，不曾预料遽然故去。朕哀痛异常，故备齐祭品，加恩祭奠以安慰亡灵！若尔地下有知，则来迎尚飨！

## 06-05-26　康熙帝遣官致祭喀喇沁部一等塔布囊雅布舒之祭文

### 康熙三年四月十一日

于康熙三年三月二十五日，皇上赐给纸钱、羊、酒，遣赞礼郎伊兰泰读祭文，洒酒照例于四月十一日祭奠。祭文词曰：皇帝敕谕，遣赞礼郎伊兰泰致祭喀喇沁部一等塔布囊雅布舒之祭文。朕思及遐荒远域，示仁恩赐殒殆者，以广布恩泽。为人臣者，谨慎效力，善守爵位，崇尚道义。雅布舒，尔生性忠厚，行事公允，以谦逊之心恪尽职守。朕以为长寿，不曾预料遽然故去。朕哀痛异常，故备齐祭品，加恩祭奠以安慰亡灵！若尔地下有知，则来迎尚飨！

## 06-05-27　康熙帝命毕力格承袭父爵固山贝子诰命

### 康熙三年九月三十日

病故之后，恩准命其长子毕力格承袭父爵固山贝子。依旧世袭罔替。

## 06-05-28　康熙帝命达赖承袭父爵拜他喇布勒哈番之敕命

### 康熙三年九月十三日

病故之后，恩准命其长子达赖承袭父爵拜他喇布勒哈番。又可以承袭一代。康熙三年九月十三日。由拉巴克缮写。

## 06-05-29　翻译达赖喇嘛奏折之过程记录

### 康熙三年十月十六日

康熙三年十月十六日，达赖喇嘛奏折记录一份、未记录二份，厄齐尔汗奏折记录二份。理藩院尚书喀兰图上奏此事，传谕曰：交给内务府衙门，翻译之后明天早晨上奏。于本月十七日，将其翻译完毕并上奏。同原书一起交给有司衙门。

## 06-05-30　达赖喇嘛奏请圣安书

### 康熙三年十月十六日

在大千世界千辐金轮掌管持有权力，以福德之力轮回之上，明显富裕天之雍容华贵，因瞻部洲人福分祚命至善，托大命诞生天主之足下明鉴！祝愿永不毁灭，及背离寿辰吉祥永驻地方奇妙迹象典范那般呈现无量佛（阿尤喜佛——译者）之力，如同永不毁灭金刚般尔之身体扶持金色世界时，寿辰支柱非常永固！救护佛尊以重要敕命修成正果者，那般最胜至尊三宝慈悲加持，及宇宙轮回之祖父大梵天器官（梵音），有青色喉咙等，有高贵根脚（根源）贵族诸君主，普遍圆满今即将恩赐！将足智多谋向上提升加授，自喉咙先说善良祝愿华丽辞藻，降下吉祥花朵甘霖吉雨，用最胜芦苇，与香喷喷散发诸香火之味道一起禀报回答词语。在天空及大地之间曼荼罗（佛坛）未被间隔所赉至文书及所恩赐有不变记号花纹等，非常荣盛敕谕、宝石宝珠等宝物，及内外各种东西，诸色绸缎等上乘物品礼物，均已经到手。胜者之胜者，三千世界唯一上天，有圣洁根源成就守护精华，给予我等教示极多恩赐这般情形，积善积德，所作所为，如同显现在洁净镜子里一般。守护曼殊师利（文殊菩萨）以仁爱慈悲神通舞蹈众敬皇帝座位重点信仰人身之形象最胜至尊大福德者圣人，生老病死悲哀之程度（尺寸），非能够支配地方，如果能够做到，形象之身有如百数太阳威德光芒耀眼闪烁，使死神萌芽之漆黑濒临末日之极限，并使其明显成为如此俯视众生之地方，听闻美妙言语及华丽辞藻，心中好像一股温泉流淌般喜悦异常。在这里明显思虑持有，并掌管器世界及诸部三界之我，对释迦牟尼教法听闻及思（想）等诸如此类，一直谨慎致力那般纯洁白善性质之惯例，在所持有天空中，自由自在相遇身之业缘，并修成正果。在尔那些善行器具内，宇宙轮回及涅槃之德行，并不缺漏，且被容纳，却超脱骄傲，那般将祖宗法度行事认准为正当，并加以信仰慎思，弄断扼杀一切嫉妒网络，耳朵一听闻尔大名那一刹那，使身心之罪恶悲哀从底座深处倾倒，将脚尖尘土蹭至头上顶冠者等，岂非不信仰天边喜乐之盛宴！出身高贵僧人，用命运梯子善逝者自己根源，祖父等所知道具备千眼那个霍尔木斯塔（帝释天），佛经、财物、欲望、寂灭四种脸色所长之叶，喜悦者这世界大梵天仍旧非尔莫属。不欺凌弱小，正直贤明伟大座位，能够夺取天师（巴克什即规范师或上师——译者）神仙之骄傲！对他人神变之君主妖精怪物之敌人，连毫毛之尖也不动者，大概勇敢刚毅能力缺乏所致。常常艰难命运之力，紧严展开之后，在三界器具内财物、牲畜等尽力跟随，却肉体之身为何不急于五体投地并顶礼膜拜？如同将十种陀罗尼（咒语）念诵错误般，以及执著时辰之尸体起来（起死回生）般破坏众生安宁和平，以盗贼名义那般不传扬，四洲众人内心永远安宁，平息并消除争执成为崭新圆满，此乃仍旧托尔之神变造化，方能够圆满。上天及龙宫之扎克沙、甘德利、比沙察等，均在皇宫门口屈膝下跪合掌回禀之词语听闻时，虽然天地遥远，欲想先睹为快，内心渴望，向生长方向那个大地方百次跑步往来。如同争执时辰及寿辰时辰，瞻部树之果实般，因饮用白善教经海般精华之缘故，如同成为清澈金子般上天，使尔能够存活八万岁，加持成为伟大者三宝之力！祝愿一切世间任何种类果真崇拜尔，则幸福安乐能够无边无疆，宝石庄严、宝珠物品等布施，及苛政如同刻划敕令之直尺般伸张其手，恩赐所有生灵！皇帝敕谕既传谕即不可收回，好像授记（原文作"额失"）、印信、敕书使我掌管，并奉为北方内典（佛经）及世间，祈求以上天巨大气力，与事宜圆满之敕谕一起，如同前例，善良富裕仁爱，经常恩赐！柔软琵琶并奏折，用相好并成为美丽教示（拔尖），由众多管弦乐器引申有意义语词，用千种情形美妙曲谱之喉咙来诉说，在令一切（生灵）跪拜行事宫殿内，在金龙年绿色大叶繁茂时节，以三种转轮之力世尊教法（宗教）之上。由向上敬奉持有船只之山顶敬献。

## 06-05-31　　达赖喇嘛上奏青海方面厄鲁特部台吉情况之奏折

康熙三年十月十六日

谨奏曼殊师利（文殊菩萨）皇帝天下之主陛下明鉴！

为青海诸台吉进犯内地事宜索尼赍至敕谕一事，济农回奏敕谕之事询问持教达延汗并颁赐敕谕。赍至晓谕欲我等知悉缘由，甚善。昔日祖父、父亲时，与伊拉古格森呼图克图喇嘛一起遣察罕喇嘛等，对我等及执教喇嘛甚善，赍来敕谕及大量布施、恩赐以来，往来不断，为完成汗父之命，我等至大斡耳朵（宫帐）觐见，颁赐蛇年政教一体善命及印信、敕书等。迄今为止，问安献礼不断，持教法王去世之后，其长子持教达延汗如同其父生前时一样维持政教和善规矩，不断派遣使臣，并持有谨慎致力于正道善心。青海地方诸台吉，桀骜不驯，先前我等（对此）了解不深。今询问时，他们却似懂非懂。皇上赍敕谕传谕及遣官员索尼时，莫尔根济农未领敕谕并未能回禀。济农虽年长，但非持教法王之子，而且先前未曾领过类似敕书，因汗与洪台吉不在，所以未能回禀。所有官吏并没有抗旨不臣悖慢之心。今上因内外均已统一，并遣纠正错误之使臣，如此这般仁爱之心，甚善。此厄鲁特（卫拉特）兀鲁思，不知悉严格法度与指令。有异于皇上所许可事宜，则我等谴责其全体官员以前妄行作乱，并教诲其今后务必慎行勿怠。祈求为如同从前内外全体一统，政教长久，太平恩赐。

## 06-05-32　　　　　　达赖喇嘛贡方物之礼单

康熙三年十月十六日

至上曼殊师利（文殊菩萨）天下之主皇帝陛下明鉴！如同无竭之天仓般大门敞开，赏赐三宝及教法神灵祭祀礼作各种优质绸缎作成旗帜、幢幡等，欣喜异常！恩赐如何，两位使臣均至。聊当喜庆之礼品有青金石念珠一串一百零八颗、菩提念珠一百串。于七月初一日敬奉。

## 06-05-33　　　西藏厄鲁特部达延汗以所属青海厄鲁特台吉
## 　　　　　抢边掠牲畜等事向康熙帝谢罪之文书

康熙三年十月十六日

至尊皇帝明鉴！驻牧青海地方诸台吉进犯内地抢掠牛羊，派遣侍郎石图合理分配，制定互市之门（关口），通商之后，越过此地，声称毕桑、韩家等地西藏人为首，桀骜不驯，听说所属官索尼为核查尔赍至敕谕则莫尔根济农未跪拜便接旨。如果诸台吉违背先前规定，却走入其他（关隘）大门，进犯非己属其他西番则有国法可依，莫尔根济农未能领取敕谕缘由，因我远居此西藏地方，不得而知。我今详细询问并谴责其前非，并吩咐其今后不得悖乱妄行。还渴望至尊陛下降赐政教内外永久统合之善心。于龙年七月吉日，自达木河地方敬奉。至尊皇帝明鉴！持教达延汗以虔心谨奏，今至尊宝身乃众民之福命，如同须弥山般安稳下榻，增益以道义拯救大世间之善业，遵循祖宗优善规矩，以慈悲不断之心，令罗布藏扎拉森喇嘛恩赐给敕谕、礼品绸缎十五匹、五十两银豁口茶桶、四十两银盘、玉壶、两篓茶，欣喜异常。我等健康，思虑佛法及太平盛世，众民平安，以善心敬守。今遣恰达尔汉恭请圣安，敬请如前晓谕。礼品有珊瑚念珠、琥珀念珠各一串、氆氇四卷。于龙年七月吉日，自达木河地方敬奉。

## 06-05-34　康熙帝遣官致祭科尔沁部一等台吉巴图鲁那哈出之祭文

### 康熙三年闰六月十七日

于康熙三年四月初四日，皇上赐给纸钱、羊、酒，遣一等侍卫（恰）布克特尔读祭文，并洒酒，照例于闰六月十七日祭奠。祭文词曰：皇帝敕谕，遣一等侍卫（恰）布克特尔致祭科尔沁部一等台吉巴图鲁那哈出之祭文。朕思及遐荒远域，示仁施恩殒殆者，广布恩泽。为人臣者，谨慎效力，善守爵位，崇尚道义。巴图鲁那哈出，尔生性忠厚，行事公允，以谦逊之心恪尽职守。朕以为长寿，不曾预料遽然故去。朕哀痛异常，故备齐祭品，加恩祭奠以安慰亡灵！若尔地下有知，则来迎尚飨！

## 06-05-35　康熙帝遣官致祭郭尔罗斯部镇国公扎尔布之祭文

### 康熙三年十月初一日

于康熙三年八月二十日，皇上赐给纸钱、羊、酒，遣二等侍卫（恰）加一级扎萨克图读祭文，洒酒，并照例于十月一日祭奠。祭文词曰：皇帝敕谕，遣二等恰加一级扎萨克图致祭郭尔罗斯部镇国公扎尔布之祭文。朕思及遐荒远域，示仁恩赐殒殆者，广布恩泽。为人臣谨慎效力，报答恩德，崇尚道义。扎尔布，尔生性品德端正，小心谨慎，承袭乃父爵位，以谦逊之心恪尽职守。朕以为长寿，不曾预料遽然故去。朕哀恸异常，故备齐祭品，聊表哀痛追悼之心。呜呼！加恩祭奠，恩泽被及冥界。降赐重恩祭奠以安慰亡灵！若尔地下有知，则来迎尚飨！

## 06-05-36　康熙帝遣官致祭乌珠穆秦部一等台桑噶尔寨之祭文

### 康熙三年九月初七日

于康熙三年八月十日，皇上赐给纸钱、羊、酒，遣七等笔帖式庄森读祭文，洒酒，并照例于九月初七日祭奠。祭文词曰：皇帝敕谕，遣七等笔帖式庄森致祭乌珠穆秦部一等台桑噶尔寨之祭文。朕思及遐荒远域，恩赐示仁殒殆者，广布恩泽。为人臣者，谨慎效力，善守封爵，崇尚道义。桑噶尔寨，尔生性忠厚，行事公允，以谦逊之心恪尽职守。朕以为长寿，不曾预料遽然故去。朕哀痛异常，故备齐祭品，加恩祭奠以安慰亡灵！若尔地下有知，则来迎尚飨！

# 清内秘书院蒙古文档案
# 第七辑

## 康熙四年（1665）档册

### 07-01-01　康熙帝命那颜泰承袭父爵三等阿达哈哈番之敕命
*康熙四年正月初十日*

命长子那颜泰承袭其病故父爵三等阿达哈哈番。再准承袭两代。

### 07-01-02　康熙帝遣官致祭土默特部一等塔布囊多尔济之祭文
*康熙四年十一月初九日*

于康熙三年十月二十日，皇上赐给纸钱、羊、酒，遣员外郎加一级伊哈禅读祭文，洒酒，并照例于十一月初九日祭奠。祭文词曰：皇帝敕谕，遣员外郎加一级伊哈禅致祭土默特部一等塔布囊多尔济之祭文。朕思及遐荒远域，恩赐示仁殒殆者，以广布恩泽。为人臣者，谨慎效力，善守爵位，崇尚道义。多尔济，尔生性忠厚，行事公允，以谦逊之心恪尽职守。朕以为长寿，不曾预料遽然故去。朕哀痛异常，故备齐祭品，加恩祭奠以安慰英灵！若尔有知，则来迎尚飨！

### 07-01-03　康熙帝遣官致祭科尔沁部一等台吉扎木素之祭文
*康熙四年十一月二十三日*

于康熙三年十月二十日，皇上赐给纸钱、羊、酒，遣员外郎加一级伊哈禅读祭文，洒酒，并照例于十一月二十三日祭奠。祭文词曰：皇帝敕谕，遣员外郎加一级伊哈禅致祭科尔沁部一等台吉扎木素之祭文。朕思及遐荒远域，恩赐示仁殒殆者，以广布恩泽。为人臣者，谨慎效力，善守封爵，崇尚道义。扎木素，尔生性忠厚，行事公允，以谦逊之心恪尽职守。朕以为长寿，不曾预料遽然故去。朕哀痛异常，故备齐祭品，加恩祭奠以安慰英灵！若尔地下有知，则来迎尚飨！

## 07-01-04　　康熙帝谕理藩院内秘书院集议赏赉达赖喇嘛
## 礼物及敕谕之圣旨
### 康熙四年二月二十三日

至尊圣上敕谕,给达赖喇嘛赏赐一等镀金玲珑雕鞍一副、镀金纽带六十两银桶一、玉壶一、扯古掣(茶酒盅)一、绸缎十匹等派遣使臣赉去。照旧例给达赖喇嘛赉去敕谕。给厄齐尔汗勿赉敕谕。钦此。敕谕内事宜,便宜行事。

## 07-01-05　　康熙帝遣使存问达赖喇嘛之敕谕
### 康熙四年二月二十四日

皇帝敕谕致西天大善自在佛所部天下释教普通瓦赤喇怛喇达赖喇嘛。尔所呈问安奏疏已知悉,并得知真心。自朕即位以来,寰区内外,莫非统御。因西域地方,距离遥远,遐荒绝险,全凭尔广布德行与教法,谐和生民。虽然远隔万水千山,朕嘉善龟勉之心不断,今遣吉如噶齐格隆等前往存问安康。

## 07-01-06　　康熙帝赏赐达赖喇嘛之礼单
### 康熙四年二月二十四日

皇帝敕谕,尔隆兴佛法,传播真理,引导众生,崇尚德行,教法远布。夫常思正德,则理应受嘉龟,今遣吉如噶齐格隆等按问安之例赉至礼品有一等镀金玲珑雕鞍一副、镀金纽带六十两银桶一、玉壶一、扯古掣(茶酒盅)一、绸缎十匹。

## 07-01-07　　康熙帝颁达赖喇嘛敕谕之草拟交办过程
### 康熙四年二月二十九日

阿里哈(笔帖克)达(大学士)巴泰、觉罗伊图、李霨、魏裔介、阿思哈尼(笔帖克)达(学士)麻勒吉、岳思泰、苏瓦雅木布、王志高、刘秉建、张士甄等上奏,传谕曰:善。于本年本月二十九日,将这两件敕谕用满文、蒙古文字缮写于铜笺纸上,并钤盖上制诰之宝,即日阿里哈(笔帖克)达(大学士)车克、巴泰、觉罗伊图、阿思哈尼(笔帖克)达(学士)麻勒吉、塞色赫、苏瓦雅木布、岳思泰、多纳、王志高、刘秉建等阅后,将理藩院尚书喀兰图于票签房内令其拜跪并交给。

## 07-01-08　　康熙帝以星变地震事大赦天下之诏书
### 康熙四年三月初五日

奉天承运皇帝诏曰:朕缵膺鸿绪,抚育群生,夙夜兢兢,勤求治理。期于阴阳顺序,海宇乂安。乃去岁之冬,星变示警,迄今为止复见。三月初二日,又有地震之异。意者所行政事,未尽合宜。吏治不清,民生弗遂,以及刑狱繁多,人有冤抑,致上干天和。异征屡告，抚躬循省。祗惧靡宁，是用肆赦，嘉与海内维新。理应施行恩宽事宜附写于后。一种，官吏军民人等，除谋反，叛逆，子孙杀祖父母、父母，内乱，妻妾杀夫，告夫，奴婢杀家长，杀一家非死罪三人，采生折割人，谋杀，故杀，蛊毒，魇魅，毒药杀人，强盗，妖言十恶等真正死罪不赦外，康熙四年三月初五日以前已发觉与尚未发觉，结正与尚未结正罪，均给予赦免。有以赦前事讦告者，不与审理，即以其罪罪之。一种，所有文武官员今议革名号，议降或住俸禄，停止俸禄、戴罪听候处理，又传谕总督、巡抚均赦免其逮捕定罪。一种，直隶各省顺治十六、十七、十八年追交不得之多种拖欠钱粮，按照十五年以后免除之例给予免除。曩日不曾赦免偷窃仓库之银两者，今均赦免。又大量拖欠盐税，详细核查却追征不得，亦酌情给予赦免。一种，在各府州县建常平仓，本来为防止饥饿之苦，赈济贫民而设。今曾闻徒有其名，果真收藏太少。其他贪官污吏及阴险书吏，作伪冒充并借取任意使用而不予赔偿。各事务衙门立即宣谕总督、巡抚严格核查，务必追交没收。如果作伪冒充贪取则立即参劾并治罪。一种，直隶各省军人仰赖月给钱粮。今闻管军官吏每领取钱粮时，找借口私取，中饱私囊，并奉送上级官员。是所以军民被迫于饥饿致穷困潦倒，难以养活妻子儿女。今后各地总督（军门）核查，并务必分别给予赏赐。如果隐藏不出，由他人首告及口道官吏告发则均治其罪。一种，大军会师出发应全体在城外按营下寨为宜，但总督、提督、总兵官等各官员去办事，将全体军马安顿在城里，以致扰害居民则甚为欠妥。今后总督、提督所率领兵马，理应全部在城外按营下寨。若又如同照旧例，仍在城里驻扎，以致侵扰居民，他人告发或口道官员首告则将全体治罪。一种，今因文武百官职任内降职及废除名号者中全体补充议论其是非，所以事情繁多。今后文武百官降职及废除名号之后，为职任内所有事宜，废除名号以下罪则如同前例均免除议罪。免除民按律议罪。又职务任内应备案之正当事又追论之类勿记入档子。一种，人命关天，必须反复审理。今后除了发动叛乱、公开抢掠者罪大恶极者立即处死之外，又所有在官府文书中登记在册牢狱中关押待处决者，仍依官府文书之例执行。一种，今审视内外各衙门审理上奏罪行，因积压年久不结案，所以众犯人被诬陷为同伙干连，监毙者颇多。因此在毋庸奏报并所属地方结案罪行中，必有含冤狱中死亡者。又闻所属地方势力较大且诡计多端无赖之刁民，贪官污吏与衙门顽民（皂隶），串通勾结，仇视假装诉讼，将良民诬陷为有罪，或起诉审理弄成错案之后，或接近结案时，又被寻找各种借口假装诉讼者诬陷牵连，窘迫至极，所以狱中含冤死亡者颇多。今后将所有已经审理定案重大罪行，均由总督、巡抚、按察司等官员，务必切实认真督察，量刑定罪并加以惩治。理应速决轻罪，应当立即审理结案。如果仍旧有如前积压拖延不办，导致其最终冤死在狱中，则有关事务衙门、关口道之官吏严责治罪。一种，在逃人脸上刻字者，原为识别记号，以便辨别犯人。脸上一旦刻字则即不弃恶从善。今后取消在逃人脸上刻字，按关押窃贼之例刻字。又隐瞒逃人，除了隐瞒罪，其脸上刻字则恐怕比逃人罪还重得多。从今以后停止隐瞒逃人者，脸上刻字。一种，于七等干犯叛乱罪之盗贼，若悔罪反省并痛改前非，诚心来归附，则均赦免其罪。又所有在通缉重犯主动自首来归附则仍赦免其罪行。於戏！冀答天心，爰布宽仁之典。期凝庶绩，聿昭勤励之图。播告天下，咸使闻知。

## 07-01-09　康熙帝封喀尔喀台吉巴尔布为多罗贝勒之诰命

康熙四年三月十三日

奉天承运皇帝制曰：太祖圣武皇帝肇基开国，神功传授子孙。太宗宽温仁圣皇帝嗣位，统一各地所有蒙古兀鲁思，彻底征服朝鲜，拓展版图，尊崇政体。世祖章皇帝平定中原，混一天下。绥服遐荒远域，故功德无量彰显。朕嗣登大位以来，巴尔布冰图，尔原系喀尔喀部台吉。喀尔喀部突然发生内讧，自相残杀，罗布藏诺颜杀死尔部扎萨克图汗，从而破坏其兀鲁思，所以尔无法生计，被迫无奈不得不携领子弟及所属兀鲁思、家产、牲畜来归附。所以晋升加授尔为多罗贝勒。世袭罔替。

## 07-01-10　康熙帝封满珠习礼为禅师之敕谕

康熙四年三月二十四日

奉天承运皇帝制曰：朕思虑佛法以安宁圣洁为根本，以大慈大悲为贵。上则潜移襄助政治，下则普济众生。能够传播此教法者，国君必然黾勉嘉善。满珠习礼，尔谨慎修行，虔心渴望成就大名，理应嘉勉。今封尔为禅师，赐给敕命。尔坚守佛法，常贵修行，兴隆慈悲德行，以副朕重要敕令。

## 07-01-11　康熙帝追封诺弥为拖沙喇哈番并准其子
## 班迪承袭父爵之敕命

康熙四年四月十二日

奉天承运皇帝制曰：朕惟尚德崇功，国家之大典；输忠尽职，臣子之常经。古圣帝明王，戡乱以武，致治以文。朕钦承往制，甄进贤能，特设文武勋阶，以彰激励。受兹任者，必忠以立身，仁以抚众，防奸御侮，机无暇时。能此则荣及父祖，福延后嗣，而身家永康矣，敬之勿怠。诺弥，尔原系掌管闲散（白身）梅勒。当围攻锦州第三次战役时，战胜洪军门十三万军队时，击败敌人。夺取明朝政权之战役，当进入九门之日，战胜流贼二十万兵马时，与色棱一起战胜。击破流贼，捕获福王，平定湖南、江南，战胜前来群马牧场（放牧群马之所——译者）欲厮杀之敌人时，打败敌人。追击腾机思一事，当打败硕垒汗兵马时，与固山额真敖泰一起击败。当战胜喀尔喀部土谢图汗兵马时，与固山额真敖泰一起击败。病故之后，晋升为拖沙喇哈番，令其子班迪承袭。又准再袭一代。

## 07-01-12　　康熙帝命安达习礼承袭其父爵镇国公之敕命

恩准命安达习礼承袭其父爵镇国公。依旧世袭罔替。

## 07-01-13　康熙帝遣官致祭科尔沁部卓礼克图亲王吴克善之祭文

康熙四年四月二十九日

于康熙四年四月初三日，给科尔沁部扎萨克卓礼克图亲王吴克善由皇帝赐给祭文、牛、纸钱、羊等，遣多罗贝勒图兰读祭文，洒酒，照例于本月二十九日，致祭。祭文词曰：皇帝敕谕，遣多罗贝勒图兰致祭科尔沁部扎萨克卓礼克图亲王吴克善祭词。国家定制，思及遐荒远域，仁佑殒殆者，以示恩德声闻。为人臣者，历经艰辛，克尽虔诚，以敬重道义为贵。尔系朕至亲贵戚，鼎力相助，则理应以黾勉加奖法度为重。扎萨克卓礼图亲王吴克善，尔太皇太后亲兄，生性为人虔诚，处事诚信谨慎，当太祖、太宗开国时，先于任何人而来归附，并亲自转战各地，亲冒矢石，冲锋陷阵，谨慎效力，建立大名号。尔世代成为重亲贵戚，自始至终，一心一意，克尽笃实。为政体效力，协助国家，丰功伟绩，闻名遐迩。朕以为永远长久，不曾预料遽然逝去。朕哀恸异常，备齐祭品，聊表痛悼之心以祭奠。呜呼！恩赐被及冥界地府。降赐重恩仁义，以报艰辛效力。若尔地下有知，则来尚飨！

## 07-01-14　　康熙帝遣官致祭科尔沁部冰图郡王额森之祭文

康熙四年五月初三日

于康熙四年四月初六日，由皇上赐给纸钱、羊、酒等，遣二等侍卫（恰）额尔克读祭文，洒酒，照例于五月初三日祭奠。祭文词曰：皇帝敕谕，遣二等侍卫（恰）额尔克致祭科尔沁冰图王额森之祭文。朕思及遐荒远域，恩赐示仁殒殆者，广布恩泽。为人臣者，以艰辛效力，恪尽笃实为天职。冰图（郡王）额森，尔生性忠厚，行事公允，承袭乃父王之爵位，对国家忠诚，克尽笃实。朕以为长寿，遽然故去。朕哀恸异常，故派遣官吏，备齐祭品致以聊表痛悼之心！呜呼！加恩祭奠恩泽被及冥界！降赐重恩以报答笃信行事，若王之英灵有知，则来迎尚飨！

## 07-01-15　　康熙帝遣官致祭科尔沁部诺力布额驸福晋
## 和硕格格之祭文

康熙四年五月十七日

由皇上给祭文、纸钱、羊等，遣二等侍卫（恰）额尔克读祭文、洒酒，并照例于五月十七日致祭。祭文曰：皇帝敕谕，遣二等侍卫（恰）额尔克致祭科尔沁部诺力布额驸福晋和硕格格之祭文。崇尚亲戚，以血脉宗支为重。加恩兴仁，以谨慎和睦为贵。

因此，所有善行美德均故去之后，加以祭奠。诺力布额驸福晋和硕格格，尔举止文静，彰显家规风范。朕以为长寿，却不曾预料遽然故去。故实行祭奠之法度，以聊表哀悼之心。呜呼！亲族之礼固重，备记贤惠善行，备齐祭品，永照坟墓之所。若尔地下有知，则来尚飨！

## 07-01-16　　康熙帝遣官致祭科尔沁部一等台吉顾鲁之祭文

康熙四年四月二十九日

于康熙四年四月初三日，皇上赐给纸钱、羊、酒等，遣郎中加一级珠瓦尼读祭文，洒酒并照例于四月二十九日祭奠。祭文词曰：皇帝敕谕。遣郎中加一级珠瓦尼祭奠科尔沁部一等台吉顾鲁之祭文：皇帝敕谕，朕思及遐荒远域，恩赐示恩殒殆者，普受仁爱。为人臣者，谨慎效力，恪尽职守，以遵循道义为贵。顾鲁，尔生性为人，端正忠厚，处事公允，以谦逊之心善守职位。朕以为永远长寿，不料遽然逝去。朕哀恸异常，故加恩，备齐祭品致祭并以安慰英灵。若尔地下有知，则来尚飨！

## 07-01-17　　拜塔拉病故之后康熙帝命巴济胡承袭其父

### 爵为拖沙拉哈番之敕命

康熙四年七月十四日

拜塔拉病故之后，康熙帝恩准命巴济胡承袭其父爵为拖沙拉哈番。倘若阵亡，则准袭，如若病故，则停袭。

## 07-01-18　　　　　　　　康熙四年七月十四日

### （1）崇德元年四月封科尔沁部满珠习礼为巴图鲁郡王之诰命

奉天承运宽温仁圣皇帝制曰：自开天辟地以来，有一代应运之君，必有藩屏之佐，故叙功定名以别封号者，乃古圣王之典也。朕爱仿古制，不分内外，视为一体。凡我诸藩，俱因功授册，以昭等威，受此诰命者，必忠以辅国，恪守矩度，自始至终，不忘信义，若此则光前裕后，而奕世永昌矣。慎行勿怠。满珠席礼，尔叔祖明安达尔汉巴图鲁诺颜先于嫩科尔沁所有诸颜送女至太祖，缔结婚姻，往来不断。尔祖父莽骨斯扎尔古齐诺颜先于科尔沁所有其他诸诺颜给朕送女来，缔结姻娅，和睦相处，往来不断。又与祖母、生母商量决定，将妹妹给朕送来，成为双重婚姻。察哈尔部出兵，当围攻尔科尔沁部之格尔珠尔根城时，尔兄弟全体四散逃走，各奔东西。唯独满珠席礼，尔与乃兄一起驻绰尔门（《清实录》作"绰尔曼"，在嫩江与松花江汇流处北岸）城，杀死察哈尔士兵，获其骆驼马匹作为首选礼物送来。闻及太祖升天，立即来吊唁。进军讨伐东撤时，嫩科尔沁部诸诺颜，全体回去。满珠席礼，尔穿越敌国，如期赴约而来，并对喀喇沁部苏布迪交战力屈之百人，率领二十个伙伴（友朋）经过奋勇交战攻取之。参与进军北京战役，当攻打大同时，奋力攻克七个营寨。尔始终不渝，一心效力，朕嘉尔勋，故封尔为巴图鲁郡王。除负朕厚恩，谋反大逆，削除王爵，及行军败逃，依律治罪外，其一应过犯，永不削夺，子孙世袭。依旧世袭罔替。尔恪守矩度，自始至终，不忘信义，若此则光前裕后，而奕世永昌矣。慎行勿忽。

**（2）顺治九年以战功赐达尔汉名号晋封多罗达尔汉巴图鲁郡王之诰命**

后来，追击腾机思一役，追至腾机思并将其所部击溃杀散时，杀死桑固尔寨侍卫（恰）台吉。又继续往前追及之，并俘获腾机思家产、牲畜、妻子家口。当战胜喀尔喀部土谢图汗兵马时，率领所属兵马，身先士卒，奋力击溃。当战胜硕垒汗兵马时，击溃前来与左翼噶布希贤（先锋）兵交战之敌兵。故黾勉激励其善行，加授达尔汉名号，并赐给多罗达尔汉巴图鲁郡王封号。依旧世袭罔替。顺治九年一月十五日。

**（3）顺治十六年七月以圣母皇太后亲兄满珠习礼战功显赫晋封和硕达尔汉巴图鲁亲王之诰命**

自太宗文皇帝以来尔亲自率兵，各地从征，一心效力，博得硕大名号。自朕嗣登大宝，执政以来，为国家防备喀尔喀部兵马，效力军前，虔诚笃实，博得硕大名号。又尔身为圣母皇后亲兄，礼当重亲贵戚，恩益功劳彰显于股肱功勋。报重恩以效力者，理应得到尊重，所以恩赐晋升加授为和硕达尔汉巴图鲁亲王封号。依旧世袭罔替。顺治十六年七月十一日。

**（4）康熙帝以满珠习礼薨准其长子和塔承袭和硕达尔汉巴图鲁亲王之诰命**

满珠习礼薨逝之后，恩准其长子和塔仍旧承袭和硕达尔汉巴图鲁亲王封爵。依旧世袭罔替。康熙四年七月十四日。

## 07-01-19　　康熙帝以琐郎噶病故准其长子扎木苏
### 承袭达尔汉名号之敕命
康熙四年八月初八日

琐郎噶病故之后，恩准其长子扎木苏仍旧承袭达尔汉名号。依旧承袭爵位。

## 07-01-20　　康熙帝以讷木和病故令其长子毕力格承袭
### 三等精奇尼哈番之敕命
康熙四年八月二十八日

讷木和病故之后，恩准令其长子毕力格仍旧承袭三等精奇尼哈番。又准再袭九次。

## 07-01-21　　康熙帝遵太皇太后懿旨册立内大臣噶布喇
### 之女何舍里氏为皇后之诏书
康熙四年九月初十日

奉天承运皇帝诏曰：帝王承于立极，作民父母，使四海通伦，万方向化。匪独外治，盖亦内德茂焉。故政教弘敷，肇先宫壸。所以共承宗庙，助隆孝养。绵本支，睦九族，甚钜典也。朕祗缵鸿基，笃念伦纪。兹者圣祖母昭圣慈寿恭简安懿章庆敦惠太皇太后，深惟婚礼为天秩之原，王化之始。遴选贤淑，俾佐朕躬，正位中宫，以母仪天下。钦遵慈命，虔告天地、宗庙于康熙四年九月初八日，册立内大臣噶布喇之女何舍里氏为皇后。朕躬暨后，允修厥德。夙夜敬勤，期克绍于徽音，庶俾薄海内外，丕协伦常，洽被仁恩。聿臻上理。布告天下，咸使闻知。

## 07-01-22　　康熙帝为太皇太后皇太后两宫上徽号礼成宣赐
## 大小文武官员宗室兵卒之诏书
### 康熙四年九月二十六日

奉天承运皇帝诏曰：朕惟帝王抚有四海，必首隆孝治，以端教化之源。是以子孙相承，而衍庆于奕叶也。钦唯我圣祖母昭圣慈寿恭简安懿章庆敦惠太皇太后，佐皇祖太宗文皇帝，肇兴大业，启皇考世祖章皇帝，式廓宏图。圣母仁宪皇太后，克嗣徽音，母仪茂著。朕缵膺丕绪，夙夜兢兢，仰荷慈闱，并弘训育。兹者遴选贤淑，俾佐朕躬，屡当嘉礼之成，宜进尊称之典。谨告天地、宗庙、社稷于康熙四年九月二十五日，率诸王、贝勒、文武群臣，恭奉册宝，加上圣祖母昭圣慈寿恭简安懿章庆敦惠太皇太后，徽号曰：昭圣慈寿恭简安懿章庆敦惠温庄太皇太后，圣母仁宪皇太后徽号曰：仁宪恪顺皇太后。崇两宫之显号，洽万国之欢心。於戏！祉贻孙子，宏昭式谷之源。礼备尊亲，大锡覃恩之典。布告中外，咸使闻知。

## 07-01-23　　康熙帝封喀尔喀车臣汗部归附台吉都西辖布
## 为固山贝子之诰命
### 康熙四年十一月十八日

奉天承运皇帝制曰：太祖圣武皇帝开国肇基，以奇伟德智恩赐给子孙。太宗宽温仁圣皇帝即位，统一各地蒙古兀鲁思，彻底征服朝鲜国，增广国土，以尊政体。世祖章皇帝平定中原，统一天下，绥服遐荒远域，故德慧彰显。朕嗣登大位之后，尔都西辖布，原系喀尔喀部台吉，喀尔喀部车臣汗固山（旗）并没有败坏，尔却携领弟及子嗣，并携领所属民及家产、牲畜率先来归附。故晋升加授尔为固山贝子。世袭罔替。

## 07-01-24　　康熙帝封喀尔喀部额尔克伊尔登为
## 拜他喇布勒哈番之敕命
### 康熙四年十一月十八日

奉天承运皇帝制曰：朕惟尚德崇功，国家之大典；输忠尽职，臣子之常经。古圣帝明王，戡乱以武，致治以文。朕钦承往制，甄进贤能，特设文武勋阶，以彰激励。受兹任者，必忠以立身，仁以抚众，防奸御侮，机无暇时。能此则荣及父祖，福延后嗣，而身家永康矣，敬之勿忽。额尔克伊尔登，尔原系喀尔喀部人，因携领尔妹之子德木林台吉来归附，故封为拜他勒布勒哈番。又准再袭两代。

# 康熙五年（1666）档册

## 07-02-01  康熙帝统计兵丁严惩盗贼加强卡伦等事教谕外藩蒙古会盟之诸王贝勒贝子公

*康熙五年四月初五日*

皇帝敕谕晓谕外藩蒙古会盟之诸王贝勒贝子公等先前曾经三番五次传谕责令（尔等）切勿隐瞒壮丁，每到编丁之年，经常有诉讼隐瞒壮丁者不断。所有此类事情，都因各自所属诸诺颜及掌管者之流，失察所致。如果严格审查并分别记入档册，则谁敢隐瞒壮丁？今切勿欺隐成年壮丁。编入壮丁数目，令其披戴皮甲。又为盗贼之事，（朕）几次曾传谕实行严禁，却盗贼不绝迹，生民不得安生，所有这些均因有关诸诺颜，各自不示仁眷养所属众民，不给与生计所致。人岂有不怕政法之理？知死却铤而走险，甘愿去当盗贼，为生活所迫，不得意而为之也。知悉各自所属之民贫富，征收贡赋，并加以甄别难以生计之贫民，适当给其生计，则何以成为盗贼？不然扎萨克诸王、诸贝勒、贝子（诺颜）、固山额真、梅勒章京、甲喇章京等掌管者，良莠不分即任命，故掌管禁令者贻误，盗贼仍不绝迹。所谓固山额真、梅勒章京、甲喇章京、苏木章京（佐领），治理生民者，理应选用有掌管能力者良民。又在国家边境设置卡伦，是为监督防范喀尔喀部与厄鲁特（卫拉特）部之间往来作乱，同时查办抓捕盗贼及逃人出入往来。今察知悉充当卡伦之章京、披甲贻误以至对逃人出入及我方之人至喀尔喀部与厄鲁特部，寻找亲族，或者喀尔喀部与厄鲁特部之人，往来出入，则守卡伦之人，视而不见。所有这些均因固山掌管者诸王，及披甲未曾严禁委派卡伦章京、披甲，卡伦章京不警惕防范，以致失误所致。外国安全仰赖于卡伦。固山掌管者诸王及诸贝勒、贝子（诺颜），应当严禁所派出卡伦章京、披甲驻防，务必加以严格警惕防范，并不断跟踪探寻其足迹。今贻误疏漏卡伦及卡伦发生混乱，则将固山掌管者诸王、诸贝勒、贝子（诺颜）、固山额真、梅勒章京、甲喇章京等全体治罪不贷。钦此。

## 07-02-02  康熙帝教谕会盟王公之敕谕草拟过程之记录

*康熙五年四月初三日*

四月初三日，阿里哈笔帖克达（大学士）巴泰、魏裔介、阿思哈尼笔帖克达（学士）成克、苏瓦雅木布、岳思泰、蔡毓荣等将赍至会盟时，具奏满洲、蒙古文合璧敕谕时，又询问及此敕谕是否钤盖皇帝之宝时，传谕曰：善哉，于是钤盖皇帝之宝。又于本月初五日，赍至会盟之七件敕谕用满、蒙文缮写于大黄纸上，交给理藩院尚书喀兰图、额哲库哈番（主事）格尔泰、阿里哈笔帖克达（大学士）巴泰、魏裔介、卫周祚、阿思哈尼笔帖克达（学士）成克、苏瓦雅木布、岳思泰、多纳、蔡毓荣、刘秉权、张运禄、额哲库哈番（主事）额尔克图、田吉逢、哈番佟昌国等审校。

## 07-02-03　　达赖喇嘛敬请圣安之奏折及翻译过程
### 康熙五年五月初六日

天地至胜曼殊师利（文殊菩萨）皇帝明鉴！执著世时四洲转轮天，在不负众望众敬皇帝宝座上，由守护者曼殊师利圣地之扶梯大驾光临，威光倍具最胜至尊大皇帝足下降赐明鉴！非矫揉造作，虚奉大名，明知肯定无疑征服天地之间并均纳入政令法度之权力管辖，以喜乐心情敏锐智慧，遵循法理回禀。背叛、衰落，贵人脾气习性，如同月亮般明亮脸色，因经常充满和颜悦色，敕谕、礼品如同众多点滴春光洒满沐浴人般心中喜悦异常。用福德创造之形象世上清楚显现，奇妙般若迹象威光繁盛明亮身体，如同永不毁坏之金刚般威德成就，如同为一切众生之利益安宁之梯子般，这里我谨守皈依释迦牟尼佛法戒律，托福尔天恩敕书阴凉之荫，对众生持有洁白纯洁之心，如同秋月般依照明白清楚惯例仍旧一心一意。幸托如同广大深海般善福，天赐有真命皇帝性情完备，百味取之不尽、永之不竭德行之大仓库，如同被比喻成用顶降生之转轮王般，大梵天之妙曲充满敕令像琵琶声音，因听闻耳朵里彻底清除所有悲伤如意愉悦心情如此这般享受。不管远近遐迩普及者唯独上天之事业，回想敕谕仁受欣喜异常如同雪山般，在极白心灵深处之中潜存却毫无被遮挡知晓之此情形尔明显将所有知识预言。如同负隅顽抗，顽固不化，随心所欲妖精之群体般全体将其调御降伏，真正切实敕令谕旨如同金色世界中存在所有全体之顶上山岳般受人尊敬。天下共主，最胜至尊之父将世间这个宇内作为人君给予尔之巨大力量，将普遍世界之一切众生之全部东西圆满时辰般成就，教示普世圆满喜乐幸福，从生老病死等二分持有束缚如此这般度过曼殊师利（文殊菩萨）以凡人形象显身本性，但愿在他人眼中在五爪金龙谨奉宝座上百劫稳坐足固！自最胜至尊大地方至雪域西藏地方，虽地方距离遐荒险远，但祈求禀报以仁慈之心施仁，永世难忘敕谕恩赐如同恒河之流般绵延不断。以清澈之心鞠躬曲身烧香，谨上奏疏回禀，并敬献礼品一事，用天地至胜之眼预视，祈求恩赐心底经常喜庆之仁爱。五月初六日。将达赖喇嘛问安奏折理藩院学士库里、额哲库哈番（主事）祈他特给翻译后送来，阿里哈笔帖克达（大学士）巴泰、阿思哈尼笔帖克达（学士）岳思泰等在明珠之前，由额哲库哈番（主事）额尔克图接受，当天给予翻译，于初七日，交给阿达哈笔帖克达（侍读学士）多尔济、额哲库哈番（主事）叟萨、内务府判官珠凌阿等。

## 07-02-04 康熙帝以保护岷州地区三大喇嘛寺谕岷州大小官员之敕书

康熙五年八月二十五日

皇帝敕谕晓谕岷州等地大小官员之敕书裕龙寺番僧努布坚赞，原居旧寺院，庙宇、田地及牧场以及牲畜等资产，任何人都不得敲诈勒索及侵害。诸喇嘛等不能以持有敕书为借口，强行为所欲为。若超越此限制则治罪。钦此。

皇帝敕谕晓谕岷州等地大小官员之敕书藏经寺番僧斯巴达杰，原居旧寺院，庙宇、田地及牧场以及牲畜等资产，任何人都不得敲诈勒索及侵害。诸喇嘛等不能以持有敕书为借口，强行为所欲为。若超越此限制则治罪。钦此。

皇帝敕谕晓谕岷州等地大小官员之敕书三竹寺番僧罗桑扎西，原居旧寺院，庙宇、田地及牧场以及牲畜等资产任何人都不得敲诈勒索及侵害。诸喇嘛等不能以持有敕书为借口，强行为所欲为。若超越此限制则治罪。钦此。康熙五年五月二十五日。在内阁笔帖式孙珠鲁所送三件敕书中，应缮写事宜没有给写，商定之后来回禀，于五月十六日，直阁事笔帖式哈番巴达克来说，给三竹寺等三大喇嘛寺（另外两寺即裕龙寺、藏经寺——译者）赐给敕书，按照给朝定寺番僧素那丹巴等赐给敕书之例缮写，阿里哈达（大学士）车克、巴泰、阿思哈尼（笔帖克）达（学士）塞色赫、多纳、蔡毓荣等五月二十五日具奏之后，传谕曰：善。将此敕书用满、藏、汉三种文字缮写在大龙笺纸上，于六月初三日，奉命钤盖垂训之宝。

## 07-02-05 康熙帝遣使存问达赖喇嘛之敕谕

康熙五年八月二十八日

皇帝敕谕致西天大善自在佛所部天下释教普通瓦赤喇怛喇达赖喇嘛。尔所呈问安之书已知悉，并得知自遐荒远域常思之心。尔居西域地方，扶持并引导良民，以德行与教法著称。虽然远隔千山万水，嘉善黾勉之心不断，今遣德力格尔格隆等前往存问安康。

## 07-02-06 康熙帝赏赐达赖喇嘛之礼单

康熙五年八月二十八日

皇帝敕谕致西天大善自在佛所部天下释教普通瓦赤喇怛喇达赖喇嘛。尔振兴佛教，弘扬真理，西域普遍谐和教法，遐荒远域崇尚德行。明思尔善德，应受嘉善，今遣德力格尔格隆等，按照问安之例，赉至礼品有带柄白瓷器碗一、银里镀金十七、两银壶一、镀金纽带六十两银桶一、绸缎十匹、镀金雕鞍一副。尔收取以副朕尊重至意。

## 07-02-07　　　　颁达赖喇嘛敕谕之成文过程及规格之记录

康熙五年八月二十八日

将此两件敕谕本月十九日阿里哈达车克、巴泰等上奏，传谕曰：善哉。将此两件
敕谕用满、蒙古文书在有一条龙纹四朵云彩铜笺纸上缮写，传谕并钤盖制诰之宝，于
本月二十八日阿里哈（笔帖克）达（大学士）车克、阿思哈尼（笔帖克）达（学士）
苏瓦雅木布、阿达哈（笔帖克）达（侍读学士）库里，令理藩院员外郎弘吉拜跪交给。

## 07-02-08　　　理藩院以青海厄鲁特部诸台吉屡犯边及双方军事

## 冲突之事致达赖喇嘛之咨文

康熙五年八月二十九日

理藩院致西天大善自在佛所部天下释教普通瓦赤喇怛喇达赖喇嘛之咨文。

尔赍至我衙门文书转呈上奏，皇帝敕谕：朕批览尔所来文书则云，原来持教法王
与我二人虽然地方绝险遥远，但仍然赍致敕谕及遣使臣。我奉先帝之命觐见，依照敕
谕降恩政教一统，随即又兴仁加赐恩赏持教法王，自此每年呈报奏疏，敬献礼品之类，
并遣使臣不断。由皇上恩赐敕谕及赏赐。先年没有给法王赐给敕谕。今后请求不断赐
给敕谕。今年为宣谕严禁青海地方诸台吉事宜，遣卓礼克图德木齐，彼等诸台吉聚集
举行会盟（丘尔干），声称停止边墙以内为所欲为，肆无忌惮，今后欲谨慎行事，并引
以为戒。目前上奏因多亏持教法王政教和谐，照善成就。曩日，所属地方官员曾经上
奏：驻牧青海地方附近诸台吉多次侵扰内地，杀人劫掠牛、马等，故遣兵部（衙门）
侍郎石图等，与诸台吉共同协商，将尔所属番人全体划给殆尽，并指定市易之门（关
隘之门——译者）。因后来又越过指定地点，从其他地方进入边墙，侵扰边境为非作
歹，曾经三番五次赍至敕谕，屡教不改，仍作恶多端，声称为宗教事宜来，则与达赖
喇嘛商量，为政体来，则与厄齐尔汗商量，如此以尔（指达赖喇嘛——译者）为借口，
拒绝所遣官员，不曾接受敕谕，并攻掠规定地点，观此情形，尔等难道敢于犯上作乱
吗？朕以为莫非不知此等人乱行作歹，先处理此等人错误，并传谕要求派遣官员报奏。
为此遣官员严惩兴乱作歹顽民，并加以教谕。朕以宽大为怀，时常思量施仁成好，厄
齐尔汗却时常放任妄为，挑起恶劣事端，甚为欠妥。因此厄齐尔汗明知故犯，违背敕
谕，故先前派遣使臣时并没给其敕谕。又厄齐汗没有赍来奏疏，及使臣却将请求使臣
捎来四张兽皮，此非尊敬至尊最胜君主之礼节也。故（将其）遣送回去。尔达赖喇嘛
上奏文书称，欲教谕修正青海地方诸台吉为非作歹。今所属地方官员上奏，驻牧青海
地方附近诸台吉侵扰内地，杀人等事，故暂拖延尔使者派遣官吏何方先犯扰挑衅，问
明辨别是非，青海地方诸台吉派遣仁钦俄木布说，阿尔纳台吉所属兀鲁思从北墙出来
时，内地守军不让其出去，所以（双方）针锋相对，以致构兵交战。这样询问其何方
先犯扰挑衅，却答曰：非我所知晓。由此可见，青海地方诸台吉从未停止过为非作歹。

为此传谕弄清事情原委，并致书达赖喇嘛。是所以致书。于康熙五年八月二十九日。将此敕谕阿里哈（笔帖克）达（大学士）车克、巴泰、阿思哈尼笔帖克达（学士）苏瓦雅木布、岳思泰、禅布、阿达哈笔帖克达（侍读学士）库里、多尔济、额哲库哈番（主事）额尔克图、理藩院学士达格塔等上奏，传谕将其当做各衙门之文书赍递。

## 07-02-09　康熙帝以归附功封厄鲁特部固实汗侄伊思丹津

### 为多罗郡王之诰命

康熙五年八月二十九日

奉天承运皇帝诏曰：太祖圣武皇帝开国肇基，以奇伟德智恩赐给子孙。太宗宽温仁圣皇帝即位，统一各地蒙古兀鲁思，彻底征服朝鲜国，增广国土，以尊政体。世祖章皇帝平定中原，统一天下，绥服遐荒远域，故德慧彰显。朕即大位之后，伊思丹津，尔原系厄鲁特（卫拉特）部顾实汗末弟之子。尔痛恨兄弟，抛弃妻子子嗣，携领尔所属一百余名人（兀鲁思），率先诚心来归附，故晋升加授为多罗郡王。世袭罔替。

## 07-02-10　康熙帝以克石图病故准其长子班迪承袭

### 拜他喇布勒哈番之敕命

康熙五年八月二十九日

克石图病故之后，恩准其长子班迪承袭拜他喇布勒哈番。倘若阵亡，则准袭，如若病故，则停袭。

## 07-02-11　康熙帝命额济颜承袭其父爵为冰图郡王之诰命

康熙五年八月二十九日

恩准命额济颜承袭其父爵位为冰图郡王。依旧世袭罔替。

## 07-02-12　康熙帝以桑哈尔病故赐巴达礼其祖父达尔汉名号

### 并准袭多罗贝勒爵位之诰命

康熙五年十月二十二日

桑哈尔病故之后，赐给巴达礼其祖父达尔汉名号，并恩准承袭多罗贝勒封爵。依旧世袭罔替。

## 07-02-13　康熙帝命多尔济思辖布承袭其父爵三等

### 阿思哈尼哈番之敕命

康熙五年八月二十二日

其父病故之后，恩准命多尔济思辖布承袭其父爵位三等阿思哈尼哈番。又准再承袭七次。

## 07-02-14　康熙帝命那斯图承袭其父爵拖沙喇哈番之敕命

康熙五年十一月十四日

恩准命那斯图承袭其父之爵位拖沙喇哈番。倘若阵亡，则准袭，如若病故，则停袭。

## 07-02-15　康熙帝命毕勒塔噶尔承袭其父爵和硕

## 卓礼克图亲王之诰命

康熙五年十二月十四日

恩准命毕勒塔噶尔承袭其父之爵位和硕卓礼克图亲王。依旧世袭罔替。

## 07-02-16　康熙帝以老章病故准其子多尔济答尔承袭

## 一等阿达哈哈番之敕命

康熙六年正月初九日

老章病故之后，恩准其子多尔济答尔仍旧承袭一等阿达哈哈番。又准再承袭三代。

## 07-02-17　康熙帝以萨赉病故准其子那木顾禄承袭

## 达尔汉名号之敕命

康熙六年正月初九日

萨赉病故之后，恩准其子那木顾禄仍旧承袭达尔汉名号。倘若阵亡，则准袭，如若病故，则停袭。

## 07-02-18　康熙帝遣官致祭喀喇沁部镇国公祈他特之祭文

康熙五年十月二十三日

于康熙五年十月初九日，皇帝致祭喀喇沁部镇国公祈他特之祭文。皇帝给祭文、纸钱、羊等，遣二等侍卫（恰）顾禄读祭文、洒酒并照例于十月二十三日祭奠。皇帝敕谕。遣二等侍卫（恰）顾禄祭奠喀喇沁部镇国公祈他特之祭文：朕思及遐荒远域，兴仁示恩殒殆者，以广闻仁爱。为人臣者，谨慎效力，报答恩德，以虔诚笃实为贵。祈他特，尔生性端正耿直，内心谨慎，承袭乃父爵位以来善守职位，完成所委付之事。朕以为长寿永久，不曾预料遽然逝去。朕哀恸异常，备齐祭品，聊表痛悼之心。呜呼！加恩祭奠，恩泽被及冥界。降赐大恩，以安慰英灵。若尔地下有知，则来尚飨！

## 07-02-19　康熙帝遣官致祭苏尼特部一等台吉委章之祭文

康熙五年八月初五日

于康熙五年八月二十二日，皇帝致祭苏尼特部杜棱郡王之一等台吉委章之祭文。皇帝给祭文、纸钱、羊等，遣七等笔帖式浩雷读祭文、洒酒并照例于八月初五日祭奠。皇帝敕谕。遣七等笔帖式浩雷祭奠苏尼特部一等台吉委章之祭文：朕思及遐荒远域，兴仁示恩殒殆者，以广布仁爱。为人臣者，谨慎效力，恪尽职守，以崇尚道义为贵。委章，尔生性端正忠诚，行事公允，以谦逊之心，善守职位。朕以为长寿永久，不曾预料遽然逝去。朕哀恸异常，备齐祭品，加恩祭奠，以安慰英灵。若尔地下有知，则来尚飨！

## 07-02-20　　康熙帝遣官致祭扎鲁特部多罗贝勒桑哈尔之祭文

### 康熙五年六月初三日

于康熙五年五月二十二日，皇帝致祭扎鲁特部多罗贝勒桑哈尔之祭文。皇帝给祭文、纸钱、羊等，遣二等笔帖式敖其尔读祭文、洒酒并照例于六月初三日祭奠。祭文曰：皇帝敕谕。遣二等笔帖式敖其尔祭奠扎鲁特部多罗贝勒桑哈尔之祭文：朕思及遐荒远域，兴仁示恩殒殆者，以广闻仁爱。为人臣者，谨慎效力，报答恩德，以虔诚成事为贵。桑哈尔，尔生性忠厚笃实，完成德行及所委付之事，谨慎效力。朕以为永远长寿，不曾预料遽然逝去。朕哀恸异常，派遣官员，备齐祭品祭奠以聊表痛悼之心。呜呼！恩赐被及冥界，仁爱泽至遗体，以安慰英灵。若尔地下有知，则来尚飨！

## 07-02-21　　　　　康熙帝遣官致祭土默特部左翼都统
## 　　　　　　　精奇尼哈番古禄格之祭文

### 康熙五年五月初三日

于康熙五年四月十七日，皇帝致祭默特部左翼都统精奇尼哈番古禄格之祭文。皇帝给祭文、二十五两银子等，遣学士加一级扎胡读祭文、洒酒并照例于五月初三日祭奠。祭文曰：皇帝敕谕，追谥土默特部左翼都统精奇尼哈番古禄格。克尽献身，谨慎效力乃为人臣者善行也。兴仁示恩殒殆者，降赐恩赏乃国之善规。古禄格，尔生性明洁，小心谨慎，行事恭谨笃信，任职都统，协助外事，精心效力，功劳显著。朕以为（尔）长寿永久，不曾预料遽然逝去。朕哀恸异常，降赐仁爱，以安慰英灵。呜呼！降赐恩德，泽被遗体以报尔效力。名垂青史，以显功劳。若尔地下有知，则来尚飨！

## 07-02-22　康熙帝遣官致祭乌珠穆秦部一等台吉塔尹珠克之祭文

### 康熙五年六月十七日

于康熙五年五月二十二日，皇帝给祭文、纸钱、羊等，派侍读素恩达读祭文，洒酒并照例于六月十七日祭奠。祭文曰：皇帝敕谕，遣侍读素恩达祭奠乌珠穆秦部一等台吉塔尹珠克之祭文。朕思及遐荒远域，兴仁示恩殒殆者，以广布仁爱。为人臣者谨慎效力，善守职位，以尊道义为贵。塔尹珠克，尔生性端正忠厚，行事公允，以谦逊之心善守职位。朕以为永远长寿，不曾预料遽然逝去。朕哀恸异常，备齐祭品，加恩祭奠以安慰英灵。若尔地下有知，则来尚飨！康熙五年八月初十日。

**07-02-23** 　　　康熙帝遣官致祭翁牛特部一等台吉扎那之祭文
*康熙五年七月十七日*

于康熙五年五月二十二日，皇帝给祭文、纸钱、羊等，遣学士加一级赉塞读祭文，洒酒并照例于六月十七日祭奠。祭文曰：皇帝敕谕，遣学士加一级赉塞祭奠翁牛特部一等台吉扎那之祭文。朕思及遐荒远域，兴仁示恩殒殆者，以广布仁爱。为人臣者，谨慎效力，善守职位，以尊道义为贵。塔尹珠克，尔生性端正忠厚，行事公允，以谦逊之心善守职位。朕以为永远长寿，不曾预料遽然逝去。朕哀恸异常，备齐祭品，加恩祭奠以安慰英灵。若尔地下有知，则来尚飨！

**07-02-24** 　　　康熙帝以敖汉部多罗郡王玛济克获罪
　　　　　　　　消爵命其弟布达袭爵之诰命
*康熙五年八月初九日*

敖汉部多罗郡王玛济克因获罪消爵，并命其弟布达承袭爵位。依旧世袭罔替。

# 康熙六年（1667）档册

**07-03-01** 　　　康熙帝命乌达巴喇袭父爵镇国公之敕命
*康熙六年二月初七日*

命乌达巴喇承袭其父之镇国公爵位。依旧世袭罔替。

**07-03-02** 　　　　　　　　　*康熙六年二月初七日*

**（1）崇德三年六月封土默特部古禄格为都统一等阿思哈尼哈番之敕命**

奉天承运皇帝制曰：朕惟尚德崇功，国家之大典；输忠尽职，臣子之常经。古圣帝明王，戡乱以武，致治以文。朕钦承往制，甄进贤能，特设文武勋阶，以彰激励。受兹任者，必忠以立身，仁以抚众，防奸御侮，机无暇时。能此则荣及父祖，福延后嗣，而身家永康矣，敬之勿怠。

古禄格，尔原系蒙古土默特兀鲁思博硕克图汗所属兀鲁思。察哈尔汗攻破土默特时，遂隶属察哈尔。尔后，察哈尔汗畏惧朕，往唐古特迁移时，尔古禄格避居山岩。由此处遣额尔德尼达尔汉喇嘛时，聚集所属离散之民来归诚。故将尔那些众民编为旗，并令尔为固山额真，并赐给一等阿思哈尼哈番。准此名号再承袭十代。崇德三年六月二十九日。

**（2）顺治二年八月晋封土默特部古禄格为三等精奇尼哈番之敕命**

后来，夺取明朝之政权之后，因尔素来效力扶持，由一等阿思哈尼哈番加授升为三等精奇尼哈番。又加两代，准再承袭十二次。顺治二年八月十日。

**（3）顺治四年六月因古禄格获罪降为一等阿思哈尼哈番之敕命**

后来因获罪，降为一等阿思哈尼哈番。减除两代，又准再承袭十次。顺治四年六月初五日。

**（4）顺治四年七月恢复原爵位三等精奇尼哈番之敕命**

先前因获罪，降为一等阿思哈尼哈番。仍念功劳旧恩，恢复原封爵三等精奇尼哈番。又加两代，准承袭十二次。顺治四年七月初一日。

**（5）康熙六年二月初七以古禄格病故准其长子乌巴什泰袭三等精奇尼哈番之敕命**

古禄格病故之后，恩准其长子乌巴什泰袭三等精奇尼哈番。此名号准再承袭十一次。康熙六年二月初七日。

## 07-03-03　　康熙帝封喀尔喀来归台吉斯仁为多罗贝勒之诰命
康熙六年二月二十七日

奉天承运皇帝制曰：太祖圣武皇帝开国肇基，以奇伟硕德智慧恩赐给子孙。太宗宽温仁圣皇帝即位，统一各地蒙古兀鲁思，彻底征服朝鲜国，增广国土，以尊政体。世祖章皇帝平定中原，统一天下，绥服遐荒远域，故德慧彰显。朕即大位之后，斯仁莫尔根，尔原系喀尔喀部台吉。尔携领诸子及所属一千三百壮丁率先来归附，故晋封尔为多罗贝勒。世袭罔替。

顺治十八年一月二十六日，敕谕用满、汉文一事由阿里哈笔帖克达（大学士）觉罗巴哈那、额色黑、蒋和德、阿思哈尼笔克达（侍读）宝颜等上奏，传谕凡是所有给外国敕谕均用满、汉文字缮写，给蒙古人晓谕敕谕则用满、蒙古文字，将格锡固、毕力克图此二人之蒙古文敕书用满文翻译，并用满、蒙古文对照缮写。

## 07-03-04　　　　　　　　　　　　康熙六年四月十七日

**（1）天聪五年四月赐巴珠台土尔哈喇达尔汉名名号之敕命**

天聪汗敕谕传谕赐给巴珠台土尔哈喇达尔汉名号。此名号准世袭罔替。恩准随意出入所有诸贝勒贝子（诺颜）之家门。在与众人取乐，酩酊大罪，不省人事时，如果不幸遭受殴打，则与视同殴打尚书大臣罪论处，并加以惩治。所有诸贝勒贝子（诺颜），或者诸国使臣不能从土尔哈喇达尔汉侍卫（恰）征收驿马乘骑。不能跟他索要驿站首思祗应（驿站所需食物——译者）等吃喝。天聪五年四月十三日。

**（2）顺治四年三月赐巴珠台甲喇章京优待之敕谕**

恩赐布施时，给巴珠台以甲喇章京优待。顺治四年三月二十日。

**（3）顺治八年九月以巴珠台病故赐其子伊弥台达尔汉名号之敕命**

巴珠台病故之后，恩赐给其子伊弥台达尔汉名号。依旧世袭罔替。仍旧免除供应驿站差役及马匹、首思祗应（驿站所需食物——译者）。在遇到赏赐时，免除甲喇章京优待。顺治八年九月十一日。

### （4）康熙帝以伊弥台病故准其弟毕力克图承袭达尔汉名号之敕谕

伊弥台病故之后，恩准其弟毕力克图承袭达尔汉名号。依旧世袭罔替。康熙六年四月十七日。

## 07-03-05　　　　　　　　　康熙六年四月十六日

### （1）崇德二年四月以那木之战功赐巴图鲁达尔汉名事情之敕命

宽温仁圣皇帝敕谕。当喀木尼汉部落折格赉往旧地逃走时，那木与吴巴海、席特库一起追赶一个月二十余天之地，于名为兀思丹古河追上，并杀死折格赉。故给那木印信及敕书，并赐巴图鲁达尔汉名号。免除驿站差役及首思祗应（驿站所需粮肉食物等——译者）。子孙世袭罔替。若何人男子仍直呼其本名，则罚之马匹，女子直呼其本名，则罚之捏摺女朝褂。顺治二年六月初五日。

### （2）康熙六年四月以那木病故赐其子格西胡袭达尔汉名号之敕命

那木病故之后，恩赐其子格西胡承袭达尔汉名号。仍旧世袭罔替。康熙六年四月十六日。

## 07-03-06　　　康熙帝以清理假冒喇嘛沙弥之事颁
## 　　　　　　　察汉达尔汉绰尔济喇嘛之敕谕
### 康熙六年六月初三日

皇帝敕谕传谕察汉达尔汉绰尔济喇嘛。曩日，因众喇嘛等任意冒充沙弥（原文作"班第"）胡作非，及有擅自成为沙弥等事，曾经三番五次严禁务必将喇嘛、沙弥名单登记在各有司衙门档册里，不管何人让外来喇嘛、沙弥等留居则将喇嘛、沙弥及仆人人数写清，并上报有司衙门。各衙门再把喇嘛、沙弥人数写清后具奏，并写入档册方可。今察验得知京城附近穿戴喇嘛、沙弥衣帽往来出入者，非常多。按照规定喇嘛、沙弥衣服自来有别。此等人或者诸喇嘛等违法，任意令其充当喇嘛、沙弥。或者有诡计多端之顽民刁人，假冒伪装穿戴喇嘛衣帽，冒充喇嘛干些胡作非为等诸罪恶勾当。以后，之所以令诸喇嘛等在城外净地修建寺院居住，是因为令其礼佛念经修行。抛弃供养拜礼念诵，胆敢为非作歹者，果真想为所欲为也。令尔察汉达尔汉绰尔济掌管内城诸喇嘛全体，如果有外来喇嘛、沙弥等，并且在有司衙门没有提前登记者，则务必甄别清楚，将其（假冒）全体驱逐回各自原籍。各自寺院喇嘛等必须将此地沙比、沙弥等早晚严格核查。如果有何人敢自行欲获得成为沙弥身份，则立即上报有司衙门。如果隐瞒不报，由何人举报，立即由其举报人出具证据。该喇嘛及为自行获得欲当沙弥之人，一同治以重罪。又有诡计多端之顽民刁人，若冒充喇嘛进行欺骗诈伪，则立即甄别逮捕，立即送至相关有司衙门，务必加以严惩。仍旧如同往日般经常胡作非为，肆无忌惮，则将有关寺院诸喇嘛及尔察汉达尔汉绰尔济一同全体治以重罪。无论如何，绝不姑息迁就。务令此敕谕闻知散发，并宣教所有相关喇嘛、沙弥等。钦此。

## 07-03-07　　　康熙帝命鄂齐尔承袭其父爵拖沙喇哈番之敕命
### 康熙六年六月初三日

其父病故之后，恩赐命鄂齐尔承袭其父爵拖沙喇哈番。倘若阵亡，则准袭，如若病故，则停袭。

## 07-03-08　　康熙帝颁诏亲政恩赏大小新旧官员兵卒大赦天下之诏书
### 康熙六年七月初七日

奉天承运皇帝诏曰：朕以冲龄嗣登大宝，辅政臣索尼、苏克萨哈、遏必隆、鳌拜，谨遵皇考世祖章皇帝遗诏，辅理政务，殚心效力，七年于兹。今屡次奏请。朕承皇太后之命，躬理万机。惟天地、祖宗付托至重，海内臣庶望治方殷，朕以凉德，夙夜祗惧。天下至大，政务之繁，非朕躬所能独理。宣力分猷，仍惟辅政臣、诸王、贝勒，内外文武大小各官是赖，务各殚忠尽职，洁己爱民。任怨任劳，不得辞避。天下利弊，必以上闻。朝廷德意，期于下究。庶政举民安，早臻平治。凡我军民，宜仰体朕心，务本兴行，乐业安生，以迓休宁之庆。一种，京城内王以下，九品以上官员加恩行赏。一种，外藩蒙古王以下公以下加恩行赏。一种，内外大小官吏除各自升授之外，顺治十八年之后成为官吏，加升授、职位变动则按照顺治八年诏书所定升授。一种，官吏、军民所有人，除谋反，叛逆，子孙杀祖父母、父母，内乱，妻妾杀夫、告夫，奴婢杀家长，杀一家非死罪三人，采生折割人，谋杀，故杀，蛊毒，魇魅，毒药杀人，强盗，妖言十恶等真正死罪不赦外，康熙六年七月初七以后，已发觉与尚未发觉，结正与尚未结正罪均给予赦免。有以赦前事讦告者，不与审理，即以其罪罪之。一种，所有文武百官获罪，议革，议职及停俸禄或住俸禄，戴罪论处，又传谕总督、巡抚逮捕审理定罪等此类今欲审理罪均赦免。一种，五岳四渎派遣官吏祭祀。按照旧例便宜行事。一种，京城内文臣，四品以上，外省文臣三品以上，京城内武臣二品以上，外省武臣亦二品以上各自将一子送至国子监读书。一种，将国子监监生一个月休学。一种，康熙八年考取举人时，大省增加十人，次省则增加七个人，小省则增加三个人。康熙九年考试进士时录取三百人。一种，满洲军人自来披甲戴胄，从军征战，负伤致残或身患疾病，或年迈体弱等分别详察加恩赏赐。一种，隐居山海尚未归附之人，今若率领众人来归附则赦免前罪，酌情区别看待其来归附原因大小，给予封赏。一种，原来不赦免逃人之罪。今均给予赦免。一种，与盗贼附近居住生民，素来没有伙同盗贼之人，有司官吏及武臣军官未加勘验，一概混捕，任意杀戮则当地总督、巡抚重新认真审理，谴责并上奏，并治罪。一种，充当盗贼者或苦于饥寒交迫，或被贪官污吏所敲诈勒索逼迫无奈。此等人甚可悯，果真痛改前非来归附则赦免其罪。一种，诡计多端之奸民诉讼冤枉诬陷良民为勾结盗贼。今后如果各自隶属官吏诉讼频繁则总督、巡抚谨慎抓捕并审理。如果冤假错案则反倒将起诉人惩办，以便使良民得以安宁。一种，贪官污吏贪财之罪，死刑罪或非至死刑，赦免其罪，废除其名事情，并追交抄没其赃物，以后永不叙用。一种，所有罪如果追交时没有赎罪赔偿财物则详察家中的确无物可给，没有偿还能力者则赦免。切勿牵连其亲族。於戏！政在养民，敢虚天地生成之德，时当亲政，恒念祖宗爱育之心。布告天下，咸使闻知。

### 07-03-09　康熙帝以祭天地世祖配享及为太皇太后皇太后上徽号礼成宣赐宗室大小文武百官兵卒百姓大赦天下之诏书

康熙六年十一月二十六日

奉天承运皇帝诏曰：朕惟自古帝王建极绥猷，保民图治，莫不以懋昭先德，祗尽孝忱为务。朕缵承丕基，躬亲庶政。恭惟世祖章皇帝功德兼隆，当崇配享。暨圣祖母太皇太后、圣母皇太后，恩勤备至，家尽显扬。是用上稽前典，下协舆情，谨告天地、宗庙、社稷，率诸王、贝勒、文武群臣，于康熙六年十一月朔有七日，冬至，恭祀上帝，十六日，如夏至仪，恭祀地祇。并奉世祖章皇帝配享。十七日，恭奉册宝，加上圣祖母昭圣慈寿恭简安懿章庆敦惠温庄太皇太后，徽号曰：昭圣慈寿恭简安懿章庆敦惠温庄康和太皇太后。加上圣母仁宪恪顺皇太后，徽号曰：仁宪恪顺诚惠皇太后。庆礼兼行，鸿恩广逮。为太皇太后、皇太后上徽号礼成，大肆恩赐行赏全体。

例行恩款事宜附写在后。一种，扎萨克亲王以下恩赐章京以上全体加恩行赏。内外公主以下乡君以上全体加恩行赏。一种，外藩王以下公以上全体加恩行赏。一种，京城文武百官全体各自晋升。降恩行赏各省将军、梅勒章京、总督、巡抚、提督、总兵官。一种，内外大小百官，除了今升授之外，自今年七月下宣恩诏书之后，任职升授以及变动者，一律依照前例加授升。一种，除了曩日京城文臣四品以上，武官二品以上各自将一子送国子监读书之外，今京城八旗满洲、蒙古、汉军（昆都兵）之三品、四品武官各自将一子送国子监衙门读书。一种，官吏军民人等，除谋反，叛逆，子孙杀祖父母、父母，内乱，妻妾杀夫、告夫，奴婢杀家长，杀一家非死罪三人，采生折割人，谋杀，故杀，蛊毒，魇魅，毒药杀人，强盗，妖言十恶等真正死罪不赦外，康熙六年十一月二十六日以后已发觉与尚未发觉，结正与尚未结正罪均给予赦免。有以赦前事讦告者，不与审理，即以其罪罪之。一种，考核内外文武百官及依照军纪考核时治罪之外，今廷议废除名名号及降职，停俸及戴罪处候，或住俸等，各衙门奏明并赦免。一种，满洲人多年效力，披甲戴胄，因负伤不能穿戴甲胄及年老或因病退伍者均酌情给予恩赏。一种，满洲、蒙古、汉军（昆都兵）转战各地辛苦异常，各自所属相关事务衙门给予全体加恩行赏。一种，各地果真有德行之良民及隐居山林之先生则所属总督、巡抚详察实情上奏。欲酌情任用。一种，将记入档子之官吏全体仍旧按照所任命职位叙用。一种，遣官吏至历代帝王陵墓及先师孔子墓祭祀。一种，将详察甄别掌管生民百姓之官吏，若是不顾免除所有受灾难民贡赋，仍旧征收并宽免豪民，不能使贫民沾得实惠犯罪则绝对不宽恕。一种，今征钱粮时不以标准戥子征收，因其损耗多征收苦虐百姓则所属各总督、巡抚、司道等官员严格教训管民官吏恪守闺箴，制定标准戥子，不得令其任意变更加码。将其经常详察核准之后，并指名道姓揭露上奏。又上级官员所派遣公干人员征收贡赋及前往抓捕人时，如果有肆意妄为，恐吓勒索及欺凌压迫小吏，残酷虐待百姓者则务必严禁取缔。总督、巡抚等众官员监督检察失效则一同治罪。一种，地方豪强、强宦、恶劣生员（原文作少赛）、衙门书吏、诡计多端之顽民、刁人各自均逃避田地贡役。听说各自占有并征收他人田地徭役、男丁徭役以逃避获免。苦虐贫民莫过于此。各地总督、巡抚等，致书所属地方官吏切实严格查办。果有此类贪赃枉法之事情则治以重罪。一种，招收举人、进士时，除科举考试举人、进士先前诏书中，比指定人数多招收之外，康熙八年科举考试招收武科举人时，大省可以增加十个人，次省可以增加七个人，小省可以增加三个人。康熙九年科举考试武科进士时，可以增加招收一百名进士。一种，天下驿站皆甚凄惨艰苦，所有乘骑驿站马匹臣民，如果有苦虐折磨驿站站户者则各地方总督、巡抚立即弹劾上奏。如果隐瞒不报则一同治罪。一种，凡是在省城驻军地方，诡计多端之顽民、赖皮，冒充军人滥竽充数，并伙同起诉成讼，成为中间人，刁难为害百姓。并各自声称诬陷其为伙同盗贼，使富民破产。此祸患莫大焉。当地将军、总督、提督、总兵官、武臣等务必严加禁绝，务必根除祸害。如果徇私隐瞒不察则一同治罪。一种，所有各地所供养之养济院中过活四种鳏寡孤独者，其中病残及难以生计者则管民官吏认真善待并即时酌情调养。一种，据说治河筹备劳力、堤坝及所用材料时百姓甚苦可怜。恐怕管民官吏寻找借口多收时，不加甄别委任官职贪财恐吓敲诈勒索。所属总督、巡抚、道吏等官员经常严格督察。仍旧迅速竣工完毕。切勿拖延推迟以致劳民伤财。一种，逃人之罪全部给予赦免。一种，贪官污吏贪赃枉法之罪，死刑罪或不至于死刑，仍然赦免其罪，废除其名号等事情，并追交抄没其赃物，以后永不叙用。一种，所有罪如果追交时没有赎罪赔偿财物则详察家中的确无物可给，没有偿还能力则赦免。切勿牵连其亲族。一种，充当盗贼者或苦于饥寒交迫，或者被贪官污吏所敲诈勒索逼迫无奈不得意而为之。此等人甚可悯，若是果真能够痛改前非投来归附则赦免其前罪。自诏书至日起，虽然贼首率领其众来归附，并自首则所有罪行均给予赦免，军人则算入军军籍人数。生民则遣送回其原籍贯并给予生计。捕获贼首或自首则依据分别其原委，任用为官吏并加恩行赏。如果捕获来归附者及自首人，并企图邀功则治以重罪。一种，隐居山海尚未归附之人，今若率领众人来归附则赦免前罪，酌情甄别名号，并给予升赏。於戏！率由旧章，以劝前烈之高厚；永膺纯嘏，覃敷怙冒之恩慈。彰孝道于千秋，合欢心于万国。布告天下，咸使闻知。

## 07-03-10　康熙帝以诺木图病故准其子却尔济雅承袭
## 三等阿达哈哈番之敕命

康熙六年十二月十七日

诺木图病故之后，恩准其子却尔济雅承袭三等阿达哈哈番。又准再袭两代。

## 07-03-11　康熙帝以来归之功封喀尔喀部根墩岱青为辅国公之敕命

康熙六年十月十一日

奉天承运皇帝诏曰：太祖圣武皇帝开国肇基，以奇伟德智恩赐给子孙。太宗宽温仁圣皇帝即位，统一各地蒙古兀鲁思，彻底征服朝鲜国，增广国土，尊显政体。世祖章皇帝平定中原，统一天下，绥服遐荒远域，故德惠彰显。朕即大位之后，根墩岱青，尔原系喀尔喀部之毕希尔勒图汗第五子诺颜。因扎萨克图汗扎萨克（法度）破败坠坏之后，难以生计，故不得不离开兄弟，携领所属国来归。故晋升加授为辅国公。依旧世袭罔替。

## 07-03-12　康熙帝遣官致祭土默特部一等台吉鄂木布之祭文

康熙六年五月二十九日

皇帝给祭文、纸钱、羊等，遣他赤哈哈番（博士官）博罗，读祭文，洒酒，照例于五月二十九日祭奠。祭文曰：皇帝敕谕，遣他赤哈哈番（博士官）博罗祭奠土默特部一等台吉鄂木布之祭文：朕思及遐荒远域，加恩殒殆者，以广布仁爱。为人臣者，谨慎效力，善守职位，以遵循道义为贵。鄂木布，尔生性忠厚笃实，行事公允，以谦逊之心善守职位。朕以为长寿永久，不料遽然逝去。朕哀恸异常，备齐祭品，恩赐祭奠以安慰英灵。尔若地下有知，则来尚飨！康熙六年八月二十八日。

## 07-03-13　康熙帝遣官致祭土默特部一等塔布囊乌巴什之祭文

康熙六年五月二十九日

皇帝给祭文、纸钱、羊等，遣他赤哈哈番（博士官）博罗，读祭文，洒酒，照例于五月二十九日祭奠。祭文曰：皇帝敕谕，遣他赤哈哈番（博士官）博罗祭奠土默特部一等塔布囊乌巴什之祭文：朕思虑遐荒远域，仁慈殒殆者，以广布仁爱。为人臣者，谨慎效力，善守职位，以遵循道义为贵。乌巴什，尔生性忠厚笃实，行事公允，以谦逊虚心善守职位。朕以为长寿永久，不曾预料遽然逝去。朕哀恸异常，备齐祭品，恩赐祭奠以安慰英灵。尔若地下有知，则来尚飨！

## 07-03-14　内秘书院奏请增补用于藏文翻译的蒙古人员之朱批奏折

康熙六年八月二十四日

内秘院谨奏：为招收藏文学童，为昔日遣至达赖喇嘛身边学习藏文学童一事，事务衙门报奏时传谕曰：交给内秘书院使用。于是送至本衙门之后，本衙门使用此七个人。今其中正蓝旗布拉特晋升为协理。因这些人在各自旗内晋升，如果晋升之人所留空缺不补充则吐伯特兀鲁思（藏人）文书来则没有人会翻译。因此见于此，七位学童晋升，今从八旗藏文学校中选取学习较好者，自理藩院取来，欲与这些人之巴克什一同监督考试录取。是以谨奏。传谕。为请求传谕，大学士班布尔善公、巴泰、图海、魏裔介、卫周祚、学士塞色赫、岳思泰、多纳、明珠、禅布、刘秉权、范承谟、周天庆、田逢吉等在绿头木板上缮写上奏，即日传谕如同前议办理。康熙六年八月二十四日。

# 康熙八年（1669）档册

### 07-04-01　　　康熙帝以依速迪尔病故准其子乌尔图那斯图
### 承袭拜他喇布勒哈番之敕命
康熙八年正月十四日

依速迪尔病故之后，恩准其子乌尔图那斯图承袭拜他喇布勒哈番。又准再袭一次。

### 07-04-02　　　康熙帝以巴尔图病故准其弟阿尤什承袭
### 其镇国公爵位之敕命
康熙八年正月二十九日

巴尔图病故之后，恩准其亲弟阿尤什承袭其镇国公爵位。依旧世袭罔替。

### 07-04-03　　　拟写诸王福晋诰命册文格式之规定
康熙八年三月初九日

将乌珠穆秦车臣亲王等八个王福晋之册文给阿达哈（笔帖克）达（侍读学士）穆成格、额哲库哈番（主事）拉巴格拿去，并与阿里哈笔帖克达（大学士）公班布尔善、图海、阿思哈尼笔帖克达（学士）多纳、穆素、乌善等说，今后在诸王福晋册文中要缮写诸王之名。将此给那拉浑衙门（密本房）阿达哈（笔帖克）达（侍读学士）及额哲库哈番（主事）官吏等言之。

### 07-04-04　　　内秘书院奏请修改诸王福晋格格之诰命
### 册文格式之用词朱批奏折
康熙八年三月初九日

封乌珠穆秦亲王苏达尼、多罗郡王敖其尔、布达其、额济颜、布达、阿拉布丹、塔尔察等此七个王福晋之册文。又将伊斯丹津郡王福晋和硕公主之册文于康熙八年六月阿达哈笔帖克达（侍读学士）王熙公、额哲库哈番（主事）苏拜、班迪等携此书给阿里哈笔帖克达（大学士）巴泰、图海、对喀纳（一作对哈纳——译者）等过目，即修改册文内措辞，于本月初九日上奏曰：封赠外藩蒙古福晋册文，素来缮写为亲族或贤臣（赛特）。今视则蒙古诸王有亲族者，又有非亲族者。今在封赠乌珠穆秦车臣亲王苏达尼、多罗郡王敖其尔、布达其、额济颜、布达、阿拉布丹、塔尔察等此七个王之福晋册文中，将亲族或贤臣（赛特）之写法改写为股肱，阿里哈笔帖克达（大学士）巴泰、图海、对喀纳（一作对哈纳——译者），阿思哈尼笔帖克达（学士）多纳等给皇上上奏之后，传谕曰：恩准如尔等前议，改写之。

## 07-04-05　康熙帝册封乌珠穆秦部和硕车臣亲王苏大尼大福晋
### 为亲王之和硕大福晋之诰命
康熙八年六月二十七日

奉天承运皇帝制曰：皇帝仰仗股肱之辅佐，故有封王之礼。夫国家崇尚和慎之礼，务必以内礼为重。家眷祥和，积善积德，则理应推崇。扎萨克和硕车臣亲王苏大尼大福晋，尔姓氏博尔济锦，生性端正善良，内心谨慎，生于名门望族，未曾越离闺簠内礼。遇到王身，恪守妇德。股肱之德，显著异常，必定亲密无间，鼎力相助。故封尔为扎萨克车臣亲王和硕大福晋，颁赐册文。礼倍至修饰之极，光泽显现衣服。《诗经》赞扬义美，恪尽行善。《易经》（《周易》）载静信。崇尚和睦德行。不贻误修正，则共受福祉。谨小慎微。

## 07-04-06　康熙帝册封多罗郡王鄂齐尔大福晋为郡王
### 之多罗大福晋之诰命
康熙八年六月二十七日

奉天承运皇帝制曰：皇帝仰仗股肱之辅佐，故有封王之礼。夫国家崇尚和慎之礼，务必以内礼为重。家眷祥和，积善积德，则理应推崇。尔多罗郡王鄂齐尔大福晋，姓氏玉古鲁，生性端正，内心谨慎，生于名门望族，未曾越离闺簠内礼。遇到王身，恪守妇德。股肱之德，显著异常，必定亲密无间，鼎力相助。故封尔为郡王之多罗大福晋，颁赐册文。礼倍至修饰之极，光泽显现衣服。《诗经》赞扬义美，恪尽行善。《易经》（《周易》）载静信。崇尚和睦德行。不贻误修正，则共受福祉。谨小慎微。

## 07-04-07　康熙帝册封多罗郡王布达力大福晋为郡王
### 之多罗大福晋之诰命
康熙八年六月二十七日

奉天承运皇帝制曰：皇帝仰仗股肱之辅佐，故有封王之礼。夫国家崇尚和慎之礼，务必以内礼为重。家眷祥和，积善积德则理应推崇。多罗郡王布达力大福晋，尔姓氏博尔济锦，生性端正善良，内心谨慎，生于名门望族，未曾越离闺箴内礼。遇到王身，恪守妇德。股肱之德，显著异常，必定亲密无间，鼎力相助。故封尔为郡王之多罗大福晋，颁赐册文。礼倍至修饰之极，光泽显现衣服。《诗经》赞扬义美，恪尽行善。《易经》（《周易》）载静信。崇尚和睦德行。不贻误修正，则共受福祉。谨小慎微。

### 07-04-08　康熙帝册封多罗冰图郡王额济颜大福晋
### 为郡王之多罗大福晋之诰命

康熙八年六月二十七日

奉天承运皇帝制曰：皇帝仰仗股肱之辅佐，故有封王之礼。夫国家崇尚和慎之礼，务必以内礼为重。家眷祥和，积善积德，则理应推崇。多罗冰图郡王额济颜大福晋，尔姓氏博尔济锦，生性端正善良，内心谨慎，生于名门望族，未曾越离闺箴内礼。遇到王身，恪守妇德。股肱之德，显著异常，必定亲密无间，鼎力相助。故封尔为郡王之多罗大福晋，颁赐册文。礼倍至修饰之极，光泽显现衣服。《诗经》赞扬义美，恪尽行善。《易经》（《周易》）载静信。崇尚和睦德行。不贻误修正，则共受福祉。谨小慎微。

### 07-04-09　康熙帝册封多罗郡王布达力大福晋为
### 郡王之多罗大福晋之诰命

康熙八年六月二十七日

奉天承运皇帝制曰：皇帝仰仗股肱之辅佐，故有封王之礼。夫国家崇尚和慎之礼，务必以内礼为重。家眷祥和，积善积德则理应推崇。多罗郡王布达力大福晋，尔姓氏博尔济锦，生性端正善良，内心谨慎，生于名门望族，未曾越离闺箴内礼。遇到王身，恪守妇德。股肱之德，显著异常，必定亲密无间，鼎力相助。故封尔为郡王之多罗大福晋，颁赐册文。礼倍至修饰之极，光泽显现衣服。《诗经》赞扬义美，恪尽行善。《易经》（《周易》）载静信。崇尚和睦德行。不贻误修正，则共受福祉。谨小慎微。

### 07-04-10　康熙帝册封多罗郡阿喇布坦大福晋为
### 郡王之多罗大福晋之诰命

康熙八年六月二十七日

奉天承运皇帝制曰：皇帝仰仗股肱之辅佐，故有封王之礼。夫国家崇尚和慎之礼，务必以内礼为重。家眷祥和，积善积德则理应推崇。多罗郡王阿喇布坦大福晋，尔姓氏博尔济锦，生性端正善良，内心谨慎，生于名门望族，未曾越离闺箴内礼。遇到王身，恪守妇德。股肱之德，显著异常，必定亲密无间，鼎力相助。故封尔为郡王之多罗大福晋，颁赐册文。礼倍至修饰之极，光泽显现衣服。《诗经》赞扬义美，恪尽行善。《易经》（《周易》）载静信。崇尚和睦德行。不贻误修正，则共受福祉。谨小慎微。

## 07-04-11　　康熙帝册封多罗卓礼克图郡王达尔扎大福晋为

### 卓卓礼克图郡王之多罗大福晋之诰命

康熙八年六月二十七日

奉天承运皇帝制曰：皇帝仰仗股肱之辅佐，故有封王之礼。夫国家崇尚和慎之礼，务必以内礼为重。家眷祥和，积善积德则理应推崇。多罗卓礼克图郡王达尔扎大福晋，姓氏博尔济锦，尔生性端正善良，内心谨慎，生于名门望族，未曾越离闺箴内礼。遇到王身，恪守妇德。股肱之德，显著异常，必定亲密无间，鼎力相助。故封尔为卓礼克图郡王之多罗大福晋，颁赐册文。礼倍至修饰之极，光泽显现衣服。《诗经》赞扬义美，恪尽行善。《易经》（《周易》）载静信。崇尚和睦德行。不贻误修正，则共受福祉。谨小慎微。

## 07-04-12　　康熙帝册封多罗郡王依习丹津福晋固山贝子

### 屯济哈之女为固山格格（县君）之册文

康熙八年六月二十七日

奉天承运皇帝制曰：因举亲族协助，国家以亲族为重。为端正内廷规矩，洁身自好，家中严肃妇女之教化。礼符衣服则方赐给敕谕。多罗郡王依习丹津福晋，固山贝子屯济哈之长女，尔德行文静，生性笃信，因从小祈祷，毫无过错，恪守闺箴，自结婚时接受教诲，极端谨慎小心，因学礼仪，天家宗支格外高贵。故封尔为固山格格（县君），赐给册文。示家中孝心，则必为福晋之道。恪守襄助夫君之善德，则必能享受家庭福祉。谨守善道，后福吉祥永久！谨慎小心。康熙元年七月初一日。

## 07-04-13　　内秘书院转交八位王爷福晋之诰命册文至

### 礼部之日期过程记录

康熙八年六月二十七日

将车臣亲王苏大尼、多罗郡王布达、阿喇布坦、布达礼、达尔扎、敖其尔、额济颜、依斯丹津这八位王福晋所赐给纸本册文于六月二十七日，额哲库哈番（主事）素拜、班第在大臣面前拿来，并交给内务府衙门爱什拉库哈番（员外郎）朗廷秀、他赤哈哈番（博士官）图迈等。玛尼缮写。

## 07-04-14　　内秘书院奏请颁给喀尔喀六处之圣旨

### 具体格式之朱批奏折

康熙八年七月二十六日

阿里哈笔帖克达（大学士）巴泰、图海、阿思哈尼笔帖克达（学士）多纳、禅布、乌善、折尔肯等将晓谕于七月二十六日，喀尔喀部车臣汗等六处圣旨之格式上奏，传谕曰：善哉，按照此种规范缮写赍至。于八月初一日，理藩院送来奉命加赐恩赏喀尔喀部车臣汗等六处，以及所遣官员名单、赏赐礼品数目清单等事宜文书，阿达哈笔帖克达（侍读学士）穆成格、额哲库哈番（主事）班迪等接受，阿里哈笔帖克达（大学士）巴泰、图海、阿思哈尼笔帖克达（学士）折尔肯、折库纳、鲁占等将使用臣工名单及赏赐物品种类另外敕书之中，等说之后，将名字写入，切勿赏赐物品种类写入另外敕书，与敕谕接下来缮写，当加盖皇帝之宝时，将一件敕书中一并写入原委上奏。八月初五日，阿里哈笔帖克达（大学士）巴泰、图海、阿思哈尼笔帖克达（学士）乌善、华善、周天成上奏将敕谕及赏赐物品一并写入一件敕书原委，传谕曰：所言极是。

## 07-04-15　　康熙帝遣使恩赏喀尔喀部车臣汗之敕谕

康熙八年八月初五日

皇帝敕谕传谕喀尔喀部车臣汗。自古以来圣君帝王，治理天下，务必安定众民，德行教化普遍天下。在外一切兀鲁思之君主如果明识达势，以诚心归附，则必然加封器重，加恩行赏。喀尔喀部车臣汗，尔知晓天命，始识时势，崇尚德行及扎萨克，真心践行所立誓约，每年及时送来所定年贡，未曾断绝遣使来朝觐见，故朕大加赞赏。朕按照理政务之例，加恩行赏天下全体。唯独没有给尔车臣汗降恩行赏。朕不分内外，一视同仁，以聊表恩养之心，为给尔加赐重恩，遣梅勒章京加二级毕力格图、一等侍卫（恰）额色黑、郎中加一级玛鲁、员外郎加一级哈拉。尔亦谨慎笃实，传扬善名，以副朕仁爱之心，安定边陲诸国。若果真能如此行事，则永享如同江山般福祉。务必谨慎。钦此。

## 07-04-16　　康熙帝遣使恩赏喀尔喀部戴青台吉之敕谕

康熙八年八月初五日

皇帝敕谕传谕喀尔喀部戴青台吉。自古以来圣君帝王等治理天下，务必安定众民，德行教化普遍天下。在外一切兀鲁思之君主明显识时达势，以诚心归附，则必然加封器重，降恩行赏。喀尔喀部戴青台吉，尔知晓天命，始识时达势，崇尚德行及扎萨克（法度），真心践行所立誓约，每年及时送来进献所定年贡，未曾断绝遣使臣来觐见，故朕大加赞赏。朕按照理政务之例，加恩行赏天下全体。唯独没有给尔戴青台吉降恩行赏。朕不分内外，视为一体，以聊表恩养之心，为给尔降赐重恩遣梅勒章京加二级毕力格图、一等侍卫（恰）加二级图尔玛、郎中锡善。尔亦谨慎笃实，传扬善名，以副朕仁爱之心，安定边陲之兀鲁思。若果真能如此行事，则永享如同江山般福祉。务必谨慎。钦此。

## 07-04-17　　康熙帝遣使恩赏喀尔喀部昆都伦托因之敕谕

康熙八年八月初五日

皇帝敕谕传谕喀尔喀部昆都伦托因。自古以来圣君帝王等治理天下，务必安抚众民，德行教化遍及天下。在外所有兀鲁思之君主识时达势，以诚心来归附，则必然加封器重，降恩行赏。尔喀尔喀部昆都伦托因知晓天命，识时达势，崇尚德行及扎萨克（法度），真心践行所立誓约，每年及时送来所定进献年贡，未曾断绝遣使来朝觐见，故朕大加赞赏。朕按照理政务之例，加恩行赏天下全体。唯独没有给尔（喀尔喀部）昆都伦托因降恩行赏。朕不分内外，一视同仁，以聊表恩养之心，为给尔降赐重恩，遣梅勒章京加二级毕力格图、一等侍卫（恰）加一级齐抽、员外郎加一级浩图。尔亦谨慎笃实，传扬善名，以副朕仁爱之心，安定边陲兀鲁思。若真能如此行事，则永享如同江山般福祉。务必谨慎。钦此。

## 07-04-18　　康熙帝遣使恩赏喀尔喀部车臣济农之敕谕
### 康熙八年八月初五日

皇帝敕谕传谕喀尔喀部车臣济农。自古以来圣主帝王等治理天下，务必安定众民，德行教化普遍天下。在外所有国君明识时务，以诚心归附，则必然加封器重，降恩行赏。喀尔喀车臣济农，尔知晓天命，识时达势，崇尚德行及扎萨克（法度），真心践行所立誓约，每年及时送来进献所定年贡，未曾断绝遣使来朝觐见，故朕大加赞赏。朕按照理政务之例，降恩行赏天下全体。唯独没有给尔车臣济农降恩行赏。朕不分内外，一视同仁，以聊表恩养之心，为给尔加赐重恩，遣梅勒章京加二级毕力格图、一等侍卫（恰）加二级华善、郎中加一级安达海。尔亦谨慎笃实，传扬善名，以副朕仁爱之心，安定边陲兀鲁思。若果真能如此行事，则永享如同江山般福祉。务必谨慎。钦此。

## 07-04-19　　康熙帝遣使恩赏喀尔喀部土谢图汗之敕谕
### 康熙八年八月初五日

皇帝敕谕传谕喀尔喀部土谢图汗。自古以来圣主帝王等治理天下，务必安定众民，德行教化普及天下。在外所有兀鲁思之君识时达势，以诚心归附，必然加封器重，降恩行赏。尔喀尔喀土谢图汗知晓天命，识时达势，崇尚德行及扎萨克（法度），真心践行所立誓约，每年送来所定年贡，未曾断绝派遣使来朝觐见，故朕大加赞赏。朕按照理政务之例，加恩行赏天下全体。唯独没有给尔土谢图汗降恩行赏。朕不分内外，一视同仁，以聊表恩养之心，为给尔降赐重恩，遣梅勒章京加二级毕力格图、一等侍卫（恰）加一级齐抽、员外郎加一级浩图。尔亦谨慎笃实，传扬善名，以副朕仁爱之心，安定边陲兀鲁思。若果真能如此行事，则永享如同江山般福祉。务必谨慎。钦此。

## 07-04-20　　康熙帝遣使恩赏喀尔喀部丹津喇嘛之敕谕
### 康熙八年八月初五日

皇帝敕谕传谕喀尔喀部丹津喇嘛。自古以来圣君帝王等治理天下，务必安定众民，德行教化，普遍天下。在外所有兀鲁思之君识时达势，以诚心归附，则必然加封器重，

降恩行赏。喀尔喀部丹津喇嘛，尔知晓天命，识时达势，崇尚德行及扎萨克，真心践
行所立誓约，每年进献所定年贡，未曾断绝遣使来朝觐见，故朕大加赞赏。朕按照理
政务之例，降恩行赏天下全体。唯独没有给尔丹津喇嘛降恩行赏。朕不分内外，一视
同仁，以聊表恩养之心，为给尔加赐重恩，遣梅勒章京加二级毕力格图、一等侍卫
（恰）阿思哈尼哈番名号加二级楚锡吉、郎中加一级敖拉泰。尔亦谨慎笃实，传扬善
名，以副朕仁爱至意，安定边陲兀鲁思。若果真能如此行事，则永享如同江山般福祉。
务必谨慎。钦此。

## 07—04—21　　　　康熙帝遣使恩赏喀尔喀部头面人物之六份礼单

### 康熙八年八月初五日

礼单数目：

隔背衬里一等蟒袍一件、貂皮衬里蟒缎长身女朝衣一件、镶嵌珊瑚鞓带系手帕
（手巾）、荷包、刀子、青革夹条粗面皮靴、蟒缎袜子一套、玲珑雕鞍一副、五十两银
盘一个、银茶桶一、各种绸缎二十匹，茶四篓。这六处所给予赏赐礼品相同。八月初
五日。将给喀尔喀部六处所下达六件敕谕及随敕文赏赐礼物清单用满文、蒙古文缮写
在大黄纸，钤盖制诰之宝，在大学士巴泰、图海、阿思哈尼笔帖式达多纳、禅布、折
尔肯、鲁占等面前，额折库哈番班迪携来，并交给理藩院侍郎达哈塔、爱什拉库哈番
（员外郎）莫洛。玛尼缮写。

## 07—04—22　　　　颁喀尔喀六头目之敕谕格式及转交理

### 藩院过程之记录

### 康熙八年八月初五日

八月初五日，在喀尔喀部车臣汗等六处晓谕之六件敕谕中，将赏赐礼品种类数目
写入，并用满、蒙古文字缮写在敕书所用大黄纸上，钤盖制诰之宝，额哲库哈番（主
事）班迪将其拿到阿里哈笔帖克达（大学士）巴泰、图海、阿思哈尼笔帖克达（学
士）多纳、禅布、折尔肯、鲁占等面前，并交给理藩院侍郎达哈塔、爱什拉库哈番
（员外郎）莫洛等人。玛尼缮写。

## 07—04—23　　　　达赖喇嘛奏请圣安贡方物之奏折

### 康熙八年

在共敬大皇帝大位宫殿，瞻部洲整体至高无上顶尖，于跪拜之席位落座，邀请齐
美俱全新喜乐客人之至尊曼殊师利（文殊菩萨）足下明鉴！以祈愿吉祥安康祝福辞藻
精心散尽福祚永驻之花朵，格外散发檀香木浓厚香味，祈愿之心不断，如此娓娓道来。
唯一天子有力天命征兆印信、玉玺与五爪龙承托普遍具有财物之类布施礼品，如同心
满意足般赍至，如同瞻仰龙颜般欣喜异常。仁爱积累资粮皇帝根源在金蛋中成熟，并

下凡人间大梵天，形象之身如同金刚般永固，成就于众生福分命运。听闻那道理，如同获得极乐世界般由兴之所至，安宁之后，使各种嫉妒进入无底暗处消失。如同初世禅师不眨眼深思入定般，斗劫（执著劫）金轮上升至天空，所幸多亏尔法度政令，令众生如幸遇善劫，业缘影像下掌管三界部之我，仍旧尊崇供养佛法。上天因尔变生时刻，同时以人世间大白善福业成熟，征兆如此这般普及。托大福祉人君，如同百日之光焰般灿烂，普照此宇宙所有黑暗，并将其消灭，镇定恶劣斗劫萤火虫之光，并持有奇妙之少智星。如同善福业缘从贝壳袋子中经常倒出珍珠雨点般有享受太平幸运者福祉繁盛。先前所成就法，今彰显依旧即尔。因宇宙所有渴望具备完善，所以从三界中哪里去寻找？将能够令五种根本生灵进入寂灭归宿之胜义至尊经卷，释迦牟尼佛尊善说那些教义，无误遵循教规修行黄帽派宗教，在汉、蒙之广大地区世间，依照无苦难皇帝行事传播，并使之兴隆。至尊大皇帝，尔亦投胎为今世皇帝，令众生创造永世幸福，向笃信文殊师利尊者慈悲法力神变显舞，顶礼膜拜并善信崇敬三宝。托福气之力，祖宗为首有力诸君主，获得天命者，唯独有天父之子。更加创造者之恩宠二道之政规无敌，预言好自澄清。又及用恩宠眼睛重视，多显龙颜大悦，将圣旨不到劫之末日不断降至，喜宴甘霖，终生使人沁人肺腑。如同上天般，成为一切至高无上顶冠，坚不可摧金跌伽坐姿足莲，如同无量寿依怙尊阿尤喜佛（无量寿佛）般，将永固祝愿福德用三宝之气力，加持使其修成正果。宝贝琥珀、珊瑚数珠几串、各种柔软氆氇等物品礼物，因用无垢之洁净眼睛正视，所以铃盖鲜艳大红色印，持有阎浮檀金（原文作藏布江），于长寿鸟年摄提格月，在众生所崇敬之布达拉宫大殿，以清净之心恭奉。祝愿吉祥福祉永存！

## 07-04-24　　达赖喇嘛代已故厄齐尔汗保证青海台吉不犯边
### 及呈明西藏宗教情况之奏折
#### 康熙八年

自皇上赐给敕谕之后，丹津等人与在此处诸台吉说：他们言道：昔日寻找巴达玛等四人来找莫尔根济农，寻找其他东西，则无可厚非，而寻找逃人，藏匿容纳（逃人）则祸害国政，故吩咐将其交出，并遣送抓捕。丹津即厄鲁特部诺颜，政教合体如此大好，尔吩咐往此地遣回并使其会合，不管都有何人均甚善，四厄鲁特（卫拉特）部大小诸诺颜，青海地方达赖洪台吉为首若不说，我等不能在此地做主，故至今未能明白具奏。等待听取他们说法以后具奏。得知传谕，称今后青海地方诸台吉只走所指定（市易）之门（关口）及地点，不走错地方，商人及熬作斋饭者以向番人（番夷）征收贡品为借口，无故进入内地，厄齐尔汗贡使来往不断，则即使又逃人来也往回遣回。今后青海地方诸台吉，自那件事情以来肯定小心谨慎。遣回为首逃人等敕谕，传达至所有衙门，青海地方诸台吉再三说欲驻牧大草滩（锡拉塔拉）驻牧地（牧场），所以具奏祈求。那件事情，依照普遍扶助原则，按照所制定土地数量（度量）实行，故恩准使其驻牧大草滩（锡拉塔拉）之善优敕谕，心喜异常。回想在蒙古兀鲁思（人）中，一两个坏人胡作非为，犯上作乱，因与大草滩（锡拉塔拉）地方汉人接近混淆而成为一方祸害，或许也未可知。窃以为若果真成为祸害，唯恐难以副皇上浩恩仁心至意，这里询问厄齐尔汗之子阿拉德纳时说，大草滩（锡拉塔拉）地方肥沃，而且范围很大，我等为何自己作孽？虽然认真吩咐，但劝告为非作歹之人，颇不容易。因喜爱驻牧地而入住，且所驻牧蒙、汉之间打架斗殴，则弊大于利。据说，入居其地甚难。因衮布、莫尔根洪台吉、多尔济等使臣，知道在这里诸诺颜之心，相互沟通不容易，我等使臣唐撒（苏）克绰尔济朋友拉布丹等两个人徒步先走，青海地方诸台吉未曾犯有妄行作乱，能详细询问划定大草滩（锡拉塔拉）地方能否驻牧，寻找吩咐使臣等一切事情，由这些人具奏。指责诸台吉违犯规定，并欲治罪上报一事，我认为既然认错，所以给予赦免，并施恩于此地则甚善。将对内地不曾作乱妄行，且对安分守己之人，不得侵害等，如同谨慎服从上谕般再三吩咐诸台吉。诸台吉亦表示谨慎小心，努力勤勉。边墙诸官吏及当地所属居民，为首使臣等，切勿对诸台吉经商及熬煮斋饭者，及因各种事情奔波者，侵扰或粗暴对待。与青海地方兀鲁思（众人）和睦相处，一两个坏人，稍稍侵犯，又非诸台吉等所掌领管束范围之内，仍旧商量之后，弄清真相，务必水落石出。敬请赐教暂时打架斗殴等，不能为害国政。厄齐尔汗于申年三月去世，暂时未能拥立即位，今汗位空缺。如同我等上奏赐给厄齐尔汗敕书及礼品等，使臣奉命询问我，在早期汉、蒙时期，即有遇到此类事情时，珍藏敕谕，以后拥立（新汗——译者）即位时，将敕谕文书给他，再进献回礼贡品诸惯例。今我持有（敕谕），何时即汗位，随即给他，依照前例敬奉回禀文书及贡品，方觉得体。以为此事曾具奏，故我做主珍藏。至上大皇帝昔日仁爱我等，并给赐给授记（原文作"额失博硕克"——译者），依照政教合一之例，又仰赖今上皇帝如今兴仁施恩，善待慈爱，和平扶助图伯特（西藏）三区兀鲁思（众人），却那所属兀鲁思边陲地方噶尔麻（噶玛），越发桀骜不驯，争强好胜，劫掠卡图牲畜，用奸计诈谋杀害为商议而遣来使者，故卡图进军，与噶尔麻（噶玛）劝说言归于好，因此得以安宁。据说，红帽帕（克）木竹巴与两部人已至平西王那里。恐怕那种刁民顽徒，挑拨离间，为害汉、蒙之善政。敬请传谕令他们仍旧靠近噶尔麻（噶玛）近处会合那道敕谕。往这里会合之后，噶尔麻（噶玛）大概安居无事，肯定不敢擅自挑起祸端。从这里（我）跟卡图说了。在政务愈来愈繁忙之际，上报，传谕善命之回奉喜庆礼品有黑狐皮兜篷一件、氆氇三卷等。

## 07-04-25　　康熙帝以阿布鼐获罪削爵监禁恩赐其子布尔鼐
### 承袭和硕亲王爵位之诰命
#### 康熙八年九月二十九日

阿布鼐获罪削爵监禁，恩赐其子布尔鼐承袭和硕亲王封爵。思及祖父太宗皇帝、父皇世祖皇帝特殊恩赐眷养，不忍心削爵，仍恩赐其子布尔鼐承袭和硕亲王爵位。

## 07-04-26　康熙帝以色尔济勒蘷命其长子丹布喇承袭

### 多罗卓礼克图郡王爵位之诰命

康熙八年九月二十五日

色尔济勒蘷之后，恩准命其长子丹布喇承袭多罗卓礼克图郡王爵位。

## 07-04-27　康熙帝以布鼐病故准其子克什图承袭拖沙喇哈番之敕命

康熙八年七月十二日

布鼐病故之后，恩准其子克什图承袭拖沙喇哈番。倘若阵亡，则准袭，如若病故，则停袭。

## 07-04-28　康熙帝以达尔玛病故准其子班迪达承袭

### 一等阿思哈尼哈番之敕命

康熙八年七月十二日

达尔玛病故之后，恩准其子班迪达承袭一等阿思哈尼哈番。又准再承袭八次。康熙八年七月十二日。由拜新泰誊录。

## 07-04-29　内秘书院将达赖喇嘛厄齐尔汗奏折转交理藩院之记录

康熙八年十二月初一日

达赖喇嘛携来厄齐尔汗奏折，在理藩院员外郎达哈塔、阿穆瑚瑯之前转交给哈番敖勒斤、希拉等人。

## 07-04-30　康熙帝移居乾清宫以营建乾清宫太和殿

### 成宣恩赏大赦之诏书

康熙八年十一月二十五日

奉天承运皇帝诏曰：自古帝王统一寰区，营建宫室，非特崇壮丽之观。实以隆出治之体，甚钜也。朕御极以来以保和殿为清宁宫居住。今春奉太皇太后旨，不宜以殿为宫，宜于乾清宫居住。朕恪遵慈命，爰敕所司，重加修理。又因太和殿建造年久，颇有损漏，遂命一并鸠工重修，令俱告成。祇告天地、宗庙、社稷于康熙八年十一月二十四日，进御宫殿。懋图治理，念缔造之维新，宜臣民之协庆。诏内恩款凡十五条。应实行之恩赐及赦免事宜种类附写于后。一种，京城内王以下文武九品以上官员，全体加恩行赏。一种，内外公主以下至和硕公主（乡君），全体加恩行赏。一种，外省王以下公以上，全体加恩行赏。一种，驻外省王以下巡抚、总兵官以上，全体加恩行赏。一种，京城内满洲、蒙古、汉军（昆都兵）骑步兵，全体加恩行赏。一种，满洲军人素来披甲戴胄，从军征战，负伤致残，或患病年老者，颇多。此等人分别给予加恩行赏。一种，除文武官员遇到大考核及军法处理，地方失守及任意放纵士兵劫掠及贪图财物，拖欠钱粮及漕粮等罪不赦免之外，其他罪行则今议革及议降，住俸禄及戴罪论处，拖延欠发俸禄等所有官吏均给予赦免。一种，自康熙八年十一月二十五日以后，除官吏军民人等，除谋反，叛逆，子孙杀祖父母、父母，内乱，妻妾杀夫、告夫，奴婢杀家长，杀一家非死罪三人，采生折割人，谋杀，故杀，蛊毒，魇魅，毒药杀人，强盗，妖言惑众十恶等真正死罪不赦外，又隐瞒满洲家内逃人者，及所牵连人罪行，及贪官污吏、衙门皂隶贪取财物案件，监守自盗罪，拖欠钱粮及运输粮等官吏及人，贪污漕粮官吏及人，又赖皮、刁民之罪行，仍旧不给予赦免。其他死罪均减一等。充军罪以下发觉与尚未发觉，结正与尚未结正罪，均给予赦免。有以赦前事讦告者，不与审理。即以其罪罪之。一种，除革职及降职及年永不叙用为官吏者，将其遣送回家之外，所有各地有德之人，果真德行著称，又有学问渊博者，各地总督、巡抚各自核实详察奏报。一种，国子监监生放假一个月。一种，所有罪过，如果追交时没有赎罪赔偿财物，则详察家中的确无物可给，确无偿还能力者，给予赦免。切勿牵连其亲族。一种，除谋杀及故意杀人之外，如果原来无冤无仇，因临时冲动打架斗殴，出手重过失致人死亡，则将杀人者赦免其死罪，杖打一百板子，依法追交四十两银子，给死者家属。一种，盗贼偷窃之徒，或者饥寒交迫，或者受贪官污吏胁迫，甚可悯焉。若彼等果然痛改前非来归降，则既往不咎。一种，收取赎罪粮本来为赈济分粮而准备。当严寒时节，四种鳏寡孤独者，生计困难。委付直隶各省总督、巡抚及管民官吏，酌情拨给赎罪粮以使其存活。切勿令诡计多端之刁民冒领伪取。於戏！绍丕基而勤宵旰，思益弘垂裕之规，抚黎庶而沛恩膏，期永洽盈宁之乐。布告中外，咸使闻知。

## 07-04-31　康熙帝遣使存问达赖喇嘛并谕往后直言奏报之敕谕
### 康熙八年十二月十五日

皇帝敕谕传谕西天大善自在佛所部天下释教普通瓦赤喇怛喇达赖喇嘛明鉴！朕托天之福佑安康。听闻尔主持奇妙佛法，普济引导修炼众生，使其从善如流，幸福安康，心喜异常。尔菩萨，为众生利益，诞生于人世间，弘扬佛法，成为天人所供养规范上师，谨慎努力精进，兴隆三教教义，普照宇宙普世，成就功德，如同至胜善逝佛尊般，时常以奇妙慈悲恩爱修炼一切，以无量大慈大悲之心引导指示（众生），（朕）不胜真心向往之。批览尔圣识一切瓦赤喇怛喇达赖喇嘛所呈问安奏疏，上奏时有足下明鉴云云，诸如此类敬语，所在皆有，比比皆是。因尔身为圣识一切菩萨，故今后应免用如此谦逊上奏，并谕欲进言可以直言奏报。故遣头等喇嘛确伊木帕乐、索诺木格隆等前往问安。

**07-04-32　　　　康熙帝遣使赏赐达赖喇嘛之礼单**

康熙八年十二月十五日

皇帝敕谕传谕西天大善自在佛所部天下释教普通瓦赤喇怛喇达赖喇嘛明鉴！朕已收悉尔所遣赍问安奏疏及送来礼品。虽地方险远，黾勉激励之心不断，故遣头等喇嘛确伊木丕勒、索诺木格隆等前往，按照问存安康惯例赍至镀金纽带六十两重银茶桶一、镀金雕鞍一副、镀金银壶一只、扯古掔（茶酒盅）两只、绸缎十匹、大哈达十个、小哈达四十个等。

**07-04-33　　康熙帝以大草滩（锡拉塔拉）拨给青海地方台吉**

**及归附红帽派之事颁赐达赖喇嘛之敕谕**

康熙八年十二月十五日

皇帝敕谕传谕西天大善自在佛所部天下释教普通瓦赤喇怛喇达赖喇嘛。

批阅尔所上奏折则说丹津乃厄鲁特部诺颜，政教合体如此大好，令其往此地遣回并使其会合，不管任何人唯有吩咐则甚善。话虽如此说，对四部厄鲁特（卫拉特）诸大小诺颜及青海地方达赖洪台吉等不说，则我等不能做主。故此事未能具奏，究无定议。等听取其言以后具奏。将皇上所传谕谕旨转达给这里诸台吉等，他们说：索要昔日到莫尔根济农处前来巴达玛等四人时，将其捕获并遣回。之所以取巴达玛等四个逃人，尔逃人来则却不收取。因其收取我等之逃人。所以收取往这里来投巴达玛等逃人。顾实汗给丹津图伯特（西藏）以阿勒巴图（属民）。顾实汗去世之后，其诸子收取图伯特（西藏）阿勒巴图（属民）。其中十个人逃走至济农衮布那里，济农哈屯（妻子）衮布携走他们妻儿及兄弟等。尔达赖喇嘛虽然三番五次要求归还其阿勒巴图（属民），但始终不给，又因将丹津妻子家口及阿勒巴图（属民）分别携走，所以无法生计而被迫无奈来投奔朕。丹津却声称因边墙之外诸台吉悖乱而来。因此，虽然四部厄鲁特（卫拉特）诸大小诺颜及达赖洪台吉等询问尔，并具奏也（朕）仍旧不遣回丹津。又尔奏折称，按照皇上敕谕谨慎事宜给诸台吉再三强调教谕。边墙诸官吏及当地百姓，诸台吉市易交换者，及熬煮斋饭者，往来行人不得粗暴对待，与青海地方兀鲁思（众人）和睦相处，一两个恶人歹徒稍稍作恶，因诸台吉不知道，也酌情商量，弄清事情真相才觉得体。祈求偶尔打架斗殴，不会妨碍政体。关于熬煮斋饭及市易交换事宜，于康熙七年六月已经商定，不得肆意乱行，指定人数。逾越指定地点及指定关隘之门（关口）擅自乱走别处，又进入内地为非作歹，则所属地方台吉以为因一两个坏人歹徒而导致发生误会，岂能以我们有所不知为借口而不加甄别？又边墙诸官吏为镇守驻防地方而委付之民，其职责即督察为非作歹者。今为大草滩驻牧地，尔施行佛法教理，并向普济众生达赖喇嘛请求，所以恩准为划定大草滩驻牧地边界，遣官吏与当地总督、巡抚、提督等会审，尔使臣唐苏克绰尔济将青海地方诸台吉与之会面，切勿令其擅自逾越以往划定边界，不得为非作歹，若敢为非作歹，悖理作乱则质问其所犯何罪并令其担保。诸台吉如果唐苏克绰尔济给作担保，则令其驻牧大草滩牧场。若仍然为非作歹，随心所欲，任意而为，则此次遣官吏与尔使臣唐苏克绰尔济一同治罪，严惩不贷。等商定之后回来。遣官吏跟唐苏克绰尔济说，若青海地方诸台吉不作担保，则不允许他们驻牧大草滩牧场。又尔奏疏称红帽帕（克）木竹巴与两部人至平西王那里。恐怕那种恶徒刁民挑拨离间，为害汉、蒙善政。传谕给令其又仍靠近噶尔麻（噶玛）附近地方与之会合那道敕谕，似较妥善。尔等在这里会合后，噶尔麻（噶玛）安居无事，肯定能够避免祸端。朕亦跟卡图说。因红帽派三部人与卡图交恶，被迫无奈，致使不能生计，所以投奔朕而来。朕将其安抚且令居住云南地方，并加恩行赏，给予生计。今尔奏请将红帽派两部人会合商酌。达赖喇嘛，尔作出担保并上奏，无论如何也不加害红帽派噶尔麻（噶玛），不虐待等。又如果红帽派帕（克）木竹巴愿意前往，则到时便宜行事。钦此。

## 07-04-34　康熙帝颁达赖喇嘛之三份敕谕草拟成文过程格式记录

康熙八年十二月十六日

将达赖喇嘛之问安奏折及礼品单据文书，又为赏至丹津三件敕谕集子于康熙八年十二月十五日，大学士巴泰、图海、索额图、李霨、图理塔，侍读学士折尔肯、折库纳、塞色赫、田种玉、田逢吉上奏时，当天传谕曰：善。于是理藩院员外郎阿穆瑚瑯拿来交给侍读学士折尔肯、佟国经等于本月十六日，将达赖喇嘛之问安奏折及赏至丹津三件敕谕用满、蒙古文缮写在绘有一条四朵云彩铜笺纸上，又将礼单文书用满、蒙古文对照缮写在铜笺纸箱上，然后在其上钤盖制诰之宝六次，当日大学士巴泰、侍读学士折尔肯、佟国经、理藩院侍郎达哈塔、员外郎莫洛、书记员西喇等，并叫来前往使臣确木丕勒格隆、索那木格隆等，在南华门之外交给。康熙八年十二月十六日。由拜新泰缮写。

## 07-04-35　康熙帝以海萨病故准其子察木查承袭镇国公爵位之敕命

康熙八年十一月初九日

海萨病故之后，恩准其子察木查承袭镇国公爵位。依旧世袭罔替。康熙八年十一月初九日。由拜新泰缮写。

## 07-04-36　康熙帝遣官致祭科尔沁部一等台吉扎拉布之祭文

康熙八年五月二十七日

于康熙八年四月二十日，皇帝给祭文、纸钱、羊等，遣郎中克西图读祭文，洒酒并照例于五月二十七日祭奠。祭文曰：皇帝敕谕，遣郎中克西图祭奠科尔沁部一等台吉扎拉布之祭文：兴仁施恩遐荒绝域，示恩于殒殆者，则给以恩赐行赏，乃国家大法也。为人臣者，谨慎效力，善守职位，以道义为重。扎拉布，尔生性忠厚笃实，行事公允，以谦逊虚心善守职位。朕以为永远长寿，不曾预料遽然逝去。朕哀恸异常，备齐祭品，加恩祭奠，以安慰英灵。若尔地下有知，则来尚飨！由拜新泰缮写。

## 07-04-37　康熙帝遣官致祭科尔沁部多罗郡王布达礼

### 之母多罗福晋之祭文

康熙八年五月二十五日

于康熙八年四月二十日，皇帝给祭文、纸钱、羊等，遣郎中克西图读祭文，洒酒，并照例于五月二十五日祭奠。祭文曰：皇帝敕谕，遣郎中克西图祭奠科尔沁部多罗郡王布达礼之母多罗福晋祭文：朕思量尔心性纯洁，生性端正善良，遵循效法内廷之道，彰显为福晋之道德。朕闻遽然逝去，哀恸异常，备齐祭品加以祭奠。若尔英灵有知，则来尚飨！由拜新泰缮写。

## 07-04-38　康熙帝遣官致祭科尔沁部和硕达尔汉亲王和塔之祭文

康熙八年五月十五日

于康熙八年四月二十日，皇帝给祭文、二岁牛、羊、纸钱等，并派遣内大臣朗素读祭文，洒酒并照例于五月十五日祭奠。祭文曰：皇帝敕谕，派遣内臣朗素祭奠科尔沁部和硕达尔汉亲王和塔之祭文：兴仁施恩遐荒远域，恩赐行赏殁殆者乃国家之大法也。为人臣谨慎效力，虔诚成事以遵循道义为贵。尔和硕达尔汉亲王和塔因身居股肱要职，应格外重视哀悼恩赐。尔生性忠厚笃实，行事谨慎笃实，承袭乃父王封爵，光宗耀祖，闻名遐迩。缔结世代联姻，成为姻娅，始终不渝，一心一意，恪尽职守，丰功善名，垂世千古。朕以为永远长寿，不曾预料遽然逝去。朕哀恸异常，派遣官吏并备齐祭品祭奠以聊表追悼之心。呜呼！以广闻兴仁降恩，恩赐被及冥界地府。加赐重恩以安慰尔英灵。若王之地下有知，则来尚飨！

## 07-04-39　康熙帝遣官致祭科尔沁部冰图郡王额济颜

### 之母多罗格格之祭文

康熙八年五月二十一日

于康熙八年四月二十日，皇帝给祭文、纸钱、羊等，并遣一等侍卫（恰）布尔纳读祭文，洒酒并照例于五月二十一日祭奠。祭文曰：皇帝敕谕，派遣一等侍卫（恰）布尔纳祭奠已故科尔沁部冰图郡王额济颜之母多罗格格之祭文：崇敬亲族以宗支为贵。加恩赐兴仁，以谨慎和睦为贵。因此，所有善行均逝世后给予祭祀。冰图郡王之母，尔多罗格格举止文静，以彰显家内规矩风范。朕以为长寿，不曾预料遽然逝去，实行祭奠之礼，以聊表痛悼之心。呜呼！亲族之礼重矣，以记贤惠善良德行。备齐祭品，恩泽被及墓地。若尔英灵有知，则来尚飨！

## 07-04-40　　康熙帝遣官致祭察哈尔衮布习辖布之祭文

康熙八年九月初七日

于康熙八年八月十三日，皇帝给祭文、羊、纸钱，遣他赤哈哈番（博士官）董讷等读祭文，洒酒并照例于九月初一日祭奠。皇帝敕谕。遣他赤哈哈番（博士官）董讷等祭奠察哈尔衮布习辖布之祭文：朕思虑遐荒远域，兴仁示恩殒殆者，以广恩赐行赏。为人臣谨慎效力，善守职位，以道义为贵。衮布习辖布，尔生性端正忠厚，行事公允平正，以谦逊之心善守职位。朕以为永远长寿，不料遽然逝去。朕哀恸异常，备齐祭品，恩赐祭奠以安慰英灵。若尔地下有知，则来尚飨！由玛尼缮写。

## 07-04-41　　康熙帝遣官致祭土默特部一等塔布囊色奔太之祭文

康熙八年九月初一日

于康熙八年八月十五日，皇帝给祭文、羊、纸钱，遣他赤哈哈番（博士官）董讷等读祭文，洒酒并照例于九月初一日祭奠。皇帝敕谕。遣他赤哈哈番（博士官）董讷等祭奠土默特部一等塔布囊色奔太之祭文：朕思虑遐荒远域，兴仁示恩殒殆者，以广恩赐。为人臣者，谨慎效力，善守职位，以道义为贵。色奔，尔生性正直忠厚，行事公允平正，以谦逊虚心善守职位。朕以为永远长寿，不料遽然逝去。朕哀恸异常，备齐祭品，恩赐祭奠以安慰英灵。若尔地下有知，则来尚飨！由玛尼缮写。

## 07-04-42　　康熙帝遣官致祭吴喇特部镇国公海萨之祭文

康熙八年八月二十九日

于康熙八年八月初七日，皇帝给祭文、羊、纸钱，并派遣一等侍卫（恰）加一级阿尔纳读祭文，洒酒并照例于八月二十九日祭奠。皇帝敕谕。遣一等侍卫（恰）加一级阿尔纳祭奠吴喇特部镇国公海萨之祭文：朕思虑遐荒远域，兴仁示恩殒殆者，以广仁爱。为人臣者，谨慎效力，报答恩德，以虔诚笃实为贵。海萨，尔生性端正善良，心极谨慎，自承袭乃父公爵位以来，善守职位，完成所委付之事。朕以为永远长寿，不曾预料遽然逝去。朕哀恸异常，备齐祭品，以聊表痛悼之心。呜呼！谨加恩赐被及冥界地府。今大加恩赐以安慰英灵。若尔地下有知，则来尚飨！

## 07-04-43　　康熙帝遣官致祭蒿齐特部郡王阿赉冲母多罗福晋之祭文

康熙八年五月十七日

于康熙八年四月二十一日，皇帝给祭文、纸钱、羊等，遣员外郎齐蓝布等读祭文，洒酒并照例于五月十七日祭奠。祭文曰：皇帝敕谕，遣员外郎齐蓝布等祭奠蒿齐特部郡王阿赉冲母多罗福晋之祭文：朕思虑尔内心纯洁，生性端正善良，遵循内礼，以彰显为妇人风范。朕惊闻遽然逝去，哀恸异常，遣官吏，备齐祭品祭奠。若尔地下有知，则来尚飨! 由门都黑缮写。

## 07-04-44　康熙帝遣官致祭科尔沁部和硕达尔
### 汉亲王和硕福晋之祭文
康熙八年八月十二日

于康熙八年七月二十日，皇帝给祭文、纸钱、羊等，遣侍郎胡巴锡等读祭文，洒酒并照例于八月十二日祭奠。祭文曰：皇帝敕谕，遣二等侍郎臣胡巴锡等祭奠科尔沁部和硕达尔汉亲王和硕福晋之祭文：朕思虑，尔内心纯洁，生性端正善良，遵循内礼，以彰显为妇人风范。朕惊闻遽然逝去，哀恸异常，派遣官吏，备齐祭品祭奠。若尔英灵有知，则来尚飨! 由满都西缮写。由胡锡巴缮写。

## 07-04-45　康熙帝遣官致祭阿巴垓部多罗卓礼克图
### 郡王塞尔济勒之祭文
康熙八年五月初五日

于康熙八年四月二十日，皇帝给祭文、二岁牛、羊、纸钱等，遣一等侍卫（恰）加一级阿拉布丹读祭文，洒酒并照例于五月初五日祭奠。祭文曰：皇帝敕谕，遣一等侍卫（恰）加一级阿拉布丹祭奠阿巴垓部多罗卓礼克图郡王塞尔济勒之祭文：兴仁施恩遐荒远域，仁爱示恩殒殆者，则恩赐行赏，乃国家之大法也。为人臣者，谨慎效力，虔诚成事，以遵循道义为贵。多罗卓礼克图郡王塞尔济勒，尔生性忠厚笃实，行事极其平允，承袭乃父王爵位，谨慎效力，尽心显善。朕以为永远长寿，不曾预料遽然逝去。朕哀恸异常，遣官吏并备齐祭品祭奠，以聊表追悼之心。呜呼! 以广闻兴仁降恩，恩赐被及冥界地府。仁义泽至遗体，以示恩赐遐荒远域，若（尔）英灵有知，则来尚飨!

## 07-04-46　康熙帝遣官致祭科尔沁部多罗贝勒
### 绰尔济额驸福晋多罗格格之祭文
康熙八年五月十七日

于康熙八年四月二十日，皇帝给祭文、纸钱、羊等，遣一等侍卫（恰）俄木布读祭文，洒酒并照例于五月十七日祭奠。祭文曰：皇帝敕谕，遣一等侍卫（恰）俄木布祭奠科尔沁部多罗贝勒绰尔济额驸福晋多罗格格之祭文：崇敬亲族以宗枝为贵。加授恩赐兴仁施恩，以谨慎和睦为贵。因此，所有善行均逝世后给予祭祀。尔多罗额驸多罗格格，举止文静，以彰显家内规矩风范。朕以为长寿，不曾预料遽然逝去，举行祭奠之礼，以聊表痛悼之心。呜呼! 亲族之礼重矣，以记（尔）贤惠善良德行。备齐祭品，恩泽被及墓地。若尔英灵有知，则来尚飨! 由门都黑缮写。

# 康熙九年（1670）档册

**07-05-01**　　康熙帝迎达赖喇嘛之请赐还归附云南之
西藏红帽派两部人众之敕谕

康熙九年闰二月二十七日

皇帝敕谕传谕西天大善自在佛所部天下释教普通瓦赤喇怛喇达赖喇嘛明鉴！尔奏书声称仰赖今上皇帝今兴仁善待慈爱，和平扶助西藏三区兀鲁思（众人），却噶尔麻（噶玛）与苦虐边陲地方，越发逞强好胜，劫掠卡图牲畜，且将为商量而所遣使臣用奸诈杀害，故当卡图进军时，劝说噶尔麻（噶玛）与之言归于和好，因此得以安宁。据说，红帽派帕（克）木竹巴与两部人至平西王那里去了。恐怕那种刁民挑拨离间，为害汉、蒙善政。敬请传谕令他们仍旧靠近噶尔麻（噶玛）附近处会合之敕谕。等往这里会合之后，噶尔麻安居无事，肯定不挑起祸端。从这里（我）欲跟卡图说。因为红帽派帕（克）木竹巴两部人与卡图交恶，失去生计投奔朕而来，所以令其居住云南地方，加恩行赏，并酌情给其生计。达赖喇嘛，尔担保上奏之后，有待考虑。朕托上天护佑，拥有天下，若失去生计而投奔朕来，则未尝不眷养。因为被迫无奈投奔而来，所以使其与噶尔麻等合并则欠妥。常思虑尔达赖喇嘛掌管佛法，协和大众，请求将红帽派帕（克）木竹巴合并，所以恩准如尔所请求那样给予合并。如果卡图因将这帮人以为投奔朕而来而结仇加以陷害，或刁难，则与其说背离于尔达赖喇嘛请求上奏之心，倒不如说又背离于朕视天下之人如同赤子，一视同仁之心也。总而言之，不致使刁难，且不祸害等事情，由尔达赖喇嘛做主。钦此。康熙九年闰二月二十七日。由玛尼缮写。

**07-05-02**　　康熙帝颁达赖喇嘛之敕谕成文及交办过程之记录

康熙九年闰二月十八日

康熙九年闰二月十八日，将为红帽帕（克）木竹巴之事情给达赖喇嘛赍至敕谕大学士巴泰、图海、索额图、李霨、魏裔介、学士塞色赫、张凤仪、侍读拉巴克等上奏，传谕曰：善哉！于本月二十七日，用满、蒙古文合璧缮写在有一条龙纹铜笺纸上，将制诰之宝加盖两次，于即日大学士巴泰、图海、索额图，侍读学士折库纳、塞色赫、张凤仪，侍读学士库里，理藩院学士阿穆瑚瑯，郎中玛鲁、书记臣西喇等叫来交给。由拜新泰缮写。

**07-05-03**　　康熙帝以统计新成年台吉防盗加强卡伦平民
一诉诸事谕外藩蒙古诸贝勒贝子公等敕谕

康熙九年三月初五日

皇帝敕谕传谕外藩蒙古诸贝勒贝子公等。审视康熙五年核对编丁成年台吉以来至今尚未统计。今在这次举行会盟，将已经十八岁台吉令各自扎萨克王、诸贝勒、贝子（诸颜）等作担保。如果给予未成年台吉及或隐瞒成年台吉不给，则将给作担保者及隐瞒扎萨克王、诸贝勒、贝子（诺颜）等治罪。一种，曩日曾几次经过传谕，实行严格禁止盗贼之法令，但盗贼仍增多不减。此多因扎萨克王诸贝勒、贝子（诺颜）等从各自所属民不分贫富征收贡品，及任用平民（阿拉特）出任职务时，不选择有能力者，因按照原官吏之子而任命，难以掌管，所以盗贼不曾绝迹。今后固山额真、梅勒章京、甲喇章京等，务必选任贤能者。如果仍旧不选任贤能者，如前旧例因官吏之子而任命无能之辈（碌碌庸才），则有司衙门加以严格甄别，并将扎萨克王、诸贝勒、贝子（诺颜）等一同治罪。一种，宣谕将外藩蒙古之逃人当举行会盟（丘尔干）时聚集，又不招揽却声称蒙古逃人逃走者居多。按照所定律例规定，隐瞒逃人者罚没一九大牲畜，征收十户长一匹马。因此，十户长之罪减轻，隐瞒逃人遂不交。今后如果隐瞒逃人，则将隐瞒者及十户长一同按照隐瞒逃人罪治罪。一种，诉讼人（原告）先首告至自己扎萨克，尚未结案则从自己扎萨克索要使者至附近扎萨克告发。又尚未结案，则从自己扎萨克索要使者带来中间人及被告人来向有司衙门投诉。今看来诉讼人（原告）不向自己扎萨克处及附近扎萨克处首告，又没有中间人及被告人，却来起诉者大有人在。在自己扎萨克处首告则不起诉于附近扎萨克处，没有中间人及被告人却有来首告者。在扎萨克王、诸贝勒、贝子那里首告则其扎萨克不给一同派遣中间人及被告人。这类事情如果贫民来诉讼，则遣人去询问诸扎萨克等，或者为取来中间人及被告人往来行走时，疲于奔命，事情又拖泥带水，久拖不决。前来欲首告贫民，因等待时食物吃尽，连所骑来乘骑、牲畜全都卖光吃尽也不够其花费。有这等为难事情，所以贫民无论怎样窘迫至极，也不来诉讼也许不好说。今后所有诉讼者，先照例到扎萨克处去首告，又尚未结案则从扎萨克那里索要使者，并至附近扎萨克处诉讼。附近扎萨克又尚未结案，则又令自己扎萨克处派出使者将中间人及被告人一同全体传唤带到有司衙门。如果首告人不向自己扎萨克处及附近扎萨克处提起诉讼，没有中间人及被告人，却要来诉讼则先治其违背已颁法律之罪，然后再办理其诉讼案。在扎萨克处起诉，不遣使者及中间人及被告人，则详细询问并治诸扎萨克之罪。诸如此类，令诸扎萨克晓谕宣扬其各自所属平民。一种，国家边境设立驻防卡伦，为防止及甄别抓捕喀尔喀部与厄鲁特（卫拉特）部之间为非作歹者，以及盗贼或逃人等民。今看来掌管卡伦诸章京，疏忽大意，三番五次被抓捕。在外生民，之所以能够全仰赖卡伦。所有这些均因管旗王、诸贝勒、贝子（诺颜）、固山额真、梅勒章京等疏忽松懈，未曾严格传喻禁令，不令其时常追寻足迹所至。今后仍旧驻卡伦诸章京发生失误，被检查巡逻者发现，则将扎萨克王、诸贝勒、贝子（诺颜）、固山额真、梅勒章京等一同治罪。一种，为隐瞒兵丁虽然几次严格禁止，但声称隐瞒壮丁之诉讼，非常多。所有这些均掌管民者，不加以区别分辨所致。今后将壮丁数扎萨克王以下十户长以上核对各自所属旗及苏木成年壮丁，并将其记入档册。参加会盟（丘尔干），诸王及贝勒、贝子（诺颜）以下全体会合聚集，因将所有罪犯审理完毕，除王及诸贝勒、贝子和硕台吉、公、官吏审理或审判死罪重犯上奏等候传谕之外，其他所有轻重罪均核查甄别并审理完毕。钦此。

## 07-05-04　　谕外藩蒙古王以等敕谕成文过程格式份数等记录

### 康熙九年三月初五日

于康熙九年三月初五日，理藩院为缮写赍至举行会盟（丘尔干）敕令文书晓谕将他赤哈哈番（博士官）莫尔昆所带来文书给大学士巴泰、索额图、侍读学士折尔肯、哈占，并跟侍读学士穆成格、库里、书记员布当说。本月写在集册，大学士巴泰、图海、索额图、侍读学士胡瓦撒拉、达都、靳辅、侍读学士穆成格等上奏，传谕曰：善哉。于本月初八日，在赍至会盟之七件教谕敕书上分别钤盖十四个垂训之宝，并叫来理藩院学士阿穆瑚瑯令其在大学士巴泰、图海、索额图、侍读学士折尔肯等人面前拜跪，由侍读学士穆成格、库里、书记员布当交给。于本月，大学士巴泰、图海、索额图、侍读学士胡瓦撒拉、达都、靳辅、侍读学士穆成格等上奏，传谕曰：善哉。将赍至会盟（丘尔干）文书由理藩院衙门制定商议相关会盟事宜并奏报，拿至我衙门之后，按写本书记册并上奏。将此在大黄纸上写上七份。康熙九年三月初五日。由拜新泰缮写。

## 07-05-05　康熙帝为皇妣上尊谥号升祔太庙礼成宣赏大赦之诏书

### 康熙九年五月初六日

奉天承运皇帝诏曰：朕维自古帝王以孝治天下，莫不显扬母德。追崇配享，以为绍先启后之本。朕缵承丕绪，九载于兹。恭惟我皇妣孝康慈和庄懿恭惠崇天育圣皇后，光赞皇考，成缔造之丰功。诞育眇躬，启昌隆之景运，徽音远播，厚德弘施，庙祀未崇。朕怀罔极，是用上稽前典，下协舆情，祇告天地、宗庙、社稷，于康熙九年五月初一日，率诸王、贝勒、文武群臣，恭奉册宝，加上皇妣尊谥曰：孝康慈和庄懿恭惠崇天育圣章皇后，升祔太庙。鸿仪既举，恩赦宜弘。例行恩款事宜分类附写于后。一种，扎萨克亲王以下，恩赐章京以上全体加恩赏赐。一种，内外公主以下，和硕格格以上，全体加恩行赏。一种，外省诸王以下，公以上，全体加恩行赏。一种，京城内文武百官、各省将军、总督、巡抚、提督、总兵官全体加恩行赏。一种，内外大小所有官吏，除各自现今职任上晋升之外，先前在诏书之后任命，又晋升及职务有变动者依法晋升。一种，除官吏军民人等，除谋反，叛逆，子孙杀祖父母、父母，内乱，妻妾杀夫、告夫，奴婢杀家长，杀一家非死罪三人，采生折割人，谋杀，故杀，蛊毒，魇魅，毒药杀人，强盗，妖言十恶等真正死罪不赦外，十恶等真正死罪不予赦免之外，又奴隶仆人殴打主人及克扣拖延钱粮及漕粮官吏与人，贪污巧取漕粮之官吏及人之罪过不能赦免。其他罪行则自康熙九年五月初六日以前，无论已发觉，未发觉，已结正，未结正，咸赦除之。有以赦前事评告者，不与审理。即以其罪罪之。一种，除文武官员遇到大考核及军法处理之外，议革、议降、议罚及戴罪，住俸各官，均由各衙门奏明，并俱免议。满洲军人，长年累月披甲戴胄，效力转战而负伤，不能穿戴甲胄，及年老或患病退役者，将全体酌情给予加恩行赏。若各地果有学问渊博，德行优良者，隐居山林，则各地总督、巡抚详察核实奏报，酌情给予叙用。一种，所有已经记入档子之官吏，将其全体仍旧按其所任职务任命。一种，令国子监衙门监生放假一个月。一种，淮、扬等地方高邮等十一州、县城，这几年遇到洪涝水患，百姓所受苦难非其他地方可比。如何酌情赦免，各衙门商量之后，奏报并给予赦免。一种，各地因灾害受苦而甄别已经赦免之民，如果掌管民不遵循，仍旧任意征收赋税，并免除豪强富裕户，不给贫民恩赐犯罪则无论如何不能迁就宽宥。一种，军民如果是七十岁以上人，则免除一丁徭役并给予赡养。杂役均给予免除。八十岁以上人，则给予一表里、一斤棉、一袋子米、十斤肉。九十岁以上人，则给予两份。在各地区养济院内，四种鳏寡孤独及病残无法生计者，掌管民官吏，结合时节，给予精心关照并赡养。切勿贻误其生计。一种，官吏及衙门皂隶，贪赃枉法罪，构成死罪或非至死罪者，均给予赦免，仍旧革职并驱逐出衙门，追交抄没其赃款赃物，永不叙用。一种，隐瞒逃人，及所有牵连罪人，均给予赦免。一种，最近几年治河时，总堵塞，则总毁坏，出工及筹备堤坝用草及有用物品时，民不堪其苦。有司官吏找借口多征收，有些人遣卫官等吏员，恐吓强征。总督、巡抚、道员（道尹）管制，并严格加以甄别。又务必迅速完工，切勿推诿拖延，以至为难百姓。一种，所有罪恶，追交赃物确实无赎罪赔偿财物则详察，其家中的确无物可给，确实无能力偿还者，则给予赦免。切勿牵连其亲族。一种，充当盗贼者，大概均因饥寒交迫，或者被贪官污吏所逼迫，走投无路所致。自诏书之日起，虽然贼首携领其众，来归附，并自首其罪，则均给予赦免，军人则令其编入军籍，小民（伊尔根）则遣送回原籍，并给予生计。如果能够抓捕贼首及相互首告则辨别其立功，任命官吏并恩赏。若能捉拿来归者，及自首者欲邀功，则治以重罪。於戏！孝思维则，隆侑饗于千秋。纯嘏永膺，合欢心于万国。布告中外，咸使闻知。

## 07-05-06　康熙帝以巴图病故准其孙巴扎尔承袭拖沙喇哈番之敕命
### 康熙九年四月初八日

巴图病故之后，恩准其孙巴扎尔承袭拖沙喇哈番。倘若阵亡，则准袭，如若病故，则停袭。康熙九年四月初八日。由拜新泰缮写。

## 07-05-07　　康熙帝以逃人之事颁俄罗斯沙皇之敕谕
### 康熙九年五月初九日

皇帝赍敕传谕致俄罗斯沙皇。尔所言声称驻尼布楚地方首领特尼拉具奏，欲想两国和睦相处，互补有无，使臣及商贸往来，畅通无阻，永久亲善。若有战事，理应相互援助。又为根忒木尔一事，我特尼拉已经具奏沙皇。等候听到沙皇传谕曰：遣送一语之后，不久即送还。驻军雅克萨地方之米基彼尔等，因侵扰劫掠朱切尔、达呼尔（即达斡尔——译者）等部，因此将其捕捉为首十人，并仍旧具奏，等候皇帝下达命令（裁决）。先前我猎貂者（原文作"布拉噶沁"——译者）首领往黑龙江方向有曰罗刹（罗禅）兀鲁思（部众或部落）方面蠢贼，侵扰我猎貂者（原文作"布拉噶沁"——译者）朱切尔、达呼尔（即达斡尔——译者）等部。又奏报称我方根忒木尔其人逃走，投奔至罗刹（罗禅）兀鲁思方面，欲想派兵平定。又听说，所谓罗刹（罗禅）兀鲁思，隶属于沙皇之后，遣人探听其真假虚实，于是遣来（驻）尼布楚地方首领特尼拉、英讷泰等十人为使者，并声称尔所言，上呈奏疏之后，方知（罗刹）确实隶属于尔，情况属实。素来尔遣使臣往来，今若依照尔所奏之言，欲想永久亲善，则将那位逃走者根忒木尔其人遣送回来，且今后在边境地区，切勿挑衅祸端作乱。若果能如此行事，方能亲善且安宁。钦此。

## 07-05-08　　　　　颁沙皇之敕谕成文过程及格式等记录

### 康熙九年五月初九日

从俄罗斯国逃回来之人所携带书籍中，有文书两件、缮写于伊斯勒纸上文书六件，共八件文书。将缮写于伊斯勒纸上六件文书需要翻译，并于康熙九年六月初五日，大学士巴泰、图海、索额图等具奏，传谕曰：将书本中两件文书归还其原主，又将六件文书收藏。于是，唤来郎中臣玛尔图，把那两件文书在大臣面前交给。由拜新泰缮写。

## 07-05-09　　　　康熙帝以赍塔尔薨准其子讷内承袭

### 和硕达尔汉亲王爵位之诰命

### 康熙九年八月初七日

在赍塔尔薨之后，恩准其子讷内承袭和硕达尔汉亲王爵位。依旧世袭罔替。康熙九年八月初七日。由拜新泰缮写。

## 07-05-10　　　　康熙帝以色冷薨准其子诺尔布承袭固山

### 贝子爵位之诰命

### 康熙九年七月二十五日

在色冷薨逝之后，恩准其子诺尔布承袭固山贝子封爵。依旧世袭罔替。

## 07-05-11　　　　康熙帝以毕力格病故准其子贝子辖布承袭

### 拜他喇布勒哈番之敕命

### 康熙九年八月初八日

在毕力格病故之后，恩准其子贝子辖布承袭拜他喇布勒哈番。恩准再承袭一代。

**07-05-12　　康熙帝以克筛病故准其仲子苏迪承袭**

**达尔汉名号之敕命**

康熙九年八月初三日

克筛病故之后，恩准其仲子苏迪承袭达尔汉名号。恩准再承袭三代。康熙九年八月初三日。由拜新泰缮写。

**07-05-13　　内秘书院大学士巴泰奏请外藩蒙古原满蒙汉三种**

**文字册文诰命改写为满蒙两种文字之朱批奏折**

康熙九年十月初二日

内秘书院大学士巴泰谨奏：为改写册文，当苏尼特部多罗杜棱郡王沙乞泰故去之后，令其长子恭格承袭多罗杜棱郡王爵位并送来册文。先前封沙乞泰之父叟萨为（郡）王之册文，用满、蒙古、汉三种文字。其子沙乞泰承袭王封爵时，亦用满、蒙古、汉三种文字缮写。臣奉命详察，则康熙元年所规定内府诸王、贝勒贝子、固山台吉、嫔妃、公主、郡主、县主、乡君等册文、诰命只用满、汉文缮写。外藩蒙古王公、贝勒贝子、固山台吉、福晋、公主、郡主、县主、乡君等册文、诰命用满、蒙古文缮写。所以，此文中所写汉文应作废，重新用满文、蒙古文缮写。听说今后册文、诰命中如果有三种文字，自皇上传谕此次晓谕之后，照此规定改写。特此谨奏，并奏请传谕敕令。于康熙九年十月初二日，大学士巴泰、图海、索额图，学士折库纳、塞色赫等在绿头木板上缮写之后，具奏上报，传谕如前议办理。由拜新泰缮写。

**07-05-14　　康熙帝以沙乞泰薨准其子贡格承袭**

**多罗杜棱郡王爵位之诰命**

康熙九年九月初七日

沙乞泰薨之后，恩准其子贡格承袭多罗杜棱郡王爵位。

**07-05-15　　康熙帝以毕齐克图病故准其子噶尔玛承袭**

**拜他喇布勒哈番之敕命**

康熙九年一月二十五日

毕齐克图病故之后，恩准其子噶尔玛承袭拜他喇布勒哈番。又准再承袭一代。

**07-05-16　　康熙帝以额都病故准其长子乌喇盖承袭**

**拖沙喇哈番之敕命**

康熙九年八月二十六日

额都病故之后，恩准其长子乌喇盖承袭拖沙喇哈番。倘若阵亡，则准袭，如若病故，则停袭。

## 07-05-17　　康熙帝遣官致祭喀尔喀部右翼和硕达尔汉
### 亲王贡塔尔之祭文
康熙九年四月二十六日

于康熙九年四月初二日，皇帝给祭文、二岁牛、羊、纸钱等，遣内府闲散尚书图固鲁克等读祭文，洒酒并照例于四月二十六日祭奠。祭文曰：皇帝敕谕，遣内府闲散尚书图固鲁克等祭奠喀尔喀部右翼和硕达尔汉亲王贡塔尔之祭文：朕思兴仁慈爱遐荒远域，仁爱示恩殒殆者，以广布恩赐。为人臣者，历经艰辛，以虔诚笃实成事为常理。扎萨克达尔汉亲王，尔生性忠厚笃实，行事极其平允公正，自获封王爵以来，谨慎效力，尽心显善。朕以为永久长寿，不曾预料遽然逝去。朕哀恸异常，是以遣官吏并备齐祭品祭奠，以聊表追悼之心。呜呼！以广闻兴仁降恩，恩赐被及冥界地府。仁义泽至遗体，以示恩赐致遐荒远域，若尔地下有知，则来尚飨！

## 07-05-18　　康熙帝遣官致祭巴林部一等台吉鄂日古达克之祭文
康熙九年七月二十七日

于康熙九年七月初五日，皇帝给祭文、羊、纸钱等，遣他赤哈哈番（博士官）布达礼等读祭文，洒酒并照例于七月二十七日祭奠。祭文曰：皇帝敕谕，遣他赤哈哈番（博士官）布达礼等祭奠巴林部一等台吉鄂日古达克之祭文：朕思虑兴仁慈爱遐荒远域，仁爱示恩殒殆者，以广布恩赐。为人臣者，谨慎效力，善守职位并成事以遵循道义为贵。鄂日古达克，尔生性忠厚笃实，行事平允优良，以谦逊虚心善守职位。朕以为永久长寿，不曾预料遽然逝去。朕哀恸异常，备齐祭品加恩祭奠，以聊表追悼之心。若尔地下有知，则来尚飨！

## 07-05-19　　康熙帝遣官致祭奈曼部多罗达尔汉郡王
### 大福晋之祭文
康熙九年四月十八日

于康熙八年四月初二日，皇帝给祭文、纸钱、羊等，遣二等侍卫（恰）加一级顾鲁等读祭文，洒酒并照例于四月十八日祭奠。祭文曰：皇帝敕谕，遣二等侍卫（恰）加一级顾鲁祭奠奈曼部多罗达尔汉郡王大福晋之祭文：朕思量，尔内心纯洁，生性端正善良，遵循内礼，以彰显为妇人风范。朕惊闻遽然逝去，哀恸异常，是以遣官吏，备齐祭品祭奠。若尔地下有知，则来尚飨！

## 07-05-20　　康熙帝遣官致祭鄂尔多斯部镇国公扎木苏之祭文
康熙九年八月初八日

于康熙九年七月初九日，皇帝给祭文、二岁牛、羊、纸钱等，遣一等侍卫（恰）

加一级阿拉纳等读祭文，洒酒并照例于八月初八日祭奠。祭文曰：皇帝敕谕，遣一等侍卫（恰）加一级阿尔纳等祭奠鄂尔多斯部镇国公扎木苏之祭文：思虑兴仁施恩遐荒远域，仁爱示恩殒殆者，则应当以广布恩赐。为人臣，谨慎效力，以虔诚笃实，克尽成事为贵。扎木苏，尔生性忠厚虔诚，心底慎重，善守职位，克尽效力所委付诸事宜。朕以为永久长寿，不曾预料遽然逝去。朕哀恸异常，遣官吏并备齐祭品，以聊表追悼之心。呜呼！以广闻兴仁降恩，恩赐被及冥界地府。浩大仁义泽至遗体，以安慰英灵，若尔地下有知，则来尚飨！

## 07-05-21　　康熙帝遣官致祭杜尔伯特部固山贝子色冷之祭文
### 康熙九年五月初二日

于康熙九年四月初二日，皇帝给祭文、二岁牛、羊、纸钱等，遣二等侍卫（恰）加一级古鲁等读祭文，洒酒并照例于五月初二日祭奠。祭文曰：皇帝敕谕，遣二等侍卫（恰）加一级顾鲁等祭奠杜尔伯特部固山贝子色冷之祭文：思及兴仁施恩遐荒远域，仁爱示恩殒殆者，则理应广布恩赐。为人臣者，谨慎效力，报答恩德，以恪尽成事为贵。固山贝子色冷，尔生性忠厚虔诚，心底慎重，善守职位，克尽所委付诸事宜。朕以为永久长寿，不曾预料遽然逝去。朕哀恸异常，遣官吏并备齐祭品，以聊表追悼之心。呜呼！以广闻兴仁降恩，恩赐泽及冥界地府。浩大仁义泽至遗体，以安慰英灵，若尔地下有知，则来尚飨！

## 07-05-22　　康熙帝赐喀尔喀部已故丹津喇嘛之孙
## 额尔德尼伊尔登名号之敕命
### 康熙九年十一月十四日

皇帝敕谕传谕伊特格勒图奈尔图额尔德尼济农。自古帝王治天下，务必使万国享太平，德行教化，普及天下。如果诸国君主识时达势，诚心来归附，则必然记录在案，并且加恩行赏。喀尔喀部伊尔登诺颜，尔祖父丹津喇嘛崇尚道德学问，向往羡慕善行，严守戒律，净持戒行，小心谨慎，虔诚真心，恭谨和睦，故朕倍加赞赏嘉许，赐给敕书、印信等，并封为持法忠信丹津喇嘛名号。故去之后，封尔额尔德尼伊尔登诺颜为伊特格勒图奈尔图（意为守信和睦——译者）额尔德尼伊尔登诺颜名号。尔仍须谨慎端正，诚心笃实，以传扬朕恩赐遐荒远域之苦心至意，保护边陲一方水土平安。若果真能够如此这般行事，则永享如同江山般福祉。（尔）慎行勿怠。钦此。

## 07-05-23　康熙帝赐额尔德尼伊尔登之敕书成文交办过程之记录
### 康熙九年十一月十一日

于康熙九年十一月十一日，理藩院为改写给丹津喇嘛之敕书，在书记官（誊写笔帖失）满丕送来之后，太常寺卿兼管转班中书舍人拉巴克接受，于本月十五日，兼管转班中书舍人穆成格、库里、拉巴克，学士兼管转班中书舍人莽萨尔、布当等领取，与大学士巴泰、索额图、侍读学士哈占、塞色赫、达都、马朗古、靳辅、张凤仪等人言及，于本月二十四日，将给喀尔喀部伊特格勒图奈尔图额尔德尼济农敕书，由大学士巴泰、索额图、侍读学士折尔肯、达都、塞色赫、哈占、马朗古、靳辅等上奏，传谕曰：善。于十二月二十一日，用满、蒙古文合璧缮写在绘有一条龙纹四朵云彩铜笺纸上，并加钤盖两个敕命垂训之宝，当日叫来理藩院员外郎图拉噶图令其跪拜在大学士巴泰、索额图、侍读学士哈占、达都、马朗古、张凤仪、靳辅等人面前，太常寺卿兼管转班中书舍人库里、侍读学士兼管中书舍人班迪交给。将那件旧敕书由大臣（赛特——译者）收回作废。

## 07-05-24　　　　康熙帝以绰尔济病卒准其子鄂齐尔承袭
### 多罗贝勒爵位之诰命
康熙九年十二月十六日

绰尔济病卒之后，恩准其子鄂齐尔承袭多罗贝勒爵位。依旧世袭罔替。

## 07-05-25　　　　康熙帝以扎木苏病故准其子索诺穆承袭
### 镇国公爵位之敕命
康熙九年十二月二十五日

在扎木苏病故之后，恩准其子索诺穆承袭镇国公爵位。依旧世袭罔替。康熙九年十二月二十五日。由门都黑缮写。

# 附录 中国第一历史档案馆藏，李保文整理《十七世纪前半期蒙古文文书档案（1600～1650）》（1997）一书的译文：十七世纪前半期蒙古文文书档案汉译

## 第一部 满蒙关系史相关文书

**08-01-01** 达尔汉台吉致博格达塞臣（天聪汗）汗书

（日期不详）

愿吉祥安康。致书长青天之下，四方世界之上，为长期游牧人众之主的阿尔斯兰博克达天聪汗：初，昆都伦汗遣希福、库尔缠二榜式（巴克什），刑白马于天，刑黑牛于地，酹酒［盟誓］，成为一国。汗遣詹都说：为汗的名誉，为我等的国政，为［报］我等的仇出征吧。出征时未出发，未让汗看见我等的身影，未与洪台吉、哈谈巴都鲁二人作传伴，对汗做了错事。对汗做错事的缘由是：汗的使臣来叫我等二十五日出发。我等二十五日未出发。我等遣名叫巴哈泰的人为使臣，往哈谈巴都鲁处，问以后何时出发。［哈谈巴都鲁］说：待我抓了战马，再遣使［告知于你］。［后］未遣使。当洪台出发五日后，我等由行人口中得知［这个消息］，便出发了。七日后停下马驼，返回了。这是我等的一件错事。此事是非请汗鉴。

**08-01-02** 致洪台吉（皇太极）文书

（日期不详）

从〈你〉永恒慈悲之云朵，降下永生佛经之雨露，征服世俗的痛苦和炎热，使人

顶礼膜拜的昆都仑汗曾下圣旨。你们在彼处聚集，嫩科尔沁的全部诺颜共同商议，然后把你们的想法告诉我。我在此率八旗八千兵与你们联合。汗的圣旨正确，无人能说其有误。我等欲召集楚古拉干（大聚会）而未能举行。我等与察哈尔的关系不巧破裂，我等已进行其边界使他们的狗吠（我等攻击了察哈尔的边境）。三太师（城）不是距你们仅一昼夜行程吗？你们可以从那儿攻击察哈尔边境。此话如果正确，请上报大汗；如不正确，皇太极请你不要上报。我把自己的想法告诉了你，〈我〉怎么能指教尊贵者先出征呢？此事请在那里做主。

## 08-01-03　　　　　致洪台吉（皇太极）文书
### （日期不详）

愿吉祥安康。两位巴克什曾奉昆都仑汗之命前来，〈与我等〉宰白马祭天，杀乌牛祭地，歃血盟誓，至死相互庇护。察哈尔和喀尔喀曾杀掠了我等，他们〈盟誓〉说要与你们相互庇护，直到你们征服八十万汉人为止，这是谎言。据闻〈你们〉损失了三个诺颜及上千上万人。〈由于〉我等兄弟不和睦，彼处放言再次征伐我等。若昆都仑汗不给予庇护，我等欲厮杀无力，因兄弟不和睦，为保全性命，唯有〈向他们〉纳贡以存。皇太极请你舍弃信中不妥之言，妥当的话语之上添加汝意呈报大汗。你们若不庇护〈我〉，欲逃无地，欲战无力。莫以为我有求于你而有意言之，皇太极以你为姻亲，故以诚言相告。

## 08-01-04　　　　土谢图额驸致洪台吉（皇太极）文书
### （日期不详）

愿吉祥安康。

〈蒙〉你好父亲昆都仑汗爱抚，成为其八子之外第九子，并嫁女与我。若命我遣人往迎，我遣人往，若不必往，如何送公主，请汗知之。若欲令跛脚亲往，不待问，我不往。我居家外面无人办事，处外家中无人照料，非晤面之时晤面，已获宽恕时何必携托？此乃诚言。如何宽恕，请汗知之。

## 08-01-05　　　　天聪汗为结盟致奈曼洪巴图鲁文书

致察哈尔所属奈曼部洪巴图鲁书。尔曾言与鄂木杂特绰尔济喇嘛，洪巴图鲁欲与我结盟等语。若确欲结盟，可与敖汉之杜棱、色臣卓里克图、洪巴图商议，遣善晓之人为使前来，听尔等之言再议。我向来之处世，善行者不欺，恶行者不惧。我征讨各地，并非好战，积怨以极而诏告上天征之。我与中国和好相处，而彼不从，袒护叶赫，增兵驻之。将我已聘之女，改适蒙古。又发兵骚扰世代沿边居住之女真，不容伊等收获粮谷，放火尽焚其房舍，强行驱逐。其所恶行，不可胜数，如此怨恨，酿至举师中国。我与喀尔喀素来和睦相处，介寨侵我兀扎鲁城，杀我所遣之使臣。巴噶达尔汉又娶我所聘之女。其后，介寨为我所擒，五部喀尔喀之诸那颜俱与我结盟。喀尔喀背弃"若往征中国，则合谋征之；若和，则共约与之和。满洲若惑于中国之财物与巧言，与喀尔喀不睦而与中国议和，则祸及满洲。喀尔喀若惑于中国之财物与巧言，与满洲不睦而与中国议和，则祸及喀尔喀"之誓言，非但不征中国，反而贪图中国之财物，听信其巧言，驱师前来助中国，杀人，献首级与中国。再，屡屡掳掠牲畜以还。然而对其之恶行，我等置之不问。去岁寅年，我发兵宁远，因城冻未取而返还之后，喀尔喀以为我军大败于中国，遂助兵中国欲伐我等而移营逼我。屡屡强抢截杀我遣往科尔沁之使臣，因喀尔喀屡构怨于我，遂兴师征讨喀尔喀。朝鲜与我，两国素来无隙，和睦相处。其后则助兵中国侵我，天佑我等，其官兵尽被擒获。我等并未诛戮，纵之以还议和，而尔不肯，仍助中国留我逃人，是故征朝鲜。无论何地，我等并未无罪而讨之者。敌对又有何好？和好又有何恶？察哈尔破喀尔喀，令尔之庶民充任伊等诸那颜之长。离散诸那颜之妻，少女则强行离其父母，给予护军之跟役为妻，此等之事，毋庸我言，尔等岂非不知？若以此言为是，将此书咨行彼处之二克什克腾部之诸贝子。

## 08-01-06　　　天聪汗致嫩科尔沁地方诸那颜文书

天聪汗致书嫩科尔沁地方诸那颜，我等想，土谢图汗、代达尔汉、扎萨克图杜棱三和硕筑一城，秉图、伊儿都齐与巴特玛筑一城，卓里克图洪台吉的四个和硕筑一城，选好地址，三座城筑在一处，速使坚固。待城坚固后，如果察哈尔前来攻打你们，如前所约，你们派台吉们（求援）的话，我等增兵于你们。若城垒不坚，若一旦察哈尔来攻，你们又依靠经堂哪里厮杀，我等又怎知你们在哪里而前往？我等想我等两国以后嫁女成亲不断往来。你们若被察哈尔所取，我等又与何国结亲往来？我等听说秉图和卓里克图洪台吉正在一起筑城，秉图你的名气不小，你率伊尔都齐、巴特玛等几个弟弟筑一城。若使三城相连，即使敌人来攻，也怎么能进入其间与你们厮杀。我以前之所以说，若把桑图给我，就发誓，若不给，就不要发誓，是因为当时我等两国和好结盟，而喀尔喀、扎鲁特以我等为敌。而桑图的父母已被我等所得。若不让桑图与其父母相见，而前往敌国，我等结盟和好又有何益。所以说不要发誓。现在不止桑图，逃奔察哈尔兵的所有喀尔喀，都在投归你们，今已遵守我等的法规。现在我等为何向你索要桑图。秉图、伊尔都齐你们要发誓，若桑图前来父亲处，你们不要阻拦，随桑图之愿而行。

## 08-01-07　　　天聪汗致蒙古敖汉奈曼诸那颜誓文

大金国天聪汗，誓告上天。察哈尔汗败破国政，不识亲族，无故灭五部喀尔喀。为此敖汉、奈曼之诸那颜，见恶于察哈尔汗，而来归天聪汗。若不念来归，勒迁边内，视为编氓，则天聪汗、大阿敏那颜、莽古尔泰那颜、阿巴泰、德格类、阿济格、杜度、兵托、硕托、萨哈廉、豪格等，皆遭天谴，折寿而亡。杜棱、洪巴图鲁、色臣卓里克图、土谢图、戴青达尔汉、桑噶尔寨、鄂齐尔、度勒巴等诸那颜，若不思如此恩养，听信察哈尔之离间之言，背弃我等，尔等亦遭天谴，折寿而亡。若务践所议之言，则蒙天佑，延年益寿，千秋万世，永享安乐。

### 08-01-08　　　记为喀喇沁杜棱古英等致天聪汗文书
（收文日期为天聪二年二月初一日）

杜棱古英、多内衮济、诺干达喇、万丹卫征等乌勒格（山阳即兴安岭以南——译者）之诸诺颜、塔不囊等献书于天聪汗。以天聪汗为首想必安康！为回复天聪汗之书。察哈尔汗不道，伤残亲族，天聪汗及大小贝子俱知之矣。欺凌我喀喇沁土绵（万户），夺走妻子家口及牲畜。我等之汗、洪台吉、博硕克图汗与鄂尔多斯济农和永谢布、阿苏特、阿巴噶、喀尔喀等合兵，至土默特格根汗昭城，杀所驻兵四万。我等之汗、洪台吉，率兵十万来。其来时遇至汉人之巴延苏博（张家口——译者）请赏未得之察哈尔三千人，喀喇沁汗、洪台吉尽歼请赏之人。左翼阿鲁之三个阿巴噶、喀尔喀等部，约我起兵，且言与天聪汗同举如何之语。天聪汗明鉴。

天聪汗致书达尔汉土谢图、卫征二人书。（观此二书之言）据说，察哈尔根本已动摇，可乘此动摇的良机，秣马肥壮，此草青之际，同嫩之阿巴噶、喀喇沁土绵（万户），举兵往征。尔若发兵，宜秣马厉兵，如不发兵，亦由尔便。

### 08-01-09　　　记为喀喇沁部诸塔布囊使臣口信
（记述日期为天聪二年月初一日）

喀喇沁诸塔不囊使者言：察哈尔汗攻取库和屯（呼和浩特）驻兵四万。右翼三万户博硕克图汗、喀喇沁汗、喀尔喀、阿巴噶所有这些部都躲避，击杀察哈尔四万兵。收复库库和屯（呼和浩特）。据说，察哈尔汗的营盘向胡尔干之哈雅地方（虎喇汗亦哈雅）迁移。喀喇沁汗、布延阿亥，带兵十万来助战山阳诸塔不囊。据说，他们一来察哈尔的三千求赏之人到巴延苏门（张家口——译者）欲求赏而来，因汉人未给赏而回来，那些求赏之人，正遇到喀喇沁汗、布延阿亥，遂一个活人都没放过，斩尽杀绝。据说，察哈尔根本已动摇，可乘此动摇的良机，秣马肥壮，我等将出征。尔若发兵，宜秣马厉兵，如不发兵，亦由尔便。

### 08-01-10　　　达尔汉巴图鲁诺颜达尔汉土谢图结亲盟誓
（天聪二年五月初二日）

戊辰年五月初二日，达尔汉巴图鲁诺颜、达尔汉土谢图二人为结亲立盟誓：为我阿巴亥将左翼四个首楞额及博迪苏克三个首楞额，这两份（财产）作为一份家产给了。还给二群马匹、二群牛、五群羊。达尔汉土谢图所言话语：如果对阿巴亥不好，则把想给的牲畜反悔不给，如何惩治，由天聪汗裁决。

## 08-01-11　　　　达尔汉巴图鲁诺颜达尔汉土谢图结亲盟誓

### （天聪二年五月初二日）

戊辰年五月初二日，达尔汉巴图鲁诺颜、达尔汉土谢图二人为结亲立盟誓：为我阿巴亥将左翼四个首楞额及博迪苏克三个首楞额，这两份（财产）作为一份家产给了。还给二群马匹、二群牛、五群羊。达尔汉土谢图所言话语：如果对阿巴亥不好，则把想给的牲畜反悔不给，如何惩治，由天聪汗裁决。

## 08-01-12　　　　满洲致喀喇沁部结盟誓文文稿

### （发文日期为天聪二年五月二十七日）喀喇沁诺颜塔不囊给后金的盟书

满洲、喀喇沁我二国，为议和事，对天刑白马、对地刑乌牛、一碗盛酒、一碗盛肉、一碗盛血、一碗盛骨，以诚信之言，誓告天地。喀喇沁若不践盟言，与满洲不睦，而与中国除素来之于大都请赏贸易之外，私下缔结盟约；坠入察哈尔汗之奸计，背弃盟誓，则天地鉴谴喀喇沁，执政之喇斯希布、布颜、莽苏尔、苏布迪、耿格尔等为首之大小塔不囊，殃及罪孽，不克永年，有如此血，出血而死；埋于土中，有如此骨。若践天地之盟，天地眷顾，延年益寿，子孙千亿永享太平。

## 08-01-13　　　　天聪汗致土谢图汗*文稿

天聪汗书，致土谢图汗。昔尔父子祖护叶赫，谋分我地，兴兵来侵。尔若取胜，我等岂有今日乎？此其一；其后我兵往征乌拉之宜罕山，尔父子又兵助乌拉，此二也；杀我布扬古侍卫，此三也。此等三端之罪，非能赎也。只有以牙还牙，才能了结。然汗父高瞻远瞩，顾全大局，遣使议和，誓告天地，和睦相处。其后，尔欲亲来议和，约定会所，汗父亲赴所约之地，而尔未至，尔欺诳尊贵之人，此一也；其后，察哈尔汗欲杀尔，兴兵来侵，我等闻之，未图谋利，不惜劳苦，马匹倒毙，即发兵抵达农安，察哈尔汗闻讯，遂弃将克之城而退。若我等未出兵，尔岂有今日乎？尔若勇强，何故执送扎尔布、席雅台吉二人？察哈尔退兵之后，来此拜见，爱怜与尔，以女妻汝，倍加优礼，送之以珍珠、金、貂皮、猞猁皮、财帛、甲胄、银五千两等是人所用之物，尔曾以牲畜还报？听闻与尔爱怜优礼之汗父升遐，尔何不遣亲信大臣子弟？孔果尔闻之，即遣大臣。而尔却经二月之后，方遣一下等班第，牵一劣等老马以来，此乃尔之不孝，此二也；不念尔之罪过，唯念政名仍以女归尔。既归之后，尔只送患有鼻疾之马八匹，尔只知取之于人，而不知与人，此三也；尔恕不交出杀死送妇之克里之人，夺去克希图妻之罪，至今尚未议结，轻慢我等，此四也；尔欲赎回额古，念尔故旧，一千牲畜，减免五百。尔承诺若不送牲畜五百，则送还额古等语何如？尔今因何仍不送还额古，乃欺诈我等，此五也；尔令尔有罪之妻之居室置于前，令我女之居室置于后，言有罪之妻为尊贵之人之女，其女是何汗遣嫁者，其娘家又有何大人，今非俱为人之编氓乎？此非因尔之叔父被杀，又恐杀及尔身，故称大人之女也？其亲族察哈尔欲杀尔，何以其为大福晋？我等时常爱怜与尔，为何我等之女为次，乃侮辱我等，此六也；将小人之女还我，与大人之女同居可也。我等议和之时，曾约凡于敌国，和则同和，伐则同伐，尔竟负盟，与我之仇敌中国，遣使通商两次，尔言之无信，此七也；尔征察哈尔，三番五次遣使致书约我，果真往征，尔竟不赴所约。令我等面临敌境，而尔先返，得享百岁乎？行不践言，乃尔之奸诈，此八也；据称达尔汗洪巴图鲁往征时，遣使询尔会师之地，尔以不论何地当赴汗所定之地为辞，不以实相告。尔之意，不愿与我会师之故，恐与众兄弟同行，不便私返。不如独行，以便不会师而私行退回，且可托词曾略察哈尔一边界，乃尔之阴谋，此九也；曾以孔果尔为悖乱，以尔为贤，以女妻尔，结为姻亲。及汗宾天，孔果尔先遣大臣，会师之地，遣其子赴约。以尔为贤，优爱与尔，现在何如？尔负祭天地之盟，不相告与我，与我仇敌中国，遣使两次。我等知晓尔等所议之言，今何以相信尔等。

　　*土谢图汗，即科尔沁蒙古部首领奥巴。——译者

## 08-01-14　　　　天聪汗致土默特诸执政塔布囊文稿
### （发文日期为天聪二年十二月初九日）

　　天聪汗致土默特诸执政塔布囊文稿。乌勒格地方诸塔不囊（与我等）盟约国政统一法律，与我等往来。因你们的营盘（驻牧地）远，我等使者未到你们那里。你们的使者也未到我等这里。欲想统一法律，就遣使者来。你们使者来之后，我等也遣使者去进行往来。因乌勒格地方诸塔不囊一同成为察哈尔的敌人，我等才说此番话。你们若与察哈尔和议，不会致书说这番话。天聪汗二年冬腊月初九日。

## 08-01-15　　　　皇太极等与喀喇沁部台吉塔不囊的盟誓之文

　　喀喇沁与满洲我等两国为结盟和好，宰白马祭天，杀乌牛祭地。置一碗酒、一碗肉、一碗血、一碗枯骨，焚香许下诺言而有信，誓告天地。如不履行此言而背叛，满洲与喀喇沁不和，怀恶意和异谋，满洲皇太极、贵英、阿敏、莽古尔泰、阿巴泰、德格类、阿济格、岳托、多尔衮等，遭天谴责，不得长寿。如同这碗血，流血而死，被掩埋于地下。如同这碗枯骨，其骨腐败，不逾此昼，不逾此夜，死于顷刻间。如履行其誓言，不怀恶意而相处，福禄圆满，获得长寿，子孙繁衍，美名远扬天外，子孙万代永享幸福。

## 08-01-16　　天聪汗与嫩（科尔沁）地方大小诸诺颜订立之约法
### （天聪三年三月初二日）

　　天聪汗为首，嫩科尔沁土谢图汗、冰图、达尔汗台吉及大小诸颜所定之律。
　　出征察哈尔时掌旗诺颜们，七十岁以下，十岁以上皆出征。不出征之诺颜罚马百

匹，驼十头。迟三日不至所约之地，罚马十匹。入敌境返出时仍不至，罚马百匹，驼十头。出征明朝时，掌旗大诺颜一人，台吉二人，一百壮士出征。若不出征，罚大旗马一千匹，驼百头。三日不至所约之地，罚马十匹，入敌境返出时仍不至，罚马千匹，驼百头。先于约定时间征进敌境，罚马百匹，驼十头。十日程，十日至，十五日程，二十日至。一切刑犯从扎萨克诺颜请使追捕。扎萨克诺颜两天内未派使臣，逮捕该罪犯。若不逮送境内罪犯之罚畜，以（应罚）畜数从其扎萨克诺颜牧群（捉走）牲畜。扎萨克诺颜（若前往审案）骑十匹驿马返回，犯人负担此十匹驿马（差役）。若当日食物已尽，诸住宿应宰羊，若杀牛，可夺诺颜伴当（随从护卫）之马。若殴打一切使者，罚之三九（牲畜）。若使使者下马（阻拦使者），则按（使者）所携马衔数罚马。若见使者，匿藏其马群，罚三岁马一匹。使者误骑带印马，应以它马换取。若（使者）不肯换带印马，留使者之刀或弓。（诺颜）不理刑政者撤职。扎萨克十诺颜，土谢图汗、达尔汗台吉、喇嘛什希、卓里克图洪台吉、伊勒都齐、穆塞、色布浑、布木巴、固穆、海赖。己巳年（天聪三年）三月初六。

（信背面用老满文写：科尔沁诺颜们议定之律，三月送至。）

## 08-01-17　　　　喀喇沁部卓思吉塔布囊致天聪汗文书
### （收文日期为天聪三年五月）

　　愿吉祥安康。卓思吉塔布囊致天聪汗书：我落入察哈尔汗之手，听说汗、洪台吉二人投奔天聪汗而去，我之所以摆脱仇敌汗之手，通过汉人那里来，是因为上想天聪汗，下想洪台吉、哈屯阿巴亥及毕喇西台吉等所有这些人。来之后，我主洪台吉爱惜（我）性命，命我道：（你）在敌人当中从自己所骑的马上下来，将马让给哈屯额客（母亲）是真实的，（因此我）爱护你个人及你的兀鲁思（国众）。我等不幸，赛因诺颜成佛仙逝。后来，毕喇西台吉忘掉了赛因诺颜之命令，骑走我等拥有的兀鲁思及诸子的马匹，驱吃牛羊，兀鲁思不堪忍受，奔入中国，我收其兀鲁思，给些赏赍养活。指责我逃奔到苏布地杜棱凌处，要把我杀戮。苏布地杜棱凌也吧，我也吧，都唯独想天聪汗。此献微薄的礼物，启奏汗主。

　　最后满文一行：巳（蛇）年五月喀喇沁卓思吉塔布囊带来的（书信）。

## 08-01-18　　　　喀喇沁部万丹致天聪汗文书
### （收文日期为天聪三年五月）

　　愿吉祥安康。向天聪汗上书。为汉人之政，李喇嘛具奏皇上，我等奉皇上之命商谈。在此期间，杜棱送活貂，给汉人致书，说让我做主，由我来谈。汉人说：此间为政由我杜棱做主，由我卫征做主。汉人说：如果天聪汗使者，暗中来我等这里，打发那个使者。天聪汗印信给谁，即那个人去商谈。天聪汗敕谕，拿来四种文字对照文书。先前进入大都（敕书），这里找到。那玛、桑吉迪、苏巴锡达、永济纳。其余的以后寻找。

## 08-01-19　　　额尔德尼杜棱洪巴都鲁台吉致天聪汗文书

（收文日期为天聪三年九月十八日）

　　天聪汗明鉴，额尔德尼杜棱洪巴都鲁台吉致书奏言：因察哈尔的罪恶之汗对六大兀鲁思政教及汗、哈刺楚（平民）一切造成极大危害，不管怎么说预先遣使者致书略表心意。那个我等使者来这里所说的话，天聪汗不管怎么样有什么吩咐就跟屯台莫尔根恰（侍卫）说。于是我听我等使者的话，带回屯台的话，尽量让屯台莫尔根恰（侍卫）将（自己）想法奏与天聪汗明鉴，这是我的意思。然而，现在那个屯台莫尔根恰（侍卫）没有来到这里，莫非是答应（陪同）送来的布尔哈图台吉未送过来这里？或者屯台莫尔根恰（侍卫）因自己的缘故耽误没有来？既然没有来，为何不遣使者来，天聪汗遣至阿玉石台吉、博罗台吉二人那里的使者一起，我遣宰赛因吉恰（侍卫）为首的带两个阔端赤（牵马手）。此遣使，因（我要）跟随天聪汗之后进贡诚心诚意，这才不断遣使去。我要亲自去进贡，我兄弟有的被察哈尔歼灭，有的各奔东西。我自己都每个月与罪恶的察哈尔碰见。因我若去，后方空虚，兀鲁思内没有首领，故未能去。想要搬迁走，因大兀鲁思内没有可骑可托运的牲畜马匹，故未能搬迁。在你那里从各处去的诸诺颜、塔不囊，众哈刺楚（平民）受（你们）法令的很多。难道他们都比我拙劣的诸诺颜，其兀鲁思都比我的兀鲁思拙劣吗？他们所有人即使从四面八方会集，也是因为听说你的好名誉才会集的吧。深谋远虑，能够容纳众人，控御各方。凭借暴躁短促的脾气，不能控御一方。因这个罪恶的察哈尔汗性情暴躁，对众人危害极大，即使是宗族至死至穷绝不会归附他的缘故就在这里。你因深谋远虑，（人们）从各处十方如同降下雨水一般会集到你那里。据说，志同道合，虽在远方却有益，貌合神离，虽在身边却有害。左右亲族虽各奔东西，唯独我一个心思跟随天聪汗之后进贡，诚心诚意。即使受你们法令节制的诸诺颜、塔不囊，对内汉人，对外察哈尔有背叛之心，我胸中没有背叛之心，此奏略表（我的）诚心诚意。

　　信纸后边有旧满文一行：巳（蛇）年九月十八日卓尔毕泰洪台吉致书。

## 08-01-20　　　科尔沁部土谢图汗为报察哈尔情况致天聪汗文书

　　愿吉祥！

　　奏报于天聪汗：

　　听说济农之巴噶岱卫征、达古尔斯库等三百人进入察哈尔境内侦察，趁察哈尔出征之际，袭击了阿拉克绰特部。俘获了居于阿拉克绰特之察哈尔汗哈敦，击杀其妻儿，焚其帐幕，携汗之哈敦而还。巴噶岱卫征达古尔斯库遣察噶济墨尔根恰兼程回报，察哈尔兵正向我等方向出征，期以月内至。得知此信，济农率兵往迎敌，将家属辎重移入险要地方。察哈尔与喀尔喀战，喀尔喀布雅胡贵英来商议，与喀尔喀济农一起率兵迎敌。我等的使者与济农使兼程前来，因绕路而来，行二十日至。在依附我等的察哈尔兄弟牧地内，喀尔喀之侦探肆行，不知察哈尔之兵已至何处。又听说喀尔喀布古盖和硕齐率三百人侦察，掠察哈尔之境而返时，恰台吉之弟温都出哨相遇与厮杀，布古盖和硕齐刺死了温都。若今冬十月察哈尔出征你们，我等出征他的家后方，若出征我等，你们攻击他的家，这是济农来使之言。巴噶岱和硕齐说，察哈尔兵正向东来，其家属辎重已过胡尔干之哈雅地方（虎喇汗亦哈雅）。加入吾联盟者不止茂明安一部，逊都棱为首阿噜部落都已加入。

信背面用老满文写：马年九月，科尔沁土谢图汗来信。

## 08-01-21　　　　天聪汗敕谕致土谢图汗文书
（日期不详）

祝吉祥安康。天聪汗敕谕致土谢图汗书。致代达尔汉、扎萨克图杜棱、卓里克图洪台吉、布达失里、满珠失里书。（你们的）别的兄弟虽不出征，你们的六个旗出征察哈尔汗之城吧。据说，那个城有少量牲畜的人。夏天我等因（没有粮食）庄稼歉收，未能出征，我等对两次打猎使马匹劳顿感到可惜。现在我等汗为首大小诸诺颜，筛选马匹，率领两千兵，出征拱兔巴图鲁之子。据说，其（他们的）营盘在敖木林（大凌河）有两千个毡房。（你们的）别的兄弟虽不出征，土谢图汗、代达尔汉、扎萨克图杜棱、卓里克图洪台吉、布达失里、满珠失里，你们的六个旗出征察哈尔汗之城吧。据说，那个城有少量牲畜的人。

## 08-01-22　　喀喇沁部火落赤巴图鲁属下塞臣戴青致天聪汗文书
（日期不详）

祝愿吉祥安康。喀喇沁部火落赤巴图鲁下塞臣戴青致天聪汗书。想必天聪汗安康。六大兀鲁思（国众或部众）安享太平之际，大尊号之额真皇帝，破坏大朝。向往天聪汗时，截住阿速特、土默特、阿巴噶攻取之。与红缨蒙古兀鲁思没有仇隙及债务。由谁做错，即归罪于那个（人）。蒙古兀鲁思众人虽说败坏，将余众统一，惩罚做错之人则怎么样？投奔天聪汗为首一个土绵（万户）前来，因遭遇敌人灾祸（或战争灾祸），致使礼物没有像样的，随献书礼物有骆驼。塞臣戴青兄弟七人，（本来）一起前来，阿巴噶部五个诺颜之阿巴噶攻取了，（只有）两个人前来。

## 08-01-23　　　　　天聪汗诏书（颁于伊勒登）

尔先于众人与我等结姻亲，和好相处。后科尔沁全体与我等盟誓，土谢图汗歃血为盟（代表科尔沁盟誓），尔不信任我等，怀有疑心时，我等遣希福巴克什互许诺言，歃血为盟。盟誓和好后，你为何对我等有疑心。因为你心中有猜疑，所以怀疑我等，否则为何怀疑我等？土谢图汗遣来接阿巴害（公主）时，你夺其三十户扎鲁特人。其后满珠习礼来我处，又掠其属下珠尔齐特人。为何毁坏彼此之政，你们无辜时察哈尔杀了你们的达赖台吉，其后又欲灭全部科尔沁兴兵来征。对如此深仇之察哈尔不思报仇，而在兄弟之间抢夺，你似与察哈尔一条心。欲实践其诺言，与我等相好的人，因为家内有如尔之敌人，如何离家与我等往来？你若把所掠人畜全部交还则无罪。若不还，待彼依蒙古法议处之时，吾一同议罪。尔嫩科尔沁之诸那颜统一法令，和睦相处，择水草肥美之处养育牲畜，共享幸福有何不好？破坏安定政局，制造动乱，又有何益？尔沿河柳于毕勒塔干之珠尔齐特附近游牧，岂不为繁殖牲畜，而为偷盗乎？若不停止偷盗，被偷盗者议处尔时不会轻饶。我等是姻亲，已结盟，故将此言于尔，汝其思之。尔抢夺珠尔齐特、卦勒察，意欲使其不靠近我等驻牧而折磨他们。尔与右翼那颜及我等一心，任意四处征伐。若苍天佑我，此人畜将归于我等，而夺自兄弟的人畜难以归汝。

信背面用老满文写着：致明安老人之子的信。

## 08-01-24　　　　天聪汗致明安玛法下索诺木敕谕
### （日期不详）

尔先于众人与我等结姻亲，和好相处。后科尔沁全体与我等盟誓，土谢图汗歃血为盟（代表科尔沁盟誓），尔不信任我等，怀有疑心时，我等遣希福巴克什互许诺言，歃血为盟。盟誓和好后，你为何对我等有疑心。因为你心中有猜疑，所以怀疑我等，否则为何怀疑我等？土谢图汗遣来接阿巴害（公主）时，你夺其三十户扎鲁特人。其后满珠习礼来我处，又掠其属下珠尔齐特人。为何毁坏彼此之政，你们无辜时察哈尔杀了你们的达赖台吉，其后又欲灭全部科尔沁兴兵来征。对如此深仇之察哈尔不思报仇，而在兄弟之间抢夺，你似与察哈尔一条心。欲实践其诺言，与我等相好的人，因为家内有如尔之敌人，如何离家与我等往来？你若把所掠人畜全部交还则无罪。若不还，待彼依蒙古法议处之时，吾一同议罪。尔嫩科尔沁之诸那颜统一法令，和睦相处，择水草肥美之处养育牲畜，共享幸福有何不好？破坏安定政局，制造动乱，又有何益？尔沿河柳于毕勒塔干之珠尔齐特附近游牧，岂不为繁殖牲畜，而为偷盗乎？若不停止偷盗，被偷盗者议处尔时不会轻饶。我等是姻亲，已结盟，故将此言于尔，汝其思之。尔抢夺珠尔齐特、卦勒察，意欲使其不靠近我等驻牧而折磨他们。尔与右翼那颜及我等一心，任意四处征伐。若苍天佑我，此人畜将归于我等，而夺自兄弟的人畜难以归汝。

## 08-01-25　　　天聪汗致乌勒格*地方诸那颜塔不囊敕谕

天聪汗敕谕，致乌勒格之诸那颜、塔不囊。尔等来书言及察哈尔汗之不道，为国政而写。今尔等若盟誓（欲与我议和），可遣二位塔不囊为首，乌勒格诸诸那颜之全权使臣，等待那个使臣至，彼时再议诸事。

* 乌勒格，蒙古语，山阳一侧的意思。这里指大兴安岭之南的蒙古部落的方位而

言，与"阿鲁"（山北或山阴）一词对应的反义词。——译者

## 08-01-26　　　　天聪汗致洪巴图鲁达尔汉土谢图
### 杜喇尔洪巴图鲁敕谕
（日期不详）

　　天聪汗敕谕致洪巴图鲁、达尔汉土谢图、杜喇尔洪巴图鲁：尔三个人趁此空闲，用牛车行军至察哈尔板升，取农作物种子。若不取得种子，则拿什么种地？（尔等）至绰尔津城池之后，如果有前往可汗城池则前往试试。

　　遣乌忽布属下伊拜。

## 08-01-27　　　　喀喇沁汗洪台吉致天聪汗文书
（日期不详）

　　愿吉祥安康。

　　以祥瑞智慧之火焚毁愚昧之林、以慈悲之心庇护众生、以力量巨大的金刚杵镇压妖魔之兵的世界君主彻辰汗：

　　汗、洪台为首的全体诺颜奉书所言之事，（我等）奉天聪汗之命所遣侦察察哈尔汗鄂托克（居地）之人，偕（明）阳和城侍郎之使一齐返回。（据侍郎之使言于我等）：察哈尔汗之鄂托克在赵（昭）城，察哈尔汗已知你与朱尔齐特联盟，收服了山阳万户。现在察哈尔之势已衰，在此之际，应奏于天聪汗立即出征，如果迁延时日而不出征，我等为你们而与其作战。（因此）我等转奏于汗，为了汗之声名，请速（率兵）前来出征。此恶人之阴谋，是想与大明联合，以增强双方的力量。请汗降旨。

## 08-01-28　　　　喀喇沁部卫征喇嘛致天聪汗文书
（日期不详）

　　祝愿至善幸福！卫征喇嘛向天聪汗献书。想必皇上安康。我等因这两件事而耽搁以致未能前来。相反遣弟弟前往，想必能见到皇上之身影吧。进言礼物有蟒缎一匹。十五日吉日缮写。

## 08-01-29　　　土默特额尔德尼杜棱洪巴图鲁台吉致天聪汗文书
（日期不详）

　　愿吉祥！天聪汗明鉴，额尔德尼杜棱洪巴都鲁台吉致书奏言：天聪汗敕谕文稿巳（蛇）年四月十日时到达我等这里。恶毒的汗的鄂托克去年夺取栋奎时（我等）溃走。现在又回到营盘（驻牧地）。朝夕在我等这里不花车里克来出没。我等跟他们作战。请求（天聪汗）若果真仁爱所有人，亲自驾到，为我等征服仇敌。我等从那个恶毒的汗那里听说一个消息，那就是察哈尔的逃人说两位寨桑一直追赶我等汗之后。我等土默

特右翼亲族的逃人说（他们）不追赶了，却叛变到右翼土默特。说这两位赛桑叛变，辰年（龙年）孟月即叛变。自那以后至现在的五月已九月，到现在为止一点消息都没有。这个恶毒的汗的鄂托克之所以往这边来，是因为（察哈尔汗听说了）博硕克图色臣汗为首，土默特济农、鄂尔多斯、永谢布土绵（万户）、喀尔喀土绵、乌珠穆沁、蒿齐特、厄鲁特土绵所有这些人会集在一起，听取那两个背叛的赛桑的话来征讨，于是仓皇逃奔这里。据说，（察哈尔汗）一般说来从土默特右翼亲族取走人时抛弃贫穷，带走有财产的人，杀其人，驱赶其牲畜，夺取其兀鲁思。因此其兵员并未增加。那个恶毒的汗从左翼土绵所得的兵丁数目，大概天聪汗已明鉴。此番话，在外面逃人，在内部汉人都说的一样。不管怎么样，请赶快下达指挥兵权的敕谕。他说的那番话，从那里惧怕来却说，我等已攻占了右翼万户（土绵），现在可能去征讨朱尔齐特（即诸申的复数即女真人）。说我等乌勒格土绵（山阳万户）即使小心谨慎能往那里跑。这个恶毒的汗土默特、喀喇沁的诸台吉未曾被殃及的一个也没有，我多亏托地势险要，带右翼亲族幸免于难。别的宗族没有赶上我等，疲惫至极，却（与我等）反目并污蔑。（他们）遇见天聪汗明鉴，就怕说污蔑我等的话。如果听见这样的话，请核对以便得知事实。

背面，用老满文写着：土默特部鄂木布台吉的。

## 08-01-30　　　　阿巴亥（即科尔沁土谢图汗妻肫哲公主）
### 致伊弟天聪汗文书
#### （日期不详）

愿吉祥安康。阿巴亥（公主）姐姐致书天聪汗弟。昔日于一家生活时，互致问候，相互索求，亲密无间。自分离为两家，皇弟把我见外，不再遣使。为使（皇弟）更加爱怜，特遣此使。（可能写于天聪二年）

## 08-01-31　　　阿巴亥塞冷塔不囊致天聪汗文书
#### （日期不详）

祝愿吉祥安康！向像升空中的太阳普照四洲般寰区之主天聪汗阿巴亥（公主）及塞冷塔布囊二人献书。先前事情，因我从军出征之后，未能获得好礼物，没有礼物，使者往来中断，所以令使者送达赍去。至今跟我等没有索取少量大都（敕书）、赏品。用少量获得物品（赏品）养活少数兀鲁思（部众），未能获得好礼物。皇上明鉴！存问请安礼物区区可数，有琥珀二十颗、黑色蟒缎一匹、青色绢一匹。虽说皇上没有遣使至我处，为恭请圣安遣使前往。

## 08-01-32　　　　喀喇沁诺密巴克什致天聪汗文书
#### （日期不详）

天聪汗明鉴！奉命无违行事之尔所属无能阿拉巴图（平民），因这两三件事情而未能在皇上身边陪伴，禀报患病情形，派人前往。因有得就有失，献上两匹劣缎。

## 08-01-33　　　喀喇沁部万丹塔不囊致天聪汗大贝勒文书
### （日期不详）

祝愿吉祥安康！卫征塔布囊给天聪汗、大诺颜（大贝勒）献书。为汉人之政献书
于天聪汗、大诺颜（大贝勒）二人使者出发后来到。为我等献书原来商谈此和好之政
之人，叫李喇嘛。那位喇嘛来商谈则如何？李喇嘛来到，好像让我去商议，拿来天聪
汗敕书、印信及少数使者。说由我来商谈。李喇嘛前往觐见天聪汗，回来时忘记念珠。
天聪汗把我念珠捎过来，给六只貂及六斤人用药物。给天聪汗捎过去念珠，药物及貂
在我这里。在天聪汗明鉴中这是显而易见的。汉人给我等文书说：喀喇沁部之汗、洪
台吉、多内公主、阿玉石博迪苏克、耿格尔恰（侍卫）诺颜等这些诸诺颜、诸塔布囊
让我等商谈。既然让我等商谈，给我等下令。让何人前往商谈，给那个人下命令。

## 08-01-34　　　喀喇沁额齐格喇嘛致天聪汗文书
### （日期不详）

祝愿吉祥安康！额齐格喇嘛为恭请圣安向天聪汗献书。以皇上为首大家想必都安
康。我等安全到达这里。回去时说，到满珠习礼处去。因没有骑乘（马匹），未能派遣
沙比纳尔（从徒弟）。没有至汉人那里做买卖。如果要给满珠习礼处遣使，则遣察干
（察汉）喇嘛。皇帝明鉴！随阅书礼物有一块金条。

## 08-01-35　　　喀喇沁汗毕喇齐洪台吉致天聪汗文书
### （日期不详）

（天聪）汗明鉴。喀喇沁部洪台吉致书具奏。这个苏不地杜凌仗恃其势力，总是对
我等孛儿只斤（博尔吉根）氏人做了很多罪恶的事情。杀死了乌力吉台吉，攻占其兀
鲁思。攻掠敖其尔台吉之家口及牲畜，因诺颜说些话，对诺颜拔刀相向（威胁），气焰
嚣张之极。后又用箭射汗，夺取其兀鲁思（部众）。烧毁秉图楚库尔之子及毡帐，攻占
其兀鲁思（部众）。并且（强行）迁走洪台吉一个塔不囊兀鲁思（部众）。我等因将国
政及居家之道仰仗于天聪汗而把所有这些情况具奏，请汗定夺。（他们）在一切事情
上，仗恃其势力，使我等不知所措。

最后满文一行：致书。喀喇沁汗、毕喇齐洪台吉

## 08-01-36　　　喀喇沁托巴斯噶塞臣戴青致天聪汗文书
### （日期不详）

给皇帝圣明托巴斯噶、塞臣戴青二人上书。在北方阿速特部忽拉察巴图鲁诺颜有
七个台吉。传承阿拉巴图（供亿差役进贡）兀鲁思时七个旗。遇到恶毒之可汗所挑衅

风波，往这里来投靠天聪汗，主张为大国，两个台吉来归附。愿意接迎我等阿拉巴图（供亿差役进贡）兀鲁思，并给贡赋等。不愿意的不会给我等。因此向皇帝圣明上书具奏。

## 08-01-37　　喀喇沁寨桑台吉致天聪汗文书

（日期不详）

向权力及气力齐备者足下跪拜。向圣明天聪汗上书。阿速特部巴德玛洪台吉福晋、塞冷寨桑诺颜，当土绵（万户）之可汗破坏国政，尽弃亲族时，为依靠硕大名望，如玉般大政而来。由于新来归附，未能觐见皇帝圣颜。

## 08-01-38　　土默特善巴塔不囊等致天聪汗文书

（日期不详）

善巴塔不囊、沙木恰台吉、德尔格致书天聪汗：

（我等）驻汗所赐之城，三月平安无事。其后，明朝之兵来两次围攻，两度被我等击退。明朝之兵，又来攻占城池，焚毁而去，乌纳格（巴格什）来击败敌军。其后一年，察哈尔（兵）来杀我弟弟桑哈尔寨，袭掠我属民、牲畜而去。南面有明国，北面有察哈尔，前后受敌，在此艰难之际，迁移于钟噶城附近居住。达尔汉巴都鲁诺颜令我等不得弃此城，（但）我等如仍居此城，一旦察哈尔来。恐怕无完好城垒，恐怕被察哈尔杀掠，因向汗主奏报此事。为躲避察哈尔杀掠，及获得垂佑，投靠归附天聪汗，因无法在此城居住，我等毁弃此城。驻防近边之城人数，请汗颁旨。

## 08-01-39　　杜棱贵英致天聪汗文书

（日期不详）

杜棱贵英奉书于天聪汗，自兔年以来一直为结盟互通使臣。现在为等候天聪汗之使者前来，使我如此烦恼。汗之后嗣是我妻，（我等）结盟盟誓时我未至。（与）汗、洪台吉为首（诺颜们）和和睦不逾天聪汗之旨令。汗为结盟所遣使臣及盟书已至汗、洪台吉、大小诺颜诸人之处，而未至我处。难道在盟书中没有我的名字吗？我正在生吞泰的气。请降旨回复。我要说的话均由喇嘛、图格济二人转达。

## 08-01-40　　喀喇沁汗为首的诺颜为合征
## 　　　　　　察哈尔致天聪汗文书

（日期不详）

致天聪汗：喀喇沁汗、衮济、额尔德尼洪台吉、庚格勒恰诺颜奏，在结盟之际，请（立即）率师前来出征（察哈尔），黑心邪恶的察哈尔汗听说我等结盟之后，会孤注一掷先动手，请汗颁旨。天气已渐转凉，凋谢入冬后，情形将更为严峻。若此秋季不立即出征，今冬此毒心恶汗会生各种邪念，请汗颁谕。我等已提出立即出征，在今秋八月十日之前会师，如果汗允诺此议，请汗颁旨诸部，于本月内遣使者前来。

## 08-01-41　　　科尔沁土谢图汗为出征北部察哈尔致天聪汗文书

愿吉祥！奉书于天聪汗：察哈尔汗下胡仁格齐巴颜翁盖亲族七人带箭筒，乘马六匹逃来。行八天至此。逃人曰：察哈尔汗正往这里迁移，其鄂托克已至德勒和胡勒。命彼处右翼万户过黄河这边来，征其兵，迁移其家属。命其兵于本月初六日，至察哈尔汗家驻地。汗下令，十三岁以上七十三岁以下均出征。于本月十八日，临近北兴安岭，带一月粮，出征岭北部落。留一千兵于家，其家随出征之兵迁移。其鄂托克已临近我等，家已迁移至敖勒灰伊查干。四阿巴噶为首之众因恶毒的汗不认自己亲族与臣民，依附了天聪汗。若察哈尔征服了岭北部落，我等无城寨，察哈尔进入我鄂托克之前，俗语说：近火者先焚，近敌者先死。以汗为首征进北边如何？我等先发兵。请汗知之。据闻图巴济农率旗反叛，逃入喀尔喀部。他叛逃后，察哈尔汗已遣桑噶尔济追杀。

信背面用老满文写着：科尔沁土谢图汗来信，八月二十八日来。

## 08-01-42　　　　　朝克图太后承诺后致天聪汗文书
### （日期不详）

祝愿吉祥安康。朝克图太后向天聪汗上书理由，若欲听漠北之言，则我等说。若欲跟漠南说则天聪汗下旨晓谕。切勿中断在漠南、漠北闻名遐迩之使者（往来）。两个使者必到（双方）两处。请速遣使者。

## 08-01-43　　　　　　耿格尔致天聪汗文书
### （日期不详）

祝愿吉祥安康。布迪松岱孙公主、国王恰诺颜二人上书。伟大圣明智慧，众生依怙尊（信仰导师）者，狮子乘骑，在尹扎那萨陀瓦之末位，合掌顶礼膜拜。远古非常太平盛世时，因帝王智慧只有一心一意，成为上天善良祝愿。此乃诚实真心之道也。天覆（赐）地载以及为人之道，所有这些均未有比虔诚之心高贵者。为可汗（皇帝）者明慧，则效力者诸寨桑成为良善，任何事业均和谐均匀。为天聪汗如此这般说了执政大国之言辞，天下共主明鉴圣裁。执两政（政教二道——译者）者应如此这般为政效力。使有缘分之国政，如同绫子打结般，使有福分之诸可汗（皇帝）之政及法度，如同金子缆绳般（坚固）；在杰出大臣之义中不能掺入恶劣之故事；在惩治作恶乱行者时，并不受影响而耽误。对超级大兀鲁子如同赤子般慈爱辅助。谁若任意谈论则处罚。

## 08-01-44 巴特玛塔不囊致天聪汗文书
### （日期不详）

向天聪汗圣明，尔之哈剌出（平民）丑狗巴德玛塔布囊上书具奏。因无子嗣而死亡者我两个弟弟之阿拉巴图（属民）诸子及牲畜，由于锡尔图强行夺取，自珠勒布讷回来，向皇上圣明遣门都属下布克及额亦克台吉二人具奏时，下谕旨晓谕曰：尔回家回来不是吗？听取尔之言，进行察验（对质）并给审理裁定。现今锡尔图不接收。进行察验（对质）皇上敕谕等，台吉及门都属下布克不知道。

## 08-01-45 天聪汗致喀喇沁汗文书
### （发文日期为天聪某年十一月十日）

愿吉祥安康。天聪汗致书喀喇沁汗、德格都卫征、额尔德尼卫征岱洪台吉三人。你们信中之言正确，然察哈尔汗与你们皆亲戚，你们岂非源出达延汗一人子孙？我等两国未曾相知往来。你们所遣使臣来约日期，我等如何相信和答复。察哈尔与何人相好，何人即我之敌。若诚欲出征察哈尔，另遣使用权臣约定（出征）日期。

信背面用老满文记：十一月十日给喀喇沁喇嘛的信。

## 08-01-46 土谢图汗致天聪汗文书
### （日期不详）

吉祥安康。敖汉、奈曼投靠天聪汗；巴林、扎鲁特投靠我等。……如果让归附你们的敖汉、奈曼和归附我等的巴林、扎鲁特，任其自由，在（我等）二者之间一起生活，这事汗知道。如果以为他们一起（另处）生活是错误的话，（也）汗做主。我等从豪古泰那里得知，巴林归入了敖汉、奈曼。

## 08-01-47 喀喇沁卓毕勒图洪台吉致天聪汗文书
### （日期不详）

察哈尔汗没有抢掠我等，我出征（察哈尔）的原因，喀喇沁汗、朵内衮济、布颜洪台吉遣使来说：请替我等向仇敌复仇，邪恶的黑心汗把左翼万户诸诺颜几乎杀尽，（让我等）消灭（此汗）。我以为此话正确，向天献祭宣誓而出征了。你难道没有加入这个盟约吗？难道察哈尔是你的朋友，我等的敌人吗？你不必对我有疑心，我正生你的气。你如果想洗刷此咎，立即遣人去侦察恶汗的鄂托克，然后立即遣使前来。我出征时，你与其边界相连，何不取之而来？

博硕克图汗、济农汗、永谢布部诺颜、喀喇沁部汗等为首右翼三万户诸诺颜，难道不是你的亲族，是我的亲族吗？你为什么不关心你的亲族？因地方遥远，我所闻所言如是。六月份，遣使侦察，于七月十日，遣使者至我处。

满文：喀喇沁部卓毕勒图（卓尔毕泰）洪台吉的信。

## 08-01-48　　　喀喇沁布迪桑为奏报其处境而致天聪汗文书

洪玛尼巴达玛空（六字真言）。致书于如日当照耀四方的人世之主天聪汗。

布迪松、贵英二人谨呈：一切生灵依赖于金色的世界（太阳），金色的世界就像一切生灵的灶火。汗是像雄鹰一样的汗，朱尔齐特、科尔沁万户就像你的左翼，汗、洪台吉右翼三万户，就像你的右翼。因恶人的攻击，汗、洪台吉来到我这里，但是我等三十六家塔不囊不是一条心，所以具奏天聪汗。因为你的好父亲格根汗（即庚寅汗或英明汗努尔哈赤——译者）之恩情，我等无城池之人有了城池，无土屋之人有了土屋。现在又因为你天聪汗的恩赐，好布颜洪台吉你们二人和睦，将垂死受难的生灵拯救了，使其安居，此恩德天父将保佑你。我等如何报答此恩？汗曾降旨，如能（与明国）进行贸易不是很好吗？汗的旨令正确。但是明人愿意（贸易）时就公平（以称量货物）卖给你。如不愿意时，就不公平（不以称量）卖给你怎么办？汗是君子，你知道有无欺蒙之蔽。买献劣质物品，中断公允贸易者是哪一个和硕（旗）的，请公开降旨。汗和洪台吉二人来后，仍为汗、洪台吉，不能在短期内改任，所以奏闻自己的想法。如果让我布迪松、贵英代表汗、洪台吉在明朝与蒙古之间议和，汗洪台吉之事对你有何难处。苏布地（杜棱）属下通事们殴打了我等所属郎中，我等所属郎中与其弟弟把我等让他给汗买的贡品一些银子全部带上，避入明国。因此请汗睿裁，特奉此书。未获好礼品，奉上琥珀三个，缎五匹。

信的结尾处正面用老满文写着：喀喇沁部布迪松、贵英。

## 08-01-49　　　科尔沁土谢图汗致天聪汗文书
### （日期不详）

愿吉祥安康。巴噶达尔汉的白洪达楚库尔、察干喇嘛、塞冷洪台吉、麻古乞达特厚肯这些人逃来。察哈尔汗出征，攻打右翼三万户，围攻汗及布延阿亥，汗阿亥、布延阿亥二人与围攻的八百人交战突围，进入格根汗的库库和屯（归化城），（察哈尔）又从其后如同猎杀般追杀，（此时）鄂木布诸子又围攻布延阿亥。据说，布延阿亥冲出那个围攻时，路过楚尔吉的桑格尔塞牧地，杀死一位诺颜，杀出追杀其后的士兵。鄂木布二子参与追杀，其中一个儿子逃走。带兵两千人，攻取格根汗库库和屯（归化城），但从那边前来无数（察哈尔）士兵反攻，夺走库库和屯（归化城）。察哈尔士兵之后，从西北攻打掠走了土别的三个鄂托克，从东南夺走三千匹马，攻打一些兀鲁思走了。又杀死其他塔不囊，夺走诸阿巴噶。为夺回那三千匹马，汗出征兵败，且赛特（大臣）又被杀，回来。从图巴塔不囊之后追击，俘虏喀喇沁部班第台吉回来。此次战役，大兀鲁思未参与，布延阿亥、汗阿亥及鄂木布主要兵营参与其事。十个旗之四十来个家参与。从布延阿亥家里得到的书信中得知以前天聪汗、嫩（江）阿巴噶、阿鲁阿巴噶、喀尔喀、右翼三万户，约定日期出征。无论何时，都不安心，因为察哈尔在博罗浩特经常出没。这些逃来的诸诺颜说，阿鲁喀尔喀部逼进乌吉尔兀鲁黑地方，因此，（察哈尔）窘迫，趁其窘迫之机，与天聪汗商量，这次草青时，准备出征。如果这次草青时，不出征，他们（察哈尔）会强盛，（我等）会被他们侵犯，众人交战时，都不愿意参与战斗。据说，因兀鲁思各方向都有敌人而四处奔散，蒿齐特（旧）察哈尔、喀尔喀、克什克腾部，你们（后金）之兵，或我等（科尔沁）之兵，若来就归降。我等这里听到的就是这些。对我也说。

背面满文：土谢图汗致书。

## 08-01-50　　　　　　喀喇沁部致天聪汗问安文书
### （日期不详）

祝愿吉祥安康。想必皇上为首全体都安康。随存问圣安（文书）礼物有缎五匹。奉使者名曰敏珠俄木布、喀喇多尔济此二人。敬请圣明做主，将此次所遣使者火速遣回。

## 08-01-51　　科尔沁某人为奏报阿噜科尔沁之情况致天聪汗文书

奉书于天聪汗：我等科尔沁那颜们与达赖楚琥尔在岭北时无仇怨。从岭北过来时，我等问彼此如何相处？彼曰：我对你们能如何呢？相半游牧如何？察哈尔来攻时彼遁走，途中抢掠了穆章洪台吉、达拉额客之达西胡痕这些那颜的牲畜。用箭射他们，杀死了两个那颜，六个伊斯兰人。现在我等如何与楚琥尔那颜相处？他杀死我等属下十人，杀掠和抛弃了我等。若令我等附属于达赖，为何去仇人那里。这些科尔沁那颜之部落、鄂托克，相互间有了疑心。彼言："夏天出征返回后迁回岭北"而返。彼此间猜忌很深。但无论至何处，皆会追随汗。请汗知之。

## 08-01-52　　　　　　卫征坤都伦诺颜致天聪汗文书
### （日期不详）

祝愿吉祥安康。卫征坤都伦诺颜致天聪汗书。因没有称心如意可以进献之物品，所以进献自己所属阿拉巴图（属民）举行赛马聚会时出类拔萃一匹好马，其他有四匹马、一张弓，进献贡物即这些。向皇帝请求给能盛二岁绵羊肉木方盘一个、银制大桶一个。琐屑小人寻求大（东西），明鉴。因手头没有，所以向皇上请求恩赐。其余恩赏，皇帝圣鉴。

## 08-01-53　　　　　额尔德尼洪台吉致洪台吉（皇太极）文书
### （日期不详）

愿吉祥安康。我是你大舅哥，你是我妹婿。我等之间情分与众人相比更深，亲朋之中更亲密。若你送我劣等盔甲，我就不再遣使于你吗？为何以所送马劣为理由，而停止遣使？若不计较互赠礼物，仅将（彼此之）心紧密相连，空手问安又有何碍？若仅欲获彼方好物，不似亲戚。（俗话说）衣服多一层可御寒，绳子三股不易断。

## 08-01-54 致天聪汗文书

### （日期不详）

愿吉祥安康。我等遣希福往天聪汗处之后，即往赴约会之地，所遣哨探侦得小股敌人返回，我等袭击此敌。与希福约期三天，而希福到期未至。往两天，返两天，共四天，你们仍无消息，我兵无甲，我养护伤者返回，此事有咎与否，请天聪汗睿裁。

## 08-01-55 致天聪汗文书

### （日期不详）

愿吉祥安康。受赛音昆都仑汗恩渥，如今天聪汗再次仁爱，（究竟）有无不想禀报。跟浩忽岱说，我不让女儿晓得欲杀绵羊。除宰杀绵羊之外，不懂得宰杀牛马。为什么跟浩忽岱说，而不跟妻室儿子说呢？请求为我一个人写文书赉来。说此话者，可能因误会而说错了吧。应该斟酌推敲。那兰珠、阿那赉二人难道不知道吗？请问问看吧。

## 08-01-56 质问洪台吉（皇太极）文书

### （日期不详）

祝愿吉祥安康。向明净宝汇福德之力，诞生于无垢之至上根脚，杰出之名，闻名遐迩，明智有德皇台吉圣明具奏。今明（尔）宝身，如同在那噶萨达尔之中心夜间依怙尊般安康。我等在这里安康。（常言说只是）如同寻找自己利益则非佛尊般，你我两人，如果只是追求财物，则不是由心底相互尊敬。我想给我拿来之物，为什么不给？皇帝名声里什么没有？楚格古里之名声里虽说没有几个，（但）我有一匹骏马（原文作"阿拉古玛克马"——译者）。发誓索取很大，却欲拿来之物没有给。虽说随意给，废弃之物也没有给。如果真正相互得（对方）真心，则欲说拿来即给自己之好东西；欲说尔拿来即给自己之好东西，则相互得（对方）真心。切勿想我欲拿来之物给我之后缮写。只是因生你气，非议不给（事情）。身体笨重，居家期间不能自理，所以未能给。明鉴勿咎疏失。我尽马匹之力寻找。铁制鼻烟壶、赉来驮载一骆驼茶、赉来白海螺吹螺、赉来炮灰（弹药）。

## 08-01-57 致天聪汗文书

### （日期不详）

向天聪汗圣明具奏理由：前些年我被夺取女婿、女儿阿拉坦乌力吉来，其前来之人说，发誓从我等后面准备四万人来，然而只有天聪汗听说会合（一事）。如果听说进行堵塞（堵截）则肯定说务必要前来。因这话确凿，具奏皇帝迅速亲征，则意下如何？具奏皇帝，如果施仁且必然愿意出征，则（遣）将我使者先于众人迅速派出，并请求给使者捎话约定。具奏我等提前为出征做准备。

## 08-01-58　　　　　　　致天聪汗文书

### （日期不详）

愿吉祥安康。我为奏数言，上书于天聪汗圣上。土谢图汗、布颜呼之子，为（盗）三匹马之事，命我交三十匹马（扣押）不还。遣索诺木令（我）遣扎萨克使者，我给遣扎萨克使者，（彼）曰：此次会盟（丘尔干），（本来）不欲在天聪汗使臣前上刑案，（我使言：）若此言是实，我还三十匹马，即还（汝）三匹马。彼殴此使几毙，（幸）汗使布颜图恰请求救出。冰图遣扎萨克之使者，（向其）索取，殴打扎萨克之使者，应罚之三九牲畜，坚词不与。以其后一项罪奏上，请汗睿裁。比根图、呼伦、和硕痕耐三个逃人，携四匹马，沿大道而去，请汗遣打探，若逮获，请汗处置。

## 08-01-59　　　科尔沁某台吉为卦勒沁之事致皇太极文书

### （日期不详）

冬天朝觐时，汗以彻布图之二十家卦勒沁赐我，命阿什达尔汉传谕。因其寄居于达尔汉台吉处，为取来遣吾子格尔玛台吉传谕曰：此（卦勒沁）人已属于汗，汗将其赐我。（达尔汉台吉）曰彼众未曾归汗之属下，故恳请汗遣一名知此卦勒沁之好人为使者，向达尔汗台吉宣谕汗赐我者实。

## 08-01-60　　　　　将察哈尔逃人之话禀报给天聪汗

祝愿吉祥安康。从察哈尔汗处卫征忽巴之子通纳噶逃来。据说，其鄂托克来到特勒忽俄斯（地方）。据说，有个叫做昂噶海的一个人及二百个哨探，往这里出发。据说，此行先派出兵士，然后从后迁徙其家，欲进入原来鄂托克（地方）。据说，黄河之边六个旗，距离皇帝之家跑八昼夜即至。如果走出那六个旗这边，正月（察干撒刺）前（一个）月走出。据说那条河，只有那个月（才）到达。据说，这边六个旗马匹死于风雪之灾，出征时六个旗的六千个士兵。其鄂托克往这边前来，（究竟）怎么办由皇帝圣裁明鉴。

## 08-01-61　　　　　　　为迁徙事致天聪汗文书

我等奉皇帝之命迁徙。因四天三夜没有水，先把马、羊迁移，（刚刚）出发迁移，追赶奥巴舅舅之逃人逃走时，在卓里克河之口，来自于察哈尔之逃人携带色凌阿巴亥一百匹马、三只骆驼、三个披甲，有十七八个人至七个台吉等处。那个逃人跟我说，尔不先到吗？马匹肥壮出征，收集马匹、骆驼。如同睡醒般清醒，切勿突遭闪失。此话不假。是否逃人去了？派出哨试探查看没有？据说，原来攻掠地方还有兀鲁思（部众）居住时，皇帝笑了。我等派出六天的哨探。如果此话确凿，我等感觉到因西拉木沦、嫩江二者之间没有水，所以不好。据这个逃人说，察哈尔部鄂托克在忽鲁忽林河（一带）之西拉锡保乌台（意为有黄鸟——译者）阿巴达拉台地方。这个逃人过了十个昼夜，前来。（我等）暂时驻牧在莫忽尔之流泉，验明此话真假（之后），进行迁徙。

# 第二部　清代理藩院衙门档册记录

## 08-02-01　　　　科尔沁杜尔伯特等部诸诺颜所进献礼物

己卯年新年时朝贡者有科尔沁部土谢图亲王、扎萨克图郡王六匹马、祗应（首思）一头牛、八只羊、九坛子酒。达尔汉和硕齐杜尔伯特部之塞冷六匹马、祗应（首思）一头牛、八只羊、九坛子酒。卓礼克图亲王栋库尔六匹马、祗应（首思）一头牛、八只羊、九坛子酒。郭尔罗斯部布木巴古木六匹马、祗应（首思）一头牛、八只羊、九坛子酒。敖汉固伦额驸班迪、乃满（奈曼）部达尔汉郡王六匹马、祗应（首思）一头牛、八只羊、九坛子酒。乌拉特部图巴、乌博根、巴克巴海六匹马、祗应（首思）一头牛、八只羊、九坛子酒。扎鲁特部桑哈尔、爱齐六匹马、祗应（首思）一头牛、八只羊、九坛子酒。木章六匹马、祗应（首思）一头牛、八只羊、九坛子酒。巴林部满珠习礼、阿玉石六匹马、祗应（首思）一头牛、八只羊、九坛子酒。翁牛特部杜棱郡王、达尔汉戴青之六匹马、祗应（首思）一头牛、八只羊、九坛子酒。喀喇沁部扎萨克杜棱色冷六匹马、祗应（首思）一头牛、八只羊、九坛子酒。土默特部扎萨克达尔汉敖木布六匹马、祗应（首思）一头牛、八只羊、九坛子酒。库库和屯（归化城）土默特部诸章京五十匹马、缎五十八匹。崇德四年春正月初六日。

## 08-02-02　　　　　　　　第二部所夹签条

（这里没有内容——译者）

## 08-02-03　　　　理藩院档册所记录关于敖汉部班第所献礼物

于十五日，敖汉固伦额驸、多罗郡王班第因赐封号献礼：骆驼三只、马匹二十四匹，总共三九之礼物，将所有这些礼物均已退回。于十六日，下嫁公主成礼时，扎萨克布颜哈屯所献礼物有给圣上献一只貂皮帽子、貂皮里子黄缎衣裳。给国母大皇后恭献一只貂皮帽子、貂皮里子绣花蓝缎衣裳、坎肩、倭刀狐皮端罩三件、貂皮皮端罩两件、猞猁逊皮端罩三件、狐皮皮端罩两件、貂皮三百张、九匹佩雕鞍马匹、一匹佩铜鞍马匹，这十匹马均佩套甲，裸马六十三匹、九只骆驼。从所有这些礼物中只领取衣帽、三件皮端罩、貂皮三百张、四匹备有雕鞍马匹、一匹佩铜鞍马匹，均套甲、八匹裸马、五只骆驼，其余均退回。当天从苏尼特部绰扎海台吉十家人逃来。崇德四年一月十九日。

### 08-02-04　　　　理藩院档册所记录科尔沁部扎萨克布颜图哈屯为首所献礼物

二十一日，因立石碑所献礼物有科尔沁部扎萨克布颜图哈屯献一匹佩雕鞍马匹、套甲、六匹裸马。巴噶阿巴海、巴图鲁郡王两人所献佩雕鞍马一匹、裸马六匹。卓礼克图亲王所献佩鱼皮鞍马一匹、裸马六匹。绰尔济额驸裸马六匹。总共三九。将所有这些进献礼物均已退回。崇德四年春正月二十五日。

### 08-02-05　　　　理藩院档册所记录科尔沁部扎萨克布颜图哈屯为首所献礼物

科尔沁部扎萨克布颜图哈屯所献见面礼物有骆驼一只、佩雕鞍马四匹、裸马四十匹、羊二百只、貂皮一百张、毡子二十张、牛肉干四包、羊肉二十只、两瓮油、奶豆腐（奶酪）一袋、一袋蒙古糜子。

扎萨克宾图哈屯所献礼物有佩雕鞍马一匹、裸马三十九匹、牛三十头、十头带牛犊之母牛、羊四百只、貂皮大衣四件、貂皮五百件、毡子三十张、牛肉干四包、十只羊肉、两瓮酒、二十瓮油、奶豆腐（奶酪）一袋。

卓礼克图亲王所献之礼物有佩雕鞍马一匹、裸马十七匹、种马一匹、母马八匹。

巴图鲁郡王所献礼物有佩雕鞍马一匹、裸马八匹。

从所有这些进献礼物中只领取扎萨克布颜图哈屯所献礼物佩雕鞍马四匹、裸马六匹、二百只羊、貂皮一百张、毡子二十张、牛肉干四包、二十只羊肉、两瓮油、一袋奶豆腐（奶酪）、一袋蒙古糜子。领取扎萨克宾图哈屯礼物有佩雕鞍马一匹、裸马九匹、十头带牛犊之母牛、一百只羊、四只貂皮大衣、五百只貂皮、毡子三十张、两瓮酒、二十瓮油、牛肉干四包、十只羊肉、一袋奶豆腐（奶酪）。

收纳卓礼克图亲王之佩雕鞍马一匹、裸马一匹。

收纳巴图鲁郡王之佩雕鞍马一匹、裸马一匹。

其余礼物均已退回。崇德四年七月十一日。

### 08-02-06　　　　科尔沁部巴图鲁郡王所进献礼物

将镶红（旗）固伦公主下嫁给科尔沁部巴图鲁郡王时，巴图鲁郡王所进献礼物有九匹佩鞍辔由九个披甲牵引。九只骆驼、裸马六十三匹。总共九九之礼物。从这些礼物中只领取两匹佩鞍辔，由两个披甲牵引。四只骆驼、裸马两匹等，将一匹马、一只骆驼皇上自取，将一匹马、一只骆驼给兄长礼亲王。罗洛宏诺颜及尼堪台吉二人各给一匹佩鞍辔马匹，由两个披甲牵引，及一只骆驼。其他均已退回。崇德四年七月十九日。

## 08-02-07　　归化城土默特部古禄格章京为首所进献贡物清单

土默特部诸章京朝贡贡品有垂峰驼一只、马五十匹、妆缎十五匹、蟒缎两匹、缎二十三匹、给皇后献马十匹、鹿角一只、妆缎六匹、倭缎两匹、缎两匹。察克扎木所献马三匹，妆缎一匹，倭缎一匹。

毕力格章京献三十匹马、九匹妆缎、一匹蟒缎、十二匹缎。古禄格章京之弟巴图献十匹马、十匹缎。套克图献六匹马、四匹缎。扎乌格属下锡布哈扎献两匹马、一匹妆缎、一匹蟒缎、一匹缎。锡当三匹马、两匹缎。布哈图献三匹马、毕拉西献三匹马、两匹缎。陶胡章京献三十匹马、七匹妆缎、三匹蟒缎、五匹缎。巴察克献两匹马、一匹妆缎。丹巴尔扎木苏献三匹马。

博黑章京献十五匹马、两匹妆缎、三匹倭缎、十匹缎、一只塔尔巴勒津雏鸟。

瓦瓦章京献六匹马、一匹妆缎、两匹缎。给皇后献一匹马、一匹妆缎、一匹缎。拜都拉章京恩克所献两匹马、一匹妆缎、两匹缎。

阿胡章京属下敖其尔献一匹马、两匹妆缎。

杭胡章京献二十匹马、五匹妆缎、两匹倭缎、三匹缎。

巴噶诺尔布献十匹马、三匹妆缎、一匹蟒缎、六匹缎。

图麦章京献二十匹马、四匹妆缎、三匹蟒缎、五匹倭缎、七匹缎、一捆砖茶。扣肯属下塞冷献四匹马、一匹妆缎、四匹缎。阿济属下阿玉石献一匹马。绰勒胡尼献一匹马。布沁章京属下塔布台献一匹马、一匹妆缎。达兰台章京属下塔岱献一匹马。布颜章京属下鄂木布献一匹马。也速迭尔章京属下诺木图献一匹马。

额赤格喇嘛献四十匹马、垂峰驼一只、一只好骆驼、一只金扯古掣（金杯）、珊瑚念珠一串、一匹妆缎、一匹蟒缎、一匹倭缎、十三匹缎。噶布珠喇嘛献十匹马、一匹妆缎、六匹缎。古禄格章京属下喇嘛献十三匹马、三匹妆缎、一匹倭缎、八匹缎。

达赖绰尔济之鄂木布献十匹马、两只骆驼、十匹缎。额赤格喇嘛属下格隆献五匹马、一匹妆缎、三匹缎。额尔布喜献三匹马、两匹缎。

古禄格章京、杭胡章京二人朝贡旧例五十四匹马、五十四匹缎。所有这些进贡礼物悉数收纳。崇德四年己卯年七月十九日。

## 08-02-08　　科尔沁部扎萨克宾图哈屯所进献礼物

于二十一日，扎萨克宾图哈屯、卓礼克图亲王、巴图鲁亲王因赐给白丹，进献礼物有配有雕鞍马三匹、无配有鞍马之马二十四匹。将所有这些礼物都退回。崇德四年七二十六日。

## 08-02-09　　理藩院档册所记录惩办敖汉奈曼二部所有罪恶经过

六月初五日，奉行皇上圣谕多尔济达尔汉诺颜、参政塞冷、尼堪、员外郎诺木图、罗比、阿巴达礼、额布台、陶克图胡、图奈、陶贲、八旗外扎尔固齐（审事人）等，黄旗诺木图、达赖、镶黄旗衮楚克、撒木、红旗寨桑、白旗博克尔、镶白旗陶撒、蓝旗斋撒梅勒、镶蓝旗陶都胡等将这些人带走，集敖汉、奈曼、三个吴喇忒（乌拉特）、二扎鲁特、穆章、四子部落、二巴林、二翁牛特诸部于西拉木伦河乌兰布尔噶孙（红柳条）地方，公讯征济南府、中后所（二处）遣兵不及额及惩办所有罪状事宜如下：因奈曼部达尔汉郡王缺额三十九个披甲、木章缺额八十七个披甲、四子部落伊尔扎木缺额九十六个披甲，多尔济达尔汉诺颜、参政塞冷、尼堪、理藩院诸诺颜、大臣等大家会审，议罚奈曼部达尔汉郡王、穆章二人各马五十匹，罚宜尔扎木马三十匹。多尔济达尔汉诺颜、参政塞冷、尼堪奏闻，上宥之。红旗衮楚克、塔尔济、吴班、吉勒黑、达彦五个人，其后支援时，从其汛地却避，随彼处执之。诸固山额真、纛章京（护军统领）等、理藩院诸诺颜、大臣等、兵部尚书汉达胡、尼哈里巴图鲁、福南、孟古礼、海撒、辉散、布胡勒等这些所有人会审公议，为首五人罪应死，籍没其家及牲畜，领催（原文作巴噶拨什库——译者）各鞭一百，甲士各鞭五十，遂以所议启二多罗贝勒。二贝勒曰：这些人若战败而走，自当论死，彼等不过规避汛地耳，尼哈里巴图鲁、福南、孟古礼、海撒、辉散、布胡勒等这些所有人会审公议，为首五人罪应死，籍没其家及牲畜，领催（原文作巴噶拨什库——译者）各鞭一百，甲士各鞭五十，遂以所议启二多罗贝勒。二贝勒曰：这些人若战败而走，自当论死，彼等不过规避汛地耳，且衮楚克、达尔济有投诚之功，应免死，削职，籍没其家及牲畜。吴班、吉勒黑、达彦等三人，应各鞭一百，籍没其家及牲畜。领催（原文作巴噶拨什库——译者）等各鞭一百，甲士各鞭五十之后，释放。回到城里之后，参政塞冷、尼堪具奏时赐恩宽恕，免除抄没，止分衮楚克、塔尔济、吴班、吉勒黑、达彦此五个人牲畜为三分，以二分给本主，其中取其一分给察哈尔国大臣（都统）。其一份十七匹马、七只骆驼、十三头牛，一百五十六头羊，赏给察哈尔国大臣（都统）。崇德四年八月初五日。

## 08-02-10　　　　敖汉多罗郡王属下达当吴巴什之罪名

听说，征伐喀尔喀部扎萨克图汗之兵，自富人索取马匹给穷人乘骑之宣谕，敖汉固伦额驸多罗郡王下达当吴巴什、二子属下寨桑、鄂木布（父子）三人将一百四十匹马私私藏带到格格特地方销售，别人听说达当家里名叫托博克之人与（其他）人说，私藏销售马匹（马群）之人，无罪乎？闻者以告达当。听取那个人话，（达当）欲杀托博克，于是令家人巴野、枯库、和洛科三个人往执（托博克），（托博克）逃至（盛京）城里。参政塞冷、尼堪、外藩蒙古扎萨克诸王诺颜（贝勒）等全体会堪得实，议具奏：达当、寨桑、鄂木布（父子）三人应论死，籍没其家及牲畜。奏闻，上命免死，籍其家，抄没五百五十八匹马、四十一只骆驼、一千一百头牛、四千九百二十只羊、四十四家人、仆人四个男人、两位妇女、百姓六个男人、五个妇女。其中赐给王（固伦额驸郡王——译者）四百八十匹马、四十一只骆驼、九百头牛、三千五百只羊、（下人）四十四户及牲畜、百姓六个男人、五个妇女。给贫户七十八匹马、二百五十六头牛、一千四百二十只羊、四男二妇。三家之上乘物品之一座八张毡子之（蒙古）包（帐房）给王。剩余次品给公主随嫁女。又一个八张毡子之（蒙古）包（帐房）给斋斯胡。

因锡里、毕力格图二人将名曰库窝克之人虐待派出来而（将他们二人）捆绑送来，侍郎多尔济达尔汉诺颜、尼堪等具奏，给予宽恕免罪，释放。崇德四年八月初五日。

## 08-02-11　　　惩治克什克腾部琐诺木为首之罪行

因克什克腾下琐诺木、博罗户、布木巴此三人不追击毕力克，命参政塞冷、尼堪及外藩蒙古扎萨克诸诺颜、大臣等全体会鞫之。议琐诺木应夺所属人员，博罗户应追回赐给人员，布木巴应罚马三十匹。参政塞冷、尼堪奏闻，上给予宽恕，罚琐诺木牲畜三九数，博罗户牲畜二九数，布木巴牲畜一九数，共罚没六九牲畜（马匹）。

因四子部落宜尔扎木，元旦不朝贺，中断例行朝贡，参政塞冷、尼堪以及外藩蒙古扎萨克诸王、诸诺颜等全体会鞫之。议夺宜尔扎木所属人员，参政塞冷、尼堪奏闻，上命宽恕，免夺所属人员，只罚牲畜九九数。

因奈曼达尔汉郡王，任意换取镶黄旗属下海撒塔布囊之名曰拉邦之人，所以参政塞冷、尼堪以及外藩蒙古扎萨克诸诺颜、大臣等在会盟上全体会鞫之。只罚牲畜三九牲畜（马匹）。崇德四年八月初五日。

## 08-02-12　　　理藩院档册所记录苏尼特部腾机思为首
## 进献贡品等事宜

于七月二十八日，苏尼特部上贡物品有腾机思献八匹马、一只皂雕翅翎、来人阿布图一匹马、布格库一匹马。腾机忒献五匹马、噶尔玛献两匹马。给麟趾宫贵妃貂皮四张。其中退回阿布图一匹马、布格库一匹马。其余贡物均收纳。

于八月初四日，科尔沁扎萨克图郡王为朝觐圣上，并为皇后献给伞盖、旗帜等，所进献礼物有四十九匹马、两只骆驼、三件貂皮大衣、共六九（贡品）。巴雅斯噶乐卓礼克图台吉献三匹马、一只骆驼、一件貂皮大衣。其中只收纳扎萨克图郡王所献五匹马、两件貂皮大衣、巴雅斯噶乐卓礼克图台吉所献两匹马，退回其余贡品。

初十日，鄂尔多斯所进献贡品有吉农献三匹马、大扎木苏献两匹马、三只骆驼、小扎木苏献两只骆驼、珠布礼献两匹马，这些均贡物均收纳。崇德四年八月十七日。

## 08-02-13　　　　理藩院档册所记录郭尔罗斯科尔沁等部
## 诸诺颜所进献贡物礼品清单

八月十五日，上贡物有郭尔罗斯部古木五十张貂皮、五匹马。桑哈尔献五十张貂皮、五匹马。胡布伊两匹马。其中收纳古木所献五十张貂皮、两匹马；桑哈尔古木所献五十张貂皮、五匹马；胡布伊一匹马，其他均退回。

十六日，给归化城土默特诸章京赏品上乘十七匹蟒缎、十一匹次品蟒缎、两匹妆缎、两匹闪缎，共三十二匹缎。将扎罕章京进贡五匹马、阿锡图章京十匹马、一匹妆缎、四匹缎、赏品之上乘三十二匹缎等物品放进仓库。扎罕章京、阿锡图章京所献贡品均收纳。

即日，科尔沁土谢图亲王属下巴噶（小）诸诺颜所献贡品有白噶乐献十一张貂皮、一匹马。阿堆献十张貂皮、一匹马。脱罗根献一匹马。扎撒克献十张貂皮、一匹马。绰尔济献十张貂皮、一匹马。布尔哈图献二十五张貂皮、一匹马。布布赉献三十张貂皮、一匹马。拉巴格献一匹马。将所有这些（贡品）均退回。崇德四年八月二十日。

## 08-02-14　　　　理藩院档册所记录审理镶黄旗朝洛门一事

因塔达首告镶黄旗绰洛门以国家收纳贡品暴虐，贡品车及粮食、乌拉（驿站）车辆、雕翅翎、为乱军献贡品十三两银子等车尔、塔布台二人给绰洛门，多尔济达尔汉诺颜、参政塞冷、尼堪、八旗察哈尔都统等全体审理惩罚绰洛门，对贡品车及粮食、乌拉（驿站）车辆、雕翅翎等此四种罪行，应各罚一九（牲畜），上乘十三两银子事，应罚三九（牲畜），多尔济达尔汉诺颜、参政塞冷、尼堪以议废除封号，夺所属人员等奏闻，（圣上）给予宽恕，免除废除封号，免夺所属人员，只收纳其上乘品十三两银子。

后来，塔达又首告绰洛门，（擅自）骑乘献上马匹奔驰，取城结束之后，用绳子拉着要出去时，绳子断绝摔倒一事，撒谎说成受伤接受赏赐。将因领取粮草而被杀之披甲却撒谎说成非去领取粮草，是我家人，且去打柴被杀，因此无罪蒙混过关，等等，因（擅自）骑乘献上马匹奔驰，以罚一九（牲畜），多尔济达尔汉诺颜、参政塞冷、尼堪上奏，给予宽恕免罪，并对另外两种罪行到兵部衙门大臣处处理。参政塞冷、尼堪派去员外郎罗比、额布台二人，兵部衙门侍郎木彰额、叶克书、撒纳克、乌拉胡、扎木巴等人、员外郎明安达尔所有全体审理会勘，讯问断绳子摔倒一事与尔朝洛门还有无知情人时，答曰没有。问及尔如何受伤时，答曰攀扶梯进去时，有人用石头打我脚，有无知情人时，答曰：马斋、多尔济二人知道，把我救出放在篱笆隐蔽处。我却醒悟，进入扶梯爬过时，因梯子断绝而掉落脸部受伤属实。这件事只马斋、多尔济二人知道，与尔绰洛门一起没有其他人晓得，故否定发生事情过程。因被杀之人，尔绰洛门世职有封号章京，在军中证实，掩盖一条人命，被举报后，反而具告，无效，所以罚朝洛门一百两银子。塔达，尔在军中说给人九两银子，因隐瞒没有说，罚五十两给人，明安达尔来跟多尔济达尔汉诺颜、参政塞冷、尼堪与说，又照此审理具奏，谕曰：以该审理为准，将被杀者之位给其妻子家口，自塔达索取，另充国库。崇德四年八月二十日。

## 08-02-15　　　理藩院档册所记录审理巴林部满珠习礼之罪行

因喀尔喀部扎萨克图汗来库库和屯（归化城）出兵时，巴林部满珠习礼说我等马匹瘦弱，勘验之后回答。询问参政塞冷、尼堪，不说处于比尔远处之嫩科尔沁部马匹更瘦弱，尔满珠习礼却从家里出走过两三宿，不知做什么而忙碌。勘验众士兵马力，听说勘验这个话之后，擅自让士兵事先回去。因此，参政塞冷、尼堪、外藩蒙古诸诺颜全体会堪决定，惩之夺所属人员，削除其扎萨克，给予宽恕，罚十个帐房，将其四个帐房给四子部落达尔汉卓礼克图，三个帐房给扎鲁特部奈济（齐）、桑哈尔二人。崇德四年八月二十日。

## 08-02-16　　　　　外藩蒙古诸诺颜进献贡品记录

圣上诞辰日，外藩蒙古亲王等诸扎萨克诺颜、台吉进贡：固伦额驸扎萨克亲王献配有雕鞍马一匹、土谢图亲王献三匹马、祗应（首思）一头牛、八只羊、九坛子酒。卓礼克图亲王献三匹马、祗应（首思）一头牛、八只羊、九坛子酒。奈曼部达尔汉郡王献三匹马、祗应（首思）一头牛、八只羊、九坛子酒。扎鲁特部台吉献三匹马、祗应（首思）一头牛、八只羊、九坛子酒。四子部落达尔汉卓礼克图献三匹马、祗应（首思）一头牛、八只羊、九坛子酒。蒙胡瓦达尔汉和硕齐献三匹马、祗应（首思）一头牛、八只羊、九坛子酒。达尔汉戴青献三匹马、祗应（首思）一头牛、八只羊、九坛子酒。巴林部满珠习礼献三匹马、祗应（首思）一头牛、八只羊、九坛子酒。木章献三匹马、祗应（首思）一头牛、八只羊、九坛子酒。布木巴献三匹马、祗应（首思）一头牛、八只羊、九坛子酒。巴格巴海献三匹马、祗应（首思）一头牛、八只羊、九坛子酒。喀喇沁部塞冷献三匹马、祗应（首思）一头牛、八只羊、九坛子酒。土默特部俄木布献三匹马、祗应（首思）一头牛、八只羊、九坛子酒。所有这些礼物均收纳。

蒙胡瓦达尔汉和硕齐侄子塞冷进献两匹马，一只白鹰。乌珠穆秦部多尔济吉农进贡两匹马。达尔汉喇嘛进贡四匹马。祈他特台吉进贡三匹马。乌尔克木珠克台吉三匹马。从所有这些进贡礼品中只收纳塞冷一只白鹰、多尔济吉农两匹马、乌尔克木珠克台吉三匹马，其余礼品均退回。

## 08-02-17　　　　　惩治喀喇沁土默特部诸诺颜罪行

九月二十五日，奉上谕，参政塞冷、尼堪，员外郎吉布哈、蒱格、福哈、外扎尔固齐（审事人）等将正黄旗讷古台、正红旗乌克楚木、镶红旗敖布赉、蓝旗楚斯吉等这些人带走，集喀喇沁、土默特部诸诺颜、塔布囊于麦拉渡地方，因征伐济南府、中后所一事派兵少（不及额），商谈所有罪行等事宜。参政塞冷、尼堪具奏：喀尔喀部土谢图汗所属多尔济台吉名下名曰托其者，到镶红旗布颜台家里来时，到土默特扎萨克达尔汉多尔济那里去，扎萨克达尔汉多尔济擅自让其进入长城往来行走，因此罚扎萨克达尔汉五十匹马，罚多尔济二十匹马等事宜。皇上给予宽恕，只罚扎萨克达尔汉一九牲畜（马匹），多尔济一匹马。崇德四年十一月十三日。

## 08-02-18　　　　审理科尔沁杜尔伯特等部记录

攻打济南府、中后所之役征兵时，科尔沁扎萨克图郡王缺额四十三个披甲，杜尔伯特部塞冷缺额七百四十四个披甲，栋库尔缺额六百九十一个披甲，布木巴、扎木布拉、斯日古楞缺额三百六十八个披甲，古木、桑哈尔、敦都布、扎木苏缺额六百一十二披甲。因这五个旗派兵少，所以在洮儿河旁包鲁台杭汉地方聚会商定，会审结果抽调扎萨克图郡王、杜尔伯特部塞冷、栋库尔这些人在家所留士兵，革职布木巴、古木二人扎萨克，抽调其在家所留士兵，抽调扎木布拉、斯日古楞、桑哈尔、敦都布、扎木苏在家所留士兵等事宜，参政塞冷、尼堪具奏。上谕云：不想惩罚那些大小诸诺颜，只与土谢图亲王、卓礼克图亲王商议。将奈曼部达尔汉郡王、扎萨克达尔汉卓礼克图、扎萨克达尔汉代青、满珠习礼、木章、喀喇沁部塞冷、土默特部鄂木布（楚虎尔）等这些人会审，土谢图亲王、卓礼克图亲王作为左右翼亲王，却并未核计男丁及派遣士兵，因此罚各百匹马，罚扎萨克图郡王五十匹马，罚两位旗协理各九匹（马），罚这两个旗小台吉二十匹马，各臣各罚九匹（马），罚布木巴、古木各百匹马，旗赛特（官员）若干要杀，罚扎木布拉、斯日古楞、桑哈尔、敦都布、扎木苏五十来匹马，要杀部分赛特（官员）。参政塞冷、尼堪具奏，上给予宽恕，免除土谢图亲王、卓礼克图亲王各罚百匹马，免除扎萨克图郡王、杜尔伯特部塞冷、栋库尔各罚九匹（马），免除旗协理各九匹（马），罚这两个旗小台吉二十匹马，各赛特（官员）各罚九匹（马）。只索取布木巴、古木三九，两个赛特（官员）各九匹，扎木布拉、斯日古楞、桑哈尔、敦都布、扎木苏各九匹，各赛特（官员）各三匹马。参政塞冷、尼堪具奏：因土谢图亲王对娶妻班第（沙弥）直到其成为喇嘛为止未曾阻止，故罚五十匹马，给予宽恕免除。崇德四年十二月二十七日。

## 08-02-19　　　　阿巴噶苏尼特诸诺颜进献礼物

阿巴噶苏尼特诸诺颜所献礼物有十八匹马，额赤格诺颜之子阿玉石台吉献三匹马、两只骆驼，阿玉石之子贡格献一匹马。布迪赛塔布囊献三匹马、两只骆驼。额赤格古什献两匹马。苏末尔献一匹马、一只骆驼。苏末尔之子献一匹马。布迪赛塔布囊之子贡楚格献两匹马。明海献六匹马。楚斯济献一匹马。温珠德巴献一匹马。敖其尔献两

匹马。莽哈台献三匹马。阿津献一匹马。拉赉献一匹马。从所有这些所献礼物中只受
取赤格诺颜所献礼物有十八匹马、九只骆驼，阿玉石台吉献三匹马、两只骆驼，贡格
献一匹马，布迪赛塔布囊献三匹马、两只骆驼，苏末尔献一匹马、一只骆驼，明海献
一匹马，拉赉献一匹马。其余物品、马匹等均退回。达尔汉诺颜所献礼物五匹马。达
尔汉诺颜之子噶尔玛台吉献两匹马，索诺木献一匹马，布拉特献一匹马，敖乐济其献
一匹马。将所有这些进献礼物及马匹等均退回。

　　苏尼特部腾机思所献礼物有四十匹马、温布喇嘛献十匹马，济汉塔布囊献两匹马，
布台献两匹马，僧格献一匹马。哈喇胡拉献四匹马，伊尔必思台吉献两匹马。搜撒吉
农献八匹马、两只骆驼、一只雕翅翎，一件额鲁特弓。拉木扎木巴（兰占巴）喇嘛献
两匹马，其布海献一匹马，绰克图献一匹马，萨胡拉献两匹马。从这些进献礼物中只
收纳腾机思献四十匹马、温布喇嘛献十匹马、布台献两匹马、哈喇胡拉献四匹马、搜
撒吉农献八匹马、两只骆驼、一只雕翅翎，一件额鲁特弓、绰克图献一匹马。其他均
退回。额赤格诺颜之子布达斯其布台吉献十四匹马、一只骆驼、乳母之三匹马、格格
献两匹马、德力格尔台吉献三匹马。其中退回布达斯其布台吉献两匹马、乳母献两匹
马、格格献两匹马、德力格尔台吉献三匹马。崇德四年十二月二十八日。

## 08-02-20　　乌珠穆秦科尔沁等部诸诺颜献赙及祭祀记录

　　东宫关雎宫宸妃逝世时，归化城古禄格章京献一匹雕鞍配有马匹、十六匹常马、
一只骆驼、四匹缎、五匹布。车格折木献九匹马、三匹缎、六匹布。小诺尔布章京献
四匹马、一匹缎、四匹布。丹毕扎木苏献三匹马、一匹缎、一匹布。杭胡章京献九匹
马、三匹缎、六匹布。套布克章京献五匹马、二匹缎、二匹布。拜都拉章京献五匹马、
二匹缎、二匹布。陶胡章京献五匹马、二匹缎、二匹布。多尔济章京献五匹马、二匹
缎、二匹布。塔吉章京献五匹马、二匹缎、二匹布。大诺尔布献两匹马、一匹缎、两
匹布。恩黑章京献两匹马、一匹缎、两匹布。博黑章京献两匹马、一匹缎、两匹布。
毕力格章京献两匹马、一匹缎、两匹布。阿喜图章京献两匹马、一匹缎、两匹布。阿
胡章京献两匹马、一匹缎、两匹布。瓦瓦章京献两匹马、一匹缎、两匹布。敖布尼章
京献两匹马、一匹缎、两匹布。图麦章京献两匹马、一匹缎、两匹布。达兰台章京献
两匹马、一匹缎、两匹布。根图章京献两匹马、一匹缎、两匹布。根都思其布章京献
两匹马、一匹缎、两匹布。也速迭尔章京献两匹马、一匹缎、两匹布。扎罕章京献两
匹马、一匹缎、两匹布。布颜泰章京献两匹马、一匹缎、两匹布。毕其克图章京献两
匹马、一匹缎、两匹布。额赤格喇嘛献四匹马、五匹缎。噶布珠喇嘛献两匹马。德木
其敖木布献两匹马。从所有这些进献礼物中收纳古禄格章京献一匹雕鞍配有马匹、三
匹常马、一只骆驼、四匹缎、五匹布。车格折木献三匹马、三匹缎、六匹布。套布克
章京献两匹马、二匹缎、二匹布。套胡章京献两匹马、二匹缎、二匹布。拜都拉章京
献两匹马、二匹缎、二匹布。大诺尔布献一匹马、一匹缎、两匹布。博黑章京献一匹

马、一匹缎、两匹布。毕力格章京献一匹马、一匹缎、两匹布。阿喜图章京献一匹马、一匹缎、两匹布。阿胡章京献一匹马、一匹缎、两匹布。敖布尼章京献一匹马、一匹缎、两匹布。丹毕扎木苏献一匹马、一匹缎、一匹布。杭胡章京献三匹马、三匹缎、六匹布。多尔济章京献两匹马、二匹缎、二匹布。塔济章京献两匹马、二匹缎、二匹布。小诺尔布章京献两匹马、一匹缎、四匹布。扎罕章京献一匹马、一匹缎、两匹布。布颜泰章京献一匹马、一匹缎、两匹布。根都斯其布章京献一匹马、一匹缎、两匹布。毕其格图章京献一匹马、一匹缎、两匹布。达兰台章京献一匹马、一匹缎、两匹布。也速迭尔章京献一匹马、一匹缎、两匹布。图麦章京献一匹马、一匹缎、两匹布。根图章京献一匹马、一匹缎、两匹布。恩黑章京献一匹马、一匹缎、两匹布。瓦瓦章京献一匹马、一匹缎、两匹布。图麦章京献一匹马、一匹缎、两匹布。根图章京献一匹马、一匹缎、两匹布。恩黑章京献一匹马、一匹缎、两匹布。瓦瓦章京献一匹马、一匹缎、两匹布。额赤格喇嘛献两匹马、五匹缎。噶布珠喇嘛献一匹马。德木其敖木布献一匹马。其他礼品均退回。乌珠穆秦扎萨克亲王献一匹佩雕鞍马、两匹常马、十张貂皮、十八两银子。科尔沁部绰尔济额驸献两匹马。正红旗毛海伊尔登献一匹佩雕鞍马、一匹常马。苏尼特部腾机忒献两匹马。奈曼部达尔汉郡王之子巴达礼额驸、格格二人来向宸妃遗体致祭九坛子酒，所献礼品有一匹佩雕鞍马、二十五匹常马、一只骆驼。四子部落扎萨克达尔汉卓礼克图献二十匹马、六只骆驼、一只金盅。阿巴噶部卓礼克图郡王献一匹佩雕鞍马、一匹常马。达尔汉诺颜两匹马。苏尼特部搜撒吉农献两匹马、银供盘一个。蒿齐特部布和崩献一匹马。其中收纳乌珠穆秦扎萨克车臣（塞臣）亲王所献一匹佩雕鞍马、十张貂皮、十八两银子。苏尼特部腾机忒所献两匹马。奈曼部达尔汉郡王之子巴达礼额驸所献一匹佩雕鞍马。四子部落扎萨克达尔汉卓礼克图所献三匹马。阿巴噶部卓礼克图郡王所献一匹佩雕鞍马。达尔汉诺颜所献两匹马。苏尼特部搜撒吉农所献两匹马。蒿齐特部布和绷所献一匹马。其他礼物均退回。崇德七年春正月初五日。

## 08–02–21　　　喀尔喀部戴青哈丹巴图鲁所献礼物

喀尔喀部戴青哈丹巴图鲁所献礼物五匹马，戴青哈丹巴图鲁之母献七匹马。额尔克戴青献两匹马、噶尔玛戴青献一匹马。伊勒登诺颜献三匹马。绰克图台吉献两匹马。哈丹巴图鲁属下绰尔济喇嘛献两匹马。戴青喇嘛献四匹马。班其达厄木齐（医生）献两匹马。别速特部固禄台吉献两匹马。其中收纳戴青哈丹巴图鲁所献五匹马。哈丹巴图鲁之母所献七匹马。额尔克戴青所献两匹马、噶尔玛戴青所献一匹马。伊勒登诺颜所献三匹马。绰克图台吉所献两匹马。绰尔济喇嘛所献两匹马。戴青喇嘛所献四匹马。班其达厄木齐（医生）所献两匹马。其余退回。崇德八年春正月二十六日。

## 08–02–22　　　鄂尔多斯部扎木苏台吉所进献贡物

鄂尔多斯部扎木苏台吉所进献贡物有二十五匹马、十五只骆驼。吉农献一匹马、一只骆驼。绷速克台吉献八匹马、一只骆驼。扎木苏台吉养子善巴献一匹马。扎木苏台吉属下桑哈尔济塔布囊献两匹马。其中收纳扎木苏台吉所进献贡物十匹马、三只骆驼。吉农所献一匹马、一只骆驼。绷速克台吉所献两匹马、一只骆驼。善巴所献一匹马。桑哈尔寨塔布囊所献两匹马。其他均退回。崇德八年春正月二十六日。

## 08-02-23　　　额鲁特部塞冷诺颜大哈屯为首所献贡物

额鲁特塞冷诺颜大哈屯为首所献贡物有十匹马、五只骆驼、倭刀狐皮一张、氆氇一卷、地毯一张、毡子一张、皂雕翅翎两只。小哈屯献十匹马、五只骆驼、一件黄色披肩、一张地毯、一件红色撒里苏（斜皮或子儿皮——译者）。乌克尔台吉献七匹马、两只骆驼。所有这些礼物均收纳。崇德八年正月二十六日。

## 08-02-24　　　归化城土默特部古禄格章京为首所献礼物

归化城土默特部古禄格章京等所献礼物：梅勒章京古禄格献四十匹马、五匹蟒缎、三件汉式蟒衣、二十一匹妆缎、五匹金字缎、两匹缎、一匹片金、三张氆氇。古禄格章京之妻给皇后所献礼物有四匹马、一匹寸蟒缎、蟒缎、两件汉式蟒衣、一匹妆缎、一匹金字缎。甲喇章京套布克献十匹马、十五两金子、一匹蟒缎、一匹大花蟒缎、八匹妆缎。套布克章京之妻给皇后献两匹马、一匹大花蟒缎、两匹妆缎。甲喇章京套胡献一匹种马、九匹母马、一匹马、一匹蟒缎、一件汉式蟒衣、两匹大花蟒缎、六匹妆缎。甲喇章京多尔济献十五匹马、一匹蟒缎、十匹妆缎、一匹金字缎、一匹片金、两匹缎。甲喇章京小诺尔布一匹马、一匹妆缎、一匹倭缎、一匹帽缎、一匹闪缎。苏木章京布颜台献十匹马、两骆驼、十匹蟒缎、两匹妆缎、一匹倭缎、一匹帽缎、一匹缎。瓦瓦章京献十匹马、一匹蟒缎、两匹大花蟒缎、三匹妆缎、两匹金字缎、两匹缎。阿胡章京献十二匹马、一只骆驼、两匹蟒缎、一件汉式蟒衣、九匹妆缎、一匹闪缎、一匹帽缎、一匹缎。毕力格章京献一匹种马、十匹母马、一匹马、一件汉式蟒衣、八匹妆缎、一匹片金。乌苏章京献两匹马、三匹妆缎。车格哲木献五匹马、四匹妆缎。噶布珠喇嘛献一个琥珀念珠、九匹马、三匹蟒缎、两匹大花蟒缎、十二匹妆缎、一匹金字缎、两匹帽缎。格隆喇嘛献五匹马、一匹蟒缎、四匹妆缎。扎乌其之锡巴罕察献五匹马、两匹蟒缎、六匹妆缎、一匹金字缎。德木其敖木布献两匹马、两匹妆缎、一匹倭缎、一匹鸟纹缎、一个哈达、四十七把香。罗里鄂木布献一匹马、四匹妆缎。古禄格章京之弟献巴图三匹马、三匹妆缎。古禄格章京之锡当献两匹马、两只骆驼、六匹妆缎。其中收纳古禄格章京十四匹马、五匹蟒缎、三件汉式蟒衣、二十一匹妆缎、五匹金字缎、两匹缎、一匹片金、两匹缎、三张氆氇。古禄格章京之妻给皇后所献礼物中三匹马、一匹寸蟒缎、蟒缎、两件汉式蟒衣、一匹妆缎、一匹金字缎。套布克章京所献十五两金子、一匹蟒缎、一匹大花蟒缎、八匹妆缎。套布克章京之妻给皇后所献一匹大花蟒缎、两匹妆缎。套胡章京所献一匹马、九匹母马、一匹蟒缎、一件汉式蟒衣、两匹大花蟒缎、六匹妆缎。多尔济章京所献一匹蟒缎、十匹妆缎、一匹金字缎、一匹片金、两匹缎。多尔济章京献一匹蟒缎、十匹妆缎、一匹金字缎、一匹片金、两匹缎。小诺尔布章京一匹妆缎、一匹倭缎、一匹帽缎、一匹闪缎。布颜台章京献三匹马、一只骆驼、十匹蟒缎、两匹妆缎、一匹倭缎、一匹帽缎、一匹缎。瓦瓦章京献两匹马、一匹蟒缎、两匹大花蟒缎、三匹妆缎、两匹金字缎、两匹缎。阿胡章京献两匹蟒缎、一件汉式蟒衣、九匹妆缎、一匹闪缎、一匹帽缎、一匹缎。毕力格章京献一匹种马、十匹母马、一匹马、一件汉式蟒衣、八匹妆缎、一匹片金。乌苏章京献两匹马、三匹妆缎。车格哲木献四匹妆缎。噶布珠喇嘛献一个琥珀念珠、三匹蟒缎、两匹大花蟒缎、十二匹妆缎、一匹金字缎、两匹帽缎。格隆喇嘛献一匹马、一匹蟒缎、四匹妆缎。扎乌其之锡巴罕察献两匹蟒缎、六匹妆缎、一匹金字缎。德木其敖木布献两匹妆缎、一匹倭缎、一匹鸟纹缎、一个哈达、四十七把香。罗里鄂木布献一匹马、四匹妆缎。古禄格章京之弟献巴图三匹妆缎。古禄格章京之锡当所献一匹马、六匹妆缎。除此之外均退回。

四季朝贡左翼二十七匹马、二十七匹缎，右翼二十七匹马、二十七匹缎，所有这些礼物均收纳。崇德八年二月十三日。

## 08-02-25　　　　　四子部落翁牛特等部所献礼物

为庆祝事宜来诸诺颜所进献礼物有四子部落扎萨克达尔汉卓礼克图所献两匹马，绰斯吉献一匹马，翁牛特部扎萨克达尔汉代青献三匹马，塔拉海献两匹马，塞冷献两匹马，巴木布献两匹马，浩尼其献一匹马，绰克图献两匹马，扎鲁特部桑哈尔献两匹，巴雅尔图献一匹马，古木献一匹马，昌吉雅布献三匹马、一只骆驼，祈他特献两匹马，乌拉特部图巴献三匹马，乌博根献三匹马，马达礼献一匹马，桑哈尔塞献两匹马，巴林部满珠习礼献五匹马，敖尔胡达克献一匹马，色布丹献八马、一只骆驼，喀喇沁部扎萨克杜棱献一匹马、一只骆驼，万丹献一匹马、一只骆驼，塞冷献两匹马、四匹妆缎、两匹缎。土默特部古木献一匹马、一只骆驼、其中收纳扎萨克达尔汉代青所献一匹马、桑哈尔所献一匹马、巴雅尔图所献一匹马、桑哈尔塞所献一匹马、满珠习礼所献一匹马。除此之外，其余物品都退回。崇德八年八月初六日。

## 08-02-26　　归化城土默特部古禄格章京为首所进献礼物记录

归化城土默特部梅勒章京古禄格所献礼物有一百两金子、四十匹马、二十二匹蟒缎、十匹妆缎、两匹片金、十六匹缎。给皇后献三匹马、两匹蟒缎、一件蟒衣、两匹妆缎、一匹片金。甲喇章京大诺尔布献十四匹马、两匹蟒缎、四匹妆缎、一匹倭缎、三匹缎。甲喇章京套布克献五匹马、一匹蟒缎、一件蟒衣、四匹妆缎、两匹闪缎、七匹缎。给皇后献青金石念珠一串、一件蟒衣、一匹妆缎、一匹闪缎、一匹缎。苏木章京毕力格献十匹马、十匹妆缎。苏木章京乌苏木献五匹马、两匹蟒缎、两匹妆缎。苏木章京乌布尼献十五匹马、三匹蟒缎、六匹妆缎、一匹倭缎、一匹片金。苏木章京阿胡之子达赖献五匹马、一匹种马、四匹母马、两匹蟒缎、一件蟒衣、五匹妆缎、一匹闪缎、一匹金字缎。车格扎木献十两金子、两匹马、两匹蟒缎、两匹妆缎、一匹缎。巴图献十两金子、两匹马、三匹妆缎。毕拉西献两匹马、一匹蟒缎、两匹妆缎。敖尔吉岱通事献八匹马、一匹种马、九匹母马、两只骆驼、珊瑚念珠两串、六匹蟒缎、三件蟒衣、十三匹妆缎、两匹片金、两匹闪缎、三匹缎、一小筐齐济尔（一种干果）、一袋子葡萄、两袋子枣、九十束（捆）香。塔比通事献九匹马、一匹种马、八匹母马、两只骆驼、一串珊瑚念珠、四匹蟒缎、两件蟒衣、十一匹妆缎、两匹片金、两匹闪缎、一匹倭缎、八匹缎、一小筐齐济尔（一种干果）、一袋子葡萄、两袋子枣、九十束（捆）香。甲喇章京杭胡献三匹马、四匹妆缎、一匹片金、一匹缎。甲喇章京小诺尔布献五匹马、五匹母马、两串珊瑚念珠、三匹蟒缎、两匹妆缎、一匹片金、三匹缎。苏木章京杭胡献三匹马、四匹妆缎、一匹片金、一匹缎。甲喇章京小诺尔布献五匹马、五匹母马、两串珊瑚念珠、三匹蟒缎、两匹妆缎、一匹片金、三匹缎。苏木章京根图献十匹马、一匹种马、九匹母马、六匹蟒缎、一件蟒衣、十匹妆缎、一匹片金、一匹倭、一匹缎。苏木章京毕其格图献十两金子、二十匹马、一匹种马、九匹母马、四匹蟒缎、三件蟒衣、十匹妆缎、一匹倭缎、两匹缎。胡俄穆通事献十匹马、十匹母马、一串珊瑚念珠、五匹蟒缎、十匹妆缎、一匹片金、一小筐齐济尔（一种干果）、一袋子葡萄、两袋子枣、九十束（捆）香。其中退回的有甲喇章京大诺尔布所献十一匹马，苏木章京乌布尼所献八匹马，苏木章京阿胡之子达赖所献十匹马，敖尔吉岱通事所献十三匹马、塔比通事十一匹马、两只骆驼，甲喇章京杭胡所献三匹马、甲喇章京小诺尔布所献九匹马，苏木章京根图所献九匹马，花穆通事所献六匹马。除此之外，均收纳。

有四季朝贡者左翼五十匹马、五十匹缎，右翼五十匹马、五十匹缎，所有这些均收纳。崇德八年八月二十七日。

## 08-02-27　　　理藩院档册所记录科尔沁扎萨克布颜图
### 福晋所进献礼物清单

科尔沁扎萨克布颜图福晋所进献礼物：一匹佩雕鞍马、七匹常马、一只骆驼、一件貂皮大衣、三百只貂、三十件毡子、十瓮黄奶油。扎萨克宾图福晋所献礼物：一匹佩雕鞍马、八匹常马、六百只貂、十件毡子、十瓮黄奶油、三瓮葡萄酒、一瓮奶酒。

扎萨克卓礼克图亲王所献礼物：一匹佩雕鞍马、八匹常马、一件貂皮大衣、一百只貂。多罗巴图鲁郡王所献礼物：一匹佩雕鞍马、八匹常马、两件貂皮大衣。固伦额驸毕拉塔噶尔所献礼物一匹佩雕鞍马、八匹常马。满达献一匹马。阿玉锡献两匹马。栋胡尔献四匹马、四十只貂。扎萨克土谢图亲王所献礼物：一匹佩雕鞍马、二十六匹常马。固伦额驸巴雅斯古楞所献礼物有九匹马。小塞冷献两匹马、三十只貂。巴雅斯胡献两匹马。扎赉特塞冷献一匹马。布达锡里献一匹马。桑哈尔塞恰（侍卫）献两匹马。图拉哈尔达尔汉恰（侍卫）献一匹马。其中收纳扎萨克布颜图哈屯所献三匹常马、一件貂皮大衣、三百只貂、三十件毡子、十瓮黄奶油。扎萨克宾图哈屯所献礼物：三匹常马、六百只貂、十件毡子、十瓮黄奶油、三瓮葡萄酒、一瓮奶酒。扎萨克卓礼克图亲王所献礼物：三匹常马、一件貂皮大衣、一百只貂。多罗巴图鲁郡王所献礼物三匹常马、两件貂皮大衣。栋库尔献四十只貂。扎萨克土谢图亲王所献礼物：两匹常马。小塞冷所献一匹马、三十只貂。巴雅斯胡所献一匹马。扎赉特部塞冷所献一匹马。布达锡里所献一匹马。除此之外，其余礼物及马匹等均退回。崇德八年九月初一日。

## 08-02-28　　　　锡勒图绰尔济为首所进献礼物记录

进献礼物有锡勒图绰尔济献四匹佩雕鞍马、五匹常马、两只骆驼、三十两金子、三百两银子、九匹缎。锡布扎拉木扎木巴（兰占巴）喇嘛献一匹佩雕鞍马、一匹常马、一只银盘。决胜寺噶布珠喇嘛献一匹佩雕鞍马、一匹常马、九十八两银子。

土默特部扎萨克达尔汉献一匹佩雕鞍马、一匹佩镀金鞍马、三匹常马、十五两金子、五百两银子。锡兰图献一匹马、一百两银子。更格勒献一匹佩雕鞍马、一百两银子。乌力吉图献一匹马、一百两银子。阿济奈献一匹马、一百两银子。多尔济献一匹马、一百两银子。鄂木布二妻献一匹佩雕鞍马、四匹常马、二百两银子。小鄂木布献一匹马、一百两银子。巴达玛仲献一匹佩雕鞍马、九十六两银子。敖钦达尔一匹佩雕鞍马、一匹常马、一百两银子。乔尔吉勒献一匹马。噶尔玛献一匹马。布罗献一匹马。古禄献一匹马。准端乌巴什献一匹马、一百两银子。乌鲁特部阿拜献一匹佩雕鞍马、两匹常马、一件貂皮大衣、一只银盘。归化城土默特部大诺尔布章京献一匹马、小诺尔布章京献一匹马。毕其格图章京献一匹马。根图章京献一匹马。乌布尼章京献一匹马。乌苏木章京献一匹马。达赖章京献一匹马。镶黄旗大章京阿拉那献一匹佩雕鞍马、三匹常马。阿拉那之母献一匹佩雕鞍马、四匹常马、五十两银子。孛罗公献一匹佩雕鞍马、三匹常马。大章京库木岱献一匹佩雕鞍马、三匹常马。梅勒章京绰洛门献两匹马。梅勒章京衮楚克献一匹镀金鞍马、一匹常马。甲喇章京海萨献一匹佩雕鞍马、一匹常马。甲喇章京木章献两匹马、五十两银子。大章京阿拉那之绰尔济喇嘛献一匹马、一只银制供盘、十两银子。塔达扎萨古勒献一匹马。锡尔泰扎萨古勒献一匹马。马塞扎萨古勒（原文缺——译者）。朝洛门献两匹马。梅勒章京衮楚克献一匹佩镀金鞍马、一匹常马。甲喇章京海萨献一匹佩雕鞍马、一匹常马。甲喇章京木章献两匹马、五十两银子。大章京阿拉那属下绰尔济喇嘛献一匹马、一只银制供盘、十两银子。塔达扎萨古勒献一匹马。锡尔泰扎萨古勒献一匹马。马塞扎萨古勒献一匹马。额布根扎萨古勒献一匹马。白旗大章京祈他特彻尔必献一匹佩雕鞍马、两匹常马、五十两银子。乔尔扎木苏献一匹马。

敖汉固伦额驸多罗郡王献两匹配有玲珑雕鞍马匹、配有两匹鱼皮鞍马、一匹配有皮鞍座子鞍马、三十五匹常马、五只骆驼、十两金子、一千两银子、一瓮二次回锅奶酒、两瓮奶酒。岱孙公主献一匹配有玲珑雕鞍马匹、一匹常马、一百两银子。喀喇沁部扎萨克杜棱献两匹佩雕鞍马、七匹常马、一件貂皮大衣、十两金子、三百两银子。万丹献一匹佩雕鞍马、一匹常马、一百两银子。塞冷献一匹佩雕鞍马、八匹常马、四百两银子。扎鲁特部拉巴泰献一匹佩雕鞍马、五十两银子。绰布辉献两匹马。蓝旗多罗额驸带岱达尔汉献一匹佩雕鞍马、一匹佩镀金鞍马、三匹常马、十两金子、三百两银子、三匹蟒缎、一件蟒衣、一匹妆缎、十三匹缎。镶白旗大章京扎木苏献一匹佩镀金鞍马、四匹常马。蓝旗大章京诺尔布献一匹佩雕鞍马、一匹常马、克什克腾部沙里献三匹马、两只骆驼。塞冷达尔汉巴图鲁献三匹马、两只骆驼。科尔沁部桑哈尔塞舅舅配有皮鞍座子鞍马、四匹常马。扎鲁特部古穆献一匹佩雕鞍马、三匹常马、一百两银子。额森泰献一匹佩镀金鞍马、一匹常马。恩格森献一匹佩雕鞍马。塔章献一匹马、十只貂。黄旗大章京塔散济旺献一匹佩雕鞍马、一匹配有皮鞍座子鞍马、六匹常马、一只骆驼、一百两银子。卓礼克图达尔汉诺颜献一匹佩雕鞍马、一匹虎皮鞍座子鞍马、四匹常马、两只骆驼、一只银盘。大章京塔散济旺献一匹佩雕鞍马、一匹配有皮鞍座子鞍马、六匹常马、一只骆驼、一百两银子。卓礼克图达尔汉诺颜献一匹佩雕鞍马、一匹配有虎皮鞍座子鞍马、四匹常马、两只骆驼、一只银盘。大章京珠尔其岱献一匹佩雕鞍马、一匹常马、一只骆驼、七十三两银子。大章京哈岱献一匹佩雕鞍马、四匹常马、五十两银子。伊苏特部噶尔玛伊勒登献一匹佩雕鞍马、七匹常马、一只骆驼。镶红旗大章京搜和献一匹佩雕鞍马、一匹常马、五匹缎、八十两银子。扎鲁特部桑吉雅布献一匹佩雕鞍马、套甲、十五匹常马。一只骆驼、一件貂皮缘边大衣、一件貂皮大衣、貂皮帽、六十两银子。

　　敖汉部索诺木杜棱献一匹佩雕鞍马、两匹佩镀金鞍马匹、二十四匹常马、五百两银子。乌拉特部巴格巴海献一匹佩镀金鞍马匹、三匹常马、一只骆驼。阿拜图献一匹马。扎鲁特部桑图献一匹佩雕鞍马、两匹常马。科尔沁部翁努献一匹佩雕鞍马、七匹常马、一只骆驼、六十只貂、一只银茶桶、一只背壶、一百两银子。朝努库献一匹佩雕鞍马、七匹常马、一只骆驼。巴胡拉献一匹佩雕鞍马、七匹常马、一只骆驼。巴尔汉献一匹佩雕鞍马、四匹常马、琥珀念珠两串。鄂尔多斯部沙克扎献五匹马。其中收纳锡勒图绰尔济所献一匹佩雕鞍马、一匹常马、一只骆驼、三百两银子。锡布扎拉木扎木巴（兰占巴）喇嘛献两匹常马。决胜寺噶布珠喇嘛所献一匹佩雕鞍马、一匹常马、九十八两银子。土默特部扎萨克达尔汉所献一匹佩雕鞍马、二百两银子。锡兰图所献五十两银子。更格勒所献五十两银子。乌力吉图所献五十两银子。阿济奈所献五十两银子。鄂木布二妻所献一百两银子。小鄂木布之妻所献五十两银子。

　　巴达玛仲所献九十六两银子。敖钦达尔所献五十两银子。乌鲁特阿拜所献一匹常马。归化城土默特部大诺尔布章京所献一匹马。小诺尔布章京献一匹马。毕其格图章京献一匹马。根图章京献一匹马。乌苏木章京献一匹马。乌苏木章京所献一匹马。达赖章京所献一匹马。镶黄旗所献五十两银子。乌鲁特部阿拜所献一匹常马。归化城土默特部大诺尔布章京所献一匹马。小诺尔布章京献一匹马。毕其格图章京献一匹马。根图章京献一匹马。乌苏木章京献一匹马。乌苏木章京所献一匹马。达赖章京献一匹马。镶黄旗大章京阿拉那献一匹常马。阿拉那之母献一匹常马。博罗公献一匹常马。大章京库木岱献一匹常马。白旗大章京祈他特彻尔必献一匹常马。敖汉固伦额驸多罗郡王献一匹佩雕鞍马、五匹常马。一只骆驼。岱孙公主献五十两银子。喀喇沁部扎萨克杜棱所献一匹佩雕鞍马、二百两银子。万丹献一匹佩雕鞍马、一百两银子。塞冷献一匹常马、一百两银子。扎鲁特部拉巴岱献一匹常马。绰布辉献一匹常马。多罗额驸岱达尔汉献一匹佩雕鞍马、一百两银子。镶白旗大章京扎木苏献一匹常马。正蓝旗大章京诺尔布献一匹常马。克什克腾部撒里所献一匹马。塞冷达尔汉巴图鲁献一匹马。科尔沁部桑哈尔塞舅舅献一匹马。扎鲁特部古穆献两匹常马。额森台献一匹常马。恩克森献一匹常马。塔章献一匹常马。正黄旗大章京塔散济旺献三匹常马、一只骆驼。卓礼克图达尔汉诺颜献一匹常马。大章京珠其台献一匹常马。大章京哈岱献一匹常马。伊苏特部噶尔玛伊勒登所献一匹常马。镶红旗大章京搜和所献一匹常马。扎鲁特部桑吉雅布（扎布）献一匹佩雕鞍马、四匹常马。敖汉部索诺木杜棱献一匹佩雕鞍马、四匹常马。乌拉特部巴格巴海献三匹常马。阿拜图献一匹马。桑图献一匹马。科尔沁部翁努献两匹常马。朝努库献一匹马。鄂尔多斯部沙克扎献两匹马。除此之外，均退回。崇德八年九月初五日。

## 08-02-29　　　　巴林科尔沁等部诸诺颜献赙登记册

献赙所献礼物有巴林部色布丹献两匹佩雕鞍马、四十匹常马、两只骆驼、一只银制酒海。诺末库献四匹马、一只骆驼。巴林部巴撒奈献两匹马。科尔沁部扎萨克土谢图亲王属下桑哈尔塞恰（侍卫）献一匹佩雕鞍马、一匹佩镀金鞍马匹、六匹常马、四十只貂。德格类达尔汉卓礼克图献一匹佩雕鞍马、两匹常马、二十只貂。格萨尔献五匹马。巴雅尔图献三匹马、二十只貂。扎木苏献两匹马、九十只貂。拜噶勒献两匹马。苏尔莫献两匹马。布雅努献两匹马。搜僧黑献两匹马。布岱献两匹马。克什图献两匹马、三十两银子。扎萨克（多罗）卓礼克图亲王属下巴达玛献九匹马。班第献一匹佩雕鞍马、十二匹常马、两件貂皮大衣、三十只貂。色本献九匹马。伊达木献两匹马。正红旗大章京毛海献一匹佩雕鞍马、两匹常马。甲喇章京古禄献一匹佩雕鞍马、一匹常马。

科尔沁部扎萨克土谢图亲王献四匹佩雕鞍马、一匹配有鱼皮鞍马、五十五匹常马、十只骆驼、一件黑色帽缎外套貂皮里子大衣、三百只貂。固伦额驸巴雅斯古朗献两匹配有鱼皮鞍马、十八匹常马、三百两银子。图拉尔达尔汉恰（侍卫）献一匹佩镀金鞍马、六匹常马、四十只貂。扎鲁特之吉尔噶朗献献一匹佩雕鞍马、七匹常马、一件貂皮大衣。科尔沁栋胡尔献一匹佩雕鞍马、十六匹常马、一只骆驼、一只银茶桶、一百

两银子。索诺木献一匹佩雕鞍马、七匹常马、一件貂皮大衣。达赖献一匹佩雕鞍马、
十六匹常马、一只骆驼。玛克鲁献一匹马。忙吉献一匹佩雕鞍马、七匹常马、一只骆
驼。乌力吉献一匹佩雕鞍马、七匹常马、一只骆驼。宾图王福晋献一匹佩雕鞍马、十
六匹常马、一只骆驼、九十两银子。额森献一匹佩雕鞍马、二十四匹常马、两只骆驼。
巴敦达尔汉卓礼克图献一匹佩雕鞍马、二十六匹常马。朝如库拉献五匹马。海萨献一
匹佩雕鞍马、七匹常马、一只骆驼。哈勒图献一匹佩雕鞍马、八匹常马。哈木克泰献
五匹马。七匹常马、一只骆驼。哈勒图献一匹佩雕鞍马、八匹常马。哈木克泰献五
匹马。

　　四子部落达尔汉卓礼克图哈勒图献一匹佩雕鞍马套甲、二十一匹常马、三只骆驼、
十两金子、二百五十两银子。一只银制供盘。索诺木献一匹佩雕鞍马、三匹常马。伊
尔扎木献一匹佩雕鞍马、十匹常马、一百两银子、一只金制供盘。毛明安部巴达玛献
三匹马。达尔玛献两匹马、八只貂。张达尔汉巴图鲁献两匹马、三十两银子。乌拉特
部确斯其布献一匹马。布达喜献一匹马。达尔玛献一匹马。小桑哈尔寨献一匹马。绰
克图献一匹马。

　　科尔沁之扎萨克布颜图哈屯献五匹佩雕鞍马、八十五匹常马、十只骆驼、各系捆
一只貂。扎萨克卓礼克图亲王献五匹佩雕鞍马、二十匹常马、各系捆一只貂、六十五
匹常马、十只骆驼、各带银制鼻铜子、各系捆一只貂、八十只貂。桑哈尔寨舅舅献九
匹马、二百两银子。满达献五匹马。巴林部满珠习礼献一匹佩雕鞍马、二十六匹常马。
多罗额驸塞冷献一匹佩雕鞍马、二十五匹常马、一只骆驼。乌尔古达克献十四匹马。
科尔沁部扎萨克宾图福晋献两件貂皮大衣、五匹佩雕鞍马、各系捆二只貂、八十五匹
常马、各系捆一只貂、十只骆驼、各带银制鼻铜子、各驮捆一只貂。多罗巴图鲁郡王
献两件貂皮大衣、五匹佩雕鞍马、各系捆二只貂、八十五匹常马、各系捆一只貂、十
只骆驼、各带银制鼻铜子、各系捆一只貂。多罗额驸绰尔济献一匹佩雕鞍马、各系捆
二只貂、二十四匹常马、各系捆一只貂、两只骆驼、各带银制鼻铜子、各系捆一只貂。
阿玉石献一匹佩雕鞍马、七匹常马、一只骆驼。翁牛特部扎萨克达尔汉代青献十六匹
马、两只骆驼、一只银制酒海、五十两银子。塞冷献四匹马、一只骆驼。拉玛斯扎布
献四匹马、一只骆驼。杜尔伯特部落塞冷献一匹佩雕鞍马、十九匹常马、一百只貂。
噶尔玛献一匹佩雕鞍马、六匹常马、五十只貂。额璘沁献一匹佩雕鞍马、四匹常马、
一百只貂。拉木献三匹马、二十只貂。索诺木献五匹马。阿津达两匹马、五十两银子。
塞冷献四匹马、一只骆驼。拉玛斯扎布献四匹马、一只骆驼。杜尔伯特之塞冷献一匹
佩雕鞍马、十九匹常马、一百只貂。噶尔玛献一匹佩雕鞍马、六匹常马、五十只貂。
额邻真献一匹佩雕鞍马、四匹常马、一百只貂。拉木献三匹马、二十只貂。索诺木献
五匹马。阿津达两匹马、二十只貂。巴雅斯古郎献五匹马。达赖献五匹马。固伦公主
献一匹玲珑雕鞍马匹、八匹常马、各驮捆一只貂、一匹蟒缎、七匹妆缎、倭缎三匹、
缎二十五匹、一千两银子。浑津献一匹佩镀金鞍马、一匹常马、一百两银子。固伦额

驸祈他特献一匹雕鞍马匹、八匹常马、各系捆一只貂、两匹蟒缎、四匹妆缎、三匹倭缎、十八匹缎、一千两银子。固伦额驸毕拉塔格尔献一匹雕鞍马匹、系捆两只貂、八匹常马、各系捆一只貂、三匹妆缎、二十四匹缎、一千两银子。乌拉特部乌博根献一匹佩雕鞍马、六匹常马、一只骆驼、一件妆缎缘边长缎衣、珍珠念珠一串、一顶染色獭皮帽子。乌博根之母献两匹马。敖力本献两匹马。翁牛特部布图胡献十七匹马、一只骆驼、一百两银子。寨桑乌巴什献九匹马。一只银制酒海。班布献四匹马。塔拉哈尔献一匹佩雕鞍马、四匹常马。扎鲁特部满珠习礼献一匹佩镀金鞍马、三匹常马、四十两银子。哈布海献一匹佩镀金鞍马、四匹常马。巴林部毛祈他特献两匹马。奈齐陀因喇嘛献九匹马。苏尼特部多罗墨尔根郡王献一匹佩镀金鞍马、二十六匹常马。布木布黑献九匹马。科尔沁部扎萨克额驸多尔济献两匹雕鞍马匹、十五匹常马、各系捆一只貂、一只骆驼银制鼻铜子系捆两只貂、一匹蟒缎、三匹妆缎、三匹倭缎、二十九匹缎、五百两银子。扎赉特之达尔汉和硕其献两匹雕鞍马匹、各系捆二只貂、六匹常马、各系捆一只貂、二十二匹常马、两只骆驼、一百六十只貂、一只金盅、一只银制酒海、一百两银子。布达锡礼献一匹佩镀金鞍马、四匹常马。古禄献一匹佩雕鞍马、八匹常马。塞冷献五匹马。额伊特献两匹马。阿玉石献两匹马。乔吉献两匹马。阿玉石四匹马、一只骆驼。宾达拉献一匹马。胡巴献一匹马。克什格献一匹马。乌力吉献两匹佩雕鞍马、七匹常马。塞冷献三匹马。达尔玛锡礼献八匹马、二十只貂。罕都献两匹马。搜斯献一匹佩雕鞍马、三匹常马。扎鲁特之巴雅尔图献一匹佩雕鞍马。额伊特献两匹马。阿玉石献两匹马。乔吉献两匹马。阿玉石四匹马、一只骆驼。宾达拉献一匹马。胡巴献一匹马。克什格献一匹马。乌力吉献两匹佩雕鞍马、七匹常马。塞冷献三匹马。达尔玛锡礼献八匹马、二十只貂。罕都献两匹马。搜斯献一匹佩雕鞍马、三匹常马。扎鲁特部巴雅尔图献一匹佩雕鞍马、套甲、两匹常马、一件貂皮缘边长衣、一只银制供盘、五十七两银子。毛祈他特献两匹佩雕鞍马、一匹配有鱼皮鞍马匹、套甲、三匹常马、一件貂皮大衣、一件貂皮缘边长衣、两件缎边衣裳、六匹缎、一只银制供盘、六十两银子。科尔沁之小塞冷献一匹佩雕鞍马、三十二匹常马、三只骆驼。布达锡礼献一匹佩雕鞍马、二十六匹常马、四只骆驼、五十只貂、一只金制大木酒杯、四百七十两银子。扎赉特之散寨献一匹佩雕鞍马、七匹常马、十只貂。奈曼多罗达尔汉郡王献一匹佩雕鞍马、七十二匹常马、八只骆驼、一千两银子。扎萨克额驸巴达礼献两匹佩雕鞍马、二十四匹常马、一只骆驼、一千两银子。桑罕献四匹马、一只骆驼。乌尔占献三匹马。博格图献两匹马。其中收纳巴林之色布丹所献一匹佩雕鞍马、三匹常马、一只骆驼。诺莫库所献一匹马。科尔沁部扎萨克土谢图亲王恰（侍卫）桑哈尔塞所献一匹佩雕鞍马、二匹常马。倘哈赉达尔汉卓礼克图所献一匹马。格萨尔所献一匹马。巴雅尔图所献一匹马。扎木苏所献五十只貂。扎萨克卓礼克图亲王属下巴达玛所献两匹马。扎赉特部班第所献一匹马。色本所献一匹马。红旗大章京毛海所献一匹马。科尔沁扎萨克土谢图亲王所献一匹佩雕鞍马、七匹常马、一只骆驼。一件黑色帽缎外套貂皮里子大衣。固伦额驸巴雅斯古郎所献七匹马。图拉尔达尔汉恰（侍卫）所献两匹马。扎鲁特部吉尔哈郎所献三匹马。科尔沁部栋胡尔所献一匹玲珑雕鞍马匹、四匹常马。索诺木所献一匹马。达赖所献一匹马。宾图王福晋所献一匹马。额森所献两匹马。巴敦达尔汉卓礼克图所献两匹马。四子部落扎萨克达尔汉卓礼克图所献一匹佩雕鞍马、三匹常马、一只骆驼。索诺木所献一匹马。伊尔扎木所献一匹马。科尔沁扎萨克布颜图哈屯两匹佩雕鞍马、七匹常马。索诺木所献一匹马。达赖所献一匹马。宾图王福晋所献一匹马。额森所献两匹马。巴敦达尔汉卓礼克图所献两匹马。四子部落扎萨克达尔汉礼克图所献一匹佩雕鞍马、三匹常马、一只骆驼。索诺木所献一匹马。伊尔扎木所献一匹马。科尔沁部扎萨克布颜图哈屯（大妈妈——译者）两匹佩雕鞍马、七匹常马、一只骆驼、驮捆一只貂。扎萨克卓礼克图亲王所献一匹佩雕鞍马、四匹常马、各系捆一只貂、三匹常马、一只带有银制鼻镝子骆驼并系捆一只貂。桑哈尔塞舅舅所献两匹马。满达所献一匹马。巴林部满面珠习礼所献一匹佩雕鞍马、四匹常马。乌尔古达克所献一匹马。多罗额驸塞冷所献一匹佩雕鞍马、两匹常马。

　　科尔沁扎萨克宾图福晋所献两匹佩雕鞍马、各驮捆二只貂、七匹常马、各驮捆一只貂、一只带银制鼻镝子骆驼、系捆一只貂。多罗巴图鲁郡王所献一匹佩雕鞍马、驮捆两只貂、五匹常马、各驮捆一只貂、一只带银制鼻镝子骆驼、系捆一只貂。多罗额驸绰尔济所献三匹马、各驮捆一只貂。翁牛特部扎萨克达尔汉代青所献三匹马、一只骆驼、五十两银子。塞冷所献一匹马。杜尔伯特部塞冷所献三匹马。噶尔玛所献一匹马。额林臣所献一匹马。固伦公主所献四匹马，各系捆一只貂、二百五十两银子。浑津所献一匹马。固伦额驸祈他特献两匹马，各驮捆一只貂、二百五十两银子。固伦额驸毕拉塔噶尔献三匹马，各驮捆一只貂、二百两银子。乌拉特部乌博根献一匹佩雕鞍马、二匹常马。乌博根之母献一匹马。翁牛特布图忽献三匹马。塞桑乌巴什献一匹马。班布献一匹马。扎鲁特部哈巴海献一匹马。苏尼特部多罗墨尔根郡王献一匹佩雕鞍马、六匹常马。布木布黑献一匹配马。科尔沁部扎萨克额驸多尔济献三匹马，各驮捆一只貂。扎赉特部达尔汉和硕其献五匹马。布达锡礼献一匹马。古禄献一匹马。扎鲁特部巴雅尔图献五十两银子。毛祈他特献一匹马。科尔沁部布达锡礼献两匹马。奈曼部多罗达尔汉郡王献一匹佩雕鞍马、五匹常马、一只骆驼。扎萨克额驸巴达礼献三匹马。桑罕献一匹马。乌尔占献一匹马。除此之外，其余礼物均退回。各驮捆一只貂。扎赉特部达尔汉和硕其献五匹马。布达锡礼献一匹马。古禄献一匹马。扎鲁特部巴雅尔图献五十两银子。毛祈他特献一匹马。科尔沁部布达锡礼献两匹马。奈曼部多罗达尔汉郡王献一匹佩雕鞍马、五匹常马、一只骆驼。扎萨克额驸巴达礼献三匹马。桑罕献一匹马。乌尔占献一匹马。除此之外，其余礼物均退回。崇德八年九月十四日。

## 08-02-30　　　科尔沁郭尔罗斯等部诸诺颜献赙登记册

　　献赙进献礼物有科尔沁部多罗扎萨克图郡王献五匹佩雕鞍马、两匹镀金配有鞍马匹、一匹铜鞍马匹、一匹配有暖木鞍马匹。以上九匹配鞍马匹，各系捆两只貂。九十一匹常马、十五只骆驼，各系捆一只貂。巴雅斯噶勒卓礼克图台吉献一匹佩雕鞍马、一匹配有鱼皮鞍马匹、十八匹常马。扎萨克额驸诺尔布献两匹佩雕鞍马、十六匹常马、两只骆驼。巴雅斯胡献八匹马、一只骆驼。拜噶勒献八匹马、一只骆驼。额林臣献八匹马、一只骆驼。色本献一匹佩镀金鞍马匹、一只骆驼。墨尔根台吉献两匹马。翁胡特献五匹马。拉玛斯济献两匹马。郭尔罗斯部布木巴献一匹佩雕鞍马、二十三匹常马、三十只貂。斯日古楞献一匹佩雕鞍马、二十三匹常马、三十只貂。扎木巴拉献一匹佩雕鞍马、十七匹常马、三十只貂、六十两银子。克什克腾部索诺木献四匹马、一只骆驼、三十两银子。云端献四匹马、一只骆驼。布鲁忽献四匹马、一只骆驼。扎鲁特部桑哈尔献一件貂皮大衣、两匹佩雕鞍马、一套甲。十九匹常马、一只骆驼、一只银桶、一只银制供盘、一百两银子。乌拉特部图巴献一匹佩雕鞍马、七匹常马、两只骆驼。莽胡勒台献一匹马。郭尔罗斯部桑哈尔献一匹佩雕鞍马、二十五匹常马、十只貂。敦都布献一匹佩雕鞍马、十六匹常马、十只貂。昂哈献十六匹马、三十只貂。扎木苏献一匹佩雕鞍马、系捆一只貂、十六匹常马、一百只貂。哈尚献两匹常马、三十只貂。巴颜台献两匹马。哈胡献一匹马、二十只貂。归化城土默特部古禄格章京一匹配有玲珑雕鞍马匹、双向雕鞍马匹、三十匹常马、三只骆驼，各带银制鼻铜子。一只银茶桶、一只银制木方盘、七百两银子。博黑章京献九匹马。毕力格章京之弟希鲁格献三匹马。扎萨克额驸木章献两匹佩雕鞍马、两匹配有鱼皮鞍马匹、二十八匹常马、四只骆驼、带有琥珀珊瑚念珠四串、一串琥珀念珠、一串珍珠念珠、一件蓝色帽缎外套长衣、一件倭刀狐皮大衣。佩雕鞍马、两匹配有鱼皮鞍马匹、二十八匹常马、四只骆驼、带有四个琥珀珊瑚念珠一串、琥珀念珠一串、珍珠念珠一串、一件蓝色帽缎外套长衣、一件倭刀狐皮大衣。一件貂皮大衣、一只银茶桶、一只银制酒海、一只金盅、一只酒壶、一千两银子。其中收纳科尔沁多罗扎萨克图郡王所献一匹佩雕鞍马、驮捆两只貂。五匹常马、一只骆驼、驮捆一只貂。巴雅斯噶勒卓礼克图台吉所献两匹马。扎萨克额驸诺尔布所献两匹马。巴雅斯胡所献一两匹马。拜噶勒所献一两匹马。郭尔罗斯部布木布所献一匹佩雕鞍马、四匹常马。斯日古楞所献两匹马。扎木巴拉所献两匹马。克什克腾部索诺木所献一匹马。云端所献一匹马。布鲁忽所献一匹马。扎鲁特部桑哈尔所献一匹佩雕鞍马、四匹常马。乌拉特部图巴所献一匹佩雕鞍马、两匹常马。郭尔罗斯部桑哈尔所献一匹佩雕鞍马、四匹常马。敦多布所献一匹马。昂哈所献一匹马。扎木苏所献三匹马。哈尚所献一匹马。归化城土默特部古禄格章京所献一匹佩雕鞍马、四匹常马。博黑章京所献一匹马。扎萨克额驸木章所献五匹马。除此之外，其余物品均退回。崇德八年九月十九日。

## 08-02-31　　　喀尔喀苏尼特等部诸诺颜献赙登记册

　　献赙进献礼物有喀尔喀部土谢图汗属下讷胡尔锡格津、图都格斡尔鲁克二人献一匹马。特古尔格济诺颜属下索诺木献一匹马。绰克图卫征诺颜属下布哲献一匹马。代青诺颜属下拜胡献一匹马。达赖绰尔济属下公格达西献一匹马。布和辉寨桑属下翁阿岱献一匹马。苏尼特部腾机忒献一匹佩雕鞍马、两匹常马、一匹缎、五把香。哈喇胡拉献两匹马、两匹缎、四两银子。布达西献两匹马。泰哈献一匹马。驻古北口土默特部撒木献一匹马、八十块茶叶。驻巴延苏伯（一作巴延苏门，指张家口——译者）喀喇沁部乌巴里散津献两匹马。祈他特台吉献两匹马。诺木图献一匹马。伊如勒图献一匹马。苏尼特部锡班哈扎献两匹马、一匹缎、一件缎衣、五两银子。其中收纳喀尔喀土谢图汗属下讷胡尔锡格津、图都格翰尔鲁克二人所献一匹马。特古尔格济诺颜属下索诺木献一匹马。绰克图卫征诺颜属下布哲献一匹马。代青诺颜属下拜胡献一匹马。达赖绰尔济属下公格达西献一匹马。布和辉寨桑属下翁阿岱献一匹马。苏尼特部腾机忒所献两匹马、哈喇胡拉献一匹马、布达西献一匹马。驻古北口土默特部撒木献一匹马、驻巴颜苏伯（一作巴延苏门，指张家口——译者）喀喇沁部乌巴里散津献一匹马、祈他特台吉献一匹马。除此之外，其余物品均退回。崇德八年十月初五日。

## 08-02-32　　　　阿巴噶乌珠穆秦等部献赙及致祭记录

献赙进献礼物有阿巴噶部多罗卓礼克图郡王用一坛子奶酒祭祀敬呈礼品，两匹佩雕鞍马、各带一幅甲、四十八匹常马、五只骆驼、一件羊羔皮里子蟒缎衣、一顶染色貂皮帽子、两只银茶桶、三只银制酒海。达尔汉诺颜用一坛子奶酒祭祀敬呈礼品，一匹佩雕鞍马、带一幅甲、十九匹常马、两只骆驼、一件红缎里子鸟纹黑色缎衣、一顶染色獭皮帽子、一只银制酒海。公主两匹佩雕鞍马、各带一幅甲、五匹常马、一件蓝色绣花缎四方羔皮里子大衣、一顶染色獭皮帽子、一只银茶桶、一只琥珀盅。斯尔济勒多尔济献一匹佩雕鞍马、十匹常马、一只骆驼、一只银制酒海。阿玉石台吉献一匹佩雕鞍马、八匹常马。布达斯其布献一匹佩雕鞍马、十一匹常马、一只骆驼。绰尔济台吉献一匹佩雕鞍马、三匹常马。德力格尔台吉献一匹佩雕鞍马、三匹常马。毛泰台吉献一匹马。衮楚克献一匹佩雕鞍马、带一幅甲、两匹常马。敖拉哈献两匹马。苏莫尔献三匹马、一只骆驼、一只银制酒海。莽哈岱献一匹佩雕鞍马。明海献一匹马。绰斯吉献一匹马。蒿齐特部博罗特用两坛子葡萄酒，用一坛子奶酒致祭，进献礼物有一匹佩雕鞍马、一匹皮鞍座子、带一幅甲、十八匹常马、两只骆驼、一只镀金银制供盘、一只金碗、两只银茶桶、两只银制酒海、一只银碗、两只银盘子。博和绷土谢图用两坛子奶酒致祭，所献礼物有献一匹佩雕鞍马、三匹常马。

乌珠穆秦部扎萨克车臣亲王用九坛子奶酒致祭进献礼物有一只金制供盘、一只银制供盘、一只银茶桶、一只镀金酒壶、一只银碗、五匹蟒缎、一匹倭缎、四匹缎、二百二十五匹布、五匹佩雕鞍马、四十匹常马、五只骆驼、五个盔甲、二百只羊。图斯格尔台吉献一匹佩雕鞍马、六匹常马、一只骆驼、十四只羊、一只银制供盘、一只茶桶、一只酒海、十三匹布。

额林臣台吉献五匹、一只骆驼、十五只羊、十二匹布。确因台吉献两匹马、一只盔甲、一匹缎、十三只羊、十三匹布。诺尔布台吉献一匹马、一只盔甲、五只羊、七匹布。巴郎台吉献一匹马、一匹缎、七只羊、六匹布。祈他特台吉献两匹马、一只银制酒海、一匹缎、十四匹布、十二只羊。巴巴哈台献一匹佩雕鞍马、一匹常马、一匹缎、十三匹布、十二只羊。布木布台吉一匹缎、十三匹布、十二只羊。巴巴哈台献一匹佩雕鞍马、一匹常马、一匹缎、十三匹布、十二只羊。布木布台吉献一匹佩雕鞍马、一匹常马、一匹缎、十二匹布、十二只羊。乌善台吉献三匹马、一只骆驼、一只银盘、一匹缎、二十一匹布、十六只羊。确尔济台吉献两匹马、一只骆驼、一匹缎、十一匹布、十一只羊。多尔济台吉献一匹佩雕鞍马、两匹常马、十匹布、八只羊。苏和台吉献三匹马、一只银制酒海、十六匹布、十二只羊。额尔克代青献一匹佩雕鞍马、两匹常马、一件盔甲、一匹缎、十五匹布、十七只羊。索诺木台吉献两匹马、一只银茶桶、十六匹布、八只羊。巴拜台吉献三匹马、一只骆驼、一匹缎、十五匹布、十三只羊。敖尔吉木楚克台吉献一匹马。锡达台吉献一匹马。尼拉哈台吉献一件盔、十二匹布、八只羊。噶尔玛扎布台吉献一匹佩雕鞍马、四匹常马、一件盔甲、一匹缎、十五匹布、十三只羊。隆察德喇嘛献一匹马、一匹缎、哈达七个。苏布海塔布囊献两匹马。祈他特塔布囊献一匹佩雕鞍马、一匹常马。塔拉哈尔献两匹马。塞冷额尔德尼、浩都古沁台吉、伊思格布台吉、敖克楚特台吉、端都布台吉、图斯格尔台吉、古英台吉、衮楚克台吉，所有这些人，用五坛子奶子酒致祭，其所献礼物有：两匹佩雕鞍马、九匹常马、一只骆驼、一只银制供盘、一只银盘、一件盔甲、十五头牛、七十只羊。吉当塔布囊献一匹马。苏尼特部多罗杜棱郡王献一匹佩雕鞍马、二十四匹常马、两只骆驼。科尔沁部多罗扎萨克图郡王属下阿敏之妻献两匹马、七十只貂。扎鲁特部奈济之妻用九坛子奶酒致祭所献礼物有：六匹马、一只骆驼、一只银盘、五十两银子、一头牛、八只羊、九皮囊黄奶油。乌拉特部乌博根之妻阿鲁哈献两匹马。一件用妆缎缝制皮外套大衣、一顶染色貂皮帽子、一匹四个雕花带板布匹、一只银制酒海。扎鲁特部根图尔之妻用三坛子葡萄酒、一坛子忽尔扎（二次回锅奶酒）、一坛子阿尔扎（奶子酒）致祭，其所献礼物有：四匹马、一骆驼、五只羊、五个皮囊黄奶油。翁牛特部绰克图献一匹佩雕鞍马、一匹常马、一只银制供盘、五钱金子、十两银子。驻古北口土默特部古穆献一匹马、四匹蟒缎、一件蟒衣、一百匹布、四百张纸。迈达里献两（原文此处有脱文——译者）。五钱金子、十两银子。驻古北口土默特部古穆献一匹马、四匹蟒缎、一件蟒衣、一百匹布、四百张纸。迈达里献两匹马、四匹蟒缎、两匹绣花缎制大衣、两匹缎。乌巴什塔布囊献一匹马、两件蟒缎大衣、五十匹布。其中收纳阿巴噶多罗卓礼克图郡王所献一匹佩雕鞍马、五匹常马、一只骆驼、一件羊羔皮里子蟒缎衣裳、一顶染色貂皮帽子。达尔汉诺颜所献两匹常马。公主所献一匹常马、一件蓝色绣花四方形羊羔皮里子大衣。一顶染色貂皮帽子。斯尔济勒台吉所献一匹常马。阿玉石台吉所献一匹常马。布达斯其布所献一匹马。绰尔济台吉所献一匹常马。德力格尔台吉所献一匹常马。衮楚克所献一匹常马。苏莫尔所献一匹马。蒿齐特部布罗特所献一匹佩雕鞍马、三匹常马、一只骆驼。图斯格尔台吉所献一匹常马。额林臣台吉所献一匹马。噶尔玛扎布所献一匹常马。塞冷额尔德尼、浩都古沁台吉、伊思格布台吉、敖克楚特台吉、端都布台吉、图斯格尔台吉、古英台吉、衮楚克台吉所有这些诸台吉所献四匹常马、一只骆驼。苏尼特部多罗杜棱郡王所献一匹佩雕鞍马、五匹常马、一只骆驼。科尔沁部多罗扎萨克图郡王属下阿敏之妻所献一匹马。扎鲁特部奈齐之妻所献两匹马。根都伊之妻所献一匹马。驻古北口土默特部古穆所献三匹蟒缎、四百张纸。迈达里所献一匹蟒缎、乌巴什塔布囊一件蟒缎衣。除此之外，其余物品都退回。崇德八年十月十九日。

## 08-02-33　　鄂尔多斯苏尼特诸诺颜所进贡四时朝贡记录

鄂尔多斯部进贡有吉农献两匹马、吉农之妻献一匹马、沙格扎献四十匹马、二十只骆驼、古禄献两匹马、善达献两匹马、卓和布礼献两匹马、沙格扎之固扬塔布囊献两匹马、恰（侍卫）献两匹马。

四时朝贡：吉农献六匹马、沙格扎献十八匹马、古禄献九匹马、布达岱献十六匹马、善达献十五匹马、扎木苏献十一匹马。

苏尼特部多罗墨尔根郡王献七十一匹马、十只骆驼。其中收纳吉农所献两匹马。沙格扎所献两匹马、十只骆驼。古禄所献两匹马。善达所献两匹马。四时朝贡之吉农献六匹马、沙格扎献十八匹马、古禄献九匹马、布达岱献十六匹马、善达献十五匹马、扎木苏献十一匹马、苏尼特部多罗墨尔根郡王献十五匹马。除此之外，其余物品均退回。崇德八年十月十九日。

## 08-02-34　　归化城土默特部古禄格章京为首进献贡物记录

归化城土默特部古禄格章京进贡：六十匹马、四匹种马、三十六匹母马、四十只带有银制鼻铜子骆驼、四十只带有镀金木制鼻铜子骆驼、共八十只骆驼、一串珍珠念珠、十串菩提念珠、十七匹蟒缎、六件蟒缎衣、六匹妆缎、三匹片金、三匹金字缎、两匹倭缎、三匹缎、氆氇八卷、一只白狐狸、四只黑狐狸。给皇后献五匹马、五只骆驼、一匹蟒缎、两件蟒缎衣、一匹妆缎、一匹片金、氆氇五卷。博济章京献十匹马、一匹蟒缎、一件蟒缎衣、八匹妆缎。毕力格章京之弟希鲁格献十匹马、一匹种马、八匹母马、五匹妆缎。扎乌根锡巴罕察（尼姑）献两匹马、一匹种马、八匹母马、五匹妆缎。其中收纳古禄格章京所献五十九匹马、四匹种马、三十六匹母马、八十只骆驼。珍珠念珠一串、菩提子念珠十串、十七匹蟒缎、六件蟒缎衣、六匹妆缎、三匹片金、三匹金字缎、两匹倭缎、三匹缎、氆氇八卷、一只白狐狸、四只黑狐狸。给皇后所献五匹马、五只骆驼、一匹蟒缎、两件蟒缎衣、一匹妆缎、一匹片金、氆氇五卷。博济章京献两匹马、一匹蟒缎、一件蟒缎衣、八匹妆缎。毕力格章京之弟希鲁格所献两匹蟒缎、八匹妆缎、三匹马。扎乌根锡巴罕察（尼姑）所献两匹马、一匹种马、八匹母马、五匹妆缎。除此之外，其余物品均退回。崇德八年十月二十二日。

## 08-02-35　　　　归化城土默特部车格哲木为首进贡记录

归化城土默特部进贡：车格哲木献五匹马、两匹妆缎、三匹缎。丹巴尔扎木苏献三匹马、两匹妆缎、一匹缎。套布克章京献六匹马、五匹妆缎、五张毡毯。恩黑章京献三匹马、两匹妆缎、一匹缎。达兰台章京献三匹马、两匹妆缎、一匹倭缎。图麦章京献四匹马、一匹种马、三匹母马、四匹妆缎、一匹蟒缎、一匹倭缎、一匹缎。杭胡章京献三匹马、两匹妆缎、毡毯二卷。特木尔鄂木布献四匹马、一匹妆缎、两匹缎、毡毯二卷。噶布珠属下古穆献三匹马、两匹妆缎。

额赤格喇嘛属下苏鲁木敖木布献三匹马、一匹蟒缎、一匹片金。厄木齐（医生）喇嘛属下根敦献两匹马、一匹妆缎。

其中收纳车格哲木所献两匹马、两匹妆缎、三匹缎。丹巴尔扎木苏献两匹妆缎、一匹缎。套布克章京所献三匹马、五匹妆缎、毡毯五卷。恩黑章京所献两匹妆缎、一匹缎。达兰台章京所献一匹马、两匹妆缎、一匹倭缎。图麦章京所献一匹种马、三匹母马、一匹蟒缎、四匹妆缎、一匹倭缎、一匹缎。杭胡章京所献两匹妆缎、毡毯二卷。特木尔鄂木布所献一匹马、一匹妆缎、两匹缎、两张毡毯。噶布珠属下古穆所献一匹马、两匹妆缎。额赤格喇嘛属下苏鲁木俄木布所献一匹蟒缎、一匹片金。医生喇嘛属下根敦所献一匹马、一匹妆缎。除此之外，其余物品均退回。崇德八年十月三十日。

## 08-02-36　　　　土默特喀喇沁等部诸诺颜献赙献礼物清单

献赙献礼物归化城土默特部诸诺颜共同进贡四十匹马、一匹蟒缎、十九匹妆缎、三十匹缎。车格哲木献一匹佩雕鞍马、七匹常马、一只骆驼、三匹妆缎、六匹缎。丹巴尔扎木苏献四匹马、一只骆驼、两匹妆缎、七匹缎。套布克章京献一匹佩雕鞍马、八匹常马、一只骆驼、一匹蟒缎、三匹妆缎、四匹缎。套布克章京之妻献两匹马、三张毡毯。恩黑章京三匹马、一匹妆缎、一匹缎。达兰台章京献三匹马、两匹妆缎。图麦章京献五匹马、一只骆驼、三匹妆缎、一匹蟒缎、一匹倭缎、一匹缎、两捆砖茶。古禄格章京之妻献九匹马、四匹妆缎、五匹缎。古禄格章京之弟巴图献四匹马、两匹妆缎、三匹缎。杭胡章京献一匹佩雕鞍马、一匹妆缎、毡毯三卷、五匹缎。拜都拉章京献五匹马、一匹妆缎、八匹缎。套胡章京献四匹马、一匹妆缎、四匹缎。塔济章京献三匹马、一匹妆缎、五匹缎。杜其章京献三匹马、一匹妆缎、五匹缎。多尔济章京之敖木布献两匹马、一匹妆缎、两匹缎。根都斯格章京献三匹马、一匹妆缎、一匹缎。毕力格章京献五匹马、四匹妆缎。瓦瓦章京献四匹马、一匹妆缎、三匹缎。阿喜图章京献四匹马、一匹妆缎、四匹缎。也速迭尔章京献三匹马、一匹妆缎、一匹缎。布颜台章京献三匹马、一匹妆缎、一匹缎。恩和章京献三匹马、一匹妆缎、一匹缎。特木尔鄂木布献一匹佩雕鞍马、七匹常马、一只骆驼、三匹蟒缎、一匹妆缎、毡氇二卷、一匹缎。噶布珠喇嘛献一匹佩雕鞍马、五匹常马、一只骆驼、三匹妆缎、四匹缎。厄木齐（医生）喇嘛献三匹马、两匹妆缎。额赤格喇嘛属下苏鲁末敖木布四匹马、一匹蟒、两匹妆缎、两匹片金。扎乌根锡巴罕察（尼姑）献两匹马、三匹缎。属于驻马颜苏伯地方（张家口——译者）喀喇沁部毕拉西额驸阿布图献一匹马、四匹缎。巴图献一匹马、一匹妆缎、三匹缎。塞冷献一匹马、一匹妆缎、三匹缎。乌伊根岱献一匹马、一匹妆缎、三匹缎。章吉泰献一匹马、一匹妆缎、三匹缎。哈萨尔献一匹马、一匹妆缎、三匹缎。三匹缎。乌伊根岱献一匹马、一匹妆缎、三匹缎。章吉泰献一匹马、一匹妆缎、三匹缎。哈萨尔献一匹马、一匹妆缎、三匹缎。诺海献一匹马、一匹妆缎、三匹缎。阿拉西献两匹马、两匹妆缎、十四匹缎。拉斯吉布属下庚尼献一匹马、一件蟒缎衣、七匹缎。诺木图献一匹马、一件蟒缎衣、七匹缎。撒拉胡献一匹马、一件蟒缎衣、七匹缎。布依尼献一匹马、一件蓝色花纹缎衣、七匹缎。扎浑献一匹马、一件蓝色花纹缎衣、七匹缎。南迪献一匹马、一件蓝色花纹缎衣、七匹缎。图萨献一匹马、八匹缎。祈他特台吉献一匹马、一匹片金、七匹缎。诺木图献一匹马、一匹片金、五匹缎。其中收纳土默特部诸章京共同进贡四十匹马、一匹蟒缎、十九匹妆缎、三十匹缎，车格哲木所献一匹马、一匹妆缎，丹巴尔扎木苏所献一匹马，套布克章京所献一匹马，恩黑章京所献一匹马，达兰台章京所献一匹马，图麦章京所献一匹马，古禄格章京之妻所献一匹马、一匹妆缎，杭胡章京所献一匹马、一匹妆缎，德木其敖木布所献一匹倭缎，噶布珠喇嘛所献一匹妆缎。除此之外，其余物品及马匹等均退回。崇德八年十月三十日。

## 08-02-37　　　喀尔喀图伯特诸诺颜进贡清单记录

喀尔喀部朝贡物品有土谢图汗献十匹马、一宝。那乌尔锡格津献一匹马。图都克额尔鲁格献一匹马。绰克图卫征诺颜献四匹马。德古尔格其诺颜献五匹马。代青诺颜献十一匹马。万锡布诺颜献两匹马。额尔克寨桑献四匹马。布和辉寨桑献七匹马。布和辉寨桑之子宾达海献两匹马、一匹野马。布荣胡达尔汉恰（侍卫）之妻献两匹马。其子阿玉石献两匹马。浩布堆献两匹马。博罗特扎尔固齐献两匹马。达赖绰尔济献六匹马、菩提念珠一串、毡氇一张。图伯特达格隆胡图克图下禅士喇嘛献十匹马。所有这些均收纳。崇德八年十一月初七日。

## 08-02-38　　　鄂尔多斯郭尔罗斯诸部诺颜所献礼物记录

鄂尔多斯部吉农献一匹佩雕鞍马、七匹常马、一只骆驼、一只银制供盘、三十四匹缎。布达岱楚库尔献一匹佩雕鞍马、四匹常马、十四匹缎。

古禄献一匹佩雕鞍马、两匹常马、十一匹缎。善达台吉献九匹马、一只骆驼。确木济台吉献两匹马、三匹缎。善巴台吉献三匹马、两匹缎。撒罕台吉献一匹马、八匹缎。绷速克台吉献一匹马。毕拉散津台吉献一匹马。固茹台台献一匹马。斋塞台吉献一匹马。吉农属下图萨图浑津献一匹马。其中收纳吉农所献一匹佩雕鞍马、四匹常马、一只骆驼、五匹缎。布达岱楚库尔所献一匹佩雕鞍马、三匹常马、九匹缎。古禄所献一匹佩雕鞍马、两匹常马、十一匹缎。善达台吉所献五匹马。确木济台吉所献一匹马、三匹缎。善巴台吉所献一匹马。除此之外，其余物品均退回。

郭尔罗斯部布木巴之母来用两瓶葡萄酒、一瓶忽尔扎（二次回锅奶酒）致祭，所献礼物有一匹佩雕鞍马、十六匹常马、两只骆驼、八十只貂。其中收纳两匹常马。除此之外，其余物品均退回。崇德八年十一月二十八日。

### 08-02-39　　　喀尔喀部马哈撒嘛谛汗为首所献礼物清单记录

喀尔喀部马哈撒嘛谛汗所进贡礼品有：六匹马、两只皂雕翅翎、敖胡岱献两匹马。巴达玛西献一匹马。额尔德尼达尔汉绰尔济献七匹马。锡勒格图绰尔济献八匹马、氆氇二卷。章吉额尔克献三匹马。图奈献一匹马。额鲁特部固什献一块玉宝。金制镶嵌绿宝石耳坠一副。

马哈撒嘛谛（塞臣）汗哈屯给皇后献两匹马、给麟趾宫贵妃献四匹马、玩具貂二只、八只獭。其中退回敖胡岱所献一匹马。巴达玛西所献一匹马。额尔德尼达尔汉绰尔济所献三匹马。锡勒格图绰尔济所献四匹马、氆氇两卷。章济额尔克所献两匹马。其余物品均收纳。

喀尔喀部扎萨克图汗代青哈丹巴图鲁进贡礼物有三匹马、额尔克代青所献两匹马、乌布格图浑津所献一匹马、达尔汉绰尔济所献两匹马、戴青喇嘛所献四匹马、达西伊勒登所献两匹马。所有这些礼物均收纳。崇德八年十二月十九日。

### 08-02-40　　　　　　崇德八年档册包裹外皮文字

（只有以下几个文字）

崇德八年文书。

### 08-02-41　　　　藩院档册所记录关于奈曼科尔沁等部
### 诸诺颜所进贡礼物及回赐物品清单

元旦朝贡礼物：奈曼部多罗达尔汉郡王献一匹佩雕鞍马、二十五匹常马、一只骆驼。科尔沁部多罗扎萨克图郡王献十八匹马。杜尔伯特部塞冷献二百匹貂、十匹马。扎萨克土谢图亲王所属斯日古楞台吉献一匹马。扎赉特部塞冷达尔汉和硕齐所属胡满台吉献一匹马。巴噶（小）塞冷所属伊米迪台吉献一匹马。郭尔罗斯部布木巴献一百只貂、两匹马。扎鲁特部商吉雅布（扎布）献八匹马、一只骆驼。昂哈台吉献两匹马。卓勒扎噶献四匹马、一只骆驼。土默特部扎萨克达尔汉献两匹马。善巴松达尔汉献两匹马。喀喇沁部塞冷献四匹马、一只骆驼。蒿齐特部博罗特献一匹马。鄂尔多斯部吉农献两匹马。扎木苏献两匹马。古禄献两匹马。沙格扎献两匹马。额林臣献两匹马。散达献两匹马。其中收纳杜尔伯特部塞冷所献二百匹貂、郭尔罗斯部布木巴所献一百只貂、喀喇沁部塞冷所献四匹马、蒿齐特部博罗特所献一匹马。除此之外，其余物品均退回。对朝贡者所给回赐物品：给杜尔伯特部塞冷一只用三十两重银茶桶、一只酒海、十匹缎、一百匹布、一只玲珑撒袋、一把弓、一副鱼皮马鞍、一副雕刻謷秋鞯。给郭尔罗斯部布木巴回赐十匹缎、五十匹布、一只雕刻撒袋、一把弓箭。给蒿齐特部博罗特回赐一副雕刻謷秋鞯、一只雕刻撒袋、一把弓箭。

额鲁特部第巴呼图克图献一只黑色狐狸、一只白色狐狸、碧绿念珠一串、地毯一张、氆氇二卷、红色股子皮一张、一把黄色弓箭、马三十匹、一只骆驼。额尔德尼阿海楚库尔献二十匹马、一只骆驼。来（朝贡）巴拜哈什哈献两匹马。那钦特博里忽献一匹马。

对朝贡所给回赐：给第巴呼图克图一副镀金全身盔甲、一副雕花带子、一把玲珑刀、一只银鞯、一只银茶桶、一副雕刻謷秋鞯。一只玛瑙酒壶。回赐给给第巴呼图克图一副镀金全身盔甲、一副雕花带子、一把玲珑刀、一只银鞯、一只银茶桶、一副雕刻謷秋鞯、一只玛瑙酒壶、四只玛瑙酒盅、两张虎皮、两张豹皮、一只江獭、四只染色獭、六只染色貂、二十匹缎。给额尔德尼阿海楚库尔一副镀金全身盔甲、一副雕花带子、一把玲珑刀、一副雕刻謷秋鞯、一只银制酒海、一只银茶桶、两张虎皮、两张豹皮、一只江獭、四只染色獭、十匹缎。给前来（朝贡）巴拜哈什哈一只银茶桶、一副雕花带子、一把玲珑刀、五匹缎。给那钦特博里忽一只银作酒海、两匹缎。

归化城土默特部古禄格章京献十匹马。套布克章京献五匹马。杜棱章京献五匹马。毕力格章京献五匹马。扎乌根锡巴罕察（尼姑）献十匹马、两只骆驼。噶尔玛格隆献两匹马。多尔济章京所属班布岱献五匹马。瓦瓦章京属下泰布献五匹马。其中收纳古禄格章京所献四匹马、套布克章京所献两匹马、杜棱章京所献两匹马、毕力格章京所献两匹马、扎乌根锡巴罕察（尼姑）所献三匹马、噶尔玛格隆所献两匹马。除此之外，其余物品均退回。给回赐物品有：给古禄格章京一副镀金全身盔甲、一只银作酒海、一把玲珑刀。给套布克章京一只银作酒海、一把玲珑刀。给杜棱章京一只银作酒海、一把好剑。给毕力格章京一只银作酒海、一把好剑。给扎乌根锡巴罕察（尼姑）一只银茶桶、一副雕刻謷秋鞯。给噶尔玛格隆一只银茶桶、一只银作酒海。顺治三年三月十九日。

## 08-02-42　科尔沁部章济伦乌拉特部楚成黑所献礼物清单记录

因任命科尔沁部栋胡尔之子章济伦、乌拉特部巴格巴海之弟楚成黑二人为扎萨克，其所献礼物：章济伦献二十六匹马、一只骆驼，楚成黑献礼物二十四匹马、三只骆驼。所有这些礼物都退回。顺治三年春正月十九日。

## 08-02-43　　理藩院档册所记录土默特部拉木扎木巴（兰占巴）
### 喇嘛为首进贡礼物及回赐

进献贡吕礼物：归化城土默特部拉木扎木巴（兰占巴）喇嘛献二十匹马、五只骆驼。济格喇嘛五匹马、两只骆驼。阿其图俄木布献三匹马。其中收纳拉木扎木巴（兰占巴）喇嘛所献四匹马、济格喇嘛五匹马、阿其图俄木布献一匹马。其余物品均退回。对朝贡者回赐有：给拉木扎木巴（兰占巴）喇嘛三十两重茶桶、一副雕花马鞍、鞍鞽、攀胸秋鞦七匹缎。给济格喇嘛、阿其图敖木布，此二人各给三十两重酒海。顺治三年二月二十九日。

## 08-02-44　　理藩院档册所记土默特额鲁特喀尔喀等
### 诸部诺颜呼图克图等进贡及回赐清单

进献贡品：归化城土默特部大章京古禄格献一只黑色狐狸、一只白色狐狸、三匹马。甲喇章京套布克献二十四匹马、五只骆驼。甲喇章京巴森献二十六匹马、四只骆驼。苏木章京毕其和图献十八匹、两只骆驼。苏木章京达赖献十匹马。苏木章京瓦瓦献两匹马。巴图章京属下坤都拨什库（满语音译作分得拨什库，即校骑校——译者）拉邦献两匹马。

额鲁特部多尔济达赖巴图鲁献十五匹马、碧绿念珠一串、氆氇二十卷。其中收纳大章京古禄格所献一只黑色狐狸、一只白色狐狸、三匹马。甲喇章京套布克所献四匹马、五只骆驼。甲喇章京巴森献四匹马。苏木章京毕其和图所献八匹、苏木章京达赖献五匹、苏木章京瓦瓦所献两匹马、巴图章京属下坤都拨什库（满语音译作分得拨什库，即校骑校——译者）拉邦所献一匹马。额鲁特部多尔济达赖巴图鲁所献十匹马、碧绿念珠一串、氆氇二十卷。除此之外，其他物品均退回。给回赐名单：给大章京古禄格赏赐一只四十两重银茶桶、一副全身盔甲、一件四方形缎子缘边大衣、一把弓箭、一把刀、一副鱼皮马鞍、一副雕刻鞽秋鞦、十匹缎。给甲喇章京巴森赏赐一副全身盔甲、一件四方形缎子缘边大衣、一副雕花撒袋、一把弓箭、一把刀。给苏木章京毕其和图赏赐一只四十两重银茶桶、一副全身盔甲、一件四方形缎子缘边大衣、一副鱼皮马鞍、一副雕刻鞽秋鞦、一副雕花撒袋、一把弓箭、一把刀、八匹缎。给苏木章京达赖赏赐一只四十两重银茶桶、一副全身盔甲、一副雕花撒袋、一把弓箭、一把刀、七匹缎。给苏木章京瓦瓦赏赐一副全身盔甲、一副雕花撒袋、一把弓箭、一把刀、七匹缎。给苏木章京瓦瓦赏赐一副全身盔甲、一把弓箭、五匹缎。给巴图章京属下坤都拨什库（满语音译作分得拨什库，即校骑校——译者）拉邦三匹缎、十匹布。

给额鲁特部多尔济达赖巴图鲁赏赐一只玛瑙酒壶、两只玛瑙酒盅、一副头等一只玛瑙酒壶、一副玲珑雕鞍鞽秋鞦、一把玲珑刀、一只四十两重银茶桶、一只酒海、十匹缎、两张虎皮、两张豹皮、一只江獭。

喀尔喀部迈达礼呼图克图献二十匹马、两只骆驼。锡勒图呼图克图属下代青绰尔济献五匹马、固什（国师）绰尔济献三匹马、商卓特巴绰尔济献四匹马、一只骆驼、车臣喇嘛献两匹马。其中收纳迈达礼呼图克图所献十匹马、两只骆驼、锡勒图呼图克图属下代青绰尔济所献一匹马、塞臣喇嘛所献一匹马。除此之外，其余物品均退回。给回赐物品有：给迈达礼呼图克图赏赐雕鞍辔秋鞴、一只四十两重银茶桶、一只玛瑙酒壶、两只玛瑙酒盅、十匹缎、两张虎皮、两张豹皮、一只江獭。给锡勒图呼图克图属下代青绰尔济赏赐一只四十两重银子茶桶、一只酒海。给塞臣喇嘛赏赐一只三十两重银酒海。顺治三年三月初八日。

## 08-02-45　　　　理藩院档册所记录有关喀尔喀诸诺颜<br>呼图克图为首进贡及所给回赐清单

进献贡品：喀尔喀部扎萨克图汗所属额尔德尼哈丹巴图鲁献两匹马。达尔汉诺颜献五匹马。伊勒登巴图鲁献两匹马。伊勒登台吉献两匹马。噶尔玛额尔克代青献两匹马。海萨台吉献三匹马。海萨台吉所属戴青俄木布献三匹马。额尔克代青献两匹马。青绰克图献两匹马。额尔克寨桑献两匹马。绷楚克台吉献两匹马。萨拉呼图克图献五匹马。固什（国师）绰尔济献两匹马。班第达喇嘛献两匹马。其中收纳额尔德尼哈丹巴图鲁所献两匹马、达尔汉诺颜所献三匹马、伊勒登巴图鲁所献一匹马、伊勒登台吉所献两匹马、噶尔玛额尔克代青所献一匹马、海萨台吉所献两匹马、海萨台吉所属戴青敖木布所献一匹马、额尔克代青所献两匹马、青朝克图所献一匹马、萨拉呼图克图所献两匹马、固什（国师）绰尔济所献一匹马、班第达喇嘛所献两匹马。除此之外，其余物品均退回。

给朝贡者回赐物品：给额尔德尼哈丹巴图鲁赏赐一把玲珑刀、一副雕花带子、一只三十两重茶桶。给达尔汉诺颜赏赐一只三十两重茶桶、一只三十两酒海、一把玲珑刀、一副雕花带子。给伊勒登巴图鲁赏赐三匹缎、十匹布。给伊勒登台吉一只三十两重酒海、五匹缎。给噶尔玛额尔克代青赏赐一只三十两重酒海。给海萨台吉赏赐一只三十两重酒海。给海萨台吉所属戴青敖木布赏赐一只三十两重茶桶、一只银盅、一只银盘、三匹缎。给额尔克代青赏赐一只三十两重茶桶、一把刀、五匹缎。给青绰克图赏赐三匹、十匹布。给萨拉呼图克图赏赐一只三十两重茶桶、五匹缎。给固什（国师）绰尔济赏赐三匹缎、十匹布。给班第达喇嘛赏赐一只三十两重茶桶、一只银盅、十匹布。给萨拉呼图克图赏赐一只三十两重茶桶、五匹缎。给固什（国师）绰尔济赏赐三匹缎、十匹布。给班第达喇嘛赏赐一只三十两重茶桶、一只银盅、一银盘、五匹缎。顺治三年三月十五日。

## 08-02-46　　　　理藩院档册所记录有关科尔沁蒿齐特等部<br>诸诺颜进贡礼物及所给回赐清单

因上赐封号，宾图王所进献礼物：十七匹马、一只骆驼、九十只貂，此三九。首思（祇应）三头牛、二十四只羊。一瓶忽尔扎（二次回锅奶酒）、六瓶阿尔扎（奶子酒）、两瓶酒。蒿齐特部多罗额尔德尼诺颜献一匹配有鱼皮鞍马匹、一副盔甲、二十九匹常马、三只骆驼。首思（祇应）三头牛、三十只羊。九坛子酒。乌珠穆秦多罗额尔德尼诺颜献一只银茶桶、一只银制酒海、一副盔甲、一匹佩雕鞍马、二十九匹常马。此三九。首思（祇应）三头牛、二十四只羊。三九酒。阿巴噶旗达尔汉献一只骆驼、二十六匹马。三九酒。首思（祇应）三头牛、二十四只羊。三瓶阿尔扎（奶子酒）。其中收纳宾图王所献九十只貂、蒿齐特部多罗额尔德尼诺颜所献一匹马、乌珠穆秦部多罗额尔德尼诺颜所献一匹马、阿巴噶旗达尔汉所献一匹马。除此之外，其余物品及马匹均退回。给这些人回赐有给科尔沁宾图王赏赐一副股子皮鞍座子马鞍、一把弓箭、十匹缎。给蒿齐特部多罗额尔德尼诺颜赏赐一只银茶桶、一把弓箭、一副鱼皮马鞍、一件缎衣、七匹缎。给乌珠穆秦多罗额尔德尼诺颜赏赐一件缎衣、六匹缎。给阿巴噶旗达尔汉赏赐一件缎衣、六匹缎。顺治三年四月十一日。

## 08-02-47　　理藩院档册有关巴雅斯古朗等为首进贡
## 礼物及所给回赐记录

固伦额驸巴雅斯古朗朝贡礼物：三百只貂、十头牛、一百只羊，此三九。二十四匹马、三只骆驼。巴珠泰图拉尔达尔汉恰（侍卫）献三十只貂、三匹马。其中收纳固伦额驸巴雅斯古朗所献三百只貂、一匹马、两头牛、十只羊；图拉尔达尔汉恰（侍卫）所献三十只貂、一匹马。除此之外，其余物品及马匹均退回。顺治三年七月二十九日。

## 08-02-48　　理藩院档册有关给四子部落苏尼特部
## 诸诺颜回赐礼物记录

因苏尼特叛逃四子部落扎萨克达尔汉卓礼克图率兵追击，将乌班岱达尔汉巴图鲁为首额木尼格台吉、多尔济斯其布台吉、莽胡克台吉、锡达台吉等这五位台吉追及并捕杀，将五位台吉妻室家口及兀鲁思（所属民，下同——译者）悉数携来，将其所驻四子部落境内附近，于是旗主布奈与白旗道克新恰（侍卫）二人来向摄政父王具奏，上谕将诛杀五位台吉妻室家口、帐房、牲畜等拿来上交。扎萨克达尔汉卓礼克图酌情将兀鲁思、兀鲁思之帐房及牲畜给追击诸台吉、旗主、梅勒章京、甲喇章京、苏木章京、披甲人等甄别优劣分配，并遣内班恰（侍卫）乌德黑、锡尔胡纳克二人进行赏赐：给四子部落扎萨克达尔汉卓礼克图赏赐八十八名男丁、一百五十匹马、五十头牛、二百只羊。给旗主布奈赏赐一房人、四只骆驼、二十五匹马、二十五头牛、二百只羊、一只酒海。给白旗道克新恰（侍卫）赏赐一房人、四只骆驼、二十五匹马、二十五头牛、二百只羊、一只酒海。梅勒章京纳木赏赐一房人、一只骆驼、十匹马、十二头牛、八十只羊。甲喇章京别库泰等八人，各给一房人、各五匹马、各五头牛、五十只羊。给旗主塔济塔布囊赏赐一个妇女、两只骆驼、十三匹马、十二头牛、一百五十只羊。

给古禄台吉、毛明安部巴达玛台吉、苏尼特部图济台吉，此三位台吉赏赐各五房人。
给沙克德尔台吉、格斯尔台吉此两位台吉，赏赐各四房人。给毛明安部达尔玛台吉、
楚恩楚尔台吉、敖努恩都尔台吉、阿尔毕斯胡台吉，此四位台吉，赏赐各三房人。给
苏尼特部唐胡特兄弟赏赐三房人。给苏木章京等人赏赐各两匹马、各两头牛、二十只
羊。给披甲人各一匹马、各一头牛。给唐胡特兄弟赏赐三房人。给苏木章京等人赏赐
各两匹马、各两头牛、二十只羊。给披甲人各一匹马、各一头牛。

　　苏尼特部图济台吉，其亲叔叛逃而并未同行，率领其所属士兵，与四子部落扎萨
克达尔汉卓礼克图共同追赶，并追及携回，皇上嘉勉其善行，降恩将献皇帝之乌班岱
妇女、一只大壶、三只小壶、一个少女、五十三匹马、十只骆驼、三头牛、一百九十
三只羊、一位蒙古壮丁、两个汉人、三个妇女、乌鲁都孙夫妻二人、两匹马、套胡拉
胡夫妻二人、一个少女、九匹马、七头牛、四十三只羊等拨给。额木尼格台吉家青黑
夫妻二人、两个孩子、四匹马、七头牛。多尔济斯其布台吉家人巴图布赍夫妻二人、
六匹马、一只骆驼、十三头牛、四十只羊。莽胡克台吉家人绰图夫妻二人五匹马、五
头牛、二十一只羊。锡达台吉家人阿松夫妻二人、一个女人、六匹马、两头牛、二十
一只羊。除此之外，图鲁其、达赖、胡沙乌、乌伊拜、库博根这五家人。

　　因给四子部落扎萨克达尔汉卓礼克图所属毛明安部巴达玛台吉（赏赐之份）少，
将献皇帝之塔尔巴哈其、门都鲁、淳图伊、布济、巴扎尔这五家人拨给。

　　给扎萨克达尔汉卓礼克图侄子乌力吉台吉分给莽胡思之妻、三子、一个汉儿、六
匹、两只骆驼。

　　以为扎萨克达尔汉卓礼克图分给旗主塔济塔布囊（之份）少，将向北京进贡并用
于哈尔曼斯吉驿站（台站）所骑乘两匹马、一只骆驼、莽胡思三匹马、五头牛马、五
十只羊等拨给。顺治三年十月十一日。

## 08-02-49　　理藩院档册所记录有关归化城土默特部固伦迪瓦

### 呼图克图为首进贡贡品及回赐清单

　　进南贡品：归化城土默特部固伦迪瓦呼图克图献十四匹马、一匹种马、九匹母马、
五只骆驼。拉木扎木巴（兰占巴）喇嘛献十三匹马、两只骆驼。噶清噶布珠喇嘛献八
匹马、一只骆驼。达尔汉囊素喇嘛献五匹马、两只骆驼。珠格哲里噶布珠喇嘛献四匹
马、一只骆驼。墨尔根囊素喇嘛献四匹马。苏鲁木敖木布献三匹马、一只骆驼。劳章
拉西珠拉哈其献两匹马。阿其图敖木布献四匹马。固伦迪瓦呼图克图给皇后献两匹马。
达尔汉囊素喇嘛献两匹马。其中收纳固伦迪瓦呼图克图所献十四匹马、五只骆驼，拉木
扎木巴（兰占巴）喇嘛所献十三匹马、两只骆驼，噶清噶布珠所献八匹马、一只骆驼，
达尔汉囊素所献五匹马、两只骆驼，珠格哲里噶布珠喇嘛所献四匹马、一只骆驼，墨
尔根囊素喇嘛所献四匹马，苏鲁木敖木布所献三匹马、一只骆驼，劳章拉西珠拉哈其
所献两匹马，阿其图敖木布所献四匹马，固伦迪瓦呼图克图给皇后所献两匹马，达尔

汉囊素喇嘛献两匹马。

给回赐礼物：给迪瓦呼图克图赏赐一只银制酒海、一只茶桶、一副雕花鞍辔秋、一只玻璃酒杯盘子、二十匹缎、一篓茶。给噶清噶布珠赏赐一只银制酒海、一只茶桶、一副雕花鞍辔秋、十匹缎、一篓茶。给达尔汉囊素赏赐一只银制酒海、一只茶桶、一副雕花鞍辔秋、十四匹缎、一篓茶。给珠格哲里噶布珠赏赐一只银碗、一只茶桶、十匹缎、两百桦皮小桶茶。辔秋、一只玻璃酒杯盘子、二十匹缎、一篓茶。给噶清噶布珠赏赐一只银制酒海、一只茶桶、一副雕花鞍辔秋、十匹缎、一篓茶。给达尔汉囊素赏赐一只银制酒海、一只茶桶、一副雕花鞍辔秋、十匹缎、一篓茶。给珠格哲里噶布珠赏赐一只银碗、一只茶桶、十匹缎、二百桦皮小桶茶。给墨尔根囊素赏赐一只银茶桶、五匹缎、一百桦皮小桶茶。一只银茶桶、七匹缎、一百桦皮小桶茶。给劳章拉西珠拉哈其赏赐一只银制酒海、一百（桦皮小桶）茶。所献两匹马。给阿其图鄂木布赏赐一只银茶桶、五匹缎、一百桦皮小桶茶。顺治三年十一月二十六日。

## 08-02-50　　理藩院档册有关伊拉古格森呼图克图为首与察罕喇嘛一起遣喇嘛使者及到京城之日记录

与察罕喇嘛一起伊拉古格森呼图克图所遣班第达喇嘛、冰图喇嘛。为西喇布散布喇嘛、西喇布喇嘛、达尔汉喇嘛、齐达布胡如勒喇嘛等这六位喇嘛做伴而遣扎明鄂木布、噶尔玛、青恰、厚痕巴图鲁。这些人所带班第（沙弥）、牵马人等有十九位班第（沙弥）、二十七个牵马人。伊拉古格森呼图克图所属额尔德尼固什（国师）之下确木丕勒俄木布有五个牵马人。格尔勒喇嘛所属布浑班第（沙弥）有两个牵马人。西喇布喇嘛所属色古勒泰有一个牵马人。冰图喇嘛所属罗布桑班第（沙弥）有一个牵马人。达尔汉囊素所属丹仲班第（沙弥）。

额鲁特第巴呼图克图所遣达尔汉喇嘛、卓礼克图俄木布有三个班第（沙弥）、四个牵马人。阿海楚库尔所遣乌鲁其有八个牵马人。这些人，于八月二十五日，到来。

达赖喇嘛、额鲁特顾实汗二人，所遣乌巴什恰台吉，为其做伴而遣阿克苏毕、卓如哈拉、达尔汉恰、班布拉西巴克什、恰、通事、两个班第（沙弥）、有六个随从牵马人。达赖巴图鲁所遣达尔浑巴克什、有两个牵马人。扎萨克图台吉所遣恰和硕齐、有两个牵马人。额尔德尼代青所遣墨尔根和硕齐，有一个牵马人。这些人于十月初六日，到来。顺治三年十二月十日。

**图书在版编目（CIP）数据**

清内秘书院蒙古文档案汇编汉译/希都日古编译. —北京：
社会科学文献出版社，2015.1
（国家清史编纂委员会·档案丛刊）
ISBN 978-7-5097-5569-3

Ⅰ.①清… Ⅱ.①希… Ⅲ.①蒙古语（中国少数民族语
言）-档案资料-汇编-中国-清代 Ⅳ.①K249.063

中国版本图书馆 CIP 数据核字（2014）第 012926 号

国家清史编纂委员会 · 档案丛刊

## 清内秘书院蒙古文档案汇编汉译

编　　译／希都日古

出 版 人／谢寿光
项目统筹／宋月华　范　迎
责任编辑／范明礼

出　　版／社会科学文献出版社·人文分社（010）59367215
　　　　　　地址：北京市北三环中路甲 29 号院华龙大厦　邮编：100029
　　　　　　网址：www. ssap. com. cn
发　　行／市场营销中心（010）59367081　59367090
　　　　　　读者服务中心（010）59367028
印　　装／北京盛通印刷股份有限公司

规　　格／开 本：787mm×1092mm　1/16
　　　　　　印 张：34　插页：0.25　字 数：701 千字
版　　次／2015 年 1 月第 1 版　2015 年 1 月第 1 次印刷
书　　号／ISBN 978-7-5097-5569-3
定　　价／368.00 元